돈이 되는 법

변호사만 모르는
재개발·재건축 ❹

매도청구 분양신청·분양기준 관리처분계획인가

돈이 되는 법
변호사만 모르는
재개발·재건축 4

초판 1쇄	2024년 5월 30일
지은이	오승철
디자인	최새롬
펴낸이	주식회사 리얼굿
펴낸곳	도서출판 리얼굿북
출판사 신고	2023년 3월 30일
전화	070-4715-5236 010-9103-5056 (구입문의)
이메일	realgood.book@gmail.com

ISBN: 979-11-982310-6-2

* 책값은 뒤표지에 있습니다.
* 잘못 만들어진 책은 구입하신 서점이나 본사에서 즉시 교환해 드립니다.

♠ 법무법인 리얼굿 웹사이트: http://realgoodlawfirm.com

돈이 되는 법
변호사만 모르는
재개발·재건축 ④

매도청구
분양신청·분양기준
관리처분계획인가

오승철 지음

돈 놓고 돈 먹는 재개발·재건축

추 천 사

「돈이되는법, 변호사만 모르는 재개발·재건축」시리즈는 35년차 베테랑 변호사가 마치 엄마가 어린 아이의 손을 잡고 세상구경을 시켜주는 것처럼 재개발·재건축의 기초부터 최심층부까지 자상하게 설명하고 안내해 주는 책이다. 저자는 전문가들조차 어려워하는 재개발·재건축의 원리와 실무를 일반인들도 이해할 수 있는 쉬운 말로 친절하게 설명해 주고 있다. 수십년 동안 재개발·재건축과 부동산의 여러 분야에서 전문변호사로 왕성한 활동을 해 온 저자로서는 지식자랑·경험자랑을 할 만도 하건만, 저자는 오직 독자에게 도움이 될 내용만을 찾아 그 핵심을 짚어서 저자 특유의 명확하고 직설적 문체로 설명해 준다. 이는 수많은 가치가 있지만 이해하기 어려운 재개발·재건축의 법률지식·실무경험·세무지식·투자경험의 고급정보들을 독자들이 쉽게 체득하여 활용할 수 있게 한다. 많은 분들이 재개발 재건축을 깊이 있게 이해하여 성공적으로 추진하는데 큰 도움이 될 것으로 확신하며 이 책을 추천한다.

오 갑 수

오갑수 박사는 금융감독원 부원장, 한국블록체인협회 회장, 글로벌 금융그룹 스탠다드차타드 등 은행에서 최고위직을 역임하였다.

프롤로그

이 책은 「돈이되는법, 변호사만 모르는 재개발·재건축」 시리즈 1 ~ 5의 네 번째 책(돈.되.법 4)으로 「매도청구, 분양신청·분양기준, 관리처분계획인가」 등을 다루고 있다. 돈.되.법 1 은 「정비구역지정, 추진위원회, 창립총회, 토지등소유자 동의」, 돈.되.법 2 는 「조합설립인가, 조합원·임원·대의원, 조합총회」, 돈.되.법 3 은 「시공자선정, 공사계약, 사업시행계획인가」, 돈.되.법 5 는 「현금청산·손실보상, 준공·이전고시, 해산」 을 다룬다.

재개발·재건축은 부동산의 칠층산이다. 재개발·재건축에는 수많은 법령과 법리들이 마인처럼 숨겨져 있다. 그래서 도시정비법 조문들만 보아서는 재개발·재건축사업의 원리를 파악할 수 없다. 국토계획과 도시계획의 체계, 건축행정법, 법인과 비법인사단의 설립·운영에 관한 법리, 건설과 도급계약의 법리와 관행, 공개입찰의 법률관계, 공익사업과 수용보상의 법리, 구분소유와 집합건물의 법리, 주택건설과 분양의 법률관계, 부동산신탁 및 대리사무·자금관리의 원리와 실무, 감정평가실무, 도시개발사업과 환지·체비지·보류지에 관한 법리, 부동산세금, 정비사업 등기실무, 민사소송과 행정소송의 제원리, 헌법의 재산권보장 등 모두 열거할 수 없을 정도로 많은 분야의 법령·법리 및 실무관행이 재개발·재건축을 거미줄처럼 에워싸고 있다. 또한 이 각 분야들은 그 누구도 통달했다고 쉽사리 말할 수 없는 어렵고 복잡한 분야들이다. 이 사실을 모르고 아무 생각 없이 재개발·재건축의 문을 열면 재개발·재건축은 하늘을 날아다니는 판도라의 상자가 되고 만다. "재개발·재건축은 부동산 Pokémon 의 최종진화"라는 말 속에는 이런 깊은 의미가 담겨져 있다.

하지만 걱정하지 마시라. 「돈이되는법, 변호사만 모르는 재개발·재건축」시리즈는 수십년 간 재개발·재건축과 부동산의 여러 분야에서 수많은 실무경험과 연구를 축적해온 저자가 그 어려운 재개발·재건축을 일반인들도 이해할 수 있는 쉬운 말로 명쾌하게 풀어 설명한 책이다. 이 책을 보고 있으면 암호문 같은 대법원판례가 소설처럼 읽히는 기적이 일어난다.

이 책은 재개발·재건축의 기초부터 시작하고 있지만, 재개발·재건축의 가장 복잡하고 어려운 문제까지 모든 논점을 다루고 있다. 지하층 바닥부터 칠층산까지 재개발·재건축의 모든 문제를 다루고 있는 것이다. 그래서 그냥 이책만 보고 따라가기만 하면 당신은 몇 달 안에 재개발·재건축 전문가가 될 수 있다.

"돈.되.법"을 선택하신 당신은 지금 이곳에서 재개발·재건축의 최고 전문가가 될 것입니다!

차 례

Smart Reading Tips

제1장
조합설립 미동의자 등에 대한 매도청구 ······ 25

제1절 매도청구 입문 ······ 27
    I   정비사업 시행을 위한 강제조치: 수용과 매도청구 ······ 27
    II   조합설립 미동의자 등에 대한 매도청구 ······ 31

제2절 매도청구의 요건과 절차 ······ 36
    I   유효한 조합설립인가 및 사업시행계획인가·고시 ······ 36
    II   매도청구의 상대방 ······ 37
    III 매도청구 절차 진행 중 부동산의 승계가 이루어진 경우 ······ 44
    IV 매도청구권 행사를 위한 사전절차 (조합설립 동의 여부 회답 촉구) ······ 47
    V   토지 또는 건축물만을 소유한 자에 대한 촉구 문제 ······ 50
    VI 매도청구권의 행사 (행사기간) ······ 52
    VII 제척기간 도과 후 새로운 매도청구권 행사 ······ 57

제3절 매도청구의 효과 (매도가격 산정 등) ······ 61
    I   개요 ······ 61

II	매도가격 기준일 = 매매계약 성립일	63
III	매도가격 산정방식(1): 원가방식 산정 후 개발이익을 가산하는 방식	64
IV	매도가격 산정방식(2): 매도청구 시점의 객관적 거래가격 산정 방식	66
V	매도가격 산정방식(3): 종전자산 평가액에 비례율을 곱하는 방식	68
VI	감정평가의 방법	69
VII	동시이행 (담보권 등이 말소되지 않은 경우 동시이행의 범위)	74
VIII	매도인의 이자청구 문제	76
IX	사업용건물의 부가가치세 문제	79
X	재단법인 기본재산에 대한 매도청구의 효력	81
XI	매매계약 성립 후 채무불이행으로 인한 해제	83

제4절 집합건물법에 따른 매도청구 · 85

I	개요	85
II	유효한 재건축결의	87
III	매도청구가 기각된 사례	88
IV	재건축결의 후 "지체 없이"	90
V	창립총회 후 서면결의로 재건축결의가 성립한 경우	93

제2장
분양 · 101

제1절 분양통지 및 분양공고 · 103

I	분양통지 및 분양공고의 시점	103
II	분양통지의 대상자 및 통지/공고의 내용	109
III	판례 (분양통지 대상자)	117
IV	분양통지의 방법	120

제 2 절　분양신청　127

- I　분양신청의 자격　127
- II　분양신청의 기간과 방법　132
- III　여러 명을 대표하는 1명을 조합원으로 보는 경우의 분양신청　135
- IV　투기과열지구 내 정비사업 수분양자의 5년간 분양신청 금지　142

제 3 절　분양신청 종료 후 재분양신청 문제　149

- I　조합설립인가 무효/취소로 인한 재분양신청　149
- II　사업시행계획의 실질적 변경으로 인한 재분양신청　153
- III　법 제72조 제4항에 따른 재분양신청 절차가 의무인지, 재량인지　155
- IV　법 제72조 제4항의 재분양 사유가 예시규정인지, 열거규정인지　159

제 4 절　권리가액, 분담금 기타 비용의 산정　165

- I　공사계약 방식에 따른 권리가액 산정 및 조합원 분담금 산출 방법　165
- II　종전자산 감정평가　168
- III　평가의 기준시점 (판례)　172
- IV　종전자산 감정평가의 하자 (판례)　175
- V　부가가치세, 철거비 기타 비용의 부담　182

제 5 절　분양의 기준 (법령상 기준)　184

- I　분양의 기본원칙　184
- II　재개발사업의 관리처분방법(분양기준)　189
- III　재건축사업의 관리처분방법(분양기준)　197
- IV　공급할 수 있는 주택(분양권)의 수　201
- V　원플러스원(1+1) 분양 [재개발·재건축 공통]　210
- VI　권리산정기준일　216

제6절 서울시 재개발사업의 분양대상자 (서울시조례) ... 222

- Ⅰ 재개발사업 주택공급기준에 관한 시·도조례의 광범위한 입법재량 ... 222
- Ⅱ 재개발사업 공동주택 분양기준에 관한 현행 서울시조례의 주요내용 ... 223
- Ⅲ 2010. 7. 15. 이전 '구조례'의 분양기준 ... 240
- Ⅳ 2008. 7. 30. 조례에서 달라진 두 가지 ... 251
- Ⅴ 무허가건축물 소유자의 분양대상 여부 ... 255
- Ⅵ 서울시내 재개발 투자시 주의사항 (서울시조례 기준) ... 263

제7절 분양의 순서, 평형배정, 동·호수추첨, 분양계약체결 ... 265

- Ⅰ 분양의 순서(순위) 및 평형배정 ... 265
- Ⅱ 동·호수 추첨 및 배정의 하자 ... 270
- Ⅲ 동·호수 배정을 무효로 본 사례 ... 272
- Ⅳ 동·호수 배정에 하자가 있으나 유효하다고 본 사례 ... 274
- Ⅴ 소의 이익 ... 276
- Ⅵ 위법한 동·호수 배정으로 인한 손해배상책임 ... 282
- Ⅶ 손해배상의 범위 (손해액의 산정) ... 291
- Ⅷ 분양계약의 체결 ... 318

제3장
관리처분계획 ... 329

제1절 관리처분계획의 의미와 법적 성격 ... 331

제2절 관리처분계획의 수립·인가 절차 ... 335

- Ⅰ 총회 전 조합원에 대한 통지 ... 335

| II | 총회결의 | 339 |
| III | 관리처분계획의 공람, 인가신청, 인가·고시 및 통지 | 343 |

제3절 관리처분계획의 내용 — 348

I	관리처분계획에 포함될 내용	348
II	계획재량의 범위와 한계	353
III	종교시설 문제	356
IV	보류지·체비지 문제	367

제4절 상가 관리처분계획 (상가독립정산제 문제) — 377

I	상가 관리처분계획에 관한 광범위한 재량권	377
II	상가 관리처분의 무효·부존재는 관리처분계획 전체의 무효사유	391
III	상가독립정산제와 관련한 정관변경의 효력 (신뢰보호원칙 문제)	393
IV	상가독립정산제의 변경이 신뢰보호원칙을 위반했다고 본 사례	402
V	신뢰보호원칙을 위반하지 않았다고 본 사례	407
VI	'조합원과의 개별약정'의 효력의 한계	409

제5절 종전자산의 사용·수익 금지 — 411

I	개요	411
II	종전 토지등소유자 등의 사용·수익권 소멸	412
III	조합원의 인도의무 불이행으로 인한 손해배상책임	417
IV	관리처분계획 인가·고시 전 사업시행자의 사용·수익 문제	427

제6절 관리처분계획인가의 고시에 따른 임대차 등의 종료 — 432

I	임차인의 사용·수익권 소멸 및 임대차 해지권	432
II	상가임차인의 권리금보호 배제	442
III	임대차보증금반환의무 등에 대한 사업시행자의 공동책임	446
IV	임차인에 대한 영업보상 문제 (재개발만 해당)	449

제 7 절　이주·철거　451

- I　이주비 지원　451
- II　철거　462
- III　인도대집행은 허용되지 않음　468
- IV　조합의 인도·철거 자력집행 문제　471
- V　착공　477
- VI　'일시적 2 주택 양도세 비과세'에 관한 대체주택 특례조항　482

제 8 절　일반분양　491

- I　개요　491
- II　일반분양의 조건　495
- III　재당첨 제한 (「주택공급에 관한 규칙」 제 54 조)　499
- IV　일반분양분 공사비의 조합원 부담 문제　503

제 9 절　관리처분계획의 변경　506

- I　관리처분계획의 변경절차 (경미한 사항의 변경)　506
- II　관리처분계획 변경의 효력　510
- III　주요부분이 실질적으로 변경된 경우 (소의 이익 없음)　513
- IV　결의요건 하자를 보완하기 위해 다시 총회결의를 거친 경우　520
- V　'사업시행계획 변경인가'와의 비교　522

제 10 절　관리처분계획의 효력을 다투는 소송　525

- I　개요　525
- II　관리처분계획의 절차적 하자(총회결의 하자 등)를 다투는 소송　529
- III　관리처분계획의 내용상 하자를 다투는 소송　537
- IV　수분양자 지위(수분양권) 확인소송은 허용되지 않음　541
- V　관리처분계획(인가)의 일부 취소　545
- VI　현금청산대상자의 소의 이익(원고적격) 문제　547

부록　　　　　　　　　　　　　　　　　　　　　　　　　　555

　Ⅰ　분양신청서 견본
　Ⅱ　분양신청 위임장

도표목차

표 1	법령명 약칭표	18
표 2	법령조항 인용례	19
표 3	매도청구권 비교표 [집합건물법 - 주택법 - 도시정비법(신·구)]	96
표 4	분양통지사항과 분양공고사항 비교표	111
표 5	2010.07.15. 개정조례와 2011.05.26. 개정조례의 주요 개정내용 비교	259
표 6	'조합원분양신청 제한'과 '재당첨 제한' 비교표	502
표 7	투기과열지구 정비사업의 조합원분양신청 및 재당첨 제한(종합 비교표)	502

Smart Reading Tips

I. 【법령】【해설】【판례】 3단계 구성

이 책의 내용은 크게 【법령】【해설】【판례】 3부분으로 구성되어 있다. 【해설】과 【법령】은 테두리를 두르고 배경색을 사용해 한눈에 구분할 수 있도록 했다. 【해설】은 연노랑, 【법령】은 회색을 사용했다. 【판례】는 테두리도 없고 배경색도 없다. ☞ 아래 기재례 참조

1. 【해설】 '건축법에 따른 리모델링'과 '주택법에 따른 리모델링'

> 리모델링은 건축물의 노후화 억제 또는 기능 향상 등을 위한 대수선·증축·개축 등의 행위를 말하는데, '건축법상의 리모델링'과 '주택법상의 리모델링' 사이에 상당한 차이가 있다.
> 도시정비법에서 "리모델링"은 위 둘을 모두 포함하는 개념이다(도시정비법 제58조 제1항).

2. 【법령】 전부개정 도시정비법 제4조(도시·주거환경정비기본계획의 수립)

> ① 특별시장·광역시장·특별자치시장·특별자치도지사 또는 시장은 관할 구역에 대하여 도시·주거환경정비기본계획(이하 "기본계획"이라 한다)을 10년 단위로 수립하여야 한다.

【법령】에 참조법령(하위법령, 조례·고시 등)을 추가할 때는 「☞」표시와 함께 흰색 배경을 사용했고, 【해설】을 덧붙일 때는 연노랑 배경색을 사용했다. 또한 법조문 중간중간에 독자의 이해를 돕기 위해 ☞ 1만㎡. 서울시조례 §6④ 와 같이 위해 필자의 도움말을 삽입한 경우가 있다. ☞ 아래 기재례 참조

3. 【법령】 전부개정 도시정비법 제15조(정비계획 입안을 위한 주민의견청취 등)

> ③ 제1항 및 제2항에도 불구하고 대통령령으로 정하는 경미한 사항을 변경하는 경우에는 주민에 대한 서면통보, 주민설명회, 주민공람 및 지방의회의 의견청취 절차를 거치지 아니할 수 있다.
>
> ☞ **전부개정법 시행령 제13조 제4항**
> ④ 법 제15조제3항에서 "대통령령으로 정하는 경미한 사항을 변경하는 경우"란 다음 각 호의 어느 하나에 해당하는 경우를 말한다.
>   1. 정비구역의 면적을 10퍼센트 미만의 범위에서 변경하는 경우(법 제18조에 따라 정비구역을 분할, 통합 또는 결합하는 경우를 제외한다)

4. 【시행령 별표 1】정비계획의 입안대상지역 [전부개정법 시행령 제 7 조 제 1 항 관련]

> 라. a) 셋 이상의 「건축법 시행령」 별표 1 제2호 가목에 따른 아파트 또는 같은 호 나목에 따른 연립주택이 밀집되어 있는 지역으로서 b) 법 제12조에 따른 안전진단 실시 결과 전체 주택의 3분의 2 이상이 재건축이 필요하다는 판정을 받은 지역으로서 c) 시·도조례로 정하는 면적[☞ 1만㎡, 서울시조례 §6④] 이상인 지역
>
> ☞ 라목에 따라 안전진단 결과 전체 주택의 3 분의 2 이상이 재건축이 필요하다는 판정을 받은 주택단지는 잔여건축물에 대하여 안전진단을 할 필요 없이 곧바로 정비계획을 입안할 수 있다(법 제 12 조 제 3 항 단서, 영 제 10 조 제 3 항 제 3 호).

II. 판례

판례는 "판례"라고 별도의 표시를 하지 않고, 언제나 알파벳 대문자(A, B, C, D, E)로 번호를 매기고 판례번호를 붙여 구분했다. ☞ 아래 기재례 참조

A. 도시정비법상 '하나의 주택단지'에 해당하는지 여부는 '하나의 사업계획으로 승인'을 받아 주택이 건설되거나 대지가 조성되었는지 여부에 의해 결정돼 ―대법원 2010.04.08. 선고 2009다10881 판결[소유권이전등기등]

> 【당사자】
>
> 【원고, 피상고인】 파동강촌주택재건축정비사업조합
> 【피고, 상고인】 피고 1 외 6 인

III. 법령·조례·정관 등 인용례

1. 법령명

법령명은 법제처 제정 약칭을 사용했다.

표 1 [법령명 약칭표]

기재례(약칭)	법령명
도시정비법	「도시 및 주거환경정비법」
소규모주택정비법	「빈집 및 소규모주택 정비에 관한 특례법」
도시재정비법	「도시재정비 촉진을 위한 특별법」
국토계획법	「국토의 계획 및 이용에 관한 법률」
집합건물법	「집합건물의 소유 및 관리에 관한 법률」
토지보상법	「공익사업을 위한 토지 등의 취득 및 보상에 관한 법률」

구 주촉법	「구 주택건설촉진법」
계약업무기준	「정비사업 계약업무 처리기준」[국토교통부 고시]
시공자선정기준	「정비사업의 시공자 선정기준」[국토교통부 고시(폐지)]
추진위원회 운영규정	「정비사업 조합설립추진위원회 운영규정」[국토교통부고시]

2. 조항 인용례

조항 표시는 아래와 같이 두 가지 방식을 사용했다.

표 2 [법령조항 인용례]

정식 인용례	약식 인용례
도시정비법 제 35 조	법 제 35 조
도시정비법 제 81 조 제 1 항 단서 제 2 호	법 §81①단 ii
도시정비법 시행령 제 35 조	영 제 35 조 제 1 항 제 1 호 (영 §37①i)
도시정비법 시행규칙 제 5 조	규칙 제 5 조
전부개정 도시정비법 (2017. 2. 7. 전부개정되어 2018. 2. 8.부터 시행된 도시정비법)	전부개정법

3. 구법령 표시례

개정일과 시행일이 다른 구법령은 시행일을 기준으로 표기했다. ☞ 아래 기재례 참조

> ☞ 제 1 호는 도시정비법 제정 당시부터 존재했으나, 제 2 호는 <u>2016. 7. 28. 개정법</u>(2016. 1. 27. 개정 법률 제 13912 호)에서 신설되었다.

4. 조례·자치법규 표시례

기재례(약칭)	조례·자치법규명
서울시 도시정비조례	「서울특별시 도시 및 주거환경정비 조례」
서울시조례	
조례	
(서울시) 표준선거관리규정	「서울특별시 정비사업 표준선거관리규정」 [서울특별시 고시]
정비사업전문관리업자 선정기준	「공공지원 정비사업전문관리업자 선정기준」 [서울특별시 고시]
설계자 선정기준	공공지원 설계자 선정기준

5. 종합정보관리시스템

서울시는 기존에 '클린업시스템', '분담금 추정 프로그램', '정비사업 e-조합 시스템'으로 구분하여 운영하던 정비사업관리시스템을 2021. 9.부터 "종합정보관리시스템"(https://cleanup.seoul.go.kr)으로 통합하여 "서울특별시 정비사업 정보몽땅"이라 명명했다. 따라서 구 조례/자치법규에서 "e-조합시스템", "클린업시스템"은 "서울특별시 정비사업 정보몽땅"을 지칭하는 것으로 이해하면 된다.

6. 정관·자치규정 표시례

전부개정법에 따른 표준정관은 부산을 제외하고는 아직 보급되지 않았다. 그래서 표준정관은 전부개정법 시행 전 국토교통부장관이 작성·보급한 「주택재개발정비사업조합 표준정관」과 「주택재건축정비사업조합 표준정관」을 사용하였다.

기재례(약칭)	조례·자치규정명
(추진위원회) 운영규정안	「정비사업 조합설립추진위원회 운영규정」에 별표로 첨부된 '운영규정안'
(추진위원회) 운영규정	(추진위원회) 운영규정안'을 토대로 개별 추진위원회에서 작성한 운영규정
선거관리규정(안)	「서울특별시 정비사업 표준선거관리규정」에 별표로 첨부된 「정비사업조합(조합설립추진위원회) 선거관리규정(안)」
재건축 표준정관	주택재건축정비사업조합 표준정관(국토교통부)
재개발 표준정관	주택재개발정비사업조합 표준정관(국토교통부)
정관	주택재건축정비사업조합 표준정관

정관의 배경색은 무색(흰색)을 사용했다. ☞ 아래 기재례 참조

7. [정관]재건축 표준정관 제8조(정관의 변경)

① 정관을 변경하고자 할 때에는 a) 조합원 5분의 1 이상, b) 대의원 과반수 또는 c) 조합장의 발의가 있어야 한다.

IV. 기타 Tips

1. 심리불속행, 상고기각, 파기환송, 파기자판

대법원의 재판은 ① 심리불속행 기각, ② 상고기각, ③ 파기환송, ④ 파기자판 등 4가지로 구분된다. ① '심리불속행기각'은 구체적 이유 제시 없이 "이유없음이 명백하다"는 부동부동문자로 상고를 기각하는 것이고(대부분의 상고사건은 심리불속행 기각으로 종결되며, 선고도 하지 않고 판결문만 보내준다), ② '상고기각'은

> 항소심재판이 정당하다고 구체적 이유를 붙여 상고를 기각하는 것이고, ③ '파기환송'은 항소심재판이 위법하다고 구체적 이유를 붙여 파기破棄하여 원심법원으로 하여금 다시 재판하라고 되돌려 보내는 것이고, ④ '파기자판'은 대법원이 항소심재판을 파기하면서 직접 최종 재판을 하는 경우이다.

2. "중대·명백한 하자는 아니다", "무효사유는 아니다" 라는 말의 의미

> 판례를 보다 보면 "중대·명백한 하자는 아니다", "무효사유는 아니다" 라는 말이 종종 나온다.
>
> 행정처분의 하자(위법사유)는 '취소사유'와 '무효사유'로 구분되는데, '중대하고 명백한 하자'만이 무효사유에 해당하고, 그 밖의 하자는 단순히 취소사유에 불과하다는 것이 판례이다. 행정처분에 대한 무효확인소송은 기간 제한 없이 제기할 수 있으나, 취소소송은 제소기간의 제한이 있다. 제소기간을 지나서 제기된 취소소송은 부적법한 소송으로서 각하된다.
>
> 따라서 소송당사자가 무효사유라고 주장하여 제소기간을 지나 '무효확인소송'을 제기했는데, 법원이 "중대·명백한 하자가 아니다" 또는 "무효사유가 아니다"라고 판단하면, 그 소송은 제소 기간을 위반한 것이 되어 각하된다. "중대·명백한 하자는 아니다", "무효사유는 아니다"는 이런 의미가 담겨 있는 말이다.

3. 행정소송의 제소기간

> 재개발·재건축사업과 관련해서 제기되는 소송 중 시장·군수등을 상대로 한 것은 전부 행정소송이고, 조합(사업시행자)을 상대로 한 것도 대부분 행정소송이다. 행정소송 중 특히 항고소송에 해당한다.
>
> 항고소송에는 취소소송과 무효확인소송이 있는데, 취소소송에는 제소기간의 제한이 있다. 취소소송의 제소기간은 처분이 있은 날부터 1년, 처분이 있음을 안 날부터 90 일이다. 제소기간을 지나서 제기된 취소소송은 부적법한 소송이므로, 본안심리도 받지 못하고 각하된다. 무효확인소송은 제소기간의 제한을 받지 않고 언제든 제기할 수 있다.
>
> (이상 행정소송법 제 3, 4, 20 조 참조.)

4. 법령 시행일 계산

> **〈법률 제 16383 호, 2019. 4. 23. 〉 부칙 제 1 조**
>
> "이 법은 공포 후 6 개월이 경과한 날부터 시행한다. 다만, 제 19 조제 2 항, 제 35 조제 4 항 및 제 69 조의 개정규정은 공포한 날부터 시행한다."
>
> ☞ 시행일을 계산할 때도 초일불산입 원칙이 적용되므로(따라서 공포일은 기간에 산입하지 않음) 위 개정법은 2019. 10. 24. 0 시부터 시행된다. 다만, 단서조항에 의해 제 19 조 제 2 항, 제 35 조 제 4 항 및 제 69 조의 개정규정은 2019. 4. 23. 부터 시행된다.

5. '이후'와 '후'; '이전'과 '전'

(1) 개념: "이후"와 "후", "이전"과 "전"은 의미가 다르다. ① "이전"은 "기준이 되는 때를 포함하여 그보다 앞"을 말하고, "전"은 기준이 되는 때를 포함하지 않는다. ② 마찬가지로 "이후"는 "기준이 되는 때를 포함하여 그보다 뒤"를 말하고, "후"는 기준이 되는 때를 포함하지 않는다. 도시정비법령에는 경과규정이 무척 많으므로 이는 매우 중요한 의미가 있는 차이이다.

(2) 예(1): 시행일이 2021. 3. 16.인 개정법률의 부칙에서 "제85조제4항 및 제5항의 개정규정은 이 법 시행 이후 협의를 요청하는 경우부터 적용한다"고 규정되어 있으면, 이 개정규정은 2021. 3. 16.을 포함하여 그보다 뒤에 협의를 요청하는 경우부터 적용된다. 법률은 시행일 0시부터 시행된다.

(3) 예(2): 시행일이 2019. 10. 24.인 법률에서,
"이 법 시행 후" = 2019. 10. 24. 0시부터 그 이후 = 2019. 10. 24. 이후(2019. 10. 24. 포함)
"이 법 시행 전" = 2019. 10. 24. 전 = 2019. 10. 23.까지 = 2019. 10. 23. 이전 = 2019. 10. 24. 0시가 되기 전까지(2019. 10. 24. 미포함)

6. '/'는 '또는(or)'을 의미함

"조합설립행위의 하자를 이유로 (민사소송으로 그 기본행위의 취소/무효확인을 구함은 별론으로 하고) 곧바로 인가처분의 취소/무효확인을 구할 수는 없다."

"집합건물법에 따른 재건축은 사업계획승인/건축허가와 공사완료 후 사용검사/사용승인을 받는 것 외에 달리 공법적 규제를 받지 않는다."

7. 문장 밖에 있는 (참조표시)의 의미

괄호 속 참조표시가 문장 밖에 있으면, 해당 참조표시가 그 앞의 모든 문장에 관계된다는 의미이다.

[예] "조합설립동의요건과 별도로, 일부 건축물을 존치 또는 리모델링하는 내용이 포함된 사업시행계획인가를 신청하기 위해서는 해당 건축물 소유자의 동의를 받아야 한다. 해당 건축물이 집합건물인 경우에는 a) 구분소유자의 3분의 2 이상의 동의와 b) 해당 건축물 연면적의 3분의 2 이상의 구분소유자의 동의를 받아야 한다. (법 제58조 제3항.)"

8. "재건축(주택)조합"과 "재건축정비사업조합"

이 책은 독자의 이해를 돕기 위해 거의 모든 판례에 당사자표시를 포함시켰는데, 조합 명칭이 "○○재건축(주택)조합"이면 구 주택건설촉진법에 따라 설립된 주택조합(비법인사단)이고, "○○재건축정비사업조합"이면 도시정비법에 따라 설립된 조합(법인)이다. 이 사실을 알고 있으면 판례를 좀더 쉽게 이해할 수 있다. 다만, 재건축(주택)조합이라고 해서 항상 구 주촉법이 적용되는 것은 아니니 착오 없으시기 바란다.

돈.되.법

제 1 장

조합설립 미동의자 등에 대한 매도청구

제1절 매도청구 입문
제2절 매도청구의 요건과 절차
제3절 매도청구의 효과 (매도가격 산정 등)
제4절 집합건물법에 따른 매도청구

"재건축사업에서는 건축물과 그 부속토지를 모두 소유한 사람만 토지등소유자가 될 수 있으므로 건축물과 토지 중 어느 하나만을 소유한 사람은 처음부터 동의권을 가진 토지등소유자가 아니다. 따라서 건축물과 토지 중 하나만을 소유한 사람은 모두 매도청구 대상이 된다."

I. 정비사업 시행을 위한 강제조치: 수용과 매도청구

제1절 매도청구 입문

I. 정비사업 시행을 위한 강제조치: 수용과 매도청구

A. 수용 (재개발사업)

1. **【해설】** 정비사업시행을 위한 강제조치: 수용(재개발)과 매도청구(재건축)

> 도시정비법은 정비사업에 참여하고 싶지 않은 토지등소유자로부터 토지와 건축물을 강제로 취득하기 위한 절차로 '수용'과 '매도청구' 라는 두 가지 절차를 마련해 놓고 있다.
>
> 수용은 재개발사업과 주거환경개선사업에서 사용되며 토지보상법이 준용된다. 재건축사업에서는 매도청구가 사용되며 토지보상법에 따른 수용·사용은 할 수 없는 것이 원칙이다. 다만, 예외적으로 천재지변 그 밖의 불가피한 사유로 공공시행자 또는 지정개발자가 긴급하게 재건축사업을 시행하는 경우(법 제 26 조 제 1 항 제 1 호 및 제 27 조 제 1 항 제 1 호)에는 재건축사업에서도 토지보상법에 따른 수용·사용을 할 수 있다(법 제 63 조, 제 64 조).
>
> 재개발사업에서 수용은 대부분 현금청산 과정에서 이루어지므로 수용에 관하여는 현금청산 부분에서 자세히 보기로 한다.
>
> ☞ 수용에 관한 자세한 내용은 돈.되.법 5 제 1 장 제 5 절을 참조하세요.

2. **【법령】** 전부개정 도시정비법 제 65 조(토지보상법의 준용)

> ① 정비구역에서 정비사업의 시행을 위한 토지 또는 건축물의 소유권과 그 밖의 권리에 대한 수용 또는 사용은 이 법에 규정된 사항을 제외하고는 「공익사업을 위한 토지 등의 취득 및 보상에 관한 법률」을 준용한다. 다만, 정비사업의 시행에 따른 손실보상의 기준 및 절차는 대통령령으로 정할 수 있다.
>
> ② 제 1 항에 따라 「공익사업을 위한 토지 등의 취득 및 보상에 관한 법률」을 준용하는 경우 사업시행계획인가 고시(시장·군수등이 직접 정비사업을 시행하는 경우에는 제 50 조 제 7 항에 따른 사업시행계획서의 고시를 말한다. 이하 이 조에서 같다)가 있은 때에는 같은 법 제 20 조 제 1 항 및 제 22 조 제 1 항에 따른 사업인정 및 그 고시가 있은 것으로 본다.
>
> ③ 제 1 항에 따른 수용 또는 사용에 대한 재결의 신청은 「공익사업을 위한 토지 등의 취득 및 보상에 관한 법률」 제 23 조 및 같은 법 제 28 조 제 1 항에도 불구하고 사업시

제 1 장 조합설립 미동의자 등에 대한 매도청구 / 제 1 절 매도청구 입문

> 행계획인가(사업시행계획변경인가를 포함한다)를 할 때 정한 사업시행기간 이내에 하여야 한다.

B. 매도청구 (재건축사업)

1. 【해설】「조합설립 미동의자등에 대한 매도청구」와 「현금청산대상자에 대한 매도청구」

> (1) 재건축사업에서 하는 매도청구는 ① 조합설립에 동의하지 않았거나, 시장·군수등, 토지주택공사등 또는 신탁업자를 사업시행자로 지정하는 데 동의하지 않은 사람을 상대로 하는 매도청구(법 제 64 조 제 1 항 제 1, 2 호)와 ② 조합설립에 동의하여 조합원이 되었으나, 그 후 분양신청을 하지 않아 현금청산대상자가 된 토지등소유자를 상대로 한 매도청구(법 제 73 조) 두 가지가 있다. 위 ①, ② 모두 해당 정비사업에 참여하고 싶지 않은 토지등소유자의 소유권을 사업시행자가 강제로 취득하는 절차이다.
>
> (2) 한편 재건축사업에서는 건축물과 그 부속토지를 모두 소유한 사람만 토지등소유자가 될 수 있으므로, 건축물과 토지 중 어느 하나만을 소유한 사람은 처음부터 동의권을 가진 토지등소유자가 아니다(법 제 2 조 제 9 호 나목). 따라서 건축물과 토지 중 어느 하나만을 소유한 사람은 모두 매도청구 대상이 된다(법 제 64 조 제 4 항).
>
> 현금청산대상자에 대한 매도청구에 관하여는 현금청산 부분에서 보기로 하고, 여기서는 조합설립 미동의자 등에 대한 매도청구에 관해서만 본다.
>
> ☞ 현금청산자에 대한 매도청구에 관하여는 돈.되.법 5 제 1 장 제 6 절을 참조하세요.

2. 【해설】 매도청구의 법적 성격과 해석 방법

> (1) 현금청산대상자에 대한 매도청구는 공용수용의 일종이며(대법원 2009. 3. 26. 선고 2008 다 21549,21556,21563 판결), 매도청구의 대가로 지급하는 매매대금은 손실보상금의 일종이다. 전부개정법 제 73 조 제 1 항은 재개발·재건축 구분 없이 "손실보상"이라는 말을 사용하여 이 점을 분명히 하고 있다.
>
> 그럼에도 매도청구를 둘러싼 법률관계는 사법상 법률관계이고 매도청구소송은 민사소송이라는 것이 대법원 판례이다(아래 참조).
>
> (2) 매도청구 조항은 합헌이나(헌재 2010. 12. 28. 2008 헌마 571 결정), 매도청구권의 기본권 제한성을 감안하면 이 규정을 적용함에 있어 그 행사요건을 엄격히 해석해야 하고, 함부로 유추해석하거나 확장해석하여서는 안 된다(대법원 2023. 11. 2. 선고 2022 다 290327, 2022 다 290334 판결).

I. 정비사업 시행을 위한 강제조치: 수용과 매도청구

3. 【해설】 조합설립인가/사업시행계획(인가)의 무효/취소에 따른 '매도청구의 소급적 무효'

> 매도청구의 법적 성격은 공용수용과 동일하므로, 매도청구권 행사 후 그 전제가 된 조합설립인가 또는 사업시행계획(인가)이 취소되거나 무효임이 확인되면 매도청구의 효과는 소급적으로 소멸한다. 이 경우 만일 매도청구의 확정판결에 따라 조합 명의로 이미 소유권이전등기가 마쳐졌다면, 원소유자는 조합을 상대로 그 말소등기를 청구할 수 있다.
>
> 따라서 이미 매도청구소송에서 패소판결을 받아 확정된 경우에도 조합설립인가 또는 사업시행계획(인가)의 무효확인을 구할 소의 이익이 인정된다(서울고등법원 2023. 11. 24. 선고 2022누44240 판결 참조).

C. 법 제71조와의 관계

1. 【해설】 소유자의 소재 확인이 곤란한 건축물 등에 대한 처분

> (1) 조합설립인가일(토지등소유자가 시행하는 재개발사업은 사업시행계획인가일) 등 현재 건축물 또는 토지의 소유자의 소재 확인이 현저히 곤란한 경우 사업시행자는 아래 ①, ②, ③의 요건을 모두 갖추어 정비사업을 시행할 수 있다(법 제71조 제1항).
>
>   ① 전국적으로 배포되는 둘 이상의 일간신문에 2회 이상 공고할 것.
>
>   ② 공고한 날부터 30일 이상이 지날 것
>
>   ③ 해당 건축물/토지의 감정평가액에 해당하는 금액을 법원에 공탁할 것
>
> (2) 이 경우 토지 또는 건축물의 감정평가에는 관리처분계획 수립을 위한 감정평가 방법이 준용되므로(법 제71조 제4항), a) 재개발사업에서는 시장·군수등이 선정한 2인 이상의 감정평가법인등이 평가한 금액을 산술평균하여 산정하고, b) 재건축사업에서는 시장·군수등이 선정한 1인 이상의 감정평가법인등과 조합총회의 의결로 선정한 1인 이상의 감정평가법인등이 평가한 금액을 산술평균하여 산정한다(법 제74조 제4항 제1호).

2. 【해설】 매도청구와의 관계

> 법 제71조 제1항은 사업시행자에게 해당 토지등의 소유권을 취득하게 하는 규정이 아니다. 따라서 사업시행자가 소재불명자 소유 토지등의 소유권을 취득하여 지장물을 철거하고 그 토지 위에 새로운 건축물을 설치하기 위해서는 수용 또는 매도청구를 통해 그 소유권을 취득하여야 한다. 그래서 법 제71조는 감정평가의 부담만 가중시킬 뿐 별 효용이 없는 규정이다.
>
> 한편 조합설립 동의를 받는 단계에서는 소재불명자는 영 제33조 제1항 제4호에 의해서 토지등소유자 또는 공유자의 수에서 제외된다.

제1장 조합설립 미동의자 등에 대한 매도청구 / 제1절 매도청구 입문

> ☞ 이에 관하여는 돈.되.법 1 제6장 제2절 Ⅵ.을 참조하세요.
>
> 결국 법 제71조는 정비사업 시행의 어떤 단계에서도 별 효용이 없는 규정이며, 실제로 사업시행자가 이 규정에 따라 감정평가를 하여 감정평가액을 공탁하고 정비사업을 시행하는 경우는 거의 찾아볼 수 없다.

3. 【해설】재건축사업에서 조합원 전체 공동소유 토지등의 처리

> 재건축사업을 시행하는 경우 조합설립인가일 현재 조합원 전체의 공동소유인 토지·건축물은 조합 소유의 토지·건축물로 보며, 이 경우 해당 토지·건축물의 처분에 관한 사항을 관리처분계획에 명시하여야 한다(법 제71조 제2, 3항).

4. 【법령】전부개정 도시정비법 제71조(소유자의 확인이 곤란한 건축물 등에 대한 처분)

> ① 사업시행자는 다음 각 호에서 정하는 날 현재 건축물 또는 토지의 소유자의 소재 확인이 현저히 곤란한 때에는 a) 전국적으로 배포되는 둘 이상의 일간신문에 2회 이상 공고하고, b) 공고한 날부터 30일 이상이 지난 때에는 c) 그 소유자의 해당 건축물 또는 토지의 감정평가액에 해당하는 금액을 법원에 공탁하고 정비사업을 시행할 수 있다.
>
>   1. 제25조에 따라 조합이 사업시행자가 되는 경우에는 제35조에 따른 조합설립인가일
>   2. 제25조제1항제2호에 따라 토지등소유자가 시행하는 재개발사업의 경우에는 제50조에 따른 사업시행계획인가일
>   3. 제26조제1항에 따라 시장·군수등, 토지주택공사등이 정비사업을 시행하는 경우에는 같은 조 제2항에 따른 고시일
>   4. 제27조 제1항에 따라 지정개발자를 사업시행자로 지정하는 경우에는 같은 조 제2항에 따른 고시일
>
> ② 재건축사업을 시행하는 경우 조합설립인가일 현재 조합원 전체의 공동소유인 토지 또는 건축물은 조합 소유의 토지 또는 건축물로 본다.
>
> ③ 제2항에 따라 조합 소유로 보는 토지 또는 건축물의 처분에 관한 사항은 제74조 제1항에 따른 관리처분계획에 명시하여야 한다.
>
> ④ 제1항에 따른 토지 또는 건축물의 감정평가는 제74조 제4항 제1호[☞ 관리처분계획 수립을 위한 감정평가]를 준용한다. <개정 2021. 3. 16.>

II. 조합설립 미동의자 등에 대한 매도청구

A. 개요

1. **【해설】 전부개정법에 따른 매도청구 절차 개요**

   (1) 사업시행자는 사업시행계획인가의 고시가 있은 후 30일 이내에 조합설립 동의 여부(또는 사업시행자 지정 동의 여부)의 회답을 서면으로 촉구하여야 한다(법 제64조 제1항). 즉, 전부개정법에 따른 매도청구는 사업시행계획인가 고시 후에만 할 수 있다.

   (2) 토지등소유자는 촉구서를 받은 날부터 2개월 이내에 회답하여야 하며, 이 기간 내에 회답하지 않으면 부동의한 것으로 간주된다(법 제64조 제2, 3항).

   (3) 위 회답기간(촉구서를 받은 날부터 2개월)이 지나면 사업시행자는 회답기간 만료일부터 2개월 이내에 매도청구를 해야 한다(법 제64조 제4항).

2. **【법령】 전부개정 도시정비법 제64조(재건축사업에서의 매도청구)**

   ① 재건축사업의 사업시행자는 a) 사업시행계획인가의 고시가 있은 날부터 30일 이내에 다음 각 호의 자에게 조합설립 또는 사업시행자의 지정에 관한 b) 동의 여부를 회답할 것을 서면으로 촉구하여야 한다.

   1. 제35조 제3항부터 제5항까지에 따른 조합설립에 동의하지 아니한 자

   2. 제26조 제1항 및 제27조 제1항에 따라 시장·군수등, 토지주택공사등 또는 신탁업자의 사업시행자 지정에 동의하지 아니한 자

   ② 제1항의 촉구를 받은 토지등소유자는 촉구를 받은 날부터 2개월 이내에 회답하여야 한다.

   ③ 제2항의 기간 내에 회답하지 아니한 경우 그 토지등소유자는 조합설립 또는 사업시행자의 지정에 동의하지 아니하겠다는 뜻을 회답한 것으로 본다.

   ④ 제2항의 기간이 지나면 사업시행자는 그 기간이 만료된 때부터 2개월 이내에 조합설립 또는 사업시행자 지정에 동의하지 아니하겠다는 뜻을 회답한 토지등소유자와 건축물 또는 토지만 소유한 자에게 건축물 또는 토지의 소유권과 그 밖의 권리를 매도할 것을 청구할 수 있다.

3. **【해설】 구법에서의 매도청구**

   전부개정법은 집합건물법 제48조를 준용하지 않고, 매도청구의 요건과 절차를 직접 규정하고 있으나, 전부개정 전 구 도시정비법에서 매도청구는 집합건물법 제48조를 준용

해서 이루어졌다. 다만, 동 규정의 "재건축결의"를 "조합설립동의"로 보므로(구법 제 39 조 단서), 조합설립 후(조합설립은 설립등기로 완성되므로 조합설립 등기 후)에 매도청구 절차를 시작할 수 있었다. 집합건물법 제 48 조에 따른 매도청구에 관하여는 아래 제 1 장 제 4 절에서 따로 자세히 본다.

전부개정법은 2018. 2. 9. 이후 최초로 조합설립인가를 신청한 경우(또는 사업시행자를 지정하는 경우)부터 적용되므로, 2018. 2. 9. 이전에 이미 조합설립인가를 신청한 경우(또는 사업시행자를 지정한 경우)에는 구법에 따라 집합건물법 제 48 조를 준용하여 매도청구권을 행사하여야 한다.

< 전부개정법에 따른 매도청구와 구법(집합건물법)에 따른 매도청구의 차이 >

집합건물법 제 48 조에는 ① 명도기한 허여에 관한 조항(1 년 이내의 범위에서 건물 명도에 적당한 기간을 허락할 수 있도록 한 것. 제 5 항)과 ② 환매청구권 조항(제 6 항)이 있으나, 전부개정법에는 이런 규정들이 없다.

4. 【구법】구 도시정비법 제 39 조(매도청구)

사업시행자는 주택재건축사업 또는 가로주택정비사업을 시행할 때 다음 각 호의 어느 하나에 해당하는 자의 토지 또는 건축물에 대하여는 「집합건물의 소유 및 관리에 관한 법률」 제 48 조의 규정을 준용하여 매도청구를 할 수 있다.

이 경우 재건축결의는 조합 설립에 대한 동의(제 3 호의 경우에는 사업시행자 지정에 대한 동의를 말한다)로 보며, 구분소유권 및 대지사용권은 사업시행구역의 매도청구의 대상이 되는 토지 또는 건축물의 소유권과 그 밖의 권리로 본다. <개정 2009.2.6, 2012.2.1, 2015.9.1>

　1. 제 16 조 제 2 항 및 제 3 항에 따른 조합 설립의 동의를 하지 아니한 자

　2. 건축물 또는 토지만 소유한 자(주택재건축사업의 경우만 해당한다)

　3. 제 8 조 제 4 항에 따라 시장·군수, 주택공사등 또는 신탁업자의 사업시행자 지정에 동의를 하지 아니한 자

5. 【해설】소규모주택정비사업에서의 매도청구

소규모주택정비사업에서는 ① 가로주택정비사업(소규모주택정비법 제 35 조의 2 에 따라 수용할 수 있는 경우는 제외)과 ② 소규모재건축사업에서 매도청구가 이루어진다(소규모주택정비법 제 35 조). 한편, ③ 관리지역에서 시행하는 자율주택정비사업에서는 토지등소유자 8/10 이상 및 토지면적 2/3 이상의 토지소유자 동의를 받아 주민합의체를 구성할 수 있는바(동법 제 22 조 제 3 항), 이 경우 주민합의체 구성에 동의하지 않은 자에 대하여 매도청구가 이루어진다(동법 제 35 조 제 2 항).

II. 조합설립 미동의자 등에 대한 매도청구

> ☞ 소규모주택정비사업에서의 수용과 매도청구에 관하여는 돈.되.법 5 제 1 장 제 1 절 II.를 참조하세요.

6. 【법령】소규모주택정비법 제 35 조(매도청구)

① 가로주택정비사업(제 35 조의 2 에 따라 토지·물건 및 권리를 수용 또는 사용할 수 있는 경우는 제외한다) 또는 소규모재건축사업의 사업시행자(토지등소유자가 시행하는 경우는 제외한다)는 제 26 조에 따른 심의[☞ 건축심의] 결과를 받은 날부터 30 일 이내에 다음 각 호의 자에게 조합설립 또는 사업시행자의 지정에 동의할 것인지 여부를 회답할 것을 서면으로 촉구하여야 한다. <개정 2021. 7. 20.>

  1. 제 23 조제 1 항·제 2 항·제 4 항 및 제 5 항에 따른 조합설립에 동의하지 아니한 자

  2. 제 18 조제 1 항 및 제 19 조제 1 항에 따라 시장·군수등, 토지주택공사등 또는 지정개발자 지정에 동의하지 아니한 자

② 제 22 조제 3 항에 따라 관리지역에서 시행하는 자율주택정비사업의 사업시행자는 주민합의체 구성에 동의하지 아니한 자에 대하여 주민합의체 구성에 동의할 것인지 여부를 회답할 것을 서면으로 촉구하여야 한다. <신설 2021. 7. 20.>

③ 제 1 항 또는 제 2 항의 촉구를 받은 토지등소유자는 촉구를 받은 날부터 60 일 이내에 회답하여야 한다. <개정 2021. 7. 20.>

④ 제 3 항의 기간 내에 회답하지 아니한 토지등소유자는 주민합의체 구성, 조합설립 또는 사업시행자의 지정에 동의하지 아니하겠다는 뜻을 회답한 것으로 본다. <개정 2021. 7. 20.>

⑤ 사업시행자는 제 3 항에 따른 기간이 만료된 때부터 60 일 이내에 주민합의체 구성, 조합설립 또는 사업시행자 지정에 동의하지 아니하겠다는 뜻을 회답한 토지등소유자와 건축물 또는 토지만 소유한 자에게 건축물 또는 토지의 소유권과 그 밖의 권리를 매도할 것을 청구할 수 있다. <개정 2021. 7. 20.>

7. 【해설】매도청구소송의 주요쟁점

(1) 매도청구소송의 주요 쟁점은 ① 사업시행자가 매도청구권 발생의 실체적 요건을 모두 갖추었는지, ② 매도청구권 행사를 위한 절차적 요건을 준수하였는지 및 ③ 매도가격의 산정(감정평가) 등 3 가지이다.

(2) 매도청구권 발생의 실체적 요건은 a) 조합설립인가와 사업시행인가의 고시가 있을 것, b) 피고가 조합설립 미동의자 등일 것 등이다.

제 1 장 조합설립 미동의자 등에 대한 매도청구 / 제 1 절 매도청구 입문

> (3) 매도청구권 행사를 위한 절차적 요건은 a) 사업시행계획인가 고시 후 30 일 이내 동의 여부 회답 촉구, b) 2 개월 이내 회답, c) 회답기간 후 2 개월(제척기간) 내 매도청구권 행사 등이다.
>
> (4) 매도가격의 산정에서는 a) 가격산정의 기준시점과 b) 개발이익 포함 여부 및 그 산정 방법이 주된 쟁점이다.

B. [비교] 구 주택건설촉진법에 따른 주택재건축사업에서의 매도청구

> 주택건설촉진법에는 매도청구조항이 없었으므로, 집합건물법 제 48 조에 따라 매도청구권을 행사하였다. 집합건물법 제 48 조 제 4 항은 재건축에 참여하는 구분소유자 또는 구분소유자 전원의 합의로 지정한 '매수지정자'가 매도청구권을 행사하도록 하는바, 재건축조합이 구분소유자 전원의 합의로 매수지정자로 지정받아 매도청구권을 행사하였다.

C. [비교] 주택법에 따른 주택건설사업에서의 매도청구

1. 【법령 및 해설】주택법 제 22 조(매도청구 등)

> ① 제 21 조 제 1 항 제 1 호에 따라 사업계획승인을 받은 사업주체는 다음 각 호에 따라 해당 주택건설대지 중 사용할 수 있는 권원을 확보하지 못한 대지(건축물을 포함한다. 이하 이 조 및 제 23 조에서 같다)의 소유자에게 그 대지를 시가(市價)로 매도할 것을 청구할 수 있다.
> 이 경우 매도청구 대상이 되는 대지의 소유자와 매도청구를 하기 전에 3 개월 이상 협의를 하여야 한다.
>   1. 주택건설대지면적의 95 퍼센트 이상의 사용권원을 확보한 경우: 사용권원을 확보하지 못한 대지의 모든 소유자에게 매도청구 가능
>   2. 제 1 호 외의 경우: 사용권원을 확보하지 못한 대지의 소유자 중 지구단위계획구역 결정고시일 10 년 이전에 해당 대지의 소유권을 취득하여 계속 보유하고 있는 자(대지의 소유기간을 산정할 때 대지소유자가 직계존속·직계비속 및 배우자로부터 상속받아 소유권을 취득한 경우에는 피상속인의 소유기간을 합산한다)를 제외한 소유자에게 매도청구 가능
>
> ☞ 매도청구는 사업계획승인을 받은 사업주체만이 할 수 있으므로, 사업계획승인 고시일로부터 5 일이 지난 뒤에 매도청구를 위한 협의공문을 발송할 수 있다. 사업주체는 협의공문이 도달한 후 3 개월의 협의기간이 지난 뒤 2 개월 내에 매도청구를 해야 한다(집합건물법 제 48 조 제 4 항).

② 제1항에도 불구하고 제66조 제2항에 따른 리모델링의 허가를 신청하기 위한 동의율을 확보한 경우 리모델링 결의를 한 리모델링주택조합은 그 리모델링 결의에 찬성하지 아니하는 자의 주택 및 토지에 대하여 매도청구를 할 수 있다. <개정 2020.1.23>

☞ 개정전 규정: "② 제11조 제1항에 따라 인가를 받아 설립된 리모델링주택조합은 그 리모델링 결의에 찬성하지 아니하는 자의 주택 및 토지에 대하여 매도청구를 할 수 있다."

③ 제1항 및 제2항에 따른 매도청구에 관하여는 「집합건물의 소유 및 관리에 관한 법률」 제48조를 준용한다. 이 경우 구분소유권 및 대지사용권은 주택건설사업 또는 리모델링사업의 매도청구의 대상이 되는 건축물 또는 토지의 소유권과 그 밖의 권리로 본다.

☞ 주택법에 따른 매도청구도 집합건물법 제48조를 준용하여 이루어진다.

2. 【법령】 주택법 제23조(소유자를 확인하기 곤란한 대지 등에 대한 처분)

① 제21조 제1항 제1호에 따라 사업계획승인을 받은 사업주체는 해당 주택건설대지 중 사용할 수 있는 권원을 확보하지 못한 대지의 소유자가 있는 곳을 확인하기가 현저히 곤란한 경우에는 전국적으로 배포되는 둘 이상의 일간신문에 두 차례 이상 공고하고, 공고한 날부터 30일 이상이 지났을 때에는 제22조에 따른 매도청구 대상의 대지로 본다.

② 사업주체는 제1항에 따른 매도청구 대상 대지의 감정평가액에 해당하는 금액을 법원에 공탁(供託)하고 주택건설사업을 시행할 수 있다.

③ 제2항에 따른 대지의 감정평가액은 사업계획승인권자가 추천하는 「감정평가 및 감정평가사에 관한 법률」에 따른 감정평가업자 2명 이상이 평가한 금액을 산술평균하여 산정한다. <개정 2016.1.19.>

3. 【법령】 주택법 제21조(대지의 소유권 확보 등)

② 사업주체가 제16조 제2항에 따라 신고한 후 공사를 시작하려는 경우 사업계획승인을 받은 해당 주택건설대지에 제22조 및 제23조에 따른 매도청구 대상이 되는 대지가 포함되어 있으면 해당 매도청구 대상 대지에 대하여는 그 대지의 소유자가 매도에 대하여 합의를 하거나 매도청구에 관한 법원의 승소판결(판결이 확정될 것을 요하지 아니한다)을 받은 경우에만 공사를 시작할 수 있다.

제2절 매도청구의 요건과 절차

I. 유효한 조합설립인가 및 사업시행계획인가·고시

A. 【해설】 매도청구의 시점 (사업시행계획인가 고시 후)

> 구법에서는 조합설립인가 및 설립등기 후 바로 매도청구 절차를 진행할 수 있었으나, 전부개정법에서는 사업시행계획인가의 고시가 있은 후에 비로소 매도청구권을 행사할 수 있다(법 제64조 제1항).
>
> 따라서 전부개정법이 적용되는 매도청구소송에서는 피고는 조합설립인가와 사업시행계획(인가)의 하자를 모두 주장할 수 있다. 다만, 조합설립인가와 사업시행계획(인가)의 하자로 매도청구가 위법하다는 주장을 하기 위해서는 조합설립인가, 사업시행계획 또는 사업시행계획인가 처분이 적법하게 취소되었거나 그 하자가 중대하고 명백하여 당연무효라는 것을 주장·입증하여야 한다(대법원 2010. 4. 8. 선고 2009다10881 판결 참조). 단순히 「조합설립인가/사업시행계획(인가)이 위법하므로 매도청구도 위법하다」는 주장은 허용되지 않는다.
>
> 따라서 ① 아직 사업시행계획(인가)에 대한 제소기간이 남아 있다면, 사업시행계획(인가)에 대한 취소소송을 반드시 제기하여야 하고, ② 조합설립인가 또는 사업시행계획(인가)이 무효라고 주장하는 경우에는 조합설립인가 또는 사업시행계획(인가)에 대한 무효확인소송을 제기함과 동시에 집행정지신청을 하고 매도청구소송에서 무효확인소송의 본안판결시까지 변론기일 추정신청을 해야 한다.

B. ① 매도청구소송에서 조합설립결의에서 정한 비용분담에 관한 사항 등이 구체성을 결여하여 위법하다는 점을 근거로 매도청구의 적법성을 다투기 위해서는, 그로 인하여 조합설립인가처분이 적법하게 취소되었거나 당연무효임을 주장·입증하여야 해; ② 조합설립인가처분이 적법하게 취소되었거나 당연무효인지를 가려보지 않고, 단지 조합설립결의에서 정한 비용분담에 관한 사항이 구체성을 결여하여 무효라는 이유만으로 매도청구를 기각한 원심판결을 파기한 사례 ―대법원 2010.05.27. 선고 2009다95578 판결[소유권이전등기]

【당사자】

> 【원고, 상고인】 수성1가주택재건축정비사업조합
>
> 【피고, 피상고인】 망 소외인의 소송수계인 피고 1 외 6인

1. 법리

구 도시정비법 제39조에서는, 사업시행자는 주택재건축사업을 시행하면서 제16조 제2항 및 제3항의 규정에 의한 조합 설립의 동의를 하지 아니한 자(건축물 또는 토지만 소유한 자를 포함한다, 이하 같다)의 토지 및 건축물에 대하여는 집합건물법 제48조의 규정을 준용하여 매도청구를 할 수 있다고 규정하고 있는바, 주택재건축사업에서의 사업시행자인 정비사업조합은 관할 행정청의 조합설립인가와 등기에 의해 설립되고, 조합 설립에 대한 토지 등 소유자의 동의(이하 '조합설립결의'라 한다)는 조합설립인가처분이라는 행정처분을 하는 데 필요한 절차적 요건 중 하나에 불과하므로, 조합설립결의에 하자가 있다 하더라도 그로 인해 조합설립인가처분이 취소되거나 당연무효로 되지 않는 한 정비사업조합은 여전히 사업시행자로서의 지위를 갖는다(대법원 2009. 9. 24. 선고 2008다60568 판결 등 참조).

따라서 재건축정비사업조합이 조합 설립에 동의하지 않은 자 등에 대해 매도청구권을 행사하여 그에 따른 소유권이전등기절차 이행 등을 구하는 소송을 제기한 경우 그 소송절차에서 조합 설립에 동의하지 않은 자 등이 조합설립결의에서 정한 비용분담에 관한 사항 등이 구체성을 결여하여 위법하다는 점을 근거로 매도청구권 행사의 적법성을 다툴 수 있기 위해서는, 그와 같은 사정으로 조합설립결의가 효력이 없다는 것만으로는 부족하고 나아가 그로 인해 조합설립인가처분이 적법하게 취소되었거나 그 하자가 중대·명백하여 당연무효임을 주장·입증하여야 한다.

2. 원심판결의 위법함

그럼에도 원심은, 이 사건 매도청구권이 조합설립결의가 유효하게 성립되어야 비로소 발생한다는 전제하에 이 사건 조합설립인가처분이 적법하게 취소되었거나 당연무효인지를 가려보지 아니한 채 단지 이 사건 조합설립결의에서 정한 비용분담에 관한 사항이 구체성을 결여하여 그 결의가 효력이 없다는 이유만으로 원고 조합의 매도청구를 기각하였는바,

이러한 원심판결에는 주택건축정비사업조합의 매도청구권 행사에 관한 법리를 오해하여 판결에 영향을 미친 위법이 있다. 이 점을 지적하는 상고이유의 주장은 이유 있다.

☞ [같은 취지 판례] 대법원 2010. 4. 8. 선고 2009다93923 판결; 대법원 2010.07.15. 선고 2009다63380 판결

II. 매도청구의 상대방

> 매도청구의 상대방은 ① 조합설립에 동의하지 않은 토지등소유자 및 ② 건축물 또는 토지만을 소유한 자이다(법 제64조 제4항).

제 1 장 조합설립 미동의자 등에 대한 매도청구 / 제 2 절 매도청구의 요건과 절차

A. 개요

1. 【해설】 토지등소유자가 매도청구소송 진행 중에 조합설립에 동의하는 경우

> 재건축 표준정관은 「조합설립에 동의하지 아니한 자는 분양신청기한까지 동의서를 조합에 제출하여 조합원이 될 수 있다」는 취지의 규정을 두고 있다(표준정관 제 9 조 제 1 항 참조).
>
> 정관에 이 규정을 둔 사업장에서는 매도청구소송의 상대방이 분양신청기간이 끝나기 전까지 조합에 동의서를 제출하고 분양신청을 하면, 그 사람은 더이상 매도청구의 상대방이 아니므로 매도청구가 기각된다.
>
> ☞ 미동의 토지등소유자의 분양신청 문제에 관하여는 제 2 장 제 2 절 II. 참조.

2. 【해설】 당초 재건축결의를 보완하는 새로운 재건축결의에 부동의한 토지등소유자 문제

> **(1) 조합원 지위를 유지하는 것이 원칙:** 조합이 당초 설립결의를 보완하기 위해 새로운 재건축결의를 하는 과정에서 <u>당초 동의했던 토지등소유자가 새로운 재건축결의에 동의하지 않더라도 조합원 지위를 상실하지 않는 것이 원칙이다.</u> 따라서 '1 차 재건축결의'에 동의한 토지등소유자로부터 아파트를 매수한 사람은 그 후 새로 작성한 동의서 양식에 의한 '제 2 차 재건축결의'에 동의하지 않았어도 조합원지위를 잃지 않는다. (이상 대법원 2013. 11. 28. 선고 2012 다 110477, 110484 판결.)
>
> 그러므로 조합은 그를 상대로 매도청구권을 행사할 수 없으며, <u>설령 그를 상대로 매도청구소송을 제기해 승소 확정판결을 받아도, 그는 조합원 지위를 잃지 않는다</u>(소유권이전등기청구권의 존재에 대하여 기판력이 생길 뿐임). 그러나 만약 조합이 확정판결에 기하여 <u>매매대금을 지급하고 소유권이전등기를 마쳤다면 그는 조합원 지위를 상실한다.</u> (이상 대법원 2012. 11. 15. 선고 2010 다 95338 판결.)
>
> **(2) 조합원 지위를 상실하는 경우:** 「추가결의가 당초결의를 대체하기 위한 조합설립변경결의에 해당하고, 처음 조합설립인가신청을 할 때와 동일한 요건과 절차를 거쳐 조합설립변경인가신청을 하여 조합설립변경인가처분을 받은 경우」에는 종전의 조합설립인가처분은 실효되고 조합설립변경인가처분만이 존속하므로, 추가결의에 동의하지 않은 사람은 조합원의 지위를 상실한다고 볼 여지가 있다(대법원 2012. 11. 15. 선고 2010 다 95338 판결).

B. ① 매도청구의 상대방은 대외적인 법률상 처분권을 갖고 있는 등기부상 소유자야; ② 아파트를 이미 제 3 자에게 분양했으나, 일부 잔대금 청산이 완결되지 않아 소유권보존등기가 아직 분양자 명의로 남아 있는 경우, 매도청구권의 상대방은 분양자임 ―대법원 2000.06.23. 선고 99 다 63084 판결[소유권이전등기등]

II. 매도청구의 상대방

【당사자】

[원고,피상고인]태평동 제2 재건축주택조합

[피고,상고인]대한주택공사

<u>피고가 피고 소유의 아파트를 이미 제 3 자에게 분양하여 그의 일부 잔대금 청산이 완결될 때까지만 그의 소유권을 보유하고 있는 상태라고 하더라도, 그의 소유권보존등기가 아직 피고 명의로 남아 있는 이상 피고는 대외적으로 그 아파트의 처분권을 갖고 있는 적법한 소유자라고 할 것이고, 집합건물의소유및관리에관한법률(아래에서는 '법'이라고 쓴다) 제 48 조에 정한 매도청구권은 대외적인 법률상의 처분권을 갖고 있는 등기부상 소유자에게 행사하여야 할 것이므로 원고가 이 사건에서 피고를 상대방으로 삼아 매도청구권을 행사한 것은 적법하며,</u>

C. ① 당초 결의를 보완하는 취지의 새로운 재건축결의를 하는 과정에서 당초 조합설립에 동의한 토지등소유자가 새로운 재건축결의에 동의하지 않았어도 조합원 지위를 잃지 않음; ② 따라서 그를 상대로 매도청구권을 행사할 수 없으며; ③ 그를 상대로 매도청구소송을 제기해 승소 확정판결을 받았어도, 소유권이전등기청구권의 존재에 대하여 기판력이 생길 뿐 그들은 조합원 지위를 잃지 않는다(만약 조합이 매매대금을 지급하고 소유권이전등기를 마쳤다면 조합원 지위가 소멸함); ④ 다만 「<u>추가결의가 당초결의를 대체하기 위한 조합설립변경결의에 해당하고, 처음 조합설립인가신청을 할 때와 동일한 요건과 절차를 거쳐 조합설립변경인가신청을 하여 조합설립변경인가처분을 받은 경우</u>」에는 추가결의에 동의하지 않은 사람은 조합원 지위를 상실한다고 볼 여지가 있다 —대법원 2012. 11. 15. 선고 2010 다 95338 판결[총회결의무효확인]

【당사자】

【원고, 상고인】 원고 1 외 38 인
【피고, 피상고인】 만수종합쇼핑재건축정비사업조합

1. 법리

가. 당초 결의를 보완하는 새 재건축결의에 동의하지 않아도 조합원 지위를 상실하지 않음

따라서 재건축정비사업조합이 조합설립 인가 전의 조합설립결의에 하자가 있다는 주장에 대비하여 <u>당초 결의를 보완하는 취지의 새로운 재건축결의를 하는 과정에서, 당초 조합 설립에 동의하였던 토지 등 소유자들이 새로운 재건축결의에 동의하지 아니하였다고 하여 그 토지 등 소유자들이 새삼 '조합 설립의 동의를 하지 아니한 자'에 해당하게 되어 조합원 지위를 상실하게 되는 것은 아니다</u>(대법원 2011. 1. 13. 선고 2010 다 57824 판결 등 참조).

나. 따라서 그를 상대로 매도청구권을 행사할 수 없음

따라서 조합설립인가 전에 조합설립에 동의한 토지 등 소유자는 그 소유부동산을 양도하였다는 등 특별한 사정이 없는 한, 분양신청기간 만료일까지 분양신청을 하지 아니하여 현금청산대상자가 되지 않는 이상 조합원 지위를 유지한다 할 것이므로 그에 대해서는 도시정비법 제39조에 따른 매도청구권을 행사할 수 없다고 할 것이다.

2. 원심이 인정한 사실

원심은 그 판시와 같은 채용 증거들을 종합하여,

① 이 사건 상가의 구분소유자들은 2005. 3. 20. 창립총회를 개최하여 조합설립, 재건축결의의 건 등을 결의하고(이하 이 결의를 '당초결의'라 한다), 2005. 5. 4. 조합설립인가처분을 받은 사실,

② 피고 조합은 그 후 위 당초결의의 효력에 대하여 조합원들 사이에 다툼이 생기자 2006. 8. 13. 임시총회를 개최하여 새로운 내용의 재건축결의의 건 등을 결의하고(이하 이 결의를 추가결의라 한다), 그 무렵부터 2007. 2. 23.경까지 위 추가결의에 대한 서면동의를 받았는데, 당초결의에 동의하였던 토지 등 소유자 중 소외 1 등 15 명의 구분소유자들이 위 추가결의에는 동의하지 아니한 사실,

③ 피고 조합은 이를 이유로 소외 1 등 15 명의 구분소유자들을 상대로 매도청구를 하고 소유권이전등기청구소송을 제기하여 승소 확정판결을 받은 사실 등을 인정하였다.

3. 대법원의 판단 (파기환송)

가. 추가결의에 동의하지 않아도 조합원 지위 상실하지 않아

그러나 앞에서 본 법리에 비추어 보면, 당초결의 당시 조합설립에 동의하여 피고 조합의 조합원 지위를 취득한 소외 1 등 15 명의 구분소유자들이 조합설립인가처분 후에 한 추가결의에 동의하지 않았다고 하더라도 그러한 사정만으로 새삼 '조합 설립의 동의를 하지 아니한 자'에 해당하게 되어 조합원 지위를 상실하게 된다고 볼 수 없다.

나. 임의탈퇴의 불허

또한 기록상 소외 1 등 15 명의 구분소유자들이 피고 조합에서 임의탈퇴할 의사를 표시하였다고 인정할 만한 자료를 찾아볼 수 없을 뿐만 아니라, 피고 조합의 정관 제 11 조 제 4 항이 "조합원은 임의로 탈퇴할 수 없다. 다만 부득이한 사유가 발생한 경우 총회의결에 따라 탈퇴할 수 있다."고 규정하고 있음에 비추어, 설령 그러한 의사표시가 있었다고 하더라도 위 정관상의

임의탈퇴 요건을 갖추지 아니하는 한 임의탈퇴의 효력이 생긴다고 볼 수도 없다.

다. 조합원에 대한 매도청구권 행사는 무효 (승소 확정판결을 받았어도)

한편 매도청구권은 조합설립에 동의하지 아니한 자에 대해서만 행사할 수 있으므로(도시정비법 제39조) 조합원에 대해서는 이를 행사하더라도 그 본래의 효력이 발생할 수 없다. 따라서 피고 조합이 위와 같이 조합원 자격을 가진 15명의 구분소유자들을 상대로 매도청구권을 주장하는 소송을 제기하여 승소 확정판결을 받았더라도 그 판결은 피고 조합이 위 15명에 대하여 소유권이전등기청구권을 취득한 점에 대하여 기판력이 생길 뿐, 그들의 조합원 지위를 상실시키거나 형성권으로서의 매도청구권의 행사에 의한 매매계약 체결의 효력을 발생시키는 효력은 없다. 또한 만약 피고 조합이 위 확정판결에 기하여 그 매매대금을 지급하고 위 15명의 구분소유자들이 소유한 부동산을 매수하였다면 그로써 조합원 지위도 소멸되겠지만 기록상 그러한 사정도 나타나 있지 않다.

위와 같이 볼 때, 소외 1 등 15명의 구분소유자들은 이 사건 결의 당시 조합원의 지위를 상실하지 않고 계속 보유하고 있었으니, 결국 이 사건 결의는 원심이 인정한 피고 조합의 조합원 총수 136명에 위 소외 1 등 구분소유자 15명을 합한 총 151명 중 69명의 조합원만이 출석하여 의사정족수를 충족하지 못한 것이므로 무효라고 볼 여지가 있다.

라. 원심판결의 위법함

원심이 이와 달리 그 판시와 같은 사정만으로 소외 1 등 15명의 구분소유자들이 조합에서 임의탈퇴하였다거나 조합원의 지위를 상실하였다고 단정한 후 이 사건 결의가 의사정족수를 충족하였다고 판단한 데에는, 조합원의 임의탈퇴나 조합원의 지위 상실 등에 관한 법리를 오해하여 판결에 영향을 미친 위법이 있다. 이 점을 지적하는 상고이유의 주장은 이유 있다.

마. 당초결의를 '대체'하기 위한 변경결의라면 조합원 지위를 상실한 것으로 볼 수 있음

다만 피고 조합의 위 추가결의가 당초결의를 대체하기 위한 조합설립변경결의에 해당하고, 피고 조합이 그 결의에 터잡아 처음 조합설립인가신청을 할 때와 동일한 요건과 절차를 거쳐 조합설립변경인가신청을 하여 조합설립변경인가처분을 받은 경우에는 사정이 달라질 수 있다. 그 때는 그 변경인가의 내용이 경미한 사항뿐이어서 당초의 조합설립인가처분에 실질적 변경이 없다거나 조합설립변경인가처분이 취소되거나 당연무효라는 등의 특별한 사정이 없는 한, 종전의 조합설립인가처분은 실효되고 조합설립변경인가처분만이 존속하게 되므로, 추가결의에 동의하지 아니한 소외 1 등 15명의 구분소유자들은 조합원의 지위를 상실한 것으로 볼 여지가 있다.

따라서 원심으로서는 위와 같은 사항들에 대하여도 아울러 심리한 후 이 사건 결의 당시

제1장 조합설립 미동의자 등에 대한 매도청구 / 제2절 매도청구의 요건과 절차

소외 1 등 15명의 구분소유자들이 피고 조합의 조합원 지위에 있는지 여부를 가려 이 사건 결의가 정관에서 규정한 의사정족수 요건을 충족하였는지 여부를 판단할 필요가 있음을 지적하여 둔다.

D. ① 조합설립 미동의자의 토지와 건물이 정비구역 경계선에 걸쳐 있어 그 중 일부만이 정비구역 내에 편입된 경우에는 <u>정비구역에 편입된 부분에 대해서도 매도청구권을 행사할 수 없어</u> ② 이 경우 조합은 피고 소유 토지등 전부를 정비구역에 포함시키거나 또는 이를 전부 제외하는 정비구역 변경지정(경미한 사항)을 하여 사업을 정상적으로 진행할 수 있다 ─서울중앙지방법원 2008. 11. 18. 선고 2008나14472 판결[매도청구등] (심리불속행 기각).

【당사자】

원고, 항 소 인 정금마을 주택재건축정비사업조합
피고, 피항소인 평화선교회

1. 인정사실

다음 각 사실은 당사자 사이에 다툼이 없거나, 갑 2호증의 2, 갑 3호증의 각 기재, 감정인 A의 측량감정결과에 변론 전체의 취지를 종합하여 인정할 수 있다.

가. 서울특별시장은 2006. 3. 16. 도시 및 주거환경정비법 제4조 제2항의 규정에 의하여 서울 동작구 동작동 58-1 일대 48,251 ㎡를 '동작동 58-1번지 일대(정금마을) 주택재건축 정비구역'(이하 '이 사건 정비구역'이라 한다)으로 지정·고시하였다.

나. 원고는 2006. 7. 24. 동작구청장으로부터 위 법 제16조의 규정에 의하여 조합설립인가를 받았다.

다. <u>별지 목록 1 기재 부동산(토지) 중 청구취지 기재와 같이 별지 도면 가 부분 91 ㎡, 별지 목록 2 기재 부동산(건물) 중 청구취지 기재와 같이 별지 도면 표시 나, 다, 라 부분 건물 일부와 계단, 창고 중 일부가 이 사건 정비구역 내에 포함되어 있다.</u>

라. 피고는 별지 목록 기재 각 부동산의 소유자이다.

2. 원고의 주장

예비적으로, 피고가 원고 조합 설립에 동의하지 않고 있어, 원고가 피고에게 도시 및 주거환경정비법 제39조, 집합건물의 소유 및 관리에 관한 법률 제48조 제1항에 의거하여 재건축조합의 가입동의 여부를 제1심 2008. 2. 27.자 준비서면으로 최고하는 바, 2월 이내에 회답하지 않을 경우 원고는 피고에게 이 사건 정비구역 내의 토지 및 건물에 대하여 매도청구를

할 수 있으므로, 피고는 원고에게 이 사건 각 청구부분에 관하여 위 준비서면 송달일 매매를 원인으로 한 소유권이전등기절차를 이행할 의무가 있고, 위 각 부분을 명도할 의무가 있다.

3. 판단

... 도정법 제16조 제3항에 관하여 보면, 위 조항은 주택단지가 아닌 지역이 정비구역에 포함된 때에는 주택단지가 아닌 지역 안의 토지 또는 건축물 소유자의 3/4 이상 및 토지면적의 2/3 이상의 토지소유자의 동의를 얻어야 하는 것으로 정하고 있는데, 앞서 인정한 것과 같이 피고가 소유한 토지와 건축물 일부인 이 사건 청구 부분만이 이 사건 정비구역 내에 포함되어 있는바,

① 이와 같이 토지 및 건축물 일부만이 주택재건축사업의 정비구역 내에 편입된 경우 만약 그 토지 및 건축물의 소유자가 정비구역 내에 편입된 일부 부분에 관해서만 재건축사업이 진행됨을 전제로 재건축 조합의 설립에 관한 동의권을 행사할 지위에 있고, 이에 동의하지 않는 경우 사업시행자가 정비구역 내에 편입된 일부 토지 및 건축물 부분에 관하여 도정법 제39조가 정한 매도청구권을 행사할 수 있다고 한다면, 이후 재건축사업 진행에 따라 매도청구의 대상이 된 건물 일부만이 철거되는 결과 토지 및 건축물 소유자는 자신의 의사와 관계없이 단지 정비구역 내에 자신의 토지 및 건축물 일부가 편입되었다는 이유만으로 남은 건물 부분을 원래 목적대로 사용하기 어렵게 되고, 건물 자체의 안전성도 담보할 수 없게 되어 그 자체로 노후 불량건축물을 효율적으로 개량하고 주거생활의 질을 높인다는 도정법의 목적을 거스르는 것일 뿐 아니라 헌법이 보장하는 사유재산권을 지나치게 침해하는 것이 되며, 가사 사업시행자에게 정비구역 내에 편입된 일부 토지 및 건물을 포함하여 대상자의 토지 및 건물 전체에 관하여 도정법 제39조 소정의 매도청구권을 인정한다면, 그 대상자는 자기 소유의 토지 및 건물의 일부가 정비구역 내에 포함되었다는 이유만으로 정비구역에 포함되지 않은 부분까지 매도청구를 강요당하게 되어 헌법이 보장하는 사유재산권을 침해당하는 것이라는 점,

② 반면, 이 사건 정비구역에 편입된 이 사건 청구부분의 토지 면적은 91㎡로서 전체 정비구역 면적의 약 0.18%이고, 나머지 건축물의 대지 부분(별지 감정도 'ㄱ'부분)의 면적 또한 240㎡로서 0.4%에 불과한바, 이러한 경우 원고로서는 도정법 제4조 제1항 단서, 같은 시행령 제12조에 따라 주민공람 및 지방의회의 의견청취절차를 거치지 않고도 피고 소유의 토지 및 건축물 전부를 정비구역에 포함하거나 또는 이를 전부 제외하는 정비구역 변경을 추진하는 것이 상대적으로 용이한 점,

③ 도정법 제39조가 준용하고 있는 집합건물 소유 및 관리에 관한 법률 제48조의 매도청구권은 재건축 결의에 찬성하지 아니하거나 참가하겠다는 취지의 회답을 하지 아니한 구분소유자를 상대로 행사하는 것으로, 구분소유권의 대상이 되는 구분건물 전체를 그 객체로 한다는 점 등에 비추어 보면, 결국 도정법 제16조 제3항에서 정한 정비구역에 포함된 주택단지가 아닌 지역 안의 토지 또는 건축물은 그 토지 또는 건축물 전체가 정비구역 내에 포함된 경우

제1장 조합설립 미동의자 등에 대한 매도청구 / 제2절 매도청구의 요건과 절차

를 의미하는 것으로 해석하여야 할 것이다(원고는, 당심에서 피고의 토지 및 건축물 전체에 대하여 매도청구권을 행사한다고 주장하나, 도정법 제16조 제3항이 한 사람 소유의 토지 또는 건축물 전체가 정비구역 내에 존재하는 것을 전제로 하고 있음은 앞서 본 것과 같으므로, 역시 받아들일 수 없다).

따라서, 이와 다른 전제에 선 원고의 예비적 청구 또한 나머지 점들에 관하여 나아가 살필 필요 없이 이유 없다.

III. 매도청구 절차 진행 중 부동산의 승계가 이루어진 경우

A. 【해설】

> 매도청구 절차 진행 중 대상 부동산이 양도된 경우, 그때까지의 '매도청구 상대방의 지위'를 양수인이 그대로 승계하는지가 문제된다. 집합건물법 제48조를 준용하여 매도청구를 하도록 한 구 도시정비법에서 대법원은 아래와 같이 해석하였다(이하 대법원 2019. 2. 28. 선고 2016다255613 판결).
>
> (1) 매도청구권 행사 전에 양도된 경우(승계): 재건축 참가 여부를 촉구받은 사람이 재건축에 참가하지 않겠다는 뜻을 회답하거나 2개월 이내에 회답을 하지 않고 있던 중 그 토지 또는 건축물이 양도된 경우에는 그때까지 매도청구 절차를 진행한 '매도청구 상대방의 지위'를 양수인이 그대로 승계한다. 따라서 이 경우 사업시행자는 양수인에게 촉구 등의 절차를 다시 진행할 필요 없이 곧바로 양수인을 상대로 매도청구권을 행사할 수 있다. 집합건물법 제48조는 이 점을 명시하고 있다(같은 조 제4항 괄호 부분).
>
> (2) 매도청구권 행사 후에 양도된 경우(불승계): 사업시행자가 매도청구권을 행사한 이후에 비로소 토지/건축물이 양도된 경우에는 양도인이 부담하고 있던 매매계약상의 의무(소유권이전등기의무)를 양수인이 승계하지 않는다. 따라서 매도청구소송에서 매도청구의 의사표시를 한 후 대상 부동산이 양도된 경우에는, 양수인이 인수참가에 동의하지 않는 한, 사업시행자는 기존 소송을 취하하고, 양수인을 상대로 새로 매도청구절차를 진행해야 한다.
>
> 사업시행자가 매도청구소송을 제기할 때에는 이런 사태가 발생하지 않도록 대상 부동산에 반드시 처분금지가처분을 해두어야 한다.

B. 매도청구 상대방의 지위승계 여부는 매도청구 시점을 전후로 달라져: ① 재건축 참가 여부를 촉구받은 사람이 재건축에 참가하지 않겠다는 뜻을 회답하거나 2개월 이내에 회답을 하지 않았는데 그 토지/건축물의 특정승계가 이루어진 경우 사업시행자는 승계인에게 다시 새로운 촉구절차를 밟을 필요 없이 바로 승계인을 상대로 매도청구권을 행사할 수 있어; ② 그러나 매도청구권을 행사한 이후에 토지/건축물의 특정승계가 이루어진 경우에는 매매계약상의 소유

권이전등기의무가 양수인에게 승계되지 않음; ③ 따라서 이 경우 조합은 토지/건축물을 승계한 제3자를 상대로 승계인수신청을 할 수 없음 —대법원 2019. 2. 28. 선고 2016다255613 판결[소유권이전등기등]

【당사자】

【원고(인수신청인), 상고인】 자양1주택재건축정비사업조합

【피인수신청인, 피상고인】 피인수신청인

【참고조문】 민사소송법 제82조(승계인의 소송인수)

① 소송이 법원에 계속되어 있는 동안에 제3자가 소송목적인 권리 또는 의무의 전부나 일부를 승계한 때에는 법원은 당사자의 신청에 따라 그 제3자로 하여금 소송을 인수하게 할 수 있다.

1. 사건 경과와 쟁점

가. 원심기록에 의하여 알 수 있는 사실

원심판결 이유와 기록에 따르면 다음 사실을 알 수 있다.

(1) 원고(인수신청인)(이하 '원고'라 한다)는 원심판결 별지 목록 제5항 내지 제8항 기재 각 부동산(이하 '이 사건 각 부동산'이라 한다)을 포함한 서울 광진구 (주소 생략) 일대의 아파트와 상가에 대한 주택재건축사업을 추진할 목적으로 「도시 및 주거환경정비법」에 따라 설립된 주택재건축조합으로서, 2011. 7. 27. 서울 광진구청장으로부터 조합설립인가를 받아 2011. 8. 3. 조합설립등기를 마쳤다. 한편 소외인은 원고의 조합 설립에 동의하지 않았다.

(2) 원고는 2011. 10. 20. 당시 이 사건 각 부동산을 소유하면서 점유하던 소외인을 상대로 매매대금의 지급과 동시이행으로 위 각 부동산에 관한 소유권이전등기절차의 이행과 인도를 구하는 이 사건 소를 제기하였다.

(3) 피인수신청인은 2012. 3. 14. 이 사건 각 부동산에 관하여 2012. 3. 13. 소외인과의 매매예약을 원인으로 한 소유권이전청구권 가등기를 마쳤다.

(4) 원고는 소외인에게 이 사건 소장 부본 송달로써 재건축 참가 여부를 회답할 것을 촉구하고, 이 사건 소장 부본을 송달받은 후 2개월 이내에 회답하지 않으면 매도청구권을 행사하겠다는 의사표시를 하였다. 이 사건 소장 부본은 2012. 7. 3. 소외인에게 도달하였는데, 소외인은 이를 받고도 2개월이 지날 때까지 재건축 참가의 뜻을 밝히지 않았다.

(5) 피인수신청인은 2013. 4. 23. 이 사건 각 부동산에 관하여 2013. 3. 15. 매매를 원인으로 하여 위 가등기를 근거로 한 본등기를 마쳤다.

(6) 원고는 이 사건 제1심 소송 계속 중이던 2014. 4. 21. 민사소송법 제82조에 따라 피인수신청인을 상대로 이 사건 승계인수신청을 하였다.

나. 이 사건의 쟁점

이 사건의 쟁점은 주택재건축사업 시행자가 매도청구권을 행사한 이후에 비로소 토지 또는 건축물의 특정승계가 이루어진 경우 민사소송법 제82조에서 정한 승계인의 소송인수 요건을 충족하는지 여부이다.

2. 매도청구권 행사 이후 특정승계가 이루어진 경우 승계인수가 허용되는지 여부

가. 매도청구 상대방의 지위승계 여부는 매도청구 시점을 전후로 달라짐

이러한 규정 내용과 취지에 따르면, 재건축 참가 여부를 촉구받은 사람이 재건축에 참가하지 않겠다는 뜻을 회답하거나 2개월 이내에 회답을 하지 않았는데 그 토지 또는 건축물의 특정승계가 이루어진 경우, 사업시행자는 승계인에게 다시 새로운 최고를 할 필요 없이 곧바로 승계인을 상대로 매도청구권을 행사할 수 있다고 보아야 한다.

그러나 위 규정은 승계인에게 매도할 것을 청구할 수 있다고 정하고 있을 뿐이고 승계인이 매매계약상의 의무를 승계한다고 정한 것은 아니다. 따라서 사업시행자가 매도청구권을 행사한 이후에 비로소 토지 또는 건축물의 특정승계가 이루어진 경우 이미 성립한 매매계약상의 의무가 그대로 승계인에게 승계된다고 볼 수는 없다.

나. '사업시행자의 권리·의무 승계조항'는 적용되지 않아

구 도시 및 주거환경정비법(2017. 2. 8. 법률 제14567호로 개정되기 전의 것) 제10조(이하 권리·의무 승계조항이라 한다)는 "사업시행자와 정비사업과 관련하여 권리를 갖는 자의 변동이 있은 때에는 종전의 사업시행자와 권리자의 권리·의무는 새로이 사업시행자와 권리자로 된 자가 이를 승계한다."라고 정하고 있다. 여기에서 '정비사업과 관련하여 권리를 갖는 자'는 조합원 등을 가리키는 것이고, 사업시행자로부터 매도청구를 받은 토지 또는 건축물 소유자는 이에 포함되지 않는다.

따라서 매도청구권이 행사된 다음에 토지 또는 건물의 특정승계인이 이 조항에 따라 매매계약상의 권리·의무를 승계한다고 볼 수도 없다.

다. 조합은 매도청구 후 특정승계인을 상대로 소송인수신청을 할 수 없어

민사소송법 제82조 제1항은 '승계인의 소송인수'에 관하여 "소송이 법원에 계속되어 있는 동안에 제3자가 소송목적인 권리 또는 의무의 전부나 일부를 승계한 때에는 법원은 당사자의 신청에 따라 그 제3자로 하여금 소송을 인수하게 할 수 있다."라고 정하고 있다.

토지 또는 건축물에 관한 특정승계를 한 것이 토지 또는 건축물에 관한 소유권이전등기의무를 승계하는 것은 아니다. 따라서 사업시행자가 조합 설립에 동의하지 않은 토지 또는 건축물 소유자를 상대로 매도청구의 소를 제기하여 매도청구권을 행사한 이후에 제3자가 매도청구 대상인 토지 또는 건축물을 특정승계하였다고 하더라도, 특별한 사정이 없는 한 사업시행자는 민사소송법 제82조 제1항에 따라 제3자로 하여금 매도청구소송을 인수하도록 신청할 수 없다.

3. 이 사건에 관한 판단 (상고기각)

위에서 본 사실관계를 위 법리에 따라 살펴본다.

소외인은 2012. 7. 3. 이 사건 소장 부본을 송달받고 2개월이 지나도록 재건축 참가 여부를 회답하지 않았으므로, 위 2개월이 지난 때에 원고가 소외인에게 매도청구권을 적법하게 행사하였다고 볼 수 있다. 피인수신청인은 그 이후인 2013. 4. 23. 소외인으로부터 이 사건 각 부동산의 소유권을 취득하였다.

이처럼 피인수신청인은 원고가 소외인을 상대로 매도청구권을 행사한 다음에 비로소 이 사건 각 부동산에 대한 소유권을 특정승계하였는데, 그러한 사정만으로는 민사소송법 제82조 제1항에서 정하는 '소송목적인 의무를 승계한 때'에 해당한다고 할 수 없다. 따라서 원고의 이 사건 승계인수신청은 허용될 수 없다. 같은 취지의 원심의 판단에 상고이유 주장과 같은 권리·의무 승계조항에 관한 법리를 오해한 잘못이 없다.

원심은 피인수신청인이 원심 감정기일에 출석하여 감정기준일에 관한 의견을 개진하였다고 하더라도 그러한 사정만으로 피인수신청인이 이 사건 인수참가신청에 대하여 동의의 의사를 표시하였다고 볼 수 없다고 판단하였다. 관련 법리와 기록에 비추어 살펴보면, 이 부분 원심의 판단에도 상고이유 주장과 같은 잘못이 없다.

IV. 매도청구권 행사를 위한 사전절차 (조합설립 동의 여부 회답 촉구)

재건축사업의 시행자가 조합설립 미동의자 등을 상대로 매도청구권을 행사하기 위해서는 법 제64조 제1항이 규정하는 사전절차, 즉 ① 사업시행계획인가의 고시가 있은 날부터 30일 이내에 ② 조합설립(또는 사업시행자의 지정)에 관한 동의 여부를 회답할 것

제 1 장 조합설립 미동의자 등에 대한 매도청구 / 제 2 절 매도청구의 요건과 절차

> 을 서면으로 촉구하는 절차를 반드시 이행해야 한다. 이 절차를 이행하지 않으면 매도청구권을 행사할 수 없다.

A. 개요

1. 【해설】 사전절차(1): 서면에 의한 조합설립 동의 여부 회답 촉구

> (1) 사업시행자가 조합설립 미동의자 등에 대하여 매도청구권을 행사하기 위해서는 먼저 조합설립 동의 여부의 회답을 서면으로 촉구해야 한다. 동의 여부 회답 촉구는 사업시행계획인가의 고시가 있은 날부터 30일 이내에 서면으로 하여야 하며, 그 기간 내에 촉구서가 상대방에게 도달해야 한다(법 제64조, 민법 제111조 제1항).
>
> (2) 촉구서는 기한 준수의 증명을 위해 내용증명 우편으로 발송하는 것이 좋다. 내용증명이 수취인부재·수령거절 등의 사유로 반송되면 이후 절차진행(준등기 발송, 민법 제113조에 따른 공시송달 신청, 소제기 후 소장 송달 등)에 상당한 시일이 소요될 수 있으므로, 사업시행자는 사업시행계획의 인가를 받으면 신속하게 촉구서를 발송해야 한다.

2. 【해설】 촉구서의 내용

> 촉구서에는 조합설립동의사항이 구체적으로 적시되어야 한다. 다만, 그러한 사항들이 재건축사업의 추진과정에서 총회결의나 재건축에의 참여 권유 등을 통하여 최고 대상자들에게 널리 알려지고, 소송과정에서도 주장·입증 등을 통하여 그 내용이 알려짐에 따라 재건축 참가의 기회가 충분히 부여되었다면 그 참가 최고는 적법하다는 것이 판례이다(대법원 2005.06.24. 선고 2003다55455 판결).
>
> 또한 전부개정법에서는 사업시행계획인가 고시 후에 촉구서를 발송하므로, 촉구서에 사업시행계획의 개략적인 내용이 포함되어야 한다.

3. 【해설】 사전절차(2): 회답기간의 경과

> 토지등소유자는 촉구서를 받은 날부터 2개월 이내에 회답하여야 하며, 이 기간 내에 회답하지 않으면 부동의한 것으로 간주된다(법 제64조 제2, 3항).
>
> 매도청구권의 행사는 회답기간(촉구서를 받은 날부터 2개월)이 지난 뒤에 회답기간 만료일부터 2개월 이내에 하여야 한다(법 제64조 제4항).

4. 【해설】 사전절차는 매도청구소송 내에서도 할 수 있음

> 촉구절차는 매도청구소송을 제기하기 전에 진행하는 것이 원칙이나, 매도청구소송에서 이 절차를 진행하는 것도 허용된다.

IV. 매도청구권 행사를 위한 사전절차 (조합설립 동의 여부 회답 촉구)

> 따라서 소장에 촉구의 내용을 기재하면 소장 부본의 송달로써 촉구의 효력이 발생한다. 다만, <u>이 경우에는 사업시행계획인가 고시일부터 30 일 이내에 소장 부본이 상대방에게 도달해야 한다</u>는 점을 유의하여야 한다.

B. ① <u>촉구서에는 재건축결의사항이 구체적으로 적시되어야 하나</u>; ② 그러한 사항들이 재건축사업의 추진과정에서 촉구 대상자들에게 널리 알려지고, <u>소송의 변론과정에서도 그 내용이 알려짐에 따라 재건축 참가의 기회가 충분히 부여되었다면, 그 촉구는 적법해</u> —대법원 2006.02.23. 선고 2005 다 19552 판결[구분소유권등매도청구등]

【당사자】

> [원고, 피상고인]도곡동제 1 차아파트재건축조합
>
> [피고, 상고인]김평환외 4 인

1. 법리

집합건물법 제 48 조에 의하면, 재건축결의에 찬성하지 아니하는 구분소유자에 대하여 매도청구권을 행사하기 위한 전제로서의 최고는 반드시 서면으로 하여야 하는바, 이는 최고를 받은 구분소유자가 재건축결의의 구체적 사항을 검토하여 재건축에 참가할지 여부를 판단하도록 하기 위한 것이므로 <u>최고서에는 재건축결의사항이 구체적으로 적시되어 있어야 하나</u>,

다만 <u>그러한 사항들이 재건축사업의 추진과정에서 총회의 결의나 재건축에의 참여 권유 또는 종용 등을 통하여 최고의 대상자들에게 널리 알려지고, 소송의 변론과정에서도 주장이나 입증 등을 통하여 그 내용이 알려짐에 따라 재건축 참가의 기회가 충분히 부여되었다면, 재건축결의사항이 누락되었다고 하더라도 그 참가 최고는 적법하다고 할 것이다</u> (대법원 1999. 8. 20. 선고 98 다 17572 판결, 2005. 6. 24. 선고 2003 다 55455 판결 등 참조).

2. 원심판결의 정당함

그렇다면 원심이 같은 취지에서, 피고들은 재건축사업의 추진과정에서 원고 조합이 피고들에게 보낸 사업계획안 등을 통하여 그 내용을 충분히 숙지하고 있었고, <u>이 사건 변론과정에서도 원고 조합의 주장이나 입증 등을 통하여 그 내용이 알려짐에 따라 피고들에게 재건축 참가의 기회가 충분히 부여되었던 이상, 최고서에 재건축결의사항이 적시되지 않았다는 이유만으로 원고 조합의 최고가 부적법하다고 볼 수는 없다</u>고 판단한 조치도 위 법리에 따른 것으로 정당하고 거기에 최고의 방식에 관한 법리를 오해한 위법이 없다.

V. 토지 또는 건축물만을 소유한 자에 대한 촉구 문제

A. 개요

1. 【해설】 토지 또는 건축물만을 소유한 자는 촉구하지 않아도 됨 (원칙)

> 재건축사업에서 「건축물과 토지 중 어느 하나만을 소유한 사람」은 토지등소유자가 아니어서 어차피 조합원이 될 수 없으므로, 매도청구의 사전절차로서 조합설립 동의 여부의 촉구절차가 필요하지 않다. 전부개정법은 촉구서 발송 대상에 「건축물 또는 토지만 소유한 자」를 포함시키지 않음으로써 이 점을 분명히 하였다(법 제 64 조 제 1 항).
>
> 현금청산 대상자, 제명 또는 탈퇴자에 대하여 매도청구권을 행사하는 경우에도 조합가입 촉구 절차는 필요하지 않다.

2. 【해설】 토지 또는 건축물만을 소유한 자에게도 촉구를 해야 하는 경우 (예외)

> 재건축조합을 설립하는 경우 주택단지가 아닌 지역이 정비구역에 포함된 때에는 주택단지가 아닌 지역의 토지 또는 건축물 소유자의 4 분의 3 이상 및 토지면적의 3 분의 2 이상의 토지소유자의 동의를 받아야 한다(법 제 35 조 제 4 항).
>
> 따라서 재건축구역에 주택단지가 아닌 지역이 포함된 경우 주택단지 아닌 지역 안에 토지 또는 건축물만을 소유한 자를 상대로 매도청구권을 행사하기 위해서는 조합 가입 여부의 촉구절차를 거쳐야 한다(대법원 2010.05.27. 선고 2009 다 95578 판결).

3. 【법령】 전부개정 도시정비법 제 35 조(조합설립인가 등)

> ④ 제 3 항에도 불구하고 주택단지가 아닌 지역이 정비구역에 포함된 때에는 주택단지가 아닌 지역의 토지 또는 건축물 소유자의 4 분의 3 이상 및 토지면적의 3 분의 2 이상의 토지소유자의 동의를 받아야 한다. <개정 2019. 4. 23.>

B. 주택재건축사업을 시행함에 있어, ① 주택단지 내 에 토지만을 소유하고 있는 자에 대한 매도청구에서는 최고절차를 필요치 않으나(조합설립 동의의 상대방이 되지 않으므로); ② 주택단지 아닌 지역 안에 토지 또는 건축물만을 소유한 자에 대하여 매도청구를 하기 위해서는 최고절차를 거쳐야 해(조합설립 동의의 상대방이므로) —대법원 2010.05.27. 선고 2009 다 95578 판결[소유권이전등기]

【당사자】

> [원고, 상고인] 수성 1 가주택재건축정비사업조합

V. 토지 또는 건축물만을 소유한 자에 대한 촉구 문제

[피고, 피상고인] 망 소외인의 소송수계인 피고 1 외 6인

1. 관련규정

구 도시정비법 제19조 제1항에서는, 정비사업(시장·군수 또는 주택공사 등이 시행하는 정비사업을 제외한다)의 조합원은 '토지 등 소유자'로 한다고 규정하고, 동법 제2조 제9호 (나)목에서는, 주택재건축사업의 경우에 토지 등 소유자라 함은 '(1) 정비구역 안에 소재한 건축물 및 그 부속토지의 소유자 (2) 정비구역이 아닌 구역 안에 소재한 대통령령이 정하는 주택 및 그 부속토지의 소유자와 부대·복리시설 및 그 부속토지의 소유자에 해당하는 자'라고 규정하고 있으며,

동법 제16조 제3항에서는, 주택단지가 아닌 지역이 정비구역에 포함된 때에는 주택단지가 아닌 지역 안의 토지 또는 건축물 소유자의 5분의 4 이상 및 토지면적의 3분의 2 이상의 토지소유자의 동의를 얻어야 한다고 규정하고 있는데, 동법 제2조 제7호에서는 주택단지라 함은 주택 및 부대·복리시설을 건설하거나 대지로 조성되는 일단의 토지로서 대통령령이 정하는 범위에 해당하는 일단의 토지를 말한다고 규정하고 있고, 그 위임을 받은 동법 시행령 제5조는 주택법 제16조의 규정에 의한 사업계획승인을 얻어 주택과 부대·복리시설을 건설한 일단의 토지 등을 그 범위에 해당하는 일단의 토지로 규정하고 있다.

한편, 구 도시정비법 제39조에서는, 사업시행자는 주택재건축사업을 시행하면서 제16조 제2항 및 제3항의 규정에 의한 조합 설립의 동의를 하지 아니한 자(건축물 또는 토지만 소유한 자를 포함한다, 이하 같다)의 토지 및 건축물에 대하여는 집합건물의 소유 및 관리에 관한 법률(이하 '집합건물법'이라 한다) 제48조의 규정을 준용하여 매도청구를 할 수 있다고 규정하고 있고, 집합건물법 제48조 제1항에서는, 재건축의 결의가 있은 때에는 집회를 소집한 자는 지체 없이 그 결의에 찬성하지 아니한 구분소유자(그의 승계인을 포함한다)에 대하여 그 결의 내용에 따른 재건축에의 참가 여부를 회답할 것을 서면으로 최고하여야 한다고 규정하고 있다.

2. 매도청구 전 최고절차 요부

위 규정들을 종합하여 보면, 구 도시정비법에 의한 주택재건축사업을 시행함에 있어 주택단지 내에 토지만을 소유하고 있어 조합 설립 동의의 상대방이 되지 아니하는 경우에는 집합건물법 제48조 제1항에서 규정한 최고 절차에 대하여 법률상 이해관계를 갖지 아니하므로 이러한 자에 대한 매도청구에 있어서는 매도청구 전에 최고 절차를 거치지 않았더라도 그 매도청구가 위법하다거나 무효로 된다고 할 수 없으나 (대법원 2008. 2. 29. 선고 2006다56572 판결 참조),

주택단지가 아닌 지역이 정비구역에 포함된 재건축조합이 조합 설립 인가를 받기 위해서는

구 도시정비법 제16조 제3항에 따라 '주택단지가 아닌 지역' 안에 있는 토지 또는 건축물 소유자 등의 동의를 얻어야 하므로, 이러한 자는 '주택단지' 내에 토지만을 소유하고 있는 자와는 달리 집합건물법 제48조 제1항에서 규정한 최고 절차에 대하여도 법률상 이해관계를 갖는다고 봄이 상당하고,

따라서 재건축조합이 구 도시정비법에 따라 '주택단지가 아닌 지역' 안에 있는 토지 또는 건축물만을 소유한 자에 대하여 매도청구를 함에 있어서는 특별한 사정이 없는 한 그 매도청구 전에 집합건물법 제48조 제1항에서 정한 최고 절차를 거쳐야 할 것이다.

3. 원심판결의 위법함

원심이 그 채택 증거에 의하여 인정한 사실에 의하면 피고 보승개발은 이 사건 주택재건축사업상 정비구역으로 포함되어 있는 '주택단지가 아닌 지역' 안의 토지를 소유하고 있음을 알 수 있고, 이러한 경우 원심으로서는 앞서 본 법리에 따라 원고가 피고 보승개발에 대하여 집합건물법 제48조 제1항에서 정한 적법한 최고 절차를 거쳐 그 회답기간 및 매도청구권 행사기간 내에 매도청구가 있었는지를 심리하여 이 사건 소유권이전등기청구의 당부를 판단하였어야 할 것임에도,

원심은 토지 소유자인 피고 보승개발에 대하여는 최고 절차를 밟을 필요가 없다고 단정한 후 원고가 조합설립등기를 마친 때로부터 2개월 내에 매도청구권을 행사하지 않았다는 이유만으로 원고 조합의 매도청구를 기각하고 말았으니, 이러한 원심판결에는 주택건축정비사업조합의 매도청구권 행사 및 그 최고 절차에 관한 법리를 오해한 나머지 심리를 다하지 않은 위법이 있고, 이는 판결에 영향을 미쳤음이 분명하다. 이 점을 지적하는 상고이유의 주장은 이유 있다.

※ 같은 취지 판례: 대법원 2010.05.27. 선고 2009다95516 판결; 서울고등법원 2021. 8. 26. 선고 2020나2044788, 2021나2013224 판결

VI. 매도청구권의 행사 (행사기간)

A. 개요

1. 【해설】 매도청구권 행사는 회답기간이 지나야 할 수 있음

> 매도청구권의 행사는 회답기간(토지등소유자가 촉구서를 받은 날부터 2개월)이 모두 지나야 할 수 있다(법 제64조 제4항). 촉구서를 받은 토지등소유자가 회답기간 내에 부동의 의사표시를 했더라도, 회답기간 내에는 번의하여 동의할 수 있으므로, 회답기간 2개월이 모두 지난 뒤에 매도청구권을 행사할 수 있도록 한 것이다.

VI. 매도청구권의 행사 (행사기간)

2. 【해설】 매도청구권의 행사기간(제척기간): 회답기간 만료일부터 2 개월 이내

(1) 매도청구권의 행사는 조합설립 미동의자 등이 사업시행자로부터 동의 여부의 촉구를 받은 날부터 2 개월의 회답기간이 만료된 때부터 2 개월 이내에 하여야 한다(법 제 64 조 제 4 항). 이 기간은 기간 내에 권리행사를 하지 않으면 권리가 소멸하는 '제척기간'이다.

(2) 소제기에 의해 매도청구권을 행사한 경우 제척기간 준수 여부는 소장 접수일이 아니라 '소장 부본 송달일'을 기준으로 판단하는 것이 원칙이다. 다만, 제척기간을 도과하기 훨씬 전에 매도청구소송이 제기되었으나 일부 피고들에 대하여 폐문부재 등의 사유로 소장부본이 송달불능되었다가 재송달하는 과정에서 소장부본 송달일이 제척기간 도과 후로 된 사안에서 제척기간을 준수했다고 본 사례가 있다(대법원 2003. 5. 27. 선고 2002 다 14532, 14549 판결).

(3) 매도청구권의 행사에 제척기간을 둔 취지는, 만일 위와 같이 행사기간을 제한하지 않으면 매도청구의 상대방은 언제 매도청구를 당할지 모르게 되어 그 법적 지위가 불안하게 될 뿐 아니라, 매도청구권자가 매수대상물의 시가가 가장 낮아지는 시기를 임의로 선택하여 매도청구를 할 수 있게 될 우려가 있기 때문이다.

(4) '건축물과 토지 중 어느 하나만을 소유한 사람'에 대하여는 조합설립 동의 여부의 촉구절차가 필요하지 않으므로, 사업시행계획인가의 고시가 있은 날부터 2 개월(구법이 적용되는 사안에서는 조합설립인가일부터 2 개월)이라고 보아야 한다(대법원 2008.02.29. 선고 2006 다 56572 판결 참조).

3. 【해설】 제소기간이 아님

매도청구에 따른 매매대금은 좀처럼 협의가 이루어지지 않기 때문에 매도청구권 행사는 대부분 소송을 통해 이루어진다(조합이 제기하는 소유권이전등기 및 인도청구 소송).

그러나 매도청구는 소송을 통하지 않고 재판 외의 의사표시로도 할 수 있다. 따라서 매도청구권의 행사기간은 제소기간이 아니며, 행사기간 내에 매도청구의 의사표시를 했으면 행사기간이 지난 후에도 소유권이전등기 및 인도청구 소송을 제기할 수 있다.

B. 매도청구권은 재건축 참여 여부에 대한 최고기간 만료 후 2 개월 내에 매도청구권을 행사하지 않으면 그 효력을 상실해 —대법원 2002.09.24. 선고 2000 다 22812 판결[소유권이전등기등]

집합건물의소유및관리에관한법률 제 48 조 제 4 항에서 재건축 참가자 또는 매수지정자가 재건축 참여 여부에 대한 최고를 한 후 같은 조 제 2 항의 기간 만료일로부터 2 개월 이내에 재건축에 참가하지 아니한 구분소유자에 대하여 매도청구권을 행사하도록 매도청구권의 행사기간을 규정한 취지는,

제 1 장 조합설립 미동의자 등에 대한 매도청구 / 제 2 절 매도청구의 요건과 절차

매도청구권이 형성권으로서 재건축 참가자 다수의 의사에 의하여 재건축에 참가하지 아니한 구분소유자의 구분소유권에 관한 매매계약의 성립을 강제하는 것이므로, 만일 위와 같이 행사기간을 제한하지 아니하면 매도청구의 상대방은 재건축 참가자 또는 매수지정자가 언제 매도청구를 할지 모르게 되어 그 법적 지위가 불안정하게 되는 등 재건축에 참가하지 아니한 구분소유권자의 권익을 부당하게 침해할 우려가 있는 점에 비추어, <u>상대방의 정당한 법적 이익을 보호하고 아울러 재건축을 둘러싼 법률관계를 조속히 확정하기 위한 것이라고 봄이 상당하므로, 매도청구권은 행사기간 내에 이를 행사하지 아니하면 그 효력을 상실한다</u> (대법원 2000. 6. 27. 선고 2000 다 11621 판결 참조).

원심의 판단은 위와 같은 법리에 따른 것으로 정당하고, 거기에 상고이유에서 주장하는 바와 같은 매도청구권 행사기간의 법적 성격에 관한 법리오해의 위법이 없다.

☞ [같은 취지 판례] 대법원 2000.06.27. 선고 2000 다 11621 판결

C. ① 재건축 참여 여부의 최고에 대하여 재건축 결의내용에 대한 해명을 요구하면서 회답을 유보했더라도 2 개월의 회답기간이 연장되는 것 아님; ② 피고들이 위와 같이 회답을 유보하여 2 차 최고서를 보낸 사안에서 <u>1 차 최고일을 기준으로 매도청구권의 행사기간을 산정하여 제척기간 도과로 매도청구를 기각한 사례</u> —대법원 2002.09.24. 선고 2000 다 22812 판결[소유권이전등기등]

【당사자】

[원고,상고인] 월계시영아파트 재건축조합

[피고,피상고인] 한영강 외 2 인

원심판결 이유를 기록에 비추어 살펴보면, 원심이 원고가 매도청구권의 행사기간을 준수하였는지의 여부를 판단하면서 피고들에 대하여 그 행사기간의 기산점을 1996. 5. 27.자 최고를 기준으로 하여 산정한 것은 정당하고, 거기에 최고에 관한 법리를 오해한 위법이 없다.

피고들이 원고의 1996. 5. 27.자 최고에 대하여 <u>재건축에 참가하지 아니하는 뜻을 명시적으로 밝히지 아니한 채 재건축 결의의 내용에 대한 해명을 요구하면서 그 해명이 있을 때까지 참가 여부에 대한 회답을 유보하였을 뿐이라고 하더라도,</u>

<u>그로써 같은 법 제 48 조 제 2 항에 정한 회답기간이 원고의 해명이 있을 때까지로 연장되는 것은 아니므로,</u> 그 회답기간이 원고의 해명시까지로 연장되는 것을 전제로 하여 1996. 11. 30.자 최고를 기준으로 매도청구권의 행사기간을 산정하여야 한다는 이 부분 상고이유는 독자적인 주장으로서 역시 받아들일 수 없다.

VI. 매도청구권의 행사 (행사기간)

D. ① 매도청구권은 그 행사기간 내에 행사하지 않으면 효력을 상실해; ② 최고절차가 필요하지 않은 경우, 주택재건축정비사업조합의 매도청구권 행사기간은 '조합설립등기일로부터 2개월' 이야(행사기간을 도과하여 매도청구가 기각된 사례) —대법원 2008.02.29. 선고 2006 다 56572 판결[소유권이전등기]

【당사자】

[원고, 상고인] 무거산호아파트주택재건축정비사업조합

[피고, 피상고인] 피고

한편, 도시정비법 제 39 조에 사업시행자가 매도청구를 할 수 있다고 규정하고, 동법 제 2 조 제 8 호에 "사업시행자"라 함은 정비사업을 시행하는 자를 말한다고 규정하고 있으며, 동법 제 18 조 제 2 항에 조합은 조합 설립의 인가를 받은 날부터 30 일 이내에 주된 사무소의 소재지에서 대통령령이 정하는 사항을 등기함으로써 성립한다고 규정하고 있으므로,

원고가 주택재건축정비사업조합으로서 주택재건축사업을 시행하는 이 사건에 있어서 원고는 조합설립등기를 마친 때로부터 매도청구를 할 수 있다고 할 것이고, 집합건물법 제 48 조 제 4 항에서 매도청구권의 행사기간을 규정한 취지 및 도시정비법 제 39 조에서 이러한 집합건물법 제 48 조 제 4 항을 준용하도록 한 입법 취지에 비추어 볼 때, 원고는 조합설립등기를 마친 때로부터 집합건물법 제 48 조 제 4 항 소정의 2 월 이내에 피고에 대하여 매도청구를 할 수 있다고 해석함이 상당하다.

위 법리에 비추어 원심판결 이유를 살펴보면, 원심이 그 표현에 일부 적절하지 않은 부분이 있으나 피고에 대한 매도청구에 있어서 최고 절차를 필요로 하지 않고, 원고는 조합설립등기를 마친 2003. 7. 28.부터 2 개월 내에 피고를 상대로 매도청구권을 행사하여야 할 것인데, 그 후 이루어진 원고의 피고에 대한 매도청구권 행사는 그 효력이 없다고 판단한 것은 그 결론에 있어서 정당하고, 거기에 매도청구권 행사를 위한 최고 절차 및 행사기간에 관한 법리를 오해한 위법이 있다고 할 수 없다.

E. 제척기간을 도과하기 훨씬 전에 매도청구소송이 제기되었으나 일부 피고들에 대하여 폐문부재 등의 사유로 소장부본이 송달불능되었다가 재송달하는 과정에서 소장부본 송달일이 제척기간도과 후로 된 사안에서 매도청구소송이 적법하다고 본 사례 —대법원 2003. 5. 27. 선고 2002 다 14532, 14549 판결[소유권이전등기등]

상고이유는 매도청구권행사의 제척기간도과여부는 그 의사표시를 담은 소장부본이 상대방에게 송달된 날을 기준으로 판단하여야 함에도 원심판결은 그 소장의 법원접수일을 기준으로 판단한 위법이 있다고 주장하나,

원심판결 이유의 전취지에 비추어 보면 원심이 반드시 그 소장부본의 송달일이 아닌 소장접수일을 기준으로 제척기간의 도과여부를 판단하였다고는 볼 수 없고, 다만 기록에 의하면 이 사건 매도청구의 소는 제척기간이 도과되기 훨씬 전에 제기되었으나 피고들 중 임순덕, 현혜자, 김순자에 대하여만은 폐문부재 등의 사유로 소장부본이 송달불능되었다가 재송달하는 과정을 거치는 바람에 소장부본송달일이 제척기간도과 후로 되었음을 알 수 있으나,

한편 매도청구권의 행사에 그 행사 가능시점(최고서에 대한 회답기간만료일의 익일)으로부터 2월의 제척기간을 둔 취지는 구분소유권 등의 시가가 가장 낮아지는 시기를 임의로 택하여 매도청구를 함으로써 재건축에 참가하지 아니한 구분소유권자의 권익이 부당하게 침해되는 것을 막고 그들의 법적지위가 장기간 불안정하게 되는 것을 피하는 등 그들의 정당한 법적이익을 보호하고 아울러 재건축을 둘러싼 법률관계를 조속히 확정하려는데 있는 점 및 제척기간이 도과되었다고 하여 매도청구권이 소멸하는 것이 아니라 다시 재건축결의 등 절차를 밟아 매도청구권의 행사를 다시 할 수 있는 것이므로 이미 재건축결의에 필요한 정족수를 훨씬 넘겨 놓은 이 사건에서 구태여 그러한 번거로운 절차를 다시 밟게 하여 시일을 지연시킬 필요가 없는 점 등에 비추어 볼 때,

제척기간 도과 전에 소를 제기하였음에도 위와 같은 사유로 우연히 소장부본의 송달만이 제척기간도과후로 되었다고 하여 매도청구권의 행사가 부적법하다고 할 수는 없을 것이므로 피고들의 위 상고이유의 주장도 받아들일 수 없다.

【해설】 위 판례는 제척기간 준수의 기준시점을 '소장 접수일'이라고 본 판례가 아님

> (1) 위 판례는 제척기간 준수 여부의 기준시점을 '소장 접수일'이라고 본 판례가 아니다.
>
> 위 판례의 사안은 소장부본이 1차 송달시 정상적으로 송달되었다면 제척기간 만료 전에 피고에게 도달하였을 시점에 소가 제기되었는데, 일부 피고에 대하여만 폐문부재로 재송달을 거치는 과정에서 제척기간 만료 후에 소장부본이 도달한 경우이다.
>
> 따라서 위 판례가 매도청구권 행사의 제척기간 준수 여부의 기준시점을 '소장 접수일'로 본 판례라고 설명하는 것은 잘못이다.
>
> (2) 행사기간의 만료일이 2017. 10. 23.(월요일)인데 그 4일 전인 2017. 10. 19.(목요일) 23:52 경 소장을 제출한 후 법원의 보정명령에 따라 2017. 11. 6. 및 2017. 11. 7. 송달료를 납부하고 2017. 11. 10. 소장 부분이 피고에게 도달한 사안에서 제척기간 도과를 이유로 조합의 소유권이전등기청구를 기각한 고등법원판례가 있다[수원고등법원 2020. 9. 10. 선고 2019나16594 판결. 이 사건의 제1심법원은 제척기간 도과 문제에 대하여 판단조차 하지 않고 원고(조합) 승소판결을 선고했다].

VII. 제척기간 도과 후 새로운 매도청구권 행사

A. 개요

1. 【해설】 전부개정법에서 제척기간 도과 후 새로운 매도청구권 행사

(1) 제척기간이 도과해도 매도청구권이 완전히 소멸하는 것은 아니며, 그 후 새로 매도청구권 행사의 요건을 충족하여 매도청구를 하면 된다.

집합건물법 제48조를 준용한 구 도시정비법에서는 조합설립 후에 매도청구권을 행사할 수 있었으므로, 새로운 조합설립의 효과가 발생하는 조합설립변경인가를 받고 동의 여부 촉구서 발송 등의 사전절차를 다시 진행하여 매도청구권을 행사할 수 있었다.

그러나 전부개정법에서는 매도청구권의 행사기간이 사업시행계획인가일을 기준으로 결정되므로, 조합설립변경인가를 받을 필요 없이 당초 사업시행계획을 대체하는 새로운 사업시행계획의 인가를 받으면 다시 매도청구권을 행사할 수 있다. 새로 매도청구권을 행사하기 전 새로운 사업시행계획에 근거한 '동의 여부 촉구서 발송' 등 사전절차를 진행해야 함은 물론이다.

제척기간을 도과하여 매도청구권이 소멸한 후에 위와 같은 절차를 밟지 않고 현금청산 조항(법 제73조; 구법 제47조)을 유추하여 매도청구권을 행사하는 것은 허용되지 않는다.

(2) 당초 사업시행계획을 대체하는 새로운 사업시행계획의 인가는 사업시행계획인가를 새로 받거나 그에 갈음할 수 있는 사업시행계획변경인가를 받는 방법으로 할 수 있는데, 구체적으로 보면 ① 당초 사업시행계획과 동일한 요건, 절차를 거쳐 새로운 사업시행계획을 수립하여 시장·군수로부터 다시 인가를 받거나, ② 당초 사업시행계획의 주요 부분을 실질적으로 변경하여 당초 사업시행계획을 대체하였다고 평가할 수 있는 내용의 새로운 사업시행계획을 수립하여 시장·군수의 변경인가를 받는 방법으로 할 수 있다.

☞ 「새로운 사업시행계획이 당초 사업시행계획을 대체하는 경우」에 관한 상세한 내용은 돈되법 3 제5장 제8절 VII.을 참조하세요.

2. 【해설】 구법에서 제척기간 도과 후 새로운 매도청구권 행사

구법에서는 새로운 조합설립의 효과가 발생하는 조합설립변경인가를 받고 동의 여부 촉구서 발송 등의 사전절차를 다시 진행하여 매도청구권을 행사할 수 있었다.

새로운 조합설립의 효과가 발생하는 조합설립변경인가를 받는 방법은 아래와 같다.

제1장 조합설립 미동의자 등에 대한 매도청구 / 제2절 매도청구의 요건과 절차

> (1) 조합설립변경인가처분이 새로운 조합설립인가처분의 효력을 갖기 위해서는 조합이 다시 조합설립인가에 관한 절차를 밟아 <u>조합설립인가에 필요한 실체적·절차적 요건을 모두 갖추어야</u> 한다.
>
> 조합설립인가에 필요한 실체적·절차적 요건이란, ① 법정사항이 기재된 검인 동의서에 토지등소유자의 동의를 받은 후 ② 조합설립을 위한 창립총회를 개최하여 ③ 조합정관의 확정, 조합임원의 선임 등의 안건을 '토지등소유자 과반수 출석과 출석 토지등소유자 과반수 찬성'으로 의결한 후 ④ 조합설립인가신청 시 요구되는 서류를 다시 갖추어 ④ 관할관청에 조합설립변경인가 신청을 하는 것이다. (이상 대법원 2013. 2. 28. 선고 2012다74816 판결.)
>
> (2) 다만, 새로운 결의를 할 총회를 반드시 '창립총회'라는 명칭으로 개최할 필요는 없으며, 조합설립인가처분 이후 개최된 정기총회나 임시총회에서 위 안건들을 처리해도 무방하다. 또한 당초의 창립총회 결의를 추인하는 결의를 하거나, 명시적 추인결의는 없었더라도 총회의 진행 경과 등에 비추어 총회의결에 그러한 추인의 취지가 포함된 것으로 볼 수 있는 사정이 있는 것으로도 충분하다는 것이 대법원판례이다. (이상 대법원 2014. 5. 29. 선고 2013두18773 판결.)
>
> ☞ 이에 관한 자세한 내용은 돈.되.법 2 제2장 제2절 III.을 참조하세요.

B. [구법판례] ① 매도청구권의 행사기간(제척기간)이 지났더라도 <u>다시 조합설립변경동의 및 조합설립변경인가 등의 절차를 밟아 새로운 매도청구권을 행사할 수 있어</u>; ② 최초 조합설립에 필요한 동의서를 징구하는 것과 동일한 방법으로 <u>새로운 동의요건을 갖추어 조합설립변경인가를 받은 경우</u> 이에 기하여 매도청구권을 행사할 수 있다고 본 사례 —대법원 2013. 3. 14. 선고 2012다111531 판결[소유권이전등기청구등]

【당사자】

> 【원고, 피상고인】 남가좌동제1구역주택재건축정비사업조합
>
> 【피고, 상고인】 피고

1. 법리

가. 매도청구권의 행사기간을 규정한 취지

「도시 및 주거환경정비법」(이하 '도시정비법'이라 한다) 제39조에 의하여 준용되는 「집합건물의 소유 및 관리에 관한 법률」(이하 '집합건물법'이라 한다) 제48조 제4항에서 <u>매도청구권의 행사기간을 규정한 취지</u>는, 매도청구권이 형성권으로서 재건축참가자 다수의 의사에 의하여 매매계약의 성립을 강제하는 것이므로, 만일 위와 같이 행사기간을 제한하지 아니하면 매

VII. 제척기간 도과 후 새로운 매도청구권 행사

도청구의 상대방은 매도청구권자가 언제 매도청구를 할지 모르게 되어 그 법적 지위가 불안전하게 될 뿐만 아니라 매도청구권자가 매수대상인 구분소유권 등의 시가가 가장 낮아지는 시기를 임의로 정하여 매도청구를 할 수 있게 되어 매도청구 상대방의 권익을 부당하게 침해할 우려가 있는 점에 비추어 매도청구 상대방의 정당한 법적 이익을 보호하고 아울러 재건축을 둘러싼 법률관계를 조속히 확정하기 위한 것이라고 봄이 상당하므로

나. 제척기간 도과 후 새로운 매도청구권 행사가 가능한 경우

매도청구권은 그 행사기간 내에 이를 행사하지 아니하면 그 효력을 상실하지만(대법원 2008. 2. 29. 선고 2006다56572 판결 참조), 제척기간이 도과하였다고 하여 매도청구권이 종국적으로 소멸하는 것은 아니고, 재건축 참가자 등은 다시 조합설립변경동의 및 조합설립변경인가 등의 절차를 밟아 새로운 매도청구권을 행사할 수 있다고 봄이 상당하다(대법원 2009. 1. 15. 선고 2008다40991 판결, 대법원 2010. 7. 15. 선고 2009다63380 판결 등 참조).

2. 원심판결의 정당함

원심판결 이유에 의하면, 원심은 그 판시와 같은 이유를 들어 최초 조합설립에 필요한 동의서를 징구하는 것과 동일한 방법으로 새로운 동의요건을 갖추어 서울특별시 서대문구청장으로부터 조합설립변경인가를 받은 원고는 특별한 사정이 없는 한 이에 기하여 미동의자인 피고를 상대로 매도청구권을 행사할 수 있다고 판단하였다.

앞서 본 법리와 기록에 비추어 살펴보면, 원심의 위와 같은 판단은 정당한 것으로 수긍이 가고, 거기에 상고이유의 주장과 같은 도시정비법상 매도청구권에 관한 법리오해, 심리미진 등의 위법이 없다.

C. ① 조합설립변경인가 처분이 새로운 조합설립인가처분으로서의 실체적·절차적 요건을 모두 갖춘 경우에는 조합설립인가 처분으로서의 효력이 있어; ② 새로운 조합설립인가 처분의 요건을 갖춘 조합설립변경인가에 터잡아 새로이 매도청구권을 행사하는 것도 적법해 —대법원 2013. 2. 28. 선고 2012다74816 판결[소유권이전등기등]

【당사자】

【원고, 피상고인】 지금동재건축정비사업조합
【피고, 상고인】 피고

제1장 조합설립 미동의자 등에 대한 매도청구 / 제2절 매도청구의 요건과 절차

1. 법리

가. 조합설립변경인가처분이 새로운 조합설립인가처분이 되는 경우

조합설립변경인가처분도 정비사업조합에게 정비사업을 시행할 수 있는 권한을 설정하여 주는 처분인 점에서는 당초 조합설립인가처분과 다를 바 없으므로, 조합설립인가처분의 위법 여부 또는 효력 유무에 관한 다툼이 있어 조합이 처음부터 다시 조합설립인가에 관한 절차를 밟아 조합설립변경인가를 받았고, 그 조합설립변경인가처분이 새로운 조합설립인가처분으로서의 요건을 갖춘 경우에는 그에 따른 효과가 있다 할 것이다.

여기에서 새로운 조합설립인가처분의 요건을 갖춘 경우에 해당하려면 그와 같은 조합설립인가에 필요한 실체적·절차적 요건을 모두 갖추어야 한다고 해석함이 타당하다.

나. 새로운 조합설립인가처분의 요건을 갖춘 조합설립변경인가에 터잡은 새로운 매도청구

나아가 새로운 조합설립인가처분의 요건을 갖춘 조합설립변경인가에 터잡아 새로이 매도청구권을 행사하는 것도 적법하다고 보아야 한다(대법원 2009. 1. 15. 선고 2008다40991 판결, 대법원 2012. 12. 26. 선고 2012다90047 판결 등 참조).

2. 원심판결의 정당함

원심판결 이유에 의하면 원심은, 그 채택 증거에 의하여 원고가 이 사건 조합설립인가처분 이후 정기총회를 열어 '재건축조합설립인가 관련 재건축 결의 추인 및 재건축 재결의 별첨 동의서 추인'의 건을 의결하고 ② 조합설립동의서와 조합설립인가신청 시 요구되는 서류를 다시 갖추어 2011. 3. 4. 관할 관청으로부터 조합설립변경인가처분을 받은 사실 등 판시와 같은 사실을 인정한 다음,

원고는 2011. 3. 4. 조합설립변경인가처분 시 구 도시 및 주거환경정비법(2012. 2. 1. 법률 제11293호로 개정되기 전의 것, 이하 같다) 제16조가 정한 재건축결의 동의요건을 갖추었고 정기총회에서 재건축결의의 추인을 의결함으로써 위 조합설립변경인가처분은 원고에 대한 조합설립인가처분으로서의 효력이 있다고 보아, 위 조합설립변경인가처분 이후에 이루어진 원고의 피고에 대한 매도청구권 행사를 근거로 피고를 상대로 이 사건 부동산에 관한 소유권이전등기절차의 이행 및 이 사건 부동산의 인도를 구하는 원고의 제1예비적 청구를 인용하였다.

앞서 본 법리와 기록에 비추어 살펴보면 원심의 위와 같은 조치는 정당하고, 거기에 상고이유의 주장과 같이 재건축조합설립인가처분이 무효인 경우 그 후속행위의 효력 내지 구 「도시 및 주거환경정비법」상 사업시행자의 지위에 관한 법리오해 등으로 판결에 영향을 미친 위법이 없다.

D. [변경인가처분이 새로운 조합설립인가처분의 효력을 가지는 경우] 조합설립인가처분 이후 a) 정기총회를 열어 '재건축 결의 추인 및 재건축 재결의 별첨 동의서 추인'의 건을 의결하고 b) 조합설립동의서와 조합설립인가신청 시 요구되는 서류를 다시 갖추어 c) 조합설립변경인가처분을 받은 사안에서, 새로운 조합설립인가처분으로서의 효력이 있다고 본 사례 —대법원 2013. 2. 28. 선고 2012 다 74816 판결[소유권이전등기등]

(☞ 판결이유는 돈.되.법 2 제2장 제2절 III.을 참조하세요)

제3절 매도청구의 효과 (매도가격 산정 등)

I. 개요

A. 매매계약의 성립

1. 【해설】 시가에 의한 매매계약 성립

> (1) 매도청구권은 형성권이므로, 사업시행자가 매도청구권을 행사하면 그 의사표시가 토지등소유자에게 도달한 때에 시가에 의한 매매계약이 성립한다.
>
> (2) 매도청구의 의사표시를 소송으로 한 경우에는 소제기 전에 최고서(회답촉구서)를 보냈는지 여부에 따라 아래와 같이 매매계약 성립일이 달라진다.
>
> ① 최고서를 보내고 나서 매도청구소송을 제기한 경우에는 소장부본 송달일에 매매계약이 성립한다. 이 경우 만일 소장부본이 회답기간 만료 전에 송달되었다면 회답기간 만료 다음날에 매매계약이 성립한 것으로 보아야 할 것이다.
>
> ② 매도청구소송을 제기함과 동시에 촉구를 한 경우에는 소장부본 송달 이후 도래한 회답기간 경과일 다음날, 즉 소장부본 송달일부터 2 개월이 지난 다음날에 매매계약이 성립한다. 즉, 촉구서를 첨부한 소장 부본의 송달로써 피고에게 매도청구권에 관한 촉구를 한 것은 피고가 촉구기간 내에 재건축사업에 불참가할 것을 정지조건으로 회답기간 만료 다음날 매도청구권을 행사한 것과 동일하므로, 이 경우에는 소장 부본 송달 이후 도래한 회답기간 만료일 다음날에 매매계약이 성립한 것으로 본다(대법원 2010. 7. 15. 선고 2009 다 63380 판결).

2. 【해설】 대항력 있는 주택·상가 임대차계약의 승계

> 사업시행자가 매도청구를 하고 소유권이전등기를 마치면 대항력 있는 주택과 상가건물의 임대차계약을 승계하므로, 임대인(매도청구의 상대방)이 부담하는 임대차보증금반환

제 1 장 조합설립 미동의자 등에 대한 매도청구 / 제 3 절 매도청구의 효과 (매도가격 산정 등)

> 의무를 사업시행자가 면책적으로 인수한다(주택임대차보호법 제 3 조 제 4 항; 상가건물임대차보호법 제 3 조 제 2 항).
>
> 따라서 조합은 매매대금에서 임대차보증금 상당액을 공제한 나머지 금액만을 지급 또는 공탁하고 소유권이전등기를 마칠 수 있다.

B. 매도가격의 산정

1. 【해설】 매도청구소송의 쟁점은 결국 매도가격

> 매도청구소송에서 조합설립인가 또는 사업시행계획(인가)이 중대하고 명백한 하자가 있어 당연무효라는 것을 증명하기는 쉽지 않고, 취소사유인 하자는 별도로 행정소송을 제기해서 승소 확정판결을 받아야 하므로, 조합설립인가 또는 사업시행계획(인가)의 하자를 이유로 매도청구가 부적법하다는 주장을 하기는 매우 어려운 일이다.
>
> 매도청구의 절차적 위법을 주장하는 것도 어렵기는 마찬가지이다. 매도청구의 절차적 요건은 매도청구소송 절차 내에서도 구비할 수 있고, 제척기간이 지났더라도 조합설립변경인가 또는 사업시행변경인가를 받아 새로이 매도청구를 할 수 있기 때문이다.
>
> 그래서 매도청구소송의 가장 중요한 쟁점은 결국 매도가격 산정 문제이다.

2. 【해설】 매도가격 산정의 기준일

> 매도가격 산정의 기준일은 매매계약 성립일, 즉 매도청구의 의사표시가 토지등소유자에게 도달한 때이다(대법원 1996. 1. 23. 선고 95 다 38172 판결).

3. 【해설】 개발이익의 포함

> (1) 매도청구권 행사에 따른 매도가격은 재건축으로 발생할 것으로 예상되는 개발이익이 포함된 가격이다. 여기에 포함되는 개발이익은 사업 종료시점에 실현될 전체 개발이익이 아니라, 가격 기준시점에 거래가격에 반영된 개발이익(프리미엄)을 말한다.
>
> (2) '개발이익이 포함된 시가'를 산출하는 방법은 ① <u>원가방식으로 산정한 후 개발이익을 가산하는 방식</u>(대법원 1996.01.23. 선고 95 다 38172 판결)과 ② <u>매도청구 시점에 형성된 객관적 거래가격을 산정하는 방식</u>(즉, 종전자산 평가액에 부동산중개업소에서 형성된 프리미엄을 가산한 거래가격. 대법원 2006.02.23. 선고 2005 다 19552, 19569 판결; 대법원 2005.06.24. 선고 2003 다 55455 판결; 대법원 2008.02.01. 선고 2006 다 32217 판결)으로 대별된다. ③ <u>관리처분계획에서 인정한 권리가액</u>(= 종전자산 평가금액 × 비례율 171.19%)을 현금청산금액으로 인정한 사례도 있다(대법원 2012. 5. 10. 선고 2010 다 47469,47476,47483 판결).

> (3) 매도청구소송의 상대방은 법원에 미리 '감정에 관한 의견서'를 제출하여 감정평가 시 개발이익이 충분히 반영될 수 있도록 하여야 하며, 감정평가서가 나온 뒤에도 평가내역을 세밀히 검토하여 개발이익의 반영이 미흡한 부분이 있으면 감정보완을 신청하여야 한다.

II. 매도가격 기준일 = 매매계약 성립일

A. ① 매도청구권이 행사되면, 그 의사표시가 도달함과 동시에 시가에 의한 매매계약이 성립해; ② 이때 '시가'란 매도청구권이 행사된 당시의 구분소유권과 대지사용권의 객관적 거래가격으로서 재건축으로 발생할 것으로 예상되는 개발이익이 포함된 가격을 말해 —대법원 1996.01.23. 선고 95 다 38172 판결[소유권이전등기등]

【당사자】

> 【원고, 피상고인】 이촌 1 동 공무원아파트 비(B)지구 재건축조합
>
> 【피고, 상고인】 피고

집합건물에 관하여 집합건물의소유및관리에관한법률 제 47 조 소정의 재건축 결의가 있은 후 그 재건축에 참가하지 않은 자에 대하여 같은 법 제 48 조 제 4 항에 의한 매도청구권이 행사되면, 그 <u>매도청구권 행사의 의사표시가 도달함과 동시에</u> 재건축에 참가하지 않은 자의 구분소유권 및 대지사용권에 관하여 <u>시가에 의한 매매계약이 성립하게 되는 것</u>인바,

이 때의 <u>시가란 매도청구권이 행사된 당시의 구분소유권과 대지사용권의 객관적 거래가격으로서, 노후되어 철거될 상태를 전제로 한 거래가격이 아니라 그 건물에 관하여 재건축 결의가 있었다는 것을 전제로 하여 구분소유권과 대지사용권을 일체로 평가한 가격, 즉 재건축으로 인하여 발생할 것으로 예상되는 개발이익이 포함된 가격을 말한다</u> 고 할 것이다.

B. 매도청구권을 행사하는 소장에 최고서를 첨부하여 송달한 경우에는, <mark>소장부본 송달 이후 도래한 회답기간(2 개월) 경과일 다음날에 매매계약이 성립해</mark> (최고서를 첨부한 소장부본의 송달은 최고기간 내에 재건축사업에 참가하지 않을 것을 정지조건으로 회답기간 만료 다음날 매도청구권을 행사한 것과 동일하므로) —대법원 2010.07.15. 선고 2009 다 63380 판결[소유권이전등기등]

【당사자】

> [원고, 피상고인] 삼창아파트주택재건축정비사업조합
>
> [피고, 상고인] 피고

원심은, 집합건물법 제48조가 재건축 참가 여부에 대한 회답을 최고받은 구분소유자에 대하여 2개월의 회답기간을 부여하면서 그 기간이 경과한 후에야 비로소 그에 대하여 매도청구권을 행사할 수 있도록 규정한 취지는 재건축에 참가하지 아니한 구분소유자에게 숙려의 기회를 부여함으로써 그를 보호하고자 하는 데 있다고 전제한 다음,

① 원고 조합은 이 사건 소 제기 당시 매도청구권을 행사하며 <u>소장 부본에 이 사건 최고서를 첨부하였던 점</u>, ② 피고가 답변서에서 원고 조합으로부터 2006. 5.과 2006. 6. 무렵의 이 사건 최고서를 받은 사실이 없다고 다투자, 원고 조합은 이에 대한 준비서면을 제출하면서 다시 이 사건 최고서를 첨부한 점, ③ 원고 조합은 제1심 소송 계속중 "매도청구권을 행사하는 방식에는 아무런 제한이 없는바, 피고에게 매도청구권을 행사하는 이 사건 소장 부본과 이 사건 최고서가 피고에게 동시에 송달되었으므로, 피고가 이 사건 소장 부본을 수령한 이후 회답기간이 경과한 다음날 매도청구권을 행사한 것이고, 이후 원고 조합이 청구취지를 변경한 것은 이와 같은 취지를 분명히 한 것에 불과하다"고 진술하는 점, ④ 이 사건 최고서에는 집합건물법 제48조 제2항의 기간 만료일 익일자를 기준으로 매도청구를 한다는 취지가 명시되어 있는 점, ⑤ <u>제척기간이 도과되었다고 하여 매도청구권이 종국적으로 소멸하는 것은 아니고 다시 재건축결의 등 절차를 밟아 매도청구권의 행사를 다시 할 수 있는 것이므로</u>, 이미 재건축결의에 필요한 정족수를 넘긴 이 사건에서 구태여 그러한 번거로운 절차를 다시 밟게 함으로써 절차 지연에 따른 법률관계의 불안정성을 초래할 필요가 없는 점 등의 제반 사정을 종합하면,

원고 조합이 이 사건 <u>최고서를 첨부한 이 사건 소장 부본의 송달로써 피고에게 매도청구권에 관한 최고를 한 이상, 이는 피고가 최고기간 내에 이 사건 재건축사업에 불참가할 것을 정지조건으로, 회답기간 만료 다음날 매도청구권을 행사한 것과 동일한 효과가 발생하였다고 볼 수 있으므로, 결국 이 사건 소장 부본 송달 이후 도래한 회답기간 경과일 다음날을 매매계약 성립일로 볼 수 있다</u>고 판단하였는바,

기록에 비추어 살펴보면 원심의 이러한 사실인정과 판단은 정당한 것으로 수긍할 수 있고, 거기에 상고이유에서 주장하는 바와 같은 매도청구권 행사기간에 관한 법리오해 등의 위법이 없다. 이 부분 상고이유에서 들고 있는 대법원 판결은 사안이 달라 이 사건에 적용하기에 적절한 것이 아니다.

III. 매도가격 산정방식(1): 원가방식 산정 후 개발이익을 가산하는 방식

A. 매도청구에 따른 시가를 산정함에 있어 a) <u>먼저 그 대지사용권과 구분소유권의 가격을 원가방식에 의하여 산정한 후</u>, b) <u>재건축이 추진되거나 진행 중에 있는 인근아파트의 거래사례를 분석하고 그 거래사례와 이 사건 아파트와의 지역요인과 개별요인을 비교한 다음</u>, c) <u>이 사건 아파트의 재건축으로 인하여 발생할 것으로 예상되는 개발이익을 산정하여</u>, d) <u>그 산정된 개</u>

III. 매도가격 산정방식(1): 원가방식 산정 후 개발이익을 가산하는 방식

발이익을 원가방식에 의하여 산정한 위 대지사용권과 구분소유권의 가격에 더하는 방법으로 평가한 것은 적법해 —대법원 1996.01.23. 선고 95다38172 판결[소유권이전등기등]

【당사자】

【원고,피상고인】 이촌1동 공무원아파트 비(B)지구 재건축조합

【피고,상고인】 피고

1. 법리

집합건물에 관하여 집합건물의소유및관리에관한법률 제47조 소정의 재건축 결의가 있은 후 그 재건축에 참가하지 않은 자에 대하여 같은 법 제48조 제4항에 의한 매도청구권이 행사되면, 그 매도청구권 행사의 의사표시가 도달함과 동시에 재건축에 참가하지 않은 자의 구분소유권 및 대지사용권에 관하여 시가에 의한 매매계약이 성립하게 되는 것인바,

이 때의 시가란 매도청구권이 행사된 당시의 구분소유권과 대지사용권의 객관적 거래가격으로서, 노후되어 철거될 상태를 전제로 한 거래가격이 아니라 그 건물에 관하여 재건축 결의가 있었다는 것을 전제로 하여 구분소유권과 대지사용권을 일체로 평가한 가격, 즉 재건축으로 인하여 발생할 것으로 예상되는 개발이익이 포함된 가격을 말한다 고 할 것이다.

2. 원심판결의 정당함

기록에 의하면,

① 서울 용산구 이촌동 301의 58 외 10필지 지상에 건립된 공무원아파트 11개 동의 구분소유권자들이 1989. 8. 9. 원고 명의로 재건축조합 설립인가를 받아 재건축사업을 추진하다가 1994. 1. 30. 사업승인을 받기에 이르렀는데, 원고는 위 재건축에 참가하지 아니한 피고에 대하여 1993. 12. 2. 매도청구권을 행사한 사실,

② 제1심 감정인 이행부는 매도청구권이 행사된 시점에서의 피고 소유의 이 사건 아파트에 대한 시가를 감정함에 있어서, a) 먼저 그 대지사용권과 구분소유권의 가격을 원가방식에 의하여 산정한 후, b) 재건축이 추진되거나 진행 중에 있는 인근아파트의 거래 사례를 분석하고 그 거래 사례와 이 사건 아파트와의 지역 요인과 개별 요인을 비교한 다음, c) 이 사건 아파트의 재건축으로 인하여 발생할 것으로 예상되는 개발이익을 산정하여, d) 그 산정된 개발이익을 원가방식에 의하여 산정한 위 대지사용권과 구분소유권의 가격에 더하는 방법으로 평가하였음을 알 수 있는바,

위와 같은 방식에 의한 시가 산정은 집합건물의소유및관리에관한법률이 매도청구권을 인정

제 1 장 조합설립 미동의자 등에 대한 매도청구 / 제 3 절 매도청구의 효과 (매도가격 산정 등)

한 취지에 비추어 합리성이 있는 것으로 수긍할 수 있으므로, 위 감정 결과를 채택하여 시가를 금 150,000,000 원으로 인정한 원심판결에 논하는 바와 같은 위법이 있다고 볼 수 없다. 논지는 모두 이유가 없다.

IV. 매도가격 산정방식(2): 매도청구 시점의 객관적 거래가격 산정 방식

A. [주택단지 내에 토지만을 소유한 자에 대한 매도청구 사안임] ① a) 가격시점 현재의 아파트 가격을 토지와 건물로 배분하여 대지가격을 도출하는 방법과 b) 인근 토지 가격과의 비교·분석으로 대지가격을 구하는 방법의 두 가지 방식으로 가격을 산정한 후 이를 평균 산정하고; ② a) 토지의 현황이 도로일지라도 재건축이 추진되면 아파트 단지의 일부가 되므로 대지로서 평가하되, b) 다만 획지조건의 열세와 기여도 등을 감안하여 감액평가하는 방식으로 재건축을 전제할 경우의 시가를 산출한 것은 적법해 —대법원 2009. 3. 26. 선고 2008 다 21549 판결[소유권이전등기·부당이득금]

【당사자】

> 【원고(반소피고), 피상고인 겸 상고인】 원고 재건축정비사업조합
> 【피고(반소원고), 상고인 겸 피상고인】 피고 1 주식회사 외 2 인

1. 법리

사업시행자가 주택재건축사업에 참가하지 않은 자에 대하여 도정법 제 39 조에 의한 매도청구권을 행사하면, 그 매도청구권 행사의 의사표시가 도달함과 동시에 주택재건축사업에 참가하지 않은 자의 토지나 건축물에 관하여 시가에 의한 매매계약이 성립되는 것인바,

이때의 시가란 매도청구권이 행사된 당시의 토지나 건물의 객관적 거래가격으로서, 노후되어 철거될 상태를 전제로 하거나 주택재건축사업이 시행되지 않은 현재의 현황을 전제로 한 거래가격이 아니라 그 토지나 건물에 관하여 주택재건축사업이 시행된다는 것을 전제로 하여 토지나 건축물을 평가한 가격, 즉 재건축으로 인하여 발생할 것으로 예상되는 개발이익이 포함된 가격을 말한다.

2. 원심판결의 정당함

원심은, 감정인 조화연이 ① 가격시점 현재의 아파트 가격을 조사, 파악한 후 이를 토지, 건물로 배분하여 대지가격을 도출하는 방법과 ② 인근 토지 가격과의 비교, 분석으로 대지가격을 구하는 방법 등 두 가지의 방식으로 가격을 산정한 후 이를 평균 산정한 다음, 이 사건 각 토지의 현황이 도로일지라도 재건축이 추진되면 아파트 단지의 일부가 되므로 대지로서 평가하되, 다만 그 형태(세장형 등 형태가 불량함), 면적, 단독토지로서의 효용가치 등 획지 조건의

IV. 매도가격 산정방식(2): 매도청구 시점의 객관적 거래가격 산정 방식

열세와 기여도 등을 감안하여 감액평가하는 방식으로 "재건축을 전제할 경우의 시가"를 산출하였다는 이유로, 위 감정인의 2006. 6. 27.자 감정평가 결과를 채택하여 이 사건 각 토지의 매매시가를 결정하였다.

원심판결 이유를 위와 같은 법리와 기록에 비추어 살펴보면, 원심이 이 사건 각 토지에 대한 매매시가를 산정함에 있어 재건축을 전제로 하여 그 가액을 평가한 감정인의 감정 결과를 채택한 것은 정당하다.

B. 부동산중개업소를 통하여 형성된 재건축아파트의 실제 거래가격은 개발이익이 반영되어 형성된 것 —대법원 2006.02.23. 선고 2005다19552, 19569 판결[구분소유권등매도청구등]

【당사자】

> 【원고, 피상고인】 도곡동제1차아파트재건축조합
> 【피고, 상고인】 피고 1 외 4인

일반적으로 부동산중개업소를 통하여 형성된 재건축아파트의 실제거래가격은 개발이익이 반영되어 형성된 것이라는 점과 감정인에 대한 제1심 재판장의 지시사항이나 감정서에 기재된 감정인이 감정시 고려한 사항, 감정방법, 거래사례의 수집사례, 수집된 실제 거래사례에 나타난 평형별 거래가와 이 사건 각 아파트의 감정가가 비슷하다는 점 등을 고려하여 보면, 원심이 인정한 이 사건 아파트의 시가는 이 사건 매도청구의 대상 아파트에 대한 구분소유권과 대지사용권의 객관적 거래가격으로서, 개발이익을 충분히 고려한 것이라고 보이고, 달리 그 감정 결과를 믿어서는 안 될 만한 사정이 보이지 아니하므로, 원심이 제1심 감정인의 감정 결과를 채택하여 판시와 같은 시가를 인정한 조치도 정당한 것으로 수긍할 수 있고...

C. [같은 취지 판례] 대법원 2005.06.24. 선고 2003다55455 판결[소유권이전등기]

자유심증주의하에서 증거가치에 대한 판단은 논리와 경험칙에 반하지 아니하는 한 사실심법원의 전권에 속하는 사항인바(대법원 2001. 8. 24. 선고 2001다33048 판결 참조), ① 일반적으로 부동산중개업소를 통하여 형성된 재건축아파트의 실제거래가격은 개발이익이 반영되어 형성된 것이라는 점과 ② 감정인에 대한 1심 재판장의 지시사항이나 감정서에 기재된 감정인이 감정시 고려한 사항, 감정방법, 거래사례의 수집사례, 수집된 실제 거래사례에 나타난 평형별 거래가와 이 사건 각 아파트의 감정가가 비슷하다는 점 등을 고려하여 보면,

원심이 인정한 이 사건 아파트의 시가는 이 사건 매도청구의 대상 아파트에 대한 구분소유권과 대지사용권의 객관적 거래가격으로서, 개발이익을 충분히 고려한 것이라고 보여지고, 달리 감정인으로서 지켜야 할 준칙을 위반하였다거나 달리 그 감정 결과를 믿어서는 안될 사정이 엿보이지 아니한 이상 원심이 제1심 감정인의 감정 결과를 채택하여 판시와 같은 시가를

인정한 것은 정당한 것으로 수긍할 수 있고, 거기에 채증법칙 위배로 인한 사실오인이나 심리미진 또는 감정보완이나 재감정을 명하지 아니한 위법이 있다고 할 수 없다.

D. [집합건물 재건축 사건] 기존의 집합건물을 철거하고 인접토지와 합하여 공동주택이 아닌 상가를 건축하는 사안에서, 매도청구 무렵 시가에 이미 개발이익까지 포함되어 있었다고 보고, 그 무렵을 기준으로 한 시가감정 결과에 따라 매매시가를 정한 사례 —대법원 2008.02.01. 선고 2006 다 32217 판결[소유권이전등기]

【당사자】

【원고, 피상고인】 인터씨티개발투자 주식회사

【피고, 상고인】 피고

원심은... 그 매매시가에 관하여, 이 사건 공동주택은 대도시의 중심상업지역 내에 위치하고 건축된 지 30 년이 지났기 때문에 이를 거래하는 자라면 누구나 가까운 시일 내에 상가 등의 형태로 재건축될 것임을 충분히 예견할 수 있는 점, 이 사건 공동주택에 대한 재건축사업은 이 사건 재건축결의가 있기 전부터 추진되어 왔던 점에 비추어,

이 사건 매도청구 무렵 이 사건 부동산의 시가에는 이미 재건축 후의 예상가치에서 재건축비용을 공제한 개발이익까지 포함되어 있었다고 봄이 상당하다고 하여, 이 사건 매도청구 무렵인 2005. 4. 12.을 기준으로 한 제 1 심 감정인의 시가감정 결과에 따라, 이 사건 부동산의 매매시가를 그 감정가액인 1 억 1,000 만 원으로 결정하였다.

기록에 비추어 살펴보면, 원심의 매매시가에 관한 이러한 판단은 수긍할 수 있고, 거기에 시가산정에 관한 채증법칙 위배 또는 심리미진 등의 위법이 없다. 이에 관한 상고논지는 이유 없다.

V. 매도가격 산정방식(3): 종전자산 평가액에 비례율을 곱하는 방식

A. ① 현금청산금액은 반드시 시가감정을 해야 하는 것이 아니고 법원이 적절한 방법으로 평가할 수 있어; ② 현금청산액은 분양신청기간 종료일 다음날을 기준으로 한 종전자산의 시가로서 조합에서 탈퇴하는 시점까지의 개발이익 등이 반영된 가격으로 산정하여야; ③ 현금청산액을 관리처분계획에서 인정한 권리가액(= 종전자산 평가금액 × 비례율 171.19%)으로 본 원심판결을 수긍한 사례 —대법원 2012. 5. 10. 선고 2010 다 47469,47476,47483 판결[청산금·청산금·청산금]

【당사자】

【원고, 피상고인】 원고 1 외 8인

【피고, 상고인】 창신시장재건축조합

1. 법리

도시정비법 제 47 조 제 1, 2 호의 규정에 따라 사업시행자가 현금청산대상자에게 현금으로 청산하는 경우 현금청산의 목적물인 토지·건축물 또는 그 밖의 권리의 가액을 평가하는 기준시점은 청산금 지급의무가 발생하는 시기인 '분양신청기간의 종료일 다음날'로 봄이 상당하고, 한편 <u>청산금의 지급을 구하는 소송에 있어서 법원은 반드시 시가감정에 의하여 청산금액을 평가하여야 하는 것은 아니고 적절한 방법으로 청산금액을 평가할 수 있다</u> (대법원 2008. 10. 9. 선고 2008 다 37780 판결, 대법원 2010. 12. 23. 선고 2010 다 73215 판결 등 참조).

2. 원심판결의 정당함

원심판결 이유에 의하면, 원심은 그 채용 증거를 종합하여 그 판시와 같은 사실을 인정한 다음, <u>원고들의 현금청산액은 피고 조합의 분양신청기간 종료일 다음날인 2007. 1. 1.을 기준으로 한 종전 자산의 시가로서 원고들이 조합에서 탈퇴하는 시점까지의 개발이익 등이 반영된 가격으로 산정하여야 할 것인데,</u>

<u>이는 원고들의 종전 자산에 대한 평가금액에 당시 산정된 비례율을 곱하여 산출한 금액으로 봄이 상당하고</u>, 피고 조합의 조합원총회에서 2006. 11. 9. 의결된 이 사건 <u>관리처분계획은 위와 같은 방식으로 원고들의 종전 자산에 대한 평가금액에 그 무렵의 개발이익을 평가하여 반영한 비례율(171.19%)을 곱하여 원고들의 권리가액을 산정하였으므로, 원고들의 현금청산액은 이 사건 관리처분계획에서 인정한 원고들의 권리가액으로 볼 수 있다</u>는 취지로 판단하였다.

앞에서 본 법리와 기록에 비추어 살펴보면, 위와 같은 원심의 판단은 정당하고, 거기에 상고이유에서 주장하는 바와 같은 현금청산금 산정의 기준시기나 산정방법에 관한 법리오해 등의 위법이 없다.

VI. 감정평가의 방법

A. ① 둘 이상의 물건에 대한 감정평가는 개별평가를 원칙으로 하되, 예외적으로 거래상 일체성 또는 용도상 불가분의 관계가 인정되는 경우에 일괄평가가 허용돼; ② <u>실질적인 구분건물로서 구조상·이용상 독립성이 유지되고 있는 별지 1, 2, 3 기재 각 부동산을 교회의 부속시설로 이용하고 있다는 사정만으로 일괄평가한 것은 위법하다</u>고 본 사례 ―대법원 2020. 12. 10. 선고 2020 다 226490 판결[소유권이전등기등]

제1장 조합설립 미동의자 등에 대한 매도청구 / 제3절 매도청구의 효과 (매도가격 산정 등)

【당사자】

【원고, 피상고인】 서초신동아아파트주택재건축정비사업조합
【피고, 상고인】 대한예수교장로회 영화교회

1. 원심판결의 내용 (별지목록 1, 2, 3 기재 각 부동산을 일괄평가함)

가. 원심은 제1심 감정인의 감정 결과와 제1심 감정인의 사실조회회신 결과를 채택하여 별지 목록 기재 각 부동산에 관한 매매대금을 산정하면서, 다음과 같은 이유로 제1심 감정인이 별지 목록 제1 내지 3항 기재 각 부동산(대지사용권 포함)을 일괄평가한 데에 잘못이 없다고 판단하였다.

1) 별지 목록 제1 내지 3항 기재 각 부동산(호수 생략)은 호별 구분 없이 모두 피고의 모임 및 활동 등에 이용되고 있으므로 일체로 거래되거나 용도상 불가분의 관계에 있다고 볼 수 있다.

2) 피고가 위 각 호실을 휴게실, 공부방, 예배실로 칭한다고 하여 별개의 물건이라고 보기는 어렵다.

2. 대법원의 판단 (파기환송)

그러나 원심의 위와 같은 판단은 다음과 같은 이유로 수긍하기 어렵다.

가. 법리

「감정평가 및 감정평가사에 관한 법률」 제3조 제3항은 "감정평가의 공정성과 합리성을 보장하기 위하여 감정평가법인 등이 준수하여야 할 세부적인 원칙과 기준은 국토교통부령으로 정한다."라고 규정하고 있다. 그 위임에 따른 「감정평가에 관한 규칙」 제7조 제1항은 "감정평가는 대상물건마다 개별로 하여야 한다."라고, 제2항은 "둘 이상의 대상물건이 일체로 거래되거나 대상물건 상호 간에 용도상 불가분의 관계가 있는 경우에는 일괄하여 감정평가할 수 있다."라고 규정하고 있다. 따라서 둘 이상의 대상물건에 대한 감정평가는 개별평가를 원칙으로 하되, 예외적으로 둘 이상의 대상물건에 거래상 일체성 또는 용도상 불가분의 관계가 인정되는 경우에 일괄평가가 허용된다(대법원 2018. 1. 25. 선고 2017두61799 판결 등 참조).

나. 별지목록 1, 2, 3 기재 각 부동산을 일괄평가한 것은 위법함

원심판결 이유와 기록에 의하여 알 수 있는 다음과 같은 사정을 앞서 본 법리에 비추어 살펴보면 제1심 감정인이 별지 목록 제1 내지 3항 기재 각 부동산을 일괄평가한 것은 타당하

다고 보기 어렵다.

가) 1984. 4. 10. 제정된「집합건물의 소유 및 관리에 관한 법률」이 1985. 4. 11. 시행되기 전인 1979. 12. 28. 원심 판시 2차 상가에 관하여 소유권보존등기가 마쳐졌는데, 당시는 위 법률에 따른 집합건물등기부가 작성되기 전이었다. 위 2차 상가의 경우 현재까지 집합건물등기가 되지 않고 각 호수별로 건물등기가 마쳐져 있는데, 이 중 ① 별지 목록 제 1 항 기재 부동산에 관하여 2009. 1. 13. 피고 앞으로 소유권이전등기가, ② 별지 목록 제 2 항 기재 부동산에 관하여 2014. 6. 18. 피고 앞으로 소유권이전등기가, ③ 별지 목록 제 3 항 기재 부동산에 관하여 2014. 6. 18. 피고 앞으로 소유권이전등기가 각 마쳐졌다.

나) 2016. 11. 22. 기준으로 피고는 교회의 부속시설로서 별지 목록 제 1 항 기재 부동산을 소예배실, 소회의실, 탁구장으로, 별지 목록 제 2 항 기재 부동산을 성경공부방으로, 별지 목록 제 3 항 기재 부동산을 휴게실로 각 이용하고 있으나, 별지 목록 제 1 내지 3 항 기재 각 부동산은 실질적인 구분건물로서 구조상 독립성과 이용상 독립성이 유지되고 있다.

다) 제 1 심 감정인은 피고가 별지 목록 제 1 내지 3 항 기재 각 부동산을 교회의 부속시설로 이용하고 있다는 이유로 별지 목록 제 1 내지 3 항 기재 각 부동산(대지사용권 포함하여)을 일괄평가하면서, 별지 목록 제 1 내지 3 항 기재 각 부동산의 총전유면적 542.4 m^2(= 별지 목록 제 1 항 기재 부동산의 전유면적 319.68 m^2 + 별지 목록 제 2 항 기재 부동산의 전유면적 141.39 m^2 + 별지 목록 제 3 항 기재 부동산의 전유면적 81.33 m^2)와 비교거래사례의 전유면적 66.18 m^2를 비교하여 규모 면에서 별지 목록 제 1 내지 3 항 기재 각 부동산이 비교거래사례보다 열세라고 평가하였고, 이를 개별요인에 반영하였다.

라) 그런데 별지 목록 제 1 내지 3 항 기재 각 부동산에 대하여 개별적으로 평가가 이루어질 경우에는 규모 면에서도 비교거래사례의 전유면적과 개별적인 비교가 이루어지게 되고 이는 별지 목록 제 1 내지 3 항 기재 각 부동산의 각 개별요인에 반영될 것이다. 이 경우 각 개별요인 수치는 별지 목록 제 1 내지 3 항 기재 각 부동산을 일괄하여 평가할 경우의 개별요인 수치보다는 각 부동산의 평가에 유리하게 작용할 것으로 보이고 따라서 이때의 평가금액의 합계액은 제 1 심 감정인이 행한 바대로 별지 목록 제 1 내지 3 항 기재 각 부동산을 일괄적으로 평가한 금액보다 많을 가능성이 있다.

마) 별지 목록 제 1 내지 3 항 기재 각 부동산은 실질적인 구분건물로서 구조상 독립성과 이용상 독립성이 유지되고 있을 뿐 아니라 피고가 앞서 본 바와 같이 순차적으로 각각의 소유권을 취득하였던 것처럼 개별적으로 거래대상이 된다고 보이고 나아가 개별적으로 평가할 경우의 가치는 앞서 본 바와 같이 일괄적으로 평가한 경우의 가치보다 높을 수 있다. 그러므로 피고가 별지 목록 제 1 내지 3 항 기재 각 부동산을 교회의 부속시설로 이용하고 있다는 등의 사정만으로 별지 목록 제 1 내지 3 항 기재 각 부동산이 일체로 거래되거나 용도상 불가분의 관계에 있다고 단정하기 어렵다.

다. 원심판결의 위법함

그런데도 원심은 판시와 같은 이유만으로 위 각 부동산을 일괄평가한 제1심 감정인의 감정 결과에 잘못이 없다고 판단하였다. 이러한 원심의 판단에는 일괄평가 요건에 관한 법리를 오해하여 필요한 심리를 다하지 않음으로써 판결에 영향을 미친 잘못이 있다. 이를 지적하는 상고이유 주장은 이유 있다.

B. [도로도 대지와 동일하게 평가함] ① 매도청구에서 '시가'는 매도청구권이 행사된 당시의 객관적 거래가격으로서, 주택건설사업이 시행되는 것을 전제로 하여 평가한 가격, 즉 주택건설로 인하여 발생할 것으로 예상되는 개발이익이 포함된 가격을 말하므로; ② 지목이 구거이고 현황이 도로인 토지라도, 해당사업이 시행되면 공동주택 부지 일부가 되는 이상 그 시가는 주택건설사업이 시행될 것을 전제로 할 경우의 인근대지 시가와 동일하게 평가하여야 하고; ③ 다만 형태·면적 등 획지조건 등 개별요인을 고려하여 감액 평가할 수 있을 뿐임; ④ 지목이 구거라는 이유만으로 행정조건을 열세로 반영한 것은 개발이익을 반영하지 않고 현재의 지목과 현황을 기준으로 시가를 산정한 것으로서 위법하다 ―대법원 2019. 11. 28. 선고 2019 다 235566 판결[소유권이전등기]

【당사자】

【원고, 피상고인】 삼계두곡지역주택조합
【피고, 상고인】 피고 1 외 2인

1. 매도청구권에서 "시가"의 의미

주택건설사업을 시행하려는 사업주체는 주택건설대지 중 사용할 수 있는 권원을 확보하지 못한 대지의 소유자에게 그 대지를 시가로 매도할 것을 청구할 수 있다. 이때 매도청구에 관하여는 집합건물의 소유 및 관리에 관한 법률 제48조를 준용한다(주택법 제22조). 여기에서 시가는 매도청구권이 행사된 당시의 객관적 거래가격으로서, 주택건설사업이 시행되는 것을 전제로 하여 평가한 가격, 즉 주택건설로 인하여 발생할 것으로 예상되는 개발이익이 포함된 가격을 말한다(대법원 2009. 3. 26. 선고 2008 다 21549, 21556, 21563 판결 등 참조).

2. 원심의 평가방법

원심판결 이유와 이 사건 기록에 따르면, 제1심 감정인은 다음과 같은 방법으로 이 사건 제3부동산의 시가를 평가하였고, 원심은 그와 같은 감정 결과를 채택하여 이 사건 제3부동산에 대한 매매대금을 산정하였다.

이 사건 제3부동산은 부정형 토지로서 지목이 구거이고 현황이 도로이다. 비교표준지인 김

해시 (주소 생략) 토지와 비교하여 개별요인 중 가로조건은 비교표준지보다 우세하고, 접근조건, 환경조건과 기타조건은 유사하지만, 획지조건(면적, 형상 등)은 0.65, 행정조건(지목 등)은 0.5 로 열세하다. 이렇게 산정한 개별요인 격차율(0.335)과 기타 요인의 보정치 등을 고려하여 단가를 결정한다.

3. 대법원의 판단 (파기환송)

그러나 원심의 판단은 그대로 받아들이기 어렵다.

위에서 본 법리에 비추어 보면, 이 사건 제 3 부동산의 지목이 구거이고 현황이 도로일지라도 원고가 추진하는 주택건설사업이 시행되면 공동주택 부지의 일부가 되는 이상 그 시가는 주택건설사업이 시행될 것을 전제로 할 경우의 인근 대지 시가와 동일하게 평가해야 하고, 다만 형태, 면적 등 획지조건 등 개별요인을 고려하여 감액 평가할 수 있을 뿐이다(대법원 2014. 12. 11. 선고 2014 다 41698 판결 등 참조).

지목이 구거라는 이유만으로 행정조건을 열세로 반영하는 것은 실질적으로는 개발이익을 반영하지 않고 현재의 지목과 현황을 기준으로 시가를 산정한 것으로 볼 수 있다.

그런데도 원심이 위와 같은 감정 결과를 채택하여 이 사건 제 3 부동산의 매매대금을 정한 것은 매도청구권 행사에서 시가 산정에 관한 법리를 오해한 것이다. 이 점을 지적하는 상고이유 주장은 정당하다.

C. [같은 취지 판례] ① 이 사건 각 토지의 현황이 도로일지라도 주택재건축사업이 추진되면 공동주택 부지의 일부가 되는 이상 그 시가는 재건축사업이 시행될 것을 전제로 할 경우의 인근 대지의 시가와 기본적으로 동일하게 평가하되; ② 다만 토지의 형태, 주요 간선도로와의 접근성, 획지조건 등 개별요인들을 고려하여 감액평가하는 방법으로 산정하여야; ③ 현황이 도로라는 이유만으로 인근 대지 가액의 3 분의 1 로 감액한 평가액을 기준으로 시가를 산정한 원심판결을 파기한 사례 —대법원 2014. 12. 11. 선고 2014 다 41698 판결[소유권이전등기등]

【당사자】

【원고, 피상고인】 수택 42 통주택재건축정비사업조합
【피고, 상고인】 피고 1 외 5 인

1. 법리

도시 및 주거환경정비법에 의한 주택재건축사업의 시행자가 같은 법 제 39 조 제 2 호에 의하여 토지만 소유한 사람에 대하여 매도청구권을 행사하면 그 매도청구권 행사의 의사표시가 도달함과 동시에 그 토지에 관하여 시가에 의한 매매계약이 성립하는바, <u>이때의 시가는 매도청구권이 행사된 당시의 객관적 거래가격으로서, 주택재건축사업이 시행되는 것을 전제로 하여 평가한 가격, 즉 재건축으로 인하여 발생할 것으로 예상되는 개발이익이 포함된 가격을 말한다</u>(대법원 2009. 3. 26. 선고 2008 다 21549, 21556, 21563 판결 참조).

2. 원심판결의 내용

원심판결 이유에 의하면, 원심은, 이 사건 매도청구권의 대상인 피고들 소유의 <u>이 사건 각 토지는 그 현황이 인근 주민의 통행에 제공된 도로 등으로서 이미 교환가치가 현저히 저감된 상태여서</u> 이 사건 재건축사업구역에 편입된다는 사정만으로는 기존의 저감상태에서 벗어난다고 할 수 없다는 등을 이유로, 기준시점에서의 이 사건 재건축사업 시행으로 인한 지가변동분이 반영된 <u>인근 대지의 가액을 3 분의 1 로 감액한 감정평가액을 기준으로 그 시가를 산정하였다</u>.

3. 대법원의 판단 (파기환송)

그러나 위 법리에 비추어 보면, <u>이 사건 각 토지의 현황이 도로일지라도 주택재건축사업이 추진되면 공동주택 부지의 일부가 되는 이상 그 시가는 재건축사업이 시행될 것을 전제로 할 경우의 인근 대지의 시가와 기본적으로 동일하게 평가하되, 다만 이 사건 각 토지의 형태, 주요 간선도로와의 접근성, 획지조건 등 개별요인들을 고려하여 감액평가하는 방법으로 산정하는 것이 타당하다고 할 것인바,</u>

이와 달리 <u>원심이 현황이 도로라는 이유만으로 인근 대지 가액의 3 분의 1 로 감액한 평가액을 기준으로 시가를 산정한 것은</u> 매도청구권 행사에 있어 시가 산정에 관한 법리를 오해하여 <u>판단을 그르친 것</u>이다.

VII. 동시이행 (담보권 등이 말소되지 않은 경우 동시이행의 범위)

> 매도청구권 행사로 성립 의제되는 매매계약은 일반 매매계약과 동일하므로, 토지등소유자의 「권리제한등기 없는 소유권이전등기 및 인도의무」와 사업시행자의 매매대금 지급 의무는 동시이행 관계에 있다.

A. 개요

1. **【해설】 피담보채무액, 가압류금액, 임대차보증금 등의 공제**

> (1) 부동산매매계약에서 매수인은 근저당권설정등기로 인하여 완전한 소유권이전을 받지 못할 우려가 있으면, 근저당권이 말소될 때까지 담보한도금액에 상당한 대금 지급을 거

VII. 동시이행 (담보권 등이 말소되지 않은 경우 동시이행의 범위)

> 절할 수 있고(대법원 1988. 9. 27. 선고 87 다카 1029 판결), 가압류등기가 되어 있는 경우에도 가압류의 피보전채권액에 상당한 매매대금의 지급을 거절할 수 있다(대법원 1999. 6. 11. 선고 99 다 11045 판결).
>
> (2) 이미 신탁으로 인한 소유권이전등기가 되어 있는 경우에는 <u>근저당권말소의무와 매매대금 지급의무가 동시이행관계에 있다</u>(대법원 2008.10.09. 선고 2008 다 37780 판결). 따라서 이 경우 법원은 감정가액에서 근저당권 채권최고액과 가압류의 청구금액을 공제한 나머지 금원의 지급과 상환으로 소유권이전등기절차의 이행 및 부동산의 인도를 명한다(대법원 2009. 1. 15. 선고 2008 다 40991 판결).
>
> 매도청구 대상 부동산에 대항력 있는 임차인이 있는 경우에는 임대차보증금도 공제한다.

2. 【해설】 담보권 등이 말소되지 않은 경우 동시이행의 범위

> 매수인의 대금지급 거절권의 범위는 a) 피담보채무액을 아는 경우는 그 금액, b) 모르는 경우는 채권최고액이다(대법원 1996.05.10. 선고 96 다 6554 판결 및 대법원 2015.11.19. 선고 2012 다 114776 전원합의체 판결).
>
> 따라서 매수인이 실제 피담보채무액을 알고있는 경우에는 미지급 잔대금 중 피담보채무액을 초과하는 부분에 관하여는 인도일 이후의 이자를 지급할 의무가 있다(같은 판례).
>
> ☞ 대법원 2012 다 114776 판결은 돈.되.법 5 제 1 장 제 7 절 II.을 참조하세요.

B. ① 매도인이 담보권을 말소하지 못하고 있는 경우, 매수인은 부동산을 인도받은 후에도 그 범위 내에서는 인도일 이후의 이자를 지급할 의무 없어(매수인은 그 위험의 한도에서 매매대금의 지급을 거절할 수 있으므로); ② 대금지급 거절권의 범위는, a) <u>피담보채무액을 아는 경우는 그 금액</u>, b) 모르는 경우는 채권최고액이야 (매수인이 실제 피담보채무액을 알고 있어 미지급 잔대금 중 <u>피담보채무액을 초과하는 부분에 관하여는 인도일 이후의 이자지급의무가 있다고 한 사례</u>) —대법원 1996.05.10. 선고 96 다 6554 판결[부당이득금반환]

【당사자】

원고,피상고인	원고
피고,상고인	○○○씨○○○파문중

1. 법리

가. 매도인의 담보책임과 매수인의 매매대금 지급거절권

매매목적물에 대하여 권리를 주장하는 자가 있어 매수인이 매수한 권리의 전부 또는 일부를 잃을 염려가 있는 때에는 매수인은 민법 제 588 조에 의하여 그 위험의 한도에서 대금의 전부나 일부의 지급을 거절할 수 있고,

여기에는 매매목적물에 저당권과 같은 담보권이 설정되어 있는 경우도 포함되는 것이므로, 매도인이 말소할 의무를 부담하고 있는 매매목적물상의 저당권을 말소하지 못하고 있다면 매수인은 그 위험의 한도에서 매매대금의 지급을 거절할 수 있고,

그 결과 민법 제 587 조 단서에 의하여 매수인이 매매목적물을 인도받았다고 하더라도 미지급 대금에 대한 인도일 이후의 이자를 지급할 의무가 없다고 할 것이나,

나. 대금지급의 범위 (피담보채무액을 아는 경우는 그 금액, 모르는 경우는 채권최고액)

이 경우 지급을 거절할 수 있는 매매대금이 어느 경우에나 근저당권의 채권최고액에 상당하는 금액인 것은 아니고, 매수인이 근저당권의 피담보채무액을 확인하여 이를 알고 있는 경우와 같은 특별한 사정이 있는 경우에는 지급을 거절할 수 있는 매매대금은 위 확인된 피담보채무액에 한정된다 고 보아야 할 것이다.

2. 원심판결의 정당함

원심판결 이유를 기록에 의하여 살펴보면, 피고가 이 사건 부동산의 매매대금 중 금 460,000,000 원의 지급을 보류할 당시 원고의 소외 현대종합목재에 대한 실채무액이 금 150,000,000 원이라는 것을 확인하였으므로 피고는 원고에게 미지급 잔대금에서 위 실채무액을 공제한 금 310,000,000 원에 대한 이 사건 부동산의 인도일 이후의 법정이자 상당 금원을 지급할 의무가 있다고 한 원심의 인정 판단은 정당하고, 거기에 소론과 같은 법리오해의 위법이 없다. 논지는 이유 없다.

VIII. 매도인의 이자청구 문제

A. 개요

1. 【해설】 지연이자 문제

> (1) 매수인이 동시이행 항변권을 가지는 동안은 이행지체의 책임을 지지 않으므로 매도인은 동시이행 항변을 하는 매수인에게 지연이자(지연손해금)를 청구할 수 없다. 한편 매도인이 목적물을 점유하고 있는 동안에는 매매대금의 지연이자를 지급할 의무가 없으며, 목적물의 인도를 받은 날부터 대금의 이자를 지급할 의무가 있다(민법 제 587 조).

VIII. 매도인의 이자청구 문제

> 따라서 매도청구의 상대방이 사업시행자를 상대로 매매대금에 대한 지연이자를 청구하기 위해서는 '권리제한 없는 소유권이전등기의무' 및 '인도의무'의 이행제공을 하여 매수인을 이행지체에 빠뜨려야 한다.
>
> ☞ 매매대금에 대한 지연이자를 지급받기 위한 이행제공 방법에 관하여는 돈.되.법 5 제 2 장 제 3 절 I.을 참조하세요.
>
> (2) 한편 대상 부동산에 가압류·가처분·담보권 등 권리제한등기가 되어 있는 경우에는 「권리제한등기 없는 소유권이전등기」와 사업시행자의 매매대금 지급의무는 동시이행 관계에 있으므로, 사업시행자는 부동산을 인도받았더라도 매도인이 담보권 등을 말소하지 못하고 있는 동안은 그 범위 내에서는 인도일 이후의 이자를 지급할 의무가 없다.
>
> 그러나 매매대금 중 '근저당권의 채권최고액 또는 채권최고액의 범위 내에서 확정된 피담보채무액'을 넘어서는 부분에 대하여는 동시이행 항변권이 없으므로 근저당권 말소 전에도 지연손해금 지급의무를 부담한다(대법원 1996.05.10. 선고 96 다 6554 판결).

2. 【법령】 민법 제 587 조(과실의 귀속, 대금의 이자)

> 매매계약 있은 후에도 인도하지 아니한 목적물로부터 생긴 과실은 매도인에게 속한다. 매수인은 목적물의 인도를 받은 날로부터 대금의 이자를 지급하여야 한다. 그러나 대금의 지급에 대하여 기한이 있는 때에는 그러하지 아니하다.

B. ① 매수인이 대금지급을 거절할 정당한 사유가 있는 경우에는, 매매목적물을 미리 인도받았더라도 민법 제 587 조에 의한 이자지급의무 없어; ② 조합이 부동산을 미리 인도 받았으나, 아직 소유권이전등기를 받지 못해 청산금 잔액에 대하여 이자를 지급할 의무가 없다고 한 사례 —대법원 2013. 6. 27. 선고 2011 다 98129 판결[청산금]

【당사자】

> 【원고, 상고인】 원고
>
> 【피고, 피상고인】 개나리 5 차아파트주택재건축정비사업조합

1. 법리

민법 제 587 조는 "매매계약이 있은 후에도 인도하지 아니한 목적물로부터 생긴 과실은 매도인에게 속한다. 매수인은 목적물의 인도를 받은 날로부터 대금의 이자를 지급하여야 한다."고 규정하고 있다.

그러나 매수인의 대금지급의무와 매도인의 소유권이전등기의무가 동시이행관계에 있는 등으로 매수인이 대금지급을 거절할 정당한 사유가 있는 경우에는 매매목적물을 미리 인도받았

다 하더라도 위 민법 규정에 의한 이자를 지급할 의무는 없다고 보아야 한다(대법원 1996. 5. 10. 선고 96다6554 판결 참조).

2. 원심이 인정한 사실

원심판결 이유 및 기록에 의하면 다음과 같은 사실을 알 수 있다. 즉

① 피고는 이 사건 아파트의 재건축사업을 위하여 「도시 및 주거환경정비법」(이하 '도시정비법'이라 한다)에 따라 설립된 주택재건축정비사업조합이고, 원고는 이 사건 아파트 단지 내에 있는 이 사건 부동산의 소유자로서 당초 피고의 설립에 동의하고 분양신청을 하였다가 이를 철회하고 현금청산을 요청하였다.

② 피고는 원고를 상대로 이 사건 부동산의 인도를 구하는 판결을 받아 2009. 8. 20.경 이를 인도받은 다음 원고에게 지급할 청산금 액수를 통보하였다.

③ 이에 원고는 그 청산금 액수에 대하여는 다투지 아니하면서 도시정비법 제47조가 정한 청산금 지급기한(분양신청기간 종료일의 다음날부터 150일) 이후의 지연손해금을 가산 지급할 것을 구하는 취지로 이 사건 소를 제기하였고,

④ 제1심에서 위 청산금에서 이 사건 부동산에 설정되어 있는 근저당권의 말소비용을 공제한 나머지 1,137,693,400원 및 그에 대한 지연손해금의 지급을 명하는 판결이 선고되었다.

⑤ 이후 원고는 제1심판결에서 승소한 원본액을 전액 지급받은 다음 이 사건 부동산에 설정되어 있던 근저당권을 원고 자신의 비용으로 말소하였고, 그에 따라 원심은 제1심판결에서 공제한 근저당권말소비용 150,006,600원에 관한 청구를 추가로 인용하였다.

⑥ 한편 피고는 원고를 상대로 이 사건 부동산 중 대지권에 관하여 매매를 원인으로 한 소유권이전등기청구소송을 제기하여 승소판결을 선고받았고 그 판결은 그대로 확정되었다.

3. 대법원의 판단 (상고기각)

위와 같은 사실관계를 종합하면, 이 사건 부동산에 관하여 원고와 피고 사이에 협의 또는 피고의 매도청구에 의한 매매계약이 성립되었다고 봄이 상당하므로, 피고는 원고에게 청산금을 지급할 의무가 있고, 원고는 피고에게 이 사건 부동산에 관한 소유권이전등기절차를 이행할 의무가 있다 할 것이며, 쌍방의 위 각 의무는 서로 동시이행관계에 있다 할 것인데(대법원 2008. 10. 9. 선고 2008다37780 등 참조),

원고가 피고에게 이 사건 부동산에 관하여 소유권이전등기의무를 이행하거나 이행의 제공을 하였다고 볼 만한 사정은 찾아볼 수 없다. 따라서 피고는 원고로부터 이 사건 부동산에 관

한 소유권이전등기를 넘겨받기까지는 위 청산금 잔액의 지급을 거절할 정당한 사유가 있다 할 것이므로, 앞서 본 법리에 따라 비록 피고가 이 사건 부동산을 미리 인도받았다 하더라도 민법 587조에 따른 이자를 지급할 의무는 없다고 보아야 할 것이다.

C. [반대의무 이행제공과 조합의 지연손해금 지급의무] 현금청산대상자가 인감이 날인된 등기위임장, 인감증명서, 주민등록초본, 등기권리증, 신분증, 출입문 열쇠, 비밀번호 내역서 등을 변호사에게 보관시킨 후 원고에게 그 보관사실 및 '청산금 지급과 무관하게 언제든지 위 서류 및 출입문 열쇠 등을 수령할 수 있다'는 취지의 내용증명을 보내고, 그 후 위 서류 및 출입문 열쇠 등을 공탁까지 하였음에도, 적법한 이행제공이 없었다고 보아 원고의 지연손해금 청구를 배척한 원심판결을 파기한 사례 —대법원 2021. 10. 28. 선고 2020다278354, 278361 판결[소유권이전등기절차이행·매매대금]

☞ 판결이유는 돈.되.법 5 제2장 제3절 I.을 참조하세요.

IX. 사업용건물의 부가가치세 문제

A. 【해설】

> (1) 매도청구권 행사는 수용이 아니므로, 토지등소유자가 사업시행자로부터 매도가액을 받고 건물을 양도하는 것은 '재화의 공급'에 해당한다(부가가치세법 시행령 제18조 제3항 참조). 따라서 매도청구 대상건물이 사업용 부동산이면 토지등소유자는 부가가치세 납부의무를 부담한다.
>
> (2) 그런데 매도청구권 행사로 매매계약의 성립이 의제됨으로써 매도청구를 받은 토지등소유자는 '매매계약 체결과정에서 부가가치세 약정을 할 자유'(계약체결의 자유)를 제한받게 되어 그것이 헌법에 위반되는지가 문제된 적이 있다. 이에 관하여 헌법재판소는 매도청구권의 행사로 매매계약이 성립한 후에도 대상물건 소유자는 언제라도 부가가치세 부담에 관한 약정을 할 수 있으므로 헌법에 위반되지 않는다고 했다(헌재 2014. 3. 27. 선고 2012헌가21 결정).
>
> 사업용건물에 대하여 매도청구를 받은 토지등소유자는 협의절차나 매도청구소송의 조정절차에서 이 점을 항시 기억하고 있어야 한다.

B. 매도청구조항이 매도청구권 행사로 매매계약의 성립을 의제함으로써 매도청구의 상대방은 '매매계약 체결과정에서 부가가치세 약정을 할 자유'를 제한받게 되나, 그 후 언제라도 부가가치세 약정을 할 수 있으므로 헌법에 위반되지 않아 —헌재 2014. 3. 27. 2012헌가21 결정

1. 사건개요

당해 사건의 원고(이하 '원고'라 한다)인 '○○동주민자치센터주변지구주택재건축정비사업조합'은 '도시 및 주거환경정비법'(이하 '도시정비법'이라 한다)에 따라 안양시 동안구 ○○동 419-30 일대 57,930㎡를 사업시행구역으로 하여 다세대주택, 시장, 교회 등 기존 건축물을 철거하고 아파트를 건축할 목적으로 2009. 9. 29. 조합설립인가를 받아 2009. 10. 12. 설립등기를 마친 주택재건축정비사업조합이고, 당해 사건의 피고(이하 '피고'라 한다)들은 위 사업시행구역 내에 토지 및 건축물을 소유하고 있는데 위 재건축조합 설립에 동의하지 않았다. 피고들 중 피고 박○용, 박○자, 박○순, 임○자, 조○정, 조○우는 위 사업시행구역 내에 근린생활시설, 단독주택 및 점포 등을 소유하고 있는 사람들로서 사업자등록을 한 후 사업장소재지인 위 구역 내에서 부동산임대업을 하고 있다.

원고는 2010. 5. 4. 피고들을 상대로 수원지방법원 안양지원 2010 가합 3563 호로 소송을 제기하고, 소장 부본의 송달에 의하여 매도청구권을 행사하면서 피고들 소유 토지 및 건축물에 대한 소유권이전등기절차의 이행을 청구하였다. 이에 피고 박○용 등은 토지 및 건축물에 대한 감정평가액 및 그 중 건축물에 대한 감정평가액의 10 퍼센트에 해당하는 부가가치세를 원고로부터 상환받음과 동시에 원고에 대한 소유권이전등기절차를 이행하겠다는 취지의 동시이행항변을 하였다.

제 1 심 법원은 2012. 2. 2. 부가가치세법상 부가가치세는 재화 또는 용역을 공급하거나 재화를 수입하는 자가 부담하게 되어 있고, 부가가치세를 재화 또는 용역을 공급받는 자가 부담한다는 일반적인 거래 관행이 확립되어 있다고 보기 어려우므로, 건물의 시가를 감정평가액에 부가가치세를 더한 금액으로 산정할 수 없다고 하면서, 피고들은 원고로부터 감정가액에서 근저당권의 채권최고액 등을 공제한 금원을 지급받음과 동시에 원고에게 매매를 원인으로 한 소유권이전등기절차를 이행하고 부동산을 인도하라는 취지의 판결을 하였다.

이에 원고는 감정평가액이 과다하다는 이유로 항소하였고, 항소심 계속 중 당해 사건 법원 (이하 '제청법원'이라 한다)은 주택재건축사업에 있어 사업시행자에게 매도청구권을 부여한 구 도시정비법 제 39 조 전문 제 1 호 등이 부가가치세 부담에 관한 규율을 흠결하여 헌법에 위반된다고 의심할 상당한 이유가 있다고 하면서 2012. 12. 20. 직권으로 이 사건 위헌법률심판을 제청하였다.

2. 판단

심판대상조항이 매도청구권 행사로 인한 매매계약 성립을 의제함으로써 매매계약 체결과정에서 부가가치세 약정을 할 자유를 제한하기는 하나 ... 부가가치세 약정에 관한 기회를 아예 상실하는 것은 아니고, 매도청구권자 및 상대방은 매도청구권 행사와 관계없이 언제라도 부가가치세 약정을 할 수 있다...

이와 같이 심판대상조항에서 부가가치세 약정 기회를 보장하거나 사업시행자에게 전가하는 내용의 규정을 두는 것은 매도청구권 인정의 입법목적, 사적 자치의 원칙 및 부가가치세법의 원칙 등에도 반할 우려가 있으므로, 이러한 규정을 두지 않았다고 하여 피해의 최소성 원칙에 반한다고 볼 수는 없다.

다만, 자신의 의사로 인한 재화의 인도 또는 양도가 아니고 실제 거래징수가 가능하지 않은 상황임에도 소유자가 부가가치세를 부담하도록 하는 것은 적절하지 않다는 비판에 따라, 부가가치세법 시행령(2013. 6. 28. 대통령령 제 24638 호로 전면 개정된 것)에서 일정한 공매·경매나 수용의 경우에는 '재화의 공급'에서 제외하는 규정을 두어 입법적으로 해결하였듯이(제 18 조 제 3 항 각 호 참조), 도시정비법상 재건축사업시행자의 매도청구권행사에 따른 상대방(대상재화의 소유자)이 그에 대한 대가를 받은 경우에도 위와 같은 부가가치세법 시행령의 예외조항에 의하여 입법적으로 해결되는 것이 바람직한 것임은 별론으로 한다.

X. 재단법인 기본재산에 대한 매도청구의 효력

A. ① 재단법인의 기본재산에 대하여 매도청구가 있는 경우에는, 매매계약의 성립뿐 아니라 기본재산의 변경을 내용으로 하는 재단법인의 정관변경까지 강제돼; ② 따라서 사업시행자는 재단법인을 상대로 매도청구 대상이 된 기본재산의 처분과 관련한 정관변경 허가신청 절차의 이행을 청구할 수 있음 —대법원 2008. 7. 10. 선고 2008 다 12453 판결[매도및명도]

【당사자】

[원고, 상고인]잠실시영아파트재건축정비사업조합

[피고, 피상고인]재단법인 기독교한국침례회유지재단

집합건물법상의 매도청구권은 재건축사업의 원활한 진행을 위하여 집합건물법이 재건측불참자의 의사에 반하여 그 재산권을 박탈할 수 있도록 특별히 규정한 것으로서, 그 실질이 헌법 제 23 조 제 3 항의 공용수용과 같다고 볼 수 있다 (헌법재판소 2006. 7. 27. 선고 2003 헌바 18 결정 참조)...

따라서 재단법인의 기본재산에 대하여 집합건물법상의 매도청구가 있는 경우에는 그 기본재산에 대한 매매계약의 성립뿐만 아니라 기본재산의 변경을 내용으로 하는 재단법인의 정관의 변경까지 강제되는 것으로 봄이 상당하다.

그 결과 재단법인은 매도청구의 대상이 된 기본재산의 처분과 관련하여 상대방에 대하여 정관의 변경허가를 주무관청에 신청할 의무를 부담하게 되므로, 재단법인이 위 의무를 이행하지 않는 경우 상대방은 민법 제 389 조 제 2 항에 의하여 그 허가신청의 의사표시에 갈음하는 재판을 청구할 수 있다(상대방이 정관변경 허가신청의 의사표시에 갈음하는 확정판결을 받아 그 판결정본이나 등본을 주무관청에 제출한 경우, 민사집행법 제 263 조 제 1 항에 의하여 재단법인이 직접 주무관청에 정관변경 허가신청을 한 것으로 의제된다).

B. [위 판례로 유지된 제 1 심 판결] ① 재단법인 기본재산에 관한 매도청구를 정관변경 허가를 받는 조건으로 인용하고, ② 피고(재단법인)에 대하여 기본재산 매도에 따른 정관변경허가신청절차의 이행을 명함 ―서울동부지방법원 2007. 6. 8. 선고 2006 가합 13719 판결[매도및명도]

【당사자】

【원 고】 잠실시영아파트재건축정비사업조합
【피 고】 재단법인 기독교한국침례회유지재단

【주 문】

1. 피고는 '매수인을 원고, 매도인을 피고, 매매일자를 2006. 11. 29.로 하는 기본재산 매도'에 따른 정관변경 허가를 받는 조건으로, 원고로부터 9,105,360,000 원을 지급받음과 동시에 원고에게,

　가. 서울 송파구 신천동 20-2 대 1274.5 ㎡ 중 689.8/1274.5 지분에 관하여 2006. 11. 29. 매매를 원인으로 한 소유권이전등기절차를 이행하고,

　나. 위 대지 1274.5 ㎡ 중 별지 도면 표시 가, 나, 바, 비(B) 부분을 제외한 나머지 689.8 ㎡를 인도하라.

2. 피고는 주무관청에게 제 1 의 가.항 기재 부동산에 관하여 '매수인을 원고, 매도인을 피고, 매매일자를 2006. 11. 29.'로 하는 기본재산 매도에 따른 정관변경허가신청절차를 이행하라.

1. 재단법인의 기본재산에 대한 소유권이전등기청구의 가부

(가) 피고는 재단법인이고, 이 사건 계쟁 지분이 재단법인인 피고의 기본재산으로 편입된 사실은 앞에서 본 바와 같은바, 재단법인의 기본재산에 관한 사항은 정관의 기재사항으로서 기본재산의 변경은 정관의 변경을 가져오기 때문에 주무부장관의 허가를 받아야 하고 따라서 기존의 기본재산을 처분하는 행위는 주무부장관의 허가가 있어야만 유효하다고 할 것이다(대법원 1991. 5. 28. 선고 90 다 8558 판결 등).

그러나 현재 그 소유권이전등기절차 이행청구권의 기초가 되는 법률관계는 이미 존재하고, 장차 주무관청의 허가에 따라 그 청구권 발생의 개연성이 충분하다면, 매수인으로서는 미리 그

청구할 필요가 있는 한, 주무관청의 허가를 조건으로 한 소유권이전등기절차의 이행을 청구할 수 있다(대법원 1998. 7. 24. 선고 96다27988 판결 참조).

(나) 이 사건에 관하여 보건대, (중략), <u>매수인인 원고로서는 그 소유권이전등기절차를 미리 청구할 필요가 있고, 따라서 이를 조건부로 한 청구가 가능하다고</u> 판단되므로, 이와 다른 전제에 선 피고의 위 주장은 이유 없다.

2. 주무관청에 대한 정관변경허가신청절차의 이행청구에 관한 판단

(가) 원고의 청구원인에 대한 판단

원고가 이 판결에 따라 피고로부터 이 사건 계쟁 지분에 관한 소유권이전등기를 경료받기 위하여는 먼저 피고의 기본재산 처분에 따른 정관변경에 대하여 주무관청의 허가가 필요하므로, <u>피고는 원고에게 이 사건 계쟁 지분에 관하여 '매도인을 피고, 매수인을 원고, 매매일자를 2006. 11. 29.'로 한 기본재산 매도에 따른 정관변경허가신청절차를 이행할 의무가 있다</u>.

(나) 피고의 주장에 대한 판단

① 우선, 원고가 피고의 정관변경허가신청절차에 관하여 재판상 소구할 수 없다는 주장에 대하여 보건대, 재단법인이 기본재산을 처분하면서 주무관청에 이에 필요한 정관변경허가를 신청할 의무를 이행하지 않는 경우 그 처분행위의 상대방으로서는 <u>민법 제389조 제2항에 의하여 허가신청의 의사표시에 갈음하는 재판을 청구할 수 있는 것이므로</u>(그 의사표시에 갈음하는 확정판결을 받아 그 판결정본이나 등본을 주무관청에 제출한 경우, 민사집행법 제263조 제1항에 의하여 재단법인이 직접 주무관청에 정관변경허가신청을 한 것으로 의제된다), 피고의 위 주장은 이유 없다.

② 다음으로, 원고가 기본재산 매도에 따른 정관변경허가신청절차를 이행하라는 승소판결을 받는다고 하더라도 주무관청이 위 신청을 반드시 허가하여야 하는 것이 아니므로 원고의 청구는 허용될 수 없다는 주장에 대하여 보건대, <u>주무관청이 반드시 이를 허가하여야 하는 것은 아니라고 하여 위와 같은 재판청구가 허용되지 않는다고 볼 수도 없으므로</u>(대법원 1995. 5. 9. 선고 93다62478 판결 등 참조), 피고의 위 주장은 나머지 점에 관하여 더 살펴 볼 필요 없이 이유 없다.

XI. 매매계약 성립 후 채무불이행으로 인한 해제

A. 【해설】

> (1) 매도청구권 행사의 법적 성격은 수용과 같은 것이지만, 매도청구권 행사의 법률효과는 매매계약이 성립하는 것에 불과하다.
>
> 따라서 일방 당사자가 그 매매계약에 기하여 부담하는 채무를 이행하지 않은 때에는 상대방은 계약해제에 관한 일반법리에 따라 그 채무불이행을 이유로 매매계약을 해제할 수 있다. 이는 사업시행자가 매도청구소송에서 확정판결을 받은 후 매매대금 지급의무를 이행하지 않은 경우에도 마찬가지이다. (이상 대법원 2013. 3. 26. 자 2012마1940 결정.)
>
> (2) 사업시행자가 매도청구소송에서 매매대금 지급과 동시이행으로 승소판결을 받아 확정된 후 매도인이 매매대금 미지급을 이유로 매매계약을 해제한 경우 사업시행자는 그 사실을 숨긴 채 매매대금을 공탁하고 집행문을 부여받아 소유권이전등기를 마칠 수 있다. 따라서 매도청구의 확정판결이 있은 후 토지등소유자가 매매계약을 해제하는 경우에는 지체 없이 청구이의의 소를 제기하고 강제집행정지 신청을 해야 한다.

B. ① 매도청구권 행사에 따라 매매계약이 성립된 경우, 일방 당사자가 매매계약에 기한 채무를 이행하지 않으면 상대방은 채무불이행을 이유로 매매계약을 해제할 수 있어; ② 이는 매도청구권자가 매매계약상 의무를 이행하지 않은 경우에도 마찬가지야; ③ 매도청구권자의 채무불이행으로 매매계약이 해제되어 가처분신청이 기각된 사례 —대법원 2013. 3. 26. 자 2012마1940 결정[가처분이의]

【당사자】

> 【채권자, 재항고인】 주식회사 새미랑
>
> 【채무자, 상대방】 채무자

1. 법리

구 주택법(2012. 1. 26. 법률 제11243호로 일부 개정되기 전의 것. 이하 '구 주택법'이라고 한다) 제18조의2에서 규정하고 있는 매도청구권의 행사에 따라 매매계약이 성립된 경우에 일방 당사자가 위 매매계약에 기하여 부담하는 채무를 이행하지 아니하는 때에는 상대방은 그 채무불이행을 이유로 계약의 해제에 관한 일반법리에 좇아 위 매매계약을 해제할 수 있다고 할 것이다. 이는 매도청구권자가 매도인을 상대로 매도청구권의 행사에 기한 매매계약상의 의무에 관하여 이행청구소송을 제기하여 확정판결을 받았으나 그 후 자신이 위 매매계약상의 의무를 이행하지 아니하는 경우에도 다를 바 없다.

2. 판결 확정 후 매도청구권자의 대금 미지급으로 매매계약이 해제됨 (상고기각)

원심은, ① 채권자가 채무자를 상대로 채무자 소유의 이 사건 부동산에 관하여 구 주택법 제18조의2에서 정한 매도청구권의 행사로 제기한 부동산매도청구의 소에서 채무자에게 '채권자로부터 이 사건 부동산의 시가에 상당하는 516,123,450 원을 지급받음과 동시에 채권자에게 2011. 2. 10. 매매를 원인으로 하는 소유권이전등기절차를 이행하는 것' 등을 명하는 판결이 선고되어 2012. 3. 15.에 확정된 사실, ② 그 후 채무자가 2012. 5. 1.경 자신의 소유권이전등기절차의무에 관한 이행을 제공하면서 같은 달 15 일까지 위 확정판결상의 대금지급의무를 이행할 것을 촉구하고 아울러 '위 기간 내에 대금이 지급되지 아니하는 경우 그 경과로써 매매계약이 해제된다'는 뜻을 알린 사실, ③ 그러나 채권자는 현재에 이르기까지 위 대금지급의무를 이행하거나 그 이행을 제공한 바가 없다는 사실을 인정한 다음, 위 매매계약은 2012. 5. 15.의 경과로 적법하게 해제되었다고 판단하였다.

앞서 본 법리에 비추어 기록을 살펴보면, 이러한 원심의 판단은 정당하고, 거기에 재판에 영향을 미친 헌법·법률·명령 또는 규칙의 위반이 있다고 할 수 없다.

제4절 집합건물법에 따른 매도청구

I. 개요

A. 【해설】

> 전부개정 전 구 도시정비법에 따른 주택재건축사업 및 도시정비법 시행 전 구 주택건설촉진법에 따른 주택재건축사업에서는 집합건물법 제 48 조를 준용하여 매도청구가 이루어졌다.
>
> 그런데 집합건물법 제 48 조의 규정내용은 도시정비법 제 64 조와 상당한 차이가 있다. 여기서는 집합건물법에 따른 매도청구의 특유한 내용들을 알아본다.

B. 【법령】 집합건물법 제 48 조(구분소유권 등의 매도청구 등)

> ① 재건축의 결의가 있으면 집회를 소집한 자는 지체 없이 그 결의에 찬성하지 아니한 구분소유자(그의 승계인을 포함한다)에 대하여 그 결의 내용에 따른 재건축에 참가할 것인지 여부를 회답할 것을 서면으로 촉구하여야 한다.
>
> ② 제 1 항의 촉구를 받은 구분소유자는 촉구를 받은 날부터 2 개월 이내에 회답하여야 한다.
>
> ③ 제 2 항의 기간 내에 회답하지 아니한 경우 그 구분소유자는 재건축에 참가하지 아니하겠다는 뜻을 회답한 것으로 본다.

④ 제 2 항의 기간이 지나면 a) 재건축 결의에 찬성한 각 구분소유자, b) 재건축 결의 내용에 따른 재건축에 참가할 뜻을 회답한 각 구분소유자(그의 승계인을 포함한다) 또는 c) 이들 전원의 합의에 따라 구분소유권과 대지사용권을 매수하도록 지정된 자(이하 "매수지정자"라 한다)는 제 2 항의 기간 만료일부터 2 개월 이내에 재건축에 참가하지 아니하겠다는 뜻을 회답한 구분소유자(그의 승계인을 포함한다)에게 구분소유권과 대지사용권을 시가로 매도할 것을 청구할 수 있다.

재건축 결의가 있은 후에 이 구분소유자로부터 대지사용권만을 취득한 자의 대지사용권에 대하여도 또한 같다.

☞ 재건축결의에 찬성한 구분소유자뿐 아니라, 구분소유자 전원의 합의로 지정한 매수지정자도 매도청구권을 행사할 수 있게 함으로써 자금(조달능)력을 가진 건설사 등이 매수지정자로 지정받아 재건축사업을 시행할 수 있도록 하였다. 주택건설촉진법(폐지)에 따른 재건축사업에서는 재건축조합이 '매수지정자'로서 매도청구권을 행사하였다.

☞ 집합건물법에 따른 매도청구는 구분소유자와 재건축 결의가 있은 후에 이 구분소유자로부터 대지사용권만을 취득한 자에 대하여만 할 수 있다. 따라서 재건축결의 이전부터 구분소유권 없이 그 대지에 관한 소유권만을 가지고 있는 자에게는 매도청구권을 행사할 수 없다(대법원 1997.12.09. 선고 97 다 43031 판결).

⑤ 제 4 항에 따른 청구가 있는 경우에 재건축에 참가하지 아니하겠다는 뜻을 회답한 구분소유자가 건물을 명도하면 생활에 현저한 어려움을 겪을 우려가 있고 재건축의 수행에 큰 영향이 없을 때에는 법원은 그 구분소유자의 청구에 의하여 대금 지급일 또는 제공일부터 1 년을 초과하지 아니하는 범위에서 건물 명도에 대하여 적당한 기간을 허락할 수 있다.

⑥ 환매청구권 재건축 결의일부터 2 년 이내에 건물 철거공사가 착수되지 아니한 경우에는 제 4 항에 따라 구분소유권이나 대지사용권을 매도한 자는 이 기간이 만료된 날부터 6 개월 이내에 매수인이 지급한 대금에 상당하는 금액을 그 구분소유권이나 대지사용권을 가지고 있는 자에게 제공하고 이들의 권리를 매도할 것을 청구할 수 있다.

다만, 건물 철거공사가 착수되지 아니한 타당한 이유가 있을 경우에는 그러하지 아니하다.

⑦ 제 6 항 단서에 따른 건물 철거공사가 착수되지 아니한 타당한 이유가 없어진 날부터 6 개월 이내에 공사에 착수하지 아니하는 경우에는 제 6 항 본문을 준용한다. 이 경우 같은 항 본문 중 "이 기간이 만료된 날부터 6 개월 이내에"는 "건물 철거공사가 착수되지 아니한 타당한 이유가 없어진 것을 안 날부터 6 개월 또는 그 이유가 없어진 날부터 2 년 중 빠른 날까지"로 본다.

C. ① 집합건물법 제 48 조 제 4 항에서 정한 매도청구권은 위 규정에서 정하고 있는 매도청구권자 각자에게 귀속되고; ② 각 매도청구권자들은 이를 단독으로 행사하거나 여러 명 또는 전원이 함께 행사할 수도 있어 —대법원 2023. 7. 27. 선고 2020 다 263857 판결[소유권이전등기]

집합건물법 제 48 조 제 4 항 전문 … 규정의 취지는 재건축에 참가하지 않는 구분소유자를 구분소유관계로부터 배제함으로써 구분소유자 전원이 재건축에 참가하는 상태를 형성할 수 있도록 하기 위하여 재건축에 참가하는 구분소유자는 재건축에 참가하지 않는 구분소유자의 구분소유권과 대지사용권에 대한 매도청구를 할 수 있게 하고, 구분소유자의 자금 부담이 곤란한 경우 등을 고려하여 자금력을 가진 구분소유자 이외의 제 3 자도 재건축 참가자 전원의 합의에 따라 매수 지정을 받은 경우에는 매도청구권을 행사할 수 있도록 한 데에 있다(대법원 1999. 12. 10. 선고 98 다 36344 판결 참조).

이러한 집합건물법 제 48 조 제 4 항의 문언과 매도청구권의 취지 등에 비추어 보면, 집합건물법 제 48 조 제 4 항에서 정한 매도청구권은 위 규정에서 정하고 있는 매도청구권자 각자에게 귀속되고, 각 매도청구권자들은 이를 단독으로 행사하거나 여러 명 또는 전원이 함께 행사할 수도 있다고 보아야 한다. 따라서 반드시 매도청구권자 모두가 재건축에 참가하지 않는 구분소유자의 구분소유권 등에 관하여 공동으로 매도청구권을 행사하여야 하는 것은 아니고, 그에 따른 소유권이전등기절차의 이행 등을 구하는 소도매도청구권자 전원이 소를 제기하여야 하는 고유필수적 공동소송이 아니다.

II. 유효한 재건축결의

A. ① 한 단지 내 여러 동을 일괄하여 재건축하는 경우, 재건축결의 요건의 충족 여부는 각 동마다 따져야; ② 따라서 정족수가 충족된 동의 구분소유자 중 재건축에 찬성하지 않은 사람에 대하여는 (나머지 동에서 아직 정족수가 충족되지 않았더라도) 먼저 매도청구권을 행사할 수 있어 —대법원 2002.09.24. 선고 2000 다 22812 판결[소유권이전등기등]

[당사자]

| 【원고,상고인】 월계시영아파트 재건축조합 |
| 【피고,피상고인】 피고 1 외 2 인 |

하나의 단지 내에 있는 여러 동의 건물 전부를 일괄하여 재건축하고자 하는 경우라도 재건축 결의의 요건 충족 여부는 각각의 건물마다 별개로 따져야 하므로, 단지 내의 일부 건물에 대하여 일단 재건축 결의의 정족수가 충족되었다면 나머지 건물에 대하여 재건축 결의의 정족수가 아직 충족되지 아니하였더라도, 정족수가 충족된 일부 건물의 구분소유자 중 재건축 결의에 찬성하지 아니한 구분소유자에 대하여 먼저 매도청구권을 행사할 수 있다(대법원 2000. 6.

23. 선고 99다63084 판결 등 참조).

따라서 원심이 단지 내 전체 동의 구분소유자를 기준으로 재건축 결의의 정족수가 충족되었는지를 따지지 않고 피고들이 속한 동에 대해서만 따로 재건축 결의의 정족수 충족 여부를 따져 그것을 토대로 원고의 1996. 5. 27.자 최고가 매도청구권 행사를 위한 적법한 최고인지의 여부를 판단한 조치는 정당하고, 거기에 상고이유에서 지적하는 바와 같은 재건축 결의의 성립일에 관한 법리오해의 위법이 없다.

☞ [같은 취지 판례] 대법원 2000.06.23. 선고 99다63084 판결

III. 매도청구가 기각된 사례

A. [주촉법 §44-3⑦ 신설 전 판례] ① 한 단지 내에 여러 동이 있고, 그 대지가 건물 소유자 전원의 공유에 속하여 단지 내 여러 동의 건물 전부를 일괄하여 재건축하고자 하는 경우, 각각의 건물마다 4/5 이상의 다수에 의한 재건축 결의가 있어야 해; ② 따라서 한 단지 내 아파트 4개 동에서 적법한 재건축결의가 있었으나 상가 1동을 단독소유하는 피고가 반대한 경우, 피고에 대하여 매도청구권을 행사할 수 없음 —대법원 1998.03.13. 선고 97다41868 판결[소유권이전등기]

【구법령】 1999. 3. 1. 구 주택건설촉진법 제44조의 3 (재건축조합의 주택건설)

[법률 제5908호, 1999. 2. 8, 일부개정] [시행일: 1999. 3. 1.]

⑦ 하나의 주택단지안에 여러 동의 건물이 있는 노후·불량주택의 소유자들이 재건축하고자 하는 경우에는 집합건물의소유및관리에관한법률 제47조제1항·제2항의 규정에 불구하고 A) 주택단지안의 각 동별 구분소유자 및 의결권의 각 3분의 2 이상의 결의와 B) 주택단지안의 전체 구분소유자 및 의결권의 5분의 4 이상의 결의로 재건축할 수 있다.<신설 1999.2.8>

【당사자】

[원고,상고인] 삼진아파트 재건축조합

[피고,피상고인] 백기

1. 법리

집합건물의소유및관리에관한법률(이하 '법'이라고 한다) 제47조, 제48조에 의하면, 일정한 경우 구분소유자의 4/5 이상의 다수에 의하여 구분소유관계에 있는 건물을 철거하고 그 대지를 구분소유권의 목적이 될 신 건물의 대지로 이용할 것을 결의할 수 있고, 재건축 결의에 찬

성한 구분소유자 등은 재건축에 참가하지 아니하는 구분소유자에 대하여 구분소유권과 대지사용권을 매도할 것을 청구할 수 있는바,

이는 수인이 구분소유하고 있는 1 동의 건물에 관하여 재건축이 필요하게 된 경우에 그 건물이 물리적으로 일체불가분인 점에 근거하여, 다수결 원리에 의하여 구분소유권의 자유로운 처분을 제한하여 건물 전체의 재건축을 원활하게 하기 위한 것이므로, 하나의 단지 내에 여러 동의 건물이 있고 그 대지가 건물 소유자 전원의 공유에 속하여 단지 내 여러 동의 건물 전부를 일괄하여 재건축하고자 하는 경우에는 각각의 건물마다 그 구분소유자의 4/5 이상의 다수에 의한 재건축 결의가 있어야 하고,

그와 같은 요건을 갖추지 못한 이상 단지 내 건물 소유자 전원의 4/5 이상의 다수에 의한 재건축 결의가 있었다는 것만으로 재건축에 참가하지 아니하는 자에 대하여 법 제 48 조에 규정된 매도청구권을 행사할 수는 없는 것이다.

2. 대법원의 판단 (상고기각)

원심이 확정한 사실관계에 의하면,

① 이 사건 토지 상에는 아파트 4 동과 상가 건물 1 동이 건축되어 있고, 이 사건 토지는 상가 건물의 단독소유자인 피고와 아파트 4 동 56 세대의 구분소유자들의 공유에 속하는데, ② 피고를 제외한 아파트 4 동 56 세대의 구분소유자들 전원은 아파트와 상가건물을 철거하고 그 자리에 건물을 재건축하기로 결의하여, 재건축사업의 시행을 위하여 그들을 조합원으로 하여 원고 조합을 결성하였고, ③ 원고 조합은 피고에게 재건축에 참가할 것을 촉구하였으나 피고는 이를 거절하였다는 것인바,

원고 조합은 아파트 4 동의 구분소유자들 전원에 의한 재건축 결의가 있었다는 것만으로 그와 독립된 상가건물을 단독으로 소유하고 있는 피고에 대하여 법 제 48 조에 규정된 매도청구권을 행사할 수는 없다고 봄이 상당하다.

원심의 판단은 이와 같은 견해에 따른 것이어서 정당하고, 거기에 상고이유에서 주장하는 바와 같은 법 제 47 조, 제 48 조에 관한 법리오해의 위법이 있다고 할 수 없다.

☞ [같은 취지 판례] 대법원 2002.09.24. 선고 2000 다 22812 판결[소유권이전등기등]

B. 재건축결의 이전부터 구분소유권 없이 그 대지에 관한 소유권만을 가지고 있는 자에게는 매도청구권을 행사할 수 없어 —대법원 1997.12.09. 선고 97 다 43031 판결[소유권이전등기]

제1장 조합설립 미동의자 등에 대한 매도청구 / 제4절 집합건물법에 따른 매도청구

【당사자】

[원고,상고인] 우신연립재건축조합

[피고,피상고인] ○○○ 외 1인

집합건물의소유및관리에관한법률 제48조 제4항은 재건축에 참가하지 아니하는 뜻을 회답한 <u>구분소유자와</u> 재건축 결의가 있은 후에 이 구분소유자로부터 대지사용권만을 취득한 자에 대하여 구분소유권 및 대지사용권을 시가에 따라 매도할 것을 청구할 수 있다는 것이지 <u>재건축 결의 이전부터 구분소유권 없이 그 대지에 관한 소유권만을 가지고 있는 자들에게까지 그 소유권을 매도할 것을 청구할 수 있다는 취지라고 해석할 수는 없는바</u>, 같은 취지에서 원고가 피고들에게 그 대지지분권을 시가에 따라 매도할 것을 청구할 수 없다고 한 원심의 판단은 정당하고, 거기에 상고이유에서 주장하는 바와 같은 위법이 있다고 할 수 없다. 따라서 상고이유는 받아들이지 아니한다.

IV. 재건축결의 후 "지체 없이"

A. ① "지체 없는 최고"는 재건축결의가 이루어진 후 즉시 최고해야 한다는 것이 아니라, 재건축사업 진행 정도에 비추어 적절한 시점에 최고가 이루어져야 한다는 의미야; ② 2004. 7. 3. 조합설립변경인가를 받고 2004. 12. 1.경 한 최고는 '지체 없이 이루어진 최고'라고 본 사례 —대법원 2009. 1. 15. 선고 2008다40991 판결[소유권이전등기등]

원심판결 이유에 의하면, 원심은, 2004. 7. 3. 재건축결의의 요건이 갖추어졌다고 하더라도 그로부터 약 5개월 후인 2004. 12. 1. 이루어진 최고는 지체된 것으로서 무효라는 취지의 피고들의 주장에 대하여, 집합건물법 제48조 제1항에서 "재건축결의에 찬성하지 아니한 구분소유자에 대하여 재건축에의 참가 여부를 회답할 것을 <u>지체 없이 최고</u>"하도록 규정한 것은 <u>재건축결의가 이루어진 후 즉시 최고를 하여야 한다는 의미가 아니라, 재건축사업의 진행 정도에 비추어 적절한 시점에 최고가 이루어져야 한다는 의미라 할 것인바</u>,

원고 조합은 <u>2004. 7. 3.자 조합설립변경인가</u> 이후인 2004. 10. 25.에도 구분소유자 25명이 추가로 동의함으로써 조합설립변경인가를 받는 등 구분소유자들의 추가 동의로 인하여 수시로 조합원을 새로이 확정하여야 하는 상황에 있었던 점 등에 비추어 원고 조합이 <u>2004. 12. 1.경 한 최고는 지체 없이 이루어진 최고라고 보아야 한다</u>는 이유로 위 주장을 배척하였는바, 기록에 비추어 살펴보면, 원심의 위와 같은 판단은 수긍이 가고, 거기에 상고이유의 주장과 같은 법리오해 등의 위법이 없다.

B. ① 매도청구권 행사의 요건으로서 "지체 없이" 하는 최고는 재건축결의가 이루어진 직후는 아니더라도 적어도 <u>재건축사업의 진행 정도에 비추어 적절한 시점에는 이루어져야</u> 해; ② 조

합설립등기를 마친 2008. 11. 6.부터 2년이 지난 2010. 12. 9.과 2011. 1. 11.에 피고들에게 재건축사업 참가 여부를 묻는 최고를 한 것이 적법하다고 본 원심판결을 파기함 ―대법원 2015. 2. 12. 선고 2013 다 15623, 15630 판결 [부동산매도·부동산매도]

【당사자】

【원고, 피상고인】 연희제1주택재건축정비사업조합

【피고, 상고인】 피고 1 외 1인

1. 법리 ("지체 없이"의 의미)

도시 및 주거환경정비법 제 39 조 제 1 호, 집합건물의 소유 및 관리에 관한 법률 제 48 조 제 1 항에 의하면, 주택재건축조합이 조합 설립에 동의하지 않은 사람에 대하여 매도청구권을 행사하기 위하여는 먼저 그에게 재건축에 참가할 것인지 여부를 회답할 것을 지체 없이 서면으로 촉구하여야 하고, 여기에서 지체 없이는 재건축결의가 이루어진 직후는 아니더라도 적어도 재건축사업의 진행 정도에 비추어 적절한 시점에는 이루어져야 한다는 의미이다(대법원 2009. 1. 15. 선고 2008 다 40991 판결 등 참조).

2. 원심의 판단

원심은 그 판시와 같은 사정들을 종합하여, 원고가 조합설립등기를 마친 2008. 11. 6.부터 2년이 지난 2010. 12. 9.과 2011. 1. 11.에 피고들에게 재건축사업 참가 여부를 묻는 이 사건 최고를 하였더라도 재건축사업의 진행 정도에 비추어 적절한 시점에 최고가 이루어진 것이어서, 원고가 지체 없이 최고를 하도록 한 규정을 위반한 것으로 볼 수 없다고 판단하였다.

3. 대법원의 판단 (파기환송)

그러나 원심판결 이유와 기록에 의하여 알 수 있는 다음과 같은 사정, 즉

① 원고는 그 설립등기를 마친 2008. 11. 6.부터 최고를 할 수 있었고, 실제로 원고 스스로 피고들에게 2008. 12.경에 최고서를 발송하였으나 수취인부재 또는 수취거절을 이유로 반송되었다고 주장하면서도, 그 무렵부터 2년 이상이 경과한 2010. 12. 9. 및 2011. 1. 11.에 이르러서야 비로소 이 사건 최고를 한 점,

② 원고 조합에 대한 원심판시 변경인가처분은 당초 인가받은 사항 중 토지 및 건축물의 매매 등에 따른 조합원의 명의변경 및 추가동의서 제출에 따른 동의율 변경을 사유로 한 것으로서 경미한 사항의 변경에 대한 신고를 수리하는 의미에 불과하고, 그 무렵 별도로 조합설립 변경동의 등을 받지 않았으므로 그 변경인가에 기하여 새로이 매도청구권을 행사할 수는 없으

제 1장 조합설립 미동의자 등에 대한 매도청구 / 제 4절 집합건물법에 따른 매도청구

며, 이 사건 최고를 그 변경인가에 기한 새로운 최고로 볼 수는 없는 점,

③ 원고가 토지 및 건축물의 매매 등에 따른 조합원의 명의변경 및 추가동의서 제출을 사유로 위와 같이 변경인가처분을 받는 등 조합원을 새로이 확정하여야 하는 상황에 있었기는 하나, 그 변경인가에 따라 변경된 조합원의 수가 많지 않았고 피고들은 그 지위에 변동이 없었음에도 이 사건 변경인가일로부터 약 10개월이 지나서야 이 사건 최고가 이루어진 점,

④ 피고들이 원고를 상대로 2008. 12. 18. 조합설립무효 확인소송을 제기하였더라도 원고는 그러한 소송이 계속 중인 상태에서도 2회에 걸쳐 조합설립변경인가처분을 받기도 하였고 그 변경인가처분은 앞에서 본 바와 같이 경미한 사항의 변경에 대한 신고를 수리하는 의미에 불과하여, 위와 같은 소송이 계속 중이라는 사정만으로는 원고가 피고들에게 재건축 참가 여부에 대하여 최고를 하고 매도청구를 하는 것이 불가능하거나 곤란하였다고 볼 수 없는 점 등을 앞서 본 법리에 비추어 보면, 원고의 이 사건 최고는 지체 없이 이루어진 최고라고 보기 어렵다.

그럼에도 원심은 그 판시와 같은 이유만으로 원고의 이 사건 최고가 적법하다고 판단하였으므로, 이러한 원심판결에는 매도청구권의 행사를 위한 최고의 시기에 관한 법리를 오해하여 판결에 영향을 미친 잘못이 있고, 이 점을 지적하는 피고들의 상고이유 주장에는 정당한 이유가 있다.

C. [하급심판례] 2001. 7. 30. 적법한 재건축결의가 있었고 조합이 교회에 매도청구권을 행사하여 승소판결을 받은 직후인 2006. 7. 5. 피고재단이 소유권이전등기를 마친 사안에서, 원고가 피고의 소유권 취득일로부터 약 2개월이 지난 후인 2006. 9. 28. 재건축 참가 여부의 최고를 한 것은 지체 없이 한 것이라고 본 사례 —서울동부지방법원 2007. 6. 8. 선고 2006 가합 13719 판결[매도및명도]

【당사자】

【원 고】 잠실시영아파트재건축정비사업조합
【피 고】 재단법인 기독교한국침례회유지재단

집합건물법 제 48조 제 1항은 매도청구권의 행사를 위한 재건축 참가 여부의 최고는 재건축결의가 이루어진 후 지체 없이 하도록 하고 있는바, 원고가 서면에 의하여 적법한 재건축결의 요건을 갖춘 2001. 7. 30.이 훨씬 지난 2006. 9. 28.에 이르러서야 피고에게 최고를 한 것이 적법한지 여부가 문제될 수 있다.

재건축결의가 2001. 7. 30. 있었고 재건축 참가 여부의 최고는 2006. 9. 28. 있었으나,

그러나 재건축결의가 있은 후 어느 정도의 기간 내에 최고를 하여야 지체 없이 한 것으로

볼 것인가는 사회통념에 따라 판단하여야 할 것인바, 이 사건 교회가 2004. 6. 17. 이 사건 계쟁 지분에 관하여 소유권이전등기를 마치자, <u>원고는 2004. 12. 10.</u> 이 사건 교회에 재건축 참가 여부를 회답하여 줄 것을 최고한 다음 이 사건 교회에 매도청구권을 행사하여 서울동부지방법원 2005 가합 1214 호로 소유권이전등기청구 및 인도청구의 소를 제기하여 <u>2006. 6. 30. 승소판결을 받았으나,</u> 위 승소판결 직후인 2006. 7. 5. 피고가 이 사건 계쟁 지분에 관하여 소유권이전등기를 마쳤고, <u>원고는 피고의 소유권 취득일로부터 약 2 개월이 경과한 후인 2006. 9. 28. 위 최고를 한 사실은 앞에서 본 바와 같으므로, 원고로서는 지체 없이 피고에게 재건축 참가 여부를 최고하였다고 봄이 상당하다.</u>

V. 창립총회 후 서면결의로 재건축결의가 성립한 경우

A. 1997. 11. 창립총회가 있은 후 지속적인 서면결의를 통하여 2000. 5. 재건축결의가 완결되었다면, 최고기간 및 매도청구권 행사기간도 2000. 5.을 기준으로 따져야 해 ―대법원 2005.06.24. 선고 2003 다 55455 판결[소유권이전등기]

【당사자】

【원고,피상고인】 장안시영아파트 2 단지 329-3 번지재건축주택조합

【피고(선정당사자),상고인】 피고(선정당사자)

피고의 상고이유의 요지는, 집합건물법 제 48 조 제 1 항은 재건축의 결의가 있은 때에는 집회를 소집한 자는 지체 없이 그 결의에 찬성하지 아니한 구분소유자에 대하여 그 결의내용에 따른 재건축에의 참가 여부를 회답할 것을 서면으로 최고하여야 한다고 규정하고 있는데,

원고 조합은 1997. 11. 30.의 창립총회에서의 재건축결의를 기준으로 할 경우 즉시 서면최고를 한 바도 없고, 또한 그 때를 기준으로 하면 매도청구권행사의 제척기간이 도과되었다는 것이나,

<u>이 사건 재건축결의는 원고 조합 창립총회시인 1997. 11. 30. 이루어진 것이 아니라, 위 창립총회 이후의 지속적인 서면결의를 통하여 2000. 5.경 완결된 것이므로 재건축불참자에 대한 최고기간 및 최고에 따른 매도청구권행사기간도 재건축결의가 완결된 2000. 5.을 기준으로 따져야 할 것이다.</u>

따라서 이러한 취지의 원심 판단은 정당하고, 결국 이 부분 상고이유는 원심판결을 오해한 것에서 비롯된 것으로서 받아들일 수 없다.

B. ① 종전의 재건축결의에 하자가 있어 새로이 재건축결의를 한 경우, 그 결의에 따른 매도청구권은 새로운 최고 후 그 회답기간 만료일로부터 2 개월 이내에 행사하지 않으면 효력을 상실

제1장 조합설립 미동의자 등에 대한 매도청구 / 제4절 집합건물법에 따른 매도청구

해(소송계속 중이라도 마찬가지임); ② 아래의 사실관계에서 a) 소장부본 송달에 의한 매도청구는 새로 발생한 매도청구권의 행사가 아니므로 부적법하고(송달일 기준), b) 예비적 청구취지 추가에 의한 매도청구는 새로운 재건축결의에 따른 최고를 기준으로 한 행사기간(1997. 9. 8. ~ 11. 7.)을 도과하여 부적법하다고 보아 원고의 청구를 전부 기각한 사례 ―대법원 2002.09.27. 선고 2000다10048 판결[소유권이전등기등]

[사건개요]

> 1995. 5. 28. 하자 있는 최초 재건축 결의.
> 1996. 11. 29. 재건축 참가 여부 최고.
> 1997. 4. 9. 최초 재건축결의에 따른 매도청구의 소 제기.
> 1997. 6. 19.까지 6명이 추가로 재건축에 찬성함으로써 유효한 재건축결의 성립.
> 1997. 7. 8. 피고에게 재건축 참가 여부를 다시 최고함.
> 1997. 7. 19. 피고에게 소장이 송달됨.
> 1999. 6. 21. 새로운 최고에 따른 매도청구권을 행사하는 내용의 예비적 청구취지가 추가됨.

【당사자】

[원고, 피상고인] 석수1동 주공아파트재건축주택조합

[피고, 상고인] 이설재

1. 법리

가. 추가 동의에 의한 새로운 재건축결의는 소급효 없어

집합건물의소유및관리에관한법률 제48조 소정의 구분소유자 등의 매도청구권은 재건축의 결의가 유효하게 성립하여야 비로소 발생하는 것이므로, 재건축의 결의가 같은 법 제47조 제2항 소정의 정족수를 충족하지 못하였다면 유효한 재건축의 결의가 있다고 할 수 없어 매도청구권을 행사할 수 없고 (대법원 2000. 11. 10. 선고 2000다24061 판결 참조), 매도청구권행사에 따른 소송중에 재건축불참자 일부가 재건축 결의에 찬성함으로써 정족수를 충족하였다고 하더라도 정족수의 하자가 치유되어 무효인 종전의 재건축 결의가 소급하여 유효하게 되는 것은 아니다.

V. 창립총회 후 서면결의로 재건축결의가 성립한 경우

나. 새로운 결의에 따른 매도청구 절차는 새로 진행하여야

또한, 종전의 재건축 결의에 하자가 있어 새로이 재건축 결의를 한 경우 그 결의에 따른 매도청구권은, 같은 법 제48조 제2항, 제4항에 따라 재건축참가자 또는 매수지정자가 재건축의 결의에 찬성하지 아니한 구분소유자 또는 승계인에 대하여 새로운 결의에 따라 재건축에 참가할 것인지 여부를 최고한 후 그 회답기간 만료일로부터 2개월 이내의 행사기간 내에 이를 행사하지 아니하면 그 효력을 상실하는 것이고 (대법원 2000. 6. 27. 선고 2000다11621 판결 참조), 매도청구권행사에 따른 소송이 계속중이라고 하여 달리 볼 것은 아니다.

2. 원심이 인정한 사실

원심이 확정한 사실관계 및 기록에 의하면,

① 원고 조합의 최초의 재건축 결의에 따른 매도청구권을 행사하는 내용의 이 사건 소가 1997. 4. 9. 제기되어 그 소장 부본이 같은 해 7. 19. 피고에게 송달된 사실,

② 당초에는 피고가 속한 3동 건물의 총 구분소유자 40명의 5분의 4에 못 미치는 31명만이 재건축 결의에 찬성하였으나, 이후 1997. 6. 19.까지 사이에 추가로 재건축에 찬성하는 구분소유자가 생겨 결국 3동 건물의 구분소유자 중 38명이 재건축에 찬성하기에 이른 사실,

③ 이에 원고 조합이 1997. 7. 8. 피고에게 재건축에의 참가 여부를 다시 최고한 사실,

④ 한편 새로운 최고에 따른 매도청구권을 행사하는 내용의 이 사건 예비적 청구취지는 1999. 6. 21.에 비로소 추가된 사실이 인정되는바,

3. 대법원의 판단 (파기환송)

가. 예비적 청구취지 추가는 새로운 재건축결의를 기준으로 한 행사기간을 도과하였음

사정이 이러하다면, 추가로 재건축에 찬성한 구분소유자로 인하여 3동 건물의 구분소유자 5분의 4 이상이 재건축에 찬성하는 결과가 되었다고 하더라도 당초 정족수 미달로 무효가 된 최초의 재건축 결의가 소급하여 유효하게 되는 것은 아니고, 단지 정족수가 추완된 때부터 비로소 종전의 결의가 유효하게 되거나 혹은 그 때 새로운 결의가 있는 것으로 볼 여지가 있을 뿐이라 할 것인데,

가사 그렇게 본다고 하더라도 그 때 비로소 발생한 원고 조합의 매도청구권은 새로이 같은 법 제48조 소정의 최고를 거친 다음 적법한 행사기간(위 1997. 7. 8.자 최고를 기준으로 하여 1997. 9. 8.부터 같은 해 11. 7.까지) 안에 행사되어야 하는 것이므로, 원고 조합이 그 행사기간 경과 후에 새로운 매도청구권을 행사하는 예비적 청구취지를 추가하였다고 하여도 이를 적법

한 매도청구권의 행사로 볼 수 없음을 물론,

나. 소장부본 송달은 새로운 매도청구가 아님

그 행사기간 전에 <u>최초의 재건축 결의에 의한 매도청구권을 행사한다는 취지의 의사표시가 담긴 소장 부본이 원고에게 송달되었다고 하더라도 이를 가리켜 새로이 발생한 매도청구권의 행사라고 할 수도 없는 것</u>이다.

다. 새로운 최고에 대한 회신이 없다고 해서 최초 매도청구의 하자가 치유되는 것 아님

그럼에도 불구하고, 피고가 새로운 최고에 대하여 회답을 아니한 채 그 기간이 경과하였다는 사정만으로 이 사건 소장 부본 송달 방법에 의한 원고 조합의 최초의 재건축 결의에 따른 매도청구권 행사의 하자가 치유되어 원고 조합과 피고 사이에 1997. 9. 8.자로 이 사건 부동산에 관한 매매계약이 체결되었다고 봄이 상당하다고 판단하여 <u>예비적 청구를 인용한 원심판결에는 집합건물의소유및관리에관한법률 소정의 매도청구권에 관한 법리를 오해하여 판결에 영향을 미친 위법이 있다고 할 것이다. 이 점을 지적하는 상고이유의 주장은 정당하기에 이를 받아들인다.</u>

C. [비교표] 매도청구권 비교

표 3 매도청구권 비교표 [집합건물법 – 주택법 – 도시정비법(신·구)]

	집합건물법 §48	주택법 §22	종전 도시정비법 §39 (집합건물법 §48 준용)	전부개정 도시정비법 §64, §73
대상사업	일반집합건물 재건축	주택건설사업 주택조합사업	주택재건축사업 가로주택정비사업	재건축사업
상대방	재건축결의에 찬성하지 않은 구분소유자 및 그 승계인	➤ <u>주택건설대지면적의 95퍼센트 이상의 사용권원을 확보한 경우</u>: 사용권원을 확보하지 못한 대지의 <u>모든 소유자에게 매도청구 가능</u> ➤ <u>그 외의 경우</u>: 사용권원을 확보하지 못한 대지의 소유자 중 지구단위계획구역 결정고시일 '10년	➤ 조합설립에 동의하지 않은 자 ➤ 건축물 또는 토지만 소유한 자(주택재건축사업의 경우만 해당) ➤ 시장·군수, 주택공사등 또는 신탁업자의 사업시행자 지정에 동의를 하지 않은 자	➤ 조합설립에 동의하지 않은 자 ➤ 시장·군수등, 토지주택공사등 또는 신탁업자의 사업시행자 지정에 동의하지 않은 자 ➤ 건축물 또는 토지만 소유한 자 ➤ 현금청산대상자(§73)

V. 창립총회 후 서면결의로 재건축결의가 성립한 경우

	집합건물법 §48	주택법 §22	종전 도시정비법 §39 (집합건물법 §48 준용)	전부개정 도시정비법 §64, §73
		이전'에 해당 대지의 소유권을 취득하여 계속 보유하고 있는 자를 제외한 소유자에게 매도청구 가능		
동의여부 촉구서 발송시기	재건축결의가 있은 후 지체 없이	사업계획승인 고시일로부터 5일이 지난 뒤에 매도청구를 위한 협의공문 발송	재건축결의가 있은 후 지체 없이	사업시행계획인가 고시일부터 30일 이내
촉구서 발송의 예외	예외 없음	예외 없음	➤ 주택단지 내에 토지만을 소유하고 있는 자: 최고절차 필요 없음(조합설립 동의의 상대방이 아니므로) ➤ 주택단지 아닌 지역 안에 토지 또는 건축물만을 소유한 자: 최고절차 거쳐야 함(조합설립 동의의 상대방이므로)	제명·탈퇴자, 현금청산 대상자, 토지 또는 건축물만을 소유한 자는 촉구대상 아님
회답기간	촉구받은 날부터 2개월	해당 없음	촉구받은 날부터 2개월	촉구받은 날부터 2개월
협의기간	해당 없음	3개월 이상 협의가 필요함	해당 없음	➤ 해당 없음 ➤ 현금청산의 경우: 관리처분계획 인가·고시 다음 날부터 90일 이내에 협의를 마쳐야 함. 단, 사업시행자는 분양신청기간 종료 다음 날부터 협의를 시작할 수 있음. (법 §73①)
매도청구권	회답기간	3개월의 협의기간이	회답기간 만료일부터	➤ 회답기간

	집합건물법 §48	주택법 §22	종전 도시정비법 §39 (집합건물법 §48 준용)	전부개정 도시정비법 §64, §73
행사기간	만료일부터 2개월 이내에	지난 후 2개월 이내	2개월 이내	만료일부터 2개월 이내 ➤ 현금청산의 경우: 협의기간 만료일 다음 날부터 60일 이내
촉구절차가 필요하지 않은 경우 행사기간	해당 없음	해당 없음	조합설립등기일로부터 2개월(대법원 2006다56572 판결)	사업시행계획인가 고시일부터 2개월 이내(종전 판례 유추)
리모델링	해당 없음	리모델링주택조합은 리모델링 결의에 찬성하지 않은 자의 주택 및 토지에 대하여 매도청구를 할 수 있음	해당 없음	해당 없음
일반분양 개시 요건	➤ 매도청구에 관한 법원의 승소판결(판결이 확정될 것을 요하지 않음)을 받으면 공사를 시작할 수 있으며(주택법 §21②. 단 매도청구 대상 건물을 철거하기 위해서는 승소판결이 확정되어야 함), 분양보증을 받아 착공과 동시에 입주자를 모집(분양)할 수 있음(주택공급규칙 §15①). ➤ '소유자 확인이 곤란한 대지' 또는 '최초로 사업계획승인을 받은 날 이후 소유권이 제3자에게 이전된 대지'에 대하여 매도청구소송을 제기하고 감정평가액을 공탁한 경우도 분양보증을 받아 착공과 동시에 입주자를 모집(분양)할 수 있음(주택공급규칙 §15①).		➤ 조합이 매도청구소송을 제기하여 제1심에서 승소판결을 받으면 보상금(매매대금)을 공탁하고 일반분양을 할 수 있음 ➤ 다만 준공인가 신청 전까지 해당 대지의 소유권을 확보하여야 함. (전부개정법 §79⑧; 구법 §50⑤ 단서)	
명도기한 허여	법원은 구분소유자의 청구에 의하여 대금 지급일 또는 제공일부터 1년을 초과하지 않는 범위에서 건물 명도에 적당한	집합건물법이 준용됨	집합건물법이 준용됨	집합건물법 준용되지 않음

V. 창립총회 후 서면결의로 재건축결의가 성립한 경우

	집합건물법 §48	주택법 §22	종전 도시정비법 §39 (집합건물법 §48 준용)	전부개정 도시정비법 §64, §73
	기간을 허락할 수 있다			
환매청구권	재건축 결의일부터 2년 이내에 건물 철거공사가 착수되지 않은 경우에는 이 기간이 만료된 날부터 6개월 이내에 매매대금 상당액을 제공하고 매도할 것을 청구할 수 있다	집합건물법이 준용됨	집합건물법이 준용됨	집합건물법 준용도 지 않음
소송 유형	민사소송	민사소송	민사소송	민사소송
경과규정				전부개정법 시행(2003. 7. 1.) 후 최초로 조합설립인가를 신청하거나 사업시행자를 지정하는 경우부터 적용(부칙 §16)

제 2 장

분양

제1절 분양통지 및 분양공고
제2절 분양신청
제3절 분양신청 종료 후 재분양신청 문제
제4절 권리가액, 분담금 기타 비용의 산정
제5절 분양의 기준 (법령상 기준)
제6절 서울시 재개발사업의 분양대상자 (서울시조례)
제7절 분양의 순서, 평형배정, 동·호수추첨, 분양계약체결

"토지등소유자 중 한 명이라도 통지를 누락하면 하자 있는 분양통지가 되며, 그러한 하자있는 분양통지에 따라 분양신청을 받고 수립한 관리처분계획 역시 위법하다. 토지등소유자의 주거지가 국외인 경우도 통지의무가 면제되지 않는다."

제1절 분양통지 및 분양공고

> 정비사업에 계속 참여하고자 하는 토지등소유자는 사업시행자에게 분양신청을 하여야 하고, 분양신청을 하지 않은 토지등소유자는 현금청산을 받고 정비사업에서 이탈한다(법 제72조 제2항, 제73조 제1항). 즉, 분양신청은 토지등소유자가 해당 정비사업에 계속 참여하겠다는 의사표시이고, 분양신청을 하지 않는 것은 해당 사업에 더 이상 참여하지 않겠다는 의사표시이다.
>
> 이와 같이 도시정비법은 토지등소유자가 분양신청을 하는지 여부를 사업에의 계속 참여 여부를 가르는 중요한 의사표시 행위로 간주하므로, 토지등소유자는 분양신청을 해서 정비사업에 계속 참여할지, 아니면 분양신청을 하지 않아서 자신의 종전자산을 현금으로 청산받고 정비사업에서 이탈할지 여부를 판단하는 데 필요한 정보를 미리 알아야 할 필요가 있다.
>
> 분양통지와 분양공고는 토지등소유자가 분양신청을 할 것인지 여부의 의사결정을 잘 할 수 있도록 사업시행자로 하여금 미리 토지등소유자에게 각자 자신의 종전자산 가격과 분담금 추산액 및 분양신청기간 등을 알리도록 하는 것이다.

I. 분양통지 및 분양공고의 시점

A. 개요

1. **【해설】** 분양통지 및 분양공고의 시점 (사업시행계획인가·고시 후 120일 이내)

> 사업시행자는 <u>사업시행계획인가·고시일부터 120일 이내</u>에 분양통지 및 분양공고를 하여야 한다. 다만, <u>사업시행계획인가 후에 시공자를 선정한 경우에는 공사도급계약 체결일부터 120일 이내</u>에 하여야 한다. (법 제72조 제1항.)
>
> 구법에서는 사업시행계획인가·고시일부터 90일 이내에 분양통지를 하도록 하였는데, 전부개정법에서 「각 분양대상자별 '종전자산의 평가액'과 '분담금 추산액'」을 분양통지사항에 포함시키고 통지 및 공고 시기를 '120일 이내'로 늦춘 것이다. 이 <u>개정 규정은 2018. 2. 9. 이후 최초로 사업시행계획인가를 신청하는 경우부터 적용된다.</u>

2. 【해설】 공사계약 체결 전에 한 분양통지에 따라 수립된 관리처분계획의 효력

(1) 분양통지(분양신청안내)와 분양공고는 공사도급계약을 체결한 뒤에 하는 것이 원칙이다. 왜냐하면 분양통지에는 '분양대상자별 분담금의 추산액'이 반드시 포함되어야 하는데(법 제 59 조 제 1 항 제 2 호), 분담금을 산출하기 위해서는 사업비의 가장 큰 항목인 공사비를 알아야 하기 때문이다(아래 참조).

따라서 시공자와 공사계약을 체결하기 전에 분양통지 및 분양공고를 하고 이를 기초로 분양신청을 받아 수립한 관리처분계획은 원칙적으로 무효이다(서울행정법원 2011. 9. 2. 선고 2011 구합 3401 판결).

(2) 그러나, 분양통지 및 분양공고 전에 시공자와 공사도급계약에 필요한 기본적인 사항들을 모두 합의한 상태에서 추가비용에 관한 부분에 대한 협의만이 마무리되지 않은 상황에서 <u>관리처분계획안을 '제 1 안(조합 부담)'과 '제 2 안(시공자 부담)'으로 나누어 임시총회에 상정하여 조합원들의 투표결과(제 2 안)를 토대로 시공자와 공사계약을 체결한 사안에서</u>, 분양통지 및 분양공고에서 통지사항들이 조합원들에게 충분히 고지되었다면, 단지 시공사와의 <u>공사계약 체결이 분양공고 및 분양신청 후에 이루어졌다는 사정만으로 관리처분계획이 위법하다고 볼 수 없다</u>고 한 판례가 있다(대법원 2012. 8. 23. 선고 2010 두 13463 판결).

다만, 이 판례는 분양통지에 '분담금 추산액'이 아닌 '개략적인 부담금내역'을 포함시키도록 한 구 도시정비법이 적용된 사안이다.

B. [구법 판례] ① 조합이 분양통지 및 분양공고 이전에 롯데건설과 공사도급계약에 필요한 기본적 사항을 모두 합의한 상태에서 추가비용 부분에 대한 협의만이 마무리되지 않자 관리처분계획안을 '제 1 안(조합 부담)'과 '제 2 안(시공자 부담)'으로 나누어 임시총회에 상정하여 그 투표결과(제 2 안)를 토대로 롯데건설과 공사계약을 체결한 사안에서; ② <u>분양통지 및 분양공고에서 통지사항들이 조합원들에게 충분히 고지되었다면, 단지 시공사와의 공사계약 체결이 분양공고 및 분양신청 후에 이루어졌다는 사정만으로 관리처분계획이 위법하다고 볼 수 없다</u>고 한 사례 —대법원 2012. 8. 23. 선고 2010 두 13463 판결[관리처분계획취소]

【당사자】

【원고, 상고인】 별지 원고 목록 기재와 같다.

【피고, 피상고인】 화명주공아파트재건축조합

I. 분양통지 및 분양공고의 시점

【기초사실】

> 2007. 5. 18. 분양신청 및 분양공고
>
> 2007. 10. 14. 임시총회에서 제 1 안(새시 비용, 법인세, 민원보상비 조합 부담)과 제 2 안(롯데건설 부담)을 상정하여 투표결과 제 2 안을 채택
>
> 2007. 12. 26. 관리처분계획인가
>
> 2007. 10. 25. 롯데건설과 공사계약 체결

1. 도시정비법 제 46 조 제 1 항

개정 도시정비법 제 46 조 제 1 항은 "사업시행자는 제 28 조 제 3 항의 규정에 의한 사업시행인가의 고시가 있은 날(주택재건축사업의 경우에는 제 11 조의 규정에 의하여 시공자를 선정하여 계약을 체결한 날)부터 21 일 이내에 개략적인 부담금내역 및 분양신청기간 그 밖에 대통령령이 정하는 사항을 토지등소유자에게 통지하고 분양의 대상이 되는 대지 또는 건축물의 내역 등 대통령령이 정하는 사항을 해당 지역에서 발간되는 일간신문에 공고하여야 한다. 이 경우 분양신청기간은 그 통지한 날부터 30 일 이상 60 일 이내로 하여야 한다. 다만 사업시행자는 제 48 조 제 1 항의 규정에 의한 관리처분계획의 수립에 지장이 없다고 판단하는 경우에는 분양신청기간을 20 일의 범위 이내에서 연장할 수 있다."고 규정하고 있다.

2. 원심이 인정한 사실

원심판결 이유 및 기록에 의하면,

① 피고는 2003. 8. 30. 북구청장에게 롯데건설을 시공사로 하여 시공자 선정신고를 마친 뒤, 2004. 4. 13. 롯데건설과 사이에 화명주공아파트 공사가계약을 체결한 사실, ② 피고는 2006. 6. 23. 북구청장으로부터 이 사건 사업시행계획에 대한 인가를 받은 후, 2006. 7. 1. 일간지 부산일보에 분양공고를 하였으나 일부 조합원들이 무상지분율과 조합원 분담금이 불분명하다는 이유로 항의를 하면서 분양계약 체결을 거부하자 2006. 7. 28. 분양공고를 취소한 사실, ③ 그 후 롯데건설이 2007. 3. 14. 피고와의 협의과정에서 정비계획 변경에 따른 용적률의 하락 등으로 인한 사업비용 증대, 일조 및 조망권 보상액, 조합의 법인세 부담 문제 등을 제기하면서 추가비용을 조합원이 부담하는 경우와 롯데건설이 부담하는 경우를 나누어 무상지분 면적을 조정하는 수정안을 제시한 사실, ④ 피고는 위와 같은 제안을 토대로 2007. 5. 18. 조합원들에게 분양신청의 안내 및 분양공고를 거쳐 조합원들로부터 분양신청을 받은 후, 2007. 10. 14. 임시총회를 개최하여 새시 비용, 법인세, 민원보상비 등을 조합원들이 부담하는 제 1 안과 롯데건설이 부담하는 제 2 안을 상정하여 투표결과 제 2 안을 채택한

제2장 분양 / 제1절 분양통지 및 분양공고

사실, ⑤ 피고는 2007. 12. 26. 위 북구청장으로부터 이 사건 관리처분계획의 인가를 받았고, 2007. 10. 25. 롯데건설과 이 사건 아파트의 재건축사업에 관한 공사계약을 체결한 사실을 알 수 있다.

3. 대법원의 판단 (상고기각)

이러한 사실을 위 관계 법령에 비추어 보면, 피고는 위 분양통지 및 분양공고 이전에 롯데건설과 사이에 공사도급계약에 있어서 필요한 기본적인 사항들을 모두 합의한 상태에서 추가비용에 관한 부분에 대한 협의만이 마무리되지 않게 되자 관리처분계획안을 두 가지로 나누어 임시총회에 상정하여 조합원들의 투표결과를 토대로 롯데건설과 이 사건 아파트의 재건축사업에 관한 공사계약을 체결하였다고 할 것이어서,

이 사건 분양통지 및 분양공고를 함에 있어서 개정 도시정비법 제46조 제1항에 규정된 사항들은 조합원들에게 충분히 고지되었다고 할 것이다. 따라서 단순히 시공사와의 계약체결이 분양공고 및 분양신청 후에 이루어졌다는 사정만을 들어 이 사건 관리처분계획이 위법하다고 볼 수는 없다.

같은 취지에서 이 사건 분양통지 및 분양공고절차가 적법하다고 본 원심의 결론은 정당하고 거기에 이 부분 상고이유와 같은 개정 도시정비법 제46조 제1항 소정의 분양공고 및 분양신청 절차에 관한 법리오해의 위법은 없다.

C. [비교 하급심판례] ① 적법한 시공사 선정 및 공사도급계약 체결 전에 분양통지 및 분양공고를 하고 이를 기초로 분양신청을 받아 수립한 관리처분계획은 전부 무효야; ② 비록 분양신청 및 분양공고에서 개략적인 부담금의 내역 등이 기재되어 있었더라도, 그 내용은 사후에 시공자와의 계약에 따라 변동될 수밖에 없으므로 —서울행정법원 2011. 9. 2. 선고 2011구합3401 판결[관리처분계획무효확인]

【당사자】

원고	A, B, C, D
원고보조참가인	E, F, G
피고	남서울한양아파트재건축주택조합

I. 분양통지 및 분양공고의 시점

1. 시공사 선정 및 공사도급계약 체결 이전에 이루어진 분양공고, 분양신청의 효력

가. 사실관계

… 변론 전체의 취지를 종합하면,

① 피고는 2002. 12. 28. 임시총회를 개최하여 현대건설 주식회사(이하 '현대건설'이라 한다)와 풍림산업 주식회사(이하 '풍림산업'이라 한다)를 재건축공사의 공동시공자로 선정하는 내용의 결의(이하 '제1차 결의'라 한다)를 하고, 2003. 2. 18. 위 시공자들과 공사계약을 체결한 사실,

② 그 후 제1차 결의가 의사정족수를 갖추지 못하였다는 문제가 제기되자, 다시 2005. 3. 19. 정기총회를 개최하여 재적조합원 1,491인 중 946인(당일 참석자 55인, 서면결의제출자 891인)이 표결에 참가한 가운데 915인의 찬성으로 제1차 결의를 추인하는 결의(이하 '2차 결의'라 한다)를 한 사실,

③ 이후 피고는 사업시행계획을 인가받고 분양통지 및 분양공고를 하였다가, 2006. 5. 17. 구청장으로부터 사업시행계획변경인가를 받고, 2006. 5. 22. 다시 토지등소유자들에게 분양신청을 통지·공고한 다음, 이 사건 관리처분계획을 수립하여 인가를 받은 사실,

④ 그러나 원고들을 포함한 31인이 피고를 상대로 시공사선정무효확인청구를 제기하여 2008. 10. 9. 서울고등법원에서 피고가 현대건설과 풍림건설을 시공자로 선정한 제1, 2차 결의는 모두 무효라는 판결(2007 나 118363)을 선고받았고, 이 판결은 피고의 상고 취하로 확정된 사실,

⑤ 피고는 2009. 5. 24. 조합원 임시총회를 개최하여 현대건설과 풍림산업을 시공자로 선정하는 결의안을 조합원 총 1,494인 중 949인의 동의로 통과시킨 사실을 인정할 수 있다.

나. 적법한 시공자 선정 및 공사도급계약 체결 전에 분양신청을 받아 수립한 관리처분계획은 무효

위 인정사실에 의하면, ① 현대건설과 풍림산업을 시공사로 선정한 제1, 2차 결의는 무효로 확정되었으므로, 2009. 5. 24. 임시총회결의를 통하여 비로소 적법하게 시공자가 선정된 것으로 보아야 할 것인데, 토지등소유자들에 대한 분양통지 및 분양공고는 2006. 5. 22.에 이루어져 결국 시공자를 선정하거나 계약도 체결하지 못한 상태에서 이루어진 점, ② 비록 분양신청 및 분양공고에서 개략적인 부담금의 내역 등이 기재되어 있었더라도 위 내용은 사후에 시공자와의 계약에 따라 변동될 수밖에 없는 점, ③ 시공자와의 공사도급계약으로 비로소 건축물의 설계개요와 조합원들의 개략적인 부담금 등의 내역이 확정되고, 이를 기초

로 토지등소유자들은 상당한 비용을 부담할 것을 감수하면서 분양신청을 할 것인지 아니면 현금으로 청산을 받을 것인지를 선택하게 되므로 위 내용은 분양통지서에 반드시 명시되어야 할 뿐만 아니라 최대한 정확하게 기재되어야 하는 점, ④ 도시정비법 제 11 조 제 1 항, 제 46 조 제 1 항도 조합설립 후 시공자와의 계약을 체결한 다음에 분양공고 및 분양통지를 하도록 명시적으로 규정한 점 등을 종합하면,

적법한 시공사 선정 및 공사도급계약 체결 이전에 분양통지 및 분양공고를 하고 이를 기초로 분양신청을 받아 이 사건 관리처분계획을 수립한 것은 위법하고, 그 하자가 중대·명백하여 무효이다.

2. 하자의 치유를 인정하지 않음

한편, 피고는 위와 같은 하자가 2009. 5. 24. 조합원 임시총회의 추인 결의로 치유되었다고 주장하나, 하자 있는 행정행위의 하자의 치유는 법치주의 관점에서 볼 때 원칙적으로 허용되지 아니하는 것으로서, 행정행위의 '무용한' 반복을 피하고 당사자의 법적 안정성을 보호하기 위하여 국민의 권리와 이익을 침해하지 아니하는 범위에서 구체적 사정에 따라 예외적으로만 허용될 수 있는 것인바(대법원 1998. 10. 27. 선고 98두4535 판결 등 참조),

① 위 임시총회에서의 시공사 선정 결의는 도시정비법 시행 이전과는 달리 국토해양부장관이 정하는 경쟁입찰의 과정을 거쳐 이루어진 것으로서, 단순히 무효인 종전의 시공사 선정을 추인하는 것이 아닌 점(위 고등법원 판결은 시공사 선정과 관련된 제 1 차 결의는 동의 정족수 미달을 이유로, 제 2 차 결의는 도시정비법 시행 이후임에도 강행규정에 위반하여 경쟁입찰을 거치지 아니한 채 단지 제 1 차 결의를 추인하는 내용이라는 이유로 각 무효라고 판단한 것이다), ② 이 사건 관리처분계획의 중대·명백한 하자가 치유되었다고 보면 그로 인하여 원고들과 원고 보조참가인들의 권익이 침해되는 점, ③ 일반적으로 무효인 행정행위의 하자 치유는 인정되지 아니하는 점 등에 비추어 보면, 위 조합원 임시총회 결의로 이 사건 관리처분계획의 하자가 치유되었다고 볼 수 없으므로, 피고의 항변은 이유 없다.

3. 이 사건 관리처분계획은 모두 무효

따라서 이 사건 관리처분계획은 시공사 선정 이전의 분양공고 및 신청에 터잡은 것으로서 중대하고도 명백한 하자 있는 행정행위라는 원고들의 주장은 이유 있으므로, 그 나머지 주장에 관하여 나아가 살필 필요 없이 이 사건 관리처분계획은 모두 무효이다.

【해설】이 사건의 항소심 이후 경과

> 이 판결은 항소심에서 취소되었고(소각하. 서울고등법원 2012. 1. 26. 선고 2011 누 31620 판결) 항소심 판결은 대법원에서 심리불속행으로 확정되었다(대법원 2012. 6.

14. 2012 두 5039 판결). 그러나 항소심은 원고들이 현금청산대상자라는 이유(원고적격 흠결)로 소를 각하하였으며, 위 판시사항에 관하여는 판단하지 않았다.

II. 분양통지의 대상자 및 통지/공고의 내용

A. 분양통지의 대상자

1. 【해설】 분양통지의 대상자: 토지등소유자 전원

(1) 분양통지의 대상은 조합원이 아니고 '토지등소유자 전원'이다(서울고등법원 2022. 8. 18. 선고 2021 누 56376 판결 참조). 조합설립에 동의하지 않은 토지등소유자도 분양신청기한까지 동의서를 제출하고 분양신청을 하면 조합원이 될 수 있으므로(표준정관 제 9 조 제 1 항 단서) 반드시 통지해야 한다.

(2) 토지등소유자 중 한명이라도 통지를 누락하면 하자 있는 분양통지가 되며, 그러한 하자있는 분양통지에 따라 분양신청을 받고 수립한 관리처분계획 역시 위법하다. 토지등소유자의 주거지가 국외인 경우도 통지의무가 면제되지 않는다(서울행정법원 2009. 9. 24. 선고 2009 구합 10727 판결).

(3) 토지등이 여러 명의 공유에 속하는 때 또는 여러 명의 토지등소유자가 1 세대에 속하는 때 등에는 그 여러 명을 대표하는 1 명을 조합원으로 보는바(법 제 39 조 제 1 항), 이런 경우 ① 그 여러 명이 대표조합원선임동의서를 제출하지 않은 경우는 물론, ② 대표조합원선임동의서를 제출한 경우에도 그 여러 명 모두에게 분양통지를 해야 한다(서울고등법원 2022. 8. 18. 선고 2021 누 56376 판결).

2. 【정관】 재건축 표준정관 제 9 조(조합원의 자격 등)

① 조합원은 법 제 2 조 제 9 호 나목의 규정에 의한 토지등소유자(이하 "토지등소유자"라 한다)로서 조합설립에 동의한 자로 한다. 다만, 조합설립에 동의하지 아니한 자는 제 44 조의 규정에 의한 분양신청기한까지 다음 각호의 사항이 기재된 별지 1 의 동의서를 조합에 제출하여 조합원이 될 수 있다. (각호 생략)

3. 【해설】 전부개정법에서 달라진 내용

(1) 사업시행자는 사업시행계획인가·고시가 있은 날부터 120 일 이내에 ① 분양대상자별 종전자산의 가격, ② 분담금 추산액, ③ 분양신청기간 등을 토지등소유자에게 통지하고 일간신문에 공고하여야 한다(법 제 72 조 제 1 항).

제 2 장 분양 / 제 1 절 분양통지 및 분양공고

> (2) 구법과 달라진 점: ① 구법에서는 "개략적인 부담금 내역"만을 통지하도록 한 것을(구법 제 46 조 제 1 항; 구 시행령 제 47 조 제 1 항) 전부개정법에서 「각 분양대상자별 종전자산의 평가액과 분담금 추산액」을 통지하도록 하여 토지등소유자로 하여금 자신의 종전자산 평가액과 분담금 추산액을 알고 분양신청 여부를 결정할 수 있도록 하였다. ② 통지 기한도 종전자산의 감정평가 기간을 고려하여 '60 일'에서 '120 일'로 연장하였다.
>
> (3) 경과조치: 이 개정내용은 2018. 2. 9. 이후 최초로 사업시행계획인가를 신청하는 경우부터 적용한다(부칙 제 17 조).

B. 분양통지 및 분양공고 사항

1. 【해설】 분양통지에 포함될 사항

> 분양통지문에 포함되어야 할 사항은 아래와 같다(법 제 72 조 제 1 항; 영 제 59 조 제 2 항 및 제 1 항; 서울시 도시정비조례 제 32 조 제 2 항).
>
> ① 분양대상자별 종전자산의 명세 및 가격. 평가기준일은 사업시행계획인가 고시일이다(단, 사업시행계획인가 전에 철거된 건축물은 시장·군수등에게 철거허가를 받은 날을 기준으로 함).
>
> ② 분양대상자별 분담금 추산액
>
> ③ 사업시행인가의 내용
>
> ④ 정비사업의 종류·명칭 및 정비구역의 위치·면적
>
> ⑤ 분양신청기간 및 장소
>
> ⑥ 분양대상 대지 또는 건축물의 내역
>
> ⑦ 분양신청자격
>
> ⑧ 분양신청방법
>
> ⑨ 분양신청을 하지 않은 자에 대한 조치(현금청산을 말함)
>
> ⑩ 분양신청서
>
> ⑪ 분양신청 안내문(조례 제 32 조 제 2 항 제 1 호)
>
> ⑫ 철거 및 이주 예정일(같은 항 제 2 호)

2. 【해설】 분양공고에 포함될 사항

(1) 일간신문에 공고할 사항은 다음과 같다(법 제 72 조 제 1 항; 영 제 59 조 제 1 항; 서울시 도시정비조례 제 32 조 제 1 항. 공고사항은 구법과 동일함).

① 사업시행인가의 내용

② 정비사업의 종류·명칭 및 정비구역의 위치·면적

③ 분양신청기간 및 장소

④ 분양대상 대지 또는 건축물의 내역

⑤ 분양신청자격

⑥ 분양신청방법

⑦ 토지등소유자 외 권리자의 권리신고방법

⑧ 분양신청을 하지 않은 자에 대한 조치(현금청산)

⑨ 법 제 72 조 제 4 항에 따른 재분양공고 안내(조례 제 32 조 제 1 항 제 1 호)

⑩ 법 제 44 조 제 2 항에 따른 보류지 분양처분 내용(같은 항 제 2 호)

(2) 사업시행계획인가내용에 보류지를 제 3 자에 우선하여 적격세입자에게 분양하도록 한 경우에는 분양공고에 이 내용을 포함하여야 한다(서울시 도시정비조례 제 27 조 제 2 항 제 3 호).

3. 【비교】 분양통지사항과 분양공고사항 비교표

표 4 분양통지사항과 분양공고사항 비교표

순번	항목	분양통지	분양공고
1	분양대상자별 종전자산의 명세 및 가격	○	×
2	분양대상자별 분담금 추산액	○	×
3	사업시행인가의 내용	○	○
4	정비사업의 종류·명칭 및 정비구역의 위치·면적	○	○
5	분양신청기간 및 장소	○	○
6	분양대상 대지 또는 건축물의 내역	○	○
7	분양신청자격	○	○

제 2 장 분양 / 제 1 절 분양통지 및 분양공고

순번	항목	분양통지	분양공고
8	분양신청방법	○	○
9	토지등소유자 외 권리자의 권리신고방법	×	○
10	분양신청을 하지 않은 자에 대한 조치(현금청산)	○	○
11	분양신청서	○	×
12	분양신청 안내문	○	×
13	철거 및 이주 예정일	○	×
14	법 제72조 제4항에 따른 재분양공고 안내	×	○
15	법 제44조 제2항에 따른 보류지 분양처분 내용	×	○

C. 관련규정

1. 【법령】 전부개정 도시정비법 제 72 조(분양공고 및 분양신청)

① 사업시행자는 A)제 50 조 제 9 항에 따른 사업시행계획인가의 고시가 있은 날(사업시행계획인가 이후 시공자를 선정한 경우에는 시공자와 계약을 체결한 날)부터 120 일 이내에 다음 각 호의 사항을 토지등소유자에게 통지하고, B) 분양의 대상이 되는 대지 또는 건축물의 내역 등 대통령령으로 정하는 사항을 해당 지역에서 발간되는 일간신문에 공고하여야 한다. <개정 2021.3.16>

다만, 토지등소유자 1 인이 시행하는 재개발사업의 경우에는 그러하지 아니하다.

☞ 제 1 항 단서는 사업시행자 외에 다른 토지등소유자가 없는 경우를 말한다.

[☞ 토지등소유자에게 통지할 사항]

 1. 분양대상자별 종전의 토지 또는 건축물의 명세 및 사업시행계획인가의 고시가 있은 날을 기준으로 한 가격(사업시행계획인가 전에 제 81 조 제 3 항에 따라 철거된 건축물은 시장·군수등에게 허가를 받은 날을 기준으로 한 가격)

 2. 분양대상자별 분담금의 추산액

 3. 분양신청기간

 4. 그 밖에 대통령령으로 정하는 사항

 ☞ 전부개정법 시행령 제 59 조(분양신청의 절차 등)

② 법 제72조 제1항 제4호에서 "대통령령으로 정하는 사항"이란 다음 각 호의 사항을 말한다.

1. 제1항 제1호부터 제6호까지 및 제8호의 사항
2. 분양신청서
3. 그 밖에 시·도조례로 정하는 사항

☞ 서울시 도시정비조례 제32조(분양신청의 절차 등) 제2항

② 영 제59조제2항제3호에서 "그 밖에 시·도조례로 정하는 사항"이란 다음 각 호의 사항을 말한다.

1. 분양신청 안내문
2. 철거 및 이주 예정일

2. 【법령】 전부개정법 시행령 제59조(분양신청의 절차 등)

① 법 제72조 제1항 각 호 외의 부분 본문에서 "분양의 대상이 되는 대지 또는 건축물의 내역 등 대통령령으로 정하는 사항"이란 다음 각 호의 사항을 말한다.

[☞ 일간신문에 공고할 사항]

1. 사업시행인가의 내용
2. 정비사업의 종류·명칭 및 정비구역의 위치·면적
3. 분양신청기간 및 장소
4. 분양대상 대지 또는 건축물의 내역
5. 분양신청자격
6. 분양신청방법
7. 토지등소유자외의 권리자의 권리신고방법
8. 분양을 신청하지 아니한 자에 대한 조치
9. 그 밖에 시·도조례로 정하는 사항

☞ 서울시 도시정비조례 제32조(분양신청의 절차 등) 제1항

① 영 제59조제1항제9호에서 "그 밖에 시·도조례로 정하는 사항"이란 다음 각 호의 사항을 말한다.

1. 법 제72조제4항에 따른 재분양공고 안내

제 2 장 분양 / 제 1 절 분양통지 및 분양공고

> 2. 제 44 조제 2 항에 따른 보류지 분양 처분 내용

3. 【구법령】 구 도시정비법 제 46 조(분양공고 및 분양신청)

> ① 사업시행자는 제 28 조 제 4 항의 규정에 의한 사업시행인가의 고시가 있은 날(사업시행인가 이후 시공자를 선정한 경우에는 시공자와 계약을 체결한 날)부터 60 일 이내에 a) 개략적인 부담금내역 및 분양신청기간 그 밖에 대통령령이 정하는 사항을 토지등소유자에게 통지하고 b) 분양의 대상이 되는 대지 또는 건축물의 내역 등 대통령령이 정하는 사항을 해당 지역에서 발간되는 일간신문에 공고하여야 한다.
>
> 이 경우 분양신청기간은 그 통지한 날부터 30 일 이상 60 일 이내로 하여야 한다.
>
> 다만, 사업시행자는 제 48 조 제 1 항의 규정에 의한 관리처분계획의 수립에 지장이 없다고 판단하는 경우에는 분양신청기간을 20 일의 범위 이내에서 연장할 수 있다. <개정 2005.3.18., 2007.12.21., 2009.2.6.>

D. [고등법원판례] '이 사건 안내'는 분양신청통지로 볼 수 없어 —서울고등법원 2022. 8. 18. 선고 2021 누 56376 판결[관리처분계획일부무효확인등] (상고)

【당사자】

원고,항소인	1. A
	2. B
피고,피항소인	C 아파트 주택재건축정비사업조합

피고는 2017. 7. 13. 원고 A 에게 아래와 같은 내용의 안내문을 송부하였다(이하 '이 사건 안내'라 한다). 한편, 피고가 위 안내문과 별도로 원고들에게 분양신청통지를 한 바는 없다.

> < C 아파트 조합 대표자 선임 및 분양 관련 안내의 건 >
>
> ○ 수신: 이 사건 아파트 소유자 A 귀하
>
> ○ 귀하께서 매입하신 이 사건 아파트는 조합설립인가 당시 1 인의 소유자(G)가 소유하고 있던 여러 채의 물건 중 하나였으며, 현재는 귀하와 매도자 2 인의 토지등소유자가 소유하고 있습니다.
>
> ○ 구 도시 및 주거환경정비법(2017. 2. 8. 법률 제 14567 호로 개정되기 전의 것, 이하 '구 도시정비법'이라 한다) 제 19 조에 따라 매도자(G)와 매수인인 귀하께서 대표자를 선임하여야 조합원으로 권리를 행사할 수 있으며, 그 경우에만 분양신청이 가능함을 알려드립니다. 또한 대

> 표자는 현재 물건을 소유하고 있는 3인의 구분소유자 중 1인을 지정하면 되고, 소유권을 지니고 있는 것 외에 대표자의 자격 제한은 없습니다.
>
> ○ 또한 구 도시정비법 제48조 제2항 제7호 (마)목에 따라 대표자를 선임한 경우에 한하여 최대 3채까지 공동주택 분양이 가능함을 안내하여 드립니다. 또한 현재 매도자의 배우자는 단독으로 소유하고 있던 물건을 전부 매도하여 현재는 소유권이 없으므로, 매도자의 배우자와 별개로 대표자를 선임할 경우 3채까지의 분양이 가능합니다.
>
> ○ 도시정비법 제19조 제1항 제2호 및 제3호가 복합적으로 적용되는 경우 법에서 정하는 바가 없음으로 인하여 매도자의 배우자로부터 물건을 매수한 매수자 중 일부가 거래를 무효로 하여 매도자의 배우자가 다시 소유권을 지니게 될 경우 분양권 지급에 문제가 발생할 수 있음을 안내하여 드립니다.

이 사건 안내는 그 시점 및 내용 등을 고려할 때 분양신청통지로 볼 수 없으며, 더욱이 앞서 본 법리들에 비추어 볼 때 그 내용에 있어 적법한 안내 통지로 보기도 어렵다. 즉, 피고는 원고들의 조합원 지위 획득 여부나 대표조합원 선임 여부 등에 대한 피고의 자체적인 판단과는 관계없이 '토지등소유자'인 원고들에게 분양신청에 관한 안내 등 절차를 진행했어야 하는데, 이를 하지 않은 위법이 있다.

E. [가정적 판단으로 분양통지 하자의 치유를 인정한 사례] 조합이 분양통지를 할 때 개략적인 부담금내역을 통지하지 않은 하자가 있더라도, 그 후 조합원들에게 분양대상자별 종전 토지/건축물의 권리가액 및 분양예정 대지·건축시설의 추산액 등을 통보한 상태에서 총회를 개최하여 관리처분계획안을 의결했다면 그 하자가 치유되었다고 본 사례 —대법원 2014. 6. 12. 선고 2012두28520 판결[관리처분총회결의등무효확인]

【당사자】

> [원고, 상고인] 별지 원고 목록 기재와 같다.
>
> [원고보조참가인] 원고보조참가인
>
> [피고, 피상고인] 석관제2구역주택재개발정비사업조합

원심이 제1심판결을 인용하여, 그 판시와 같은 이유로 피고는 도시정비법 제46조 제1항에 따라 사전에 조합원들에게 개략적인 부담금내역을 개별적으로 통지한 것으로 보이고, 설령 통지를 누락한 하자가 인정된다고 하더라도 피고가 2010. 10. 4. 조합원들에게 분양대상자별 종전 토지 또는 건축물의 권리가액 및 분양예정 대지·건축시설의 추산액 등을 통보한 상태에서 이 사건 총회를 개최하여 이 사건 관리처분계획안을 의결함에 따라 위와 같은 하자는 치유되었다고 볼 수 있으므로, '개략적인 부담금 내역'에 관한 정보를 제공하지 않음으로써 위법한 분양신청절차에 기초하여 수립한 이 사건 관리처분계획안 및 이에 대한 이

제 2 장 분양 / 제 1 절 분양통지 및 분양공고

사건 총회결의 역시 위법하다는 원고들의 주장을 배척하였다.

기록 및 관련 법령에 비추어 살펴보면, 원심의 위와 같은 판단은 정당하고, 거기에 상고이유 주장과 같이 분양신청절차의 하자 및 이에 기초하여 수립된 이 사건 관리처분계획안의 하자에 관한 법리를 오해한 잘못이 없다.

F. [고등법원판례] 근린생활시설의 경우 분양예정 대지 또는 건물의 추산액이 개별적으로 명시되거나 통지되지 않았더라도 관리처분변경계획이 위법하지 않다고 본 사례 —서울고등법원 2022. 2. 16. 선고 2021누34383 판결[관리처분계획취소]

【당사자】

원고	A ~ D
원고보조참가인	E ~ Q
피고	1. R지구 주택재개발정비사업조합
	2. 서울특별시 송파구청장

앞서 인정한 사실 및 위에서 든 증거들과 을가 제1호증, 제33호증의 1, 2, 제48호증의 각 기재에 변론 전체의 취지를 더하여 인정할 수 있는 다음과 같은 사실 또는 사정들, 즉 ① 피고 조합은 도시정비법 제74조 제1항 각 호에 규정된 사항을 포함하여 이 사건 제4차 관리처분변경계획 등을 수립한 점, ② 피고 조합이 이 사건 제4차 관리처분변경계획에 관하여 총회를 개최한 날인 2019. 4. 27.로부터 1개월 전인 2019. 3. 27. 원고들 및 참가인에게 '관리처분계획변경(안) 공람 공고 안내 및 구 도시정비법 제74조 제3항에 따른 통지'라는 제목의 공문을 분양대상자별 분양예정인 대지 또는 건축물의 추산액 등을 첨부하여 개별적으로 발송한 점, ③ 위 통지에서 피고 조합이 구체적인 상가 분양예정가액 등에 관하여는 추후 상가 분양 시 결정된다고 기재하였으나 상가 등 근린생활시설의 경우 전체적인 분양상황 등에 따라 내부 설계를 변경할 수 있는 등 그 특성으로 인하여 관리처분계획 단계에서 면적을 구체적으로 구분지어 분양대상자를 확정하는 것은 적절하지 않은 측면이 있는 점, ④ 피고 조합이 조합원에게 배포한 관리처분계획 등의 자료에도 '조합원의 근린생활시설 동□층□호 배정은 관리처분계획변경인가 이후 공동주택의 규모별로 동호수를 추첨□배정하여 분양받은 주택의 분양가격을 제외한 권리가액을 확정한 후 관련 규정의 순위에 따라 근린생활시설을 분양할 예정으로 배정세대수는 변경될 수 있음'이라는 문구가 명시되어 있는 점 등을 종합하면,

피고 조합이 분양대상자별 분양예정인 대지 또는 건축물의 추산액을 포함하여 관리처분계획을 수립하여 통지한 것으로 보이고, 근린생활시설의 경우 분양예정 대지 또는 건물의

추산액이 개별적으로 명시되거나 통지되지 않았다고 하더라도 이를 이유로 이 사건 제 4 차 관리처분변경계획이 위법하다고 보기 어렵다.

III. 판례 (분양통지 대상자)

A. 적법한 분양통지를 하지 않은 토지등소유자를 현금청산대상자로 정한 관리처분계획은 중대하고 명백한 하자가 있어 당연 무효임 —대법원 2023. 6. 29. 선고 2022 두 56586 판결 [관리처분계획일부무효확인등]

원심은, 그 판시와 같은 이유로 이 사건 관리처분계획 중 원고들을 현금청산자로 정한 부분은 피고가 원고들에게 분양신청에 관한 적법한 통지를 하지 아니한 데서 비롯된 것이어서 위법하고, 그 하자가 중대·명백하므로 무효라고 판단하였다. 원심판결 이유를 관련 법리와 기록에 비추어 살펴보면, 원심의 위와 같은 판단에 상고이유 주장과 같이 행정처분의 당연 무효에 관한 법리를 오해하여 판결에 영향을 미친 잘못이 없다.

B. [위 판례의 원심판결] ① 분양통지 대상자인 '토지등소유자'는 법 제 2 조 제 9 호 나목에 규정된 '토지등소유자' 전원이야; ② 원고 A 를 대표조합원으로 선임하고 조합설립동의서를 제출한 원고들에게 분양통지를 하지 않은 채 분양절차를 진행하고 원고들을 현금청산대상자로 정한 관리처분계획은 무효임 —서울고등법원 2022. 8. 18. 선고 2021 누 56376 판결 [관리처분계획일부무효확인등] (상고기각)

【당사자】

원고,항소인	1. A
	2. B
피고,피항소인	C 아파트 주택재건축정비사업조합

【주문】

피고가 2018. 5. 17. 서울특별시 서초구청장으로부터 서울특별시 서초구 고시 D 로 인가받은 관리처분계획 중 원고들을 현금청산자로 정한 부분은 무효임을 확인하고, 원고들이 피고의 조합원 지위에 있음을 확인한다.

1. 처분의 경위 및 기초사실

다. 원고들은 위 매매계약을 체결한 후인 2015. 10. 14. 피고에게 원고 A 를 이 사건 아파트의 대표조합원으로 선임한다는 내용의 대표조합원 선임동의서와 피고의 설립에 동의한

제 2 장 분양 / 제 1 절 분양통지 및 분양공고

다는 내용의 조합설립동의서를 제출하였다...

라. 피고는 2017. 3. 31. 이 사건 정비사업에 관하여 서초구청장으로부터 사업시행계획인가를 받은 다음 2017. 9. 25. 분양신청기간을 2017. 9. 26.부터 2017. 11. 3.까지로 정하여 조합원들에게 분양신청 안내 및 절차에 관한 통지(이하 '분양신청통지'라 한다)를 하였고, 위 기간 동안 조합원들로부터 분양신청을 받았다.

마. 피고는 2017. 7. 13. 원고 A 에게 아래와 같은 내용의 안내문을 송부하였다(이하 '이 사건 안내'라 한다). 한편, 피고가 위 안내문과 별도로 원고들에게 분양신청통지를 한 바는 없다.

바. 피고는 위 분양신청 현황을 바탕으로 관리처분계획(이하 '이 사건 관리처분계획'이라 한다)을 수립하였고, 2018. 5. 17. 서초구청장으로부터 서울특별시 서초구 고시 D 로 위 관리처분계획을 인가받았는데, 위 관리처분계획에서 원고들은 현금청산대상자로 지정되었다.

2. 이 사건 관리처분계획 중 원고들을 현금청산자로 정한 부분의 위법성 판단

가. 분양통지 대상자는 토지등소유자 전원

구 도시정비법 제 46 조 제 1 항에서 정한 분양신청통지 대상자인 '토지등소유자'는 구 도시정비법 제 2 조 제 9 호 나목에 규정된 '토지등소유자'이지, 피고의 주장과 같이 '토지등소유자' 중에 통지 당시 이미 '조합원'의 자격을 갖추고 있는 자에 국한된다고 볼 수 없다...

피고로서는 구 도시정비법 제 46 조 제 1 항의 규정에 따라 토지등소유자인 원고들에게 분양신청통지 절차를 거쳤어야 함에도 이를 하지 않았으므로, 피고의 분양신청통지 절차에는 위와 같은 위법 사유가 있다. 게다가 앞서 본 바와 같이 원고들은 조합원 지위를 취득하고 적법하게 대표조합원을 원고 A 로 선임한 자들로서 적법하게 분양신청을 할 수 있는 자이므로, 피고의 위 주장(조합원에 대하여만 분양신청통지 의무가 있다는 주장)에 의하더라도 원고들에게 분양신청통지 절차를 거쳤어야 했다.

그런데 ... 피고는 원고들의 조합원 지위 획득 여부나 대표조합원 선임 여부 등에 대한 피고의 자체적인 판단과는 관계없이 '토지등소유자'인 원고들에게 분양신청에 관한 안내 등 절차를 진행했어야 하는데, 이를 하지 않은 위법이 있다.

나. 원고들에게 분양통지를 안 한 것은 중대하고 명백한 하자

분양신청통지는 사업시행자로 하여금 토지등소유자에게 정비사업에 참여할 것인지, 아니면 현금으로 청산받고 정비사업에 참여하지 아니할 것인지를 선택하는 기회를 부여하는 것

III. 판례 (분양통지 대상자)

으로, 적법한 분양신청통지는 재건축조합이 관리처분계획을 수립하는 과정에서의 본질적인 절차이다. 구 도시정비법 제48조 제1항에 의하면, 사업시행자는 제46조에 따른 분양신청의 현황을 기초로 '분양대상자의 주소 및 성명' 등이 포함된 관리처분계획을 수립하게 된다. 따라서 사업시행자가 토지등소유자에게 적법한 분양신청통지를 하지 아니하여 분양신청을 하지 못한 것이라면 그 분양신청의 현황을 기초로 수립된 관리처분계획은 필수적인 절차를 위반한 것으로 위법하고, 이는 재건축사업의 핵심절차인 분양신청의 기회를 박탈한 것으로 그 하자의 정도는 중대하다고 할 것이다.

또한 피고가, 토지등소유자에 해당하고 조합설립동의서를 제출하여 분양신청대상자임을 피고에게 알리기까지 한 원고들에게 분양신청통지를 하지 않은 것은 구 도시정비법 제46조 제1항에 명시적으로 규정된 절차를 위반한 것으로 그 하자가 명백하다고 봄이 상당하다... 그러므로 인가받은 이 사건 관리처분계획 중 원고들을 현금청산자로 정한 부분은 무효이다.

C. [하급심판례] ① 조합원(원고)이 외국에 거주하고 있다는 사정만으로 분양신청 통지의무가 면제되지 않아; ② 국내에 거주하고 있는 원고의 사촌 N에게 '원고가 이 사건 각 토지와 관련하여 대표자를 선정해야 한다'는 취지를 안내한 것은 적법한 분양통지 아니라고 본 사례 —서울행정법원 2009. 9. 24. 선고 2009구합10727 판결[관리처분계획취소등]

【당사자】

원고 A
피고 B 주택재개발정비사업조합

【주문】

피고가 2008. 12. 31. 동대문구청장으로부터 인가받은 관리처분계획 중 원고를 분양대상자에서 제외한 부분을 취소한다.

1. 처분의 경위와 기초사실

나. 원고는 2005. 3. 17. 이 사건 정비구역 내에 있는 서울 동대문구 D 대 13㎡, E 대 146㎡, F 대 20㎡, G 대 7㎡(이하 일괄하여 '이 사건 토지'라 한다) 중 각 3/8 지분에 관하여 매매를 원인으로 한 소유권이전등기를 마쳤다.

바. 원고는 1960년경 미국으로 이주하여 현재까지 미국에서 살고 있으며, 이 사건 토지의 등기부에도 원고의 주소는 '미합중국 메릴랜드주 오덴톤시 M'로 기재되어 있었다.

제 2 장 분양 / 제 1 절 분양통지 및 분양공고

사. 피고는 사업시행인가를 받은 후, 분양신청기간을 2007. 11. 2.부터 2007. 12. 1.까지로 정하여 조합원들로부터 분양신청을 받았는데, 이후 분양신청기간을 2007. 12. 22.까지로 연장하였다.

아. 피고는 미국에 거주하고 있던 원고에게는 서면에 의한 분양신청통지를 하지 않았고, 대신 국내에 거주하고 있는 원고의 사촌 N 에게 구두로 '원고가 이 사건 각 토지와 관련하여 대표자를 선정해야 한다'는 취지를 안내하였는데, 원고는 위 분양신청기간 내에 분양신청을 하지 않았다.

자. 피고는 원고를 현금청산대상자로 정하는 내용이 포함된 관리처분계획을 수립하여 2008. 12. 31. 서울특별시 동대문구청장으로부터 위 관리처분계획에 대한 인가를 받았다(이하 위 관리처분계획 중 원고를 현금청산자로 정한 부분을 '이 사건 처분'이라 한다).

2. 판단

법 제 46 조 제 1 항에서 정한 분양신청기간의 통지 등 절차는 재개발구역 내의 토지 등 소유자에게 분양신청의 기회를 보장해 주기 위한 것으로서 관리처분계획을 수립하기 위해 반드시 거쳐야 할 절차인데, 이 사건에 있어서 원고가 공동주택분양신청권이 있는 조합원임은 뒤에서 보는 바와 같고, 앞서 본 사실들로부터 인정되는 다음과 같은 점들을 종합하면 피고가 조합원인 원고에 대하여 분양신청통지의무를 다하였다고 보기 어렵다.

① 피고는 원고에게 별도로 서면에 의한 분양신청통지를 한 바 없다. ② 원고가 해외 거주자이기는 하나 원고는 2005. 3. 17. 이 사건 각 토지에 관하여 지분소유권이전등기를 경료하면서 자신의 미국 거주지를 기재했으므로, 피고로서는 최소한 등기부에 기재된 주소로 분양신청통지서를 보내보았어야 할 것이며, 원고의 거주지가 국외라는 사정만으로 이러한 분양신청 통지의무가 면제되는 것은 아니다. ③ 원고가 N 에게 이 사건 사업에 관하여 통지 등을 수령할 권한을 사전에 부여했다고 볼 만한 자료가 없으므로, N 에게 구두로 대표조합원 선정을 통한 분양신청절차에 대해 안내했다고 하더라도 이를 원고에 대한 적법한 통지라고 볼 수 없다.

IV. 분양통지의 방법

A. 개요

IV. 분양통지의 방법

1. 【해설】 적법한 분양통지는 관리처분계획 수립을 위한 필수 절차

분양신청기간의 통지 절차는 토지등소유자에게 분양신청의 기회를 보장하기 위한 것으로서 관리처분계획을 수립하기 위하여 반드시 거쳐야 할 절차이다. 따라서 조합이 분양신청 통지를 함에 있어서는 <u>도시정비법 및 조합정관 규정에 따라 통지절차가 이루어져야 하며</u>, <u>이러한 통지 절차를 제대로 거치지 않고 수립한 관리처분계획은 위법하다</u>(대법원 2014. 11. 13. 선고 2011두2446 판결).

2. 【해설】 표준정관 제7조 제2항의 준수

분양통지(분양신청안내)는 조합원의 권리·의무에 관한 중요사항의 고지이므로 정관이 정한 '조합원의 권리·의무에 관한 고지방법'을 준수하여야 한다.

먼저 관련 조합원에게 <u>등기우편으로 개별적으로 고지하여야 하고</u>, <u>등기우편이 주소불명, 수취거절 등의 사유로 반송되는 경우에는 1회에 한하여 일반우편으로 추가 발송</u>하며, 이 경우 그 등기우편을 발송한 날에 고지된 것으로 본다(표준정관 제7조 제2항). 이 규정은 등기우편이 반송되는 경우에는 일반우편으로 1회 더 추가로 발송하는 것으로써 고지의 효력을 인정하겠다는 의미이다(대법원 2014. 11. 13. 선고 2011두2446 판결).

이 경우 <u>반송된 주소지로 만연히 재발송해서는 안 되며, 서면결의서 등 다른 자료에 있는 주소지나 전화번호를 확인하여 그 쪽으로도 통지해 보는 등의 조치를 취하여 가급적 토지등소유자가 이를 통지받지 못함으로써 분양신청의 기회를 상실하지 않도록 할 의무가 있다</u>(서울행정법원 2016. 7. 22. 선고 2015구합10056 판결 참조. 등기부상주소로 보낸 등기우편이 반송된 후 서면결의서 등 다른 자료에 나타난 주소가 있는지 여부를 확인하여 그 쪽으로 통지해 보는 등의 조치를 취하지 않고 등기부상주소로 다시 안내문을 보냈다가 반송되자 원고를 분양대상자에서 제외한 것은 위법하다고 본 사례).

한편 등기우편물은 도중에 유실되었거나 반송되었다는 등의 특별한 사정에 대한 반증이 없는 한 그 무렵 수취인에게 배달되었다고 추정되므로(대법원 2017. 3. 9. 선고 2016두60577 판결), <u>등기우편이 수취인에게 배달되지 않았다는 사실은 그것을 주장하는 자가 증명하여야</u> 한다.

3. 【해설】 조합원의 주소변경 신고의무

표준정관 제10조 제3항은 「조합원이 주소를 변경하였을 경우에는 14일 이내에 조합에 변경된 주소를 신고하여야 하며, 신고하지 않아 발생되는 불이익 등에 대하여 조합에 이의를 제기할 수 없다」고 규정하고 있다.

> 주소를 변경한 조합원이 조합에 주소변경신고를 하지 않아 종전주소로 보낸 등기우편이 반송된 후 서면결의서 등 다른 자료에 있는 주소지나 전화번호를 확인하여 일반우편으로 1회 추가 발송했으면 적법한 분양신청통지를 했다고 보아야 한다.

4. 【해설】 '반송불요' 등기우편 문제

> 조합이 부동산 등기부에 기재된 종전 주소지로 '반송 불요' 등기우편으로 분양신청안내서를 발송한 후 원고에게 배달되지 못한 사실을 알지 못하여 일반우편으로 추가 발송하지 않은 채 원고를 현금청산대상자로 정한 관리처분계획은 그 하자가 중대·명백하므로 무효라고 본 판례가 있다(서울고등법원 2019. 4. 17. 선고 2018누62432 판결(심리불속행 상고기각).
>
> 그런데 이 판결은 분양신청안내서를 '반송불요' 등기우편으로 발송한 것 자체가 위법한 것처럼 판시하여 문제가 되고 있다. '반송불요' 등기우편으로 발송했더라도, 이후 등기우편조회를 통해 미배달된 사실을 확인하고 서면결의서 등 다른 자료에 있는 주소지나 전화번호를 확인하여 그 쪽으로도 통지해 보는 등의 조치를 취한 뒤 그래도 배달되지 않아 현금청산대상자로 정했다면 적법하다고 보는 것이 타당하다.
>
> 다만, 조합으로서는 분쟁의 불씨를 남기지 않기 위해 등기우편 발송 시 '반송불요'로 보내지 말아야 할 것이다.

5. 【정관】 재건축 표준정관 제7조(권리·의무에 관한 사항의 고지·공고방법)

> ① 조합은 조합원의 권리·의무에 관한 사항을 조합원에게 성실히 고지·공고하여야 한다.
> ② 제1항의 고지·공고방법은 이 정관에서 따로 정하는 경우를 제외하고는 다음 각 호의 방법에 따른다.
>   1. 관련 조합원에게 <u>등기우편으로 개별 고지</u>하여야 하며, 등기우편이 주소불명, 수취거절 등의 사유로 <u>반송되는 경우에는 1회에 한하여 일반우편으로 추가 발송</u>한다.
>   2. <u>조합원이 쉽게 접할 수 있는 일정한 장소의 게시판</u>(이하 "게시판"이라 한다)에 <u>14일 이상 공고</u>하고 게시판에 게시한 날부터 3월 이상 조합사무소에 관련서류와 도면 등을 비치하여 조합원이 열람할 수 있도록 한다.
>   3. 인터넷 홈페이지가 있는 경우 <u>홈페이지에도 공개</u>하여야 한다. 다만, 특정인의 권리에 관계되거나 외부에 공개하는 것이 곤란한 경우에는 그 요지만을 공개할 수 있다.

> 4. 제 1 호의 등기우편이 발송되고, 제 2 호의 게시판에 공고가 있는 날부터 고지·공고된 것으로 본다.

B. ① 정관규정에 따라 분양신청통지 등 절차를 제대로 거치지 않고 수립한 관리처분계획은 위법해; ② 등기우편으로 발송한 분양통지문이 반송되었음에도 정관 규정에 따라 다시 일반우편으로 추가 발송한 사실이 인정되지 않아 적법한 분양신청기간의 통지가 이루어졌다고 볼 수 없다는 이유로 이 사건 관리처분계획 중 원고를 현금청산대상자로 정한 부분은 위법하다고 본 사례 —대법원 2014. 11. 13. 선고 2011 두 2446 판결[관리처분계획일부취소]

【당사자】

원고,피상고인	A
피고,상고인	불광제 4 구역주택재개발정비사업조합

도시 및 주거환경정비법(이하 '도시정비법'이라 한다) 제 46 조 제 1 항에서 정한 분양신청기간의 통지 등 절차는 재개발구역 내의 토지 등 소유자에게 분양신청의 기회를 보장하여 주기 위한 것으로서 도시정비법 제 48 조 제 1 항에 의한 관리처분계획을 수립하기 위하여 반드시 거쳐야 할 필요적 절차이고, 사업시행자인 재개발조합이 분양신청 통지를 함에 있어서는 도시정비법 및 그 위임에 의하여 정하여진 재개발조합의 정관규정에 따라 통지 등 절차가 이루어져야 하므로, 이러한 통지 등 절차를 제대로 거치지 아니하고 이루어진 관리처분계획은 위법하다(대법원 2011. 1. 27. 선고 2008 두 14340 판결 등 참조).

원심이 인용한 제 1 심의 채택 증거에 의하면, 피고의 정관 제 7 조 제 2 항 제 1 호 및 제 4 호는 조합이 조합원에게 조합원의 권리·의무에 관한 사항을 고지함에 있어서 관련 조합원에게 등기우편으로 개별적으로 고지하여야 하고, 등기우편이 주소불명, 수취거절 등의 사유로 반송되는 경우에는 1 회에 한하여 일반우편으로 추가 발송하며, 이 경우 그 등기우편을 발송한 날에 고지된 것으로 본다고 정하고 있다. 위 정관 규정은 조합원의 주소지 등 적법한 송달장소로 등기우편에 의하여 조합원의 권리·의무에 관한 사항을 발송하였으나 송달불능된 경우에 일반우편으로 1 회 더 추가로 발송하는 것으로써 해당 고지의 효력을 인정하겠다는 의미라고 보아야 한다. 따라서 정관에 달리 정함이 없는 이상 위와 같은 고지간주 규정은 해당 고지사항의 송달에 한하여 적용될 수 있을 뿐이고, 어느 사항에 관하여 위 정관 규정에 따른 고지간주의 효력이 발생하였다고 하더라도 그에 이은 별개의 사항을 고지함에 있어서는 위 정관 규정이 정한 요건과 절차를 다시 갖추어야 그에 따른 고지간주의 효력이 인정된다고 할 것이다.

원심은 피고가 원고의 종전 주소지로 분양공고 및 분양신청 안내문, 분양신청 기간 연장

제 2 장 분양 / 제 1 절 분양통지 및 분양공고

에 관한 안내문을 각각 등기우편으로 발송하였으나 이사불명을 사유로 모두 반송되었음에도 앞서 본 정관 규정에 따라 다시 일반우편으로 이를 추가로 각기 발송한 사실이 인정되지 아니하므로 원고에게 적법하게 분양신청기간의 통지가 이루어졌다고 볼 수 없다는 이유로 이 사건 관리처분계획 중 원고를 현금청산대상자로 정한 부분은 위법하다고 판단하였다. 앞서 본 법리 및 정관 규정과 기록에 비추어 살펴보면, 원심의 위와 같은 사실인정 및 판단은 정당한 것으로 수긍할 수 있고, 거기에 논리와 경험칙에 반하여 사실을 잘못 인정하는 등의 위법이 없다.

C. [고등법원판례] ① 원고교회와 원고 B(G의 승계인)에 대한 분양통지는 수령권한 없는 자가 수령하여 도달하지 않았고(원고교회와 G의 소재지 내지 주거지로 등기우편으로 발송한 통지서들이 반송되지 않아 피고로서는 원고교회와 G에게 도달한 것으로 알 수밖에 없었다는 사정만으로 달리 볼 것이 아님); ② 원고 C에 대한 분양통지는 원고 C의 지배영역에 속하는 우편함에 투입됨으로써 도달하였다고 본 사례; ③ 따라서 이 사건 관리처분계획 중 원고교회, B을 현금청산대상자로 정한 부분은 위법하고, 원고 C을 현금청산대상자로 정한 부분은 적법함 —서울고등법원 2008. 7. 15. 선고 2007누23813 판결[관리처분계획취소 등] (상고기각: 대법원 2011. 1. 27. 선고 2008두14340 판결)

【당사자】

원고,상고인겸피상고인	A 교회, B, C, D
피고,피상고인겸상고인	동선구역주택재개발정비사업조합

1. 기초사실

1) 원고 교회에 대하여, 피고는 2006. 5. 30. 분양신청통지서를 원고 교회의 소재지로 등기우편으로 발송하였는데, 원고 교회의 대표자가 아니고 그 교인도 아닌 L(피고 조합의 감사이다)이 '회사 동료'라고 자처하면서 2006. 6. 1. 이를 수령하였다. 또한 피고는 2006. 7. 3. 분양신청기간연장통지서를 원고 교회의 소재지로 등기우편으로 발송하였는데, 누군가가 '회사 동료 M'라고 자처하면서 같은 달 6. 이를 수령하였다.

2) G에 대하여, 피고는 2006. 5. 30. 분양신청통지서를 그 전에 G의 주소라고 들었던 군산시 N으로 등기우편으로 발송하였으나, 이는 '이사불명'으로 반송되었고, 이에 위 통지서를 같은 장소로 일반우편으로 재발송하였으나, 이것도 반송되었다. 또한 피고는 2006. 7. 3. 분양신청기간연장통지서를 당시 G의 소유이던 별지 부동산 목록 순번 2 기재 건물(4층 근린생활시설 및 주택)로 등기우편으로 발송하였고, 위 건물 301호의 임차인인 O이 같은 달 6. 이를 수령하여 G가 거주하던 4층으로 올라가는 계단에 놓아두었는데, 당시 G는 한 달에 한두 번 정도만 집에 들어오고 있었다. 한편, 원고 B은 2006. 8. 3. 위 목록 순번 2 기재

각 부동산을 경락받았는데, 위 원고에 대하여는 피고가 별도로 분양신청통지를 하지 않았다.

3) 원고 C에 대하여, 피고는 2006. 5. 30. 분양신청통지서를, 2006. 7. 3. 분양신청기간연장통지서를 각 당시 원고 C의 주거지이던 서울 성북구 P아파트 112동 1301호로 등기우편으로 발송하였는데, 집배원인 Q이 2006. 6. 1. 위 분양신청통지서를, 2006. 7. 4. 위 분양신청기간연장통지서를 각 위 아파트 112동 경비실 옆에 있는 세대별 우편함에 투입하고는 임의로 수령증에 위 원고의 서명을 대행하였다. Q은 위와 같은 부당한 배달행위로 인하여 2007. 9. 4. 감봉 1월의 징계를 받았는데(수회에 걸쳐 위 원고에게 부당 배달행위 사실을 시인하는 내용의 사실확인서를 작성해 주었다가 피고의 진정으로 위와 같이 징계를 받게 되었다), 그 징계절차에서 「위 원고를 확실히 알고 있고, 우편함 옆에 경비실이 있으며, 위 아파트가 56평형이다 보니 어린아이들도 없어서, 우편물이 잘 배달되기 때문에 위와 같은 행위를 하였다. 본인은 위 원고와 얼굴을 아는 사이이고, 위 원고에게 전화하여 중간에 만나서 배달을 한 적도 있었다」고 진술하였다.

2. 원고교회와 원고 B(G)는 수령권한 없는 자가 수령하여 도달하지 않았고, 원고 C는 도달

먼저 원고 교회에 대하여 보건대, 위 인정사실에 의하면 원고 교회 앞으로 발송된 각 통지서를 수령권한 없는 자가 수령한 것으로 보이고, 제1심 증인 K의 일부 증언만으로는 위 원고가 위 각 통지서를 전달받았다고 인정하기에 부족하며, 달리 이를 인정할 증거가 없으므로, 위 각 통지서가 위 원고에게 도달한 것으로 볼 수 없다.

다음으로 원고 B에 대하여 보건대, 원고 B은 G의 피고 조합 조합원 지위를 승계하였는바, 위 인정사실에 의하면 G 앞으로 발송된 각 통지서는 G의 주기지가 아닌 곳으로 발송되었거나 수령권한 없는 자가 수령한 것으로 보이고, 위 K의 일부 증언만으로는 G가 위 각 통지서를 전달받았다고 인정하기에 부족하며, 달리 이를 인정할 증거가 없으므로, 위 각 통지서가 G에게 도달한 것으로 볼 수 없고, 피고가 위 원고에게 별도로 분양신청통지를 한 바 없음은 위에서 본 바와 같다.

끝으로 원고 C에 대하여 보건대, 위 인정사실에 의하면, 비록 집배원이 원고 C에게 직접 분양신청 통지서 및 분양신청기간연장통지서를 교부하지는 않았지만, 위 각 통지서가 위 원고의 지배영역에 속하는 우편함에 투입됨으로써 위 원고에게 도달한 것으로 볼 수 있다.

따라서 피고가 원고 C에 대하여는 분양신청 통지를 하였다고 볼 수 있으나, 원고 교회, B에 대하여는 분양신청통지를 하였다고 볼 수 없고, 원고 교회와 G의 소재지 내지 주거지로 등기우편으로 발송한 통지서들이 반송되지 아니하여 피고로서는 그 통지서들이 원고 교회와 G에게 도달한 것으로 알 수밖에 없었다는 사정만으로 달리 볼 것이 아니다.

3. 소결론

따라서 이 사건 관리처분계획 중 원고 교회, B을 현금청산대상자로 정한 부분은 위법하고, 원고 C을 현금청산대상자로 정한 부분은 적법하다.

D. [하급심판례 – 분양신청 안내문이 반송된 경우 조합이 취해야 할 조치] ① 분양신청 안내문을 등기부상 주소로 우편송달하였으나 반송된 경우 사업시행자는 서면결의서 등 다른 자료에 있는 주소나 전화번호를 확인하여 통지해 보는 등의 조치를 취할 의무 있어; ② 등기부상 주소로 보낸 분양신청 안내문이 반송되자 같은 주소로 다시 안내문을 보냈다가 반송된 사안에서 조합은 통지의무를 제대로 이행하지 않았으므로 원고를 분양대상자에서 제외할 수 없다고 한 사례 —서울행정법원 2016. 7. 22. 선고 2015 구합 10056 판결[수분양권확인]

【당사자】

원고 A 피고 B 주택재개발정비사업조합

【주문】

원고는 피고가 시행하는 주택재개발정비사업에서 아파트 분양권이 있는 조합원임을 확인한다.

도시 및 주거환경정비법 제 46 조 제 1 항은 "사업시행자는 사업시행인가의 고시가 있는 날로부터 21 일 이내에 개략적인 부담금 내역 및 분양신청기간 그 밖에 대통령령이 정하는 사항을 토지 등 소유자에게 통지하여야 한다"고 규정하고 있는바, 특히 토지 등 소유자에 대한 분양신청 안내문의 통지는 토지 등 소유자에게 분양신청의 기회를 부여하는 중요한 절차이므로, 사업시행자로서는 분양신청 안내문을 토지등소유자의 등기부상 주소지로 우편송달하였으나 반송되는 등 제대로 통지되지 아니하면, 서면결의서 등 다른 자료에 있는 주소나 전화번호를 확인하여 그 쪽으로도 통지해 보는 등의 조치를 취하여 가급적 토지 등 소유자가 이를 통지받지 못함으로써 분양신청의 기회를 상실하지 않도록 할 의무가 있다고 할 것이다.

살피건대, ① 원고는 피고 조합이 설립되기 전에 원고의 등기부상 주소에서 원고의 아들 주소로 주민등록을 이전한 사실, ② 피고는 분양신청 안내문을 원고의 등기부상 주소로 보냈다가 반송되자 서면결의서 등 다른 자료에 나타난 주소가 있는지 여부를 확인하여 그 쪽으로 통지해 보는 등의 조치를 취하지 않고 등기부상 주소로 다시 안내문을 보냈다가 반송되자 원고를 이 사건 재개발정비사업의 분양대상자에서 제외한 사실은 앞서 살펴본 바와

같은바,

원고에게는 분양신청 안내문 및 분양신청연장안내문이 제대로 통지되지 아니하여 분양신청을 할 수 있는 기회가 제공되지 않았다고 할 것이고 위와 같이 <u>통지의무를 제대로 이행하지 아니한 피고로서는 원고를 이 사건 재개발정비사업의 분양대상자에서 제외할 수 없다</u>. 따라서 원고의 주장은 이유 있다.

제2절 분양신청

I. 분양신청의 자격

A. 분양신청은 조합원의 권리

1. 【해설】 분양은 정비사업의 열매

> (1) 정비사업은 노후·불량건축물을 정비하고 개량하여 주거생활의 질을 높이기 위한 사업이므로, 도시정비법은 정비사업에 참여하는 토지등소유자로 하여금 해당 사업을 통해 조성되거나 신축되는 대지 또는 건축물을 분양받는 방법으로 개발이익을 분배받도록 할 뿐, 대지 또는 건축물을 분양받지 않고 개발이익만 향유하는 방법으로 사업에 참여하는 것은 허용하지 않고 있다.
>
> 따라서 <u>정비사업에 계속 참여하려는 토지등소유자는 반드시 분양신청을 해야 하며, 분양신청을 하지 않는 토지등소유자는 현금청산을 받고 해당 정비사업에서 탈퇴한다</u>. 현금청산대상자는 재건축사업에 한하여 현금청산대상자가 되는 시점까지만 개발이익을 향유할 수 있다. (이상 법 제1조, 제73조, 제72조 제3항 참조.)
>
> 재개발·재건축 사업에서 분양신청을 하지 않고 조합원 지위를 유지할 수 있는 방법은 없다. 따라서 분양신청은 조합원의 권리이자 의무라고 할 수 있다.
>
> (2) 토지등소유자 입장에서도 해당 사업을 통해 조성, 신축되는 대지 또는 건축물을 분양받는 것이 현행 도시정비법 하에서 가장 확실하게 개발이익을 향유할 수 있는 방법이기 때문에 토지등소유자의 관심은 분양신청을 위한 감정평가·분양통지·분양공고, 분양신청, 동·호수 추첨 및 분양계약 체결에 집중된다. 이 과정에서 종전자산 권리변환의 기초가 되는 관리처분계획의 수립·인가가 이루어지고, 현금청산대상자에 대한 손실보상이 시작된다. 이 단계에서 사업시행자와 토지등소유자 간 분쟁이 가장 많이 발생한다.

> (3) 정비사업에서 분양신청이 가지는 의미가 이렇게 무거운 만큼 법원은 사업시행자의 분양신청 통지가 법령과 정관이 정한 바에 따라 적법하게 이루어졌는지를 매우 엄격하게 심사하며, 법령과 정관에 따른 적법한 분양통지를 받지 못해 분양신청을 하지 못한 토지등소유자를 현금청산대상자로 정한 관리처분계획은 그 이유 하나만으로 위법한 처분으로 본다.

2. 【해설】 분양대상 조합원에 해당하는지 여부의 판정기준일은 '분양신청기간 만료일'

> 분양설계는 분양신청기간이 만료하는 날을 기준으로 하므로(법 제76조 제1항 제5호), 분양대상 조합원에 해당하는지 여부를 판정하는 기준일은 분양신청기간 만료일 이다.
>
> 분양대상 조합원 여부의 판정 기준일을 그날 이후로 늦추는 총회 결의는 무효이다(대법원 2014. 8. 20. 선고 2012두5572 판결).

3. 【해설】 분양신청권의 제한

> 조합원은 모두 분양신청권을 가지는 것이 원칙이다. 다만, ① 법령에 의해서 분양신청이 제한되거나, ② 관리처분계획에서 정한 기준에 미달하여 분양신청이 배제될 수 있다. 위 ①의 예로는 투기과열지구 수분양자의 5년간 조합원분양신청 금지(법 제72조 제6항)가 있고, ②의 예로는 권리가액(종전 토지 또는 건축물의 가격)이 관리처분계획에서 정한 기준에 미달하는 경우가 있다. 한편 분양신청이 인정되는 경우에도 공급받을 수 있는 '주택의 수'는 별도의 제한을 받는다(법 제76조 제1항 제6호 등).
>
> 자세한 내용은 아래 각 해당 부분에서 본다.

B. ① 분양대상 조합원의 확정 등 관리처분계획의 내용은 분양신청기간 만료일을 기준으로 정해야 하며; ② 분양대상 조합원에 해당하는지 여부의 기준일을 '관리처분계획 수립일'로 늦추는 내용의 총회결의는 무효야 —대법원 2002. 1. 22. 선고 2000두604 판결[아파트분양거부처분취소]

【당사자】

> [원고,상고인] 원고
>
> [피고,피상고인] 상도제1구역주택개량재개발조합

기록에 의하면, 피고 조합의 1998. 9. 24.자 조합원 총회에서 분양신청기간 만료일을 기준으로 하여 분양대상 조합원인지 여부를 판정하도록 되어 있는 피고 조합의 정관 제38조 제1항 제2호의2의 규정을, 관리처분계획이 수립된 날 그 판정의 기준일로 변경한다는 내용의 결의가 있었음을 알 수 있다.

그러나 ① 도시재개발법(1995. 12. 29. 법률 제 5116 호로 전문 개정된 것, 이하 '법'이라 한다) 제 33 조 제 2 항, 제 34 조 제 1 항, 제 35 조, 서울특별시도시재개발사업조례 제 2 조 제 2 호, 제 26 조, 제 27 조 제 1 항 등 관련 규정에 의하면, 분양대상 조합원의 확정 등 관리처분계획의 내용은 분양신청기간 만료일을 기준으로 하여 정하도록 되어 있고, ② 한편 법은 재개발사업을 촉진하고 도시의 건전한 발전과 공공복리의 증진에 기여한다는 입법목적(제 1 조)을 달성하기 위하여 재개발조합이 그 사업을 시행하는 경우 정관의 변경, 사업시행계획의 수립 및 변경, 그리고 관리처분계획 등 일정한 사항에 대해서는 조합원 총회의 결의를 거친 후에 행정청의 인가를 받도록 규정하고 있는바(제 18 조 제 1 항, 제 22 조 제 1 항, 제 34 조 제 1 항, 그리고 제 21 조에 의하여 준용되는 민법 제 42 조 제 2 항), ③ 이와 같은 입법목적과 관련 규정의 취지 및 분양대상 조합원에 해당하는지 여부 판정의 기준일을 '분양신청기간 만료일'이 아니라 '관리처분계획이 수립되는 날'로 늦추는 변경을 할 경우 재개발사업의 진행에 현저한 지장을 초래하고 재개발조합원들의 권리관계에도 큰 혼란을 초래할 우려가 있는 점 등 사정을 감안하면,

위와 같은 내용의 피고 조합 조합원 총회의 결의는 관련 법령의 취지에 배치될 뿐만 아니라 공익에 현저히 반하는 것으로서 그 효력이 없다 할 것이다(더욱이 법 제 21 조에 의하여 준용되는 민법 제 42 조 제 2 항은 정관의 변경은 주무관청의 인가를 받지 아니하면 그 효력이 없다고 규정하고 있는데, 기록상 위와 같은 정관 변경의 결의에 대한 주무관청의 인가가 이루어졌다고 볼 자료도 없다).

C. ① 분양대상 조합원에 해당하는지 여부의 기준일을 '분양신청기간 만료일'이 아니라 '관리처분계획이 수립되는 날'로 늦추는 내용으로 정관을 변경하는 총회결의는 무효이나; ② 그런 경우에도, 분양신청기간 내에 분양신청을 한 조합원들을 대상으로 분양신청 내용의 변경신청을 받은 결과, 각 평형별 분양신청자 수가 조합원 공급대상인 평형별 세대수에 미달하였다면, 변경신청에 기초하여 수립한 관리처분계획은 위법하지 않아 ―대법원 2014. 8. 20. 선고 2012 두 5572 판결[관리처분계획취소]

【당사자】

[원고, 상고인] 원고 1 외 2 인
[피고, 피상고인] 화곡 3 주구주택재건축정비사업조합

구 도시정비법 제 48 조 제 2 항 제 5 호에 의하면 분양설계에 관한 계획은 제 46 조의 규정에 의한 분양신청기간이 만료되는 날을 기준으로 하여 수립하여야 하므로, 분양대상 조합원에 해당하는지 여부 판정의 기준일을 '분양신청기간 만료일' 이후로 늦추는 내용의 조합

총회 결의는 효력이 없다고 보아야 하지만(대법원 2002. 1. 22. 선고 2000두604 판결 참조),

분양신청기간 내에 분양신청을 한 조합원들을 대상으로 분양신청 내용의 변경신청을 받은 결과, 각 평형별 분양신청자 수가 조합원 공급대상인 평형별 세대수에 미달하는 이 사건에 있어서, 피고 조합이 분양대상 조합원 자격을 갖추고 분양신청기간 내에 분양신청을 함으로써 분양대상 조합원이 된 사람들에 대하여 관리처분계획 수립을 위한 조합 총회 결의 전에 그 분양신청 내용을 변경할 기회를 부여하였다고 하여 위 법률의 규정을 위반하였다고 볼 수 없다.

D. ① 조합이 신탁을 원인으로 한 소유권이전등기 미이행을 이유로 분양신청권을 제한하려면, 그가 분양신청을 하기 전에 미리 총회결의를 해야 해; ② 이들의 분양신청이 있은 후 총회에서 이런 이유로 이들의 분양신청권을 제한한 것은 무효임 —대법원 2008. 2. 15. 선고 2006다77272 판결[분양계약체결금지]

【당사자】

> [원고, 피상고인] 원고 1 외 20인
>
> [피고, 상고인] 해청아파트 1단지 재건축조합
>
> [피고 보조참가인(선정당사자)] 참가인

【원심판결 주문】

> 피고가 2004. 6. 16.에 한 동·호수 추첨결과에 따라 별지 목록 기재와 같이 피고 조합원들에게 한 신축아파트의 동·호수 배정 및 이에 의하여 체결한 분양계약은 무효임을 확인한다.

피고의 규약상 조합원은 관리처분계획으로 정한 주택 등의 분양청구권을 가지며, 조합원의 권리와 의무의 변동에 관한 사항은 총회의 결의를 거쳐 결정하도록 되어 있는 한편, 도시 및 주거환경정비법은 관리처분계획의 수립 등은 조합원총회의 결의에 의하도록 규정되어 있으므로(위 법률 제24조 제3항 제10호), 피고가 나머지 원고들의 신탁을 원인으로 한 소유권이전등기 미이행을 이유로 분양신청권을 제한하려면 분양신청이 이루어지기 전에 미리 조합원총회의 결의를 거쳐야 하고, 분양신청이 종료된 후에 그 권리를 소급하여 제한할 수는 없다고 할 것이다.

기록에 의하면, 피고는 분양신청이 종료된 이후에 비로소 조합원총회 등을 거쳐 나머지 원고들의 신탁을 원인으로 한 소유권이전등기 미이행을 이유로 분양신청권에 제한을 가한 사실을 인정할 수 있으므로, 피고의 이러한 분양신청권 제한은 효력이 없다고 할 것인바,

원심이 이와 같은 취지에서 나머지 원고들에 대한 분양신청권 제한이 적법하다는 피고의 주장을 배척한 조치는 정당한 것으로 수긍이 가고, 거기에 상고이유에서 주장하는 바와 같은 쌍무계약에 관한 법리오해 등의 위법이 있다고 할 수 없다.

E. [하급심 판결] ① 주택/상가가 아닌 특수 건축물(교회)의 소유자도 분양신청권 있어; ② 따라서 원고교회에게 분양통지를 하지 않은 채 원고교회를 분양대상에서 제외한 관리처분계획은 위법함 —서울행정법원 2016. 4. 22. 선고 2015 구합 59679 판결[관리처분계획취소]

【당사자】

원고, 피항소인	예수교대한성결교회 월산교회
피고, 항 소 인	대흥제 2 구역주택재개발정비사업조합

... 위 규정을 종합하면, '구 도시정비법 제 48 조에 따라 인가된 관리처분계획에 따라 분양대상자에서 제외된 자'라 함은 토지등소유자 중에서 분양신청을 하였으나 앞서 본 구 도시정비법 제 48 조 제 2 항 제 3 호, 제 7 항, 도시정비법 시행령 제 52 조 제 1 항 제 3 호 등에 의한 기준에 따라 그 의사에 반하여 관리처분계획 수립시 분양대상자에서 제외된 자를 의미한다고 할 것이다.

또한 구 도시정비법 제 46 조 제 1 항은 대지 또는 건축물에 대한 분양을 받을 수 있는 자를 '토지등소유자'로 정하고 있을 뿐 교회와 같이 주택이나 상가 등이 아닌 특수한 건축물을 소유한 토지등소유자를 제외하고 있지 않다. 따라서 토지등소유자인 교회 등에 대한 분양신청 절차에 주택이나 상가 등 소유자와 다른 특수성이 존재한다는 사정만으로 주택재개발정비사업조합이 토지등소유자인 교회 등에게 분양신청의 기회를 부여하지 않은 채 관리처분계획에 따라 교회 등을 분양대상에서 제외할 수는 없다고 보아야 한다.

F. 재건축 미동의 토지등소유자의 분양신청 문제

1. 【해설】 정관에 의한 분양신청권

> (1) 분양신청권은 조합원의 권리이다. 재건축사업에서는 조합설립에 동의한 토지등소유자만이 조합원이 되므로, 재건축사업에서 분양신청권은 조합설립에 동의한 토지등소유자에게만 있다.
>
> (2) 그런데 재건축 표준정관은 「조합설립에 동의하지 아니한 자는 분양신청기한까지 동의서를 조합에 제출하여 조합원이 될 수 있다」는 취지의 규정을 두고 있고(표준정관 제 9 조 제 1 항 참조), 거의 모든 재건축조합이 이 규정을 채택하고 있으므로, 조

합설립에 동의하지 않은 토지등소유자도 사업시행계획인가 이후 조합이 정한 분양신청기간 내에 조합설립동의서를 제출하고 분양신청을 함으로써 조합원이 될 수 있다.

(3) 이것은 정관에 의하여 인정되는 권리이므로, 정관 제정시 이 조항을 채택하지 않은 사업장에서는 재건축에 동의하지 않은 토지등소유자는 분양신청권이 없다. 전부개정법 시행 후 2020. 12. 부산광역시가 보급한 재건축표준정관에는 이 조항이 없다.

(4) 한편 재건축사업에서 토지 또는 건축물 중 어느 하나만을 소유한 자는 토지등소유자가 아니므로(따라서 조합원이 될 수 없음. 법 제 2 조 제 9 호 나목) 위 규정에 따른 분양신청을 할 수 없다.

2. 【정관】 재건축 표준정관 제 9 조(조합원의 자격 등)

① 조합원은 법 제 2 조 제 9 호 나목의 규정에 의한 토지등소유자(이하 "토지등소유자"라 한다)로서 조합설립에 동의한 자로 한다. 다만, <u>조합설립에 동의하지 아니한 자</u>는 제 44 조의 규정에 의한 <u>분양신청기한까지</u> 다음 각호의 사항이 기재된 별지 1 의 <u>동의서를 조합에 제출하여 조합원이 될 수 있다.</u> (각호 생략)

3. 【정관】 부산광역시 재건축 표준정관 제 9 조(조합원의 자격 등)

① 조합원은 정비구역에 위치한 건축물 및 그 부속토지의 소유자(이하"토지등소유자"라 한다)로서 재건축사업에 동의한 자로 한다

II. 분양신청의 기간과 방법

A. 개요

1. 【해설】 분양신청의 기간과 방법

(1) 분양신청기간은 통지일부터 30 일 이상 60 일 이내로 정하여야 하며, 20 일 범위에서 한 차례만 연장할 수 있다(법 제 72 조 제 2 항).

(2) 분양신청서를 우편으로 보낼 때에는 분양신청기간 내에 발송된 것임을 증명할 수 있는 우편으로 보내야 하는바, <u>발송일을 가장 확실하게 증명해 주는 우편은</u> 내용증명 우편 이므로 내용증명으로 보내는 것이 좋다.

☞ 분양신청서 작성방법과 첨부서류는 부록 참조. 다만, 상세 내용은 사업장마다 다를 수 있으므로 분양신청안내문을 충실히 따라야 한다.

2. 【해설】 분양신청기간 연장의 개별통지 문제

> 사업시행자가 분양신청기간을 연장한 경우 각 토지등소유자에게 개별적 통지를 하여야 하는지 여부 및 개별적 통지를 하지 않은 것을 하자로 볼 경우 그것이 관리처분계획을 무효로 할 정도로 중대하고 명백한 하자인지가 문제된다.
>
> 분양신청기간 연장을 개별통지 해야 하는지에 관한 대법원 판례가 없고 하급심의 해석이 엇갈리는 상황이므로 그 하자는 객관적으로 명백하다고 보기 어려워 취소사유에 불과하다고 본 고등법원 판례가 있다[서울고등법원 2019. 9. 26. 선고 2019 누 40194 판결(심리불속행 상고기각); 서울고등법원 2018. 2. 22. 선고 2017 누 77055 판결(확정)]. 한편 서울고등법원 2017 누 77055 판결의 제 1 심판결은 분양신청기간 연장을 개별통지할 의무가 없다고 보았다(서울행정법원 2017. 10. 13. 선고 2017 구합 50621 판결).

3. 【해설】 분양신청기간 종료 후 연장 가부

> 분양신청기간이 종료한 후 사업시행자가 임의로 추가 분양신청기간을 부여하고 그에 따른 추가분양신청을 기초로 관리처분계획을 수립한 것이 적법한지가 문제된다.
>
> 분양신청기간 연장은 분양신청기간이 경과되기 전에만 가능하고, 분양신청기간이 만료된 이후에 분양신청기간을 연장하는 것은 위법하다고 본 하급심판결이 있다(서울행정법원 2021. 4. 9. 선고 2020 구합 71123 판결: 확정)

4. 【법령】 전부개정 도시정비법 제 72 조(분양공고 및 분양신청)

> ② 제 1 항 제 3 호에 따른 분양신청기간은 통지한 날부터 30 일 이상 60 일 이내로 하여야 한다. 다만, 사업시행자는 제 74 조 제 1 항에 따른 관리처분계획의 수립에 지장이 없다고 판단하는 경우에는 분양신청기간을 20 일의 범위에서 한 차례만 연장할 수 있다.

5. 【법령】 전부개정법 시행령 제 59 조(분양신청의 절차 등)

> ③ 법 제 72 조 제 3 항에 따라 분양신청을 하려는 자는 제 2 항 제 2 호에 따른 분양신청서에 소유권의 내역을 분명하게 적고, 그 소유의 토지 및 건축물에 관한 등기부등본 또는 환지예정지증명원을 첨부하여 사업시행자에게 제출하여야 한다.
>
> 이 경우 우편의 방법으로 분양신청을 하는 때에는 제 1 항 제 3 호에 따른 분양신청기간 내에 발송된 것임을 증명할 수 있는 우편으로 하여야 한다.

> ⑤ 제 3 항에 따라 분양신청서를 받은 사업시행자는 「전자정부법」 제 36 조 제 1 항에 따른 행정정보의 공동이용을 통하여 첨부서류를 확인할 수 있는 경우에는 그 확인으로 첨부서류를 갈음하여야 한다.
>
> ☞ 전자정부법 제 36 조(행정정보의 효율적 관리 및 이용)
>
> ① 행정기관등의 장은 수집·보유하고 있는 행정정보를 필요로 하는 다른 행정기관등과 공동으로 이용하여야 하며, 다른 행정기관등으로부터 신뢰할 수 있는 행정정보를 제공받을 수 있는 경우에는 같은 내용의 정보를 따로 수집하여서는 아니 된다.

6. **【조례】 서울시 도시정비조례 제 32 조(분양신청의 절차 등)**

> ③ 법 제 72 조제 3 항에 따라 분양신청을 하고자 하는 자는 영 제 59 조제 2 항제 2 호에 따른 분양신청서에 다음 각 호의 서류를 첨부하여야 한다.
>
> 1. 종전의 토지 또는 건축물에 관한 소유권의 내역
> 2. 분양신청권리를 증명할 수 있는 서류
> 3. 법 제 2 조제 11 호 또는 이 조례에 따른 정관등에서 분양신청자격을 특별히 정한 경우 그 자격을 증명할 수 있는 서류
> 4. 분양예정 대지 또는 건축물 중 관리처분계획 기준의 범위에서 희망하는 대상·규모에 관한 의견서

B. [하급심판결] 분양신청기간 연장은 분양신청기간이 경과되기 전에만 가능하고, 분양신청기간이 만료된 이후에 분양신청기간을 연장하는 것은 위법해 ─서울행정법원 2021. 4. 9. 선고 2020 구합 71123 판결[관리처분계획일부취소](확정)

【당사자】

원고	A
피고	B 주택재개발정비사업조합

분양신청기간 내에 분양신청을 하지 않은 조합원은 분양신청기간 종료일 다음날에 조합원 지위를 상실하게 되므로(대법원 2010. 8. 19. 선고 2009 다 81203 판결 등 참조), 그 후 피고가 임의로 분양신청기간을 연장하더라도 이미 조합원의 지위가 상실된 자에 대하여 분양신청을 받는 것이어서 그 자체로 부적법한 것이고, 또한 분양대상 조합원에 해당하는지 여부 판정의 기준일은 '분양신청기간 만료일'이고, 이는 임의로 변경할 수 없는바(대법원 2002. 1. 22. 선고 2000 두 604 판결 참조), 피고가 임의로 분양신청기간을 연장하는 것은 그 자체로 분양대상 조합원에 해당하는지 여부의 판정기준일을 임의로 변경하는 것이어서 적

법하다고 보기 어려우므로, 결국 분양신청기간 연장은 분양신청기간이 경과되기 전에 적법한 절차를 거쳐 분양신청기간 연장결정을 하는 경우에 가능하고, 분양신청기간이 만료된 이후에 별도로 분양신청기간을 연장하는 것은 적법하다고 할 수 없다[따라서 분양신청기간이 경과됨으로써 이미 현금청산대상자가 되어 조합원의 지위를 상실한 자에게 별도로 분양신청의 기회를 주기 위해서는 조합 총회에서 그와 같은 현금청산대상자들에게 다시 조합원 지위를 부여하는 결의를 하여{다만 재개발조합 정관의 필요적 기재사항이자 엄격한 정관변경절차를 거쳐야 하는 '조합원의 자격'에 관한 사항에 해당하므로, 비록 그것이 정관변경에 대한 절차가 아니라 하더라도 특별다수의 동의요건을 규정하여 조합원들의 이익을 보호하려는 구 도시정비법 제40조 제3항, 제1항 제2호의 규정을 유추적용하여 조합원 3분의 2 이상의 동의가 필요하다(대법원 2012. 8. 23. 선고 2010두13463 판결 등 참조)}, 현금청산대상자들로 하여금 다시 조합원의 지위를 획득하게 한 이후에야, 별도로 그들에 대한 분양신청절차를 거칠 수 있다].

III. 여러 명을 대표하는 1명을 조합원으로 보는 경우의 분양신청

A. 개요

1. 【해설】여러 명을 대표하는 1명을 조합원으로 보는 경우

> 토지등소유자는 모두 조합원이 될 수 있는 것이 원칙이나, 다음의 어느 하나에 해당하는 경우에는 그 여러 명을 대표하는 1명을 조합원으로 본다(법 제39조 제1항).
>
> 1. 토지등의 소유권 또는 지상권이 여러 명의 공유에 속하는 때(제1호)
>
> 2. 여러 명의 토지등소유자가 1세대에 속하는 때(제2호)
>
> 3. 조합설립인가 후에 1명의 토지등소유자로부터 토지등의 소유권이나 지상권을 양수하여 여러 명이 소유하게 된 때(제3호)
>
> ☞ 이에 관한 자세한 내용은 돈.되.법 2 제3장 제1절 II. III.을 참조하세요.

2. 【해설】제2호와 제3호의 중첩적용

> 법 제39조 제1항 제2호(다물건세대의 1 조합원)와 제3호(다물건자와 양수인의 1 조합원)는 중첩적으로 적용된다.
>
> 따라서 1세대에 속한 여러 명의 세대원들이 여러 개의 다른 물건을 소유하고 있는 경우 그 중 한 세대원이 조합설립인가 후 1 물건을 매도한 때에도 그 매수인(갑)은 독자적인 조합원 자격을 갖지 못하고 해당 세대원 전원과 함께 그 중 대표자 1명만이 조합원으로 인정된다.

또한 예를 들어 1세대에 속하는 A와 B가 각각 '주택 a, b'와 '주택 c, d'를 소유하고 있다가, 조합설립 후에 A는 '주택 b'을 C에게 양도하고, B는 '주택 d'를 D에게 양도한 경우 「A, B, C, D」를 대표하는 1명만이 조합원이 될 수 있다. 이 경우 제2호만이 적용되어(즉, 중첩적용을 부정하여) C와 D는 A, B와 별도로 각각(즉 C, D 모두) 조합원이 될 수 있다고 본 고등법원 판결이 있었으나(서울고등법원 2022. 8. 18. 선고 2021누56376 판결. 같은 취지의 법제처 유권해석: 2012-12-26 12-0468), 대법원은 제2호와 제3호가 중첩적용되는 것으로 보고 「A, B, C, D」를 대표하는 1명만이 조합원이 될 수 있다고 보았다(대법원 2023. 6. 29. 선고 2022두56586 판결).

3. 【해설】 대표조합원 외 토지등소유자는 독자적 분양신청권 없음

(1) 도시정비법에서 분양신청권은 토지등소유자의 권리가 아니고 조합원의 권리이다. 따라서 법 제39조 제1항에 따라 「여러 명의 토지등소유자 중 대표자 1명만을 조합원으로 보는 경우」에는 그 대표조합원 1명만이 분양신청권을 가지며, 그 외 토지등소유자는 분양신청권이 없다(대법원 2023. 2. 23. 선고 2020두36724 판결).

(2) 이러한 경우 그 여러 명을 대표하는 1명의 대표조합원만이 아니라 그를 제외한 '나머지 토지등소유자'도 조합원 자격을 가지고 분양대상자가 된다고 본 판결과 그렇지 않다고 본 판결이 각각 광주고등법원과 서울고등법원에서 선고되어 확정된 적이 있었으나[광주고등법원 2020. 1. 23. 선고 2018누6446 판결(이 판결에 대하여는 피고조합은 상고하지 않고 원고 중 일부가 상고하여 심리불속행 기각됨. 대법원 2020. 5. 28. 선고 2020두35325 판결) 및 서울고등법원 2022. 9. 22. 선고 2022누34502 판결], 위 대법원 판례(2020두36724 판결)에 의하여 「1명의 대표조합원 외 나머지 토지등소유자는 분양대상자격이 없는 것」으로 정리되었다.

(3) 위 대법원판례가 나오기 전에도 법제처는 오래전부터 위와 같이 유권해석을 해왔고(법제처 10-0010, 2010. 2. 22.; 18-0591, 2019. 2. 20.; 19-0118, 2019. 3. 26. 등) 업계 관행도 위와 같았다.

4. 【해설】 분양받은 종후자산의 최종 귀속

위 경우 대표조합원은 여러 토지등소유자를 대표하여 분양신청권을 가지고, 대표조합원이 아닌 토지등소유자는 대표조합원을 통해 보유 지분에 해당하는 분양신청을 하는 것이다. 따라서 분양받은 건축물은 대표조합원과 나머지 토지등소유자가 권리가액의 비율로 공유한다(법제처 19-0118, 2019. 3. 26. 참조).

III. 여러 명을 대표하는 1명을 조합원으로 보는 경우의 분양신청

5. 【해설】 분양신청 방법: 반드시 대표조합원을 선임하고 대표자 명의로 분양신청 해야 함

(1) 법 제39조 제1항 각호에 해당하는 토지등소유자들이 분양신청을 하기 위해서는 ① 분양신청기간 종료일까지 대표조합원을 선임하여 조합에 신고하고, ② 그 대표자 명의로 분양신청을 하면서 분양신청서에 <u>대표자뿐 아니라 여러 명의 토지등소유자가 모두 성명을 기재하고, 서명·날인 등으로 분양신청의사를 확인하여야 한다.</u>

(2) <u>반드시 대표조합원선임동의서를 제출하고 대표조합원 명의로 분양신청을 하여야 하며, 여러 명의 토지등소유자 전원이 각자 분양신청서를 제출하는 것만으로는 적법한 분양신청이 아니다</u>(대법원 2023. 2. 23. 선고 2020두36724 판결). 조합설립동의의 경우는 공유자 각자가 동의서를 제출한 경우도 적법한 동의가 있는 것으로 보는 것(서울고등법원 2019. 7. 11. 선고 2018누66847 판결)과 다르다.

6. 【해설】 대표조합원 분양신청서 작성방법(대표자 외 토지등소유자의 분양신청서 첨부)

(1) 여러 명을 대표하는 1명의 조합원이 분양신청을 하는 경우 그 여러 명의 토지등소유자 모두가 각자 분양신청서를 작성하여 대표조합원의 분양신청서에 첨부하도록 하고 있다. 이러한 관행은 서울시조례 시행규칙에 첨부된 분양신청서에 첨부서류로 "수인이 1인의 분양대상자로 신청하는 경우에는 함께 신청하는 자의 분양신청서 각 1부"가 포함되어 있는 데 유래한다(서울시조례 시행규칙 제14조 및 별지 제24호 서식).

(2) 이와 관련하여 대법원은 "분양신청기간이 만료될 때까지 대표조합원을 선임하지 아니한 채 각자 단독 명의로 분양신청을 하고, 그 신청서에 <u>본인을 제외한 나머지 구분소유자들의 성명을 기재하거나 그들의 신청서를 첨부하지도 아니한 것은</u> 구 도시정비법 규정 및 피고의 정관 규정에 어긋나 <u>적법한 분양신청으로 볼 수 없다</u>"고 판시한 바 있다. 또한 "<u>분양신청기간 만료 후에 선임된 대표조합원의 추인이 있다고 하더라도</u> 그 대표조합원 단독 명의의 기존 분양신청(다른 구분소유자들의 성명을 기재하지도 않고 그들의 분양신청서를 첨부하지도 않은 분양신청)이 소급적으로 <u>유효로 될 수도 없다</u>"고 판시하였다. (이상 대법원 2023. 2. 23. 선고 2020두36724 판결 및 동 판결의 원심판결 부산고등법원 2020. 2. 12. 선고 2019누23845 판결.)

(3) 위 판례는 대표조합원 선임동의서가 제출되지 않은 상태에서 여러 명의 토지등소유자 각자가 분양신청를 제출한 경우에 관한 것이므로, 위 판례가 「적법하게 선임된 대표조합원이 제출한 분양신청서도 다른 여러 명의 토지등소유자 전원의 각 분양신청서가 첨부되지 않으면 유효한 분양신청이 아니다」고 판시한 것이라고 단정하기는 어려우나, 대표조합원이 분양신청을 할 때에는 분양신청서에 안내되어 있는 대로 <u>대표조합원 외 나머지 수인의 토지등소유자 모두가 분양신청서를 작성해서 대표조합원의 분양신청서에 첨부, 제출함으로써 문제가 발생하지 않도록 하여야 한다.</u>

7. 【해설】대표자 외 토지등소유자의 분양신청서를 첨부하지 않은 분양신청의 효력 (사견)

(1) 대표조합원이 다른 여러 명의 협조를 받지 못해 대표조합원 단독 명의로 분양신청서를 제출한 경우에는 적법한 분양신청으로 인정받지 못할 가능성이 높다(위 대법원 판례들 참조).

그러나 그러한 분양신청을 무효로 처리하여 대표조합원까지 현금청산대상자로 보는 것은 ① 대표조합원을 통해서만 조합원의 권리를 행사하도록 한 제도의 취지에 반하고, ② 대표조합원의 재산권을 침해하는 해석으로서 타당하지 않다고 생각한다. 법 제39조 제1항은 "그 여러 명을 <u>대표하는 1명을 조합원으로 본다</u>"고 규정하고, 정관에도 '대표자 외 여러 명의 토지등소유자가 모두 성명을 기재하고 분양신청의사를 확인하여야 한다'는 규정은 없기 때문이다.

(2) 따라서 다른 여러 명의 협조를 받지 못해 대표조합원 단독 명의로 한 분양신청도 적법한 분양신청이라고 보는 것이 타당하며, 다만, 이 경우 분양받은 토지/건축물 중 분양신청에 협조하지 않은 나머지 여러 명의 지분에 해당하는 지분은 사업시행자에게 귀속된다고 보는 것이 타당하다고 생각한다.

(3) 참조할 만한 하급심판례로, ①「조합이 관계 법령이나 정관에서도 정하지 않은 대표조합원 외 나머지 공동분양대상자에 대한 계약금 입금증, 인감증명서, 주민등록등본, 인감도장, 신분증 등을 제출하도록 요구한 후 대표조합원이 위 서류들을 갖추지 못한 채 분양계약 체결에 임하였다고 하여 이를 분양계약 체결의무를 위반한 것이라고 평가하는 것은 부당하며, 따라서 이 경우 분양계약 체결기간이 도과되었더라도, 관리처분계획에서 정해진 대로 소외 공동분양대상자와 함께 공동수분양권자의 지위에 있다」고 판시한 것과(서울행정법원 2021. 9. 10. 선고 2019 구합 78425 판결. ☞ 아래 제2장 제7절 VIII. 참조). ② 토지 공유자 중 일부(H, J)가 사업구역 내 다른 토지등을 소유하여 그(H, J)의 공유지분이 다른 토지등에 합산되면서 H, J가 단독 조합원 자격을 부여받은 경우, 나머지 공유자(원고)에게 분양신청권을 인정하고, 다만, H, J의 지분에 해당하는 지분은 사업시행자에게 귀속된다고 본 사례가 있다(서울행정법원 2009. 9. 24. 선고 2009 구합 10727 판결. ☞ 아래 제3장 제6절 II. 참조).

8. 【해설】수인의 조합원이 1인의 분양대상자가 될 의사로 한 분양신청의 효력

위 경우들과는 반대로, 수인의 조합원이 1인의 분양대상자가 될 의사로 분양신청을 할 수 있는지가 문제된다.

이러한 분양신청도 적법하고, 그러한 분양신청에 따라 수인의 조합원을 1인의 분양대상자로 분류한 관리처분계획 역시 적법하다고 본 하급심판례가 있다. 이 판결은 '종전자산 평가액이 종후자산 평가액에 현저히 미치지 못하는 경우 수인의 조합원들

III. 여러 명을 대표하는 1명을 조합원으로 보는 경우의 분양신청

이 1인의 분양대상자가 되어서라도 분양신청을 할 유인이 충분히 존재한다'는 점 등을 근거로 들었다(서울행정법원 2019. 12. 18. 선고 2019구합63089 판결).

B. ① 조합설립인가 후 1인의 토지등소유자로부터 토지등의 소유권을 양수하여 수인이 소유하게 된 경우에는 원칙적으로 그 전원이 1인의 조합원으로서 1인의 분양대상자 지위를 가진다; ② 제1심 공동원고 ○○○가 집합건물 중 13세대를 소유하다가, 조합설립인가 후 그 중 12세대를 원고 등 12인에게 양도한 사안에서, 위 ○○○과 원고 등 12인은 1인의 조합원 지위에서 1인의 분양대상자 지위를 가진다고 본 사례 —대법원 2023. 2. 23. 선고 2020두36724 판결[아파트수분양권확인등]

【당사자】

원고, 상고인	원고
피고, 피상고인	온천4구역 주택재개발정비사업조합

이와 같은 구 도시정비법의 규정 내용과 취지, 체계 등을 종합하여 보면, 주택재개발사업 조합설립인가 후 1인의 토지등소유자로부터 정비구역 안에 소재한 토지 또는 건축물의 소유권을 양수하여 수인이 소유하게 된 경우에는 원칙적으로 그 전원이 1인의 조합원으로서 1인의 분양대상자 지위를 가진다고 보아야 한다.

원심은, 제1심 공동원고 ○○○은 이 사건 정비사업 구역 내 부산 동래구 (주소 생략) 집합건물 중 13세대를 소유하다가, 피고의 조합설립인가 후 그중 12세대의 소유권을 원고 등 12인에게 양도한 사실을 인정한 다음, 위 ○○○과 원고 등 12인은 1인의 조합원 지위에서 1인의 분양대상자 지위를 가진다고 판단하였다.

앞서 본 법리에 비추어 살펴보면, 원심의 판단은 정당하고, 거기에 상고이유 주장과 같이 분양대상자의 판단기준에 관한 법리를 오해하는 등으로 판결에 영향을 미친 잘못이 없다.

C. ① 분양신청기간 만료시까지 대표조합원을 선임하지 않은 채 각자 단독 명의로 분양신청을 하고, 그 신청서에 나머지 구분소유자들의 성명을 기재하거나 그들의 신청서를 첨부하지도 않은 것은 적법한 분양신청으로 볼 수 없어; ② 분양신청기간 만료 후에 대표조합원을 선임했더라도 마찬가지임 —대법원 2023. 2. 23. 선고 2020두36724 판결[아파트수분양권확인등]

원심은 판시와 같은 이유로, 이 사건 주택의 구분소유자들이 분양신청기간이 만료될 때까지 대표조합원을 선임하지 아니한 채 각자 단독 명의로 분양신청을 하고, 그 신청서에 본인을 제외한 나머지 구분소유자들의 성명을 기재하거나 그들의 신청서를 첨부하지도 아니

제 2 장 분양 / 제 2 절 분양신청

한 것은 구 도시정비법 규정 및 피고의 정관 규정에 어긋나 적법한 분양신청으로 볼 수 없고, 분양신청기간이 만료된 후 이 사건 관리처분계획의 효력을 다투는 이 사건 소송계속 중 원심 선정자 △△△을 대표조합원으로 선임하였다고 하여 이와 달리 볼 수는 없으므로, 이 사건 주택의 구분소유자들은 모두 현금청산대상자가 된다고 판단하였다.

관련 법리와 기록에 비추어 살펴보면, 이러한 원심의 판단에 상고이유 주장과 같이 법리를 오해하여 판결에 영향을 미친 잘못이 없다.

D. [위 판례의 원심판결] ① 대표조합원을 선임하지 않은 채 각자 단독 명의로 분양신청을 한 것은 적법한 분양신청 아니야; ② 분양신청기간 만료 후에 선임된 대표조합원이 추인을 했더라도, 그 대표조합원 단독 명의의 기존 분양신청(다른 구분소유자들의 성명을 기재하지 않고 그들의 분양신청서를 첨부하지도 않은 분양신청)이 소급적으로 유효해질 수 없어 — 부산고등법원 2020. 2. 12. 선고 2019 누 23845 판결[아파트수분양권확인등]

【당사자】

원고, 상고인	원고
피고, 피상고인	온천 4 구역 주택재개발정비사업조합

1. 분양신청기간 내에 분양신청에 관련된 소송을 제기했어도 현금청산대상자가 됨

위 각 규정 및 분양신청자가 분양신청기간 내에 분양신청의 효력 등을 다투는 취지의 소송을 제기하였다는 사정만으로 분양신청기간 만료 후에도 계속하여 분양신청을 할 수 있다고 본다면 당해 정비사업의 진행에 현저한 지장을 초래하고 조합원들의 권리관계에도 큰 혼란을 초래할 우려가 있는 점 등에 비추어 보면, 분양신청자가 분양신청기간 내에 분양신청에 관련된 소송을 제기하였는지 여부와 관계없이 사업시행자가 통지한 분양신청기간의 만료일까지 적법한 분양신청을 하지 아니한 조합원은 모두 현금청산대상자가 된다고 봄이 타당하다.

2. 수인이 1 인의 분양대상자로 신청하는 경우 분양신청서 작성 방법

한편, 피고 조합의 정관 제 9 조 제 4 항은 '조합설립인가 후 1 인의 토지등소유자로부터 토지 또는 건축물의 소유권이나 지상권을 양수하여 수인이 소유하게 된 때에는 그 수인을 대표하는 1 인을 조합원으로 본다. 이 경우 그 수인은 대표자 1 인을 대표조합원으로 지정하고 별지의 대표조합원 선임동의서를 작성하여 조합에 신고하여야 하며, 조합원으로서의 법률행위는 그 대표조합원이 행한다.'라고 규정하고 있고, 이 사건 주택의 구분소유자들이 피고 조합에게 제출한 분양신청서에 의하면, 수인이 1 인의 분양대상자로 신청하는 경우 위

III. 여러 명을 대표하는 1명을 조합원으로 보는 경우의 분양신청

신청서에 함께 신청하는 자의 성명을 기재하고 함께 신청하는 자의 분양신청서도 첨부하도록 되어 있다.

이 사건에 돌아와 보건대, 이 사건 주택의 구분소유자들은 피고 조합의 설립인가 후 1인의 토지소유자로부터 위 각 부동산을 양수하여 수인이 소유하게 된 때에 해당하므로, 이 사건 주택의 구분소유자들로서는 피고 조합이 연장한 분양신청기간의 말일인 2017. 9. 25.까지 대표조합원을 선임하여 피고 조합에게 신고하고 위 대표자 1인의 명의로 피고 조합에게 분양신청을 하면서 그 신청서에 위 대표자 외의 나머지 이 사건 주택의 구분소유자들의 성명을 기재하고 그들의 분양신청서까지 첨부하였어야 한다.

그럼에도 이 사건 주택의 구분소유자들은 분양신청기간이 만료될 때까지 대표조합원을 선임하지 아니한 채 각자 단독 명의로 분양신청을 하였을 뿐이고, 그 신청서에 신청자 본인을 제외한 나머지 이 사건 주택의 구분소유자들의 성명을 기재하거나 그들의 신청서를 첨부하지도 아니하였는바, 이러한 분양신청은 수인이 1인의 분양대상자로 신청하는 경우에 관한 구 도시정비법 규정 및 피고 조합의 정관 규정에 위반되는 것이므로 그 자체로 유효한 분양신청이 될 수 없을 뿐만 아니라, 분양신청기간 만료 후에 선임된 대표조합원의 추인이 있다고 하더라도 그 대표조합원의 단독 명의의 기존 분양신청(다른 구분소유자들의 성명을 기재하지도 않고 그들의 분양신청서를 첨부하지도 아니한 분양신청)이 소급적으로 유효로 될 수도 없다 할 것이다.

E. ★ 투자 Tip – 조합설립인가 후 매매계약의 특약사항

> (1) 조합설립 후에 정비구역 내 토지등을 매수할 때에는 법 제39조 제1항 제2, 3호에 따라 조합원 지위를 취득하지 못하는 경우가 발생하지 않도록 매매계약서에 다음과 같은 특약사항을 두어야 한다.
>
> 【매수인을 위한 특약사항】
>
> ① 매도인은 ○○정비사업조합의 조합원으로서 이를 매수인에게 온전히 승계해 주기로 하며 다음 각호의 사항을 확인한다.
>
> 　　1. 본 부동산은 조합원지위 승계대상 물건이며 ○○○재개발정비사업조합의 분양대상자 물건임
>
> 　　2. 매도인 및 매도인의 동일 세대 내 모든 세대원이 해당 정비사업 구역 내에 다른 토지 또는 건축물을 소유하거나 지상권을 보유하고 있지 않음
>
> 　　3. 매도인은 그 외 분양대상 제외사유가 없음

> ② 본 계약 체결 후 매도인이 제1항을 위반하거나 그 밖의 사유로 매수인이 독립한 조합원 지위를 취득하지 못하거나 분양신청권을 갖지 못하게 되는 경우 매수인은 최고 없이 본 계약을 해제할 수 있다.
>
> ③ < 손해배상조항 >
>
> 　　예 1: "제2항의 경우 매도인은 매수인에게 계약금 배액에 해당하는 위약금 기타 매수인이 본 계약을 위하여 지출한 비용을 모두 배상하여야 한다."
>
> 　　예 2: "제2항에 따라 매매계약을 해제할 경우 손해배상액은 매수인이 독립한 조합원 지위를 취득하지 못하거나 분양신청권을 갖지 못한 이유가 매도인이 다물건자이기 때문인 경우에는 ○○○원으로 하고(이는 전적으로 매도인 귀책이므로 위약금을 높게 책정한다), 그 밖의 사유 때문인 경우에는 손해배상 없이 원상회복한다.
>
> (2) 한편 매도인이라면 다음과 같은 특약문구를 써서 손해배상책임을 피할 수 있다: "매수인이 입주권을 취득하지 못할 시 매매계약을 무효로 하고 원상회복한다."

IV. 투기과열지구 내 정비사업 수분양자의 5년간 분양신청 금지

A. 개요

1. 【해설】 투기과열지구 내 정비사업 수분양자(조합원분양+일반분양)의 조합원분양 금지

> (1) <u>2017. 10. 24.</u> 이후 투기과열지구 내 정비사업(가로주택정비사업 제외)에서 <u>조합원분양 또는 일반분양의 분양대상자로 선정된 사람은</u> 분양대상자 <u>선정일부터 5년 동안 투기과열지구 내 정비사업에서 조합원분양 신청을 할 수 없다</u>(법 제72조 제6항; 구법 제46조 제3항). 이 규정에 따라 분양신청을 할 수 없는 사람은 현금청산 대상이 된다(법 제73조 제1항 제3호).
>
> (2) 이 규정은 2017. 2. 8. 전부개정법(법률 제14567호) 공포 후 시행(2018. 2. 9.) 전인 2017. 10. 24.에 정부의 8·2 부동산대책에 따라 구법 제46조 제3항 및 전부개정법 제72조 제6항으로 신설되어 ① <u>구법 제46조 제3항은 공포 즉시 시행되었고</u> ② 전부개정법 제72조 제6항은 전부개정법 시행일에 맞추어 2018. 2. 9.부터 시행되었다.
>
> 그래서, 투기과열지구 내 수분양자의 5년간 조합원분양신청 금지는 ① 2017. 10. 24.부터 2018. 2. 8.까지는 구법 제46조 제3항에 의하여 규율되었고, ② 2018. 2. 9.(전부개정법 시행일) 이후 지금까지는 전부개정법 제72조 제6항에 의하여 규율되고 있다.

IV. 투기과열지구 내 정비사업 수분양자의 5년간 분양신청 금지

> (3) 한편 이 제도의 실효성을 확보하기 위하여 구청장으로 하여금 관리처분계획인가일 당시 입주대상자로 확정된 조합원명단을 「주택공급에 관한 규칙」 제57조에 따라 전산관리지정기관(한국부동산원)에 통보하도록 하였다(서울시 도시정비조례 제62조 제4항).

2. 【해설】 2017. 10. 24. 재개발조합원 지위승계 제한과 함께 신설됨

> 이 조항은 8·2 부동산대책에 따라 2017. 10. 24. 「투기과열지구 내 주택재개발사업 및 도시환경정비사업에서의 관리처분계획 인가 후 조합원 지위 승계 제한 조항」(구법 제19조 제2항; 전부개정법 제39조 제2항)과 함께 신설된 조항이다.
>
> 재개발조합원 지위승계 제한 규정은 공포 후 3개월 뒤(2018. 1. 25.)부터 시행되었다.

3. 【법령】 전부개정 도시정비법 제72조(분양공고 및 분양신청)

> ⑥ 제3항부터 제5항까지의 규정에도 불구하고 투기과열지구의 정비사업에서 제74조에 따른 관리처분계획에 따라 같은 조 제1항 제2호[☞ 조합원분양분] 또는 제1항 제4호 가목[☞ 일반분양분]의 분양대상자 및 그 세대에 속한 자는 분양대상자 선정일(조합원 분양분의 분양대상자는 최초 관리처분계획 인가일을 말한다)부터 5년 이내에는 투기과열지구에서 제3항부터 제5항까지의 규정에 따른 분양신청[☞ 조합원분양신청을 말함]을 할 수 없다. 다만, 상속, 결혼, 이혼으로 조합원 자격을 취득한 경우에는 분양신청을 할 수 있다. <신설 2017. 10. 24.>

> ☞ 부칙 <법률 제14943호, 2017. 10. 24.>
>
> 제1조(시행일) 이 법은 공포한 날부터 시행한다. 다만, 제48조 제2항 제7호의 개정규정은 2017년 11월 10일부터 시행하고, 제19조 제2항의 개정규정은 공포 후 3개월이 경과한 날부터 시행하며, 법률 제14567호 도시 및 주거환경정비법 전부개정법률 제39조 제2항, 제72조 제6항, 제73조 제1항 및 제76조 제1항의 개정규정은 2018년 2월 9일부터 시행한다.

4. 【구법령】 구 도시정비법 제46조(분양공고 및 분양신청)

> ③ 제2항에도 불구하고 투기과열지구에서의 정비사업(가로주택정비사업은 제외한다. 이하 이 항에서 같다)에서 제48조에 따른 관리처분계획에 따라 같은 조 제1항 제3호 가목[☞ 조합원분양분] 또는 나목[☞ 일반분양분]의 분양대상자 및 그 세대에 속한 자는 분양대상자 선정일(조합원 분양분 분양대상자는 최초 관리처분계획 인가일을 말한다)부터 5년 이내에는 투기과열지구에서 분양신청을 할 수 없다. 다만, 상속, 결혼,

이혼으로 조합원 자격을 취득한 경우에는 분양신청을 할 수 있다. <신설 2017. 10. 24.>

☞ 전부개정법 제 72 조 제 6 항과 동일한 내용임

☞ 부칙 <제 14943 호, 2017. 10. 24.>

제 1 조(시행일) 이 법은 공포한 날부터 시행한다.

5. 【해설】 5 년의 계산: 기산일은 최초 관리처분계획인가일, 만료일은 분양신청기간만료일

(1) 기산일: 분양대상자로 선정된 날은 a) 일반분양분은 당첨자 발표일이고, b) 조합원분양분은 '최초 관리처분계획 인가일'이다. 즉, 조합원분양의 당첨일은 최초 관리처분계획 인가일이다.

투기과열지구로 지정된 이후에 분양대상자로 선정된 경우에만 분양신청권이 제한되므로, 최초 관리처분계획 인가일이 투기과열지구로 지정된 날보다 빠르면 조합원분양신청이 제한되지 않는다.

(2) 만료일은 조합원 분양신청기간 만료일이다. 즉, '분양대상자 선정일부터 5 년 이내인지' 여부는 실제 분양신청일이 아니라 분양신청기간 만료일을 기준으로 계산한다.

6. 【해설】 전 세대원의 분양신청이 금지됨

조합원분양 또는 일반분양을 받은 본인만이 아니라 그와 같은 세대에 있는 모든 사람의 분양신청이 금지된다.

따라서 투기과열지구 내 정비구역에서 조합원분양 혹은 일반분양을 받으려는 사람은 분양신청 전에 미리 세대분리를 해놓아야 5 년 내 재분양신청이 금지되지 않는다.

7. 【해설】 주택법령에 의한 '재당첨 제한'은 전혀 별개 규제임

투기과열지구에서 공급되는 주택 등에 당첨된 자의 세대에 속한 자는 '재당첨 제한기간' 동안 다른 분양주택(분양전환공공임대주택을 포함하되, 투기과열지구 및 청약과열지역이 아닌 지역에서 공급되는 민영주택은 제외함)의 입주자로 선정될 수 없는데(「주택공급에 관한 규칙」 제 54 조 제 1 항), 이것이 '주택법령에 따른 재당첨 제한'이다. '재당첨 제한기간'은 당첨된 주택의 종류에 따라 1 년 ~ 10 년이다(규칙 제 54 조 제 2 항).

「도시정비법」 제 72 조 제 6 항에 따른 조합원분양신청권 제한」과 「주택법령에 따른 재당첨 제한」은 전혀 별개의 규제이다.

IV. 투기과열지구 내 정비사업 수분양자의 5년간 분양신청 금지

☞ 주택법에 따른 재당첨 제한에 관한 자세한 내용은 아래 제3장 제8절 III. 참조

B. 적용범위 (FAQ)

1. 1, 2차 분양 모두 투기과열지구 내 정비사업에서 이루어지는 경우만 적용됨

1차 분양과 2차 분양이 모두 투기과열지구 내 정비사업에서 이루어지는 경우에만 적용된다. 따라서 둘 중의 어느 하나가 투기과열지구 내 정비사업이 아니면 조합원분양신청이 제한되지 않는다.

2. 분양신청이 금지되는 자: 조합원분양 및 일반분양 당첨자

분양신청이 금지되는 자는 투기과열지구의 정비사업에서 조합원분양분 또는 일반분양분의 분양대상자로 선정된 사람이다.

(1) 조합원분양의 분양대상자로 선정되었는지 여부는 인가된 관리처분계획에 분양대상자로 기재되어 있는지 여부로 판단한다.

(2) 일반분양의 경우는 정비사업의 일반분양에서 청약절차를 통해 수분양자로 선정된 사람만 해당된다. 따라서 ① '정비사업의 일반분양'이 아니라 주택법에 따른 일반청약에서 당첨된 사람과 ② '정비사업 일반분양'이라도 청약절차를 거치지 않고 미분양분을 임의매수하는 사람은 적용 대상이 아니다. 또한 ③ 정비사업 일반분양의 사전청약에 당첨된 후 예비당첨자 지위를 포기하고 일반분양을 받지 않은 사람도 적용 대상이 아니다.

3. 금지되는 행위: 조합원분양신청

법 제72조 제6항에 의해서 금지되는 것은 조합원분양신청만이다. 관리처분계획 인가 후에 조합원입주권을 매수하거나, 일반분양신청을 하는 것은 이 조항과 무관하다.

4. 분양신청이 금지된 자로부터 토지등을 양수한 사람은 분양신청권 있음

투기과열지구 내 정비사업에서 <u>관리처분계획인가 후</u> 조합원입주권을 매수하였거나, 일반분양 수분양자의 지위를 승계(전매수)한 자는 자신이 직접 분양대상자로 선정(당첨)된 것이 아니므로 조합원분양신청이 제한되지 않는다(국토교통부 주택정비과 2018.12.04. 유권해석).

예컨대, 투기과열지구 내 다른 정비사업장(A 구역)에서 5년 이내에 분양대상자로 선정되어 B 구역에서 조합원분양 신청을 할 수 없게 된 토지등소유자(K)로부터 B 구역

제 2 장 분양 / 제 2 절 분양신청

> 내 토지등을 양수한 사람은 [B 구역에서 '조합원지위 승계 제한'(법 제 39 조 제 2 항)에 걸리지 않는 한] K 의 B 구역 조합원지위를 승계하여 분양신청을 할 수 있다.

5. 이 규정이 적용되는 분양대상 물건: 모든 대지 또는 건축물(용도 불문)

> 이 규정이 적용되는 분양대상 물건은 1, 2 차 분양 모두 모든 대지와 건축물이며, 그 용도를 묻지 않는다.
>
> 따라서 투기과열지구 내 정비사업에서 주택이 아닌 상가나 오피스텔을 분양받은 조합원도 투기과열지구 정비사업에서 5 년 내에 (상가나 오피스텔도) 조합원분양신청을 할 수 없다(국토교통부 주택정비과 2018. 12. 4. 해석).

6. 소규모주택정비사업에는 적용되지 않음

> 구법 제 46 조 제 3 항은 처음부터 가로주택정비사업을 적용대상에서 제외했고, 전부개정법과 동시에 시행된 소규모주택정비법에는 전부개정법 제 72 조 제 6 항을 준용하는 규정이 없다. 따라서 <u>소규모주택정비사업</u>(가로주택정비사업·소규모재건축사업·소규모재개발사업)<u>에는 이러한 제한이 없다</u>.
>
> 그러므로 ① 투기과열지구 내 소규모주택정비사업에서 조합원분양 또는 일반분양을 받은 사람도 5 년 이내 투기과열지구 내 정비사업(재개발·재건축사업) 또는 소규모주택정비사업에서 조합원분양신청을 할 수 있고, ② 투기과열지구 내 정비사업에서 조합원분양/일반분양을 받은 사람도 5 년 이내 투기과열지구 내 소규모주택정비사업에서 조합원분양신청을 할 수 있다.
>
> ☞ 「주택법령에 따른 재당첨 제한」은 가로주택정비사업 또는 소규모재건축사업에서 조합원분양을 받은 사람에게도 적용되는바, 이에 관하여는 아래에서 본다.

7. 시장정비사업에는 적용됨

> 시장정비사업과 관련하여 전통시장법에서 정하지 않은 사항은 도시정비법 중 재개발사업에 관한 규정을 준용하므로(전통시장법 제 4 조 제 1 항), 투기과열지구 내 시장정비사업에서 조합원분양 또는 일반분양의 분양대상자로 선정된 사람은 5 년 내 투기과열지구 내 정비사업에서 조합원분양신청을 할 수 없다(그 반대도 마찬가지이다).

8. ★ 투자 Tip – 분양신청금지에 걸린 조합원의 투자법

> (1) A 와 B 두 개의 투기과열지구 내 정비사업장에서 토지등을 소유한 조합원이 A 사업장에서 관리처분계획인가가 나서 재분양신청금지에 걸리면, (분양신청이 금지된 조합원으로부터 토지등을 양수한 사람은 분양신청이 금지되지 않으므로) B 사업장에

IV. 투기과열지구 내 정비사업 수분양자의 5년간 분양신청 금지

서 토지등을 처분해서 그때까지의 개발이익을 실현할 수 있다. 이 경우 매매계약을 체결할 때에는 B 사업장의 토지등 매수인이 분양신청기간 내에 소유권이전등기를 마치고 분양신청을 할 수 있도록 해주어야 한다.

(2) 그 뒤 5년 이후에 관리처분계획인가가 날 것으로 예상되는 초기단계 정비구역의 물건을 매수하면 다시 조합원분양신청을 할 수 있다.

C. 재분양신청을 할 수 있는 경우 및 그 예외사유

1. 【해설】상속·결혼·이혼으로 조합원 자격을 취득한 경우는 재분양신청 가능

상속·결혼·이혼으로 투기과열지구 내 정비사업에서 조합원 자격을 취득한 경우에는 5년 이내에 투기과열지구 내 다른 정비사업장에서 조합원분양 또는 일반분양을 받은 적이 있더라도 다시 조합원분양신청을 할 수 있다(법 제72조 제6항 단서).

다만, 여기서 "상속, 결혼, 이혼으로 조합원 자격을 취득한 경우"는 2차 분양신청과 관련한 취득을 말한다는 점에 유의하여야 한다. 즉, 투기과열지구 내 정비사업에서 상속, 결혼, 이혼으로 조합원 자격을 취득하여 조합원분양을 받은 자는 5년 이내에 투기과열지구 내 다른 정비사업장에서 조합원분양신청을 할 수 없다.

2. 【경과규정】부칙 제4조(투기과열지구 내 분양신청 제한에 관한 경과조치)

<법률 제14943호, 2017. 10. 24.>

제4조(투기과열지구 내 분양신청 제한에 관한 경과조치) 이 법 시행 전에 투기과열지구의 토지등소유자는 제46조 제3항의 개정규정에도 불구하고 종전의 규정을 적용한다. 다만, 다음 각 호의 어느 하나에 해당하는 경우에는 그러하지 아니하다.

  1. 토지등소유자와 그 세대에 속하는 자가 이 법 시행 후 투기과열지구의 정비사업 구역에 소재한 토지 또는 건축물을 취득하여 해당 정비사업의 관리처분계획에 따라 제48조 제1항 제3호 가목[☞ 조합원분양분]의 분양대상자로 선정된 경우

  2. 토지등소유자와 그 세대에 속하는 자가 이 법 시행 후 투기과열지구의 정비사업의 관리처분계획에 따라 제48조 제1항 제3호 나목[☞ 일반분양분]의 분양대상자로 선정된 경우

3. 【해설】2017.10.24. 전 취득자는 재분양신청 가능(2017.10.24. 개정법 부칙 §4)

2017. 10. 24. 전부터 투기과열지구 내 토지등소유자였던 사람은 개정규정을 적용받지 않는다. 따라서 2017. 10. 24. 전부터 투기과열지구 내 정비사업(B)의 토지등소유자였던 사람은 5년 이내에 투기과열지구 내 다른 정비사업(A)에서 분양대상자로 선정된

적이 없었다 하더라도 해당 정비사업(B)에서 종전 규정에 따라 조합원분양신청을 할 수 있다(동 부칙 제4조 본문).

그러나 같은 조 단서 제1, 2호의 예외사유에 해당하는 경우는 다시 개정규정이 적용되어 분양신청을 할 수 없다(아래 해설 참조).

4. **【경과조치의 예외】** 위 경과조치의 예외사유 (2017.10.24. 개정법 부칙 §4 단서)

아래 1, 2호 중 하나에 해당하는 경우에는, 해당 토지등소유자와 그 세대원은 2017. 10. 24. 전부터 투기과열지구 내 토지등소유자였더라도 5년 이내에 조합원분양 신청을 할 수 없다(동 부칙 제4조 단서 1, 2호).

< 제1호 > "토지등소유자 또는 그 세대원이 **2017. 10. 24. 이후 투기과열지구의 정비사업구역에 소재한 토지 또는 건축물을 취득하여** 조합원분양분 의 분양대상자로 선정된 경우"

즉, 해당 토지등소유자 또는 그 세대원이 '2017. 10. 24. 이후 투기과열지구의 정비사업구역(A 구역) 내에서 토지등을 새로 취득하여' 조합원분양을 받은 경우에는, 투기과열지구인 다른 정비사업구역(B 구역)에서 2017. 10. 24. 전부터 토지등소유자였더라도 B 구역에서 조합원분양 신청을 할 수 없다.

이 경우 만일 A 구역에서도 2017. 10. 24. 전부터 토지등소유자였다면 제1호의 예외사유에 해당하지 않으므로 B 구역에서 조합원 분양신청을 할 수 있다.

< 제2호 > "토지등소유자 또는 그 세대원이 **2017. 10. 24. 이후 투기과열지구의 정비사업에서** 일반분양분 의 분양대상자로 선정된 경우"

2017. 10. 24. 이후 투기과열지구의 정비사업(A 구역)에서 일반분양에 당첨된 사람은 투기과열지구의 다른 정비사업(B 구역)에서 2017. 10. 24. 전부터 토지등소유자였더라도 조합원분양신청을 할 수 없다.

< 요약 >

투기과열지구 내 정비사업(B 구역)에서 2017. 10. 24. 전부터 토지등소유자였더라도, i) 2017. 10. 24. 이후 투기과열지구 정비사업구역(A 구역)에 소재한 토지/건축물을 취득하여 조합원분양을 받았거나(제1호) ii) 2017. 10. 24. 이후 투기과열지구의 정비사업(A 구역)에서 일반분양에 당첨된 경우(제2호)에는 B 구역에서 조합원분양신청을 할 수 없다. '토지등소유자의 세대원'이 분양대상자로 선정된 경우도 마찬가지이다.

2017. 10. 24. 전부터 투기과열지구 내 2개의 정비사업구역에서 토지등소유자였던 사람은 위 1, 2호에 해당하지 않는 한 두 정비사업에서 모두 조합원분양 신청을 할 수 있다.

I. 조합설립인가 무효/취소로 인한 재분양신청

D. ★ 투자 Tip – 매수 후 재분양신청

> 분양신청 이후 프리미엄은 분양신청 평수에 비례해서 올라간다. 그런데 분양신청기간 종료 전에는 평형을 변경하여 다시 신청할 수 있으므로, 작은 평수를 신청한 조합원의 매물을 저렴하게 매수한 뒤 평형을 증가하여 다시 분양신청을 할 수가 있다.
>
> 분양신청기간 종료 전에 매매잔금을 치를 형편이 안 되는 경우에는 매도인이 평형을 올려서 다시 분양신청하는 것을 매매계약의 조건으로 하는 것도 고려해 볼 수 있다.

제3절 분양신청 종료 후 재분양신청 문제

I. 조합설립인가 무효/취소로 인한 재분양신청

A. 【해설】조합설립인가가 무효/취소되어도 분양신청절차를 다시 진행하지 않아도 되는 경우

> 조합설립인가처분이 무효이거나 취소된 경우에는 새로운 조합설립인가 및 사업시행계획인가를 거쳐 분양신청 절차를 다시 진행한 후 그 분양신청 결과를 토대로 다시 관리처분계획을 수립해야 한다.
>
> 다만, 조합설립인가처분이 무효이거나 취소되었어도, 아래 ①, ②, ③의 요건을 모두 갖추면, 분양신청 절차를 다시 진행하지 않고 종전 분양신청을 기초로 새로운 관리처분계획을 수립했더라도 예외적으로 새 관리처분계획 수립 당시의 분양신청 현황을 기초로 관리처분계획을 수립했다고 평가할 수 있으므로 적법하다고 본 대법원 판례가 있다: ① 새로운 사업시행계획과 종전 사업시행계획 사이에 실질적으로 변경된 내용이 없을 것; ② 두 사업시행계획 인가일 사이의 시간적 간격이 지나치게 크지 않을 것; ③ 종전 분양신청자 중 분양신청을 철회·변경하겠다거나 새롭게 분양신청을 희망한다는 의사를 밝힌 사람이 없을 것. (대법원 2016. 12. 15. 선고 2015두51309 판결)

B. ① 조합설립인가처분이 무효/취소되면 관리처분계획도 소급하여 효력을 상실하므로; ② 조합은 새로 조합설립인가처분을 받은 후 다시 관리처분계획인가를 받아야 하고; ③ 이때 조합은 분양통지·공고 절차를 다시 밟거나, 분양신청 대상자들(종전 분양신청 절차에서 분양신청을 하지 않았지만 조합원 지위를 상실하지 않은 자를 포함)의 분양신청 의사를 개별적으로 확인하여 새 관리처분계획을 수립하여야 한다; ④ 조합이 이런 절차를 밟지 않고 종전 분양신청 현황에 따라 새 관리처분계획을 수립한 것은 위법함; ④ 이런 경우 예외적으로 종전 분양신청 현황을 기초로 새 관리처분계획을 수립하기 위한 요건: a) 사업시행계획에 실질적 변동이 없고, b) 두 사업시행계획 인가일 사이의 시간적 간격이 지나치게 크지 않으며, c) 종전 분양신청자 중 분양신청을 철회·변경하겠다거나 새롭게 분양신청을 희망한

제2장 분양 / 제3절 분양신청 종료 후 재분양신청 문제

다는 의사를 밝힌 사람이 없을 것; ⑤ 이 사건은 위 예외의 경우에 해당하므로 원고들은 여전히 분양계약 미체결에 따른 현금청산자이고, 원고들에 대한 수용재결은 적법하다고 본 사례 ―대법원 2016. 12. 15. 선고 2015두51309 판결[수용재결취소등]

【당사자】

[원 고] 별지 1 원고 명단 기재와 같다.

[피고, 상고인] 서울특별시 지방토지수용위원회

[피고, 피상고인] 아현제4구역주택재개발정비사업조합

【사실관계】

2006. 11. 29. 조합설립인가

2007. 9. 3. 사업시행계획인가

2007. 9. ~ 10. 분양신청

이후 조합설립인가처분에 대한 무효확인 소송이 제기되자 조합설립 절차를 다시 밟아 2011. 5. 20. 조합설립변경인가처분을 받음

2011. 6. 17. 새로운 사업시행계획인가

이후 다시 분양신청 절차를 진행하거나 개별적으로 조합원들의 분양신청 의사를 확인하지 않은 채 2007년의 분양신청 현황을 토대로 관리처분계획(이 사건 관리처분계획)을 수립함

2011. 8. 26. 이 사건 관리처분계획인가

1. 원심이 인정한 사실

원심은 다음과 같은 사실을 인정하였다.

가) 2006. 11. 29. 조합설립인가처분을 받아 설립된 피고 아현제4구역주택재개발정비사업조합(이하 '피고 조합'이라 한다)은 사업시행계획을 수립하여 2007. 9. 3. 인가를 받았고, 토지 등 소유자들로부터 2007. 9.부터 같은 해 10.까지 분양신청을 받았다.

나) 토지 등 소유자 중 일부가 조합설립인가처분에 대한 무효확인의 소 등을 제기하자 피고 조합은 그 하자를 보완하고 조합설립 절차를 다시 밟아 2011. 5. 20. 조합설립변경인가처분(이하 '이 사건 조합설립변경인가처분'이라 한다)을 받았다.

다) 그 후 피고 조합은 <u>사업시행계획을 수립하여 2011. 6. 17. 인가를 받은 다음</u>, 조합원들을 대상으로 다시 <u>분양신청 공고·통지의 절차를 실시하거나 개별적으로 이들의 분양신청 의사를 확인하지 않은 채, 2007년의 분양신청 현황을 토대로 관리처분계획</u>(이하 '이 사건 관리처분계획'이라 한다)<u>을 수립하여 2011. 8. 26. 인가를 받았다</u>.

2. 대법원의 판단 (파기환송)

그러나 원심의 이러한 판단은 다음과 같은 이유에서 받아들이기 어렵다.

가. 법리

(1) 조합설립인가가 무효/취소되면, 분양신청을 새로 받아 관리처분계획을 수립해야

조합이 종전의 조합설립인가처분에 대한 무효확인소송 또는 취소소송이 진행되고 있는 등으로 그 효력 유무 또는 위법 여부 등이 확정되지 않은 상태에서 새로 조합설립인가처분을 받는 것과 동일한 요건과 절차로 조합설립변경인가처분을 받은 경우, <u>그 조합설립변경인가처분은 새로운 조합설립인가처분으로서의 효력을 가진다</u>.

그러나 <u>종전의 조합설립인가처분이 당연무효이거나 취소되는 경우에는 종전의 조합설립인가처분이 유효함을 전제로 수립·인가된 관리처분계획은 소급하여 효력을 잃는다</u>(대법원 2012. 12. 13. 선고 2011두21010 판결, 대법원 2012. 12. 27. 선고 2011두19680 판결, 대법원 2014. 5. 16. 선고 2011두27094 판결 등 참조).

따라서 <u>조합은 조합설립변경인가처분을 받기 전에 수립·인가된 종전의 관리처분계획에 따라 정비사업을 진행할 수는 없고, 도시정비법령이 정한 요건과 절차에 따라 관리처분계획을 새롭게 수립하여 인가를 받아야 한다</u>.

이때 조합은 도시정비법 제46조 제1항이 규정하고 있는 <u>분양신청 통지·공고 등의 절차를 다시 밟거나 분양신청 대상자들(종전 분양신청 절차에서 분양신청을 한 사람들과 이때에는 분양신청을 하지 않았지만 조합원 지위를 상실하지 않은 자를 포함한다. 이하 같다)의 분양신청에 관한 의사를 개별적으로 확인하여 그 분양신청 현황을 기초로 관리처분계획을 수립하여야 하고, 조합이 이러한 절차를 밟지 않고 종전 분양신청 현황에 따라 관리처분계획을 수립하였다면 그 관리처분계획은 위법하다</u>.

(2) 종전 분양신청 현황을 기초로 새로운 관리처분계획을 수립할 수 있는 예외적 경우

다만 <u>종전의 분양신청 현황을 기초로 했다고 하더라도 새로운 관리처분계획 수립 당시 토지 등 소유자의 분양신청 현황을 기초로 관리처분계획을 수립했다고 평가할 수 있는 예</u>

외적인 경우, 즉

① '분양의 대상이 되는 대지 또는 건축물의 내역', '개략적인 분담금의 내역' 등 법령이 분양신청 통지에 포함시키도록 한 사항 등에 관하여 <u>새로운 사업시행계획과 종전 사업시행계획 사이에 실질적으로 변경된 내용이 없고</u>, ② 사업의 성격이나 규모 등에 비추어 <u>두 사업시행계획 인가일 사이의 시간적 간격이 지나치게 크지 않으며</u>, ③ <u>분양신청 대상자들 중 종전 분양신청을 철회·변경하겠다거나 새롭게 분양신청을 희망한다는 의사를 조합에 밝힌 사람이 실제 있지 않은 경우</u> 등에는,

<u>종전의 분양신청 현황을 기초로 새로운 관리처분계획을 수립하는 것도 허용된다.</u>

나. 이 사건 관리처분계획은 위 예외의 경우에 해당하여 적법함

원심이 적법하게 채택한 증거에 의하면,

① <u>2007. 9. 3. 인가된 사업시행계획과 2011. 6. 17. 인가된 사업시행계획은 건축면적이 9,742.72 ㎡에서 9,915.32 ㎡로, 건축연면적이 166,113.04 ㎡에서 167,621.81 ㎡로, 건폐율이 20.78%에서 21.15%로, 용적률이 228.71%에서 231.21%로, 59.99 평형 분양세대수가 271 세대에서 285 세대로 변경된 것 외에는 큰 차이가 없음을 알 수 있다.</u>

② 그리고 이 사건 조합설립변경인가처분이 있은 후에 종전 분양신청 절차에서 분양신청을 한 토지 등 소유자 중 조합에 분양신청을 철회·변경하겠다는 의사를 표시한 자가 있었다거나 종전 분양신청 절차에서 분양신청을 하지 않았지만 여전히 조합원 지위를 가지는 자 중 조합에 재개발사업 참여의 의사를 표시한 자가 있었다고 볼 만한 사정이 기록상 발견되지 않는다.

<u>이러한 재개발사업의 진행 경과와 분양신청 대상자들의 구체적인 의사 등을 위에서 본 법리에 비추어 살펴보면</u>, 피고 조합이 2011. 6. 17. 사업시행계획 인가처분을 받은 후 전체 분양신청 대상자들로부터 새로이 분양신청을 받거나 이들의 분양신청 의사를 개별적으로 확인하지 않고 이 사건 관리처분계획을 수립하였다는 사정만으로 곧바로 <u>이 사건 관리처분계획이 위법하다고 보기 어렵다</u>...

나아가 분양대상자들에게 배정되는 동·호수를 명시하고 있는 이 사건 관리처분계획이 위와 같은 이유에서 무효라고 볼 수 없다면, 피고 조합이 동·호수를 특정하지 않은 채 위 원고들에게 분양계약 체결을 요구하였다고 볼 수도 없다.

다. 원고들은 분양계약 미체결에 따른 현금청산자이고, 원고들에 대한 수용재결은 적법해

결국 원심이 들고 있는 사정들을 모두 고려하더라도 위 원고들은 여전히 분양계약 미체결에 따른 현금청산대상자에 해당한다고 볼 여지가 충분하다.

그런데도 원심은 별지 2 원고 명단 제 2 항 기재 원고들이 분양계약 미체결에 따른 현금청산대상자에 해당하지 않아 이 사건 수용재결 중 위 원고들에 대한 부분이 위법하다고 판단하였다. 이러한 원심의 판단에는 분양신청, 종전자산가격 기준일과 관리처분계획의 효력에 관한 법리 등을 오해하여 필요한 심리를 다하지 않음으로써 판결에 영향을 미친 잘못이 있다.

II. 사업시행계획의 실질적 변경으로 인한 재분양신청

A. 개요

1. 【해설】분양신청기간 종료 후에는 다시 분양신청절차를 진행할 수 없는 것이 원칙

> 분양대상 조합원의 확정 등 관리처분계획의 내용은 분양신청기간 만료일을 기준으로 정해야 하며(따라서 분양신청기간 내에 분양신청을 하지 않은 자는 조합원 지위를 잃고 현금청산대상자가 된다), 분양대상 조합원에 해당하는지 여부의 기준일을 '분양신청기간 만료일' 이후(예를 관리처분계획 수립일)로 늦추는 내용의 총회결의는 무효이다(대법원 2002. 1. 22. 선고 2000 두 604 판결; 대법원 2014. 8. 20. 선고 2012 두 5572 판결).
>
> 그러므로, 분양신청기간이 종료한 후에 사업시행자가 임의로 재분양신청 절차를 진행하는 것은 분양대상 조합원의 확정 등 관리처분계획 내용의 기준일을 '분양신청기간 만료일' 이후로 늦추는 것으로서 허용되지 않는 것이 원칙이다.
>
> 분양신청기간 종료 후에 사업시행계획이 변경된 경우에도, 종전 사업시행계획 중 변경되지 않은 부분은 여전히 효력을 유지함이 원칙이므로(대법원 2014. 5. 16. 선고 2011 두 28509 판결), 사업시행자가 임의로 재분양신청 절차를 진행할 수 없는 것이 원칙이다.

2. 【해설】법 제 72 조 제 4 항에 따른 재분양신청 절차

> **(1) 사업시행변경계획이 당초 사업시행계획을 대체한 경우:** 사업시행변경계획이 당초 사업시행계획의 주요 부분을 실질적으로 변경하는 내용이어서 당초 사업시행계획을 대체하는 경우에는 분양신청의 기초가 된 당초 사업시행계획이 효력을 상실하므로,

제 2 장 분양 / 제 3 절 분양신청 종료 후 재분양신청 문제

그런 경우에도 종전 분양신청 상황을 기초로 관리처분계획을 수립하는 것이 적법한지가 문제될 수 있다.

(2) 전부개정법 제 72 조 제 4 항의 신설: 이와 관련하여, 전부개정법은 분양신청기간 종료 후 사업시행계획인가의 변경으로 세대수 또는 주택규모가 달라지는 경우 분양신청 절차를 다시 거칠 수 있게 하고(법 제 72 조 제 4 항), 이 경우 정관등으로 정하고 있거나 총회의결을 거친 때에는 현금청산대상자에게 분양신청을 하게 할 수 있도록 하는 규정(같은 조 제 5 항)을 신설하였다. 이 규정은 경과조치 없이 전부개정법 시행일인 2018. 2. 9. 이후 모든 정비사업장에 적용된다.

그러나 구법에서도 그러한 경우에는 분양신청절차를 다시 진행해야 하는 것으로 해석하고 있었다.

그런데 ① 그런 경우 분양신청 절차를 다시 진행하는 것이 의무인지 또는 사업시행자가 재량으로 재분양신청 절차 진행 여부를 선택할 수 있는지(의무/재량 여부) 및 ② 세대수 또는 주택규모가 달라지는 경우 외에도 재분양신청 절차를 진행할 수 있는지(예시규정/열거규정 여부)가 문제된다. 아래에서 하나씩 살펴본다.

3. 【법령】 전부개정 도시정비법 제 72 조 제 4, 5 항

> ④ 사업시행자는 제 2 항에 따른 분양신청기간 종료 후 제 50 조 제 1 항에 따른 사업시행계획인가의 변경(경미한 사항의 변경은 제외한다)으로 세대수 또는 주택규모가 달라지는 경우 제 1 항부터 제 3 항까지의 규정에 따라 분양공고 등의 절차를 다시 거칠 수 있다.
>
> ⑤ 사업시행자는 정관등으로 정하고 있거나 총회의 의결을 거친 경우 제 4 항에 따라 제 73 조 제 1 항 제 1 호 및 제 2 호에 해당하는 토지등소유자[☞ 분양신청을 하지 않았거나 분양신청기간 종료전에 분양신청을 철회한 토지등소유자를 말함]에게 분양신청을 다시 하게 할 수 있다.

4. 【해설】 재분양신청절차도 최초 분양신청절차와 동일함

> 법 제 72 조 제 4 항에 따른 재분양신청 절차를 진행하는 경우에는 법 제 72 조 제 1 항 내지 제 3 항에 따른 절차를 다시 거쳐야 한다. 즉, ① 사업시행자는 토지등소유자에 대한 통지와 분양공고를 다시 해야 하고(법 제 72 조 제 1 항; 서울시 도시정비조례 제 32 조 제 1 항 제 1 호), ② 분양신청기간은 통지한 날부터 30 일 이상 60 일 이내로 하여야 하고(20 일의 범위에서 한 차례만 연장 가능. 법 제 72 조 제 2 항), ③ 토지등소유자는 영 제 59 조가 정하는 방법 및 절차에 따라 분양신청을 하여야 한다(법 제 72 조 제 3 항).

III. 법 제 72 조 제 4 항에 따른 재분양신청 절차가 의무인지, 재량인지

A. 개요

1. 【해설】 구법 판례 (의무사항)

> (1) 구법 하에서 대법원은 「분양신청 절차를 거친 후에 난 사업시행변경인가가 새로운 사업시행인가로서의 효력이 있는 경우에는 다시 분양신청 절차를 밟아야 한다」고 판시한 바 있다(대법원 2007. 3. 29. 선고 2004두6235 판결 등).
>
> 도시재개발법(폐지)에 따른 재개발사업에서, 대법원은 '사업시행변경인가 고시가 새로운 사업시행인가 고시로서의 효력이 있는 것이라면, 그 이후에 분양신청기간의 통지 등 절차를 밟아야 한다'고 전제한 뒤, 그러한 절차를 이행하지 않은 상태에서 한 수용재결을 취소한 바 있다(대법원 2007. 3. 29. 선고 2004두6235 판결).
>
> 또한, 사업비가 44.55% 증가하고, 그 밖에 사업규모가 「16개동, 1,123세대(임대 94세대)」에서 「17개동, 1,330세대(임대 137세대)」로 변경되고, 신축 아파트의 전용면적이 달라지거나 신설되고, 전용면적별 세대수도 변경된 경우」 기존의 사업시행계획을 실질적으로 변경하는 정도에 이른 것으로 보고, 새로이 분양공고 및 분양신청절차를 거치지 않고 평형변경신청 절차만을 거친 채 그 결과를 기초로 관리처분계획을 수립한 것은 위법하다고 본 하급심판례가 있다(서울행정법원 2014. 9. 19. 선고 2013구합19400 판결).
>
> 그러나 「사업비가 152,210,422,006원(사업시행계획)에서 204,080,246,675원(관리처분계획)으로 증가하였으나, 공급 세대수 630세대, 건축연면적 89,596.2749㎡로 동일한 사안」에서는 분양신청 절차를 다시 거칠 의무가 없다고 하였다(대구지방법원 2020. 12. 9. 선고 2019구합22585 판결).
>
> (2) 한편 국토교통부는, 「분양신청 절차를 거친 후에 사업시행계획이 변경된 경우 분양신청 절차를 다시 거쳐야 하는지는 최초 분양신청의 근거가 되는 사실관계에 중대한 변화가 생겨 최초 조합원들의 분양신청 의사결정에 영향을 미치는지 및 일반분양 실시 여부 등을 종합적으로 검토하여 판단한다」고 해석한 바 있다(국토교통부 질의회신 2014. 10. 21.).

2. 【해설】 전부개정법 시행 후 (재량사항)

> (1) 재량사항으로 본 하급심판례: 이 문제에 대해 명시적으로 입장을 밝힌 대법원판례는 아직 없고 재량사항으로 본 하급심판례들이 있다.

수원지방법원 2021. 11. 11. 선고 2020 구합 76501 판결은, 법 제 72 조 제 4 항은 종전에 사업시행계획 변경에 따른 재분양신청절차 이행의무를 부여하던 것을 조합의 재량에 의한 권한으로 정리한 것이라 보고, 세대수나 주택규모 등의 변경이 있을 때 분양신청절차를 다시 진행하지 않았다고 하여 곧바로 관리처분계획이 위법하다고 할 수 없다고 판시하였다. 이 판결과 동일한 내용을 판시한 수원지방법원 2020. 9. 17. 선고 2019 구합 75472 판결은 항소와 상고가 모두 기각되어(심리불속행) 확정되었다.

같은 취지: 서울행정법원 2021. 1. 22. 선고 2019 구합 72410 판결.

(2) 재량권의 일탈·남용 문제: 종전 사업시행계획의 주요부분을 실질적으로 변경하는 내용의 사업시행계획변경인가가 난 경우 법 제 72 조 제 4 항에 따라 재분양신청 절차를 진행할지 여부를 재량사항으로 보면, 그러한 경우 재분양신청 절차를 진행하지 않고 종전 분양신청 상황을 기초로 수립한 관리처분계획이 위법한지 여부는 재량권의 일탈·남용 문제로 귀착한다.

재량권 일탈·남용 여부의 판단기준에 관하여 보면, 조합원이 분양신청 여부를 결정하고 사업시행자가 분양설계를 하는 데 영향을 주는 중요 변수들, 예를 들어 신축 주택의 동수/세대수, 평형별 분포, 형별(동일 평형 내 type-A, type-B 등) 세대수 등이 실질적으로 변경되었음에도, 재분양신청 절차를 진행하지 않고 종전 분양신청 상황에 따라 관리처분계획을 수립한 것은 재량권을 일탈·남용한 것으로 보아야 할 것이다.

3. 【해설】 현금청산대상자에게 다시 분양신청 기회를 주기 위한 요건

사업시행자는 재분양신청 절차를 진행하는 경우 정관등으로 정하고 있거나 총회의 의결을 거친 때에는 현금청산대상자에게 분양신청을 다시 하게 할 수 있다(법 제 72 조 제 5 항).

다만, 이 경우에도 「재분양신청 절차 진행시 분양신청기간 내에 분양신청을 하지 않은 자(현금청산대상자)의 조합원 자격이 회복된다」는 식으로 규정해서는 안 되며(이런 내용의 정관규정 또는 정관변경결의는 무효이다. 대법원 2021. 2. 10. 선고 2020 두 48031 판결), 「현금청산대상자가 재분양신청 절차에서 개별적으로 분양신청을 함으로써 조합원이 될 수 있다」는 취지로 규정해야 한다.

한편, 정관에 재분양신청 절차 진행시 현금청산대상자에게 분양신청 기회를 줄 수 있는 근거규정이 있으면 다시 총회의결을 거칠 필요가 없으나, 정관에 그런 규정이 없어 총회의결을 거치는 경우 그 안건은 '조합원의 자격'에 관한 정관변경에 해당하므로 조합원 3 분의 2 이상의 찬성 으로 의결하여야 한다(법 제 40 조 제 3 항 및 같은 조 제 1 항 제 2 호).

III. 법 제72조 제4항에 따른 재분양신청 절차가 의무인지, 재량인지

B. [도시재개발법(폐지)에 관한 판례] ① 사업시행변경인가 고시가 새로운 사업시행인가 고시로서의 효력이 있는 것이라면, 분양신청기간의 통지 등 절차를 다시 밟아야 해; ② 이러한 절차를 이행하지 않은 상태에서 한 수용재결을 취소한 사례 —대법원 2007. 3. 29. 선고 2004두6235 판결[토지수용이의재결처분취소]

【당사자】

원고,피상고인	벽산건설 주식회사 (소송대리인 변호사 김헌무외 5인)
피고,상고인	중앙토지수용위원회
피고보조참가인	피고보조참가인 1 외 1인 (소송대리인 법무법인 로고스 담당변호사 양인평외 1인)

원심이 인정한 바와 같이 법 시행 이후에 이루어진 <u>2000. 3. 21.자 사업시행변경인가 고시가 새로운 사업시행인가 고시로서의 효력이 있는 것이라면</u>, 사업시행자인 <u>원고로서는 그와 같은 새로운 사업시행인가 고시 이후에 법 제33조 제1항이 규정한 분양신청기간의 통지 등 절차를 밟아야 할 것인바</u>, 기록에 의하면 원고가 위 고시 이후에 이 사건 재개발사업구역 내 토지 등 소유자들에게 하였다는 통지는 그 내용이 수용 전 매수협의를 요청하는 것으로 보일 뿐 분양신청기간이나 그 기간 내에 분양신청 할 수 있음을 통지한 것으로는 도저히 볼 수 없는 것일 뿐만 아니라(갑 제7호증의 29 내지 36 참조), 분양신청기간의 공고도 하지 않았다는 것이므로, 원고는 법 제33조 제1항 소정의 분양신청기간의 통지 등 절차를 제대로 이행하지 아니한 상태에서 이 사건 각 부동산에 대한 수용재결신청을 한 것으로 볼 수밖에 없다. 그렇다면 <u>이 사건 수용재결은 위 절차를 이행하지 아니한 하자가 있어 위법하다고 할 것이므로, 위 수용재결을 취소한 이 사건 이의재결은 결과적으로 적법하다고 할 것이다</u>. 새로운

그럼에도 불구하고, 원심은 이와 달리 이 사건 수용재결에 위와 같은 절차상 하자가 있어 위법하다는 피고의 주장을 배척하고, 나아가 위 수용재결이 적법하다는 이유로 이를 취소한 이 사건 이의재결이 위법하다고 판단하고 말았으니, 이러한 <u>원심의 판단에는 법 제33조 제1항 소정의 분양신청기간의 통지 등 절차에 관한 법리를 오해하여 판결에 영향을 미친 위법이 있다</u> 할 것이므로, 이 점을 지적하는 상고이유의 주장은 이유 있다.

C. [구법 하급심판례] ① 조합의 비용부담 등에 관하여 당초 사업시행계획의 내용을 실질적으로 변경하는 정도로 사업시행계획 등의 주요부분에 변동이 생긴 경우에는 분양공고 및 분양신청절차를 새로 거쳐야 해; ② 이 사건 2차 사업시행변경계획이 기존의 사업시행계획을 실질적으로 변경하는 정도에 이르렀음에도, 새로이 분양공고 및 분양신청절차를 거치지 않고 평형변경신청 절차만을 거친 채 그 결과를 기초로 수립한 관리처분계획은 위법하다

제 2 장 분양 / 제 3 절 분양신청 종료 후 재분양신청 문제

고 본 사례 ─ 서울행정법원 2014. 9. 19. 선고 2013 구합 19400 판결[관리처분계획취소] (항소심에서 소취하로 확정)

1. 관련법리

사업시행계획 등의 주요 부분에 변동이 생겨 조합원들의 이해관계에 중대한 영향을 미치는 '조합의 비용부담' 등에 관하여 그것이 당초 사업시행계획의 내용을 실질적으로 변경하는 정도에 이르렀음에도, 새로운 분양신청 없이 종전의 사업시행계획이나 정비사업의 현황을 기초로 분양신청을 하거나 분양신청을 하지 아니한 토지등소유자의 선택을 여전히 유효한 것으로 강제한다면, 조합원들의 이익을 보호하려는 여러 도시정비법 관계 규정의 취지와도 어긋나는 결과를 가져오게 될 것이다. 따라서 조합원들의 이해관계에 중대한 영향을 미치는 <u>'조합의 비용부담'</u> 등에 관하여 그것이 당초 사업시행계획의 내용을 실질적으로 변<u>경하는 정도에 이르렀다면 사업시행자로서는 토지등소유자들을 대상으로 새로운 분양공고 및 분양신청절차를 거쳐야 하고</u>, 그러한 정도에 이르지 아니하는 사업시행계획의 일부 변경의 경우에는 새로운 분양공고 및 분양신청절차를 거칠 필요가 없다고 보아야 한다.

2. 이 사건에 대한 판단

살피건대, 앞서 본 사실관계 및 변론 전체의 취지를 종합하여 알 수 있는 다음과 같은 사정, 즉 ① 이 사건 2 차 사업시행변경계획은 <u>사업비가</u> 이 사건 1 차 사업시행변경계획과 비교할 경우 319,386,821,839 원에서 461,675,347,600 원으로 <u>44.55%</u>{= 142,288,525,761 원 (= 461,675,347,600 원 - 319,386,821,839 원)/319,386,821,839 원 × 100, 소수점 셋째자리 이하는 버림, 이하 같다} 증가하였고, 원고들의 분양신청의 기초가 된 이 사건 당초 사업시행계획과 비교할 경우에는 243,757,540,000 원에서 461,675,347,600 원으로 무려 89.39%{= 217,917,807,600 원(= 461,675,347,600 원 - 243,757,540,000 원)/ 243,757,540,000 원 × 100} 증가하였으며, 그 밖에 <u>사업규모가 16 개동, 1,123 세대(임대 94 세대) 건축에서 17 개동, 1,330 세대(임대 137 세대) 건축으로 변경되었고</u>, <u>신축 아파트의 전용면적이 달라지거나 신설되었으며</u>, <u>전용면적별 세대수도 변경된 점</u>...

<u>이 사건 2 차 사업시행변경계획은 기존의 사업시행계획의 내용을 실질적으로 변경하는 정도에 이르렀다고 봄이 상당하다. 따라서 피고로서는 이 사건 2 차 사업시행변경계획에 따라 새로이 분양공고 및 분양신청절차를 거쳤어야 함에도 이를 거치지 않고 평형변경신청절차만을 거친 채 그 결과를 기초로 하여 이 사건 관리처분계획을 수립한 후 인가를 받았으므로, 이 사건 관리처분계획은 위법하다고 할 것이다.</u>

D. [하급심판례] ① 전부개정법 제 72 조 제 4 항은 종전에 사업시행계획 변경에 따른 재분양신청절차 이행의무를 부여하던 것을 조합의 재량에 의한 권한으로 정리한 것이야; ② 따라

서 세대수나 주택규모 등의 변경이 있을 때 분양신청절차를 다시 진행하지 않았다고 하여 곧바로 관리처분계획이 위법하다고 할 수 없음 —수원지방법원 2021. 11. 11. 선고 2020 구합 76501 판결[관리처분계획(안)에대한총회결의무효확인청구의소]

이와 같이 도시정비법 제 72 조 제 4 항은 종전에 사업시행자인 조합에게 사업시행계획 변경에 따른 재분양신청절차 이행의무를 부여하던 것을 조합의 재량에 따른 권한으로 정리하여 관리처분계획이 무효 내지 취소로 돌아가는 위험부담을 줄인 것으로서, 도시정비법 제 72 조 제 4 항이 신설된 이후에는 분양신청절차를 다시 진행할지 여부는 조합의 권한에 속하는 사항이 된 것이라고 봄이 타당하다.

따라서 세대수나 주택규모 등 관리처분계획 내용에 변경이 있을 때 분양신청절차를 다시 진행하지 않는다고 하여 곧바로 관리처분계획의 하자에 해당한다고 보기는 어렵고, 사업시행자인 조합이 재분양신청절차를 진행할 것인지를 결정할 수 있다.

IV. 법 제 72 조 제 4 항의 재분양 사유가 예시규정인지, 열거규정인지

A. 개요

1. 【해설】재분양신청 절차에는 현금청산대상자도 포함시킬 수 있음

> 한편 법 제 72 조 제 5 항은 제 4 항에 따라 분양신청절차를 다시 진행하는 경우, 정관 등으로 정하고 있거나 총회의 의결을 거친 때에는 이미 현금청산대상자가 된 토지등소유자에게도 분양신청을 다시 하게 할 수 있도록 하고 있다(법 제 72 조 제 5 항). 현금청상대상자 입장에서는 새로운 사업시행계획의 내용에 따라 분양신청 여부를 새로 결정하여 다시 조합원이 될 기회를 주는 것이 바람직하고, 조합 입장에서는 사업비(현금청산 보상금) 경감을 위하여 현금청산대상자를 다시 조합원으로 끌어들일 필요가 있기 때문이다.

2. 【해설】세대수/평형이 달라지지 않았어도 분양신청을 다시 받을 수 있는지

> **(1) 문제의 소재:** 법 제 72 조 제 5 항의 규정 중 "제 4 항에 따라 ... 분양신청을 다시 하게 할 수 있다"라는 문구와 관련하여 「사업시행계획의 변경으로 세대수나 주택규모가 달라지는 경우」가 아니라도 현금청산대상자들에게 다시 분양신청을 하게 할 수 있는지가 문제된다.
>
> 만일 법 제 72 조 제 4 항의 재분양 사유를 예시적 규정으로 본다면, '세대수나 주택규모가 달라지는 경우'가 아니라도 2 차 분양신청절차를 진행할 부득이한 사유가 있었

다고 인정되는 경우에는 정관등으로 정하고 있거나 총회의 의결을 거쳐 현금청산대상자들에게 다시 분양신청을 하게 할 수 있다.

(2) 구법에서의 대법원 판례(예시규정설): 전부개정법 제 72 조 제 5 항이 신설되기 전 구법 하에서 「분양신청 종료 후 총회결의를 거쳐 현금청산대상자들에게 조합원분양 후 잔여분에 대하여 추가분양신청의 기회(법정기간 내에 분양신청한 조합원에게 동호수 우선배정함)를 준 후 그 추가분양 신청내역을 반영하여 수립한 관리처분계획은 적법하다」고 본 판례가 있다(대법원 2014. 8. 20. 선고 2012 두 5572 판결). 이 판례가 전부개정법에서도 유효하다고 보면, 「세대수나 주택규모가 달라지는 경우일 것」은 재분양신청 절차를 진행하기 위해 반드시 필요한 요건이 아니라고 볼 수 있다.

(3) 전부개정법에서 법제처 유권해석(열거규정설): 반면 전부개정법 하에서 법제처는 「사업시행계획의 변경으로 세대수나 주택규모가 달라지는 경우」가 반드시 필요한 요건이라는 취지의 유권해석을 내놓았다. 즉, 「① 정관등으로 정하고 있거나 총회의 의결을 거쳤더라도, 이미 이전 분양신청 절차에서 조합원지위를 상실한 토지등소유자에게 다시 분양신청 기회를 주기 위해서는 그 후 사업시행계획인가의 변경으로 세대수 또는 주택규모가 달라졌어야 하며, ② 그렇지 않은 경우에는 비록 정관등으로 정하고 있거나 총회의 의결을 거쳤더라도 이미 조합원지위를 상실한 토지등소유자에게 다시 분양신청의 기회를 줄 수 없다」는 것이 법제처 유권해석이다(법제처 19-0613, 2020. 2. 13.).

(3) 전부개정법에서의 하급심판례(예시규정설): 이 문제에 대하여도 대법원이 명시적으로 입장을 밝힌 판례는 아직 없고 하급심판례만 있다. 즉, 수원지방법원 2021. 11. 11. 선고 2020 구합 76501 판결은, ① 법 제 72 조 제 4 항이 정한 재분양 사유인 "사업시행계획인가의 변경으로 세대수 또는 주택규모가 달라지는 경우"는 분양신청절차를 다시 진행해야 하는 대표적 사유를 예시적으로 언급한 규정이라고 전제한 뒤, ② 법원에서 1 차 분양신청절차가 위법하다는 판결이 선고되고, 1 차 분양신청 결과에 따른 관리처분계획의 인가신청이 반려된 상황에서, 조합이 1 차 분양신청의 적법성에 대한 논란을 해소하고 신속하게 사업을 추진하기 위해 전체 토지등소유자를 대상으로 2 차 분양신청 절차를 진행하기로 결의한 것은 적법하다고 판시한 바 있다(수원지방법원 2021. 11. 11. 선고 2020 구합 76501 판결).

B. [구법 판례] ① 분양신청 종료 후 총회결의를 거쳐 현금청산대상자들에게 잔여분(법정기간 내에 분양신청한 조합원에게 동호수 우선배정 후 잔여분)에 대하여 추가분양 신청기회를 준 후 그 추가분양 신청내역을 반영하여 수립한 관리처분계획은 위법하지 않아; ② 정관에 의하여 비로소 조합원 지위가 인정되는 조합원의 권리는 정관으로 제한할 수 있어(따라서 현금청산대상자에게 추가분양신청의 기회를 주면서 그들의 권리 내용을 제한하는 결의는 유효함 —대법원 2014. 8. 20. 선고 2012 두 5572 판결[관리처분계획취소]

IV. 법 제72조 제4항의 재분양 사유가 예시규정인지, 열거규정인지

【당사자】

[원고, 상고인] 원고 1 외 2인
[피고, 피상고인] 화곡3주구주택재건축정비사업조합

1. 기초사실

☞ 이 부분은 제1심판결의 일부임(서울행정법원 2011. 6. 24. 선고 2011구합2040 판결)

마. 피고의 분양신청변경 및 추가분양신청 안내에 의하면, 법정기간 내에 분양신청한 조합원(서류미비 포함)에게 신청평형을 분양하고, 동호수를 우선배정하며, 추가분양신청하는 조합원은 잔여세대에 대하여 신청평형 분양 및 동호수를 배정하고, 경합시에는 종전감정평가액의 다액순에 따라 배정하는 것으로 되어 있다. 이와 같이 분양신청 및 추가분양신청을 받은 결과 총 1,900명(상가 31명 포함)이 분양신청을 하였다.

바. 피고는 2010. 9. 18. 총회를 개최하였는데, 그 중 제5호 안건으로 '조합원 추가분양신청 동의의 건'을 상정하였는데, 그 주요내용은 아래와 같다.

○ 추가분양신청을 실시하되, 법정기간 내 분양신청을 한 조합원에게 우선적으로 평형 및 동호수 배정을 한다.

○ 법정기간 내 분양신청을 한 조합원에게 평형을 변경할 수 있는 기회를 부여하고 평형 변경을 하였을 경우 기존 신청자와 동등한 순위를 부여한다.

위 안건은 1,362명의 조합원이 찬성하여 의결되었다.

사. 피고는 전항 기재 총회에서 제7호 안건으로 조합원 1,325명의 찬성을 얻어 관리처분계획(이하 '이 사건 관리처분계획'이라 한다)을 의결하였는데, 그 중 분양기준에 관한 주요내용은 아래와 같다...

2. 대법원의 판단

피고 조합이 분양신청기간에 분양신청을 하지 않아 조합원 지위를 상실한 현금청산대상자들에게 잔여분에 대하여 추가분양 신청기회를 부여한 후 그 추가분양 신청내역을 반영하여 수립한 이 사건 관리처분계획이 보류지 등을 제외한 나머지 부분에 적용되는 일반분양의 절차에 관한 규정인 구 도시정비법 제48조 제3항 및 구 주택법 제38조 등을 위반하였다고 볼 수 없다.

제 2 장 분양 / 제 3 절 분양신청 종료 후 재분양신청 문제

그리고 법령에 의하여 조합원 지위가 인정되는 조합원들 사이에 권리의 차등을 두는 내용의 총회 결의는 특별한 사정이 없는 이상 무효라고 보아야 하나, 정관의 규정에 의하여 비로소 조합원 지위가 인정되는 조합원의 권리 내용에 대해서는 정관에서 이를 제한할 수 있다고 할 것이므로, 분양신청을 하지 아니하여 분양신청기간 만료일 다음 날에 조합원 지위를 상실한 사람들에게 조합 총회에서 다시 조합원 지위를 부여하기로 결의하면서 그들의 권리 내용을 제한하였다고 하여 그 총회 결의가 무효라고 볼 것은 아니다.

C. [구법 고등법원판례] ① 조합정관 규정("조합원 3분의 2 이상의 동의가 있는 경우 조합원 자격에 관한 사항, 조합원의 제명, 탈퇴 및 교체에 관한 사항을 다시 정할 수 있다")에 따라 조합원 지위를 상실한 자에게 다시 조합원 지위를 부여할 수 있어; ② 1차 분양에서 1,390명만이 분양신청을 하자, 위 정관규정에 따라 총회에서 조합원 2/3 이상의 동의(2차 분양신청자는 결의 미포함)로 "제2차 분양신청을 한 자에게 조합원 자격 및 분양신청자의 지위를 인정한다"는 안건을 의결한 후 2차 분양을 진행하여 510명이 추가로 분양신청을 한 사안에서, 위 510명은 적법하게 조합원 지위를 취득하였다고 본 사례 —서울고등법원 2012.9.25. 선고 2012누15731 판결[관리처분계획무효]

【당사자】

원고, 항소인	박○○ 외 3명
피고, 피항소인	○○○○○주택재건축정비사업조합

1. 원고의 주장

① 피고가 2009. 7. 4. 분양신청(이하 '제1차 분양신청'이라 한다)기간을 2009. 7. 15.부터 같은 해 9. 12.까지로 정하여 분양공고를 하였으나, 피고 조합원 중 1,390명(그 중 상가 조합원 11명)만이 그 기간 내에 분양신청을 한 사실, ② 이에 피고는 2010. 1. 4. 분양신청(이하 '제2차 분양신청'이라 한다)기간을 2010. 1. 14.부터 같은 해 2. 2.까지로 정하여 분양신청변경 및 추가분양공고를 하였는데, 510명(그중 상가소유자 20명)이 그 기간 내에 분양신청을 한 사실은 앞에 본 바와 같다.

원고들은, 제1차 분양신청기간 내에 분양신청을 하지 아니한 조합원은 조합원 지위를 상실함에도, 제2차 분양신청기간을 부여한 후 조합원으로 추가 인정한 이 사건 관리처분계획은 도시정비법 제46조 제1항, 제47조에 위반하여 무효라고 주장한다.

2. 조합원 지위를 상실한 자에게 다시 조합원 지위를 부여할 수 있는지

조합원의 지위를 상실한 자에 대하여 다시 조합원의 지위를 부여할 수 있는지에 관하여 보건대,

IV. 법 제72조 제4항의 재분양 사유가 예시규정인지, 열거규정인지

① 피고 정관 제10조 제1항 단서에 "조합설립에 동의하지 아니한 자에 대하여도 분양신청기한까지 동의서를 조합에 제출하여 조합원이 될 수 있다"고 규정하여 조합원 지위를 상실한 자에 대한 구제책이 존재하고 있는 점, ② 분양신청 등을 하지 아니하여 조합원의 지위를 상실한 조합원에 대하여 다시 신청기회를 부여하는 것이 재건축조합사업의 원만한 진행이나 분양에서 유리한 경우가 있는 점(이 사건에서도 일반분양이 저조하여 재건축사업에 막대한 지장을 초래하였다), ③ 피고 정관 제9조 제3항에 조합원 3분의 2 이상의 동의가 있는 경우 "조합원 자격에 관한 사항, 조합원의 제명, 탈퇴 및 교체에 관한 사항"을 다시 정할 수 있다고 규정하고 있는 점, ④ 국토해양부는 2009. 9. 23.자 피고의 질의에 대하여 "도시정비법 제46조 제1항에서 정한 분양신청기간이 만료된 후 조합원의 불가피한 사정 등으로 추가로 분양신청을 하는 경우에는 이해관계자의 동의 및 조합 정관이 정하는 바에 따라 추가 분양신청이 가능하다"는 취지의 회신을 한 점 등을 고려할 때,

조합원의 지위를 상실한 경우에도 다시 조합원의 지위를 부여할 수 있다고 보아야 하고, 다만 이 경우 조합원 자격에 관한 사항에 해당하므로 피고 정관 제9조 제3항에 따라 조합원 3분의 2 이상의 동의를 요한다고 봄이 타당하다.

3. 이 사건 '2차 분양신청'은 조합원 2/3 이상의 동의를 얻어 적법함

위 인정사실에 의하면 피고는 제2차 분양신청을 받은 후 2010. 9. 18. 총회에서 "제2차 분양신청을 한 자에게 조합원 자격 및 분양신청자의 지위를 인정한다."는 내용의 제5호 안건에 관하여 제1차 분양신청자 1,390명 중 1,126명의 찬성(81%, 제2차 분양신청자는 결의에 미포함)을 얻었으므로, 조합원 3분의 2 이상의 동의에 의하여 제2차 분양신청을 한 조합원들은 조합원의 지위를 적법하게 취득하였다. 따라서 원고들의 위 주장은 이유 없다.

D. [전부개정법 하급심판례] ① 도시정비법 제72조 제4항이 정한 재분양 사유인 "사업시행계획인가의 변경으로 세대수 또는 주택규모가 달라지는 경우"는 분양신청절차를 다시 진행해야 하는 대표적 사유를 예시적으로 언급한 규정이야; ② 법원에서 1차 분양신청절차가 위법하다는 판결이 선고되고, 1차 분양신청 결과에 따른 관리처분계획의 인가신청이 반려된 상황에서, 조합이 1차 분양신청의 적법성에 대한 논란을 해소하고 신속하게 사업을 추진하기 위해 전체 토지등소유자를 대상으로 2차 분양신청 절차를 진행하기로 결의한 것은 적법하다고 본 사례 —수원지방법원 2021. 11. 11. 선고 2020구합76501 판결[관리처분계획(안)에대한총회결의무효확인청구의소]

【당사자】

원고	별지 1 원고들 명단 기재와 같음(A 외 24인)
피고	B주택재개발정비사업조합

제 2 장 분양 / 제 3 절 분양신청 종료 후 재분양신청 문제

1. 법 제 72 조 제 4 항의 재분양 사유는 예시적 규정임

위와 같은 재분양신청절차에 대한 종전의 해석례와 도시정비법 제 72 조 제 4 항의 입법 취지를 종합적으로 고려하면, 도시정비법 제 72 조 제 4 항이 재분양 사유를 '세대수 또는 주택규모변경'으로 정한 것은 사업시행계획 변경에 따라 분양신청절차를 다시 진행하여야 하는 대표적인 사유를 예시적으로 언급한 것일 뿐 재분양 사유 자체를 한정한 것은 아니라고 해석된다. 도시정비법 제 72 조 제 4 항은 분양신청절차를 다시 진행할 수 있는 권한을 사업시행자에게 부여하는 것일 뿐 도시정비법 제 72 조 제 4 항에 열거되지 않은 불가피한 사정이 있을 경우 재분양신청절차를 다시 진행하는 것 자체를 금지하는 것은 아니다. 즉, 도시정비법 제 72 조 제 4 항이 사업시행계획의 실질적 변경이 없는 경우에는 재분양절차를 불허하려는 목적에서 도입된 규정으로 해석되지는 않는다(대법원 2021. 10. 1. 선고 2021 두 41877 판결 및 그 하급심인 수원고등법원 2021. 5. 28. 2020 누 14195 판결과 수원지방법원 2020. 9. 17. 선고 2019 구합 75472 판결 참조).

2. 사업시행계획변경인가는 없었으나 2, 3 차 분양절차가 법 제 72 조 제 4 항 따라 적법하게 이루어졌다고 본 사례

나아가 2, 3 차 분양신청절차가 도시정비법 제 72 조 제 4 항에 따라 적법하게 이루어진 것인지에 관하여 본다. 위 인정사실, 앞서 든 증거들에 변론 전체의 취지를 더하면 알 수 있는 다음과 같은 사정들에 비추어 보면, 2 차, 3 차 분양신청절차는 도시정비법 제 72 조 제 4 항 따라 적법하게 이루어졌다고 봄이 타당하다. 원고들의 이 부분 주장은 이유 없다.

① 당초 선행 확인소송의 제 1 심 판결은 제 1 차 분양신청절차가 개략적인 부담금내역을 조합원들에게 적법하게 통지하지 아니하여 위법하다는 취지로 판결하였고, 위 1 심 판결 이후 의왕시장은 피고가 1 차 분양신청절차 결과를 기초로 수립한 종전 관리처분계획에 대한 인가신청을 반려하였다. 의왕시장은 피고에게 한국감정원으로부터 사업성검증을 받아 사업시행인가의 경미한 변경절차를 이행하라고 통지하였는데, 이러한 상황에서 피고는 1 차 분양신청절차의 유효 여부에 대한 논란을 해소하고 신속하게 사업을 추진하기 위해 2018 년 정기총회에서 제 1 차 분양신청절차에서 분양신청을 한 조합원뿐만 아니라 분양신청을 하지 아니하였던 조합원들까지 포함하여 전체 토지 등 소유자들을 대상으로 새롭게 2 차 분양신청절차를 진행하기로 결의하였다.

선행 확인소송의 제 1 심 판결이 1 차 분양신청이 위법하다고 판시한 상황에서 1 차 분양신청이 적법하게 진행되었음을 전제로 관리처분계획을 수립한 피고로서는 1 차 분양신청의 적법성에 관한 논란을 해소하고 사업 추진을 계속하기 위해 2 차 분양신청절차를 진행할 부득이한 사유가 있었다고 보인다. 선행 확인소송이 항소심, 상고심을 거쳐 종국되기를 기다리는 데 장기간의 시간이 소요되고 그 기간 동안 사업이 중단됨으로 인한 금전적 손해가

조합원들에게 전가될 수 있음을 고려하여, 피고는 다시 모든 토지등소유자들을 대상으로 절차를 준수하여 2차 분양신청절차를 이행한 후 이를 토대로 관리처분계획을 수립하는 것이 시간적, 금전적 손실을 최소화하는 방안이라고 판단하였던 것으로 보인다...

> 이 판결과 동일한 내용을 판시한 수원지방법원 2020. 9. 17. 선고 2019구합75472 판결은 항소와 상고가 모두 기각되어 확정되었다(심리불속행).

제4절 권리가액, 분담금 기타 비용의 산정

I. 공사계약 방식에 따른 권리가액 산정 및 조합원 분담금 산출 방법

1. 【해설】 분담금, 권리가액, 비례율의 의미

> 정비사업은 조합원들이 출자한 토지등(종전자산)을 토대로 새로운 대지와 건축물(종후자산)을 조성, 건축하여 조합원들에게 공급(분양)하고 그 잔여분을 일반인에게 분양하여 그 분양수입금(조합원분담금 및 일반분양 수입금)을 공사대금 등 사업비에 충당한 후 그 과부족액을 정산하여 조합원이 추가분담금을 납부하거나 조합으로부터 환급금을 받는 방식으로 이루어진다.
>
> 따라서 조합원은 새 아파트(종후자산)를 공급받는 대가로 그 종후자산 가액 전부를 지급하는 것이 아니고, 종후자산 가액에서 자신이 출자한 자산(종전자산)의 가치(권리가액)를 뺀 나머지 금액(분담금)만을 지급하면 된다.
>
> 한편 해당 정비사업에서 종전자산이 차지하는 실제 가치(비중, 중요도)를 의미하는 권리가액은 해당 정비사업의 수많은 수입·지출의 함수 속에서 결정되는 일정한 가중치의 적용을 받게 되는데, 그 가중치를 "비례율"이라 한다.
>
> 비례율은 해당 정비사업의 여러가지 수입·지출의 함수에 의해 결정되며, 해당 정비사업을 통해 창출되는 부가가치(개발이익)에 비례하여 높아지거나(사업성 좋음) 낮아진다(사업성 안 좋음). 개발이익이 0이면 비례율은 100%가 되고, 개발손실이 발생하면 비례율은 100% 미만이 된다.
>
> 위 내용을 수식으로 표현하면 아래와 같다.
>
> ★ 분담금 = 조합원분양가 - 권리가액
>
> ★ 권리가액 = 종전자산가액(감정평가액) × 비례율
>
> ★ 비례율(%) = [(① 총수입 - ② 총지출) / ③ 종전자산 가액 총액] × 100

> ① 총수입 = 사업완료 후 대지 및 건축물(종후자산)의 총 가액 = 조합원분양가 총액 + 일반분양가 총액(임대주택 매각대금 포함)
>
> ② 총지출 = 국공유지 매입비, 보상비(현금청산비), 이주비, 공사비(철거비 포함), 각종 용역비, 조합운영비, 금융비용(이자) 등
>
> ③ 종전자산 가액 총액 = 조합원(현금청산대상자 제외) 보유 자산 감정평가액 총계
>
> 위 수식에서 알 수 있는 것처럼, 비례율은 총수입(①)이 많아지면 높아지고, 총지출(②)과 종전자산 가액 총액(③)이 높아지면 낮아진다. 따라서 예를 들어 A) 인플레이션으로 인한 공사비 상승, 조합원 또는 시공자와의 분쟁(사업지연)으로 인한 금융비용 증가 등으로 사업비가 증가하고 부동산 하락기가 시작돼 일반분양 수입이 감소하면 비례율은 떨어지고, B) 반대로 공사비 상승요인이 거의 없고, 사업이 예정대로 착착 진행되고 부동산상승기가 와서 일반분양 수입이 증가하면 비례율이 올라간다.
>
> 종전자산 감정평가액이 줄어들어도 비례율은 올라가지만, 종전자산 가액이 줄어드는 만큼 조합원의 분담금이 늘어나기 때문에 그렇게 올라간 비례율은 무의미하다.

2. ★ 투자 Tip 비례율과 프리미엄

> (1) 비례율은 해당 정비사업 전체의 개발이익을 표현하는 지표일 뿐, 조합원 각자가 실제로 향유하는 개발이익은 비례율과 다르다. 비례율 산출의 중요 변수인 조합원분양가와 일반분양가 자체가 주변 시세보다 훨씬 저렴하고, 게다가 조합원 분양가는 보통 일반분양가보다 20% 정도 낮기 때문에(부동산 하락장에서 일반분양가가 낮아지면 그 차이가 10%로 좁혀지고 상승장에서는 30%까지 벌어진다), 조합원 각자가 실제로 향유하는 개발이익은 비례율보다 높은 것이 일반적이다.
>
> 그래서 비례율이 100%인 경우에도 조합원은 상당한 개발이익(= 주변시세 – 조합원분양가)을 향유하며, 그것은 종전자산(또는 입주권)의 프리미엄(P)에 반영된다. 동·호수 추첨에서 로얄 동·호수에 당첨된 조합원은 더 큰 개발이익을 향유한다. 그러니 재개발·재건축에 투자하는 사람은 비례율보다 '조합원이 실제로 향유할 이익'에 더 신경을 써야 한다.
>
> (2) 비례율을 결정하는 제 변수 중 관리처분계획 수립 단계에서 확정되어 있는 것은 '종전자산 가액 총액'과 '조합원분양가 총액'뿐이며, 그 밖의 변수들은 사업이 종료하고 청산할 때 비로소 확정된다. 따라서 그때까지의 비례율은 '추정비례율'에 지나지 않는다.
>
> (2) 그래서 재개발·재건축에 투자할 때는 비례율의 변동에 일희일비 하지 말고, 해당 사업장이 조합원/시공자와의 분쟁 없이 예정대로 잘 진행될 사업장인지, 일반분양 및 사업종료(입주) 시점에 부동산 상승기가 될지 하락기가 될지에 더 신경을 써야 한다.

I. 공사계약 방식에 따른 권리가액 산정 및 조합원 분담금 산출 방법

> 다만, 몇년 후의 부동산 시황을 예측하기는 어려우므로, 결국 투자가가 가장 신경써서 보아야 할 것은 「사업이 예정대로 착착 진행되어갈 사업장인지 아닌지」라고 할 수 있다.

3. 【해설】 지분제에서의 분담금: 비례율 → 무상지분율, 권리가액 → (무상지분)권리금액

(1) 지분제 시공계약은 시공자가 조합원에게 종전자산의 대지권면적 대비 신축아파트의 일정 면적(무상지분면적)을 무상으로 제공하고, 사업에서 발생하는 나머지 이익(아파트 일반분양분과 상가·편의시설 등의 분양수입 및 조합원 분담금)을 시공자가 공사대금으로 가져가는 방식이다. 예를 들어 무상지분율이 150%인 재건축사업에서, 현재 대지지분 66 ㎡(대지지분면적)인 아파트에 살고 있는 조합원은 99 ㎡(분양면적)의 새 아파트를 무상으로 받을 수 있으며, 그 외 해당 재건축사업에서 발생하는 이익은 전부 시공자에게 귀속한다. 자세히 보면 아래와 같다.

(2) "무상지분율"이란 재건축사업에서 조합원이 종전자산 출자 외 추가 부담 없이(분담금 0 원) 무상으로 공급받을 수 있는 새 아파트의 분양면적(= 전용면적 + 주거공용면적)을 종전자산의 대지지분면적 대비 비율로 나타낸 수치이다.

무상지분율은 재건축사업을 통해 얻어지는 총 사업이익(= 총분양수입 − 총사업비)을 평당분양가로 나누어 면적으로 환산한 "무상지분면적(개발이익면적)"을 다시 총 대지면적으로 나누어 백분율로 표시한 수치이다. 즉, 재건축사업을 통하여 얻는 "총 개발이익면적"을 조합원이 출자한 사업부지(대지) 단위면적 당 비율로 환산한 수치이다(조합원의 출자자산 중 건축물은 고려하지 않고 대지지분만 고려한다).

  ☆ 무상지분율(%) = [총 개발이익면적(= 총 무상지분면적) ÷ 총 대지면적] × 100

  ☆ 총 개발이익면적 = 총 사업이익(개발이익) ÷ 평당 평균분양가

  ☆ 총 사업이익(개발이익) = 총수입 − 총사업비

  ☆ 총수입 = 종후자산 가치 총액 = 총대지면적 × 용적률 × 평당 평균분양가

  ☆ 총사업비 = 보상비(현금청산비), 이주비, 공사비(철거비 포함), 각종 용역비, 조합운영비, 금융비용(이자) 등

(3) 이렇게 산출된 무상지분율은 재건축사업부지 단위면적(1 ㎡) 당 무상으로 공급받을 수 있는 아파트면적(㎡)을 나타낸다.

★ 무상지분면적 = 각 조합원의 대지지분 면적 × 무상지분율 = 분담금 없이 무상으로 공급받을 수 있는 면적.

예를 들어 종전 아파트 대지지분이 20 평이고 무상지분율이 150%이면 재건축을 통해 무상으로 공급받을 수 있는 새 아파트의 분양면적은 30 평이다.

> 20평(종전 아파트 대지지분) × 150%(무상지분율) = 30평(새 아파트 무상 분양면적)
>
> 이 경우 40평짜리 새아파트를 분양받으면 청산금으로 10평에 대한 분담금을 납부해야 되고, 20평짜리를 분양받으면 반대로 10평에 대한 환급금을 돌려 받는다.
>
> (4) '무상지분면적'은 도급제에서 '권리가액'에 해당하는 개념이다. 그래서 무상지분면적을 분양가로 환산한 금액을 '(무상지분)권리금액'이라 부른다.
>
> ☆ 무상지분면적 × 평당 분양가 = (무상지분)권리금액
>
> ☆ 도급제에서 조합원 분담금 = 분양받은 아파트 가격 – 권리가액
>
> ☆ 지분제에서 조합원 분담금 = (분양받은 아파트 면적 – 무상지분면적) × 평당분양가

II. 종전자산 감정평가

A. 개요

1. 【해설】 종전자산 감정평가의 시기

> 종전자산의 가격은 관리처분계획의 필수적 기재사항일 뿐 아니라, 필수적 분양통지사항이기도 하다(법 제74조 제1항 제5호; 제72조 제1항 제1호). 따라서 종전자산 감정평가는 분양통지 전에 완료되어야 한다.
>
> 분양통지는 사업시행계획인가의 고시일(또는 도급계약체결일)부터 120일 이내에 하여야 하므로(법 제72조 제1항), 조합은 사업시행계획인가가 고시되면(또는 시공자와 시공계약을 체결하면) 곧바로 종전자산 감정평가를 의뢰하여야 한다.
>
> 종후자산 추산액은 전부개정법에서도 관리처분계획에만 포함되고 분양통지사항에는 포함되지 않았으므로(법 제74조 제1항, 제72조 제1항) 종후자산에 대한 감정평가는 관리처분계획 수립 전까지만 이루어지면 된다.

2. 【해설】 구법에서의 종전자산 감정평가 시기

> 구법에서는 분양통지시 "개략적인 부담금 내역"만을 통지하면 되었으므로(구법 제46조 제1항; 구령 제47조 제1항) 분양통지 전에 종전자산 감정평가 결과가 나오지 않아도 됐다.
>
> 구법에서 종전자산 가격은 관리처분계획에 포함될 사항이었으므로 종전자산에 대한 감정평가는 분양신청기간 만료 후 관리처분계획 수립을 위한 준비절차로서 진행되었

다. 다만, 구법에서도 관리처분총회 개최일부터 1개월 전에 종전자산 가격 등을 각 조합원에게 문서로 통지하여야 했으므로(구법 제48조 제1항) 그 전까지는 감정평가 결과가 나와야 했다.

3. 【해설】 종전자산 감정평가의 목적과 의미 (상대적 출자비율을 정하는 것)

관리처분계획 수립을 위한 종전자산 가격의 평가는 조합원들 사이의 상대적 출자 비율을 공평하게 정하기 위한 것이다. 따라서 감정평가액 자체보다 그 비율(조합원간 형평성)을 중요하게 본다(대법원 2015. 11. 26. 선고 2014두15528 판결 등 참조).

그런데 종전자산 가액이 높아지면 비례율이 낮아지고, 현금청산을 원하는 토지등소유자가 많아지며 그런 경우 대개는 사업비가 증가하여 사업성이 떨어지고 조합원의 분담금도 늘어나므로, 사업시행자는 종전자산의 감정평가액을 가급적 낮추려는 경향이 있다.

그러므로 조합원들은 감정평가액의 많고 적음에 일희일비할 것이 아니라 다른 토지등소유자와의 형평성(감정평가액의 비교)을 눈여겨 보아야 한다. 예를 들어 입지나 면적이 유사한 다른 종전자산 평가액과 비교해 볼 때 자신의 종전자산 평가액이 부당하게 낮은지를 따져 보아야 하는 것이다.

이런 점에서 '현금청산 협의를 위한 감정평가'와는 근본적으로 다르다. 현금청산을 위한 감정평가는 보상액을 산정하기 위한 것이므로 비율보다 금액 자체가 중요하다.

4. 【해설】 평가기준일: '최초 사업시행인가 고시일'

종전자산의 평가 기준일은 '사업시행인가 고시일'이다(법 제74조 제1항 제5호). 사업시행계획이 변경된 경우에는 최초 사업시행인가 고시일이 기준일이다(감정평가 실무기준 3.1). 최종 사업시행계획이 최초 사업시행계획의 주요 부분을 실질적으로 변경한 것이라도, '최초 사업시행계획 인가 고시일'을 기준으로 평가한 종전자산가격을 기초로 관리처분계획을 수립하는 것이 원칙이다(대법원 2015. 11. 26. 선고 2014두15528 판결).

다만 정관에 다른 정함이 있는 경우 정관이 정한 절차(총회결의 등)를 거쳐 '최초 사업시행인가 고시일'이 아닌 사업시행변경인가 고시일을 기준으로 하는 것은 허용된다(대법원 2018. 3. 13. 선고 2016두35281 판결).

5. 【해설】 새로운 사업시행계획인가일을 기준일로 하는 경우

사업시행계획인가를 받고 분양신청 절차까지 진행된 후 조합설립인가가 무효/취소되어 새로 조합설립인가처분을 받고 그에 따른 새로운 사업시행계획인가를 받은 후 새로 관리처분계획을 수립하는 경우에는, 최초 사업시행계획인가일이 아니라 새로운 사업시행계획인가일을 기준일로 종전자산을 평가해야 한다.

다만, 이런 경우 '새로운 사업시행계획인가일'이 아닌 '최초 사업시행계획인가일'을 기준일로 삼은 하자는 관리처분계획을 무효로 할 만한 중대한 하자가 아니다. 왜냐하면 종전자산 평가는 조합원들 사이의 상대적 출자 비율을 정하기 위한 것인데, 모든 조합원에게 동일한 평가기준일을 적용하면 그 일자를 언제로 하는지는 조합원들의 권리관계에 별다른 영향을 미치지 않기 때문이다. (이상 대법원 2016. 12. 15. 선고 2015 두 51309 판결.)

6. 【해설】 종전자산 평가에 대한 불복방법 (관리처분계획 취소소송)

(1) 감정평가 자체는 행정처분이 아니므로 별도로 불복할 수 없으며, 해당 감정평가를 기초로 작성된 관리처분계획에 대하여 취소소송을 제기하여야 한다. 즉 분양신청을 한 조합원은 관리처분계획의 인가가 있은 후「관리처분계획 중 해당 조합원의 권리가액 부분」의 취소를 구하는 소송을 제기할 수 있다.

이 경우 감정평가의 위법성은 감정평가액의 많고 적음이 아니라 다른 토지등과의 형평성 위반에 있으므로, 관리처분계획의 기초가 된 감정평가의 평가방식이 부당하다 하더라도 바로 관리처분계획이 위법하게 되는 것은 아니고, 그 결과 관리처분계획의 내용이 조합원들 사이의 형평성을 잃게 할 정도로 부당하게 된 경우에 한하여 비로소 관리처분계획이 위법하게 된다(서울고등법원 2008.11.4. 선고 2008 누 8651 판결 참조).

그러므로 이 소송에서 승소하기 위해서는 감정평가의 방법과 결과가 위법하다는 것뿐 아니라, 그로 인하여 자신의 종전자산 평가액이 다른 조합원과 비교해서 형평성을 잃게 되었다는 것까지 증명해야 한다.

(2) 감정평가 자체가 위법하다는 것을 증명하기도 어려운데, 위법한 감정결과로 인해 나의 종전자산 평가액이 다른 조합원과 비교해서 형평성을 잃게 할 정도로 부당하다는 것까지 증명하기는 매우 어려운 일이다. 따라서 법원에서 종전자산의 감정평가가 잘못되었다는 이유로 관리처분계획의 일부 취소를 받아내기는 지극히 어려운 일이다.

그러므로 나의 종전자산 감정평가가 잘못되었다는 생각이 든다면, 먼저 다른 조합원들의 평가액과 비교해 보고, 그래도 나의 감정평가액이 형평성을 잃을 정도로 잘못되었다고 생각된다면, 관리처분계획인가 시까지 기다려 소송을 제기할 것이 아니라, 곧바로 조합에 집단민원을 제기해서 재감정평가를 받아보는 방법을 강구해야 한다.

B. 감정평가법인등의 선정 및 평가방법

II. 종전자산 감정평가

1. 【해설】 감정평가업자의 선정

관리처분계획의 수립을 위한 종전자산과 종후자산 및 세입자 손실보상액의 감정평가는 아래와 같이 선정한 2인 이상의 감정평가업자가 평가한 금액을 산술평균하여 산정한다(법 제 74 조 제 4 항 제 1 호).

① 주거환경개선사업 또는 재개발사업: 시장·군수등이 선정·계약한 2 인 이상의 감정평가업자

② 재건축사업: a) 시장·군수등이 선정·계약한 1 인 이상의 감정평가업자와 b) 조합총회의 의결로 선정·계약한 1 인 이상의 감정평가업자

2. 【해설】 손실보상(현금청산)을 위한 감정평가와 비교

(1) 재개발사업에서 손실보상(현금청산)을 하기 위해서는 토지보상법 제 68 조 제 1 항에 따라 시·도지사가 추천한 감정평가업자 1 인과 토지소유자가 추천한 감정평가업자 1 인을 포함한 3 명의 감정평가업자를 선정하여 평가한 후, 각 감정평가업자가 평가한 평가액의 산술평균치를 기준으로 토지등소유자와 협의하여야 한다(전부개정법 시행령 제 60 조 제 1 항; 토지보상법 제 68 조 제 2 항; 동 시행규칙 제 16 조 제 6 항).

(2) 즉 전부개정법은 청산금액의 협의를 위한 감정평가를 함에 있어 재개발사업에 한하여 감정평가업자 3 명을 선정하되 그 중 1 명은 반드시 토지소유자가 추천한 감정평가업자를 선정해야 한다.

(3) 재건축사업의 손실보상 절차(매도청구소송 제기 전 협의)에서 감정평가는 필수절차가 아니다.

☞ 손실보상 감정평가에 관하여는 돈.되.법 5 제 1 장 제 4 절 II.를 참조하세요.

3. 【법령】 감정평가 실무기준

[시행 2019. 10. 23.] [국토교통부고시 제 2019-594 호]

3.1 종전자산의 감정평가

① 종전자산의 감정평가는 사업시행인가고시가 있은 날의 현황을 기준으로 감정평가하되, 다음 각 호의 사항을 준수하여야 한다.

1. 종전자산의 감정평가는 조합원별 조합출자 자산의 상대적 가치비율 산정의 기준이 되므로 대상물건의 유형·위치·규모 등에 따라 감정평가액의 균형이 유지되도록 하여야 한다.

제 2 장 분양 / 제 4 절 권리가액, 분담금 기타 비용의 산정

> 2. 해당 정비구역의 지정에 따른 공법상 제한을 받지 아니한 상태를 기준으로 감정평가한다.
>
> 3. 해당 정비사업의 시행을 직접 목적으로 하여 용도지역이나 용도지구 등의 토지이용계획이 변경된 경우에는 변경되기 전의 용도지역이나 용도지구 등을 기준으로 감정평가한다.
>
> ② <u>비교표준지는 해당 정비구역 안에 있는 표준지 중에서</u> [610-1.5.2.1]의 <u>비교표준지 선정기준에 적합한 표준지를 선정하는 것을 원칙으로 한다.</u> 다만, 해당 정비구역 안에 적절한 표준지가 없거나 해당 정비구역 안 표준지를 선정하는 것이 적절하지 아니한 경우에는 해당 정비구역 밖의 표준지를 선정할 수 있다.
>
> ③ 적용 공시지가의 선택은 해당 정비구역의 <u>사업시행인가고시일 이전 시점을 공시기준일로 하는 공시지가로서 사업시행인가고시일에 가장 가까운 시점에 공시된 공시지가를 기준으로 한다.</u>

III. 평가의 기준시점 (판례)

A. ① 종전 토지·건축물의 평가 기준시점인 "사업시행인가 고시일"이란 '최초 사업시행계획 인가 고시일'을 의미해; ② <u>사업시행계획이 실질적으로 변경되어 최초 사업시행계획이 효력을 상실하더라도</u> 변경시점을 기준으로 장래를 향하여 실효될 뿐이므로, '최초 사업시행계획 인가 고시일'을 기준으로 이루어진 종전자산가격 평가는 적법함 ―대법원 2015. 11. 26. 선고 2014두15528 판결[관리처분총회결의무효확인]

【당사자】

[원고, 피상고인] 별지 원고 명단 기재와 같다
[피고, 상고인] 대신 2-2 지구주택재건축정비사업조합

1. 법리

가. 논거

위와 같은 관련 규정의 문언·취지·체계 등에 더하여,

① 구 도시정비법에 따른 <u>재개발·재건축 등 정비사업은 정비구역 내의 토지등소유자가 종전자산을 출자하고 공사비 등을 투입하여 공동주택 등을 건설한 후 조합원에게 배분하고 남는 공동주택 등을 일반에게 분양하여 발생한 개발이익을 조합원들 사이의 출자 비율에</u>

따라 나누어 가지는 사업으로서, 관리처분계획의 내용으로서의 종전자산가격 평가는 이와 같은 조합원들 사이의 상대적 출자 비율을 정하기 위한 것으로 보이는 점,

② 구 도시정비법 제48조 제1항 제4호가 원칙적으로 사업시행인가 고시일을 기준으로 종전자산가격을 평가하도록 하면서, 구 도시정비법 제48조의2 제2항에 따라 철거된 건축물은 시장·군수에게 허가받은 날을 기준으로 평가하도록 하고 있을 뿐, 사업시행계획이 변경된 경우 종전자산가격 평가를 새로 하여야 한다는 내용의 규정을 두고 있지 아니한 것은, 평가시점에 따라 종전자산가격이 달라질 경우 발생할 수 있는 분쟁을 방지하기 위하여 종전자산의 가격 평가시점을 획일적으로 정하기 위한 것으로 보이는 점,

③ 사업시행계획의 변경이 필연적으로 종전자산의 가격에 영향을 미쳐 그 평가를 변경인가 고시일을 기준으로 새로 해야 한다고 볼 수도 없는 점,

④ 최초 사업시행계획의 주요 부분에 해당하는 공동주택의 면적, 세대수 및 세대별 면적 등이 실질적으로 변경되어 최초 사업시행계획이 효력을 상실한다고 하더라도, 이는 사업시행계획 변경시점을 기준으로 최초 사업시행계획이 장래를 향하여 실효되었다는 의미일 뿐, 그 이전에 이루어진 종전자산가격 평가에 어떠한 영향을 미친다고 볼 수 없는 점 등에 비추어 보면,

나. '사업시행인가 고시일'이란 '최초 사업시행계획 인가 고시일'을 의미해

비교적 장기간에 걸쳐서 진행되는 정비사업의 특성에 비추어 보더라도 구 도시정비법 제48조 제1항 제4호가 정한 '사업시행인가 고시일'이란 문언 그대로 '최초 사업시행계획 인가 고시일'을 의미하는 것으로 봄이 타당하다.

따라서 최초 사업시행계획의 주요 부분을 실질적으로 변경하는 사업시행계획 변경인가가 있었다고 하더라도 특별한 사정이 없는 한 최초 사업시행계획 인가 고시일을 기준으로 평가한 종전자산가격을 기초로 하여 수립된 관리처분계획이 종전자산의 면적·이용상황·환경 등을 종합적으로 고려하여 대지 또는 건축물이 균형 있게 분양신청자에게 배분되도록 정한 구 도시정비법 제48조 제2항 제1호에 위반된다고 볼 수 없다.

2. 대법원의 판단 (파기환송)

이러한 사실관계를 앞서 본 법리에 비추어 보면, 최종 사업시행계획이 최초 사업시행계획 내용의 주요 부분을 실질적으로 변경한 것이라고 하더라도, 그러한 사정만으로 최초 사업시행계획 인가 고시일을 기준으로 하여 평가한 종전자산가격을 기초로 수립된 이 사건 관리처분계획이 위법하다고 볼 수 없다.

제 2 장 분양 / 제 4 절 권리가액, 분담금 기타 비용의 산정

그럼에도 원심은 이와 다른 전제에서, 최종 사업시행계획 인가 고시일을 기준으로 하여 새로 종전자산가격을 평가하지 아니하고 최초 사업시행계획 인가 고시일을 기준으로 하여 평가한 종전자산가격을 기초로 작성하였다는 이유로 이 사건 관리처분계획이 위법하다고 판단하였다. 이러한 원심판결에는 종전자산가격의 평가기준시점에 관한 법리 등을 오해하여 판결에 영향을 미친 잘못이 있다.

☞ [같은 취지 판례] 대법원 2015. 10. 29. 선고 2014 두 13294 판결[관리처분계획취소]; 대법원 2016. 2. 18. 선고 2015 두 2048 판결[사업시행계획변경취소등]

B. 조합총회 결의를 거쳐 '최초 사업시행인가 고시일'이 아닌 사업시행변경인가 고시일을 기준으로 종전자산 가격을 평가하여 수립한 관리처분계획은 적법하다고 본 사례 —서울고등법원 2016. 2. 2. 선고 2015 누 60084 판결[관리처분계획취소청구의소] (상고기각)

【당사자】

【원고, 피상고인 겸 상고인】 원고 1 외 2 인
【피고, 상고인 겸 피상고인】 가락시영아파트 주택재건축정비사업조합

도시정비법 제 48 조 제 1 항 제 4 호가 '사업시행인가의 고시가 있은 날'을 기준으로 분양대상자별 종전의 토지 또는 건축물의 가격을 평가하여 관리처분계획을 수립하도록 규정하고 있기는 하나, 관리처분계획을 수립할 때 종전자산의 가격평가를 하도록 하는 이유는 정해진 사업비에 대한 개별 조합원들의 분담금을 형평성 있게 분배하기 위한 기준을 정하기 위함이므로(분양가격이 같은 조합아파트를 분양받을 경우, 종전자산 평가액이 낮은 조합원은 종전자산 평가액이 높은 조합원에 비하여 더 많은 개별 분담금을 부담하여야 한다),

반드시 최초 사업시행인가 고시일을 기준으로 종전자산을 평가하여야 한다고 볼 수 없고, 조합원 총회의 결의를 거쳐 사업시행변경인가 고시일 등을 기준으로 종전자산을 평가하는 것도 가능하다고 봄이 상당하다.

C. ① 사업시행계획인가를 받고 2000. 9. 3. 분양신청 절차까지 진행한 후 조합설립인가처분에 대한 무효확인 소송이 제기되자, 다시 조합설립절차를 진행하여 조합설립변경인가처분을 받은 후 새로운 사업시행계획을 수립하여 인가를 받고 2011. 6. 17. 새로운 관리처분계획을 수립하면서 종전자산 평가 기준일을 2011. 6. 17.로 하지 않고 2007. 9. 3.로 한 사안 에서; ② 종전자산가격 평가기준일을 잘못 정한 것은 관리처분계획을 무효로 할 만한 중대한 하자가 아니라고 봄 —대법원 2016. 12. 15. 선고 2015 두 51309 판결[수용재결취소등]

IV. 종전자산 감정평가의 하자 (판례)

1. 원심이 인정한 사실

원심은 다음과 같은 사실을 인정하였다.

가) 2006. 11. 29. 조합설립인가처분을 받아 설립된 피고 아현제 4 구역주택재개발정비사업조합(이하 '피고 조합'이라 한다)은 사업시행계획을 수립하여 2007. 9. 3. 인가를 받았고, 토지 등 소유자들로부터 2007. 9.부터 같은 해 10.까지 분양신청을 받았다.

나) 토지 등 소유자 중 일부가 조합설립인가처분에 대한 무효확인의 소 등을 제기하자 피고 조합은 그 하자를 보완하고 조합설립 절차를 다시 밟아 2011. 5. 20. 조합설립변경인가처분(이하 '이 사건 조합설립변경인가처분'이라 한다)을 받았다.

다) 그 후 피고 조합은 사업시행계획을 수립하여 2011. 6. 17. 인가를 받은 다음 … 관리처분계획(이하 '이 사건 관리처분계획'이라 한다)을 수립하여 2011. 8. 26. 인가를 받았다.

다) 이 사건 관리처분계획에는 이 사건 조합설립변경인가처분이 있은 후 처음 수립된 사업시행계획에 대한 인가일인 2011. 6. 17.이 아닌 최초 사업시행계획에 대한 인가일인 2007. 9. 3.을 기준으로 분양대상자별 종전자산가격이 평가되어 있다…

2. 대법원의 판단

도시정비법 제 48 조 제 1 항 제 4 호가 분양대상자별 종전자산가격을 평가하여 이를 관리처분계획에 포함시키도록 한 것은 기본적으로 조합원들 사이의 상대적 출자 비율을 정하기 위한 것이기 때문에 모든 조합원들에게 동일한 평가기준일을 적용한다면 그 일자를 언제로 하는지가 조합원들의 권리관계에 별다른 영향을 미치지 않는다. 따라서 피고 조합이 종전자산가격 평가기준일을 잘못 정하였다고 하더라도 그 하자가 중대하다고 볼 수 없으므로 이 사건 관리처분계획이 당연무효라고 단정할 수 없다.

IV. 종전자산 감정평가의 하자 (판례)

A. 도시환경정비구역으로 지정된 날에 그 중 일부 구역에 대한 용도지역이 '제 3 종 일반주거지역'에서 '일반상업지역'으로 변경된 사안에서 정비구역 외의 인근지역에 위치한 제 3 종 일반주거지역의 표준지를 기준으로 한 종전자산 감정평가에 따라 수립한 관리처분계획은 적법하다고 본 사례 ―대법원 2012. 2. 23. 선고 2010 두 19782 판결[관리처분계획취소등]

【당사자】

【원고, 상고인】 원고 1 외 15인

제 2 장 분양 / 제 4 절 권리가액, 분담금 기타 비용의 산정

【피고, 피상고인】 국제빌딩주변제 4 구역도시환경정비사업조합

1. 원심이 인정한 사실

원심판결 이유에 의하면 원심은, 그 채택 증거에 의하여 ① 이 사건 정비구역이 도시환경정비구역으로 지정된 날에 그 중 일부 구역에 대한 용도지역이 제 3 종일반주거지역에서 일반상업지역으로 변경되었고 그 후 이 사건 사업시행인가가 고시된 사실, ② 이 사건 감정평가법인들은 용도지역이 변경된 일부 구역에 대하여 감정평가를 실시함에 있어 이 사건 정비구역 외의 인근지역에 위치하고 있는 변경 전 용도지역과 동일한 용도지역의 표준지를 기준으로 하여 이 사건 정비구역 내 부동산의 매매사례와 보상선례 등 기타요인을 참작하였고, 피고는 조합 총회에서 위와 같은 감정평가결과에 따라 수립된 이 사건 관리처분계획을 의결한 사실 등 판시와 같은 사실을 인정한 다음,

2. 원심판결의 정당함

(1) 이 사건 관리처분계획에서 이 사건 정비구역 중 일부 구역에 관하여 제 3 종일반주거지역의 표준지를 기준으로 감정평가를 실시한 것은 표준지의 선정에 관하여 종전 용도지역에 따른 것일 뿐 감정평가기준일은 여전히 이 사건 사업시행인가고시일이고, 이와 같이 종전의 용도지역과 동일한 표준지를 기준으로 감정평가를 실시한 것은 이 사건 사업의 시행으로 인한 용도지역의 변화 등 가격변동에 미치는 영향을 배제함으로써 이 사건 정비구역의 종전 자산에 대한 평가가 균형있게 이루어지도록 하기 위한 것으로서 종전 자산 평가에 관한 관리처분계획의 기준에 합치되고 관련 법규상 기준에 위반되지 않으며,

(2) 종전 자산의 평가가 자산의 가치에 영향을 미치는 각종 요소들을 종합하여 사업시행인가고시일을 기준으로 이루어진 이상 이 사건 감정평가법인들이 수집한 매매사례 또는 보상선례에 이 사건 사업시행인가고시일로부터 1 년 전의 사례가 일부 포함되어 있다고 하더라도 이를 위법하다고 할 수 없다고 판단하였다… 원심이 위와 같이 판단한 조치는 정당한 것으로 수긍할 수 있…다.

B. [고등법원판례] ① 관리처분계획의 기초가 된 감정평가의 평가방식이 부당하더라도, 그 평가방식의 부당함으로 인하여 바로 관리처분계획이 위법하게 되는 것은 아니고, 그 결과 관리처분계획의 내용이 조합원들 사이의 형평성을 잃게 할 정도로 부당하게 된 경우에 한하여 비로소 관리처분계획이 위법하게 돼(종전자산 평가는 조합원들 사이의 형평을 목적으로 하므로); ② 관리처분계획 수립 당시 제출한 감정평가서에 평가액의 산출내역이 기재되어 있지 않았어도 소송계속 중 상세 산출내역을 제출하였으므로 적법하다고 본 사례; ③ 법원 감정인의 감정은 유사주택의 거래사례로 볼 수 없거나 투기적 거래였을 수 있는 거래사례

를 비교사례로 한 것이어서 위법하고 관리처분계획 수립 당시에 한 감정평가가 적법하다고 본 사례 —서울고등법원 2008.11.4. 선고 2008누8651 판결[관리처분계획취소]

【주문】

> 피고가 2006. 10. 26. 서울특별시 서초구청장으로부터 인가받은 관리처분계획 중 원고들에 대한 '조합원 권리가액 산출표'의 '조합원 권리가액' 부분, '분양대상자의 권리가액 다액순 내역서'의 '권리가액' 부분, '관리처분계획 및 분양설계기준'의 제12조 제2호 나목 '무상단가' 부분을 각 취소한다.

1. 법리

도정법에 의한 재건축사업의 관리처분계획을 작성하기 위한 종전자산의 평가는 조합원들 사이에 분양(또는 분배)의 기준이 되는 권리가액의 산정에 주된 목적이 있고, 공익사업을 위한 토지 등의 취득 및 보상에 관한 법률에 의한 평가는 공익사업을 시행함에 있어 수용목적물에 대한 정당한 보상액을 정하는 데에 주된 목적이 있는 것이어서, 양자의 평가 사이에는 '재건축사업 시행결과의 조합원 사이의 공평한 분배'와 '정당한 보상'이라는 목적의 차이가 있으므로,

관리처분계획 수립 당시 제출된 감정평가서에 가격 산정요인에 관한 구체적 설시 없이 부동산 가격을 산출한 하자가 있었다고 하더라도, 관리처분계획의 위법 여부를 다투는 소송 중에 사실조회결과 등에 의하여 구체적으로 개별요인에 관한 품등비교의 수치 등 부동산 가격의 산출근거가 제시된 이상, 법원으로서는 관리처분계획 수립 후에 제출된 자료까지 종합하여 관리처분계획 수립 당시에 존재하였던 객관적 사정을 확정하고, 이에 기초하여 관리처분계획의 위법 여부를 판단할 수 있다.

또한 관리처분계획의 기초가 된 감정평가의 평가방식이 부당하다 하더라도, 관리처분계획 수립 당시의 종전자산 평가는 조합원들 사이의 형평을 목적으로 한다는 점에서, 그 평가방식의 부당함으로 인하여 바로 관리처분계획이 위법하게 되는 것은 아니고, 그 결과 관리처분계획의 내용이 조합원들 사이의 형평성을 잃게 할 정도로 부당하게 된 경우에 한하여 비로소 관리처분계획이 위법하게 된다.

2. 판단(법원감정이 위법하고 관리처분계획 수립 당시의 감정이 적법하다고 본 사례)

이 사건에 관하여 살피건대, 앞서 본 바와 같이 경일감정평가법인 및 중앙감정평가법인이 모두 당심 소송계속 중 그 평가액의 상세한 산출내역(을 제16호증의 1, 2)을 제출하였으므로, 위 각 감정평가법인이 이 사건 관리처분계획 수립 당시 제출한 각 감정평가서에 그 평가액의 상세한 산출내역이 기재되어 있지 않다 하여 바로 그 각 감정평가가 위법하다고

제 2 장 분양 / 제 4 절 권리가액, 분담금 기타 비용의 산정

할 수는 없고, 위 각 감정평가법인이 인근지역에 있는 표준지들 중 평가대상토지와 용도지역, 지목, 이용상황 등이 동일 또는 유사한 X 토지 또는 Y 토지를 비교표준지로 선정한 데에 어떠한 위법이 있다고 볼 수도 없다.

또한 법원감정인의 감정평가는 유사 주택의 거래사례로 볼 수 없거나 투기적인 거래였을 수 있는 거래사례를 비교사례로 하여 평가한 것이어서 적법하다고 볼 수 없으므로, 경일감정평가법인 및 중앙감정평가법인의 각 감정평가액이 법원감정인의 감정평가액보다 낮다는 사정만으로 바로 경일감정평가법인 및 중앙감정평가법인이 종전자산의 가치를 정확히 평가하지 아니하였다고 단정할 수는 없다.

따라서 이 사건 관리처분계획 중 종전자산에 대한 경일감정평가법인 및 중앙감정평가법인의 각 감정평가액을 산술평균한 금액이 기재되어 있는 부분, 즉 '조합원 권리가액 산출표'(갑 제 36 호증)의 '종전 토지 및 건축물의 산술평균액' 부분, '분양대상자별 종전의 토지 또는 건축물의 명세 및 사업시행인가 고시가 있는 날을 기준으로 한 가격'(갑 제 37 호증)의 '산술평균 사업시행인가일 기준' 부분, '분양대상자의 권리가액 다액순 내역서'(갑 제 38 호증)의 '종전 토지 및 건축물의 산술평균액' 부분은 위법하다고 할 수 없으므로, 이 점을 다투는 원고들의 주장도 이유 없다.

C. [같은 취지 고등법원판례] 관리처분계획 수립 당시 제출된 감정평가보고서에는 감정평가요인 산정에 관한 구체적인 근거를 제출하지 않고 감정평가 요인과 가격만을 제시했더라도, 이 사건 소송계속 중 종전 건축물 가격을 산출하기 위해 적용했던 개별평가요인에 대한 구체적 평가 근거를 적은 자료를 제출하였으므로 관리처분계획이 적법하다고 본 사례 — 서울고등법원 2010. 12. 15. 선고 2010 누 4904 판결[관리처분계획취소]

을 제 3, 6 호증(가지번호 포함) 각 기재에 의하면, 이 사건 감정평가법인이 당초 원고에게 제시한 감정평가보고서(을 제 3 호증)에는 이 사건 건물에 대한 산출단가, 표준지 및 표준지 공시지가, 시점수정, 지역요인, 개별요인(가로, 접근, 환경, 획지, 행정, 기타), 기타요인에 대한 수치만을 적었다가, 이 사건 소송계속 중 이 사건 건물을 비롯한 종전 건축물 가격을 산출하기 위해 적용하였던 개별평가요인에 대한 구체적 평가 근거를 적은 자료(을 제 6 호증)를 제출하였다.

을 제 6 호증에 의하면, 이 사건 감정평가법인은 이 사건 건물을 비롯한 종전 건축물에 관하여 건축물 구조·용재, 시공 정도, 이용상태 등을 종합적으로 참작하여 원가법으로 평가하되, 관리상태 및 현상 등을 감안하여 관찰감가법을 병용하는 방식을 적용하고, 이 사건 토지 비교표준지로 용도지역, 이용상황, 지목 등이 비슷하고 재개발구역 내 비교표준지 중 공시지가가 가장 높은 서울 성동구 H 토지를 선정한 다음, 재개발구역 내 종전 건축물이 위치한 지역범위별, 용도범위별 지가형성요인을 분석하여 이를 반영한 개별평가요인을 참작

IV. 종전자산 감정평가의 하자 (판례)

하여 가격을 산정한 사실을 인정할 수 있다.

관리처분계획 수립 당시 제출된 감정평가보고서에 감정평가요인 산정에 관한 구체적인 근거를 제출하지 아니한 채 감정평가 요인과 부동산 가격만을 제시하였다고 하더라도 이 사건 소송과정에서 감정평가 요인 산정에 관한 자료가 제출되었다. 관리처분계획은 위법하지 않다.

D. [하급심판례] 지층에 있는 소외 고○○ 점포에서 외부로 직접 통하는 출입문이 설치되어 있는 현황 및 그에 관하여 행위허가가 있었다는 집합건축물대장의 기재를 바탕으로, 고○○ 점포의 위치별 효용지수를 1층 점포 중 위치별 효용이 높은 101 내지 104호보다 더 높은 1.045로 보고, 원고 점포의 위치별 효용지수는 0.7 내지 0.73으로 본 종전자산 감정평가는 적법하다고 본 사례 —서울행정법원 2016.10.28. 선고 2016 구합 1288 판결[관리처분계획무효확인]

【당사자】

원 고	이○○
피 고	○○○○아파트 주택재건축정비사업조합

1. 사실관계

살피건대, 앞서 든 각 증거 및 이 법원의 주식회사 ○○감정평가법인, 주식회사 ○○감정평가법인에 대한 각 사실조회결과, 이 법원에 현저한 사실에 변론 전체의 취지를 종합하면 다음의 사실을 알 수 있다.

가) ○○상가는 일자불상경 지층의 외벽이 철거되어 고○○ 점포에서 지상으로 통하는 출입문이 설치된 상태였는데, 고○○는 위 상태를 행정절차상 적법한 것으로 만들기 위하여 2012. 2.경 송파구청장에게 행위허가 신청을 하였고, 송파구청장은 위 신청이 구 주택법(2011. 9. 16. 법률 제 11061 호로 개정되기 전의 것, 이하 '구 주택법'이라 한다) 제 42 조, 같은 법 시행령 제 47 조 제 1 항 [별표 3]의 행위허가 기준에 적합하다는 이유로 2012. 3. 5. 고○○에게 "지층 외벽철거 후 출입문설치"에 관한 행위허가를 추인 처리(이하 '이 사건 행위허가'라 한다)하였다.

나) 원고는 서울행정법원 2016 구합 292 호로 이 사건 행위허가의 무효확인을 구하는 소를 제기하였으나, 위 법원은 2016. 5. 19. 원고의 소를 각하하는 판결을 하였다.

다) 원고는 1999. 7. 6. 원고 점포에 관하여 1999. 7. 1. 매매를 원인으로 하는 각 소유권이전등기를 마쳤다.

라) ○○상가의 각 점포에 관한 종전자산 감정평가를 수행한 주식회사 ○○감정평가법인은 고○○ 점포에서 외부로 직접 통하는 출입문이 설치되어 있는 현황 및 그에 관하여 행위허가가 있었다는 집합건축물대장의 기재를 바탕으로 고○○ 점포의 층별 효용지수를 0.6 으로, 원고 점포 등 ○○상가 1 층의 층별 효용지수를 1 로 보되, 고○○ 점포의 위치별 효용지수는 ○○상가 1 층의 각 점포 중 위치별 효용이 높은 ○○상가 제 101 내지 104 호의 위치별 효용지수 1 내지 1.01 보다 근사하게 더 높은 1.045 로, 원고 점포의 위치별 효용지수는 0.7 내지 0.73 으로 보아 ○○상가의 각 점포에 대한 종전자산 감정평가를 수행하였다.

마) 주식회사 ○○감정평가법인도 ○○상가의 현황 및 행위허가에 관한 집합건축물대장의 기재를 바탕으로 ○○상가의 각 점포에 대한 종전자산 감정평가를 위와 유사하게 수행하였다.

2. 원고의 주장은 이유 없음

위 인정사실에 의하여 알 수 있는 다음과 같은 사정들을 종합하여 보면, 고○○ 점포의 효용을 집합건축물대장상 기재와 달리 지상 1 층에 준하는 것으로 보고 한 고○○ 점포에 대한 감정평가에 어떠한 위법이 있다고 볼 수 없으므로, 원고의 이 부분 주장은 이유 없다.

가) 원고의 주장과 달리 ○○상가의 '지층 외벽철거 후 출입문설치'에 관한 이 사건 행위허가는 건축법에 따른 건축허가절차에 따른 것이 아니라 구 주택법 제 42 조에 근거한 공동주택의 관리 등 절차에 따라 이루어졌다.

나) 원고가 이 사건 행위허가에 대하여 그 무효확인을 구하는 소를 제기하였으나 각하판결을 선고받았고, 달리 이 사건 행위허가가 항고소송 등을 통하여 그 효력이 부인된바 없다.

다) ○○상가의 지층 외벽 철거 및 출입문 설치가 언제 이루어졌는지 불분명하고, 원고는 1999. 7. 6.에서야 원고 점포의 소유권을 취득하였으므로 1984. 2. 29. 사용승인을 받은 ○○상가에 위와 같은 현황의 변동이 언제, 어떠한 경위로 이루어졌는지에 관하여 잘 알 수 있는 지위에 있지 아니하며, 원고는 ○○상가의 종전 감정평가 결과에 대하여 다투기 위하여 이 사건 행위허가에 대하여 무효확인의 항고소송을 제기하기 전까지 ○○상가의 위와 같은 현황의 변화에 대하여 이의를 제기하는 등으로 다투지 아니한 것으로 보이고, 원고는 이 사건에서 단순히 ○○상가의 위와 같은 현황의 변화가 집합건물법에 따른 관리단집회의 결의를 거치지 않아 위법하다고 주장할 뿐 위와 같은 현황의 변화 및 그 과정에서 위법이 있었다는 점에 관하여 구체적으로 주장·증명하지 못하고 있다.

라) ○○상가의 지층에 있는 고○○ 점포에서 외부로 통하는 출입문이 설치된 상태가 위법하다거나 이를 의심할 만한 아무런 구체적인 근거가 없는 상태에서 주식회사 ○○감정평

IV. 종전자산 감정평가의 하자 (판례)

가법인과 주식회사 ○○감정평가법인이 ○○상가의 현황 및 공부상의 기재에 따라 수행한 감정평가는 적정한 것으로 보이고, 달리 어떠한 하자가 있다고 볼 만한 자료가 없다.

E. [같은 판결] ① 집합건물법 시행(1984. 4. 10.) 당시 현존하는 공용부분의 각 공유자 지분이 전유부분 면적비율과 다른 경우 그 지분은 집합건물법 제 10 조 제 2 항 단서에 따라 규약으로 정한 것으로 간주돼; ② 따라서 그 전에 성립한 구분소유관계에 기초하여 작성된 집합건축물대장상 공용부분 면적이 전유부분 면적 비율과 다르더라도 대장에 기재된 면적대로 평가한 것은 적법함 —서울행정법원 2016.10.28. 선고 2016 구합 1288 판결[관리처분계획무효확인]

1. 원고의 주장 (공용부분 면적 산정 오류로 인한 감정평가의 하자)

집합건물법 제 10 조, 제 12 조에 의하면 공용부분은 구분소유자 전원의 공유에 속하고, 특별한 규약이 없는 한 각 구분소유자들은 각 전유부분의 면적 비율에 따라 공용부분을 공유하는 것이고, ○○상가의 공용부분에 관하여는 특별한 규약이 없으므로, ○○상가의 전체 공용부분을 각 구분소유자들의 해당 점포 전유부분 면적 비율에 따라 산정하여 이를 전유부분 면적과 합산하고 이를 기초로 감정평가를 하였어야 함에도 피고는 단순히 ○○상가의 각 점포에 관한 집합건축물대장에 나타난 전용면적과 잘못된 공용면적을 합산하고 이를 기초로 감정평가를 실시하여 ○○상가의 각 점포별 감정평가가 잘못되었고, 잘못된 감정평가를 기초로 수립된 이 사건 관리처분계획 중 이에 관한 부분은 위법하다.

2. 판단

집합건물법은 1984. 4. 10. 제정되어 1985. 4. 11.부터 시행되었는데, 위 법 부칙<제 3725 호, 1984. 4. 10> 제 3 조는 이 법 시행당시 현존하는 공용부분이 구분소유자 전원 또는 그 일부의 공유에 속하는 경우에 각 공유자의 지분이 제 12 조의 규정에 합당하지 아니할 때에는 그 지분은 제 10 조제 2 항 단서의 규정에 의하여 규약으로써 정한 것으로 본다고 규정하고 있고, ○○상가에 관하여 집합건물법 시행 전인 1984. 2. 29. 사용승인이 있었음은 앞서 본 바와 같으므로, ○○상가에 관한 구분소유관계는 집합건물법 시행 전에 성립하여 ○○상가에 관한 집합건축물대장상 전유부분과 공유부분의 면적 기재가 집합건물법 제 12 조의 규정에 합당하지 아니하다고 하여도 이는 위 부칙 제 3 조에 따라 규약으로써 정한 것으로 보아야 한다.

따라서 ○○상가의 각 점포에 관한 집합건축물대장상 공용부분 및 전유부분의 면적을 합산하여 이루어진 감정평가에 공용부분 면적 산정을 잘못한 위법이 있다고 볼 수 없으므로, 원고의 이 부분 주장도 이유 없다.

V. 부가가치세, 철거비 기타 비용의 부담

A. 【해설】 조합원분양분에 대하여는 부가세가 부과되지 않음

> 정비사업조합이 공사를 마친 후에 도시정비법 또는 소규모주택정비법에 따른 관리처분계획에 따라 조합원에게 공급하는 것으로서 종전의 토지를 대신하여 공급하는 토지 및 건축물[☞ 조합원 분양분을 말함]은 부가가치세 부과 대상인 '재화의 공급'으로 보지 않는다(조세특례제한법 제 104 조의 7 제 3 항).
>
> 따라서 조합원 분양분 건축물에 대하여는 (주거전용면적이 85 ㎡를 초과하더라도) 부가세가 부과되지 않는다.

B. 정관에서 「사업시행 동의자의 건축물은 소유자 자진철거를 원칙으로 하고, 시행자에게 철거를 위탁한 경우에는 철거비용을 조합원별 부담금으로 청산」하도록 규정하고 있는 경우 관리처분계획에서 건축물 소유 여부와 관계없이 철거비용을 모든 조합원들에게 일률적으로 분담시킨 것은 위법해 ─대법원 2007. 2. 8. 선고 2004 두 7658 판결[관리처분계획취소]

위와 같은 제반 규정들을 종합하여 보면, 건축물 철거비는 피고가 재개발사업 시행을 위하여 부담하여야 할 비용이기는 하나, 한편 피고 조합의 정관 제 35 조 제 4 항은 사업시행 동의자의 건축물은 소유자 자진철거를 원칙으로 하고, 시행자에게 철거를 위탁한 경우에는 철거비용을 조합원별 부담금으로 하여 관리처분계획시 청산하도록 규정하고 있으므로, 이 사건 관리처분계획에서 건축물 소유 여부와 관계없이 모든 조합원들로 하여금 일률적으로 철거비용을 분담하도록 정한 것은 정관에 위배된 것으로서 위법하고...

C. [같은 판례] 일반분양 아파트의 추가(옵션)공사비를 조합원에게 분담시킨 관리처분계획은 위법해 ─대법원 2007. 2. 8. 선고 2004 두 7658 판결[관리처분계획취소]

원심은, 채용 증거들을 종합하여, 일반분양 추가공사비는 일반분양 아파트에 대한 선택사항(옵션)인 품목의 설치를 위한 공사비인 사실을 인정한 후, 위 일반분양 추가공사비를 조합원분양 아파트의 원가에 산입할 경우 이를 부담할 의무가 없는 조합원들이 이를 분담하게 되는 결과를 초래하므로, 위 일반분양 추가공사비를 원가에 산입한 것은 위법하다고 판단하였는바, 기록과 관계 법령의 규정에 의하면 원심의 사실인정과 판단은 정당하고, 거기에 상고이유의 주장과 같은 채증법칙 위배로 인한 사실오인이나 정의와 공평의 원칙을 위반한 위법이 있다고 할 수 없다.

D. 관리처분계획에 기타 경비를 624 억 원으로 계상하면서 그에 대한 세부내역이 없다는 사유만으로 관리처분계획이 위법하다고 할 수 없어 ─대법원 2012. 8. 23. 선고 2010 두 13463 판결[관리처분계획취소]

V. 부가가치세, 철거비 기타 비용의 부담

1. 학교부지 매각대금에 대하여

원심판결 이유에 의하면, 원심은 그 채택 증거를 종합하여 이 사건 관리처분계획의 수립 당시 학교부지 매각대금 8,182,500,000 원을 수입 추산액으로 계상하고 이와 같은 자금운영계획안을 토대로 조합원들의 추산비례율을 산정하였음을 인정한 다음, 이 사건 관리처분계획에 학교용지 매각대금을 조합원들의 무상지분율에 반영하지 아니한 위법이 있다고 볼 수 없다고 판단하였다.

관계 법령 및 기록에 비추어 보면, 원심의 위와 같은 조치는 정당하고 거기에 이 부분 상고이유와 같은 관리처분계획상 무상지분율 산정에 관한 법리오해의 위법이 없다.

2. 단지 내 도로 개설을 위한 토지매입보상비에 대하여

원심판결 이유에 의하면, 원심은 그 채택 증거를 종합하여 ① 피고와 롯데건설이 부산광역시 북구청을 상대로 이 사건 재건축사업의 시행으로 인하여 폐지되는 정비기반시설을 유상으로 매입하도록 하는 사업시행인가조건에 관하여 취소소송을 제기한 사실 및 ② 위 소송에서 피고 승소의 판결이 확정된 시점이 이 사건 관리처분계획 수립 이후인 2009. 4. 25.인 사실을 인정한 다음, 이 사건 관리처분계획의 수립 당시인 2007. 10. 14.에는 위 소송의 결과를 알 수 없었던 사정 등에 비추어, 관리처분계획에 단지 내 도로 개설을 위한 토지매입보상비용을 계상한 것이 위법하다고 볼 수 없다고 판단하였다.

관계 법령 및 기록에 비추어 보면, 원심의 위와 같은 조치는 정당하고 거기에 이 부분 상고이유와 같은 관리처분계획상 비용 산정에 관한 법리오해의 위법이 없다.

3. 기타 경비에 대하여

원심판결 이유에 의하면, 원심은 그 채택 증거를 종합하여 판시와 같은 사실을 인정한 다음, 피고가 이 사건 관리처분계획의 내용으로 부대경비 중 기타 경비를 624억 원으로 계상하였는데, 그에 대한 세부적인 내역이 없다는 사유만으로 이 사건 관리처분계획이 관계 법령 및 피고의 정관에 위배되거나 조합원들 사이의 형평에 반하는 내용으로 수립되었다고 할 수 없다고 판단하였다.

관계 법령 및 기록에 비추어 보면, 원심의 위와 같은 조치는 정당하고 거기에 이 부분 상고이유와 같은 관리처분계획상 비용 산정에 관한 법리오해의 위법이 없다.

제5절 분양의 기준 (법령상 기준)

I. 분양의 기본원칙

A. 정비사업 관리처분의 기본원칙

1. 【법령】 전부개정 도시정비법 제76조(관리처분계획의 수립기준)

> ① 제74조 제1항에 따른 관리처분계획의 내용은 다음 각 호의 기준에 따른다. <개정 2017.10.24, 2018.3.20, 2022.2.3, 2023.6.9, 2024.1.30>
>
>   1. 종전의 토지 또는 건축물의 면적·이용 상황·환경, 그 밖의 사항을 종합적으로 고려하여 대지 또는 건축물이 균형 있게 분양신청자에게 배분되고 합리적으로 이용되도록 한다.
>
>   2. 지나치게 좁거나 넓은 토지 또는 건축물은 넓히거나 좁혀 대지 또는 건축물이 적정 규모가 되도록 한다.
>
>   3. 너무 좁은 토지 또는 건축물을 취득한 자나 정비구역 지정 후 분할된 토지 또는 집합건물의 구분소유권을 취득한 자에게는 현금으로 청산할 수 있다.
>
>   4. 재해 또는 위생상의 위해를 방지하기 위하여 토지의 규모를 조정할 특별한 필요가 있는 때에는 너무 좁은 토지를 넓혀 토지를 갈음하여 보상을 하거나 건축물의 일부와 그 건축물이 있는 대지의 공유지분을 교부할 수 있다.
>
>   5. 분양설계에 관한 계획은 제72조에 따른 분양신청기간이 만료하는 날을 기준으로 하여 수립한다.
>
>   6. 7. (생략)
>
> ② 제1항에 따른 관리처분계획의 수립기준 등에 필요한 사항은 대통령령으로 정한다.
>
> [법률 제14567호(2017. 2. 8.) 부칙 제2조의 규정에 의하여 이 조 제1항 제7호 나목 4)는 2018년 1월 26일까지 유효함]

2. 【정관】 주택재건축 표준정관 제46조(관리처분계획의 기준)

> 조합원의 소유재산에 관한 관리처분계획은 분양신청 및 공사비가 확정된 후 건축물 철거 전에 수립하며 다음 각호의 기준에 따라 수립하여야 한다.

1. 조합원이 출자한 종전의 토지 및 건축물의 가격/면적을 기준으로 새로이 건설되는 주택 등을 분양함을 원칙으로 한다.

2. 사업시행 후 분양받을 건축물의 면적은 분양면적(전용면적+공유면적)을 기준으로 하며, 1 필지의 대지위에 2 인 이상에게 분양될 건축물이 설치된 경우에는 건축물의 분양면적의 비율에 의하여 그 대지소유권이 주어지도록 하여야 한다. 이 경우 토지의 소유관계는 공유로 한다.(시행령 52 조)

3. 조합원에게 분양하는 주택의 규모는 건축계획을 작성하여 사업시행인가를 받은 후 평형별로 확정한다.

4. 조합원에 대한 신축건축물의 평형별 배정에 있어 조합원 소유 종전건축물의 가격.면적.유형.규모 등에 따라 우선순위를 정할 수 있다.

5. 조합원이 출자한 종전의 토지 및 건축물의 면적을 기준으로 산정한 주택의 분양대상면적과 사업시행 후 조합원이 분양받을 주택의 규모에 차이가 있을 때에는 당해 사업계획서에 의하여 산정하는 평형별 가격을 기준으로 환산한 금액의 부과 및 지급은 제 54 조 및 제 55 조의 규정을 준용한다. [☞ 청산금 조항을 말함]

6. 사업시행구역 안에 건립하는 상가 등 부대·복리시설은 조합이 시공자와 협의하여 별도로 정하는 약정에 따라 공동주택과 구분하여 관리처분계획을 수립할 수 있다.

7. 조합원에게 공급하고 남는 잔여주택이 20 세대 이상인 경우에는 일반에게 분양하며, 그 잔여주택의 공급시기와 절차 및 방법 등에 대하여는 주택공급에관한규칙이 정하는 바에 따라야 한다. 잔여주택이 20 세대 미만인 경우에는 그러하지 아니하다.

☞ 2014. 6. 11. 주택법 시행령 제 15 조 제 1 항의 개정으로 「주택공급에관한규칙」의 적용대상이 '20 세대 이상'에서 '30 세대 이상'으로 상향되었으므로, 이 규정도 정관 제 65 조 제 3 항[☞ 법령개정시 정관의 자동변경]에 따라 '30 세대 이상'으로 변경되었다.

8. 1 세대가 1 이상의 주택을 소유한 경우 1 주택을 공급하고 2 인 이상이 1 주택을 공유한 경우에는 1 주택만 공급한다. 다만 다음 각목의 어느 하나에 해당하는 토지등소유자에 대하여는 소유한 주택 수만큼 공급할 수 있다.

　　가. 투기과열지구 안에 위치하지 아니하는 주택재건축 사업의 토지등소유자

　　나. 근로자(공무원인 근로자를 포함한다) 숙소기숙사 용도로 주택을 소유하고 있는 토지등소유자

　　다. 국가, 지방자치단체 및 주택공사 등

> 9. 부대·복리시설(부속 토지를 포함한다. 이하 이 호에서 같다)의 소유자에게는 부대·복리시설을 공급한다. 다만, 다음 각목의 1 에 해당하는 경우에는 부대·복리시설의 소유자에게 1주택을 공급 할 수 있다.
>
> 　　가. 새로운 부대·복리시설을 공급받지 아니하는 경우로서 종전의 부대·복리시설의 가액이 분양주택의 최소분양단위규모 추산액에 총회에서 정하는 비율(정하지 아니한 경우에는 1로 한다)을 곱한 가액 이상일 것
>
> 　　나. 종전 부대·복리시설의 가액에서 새로이 공급받는 부대·복리시설의 추산액을 차감한 금액이 분양주택의 최소분양단위규모 추산액에 총회에서 정하는 비율을 곱한 가액 이상일 것
>
> 　　다. 새로이 공급받는 부대·복리시설의 추산액이 분양주택의 최소분양단위규모 추산액 이상일 것
>
> 　　라. 조합원 전원이 동의한 경우
>
> 10. 종전의 주택 및 부대복리시설(부속되는 토지를 포함한다)의 평가는 감정평가업자 2인 이상이 평가한 금액을 산술평가한 금액으로 한다.
>
> 【주】동별 입지상 주거환경이 크지 않고, 유사한 주택구조 또는 층별시세차가 크지 않는 경우 등 감정평가를 실시할 필요가 크지 않은 경우에는 면적기준으로 가치평가 하는 것으로 규정할 수 있음
>
> 11. 분양예정인 주택 및 부대복리시설(부속되는 토지를 포함한다)의 평가는 감정평가업자 2인 이상이 평가한 금액을 산술평가한 금액으로 한다.
>
> 【주】감정평가업자를 선정할 때 재개발사업과 같이 시장·군수의 추천을 받는 것으로도 규정할 수 있음
>
> 12. 그 밖에 관리처분계획을 수립하기 위하여 필요한 세부적인 사항은 관계규정 등에 따라 조합장이 정하여 대의원회의 의결을 거쳐 시행한다.

B. 주거환경개선사업의 주택공급방법 특례

1. 【법령】전부개정 도시정비법 제79조(관리처분계획에 따른 처분 등)

> ③ 사업시행자(제23조 제1항 제2호에 따라 대지를 공급받아 주택을 건설하는 자를 포함한다. 이하 이 항, 제6항 및 제7항에서 같다)는 정비구역에 주택을 건설하는 경우에는 입주자 모집 조건·방법·절차, 입주금(계약금·중도금 및 잔금을 말한다)의 납부 방법·시기·절차, 주택공급 방법·절차 등에 관하여 「주택법」 제54조

에도 불구하고 대통령령으로 정하는 범위에서 시장·군수등의 승인을 받아 따로 정할 수 있다.

☞ 법 제79조 제3항은 관리처분계획 방식 외의 방식으로 시행하는 주거환경개선사업의 주택공급방법에 관한 특례조항이다(영 제66조).

☞ **시행령 제66조(주택의 공급 등)**

"법 제23조 제1항 제1호부터 제3호까지의 방법으로 시행하는 주거환경개선사업의 사업시행자 및 같은 항 제2호에 따라 대지를 공급받아 주택을 건설하는 자가 법 제79조제3항에 따라 정비구역에 주택을 건설하는 경우 주택의 공급에 관하여는 별표 2[☞ 주거환경개선사업의 주택공급조건]에 규정된 범위에서 시장·군수등의 승인을 받아 사업시행자가 따로 정할 수 있다."

2. [별표 2] 주거환경개선사업의 주택공급 조건(영 제66조 관련)

1. 주택의 공급기준: 1세대 1주택을 기준으로 공급한다.

2. 주택의 공급대상: 다음 각 목의 어느 하나에 해당하는 자에게 공급한다. 다만, 주거환경개선사업을 위한 정비구역에 「건축법」 제57조에 따른 대지분할제한 면적 이하의 과소토지만을 소유하고 있는 자 등에 대한 주택공급기준은 시·도 조례로 따로 정할 수 있다.

    가. 제13조제1항에 따른 정비계획의 공람공고일 또는 시장·군수등이 해당 구역의 특성에 따라 필요하다고 인정하여 시·도지사의 승인을 받아 따로 정하는 날(이하 "기준일"이라 한다) 현재 해당 주거환경개선사업을 위한 정비구역 또는 다른 주거환경개선사업을 위한 정비구역에 주택이 건설될 토지 또는 철거예정인 건축물을 소유한 자

    나. 「국토의 계획 및 이용에 관한 법률」 제2조 제11호에 따른 도시·군계획사업으로 주거지를 상실하여 이주하게 되는 자로서 해당 시장·군수등이 인정하는 자

3. 주택의 공급순위

    가. 1순위: 기준일 현재 해당 정비구역에 주택이 건설될 토지 또는 철거예정인 건축물을 소유하고 있는 자로서 해당 정비구역에 거주하고 있는 자

    나. 2순위: 기준일 현재 해당 정비구역에 주택이 건설될 토지 또는 철거예정인 건축물을 소유하고 있는 자(법인인 경우에는 사회복지를 목적으로 하는 법인만 해당한다)로서 해당 정비구역에 거주하고 있지 아니하는 자

    다. 3순위: 기준일 현재 다른 주거환경개선사업을 위한 정비구역에 토지 또는 건축물을 소유하고 있는 자로서 해당 정비구역에 거주하고 있는 자

제 2 장 분양 / 제 5 절 분양의 기준 (법령상 기준)

> 라. 4순위: 제 2 호 나목에 해당하는 자

C. 지분형 주택의 공급

1. 【법령】 전부개정 도시정비법 제 80 조(지분형주택 등의 공급)

> ① 사업시행자가 토지주택공사등인 경우에는 분양대상자와 사업시행자가 공동 소유하는 방식으로 주택(이하 "지분형주택"이라 한다)을 공급할 수 있다. 이 경우 공급되는 지분형주택의 규모, 공동 소유기간 및 분양대상자 등 필요한 사항은 대통령령으로 정한다.
>
> ② 국토교통부장관, 시·도지사, 시장, 군수, 구청장 또는 토지주택공사등은 정비구역에 세입자와 대통령령으로 정하는 면적 이하의 토지 또는 주택을 소유한 자의 요청이 있는 경우에는 제 79 조 제 5 항에 따라 인수한 임대주택의 일부를 「주택법」에 따른 토지임대부 분양주택으로 전환하여 공급하여야 한다.
>
> ☞ 영 제 71 조(소규모 토지 등의 소유자에 대한 토지임대부 분양주택 공급)
>
> ① 법 제 80 조 제 2 항에서 "대통령령으로 정하는 면적 이하의 토지 또는 주택을 소유한 자"란 다음 각 호의 어느 하나에 해당하는 자를 말한다.
>
> 　1. 면적이 90 제곱미터 미만의 토지를 소유한 자로서 건축물을 소유하지 아니한 자
>
> 　2. 바닥면적이 40 제곱미터 미만의 사실상 주거를 위하여 사용하는 건축물을 소유한 자로서 토지를 소유하지 아니한 자
>
> ② 제 1 항에도 불구하고 토지 또는 주택의 면적은 제 1 항 각 호에서 정한 면적의 2 분의 1 범위에서 시·도조례로 달리 정할 수 있다.

2. 【법령】 전부개정법 시행령 제 70 조(지분형주택의 공급)

> ① 법 제 80 조에 따른 지분형주택(이하 "지분형주택"이라 한다)의 규모, 공동 소유기간 및 분양대상자는 다음 각 호와 같다.
>
> 　1. 지분형주택의 규모는 주거전용면적 60 제곱미터 이하인 주택으로 한정한다.
>
> 　2. 지분형주택의 공동 소유기간은 법 제 86 조제 2 항에 따라 소유권을 취득한 날부터 10 년의 범위에서 사업시행자가 정하는 기간으로 한다.
>
> 　3. 지분형주택의 분양대상자는 다음 각 목의 요건을 모두 충족하는 자로 한다.

가. 법 제 74 조 제 1 항 제 5 호에 따라 산정한 종전에 소유하였던 토지 또는 건축물의 가격이 제 1 호에 따른 주택의 분양가격 이하에 해당하는 사람

　　나. 세대주로서 제 13 조 제 1 항에 따른 정비계획의 공람 공고일 당시 해당 정비구역에 2년 이상 실제 거주한 사람

　　다. 정비사업의 시행으로 철거되는 주택 외 다른 주택을 소유하지 아니한 사람

② 지분형주택의 공급방법·절차, 지분 취득비율, 지분 사용료 및 지분 취득가격 등에 관하여 필요한 사항은 사업시행자가 따로 정한다.

II. 재개발사업의 관리처분방법(분양기준)

A. 개요

1. 【해설】영 제 63 조 제 1 항 및 시·도 조례

재개발사업의 분양기준은 시행령 제 63 조 제 1 항의 위임에 따라 각 시·도 조례에서 상세히 규정하고 있다(주거환경개선사업의 분양기준은 재개발사업과 같음). 그런데 조례 제정 이후 수많은 개정과정을 거치면서 많은 경과규정들이 복잡하게 뒤얽혀 있어 재개발사업의 분양기준은 매우 복잡하다.

여기서는 시행령 제 63 조 제 1 항에서 규정하는 관리처분방법만을 살펴보고, 시·도 조례가 규정하는 상세한 분양기준은 서울시 도시정비조례를 중심으로 아래 제 2 장 제 7 절에서 따로 자세히 보기로 한다.

2. 【법령】전부개정법 시행령 제 63 조(관리처분의 방법 등) 제 1 항

① 법 제 23 조 제 1 항 제 4 호의 방법으로 시행하는 주거환경개선사업과 재개발사업의 경우 법 제 74 조에 따른 관리처분은 다음 각 호의 방법에 따른다. <개정 2022.12.9>

　1. 시·도조례로 분양주택의 규모를 제한하는 경우에는 그 규모 이하로 주택을 공급할 것

　2. 1 개의 건축물의 대지는 1 필지의 토지가 되도록 정할 것. 다만, 주택단지의 경우에는 그러하지 아니하다.

　3. 정비구역의 토지등소유자(지상권자는 제외한다. 이하 이 항에서 같다)에게 분양할 것. 다만, 공동주택을 분양하는 경우 시·도조례로 정하는 금액·규모·취득 시기

또는 유형에 대한 기준에 부합하지 아니하는 토지등소유자는 시·도조례로 정하는 바에 따라 분양대상에서 제외할 수 있다.

　4. 1필지의 대지 및 그 대지에 건축된 건축물(법 제79조제4항 전단에 따라 보류지로 정하거나 조합원 외의 자에게 분양하는 부분은 제외한다)을 2인 이상에게 분양하는 때에는 기존의 토지 및 건축물의 가격(제93조에 따라 사업시행방식이 전환된 경우에는 환지예정지의 권리가액을 말한다. 이하 제7호에서 같다)과 제59조제4항 및 제62조제3호에 따라 토지등소유자가 부담하는 비용(재개발사업의 경우에만 해당한다)의 비율에 따라 분양할 것

　5. 분양대상자가 공동으로 취득하게 되는 건축물의 공용부분은 각 권리자의 공유로 하되, 해당 공용부분에 대한 각 권리자의 지분비율은 그가 취득하게 되는 부분의 위치 및 바닥면적 등의 사항을 고려하여 정할 것 [☞ 제5호는 재건축에도 적용됨]

　6. 1필지의 대지 위에 2인 이상에게 분양될 건축물이 설치된 경우에는 건축물의 분양면적의 비율에 따라 그 대지소유권이 주어지도록 할 것(주택과 그 밖의 용도의 건축물이 함께 설치된 경우에는 건축물의 용도 및 규모 등을 고려하여 대지지분이 합리적으로 배분될 수 있도록 한다). 이 경우 토지의 소유관계는 공유로 한다. [☞ 제6호는 재건축에도 적용됨]

　7. 주택 및 부대시설·복리시설의 공급순위는 기존의 토지 또는 건축물의 가격을 고려하여 정할 것. 이 경우 그 구체적인 기준은 시·도조례로 정할 수 있다.

B. 공용부분의 지분 비율

1. 【해설】공용부분 지분비율의 기준 (바닥면적)

(1) 건축물의 공용부분은 각 권리자의 공유로 하되, 각 권리자의 지분비율은 그가 취득하게 되는 전유부분의 위치 및 바닥면적 등을 고려하여 정한다(영 제63조 제1항 제5호). 이 내용은 재건축사업에서도 동일하다. 다만, 재건축사업에서는 조합이 조합원 전원의 동의를 받아 이와 다르게 정할 수 있다. (같은 조 제2항.)

(2) 여기서 "바닥면적"이 무엇인지가 문제된다. 주택관계법령에서 "바닥면적"은 "주택공급면적"과 동의어처럼 사용되고(주택공급규칙 제2조 제5호), "주택공급면적"은 원칙적으로 주거전용면적을 의미하는 것으로 보아야 하므로(규칙 제21조 제5항 본문. 아래 참조), 공용부분 지분비율의 기준이 되는 '바닥면적'은 주거전용면적을 의미한다고 보는 것이 옳다. 이렇게 해석하는 것이 집합건물법 제10조 및 제12조와도 조화를 이룬다.

다만 영 제63조 제1항 제5호는 "바닥면적의 비율에 따라 정한다"고 확정적으로 규정하지 않고 "위치 및 바닥면적 등의 사항을 고려하여 정한다"고 상당히 느슨한 기준을 규정하고 있으므로, 바닥면적을 주거전용면적으로 보든 분양면적으로 보든 크게 문제 될 것은 없다.

2. 【해설】 집합건물법상 공용부분 지분비율 (전유부분 면적 비율에 따름)

공용부분에 대한 각 구분소유자의 공유지분은 달리 규약으로 그 비율을 정하지 않는 한 각 전유부분의 면적 비율에 따른다(집합건물법 제12조 제1항, 제10조 제2항).

공용부분에 대한 구분소유자의 공유지분은 전유부분과 처분의 일체성을 갖는다. 따라서 공용부분에 대한 공유지분은 전유부분과 분리하여 처분할 수 없으며, 공용부분에 관한 물권의 득실변경은 따로 등기를 할 필요 없이 전유부분과 운명을 함께한다(집합건물법 제13조 제1, 2, 3항).

3. 【법령】 집합건물법의 공용부분 관련규정

제10조(공용부분의 귀속 등)

① 공용부분은 구분소유자 전원의 공유에 속한다. 다만, 일부의 구분소유자만이 공용하도록 제공되는 것임이 명백한 공용부분(이하 "일부공용부분"이라 한다)은 그들 구분소유자의 공유에 속한다.

② 제1항의 공유에 관하여는 제11조부터 제18조까지의 규정에 따른다. 다만, 제12조, 제17조에 규정한 사항에 관하여는 규약으로써 달리 정할 수 있다.

제12조(공유자의 지분권)

① 각 공유자의 지분은 그가 가지는 전유부분의 면적 비율에 따른다.

② 제1항의 경우 일부공용부분으로서 면적이 있는 것은 그 공용부분을 공용하는 구분소유자의 전유부분의 면적 비율에 따라 배분하여 그 면적을 각 구분소유자의 전유부분 면적에 포함한다.

☞ 공용부분에 대한 공유지분은 전유부분 면적비율에 따르므로 공용부분의 지분비율과 전유부분의 지분비율은 일치하는 것이 원칙이나, 제10조 제1항 단서가 규정하는 '일부공용부분'이 있는 경우에는 제12조 제2항에 따라 일부공용부분에 대한 지분면적이 전유부분 면적에 포함됨으로써 공용부분와 전유부분의 지분비율이 달라지게 된다.

즉, 일부공용부분을 가진 구분소유자는 그만큼 전유부분 면적이 증가하게 되며, 그에 따라 공용부분 부담비율, 의결권, 대지권 비율도 달라지게 된다.

C. 대지소유권의 지분 비율

1. 【해설】 대지소유권 지분비율의 기준 (분양면적)

대지소유권은 건축물 수분양자 전원의 공유로 하되 각 수분양자의 지분비율은 분양면적의 비율에 따라 정한다(영 제63조 제1항 제6호). 이는 법률이 확정적으로 정한 기준이므로 시·도조례로써도 달리 정할 수 없다(대법원 2010. 3. 25.자 2009무165 결정).

재건축사업도 동일하다. 다만, 재건축사업에서는 조합이 조합원 전원의 동의를 받아 이와 다르게 정할 수 있다. (같은 조 제2항.)

☞ "분양면적"은 분양업계에서 쓰고 있는 말을 그대로 가져온 것인데 "주거전용면적과 주거공용면적을 합한 면적"을 의미한다. ☞ 자세한 내용은 아래 참조

2. 【해설】 대지사용권(대지소유권)과 대지권은 다른 개념

"대지사용권"은 전유부분을 소유하기 위하여 대지를 사용할 수 있는 실체법상 권리(본권)를 말한다. 대지사용권은 소유권(대지소유권)인 경우가 보통이지만, 지상권·전세권·임차권 등도 대지사용권이 될 수 있다. 대지소유권의 비율은 토지등기기록에 그 지상 집합건물 구분소유자인 공유자들의 공유지분으로 기재된다.

"대지권"은 대지사용권이 전유부분과 분리처분될 수 없음을 등기기록상 공시하기 위한 절차법상 개념으로서 집합건물등기부(1동 건물의 등기기록과 전유부분의 등기기록) 표제부에 기록된다(부동산등기법 제40조 제3항).

"대지소유권"은 재개발·재건축사업 모두 건축물의 분양면적 비율에 따라 주어지나(도시정비법 시행령 제63조 제1항 제6호), "대지권"의 비율은 전유부분 면적(주거전용면적) 비율로 정해진다(집합건물법 제21조 제1항 본문. 아래 참조).

3. 【해설】 대지와 필지

1개의 건축물의 대지는 1필지가 되도록 정하여야 하나, 주택단지의 경우는 그렇지 않다(영 제63조 제1항 제2호). 아파트가 건설되는 일단의 토지는 모두 주택단지이므로(법 제2조 제7호 마목), 1필지의 토지 위에 1개 동의 아파트가 건설되는 경우는 거의 없다.

즉 재개발사업으로 공동주택을 건설하는 경우에는 1필지의 토지 위에 1개 동의 아파트가 건설되는 경우는 거의 없으며, 여러 필지 또는 1필지의 토지 위에 여러 개의 건축물이 건축되는 것이 원칙적인 모습이다.

4. 【해설】 대지의 종류: '법정대지'와 '규약상 대지'

(1) 구분건물의 대지는 ① 해당 전유부분이 속하는 1동의 건물(집합건물)이 있는 토지('법정대지')와 ② 그 토지와 일체로 관리 또는 사용할 것을 규약으로 정한 토지('규약상 대지')를 말한다(집합건물법 제 2 조 제 5 호). (이하 법원행정처, 부동산등기실무 (III) 161 ~ 163 참조.)

(2) 법정대지

전유부분이 속하는 1동의 건물이 있는 토지는 당연히 대지가 된다. 법정대지는 건물등기기록상의 건물 소재지번과 일치한다. 건물이 수필의 토지 위에 걸쳐 서 있는 경우에는 그 수필의 토지 전부가 법정대지가 되고, 1동의 건물이 광대한 1필지의 일부분 위에 서 있는 때에는 그 1필지 전부가 법정대지가 된다.

예를 들어 아래 그림에서 가동의 법정대지는 A, B 토지이고, 나동의 법정대지는 B, C 토지이다. 따라서 가동의 소재지번은 A, B 토지를 표시하고 나동의 소재지번은 B, C 토지를 표시한다.

한편, 분양자가 광대한 1필의 토지 일부분에 1단지를 건축·분양하고 향후 2, 3 단지를 분양할 계획을 가진 경우, 먼저 완공된 1단지 부분에 관하여 보존등기를 하기 위해서는 ① 1단지의 대지에 필요한 만큼 토지를 분할하여 분필등기를 한 후 그 분할토지를 법정대지로 하거나, ② 분필등기를 하지 않고 전체 토지의 소유권의 일부만 대지권등기(예: 소유권 1/3 대지권)를 하는 방법이 있다. 후자(②)의 경우는 나머지 지분(위의 예에서 2/3 지분)에 대하여 분리처분할 수 있다는 공정증서를 첨부해야 한다.

[법정대지 예시도]

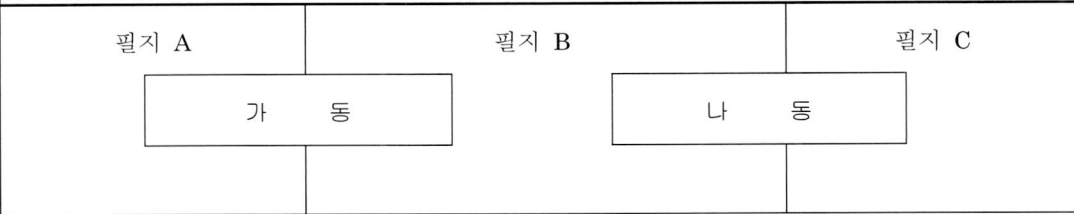

(3) 규약상 대지

'규약상 대지'는 법정대지 외의 토지로서 전유부분이 속하는 1동의 건물 및 그 건물이 있는 토지와 일체로 관리 또는 사용하기 위하여 구분소유자들이 규약으로써 건물의 대지로 삼은 토지를 말한다(집합건물법 제 4 조). 아파트단지 내 운동장, 광장, 놀이터, 관리사무소와 같은 부속건물의 대지 등이 이에 해당한다.

규약상 대지는 반드시 법정대지와 인접해 있을 필요는 없으나(예컨대 아파트 건물과 떨어져 있는 주차장), 그 토지가 건물 및 법정대지와 일체로 관리/사용되는 것이 사회통념상 불가능하다고 볼 만큼 멀리 떨어져 있는 경우에는 규약상 대지로 삼을 수 없다.

규약상 대지를 정하거나 폐지하는 규약은 관리단집회에서 구분소유자 및 의결권의 4분의 3 이상의 찬성을 얻어야 한다(집합건물법 제29조 제1항). 구분건물의 전부 또는 부속건물을 소유하는 자는 공정증서에 의하여 단독으로 규약상 대지를 설정할 수 있다(같은 법 제4조 제2항, 제3조 제3항)>

5. 【법령】 집합건물법의 대지권·대지사용권 관련규정

제2조(정의) 이 법에서 사용하는 용어의 뜻은 다음과 같다.

5. "건물의 대지"란 a) 전유부분이 속하는 1동의 건물이 있는 토지 및 b) 제4조에 따라 건물의 대지로 된 토지를 말한다.

6. "대지사용권"이란 구분소유자가 전유부분을 소유하기 위하여 건물의 대지에 대하여 가지는 권리를 말한다.

제4조(규약에 따른 건물의 대지)

① 통로, 주차장, 정원, 부속건물의 대지, 그 밖에 전유부분이 속하는 1동의 건물 및 그 건물이 있는 토지와 하나로 관리되거나 사용되는 토지는 규약으로써 건물의 대지로 할 수 있다. (이하 생략)

제21조(전유부분의 처분에 따르는 대지사용권의 비율)

① 구분소유자가 둘 이상의 전유부분을 소유한 경우에는 각 전유부분의 처분에 따르는 대지사용권은 제12조에 규정된 비율에 따른다. 다만, 규약으로써 달리 정할 수 있다.

☞ 제21조 제1항 본문은 "대지권의 비율은 그 전유부분의 면적에 의한다"는 의미이다. "각 전유부분의 처분에 따르는 대지사용권"이 "대지권"이다.

D. '전용면적', '주거공용면적', '기타 공용면적', '분양면적', '공급면적', '계약면적'의 의미

1. 【해설】 주택공급규칙 상 의미

「주택공급에 관한 규칙」은 "주택공급면적", "주거전용면적", "주거공용면적", "그 밖의 공용면적" 등에 관하여 개념정의를 하고 있다(규칙 제2조 제5호, 제21조 제5항). 이 규정들과 동 규칙 제59조 제3항 제3호를 종합해 보면, 주택공급면적은 "주거전용면적"과 "주거공용면적" 및 "그 밖의 공용면적"을 모두 포함하는 상위의 개념이라고 볼 수 있다(대법원 2013. 3. 28. 선고 2012다101312 판결 참조).

II. 재개발사업의 관리처분방법(분양기준)

2. 【법령】「주택공급에 관한 규칙」 제2조(정의)

5. "주택공급면적"이란 사업주체가 공급하는 주택의 바닥면적(「건축법 시행령」 제119조 제1항 제3호에 따른 바닥면적을 말한다)을 말한다.

3. 【법령】건축법 시행령 제119조(면적 등의 산정방법)

① 법 제84조에 따라 건축물의 면적·높이 및 층수 등은 다음 각 호의 방법에 따라 산정한다. <개정 2021.11.2>

　3. 바닥면적: 건축물의 각 층 또는 그 일부로서 벽, 기둥, 그 밖에 이와 비슷한 구획의 중심선으로 둘러싸인 부분의 수평투영면적으로 한다.

4. 【법령】「주택공급에 관한 규칙」 제21조(입주자모집 공고)

③ 입주자모집공고에는 다음 각 호의 사항이 포함돼야 한다. (단서 생략) <개정 2016. 8. 12., 2018. 2. 9., 2018. 5. 4., 2018. 12. 11., 2019. 11. 1., 2021. 5. 28.>

　8. 호당 또는 세대당 주택공급면적 및 대지면적

⑤ 제3항제8호에 따라 공동주택의 공급면적을 세대별로 표시하는 경우에는 주거의 용도로만 쓰이는 면적(이하 "주거전용면적"이라 한다)으로 표시하여야 한다. 다만, 주거전용면적 외에 다음 각 호의 공용면적을 별도로 표시할 수 있다.

　1. 주거공용면적: 계단, 복도, 현관 등 공동주택의 지상층에 있는 공용면적

　2. 그 밖의 공용면적: 주거공용면적을 제외한 지하층, 관리사무소, 노인정 등 공용면적

☞ 구 규칙 제8조에서는 입주자 모집공고시 공동주택의 공급면적을 공용면적과 전용면적을 구분하여 표시하도록 규정하였는데(아래 참조), 2009. 4. 1. 개정령에서 공동주택의 공급면적을 반드시 주거전용면적으로 표시하고 주거공용면적과 그 밖의 공용면적은 별도로 표시할 수 있도록 개정하였다.

5. 【법령】「주택공급에 관한 규칙」 제59조(주택의 공급계약)

③ 사업주체와 주택을 공급받는 자(공급받은 자로부터 매수한 자를 포함한다)가 체결하는 주택공급계약서에는 다음 각 호의 내용이 포함되어야 한다. <개정 2016. 11. 15., 2017. 11. 24., 2018. 12. 11., 2019. 11. 1., 2021. 2. 2., 2022. 12. 29.>

　3. 호당 또는 세대당 주택공급면적(공동주택인 경우에는 주거전용면적, 주거공용면적 및 그 밖의 공용면적을 구분하여 표시하여야 한다) 및 대지면적

6. 【구법령】 구 「주택공급에 관한 규칙」 제8조(입주자의 모집절차)

> 2009. 4. 1. 국토해양부령 제111호로 개정되기 전의 것
>
> ⑦ 제6항제3호에 따라 공동주택의 공급면적을 세대별로 표시하는 경우에는 공용면적과 전용면적으로 구분하여 표시하여야 한다. 이 경우 공급면적은 전용면적과 계단·복도·현관 등 공동주택의 지상층에 있는 공용면적(이하 "주거공용면적"이라 한다) 이하로 표시하고 주거공용면적을 제외한 지하층·관리사무소·노인정 등 기타 공용면적은 이와 따로 표시하여야 한다. <개정 1997.7.18, 2000.5.26, 2006.8.18>

7. 【해설】 분양업계에서 사용하는 '전용면적', '분양면적(공급면적)', '계약면적'의 의미

> 분양업계에서 사용하는 '전용면적', '분양면적(공급면적)', '계약면적'의 의미는 주택법령의 정의와 다소 차이가 난다.
>
> (1) 전용면적: 방·거실·주방·욕실 등 구분소유자가 독점·배타적으로 사용하는 전유부분의 면적을 말한다. '실면적(실평수)'이라고도 한다.
>
> (2) 주거공용면적: 한 동의 아파트에서 다른 세대와 공동으로 사용하는 공간으로 복도, 계단, 공동현관, 엘리베이터 등이 이에 해당한다.
>
> (3) 기타 공용면적: 전체 단지에서 공동으로 사용하는 공간으로 주차장, 놀이터, 관리사무소, 기계실, 경비실, 피트니스센터, 노인정, 기타 주민편의시설 등이 있다.
>
> (3) 분양면적(공급면적) = 전용면적 + 주거공용면적. 아파트의 평형은 분양면적을 의미한다. 분양업계에서 '분양면적'과 '공급면적'은 동의어로 사용된다.
>
> (4) 계약면적 = 분양면적 + 기타공용면적.
>
> ☞ 재개발·재건축에서 건축원가는 '계약면적'을 기준으로 계산한다(전용면적이나 분양면적 기준이 아님). 즉 건축원가 = 계약면적 × 평당시공비
>
> 예를 들어 전용면적이 84 ㎡인 아파트의 계약면적이 188.9 ㎡이고 평당시공비가 500만원이면, 이 아파트의 건축원가는 약 2억 8,600만원이다. (188.9 ㎡ ÷ 3.3058 ㎡) × 500만원 ≒ 286,000,000원
>
> (5) 서비스면적: 전용면적이나 공용면적에도 포함되지 않고 용적률에서도 빠지는 부분의 면적이다. 발코니, 다락, 필로티 공간, 테라스 등이 이에 해당한다.

8. 【해설】 "분양면적"이 무엇인가?

> 도시정비법 시행령 제63조 제1항 제6호는 아무런 개념 정의 없이 "주거전용면적", "분양면적"이라는 말을 쓰고 있다(대지소유권의 분배는 분양면적의 비율에 따른다.

도시정비법 제 63 조 제 1 항 제 6 호). "주거전용면적"은 주택공급규칙의 정의를 그대로 차용하면 될 것이나, "분양면적"은 분양업계에서 쓰고 있는 말(주택공급규칙에서는 '분양면적'이라는 말은 사용하지 않는다)을 그대로 가져온 것으로서 "주거전용면적과 주거공용면적을 합한 면적"을 의미한다. 아파트의 평형은 분양면적으로 표시된다.

III. 재건축사업의 관리처분방법(분양기준)

A. 개요

1. 【해설】재건축사업과 재개발사업의 차이

도시정비법 시행령 제 63 조 제 2 항은 재건축사업의 관리처분 기준으로 공용부분의 귀속, 대지소유권의 귀속, 부대·복리시설 소유자에 대한 공급기준 등 3 가지만을 규정하고, 또한 조합은 조합원 전원의 동의를 받아 그 기준을 다르게 정할 수 있다고 규정하고 있다. 즉, 재건축사업의 분양기준은 규정내용 자체도 느슨할 뿐 아니라, 그마저도 조합원 전원의 합의로 변경할 수 있도록 한 것이다.

(1) 공용부분의 귀속(재개발과 동일): 건축물의 공용부분은 각 권리자의 공유로 하되, 각 권리자의 지분비율은 그가 취득하게 되는 전유부분의 위치 및 바닥면적 등을 고려하여 정한다(영 제 63 조 제 2 항 제 1 호, 제 1 항 제 5 호). 이 내용은 재개발사업과 동일하다. 다만, 재건축사업에서는 조합이 조합원 전원의 동의를 받아 이와 다르게 정할 수 있다.

(2) 대지소유권의 귀속(재개발과 동일): 1 필지의 대지 위에 2 인 이상에게 분양될 건축물이 설치되는 경우 대지소유권은 건축물 수분양자 전원의 공유로 하되 각 수분양자의 지분비율은 건축물 분양면적의 비율에 따라 정한다(영 제 63 조 제 2 항 제 1 호, 제 1 항 제 6 호).

이 내용도 재개발사업과 동일하다. 다만, 재건축사업에서는 조합이 조합원 전원의 동의를 받아 이와 다르게 정할 수 있다.

☞ 이전고시가 이루어지면 새로이 축조된 건축시설뿐 아니라 새로이 조성된 토지(대지)에 관하여도 소유권보존등기를 하는바(법 제 88 조; 도시정비등기규칙 제 12 조 제 1 항), 이때 위와 같이 각 수분양자의 분양면적 비율에 따라 보존등기를 한다.

(3) 부대·복리시설 소유자의 분양신청: 부대시설·복리시설 소유자에게는 a) 부대시설·복리시설을 공급하는 것을 원칙으로 하되, b) 일정한 요건(아래 법령 참조)을 충족하는 경우에는 부대·복리시설 소유자에게 1 주택을 공급할 수 있다(영 제 63 조 제 2 항 제 2 호. 아래 참조).

2. 【해설】 부대·복리시설 소유자에게 1 주택을 공급할 수 있는 경우

> 부대시설·복리시설 소유자에게는 부대·복리시설을 공급하는 것이 원칙이나, 다음의 어느 하나에 해당하는 경우에는 1 주택을 공급할 수 있다(영 제 63 조 제 2 항 제 2 호 단서).
>
> 가. 새로운 부대시설·복리시설을 건설하지 않는 경우로서 다음 조건을 충족하는 경우: 종전자산 가액 > (최소평형 아파트 분양가 × 1 또는 정관이 정한 비율)
>
> 나. (종전자산 가액 – 분양받는 부대·복리시설 분양가) > (최소평형 아파트 분양가 × 1 또는 정관이 정한 비율)
>
> 다. 최소평형 부대·복리시설 분양가 > 최소평형 아파트 분양가

3. 【법령】 전부개정법 시행령 제 63 조(관리처분의 방법 등) 제 2 항

> ② 재건축사업의 경우 법 제 74 조에 따른 관리처분은 다음 각 호의 방법에 따른다. 다만, 조합이 조합원 전원의 동의를 받아 그 기준을 따로 정하는 경우에는 그에 따른다. <개정 2022.12.9>
>
> 1. 제 1 항 제 5 호 및 제 6 호를 적용할 것
>
> 2. 부대시설·복리시설(부속토지를 포함한다. 이하 이 호에서 같다)의 소유자에게는 부대시설·복리시설을 공급할 것. 다만, 다음 각 목의 어느 하나에 해당하는 경우에는 1 주택을 공급할 수 있다.
>
> 가. 새로운 부대시설·복리시설을 건설하지 아니하는 경우로서 기존 부대시설·복리시설의 가액이 분양주택 중 최소분양단위규모의 추산액에 정관등으로 정하는 비율(정관등으로 정하지 아니하는 경우에는 1 로 한다. 이하 나목에서 같다)을 곱한 가액보다 클 것
>
> ☞ 종전자산 가액 > (최소평형 아파트 분양가 × 1 또는 정관이 정한 비율)
>
> 나. 기존 부대시설·복리시설의 가액에서 새로 공급받는 부대시설·복리시설의 추산액을 뺀 금액이 분양주택 중 최소분양단위규모의 추산액에 정관등으로 정하는 비율을 곱한 가액보다 클 것
>
> ☞ (종전자산 가액 – 분양받는 부대·복리시설 분양가) > (최소평형 아파트 분양가 × 1 또는 정관이 정한 비율)
>
> 다. 새로 건설한 부대시설·복리시설 중 최소분양단위규모의 추산액이 분양주택 중 최소분양단위규모의 추산액보다 클 것
>
> ☞ 최소평형 부대·복리시설 분양가 > 최소평형 아파트 분양가

B. ① '분양면적' 비율에 따라 대지소유권을 부여한다는 것은 법정기준이므로 시·도조례로써 달리 정할 수 없어; ② 따라서 조합원 전원의 동의 없이 신축상가의 '전유면적'에 따라 대지소유권이 부여되도록 한 정관 규정 및 이 사건 상가관리처분계획은 무효임; ③ 이 사건 관리처분계획 중 상가에 관한 부분의 집행정지를 명한 사례 —대법원 2010. 3. 25.자 2009무 165 결정 [집행정지]

【당사자】

【신청인, 재항고인】 신청인 1 외 9인

【피신청인, 상대방】 동명아파트주택재건축정비사업조합

【환송 후 항고심 결정 주문】

피신청인이 2008. 2. 4. 안산시장으로부터 인가받은 관리처분계획 중 상가에 관한 부분은 수원지방법원 2008 구합 4870 호 관리처분계획 취소사건의 판결확정시까지 그 효력을 정지한다.

1. '분양면적 비율에 따라 대지소유권을 부여한다'는 기준은 조례로 달리 정할 수 없음

... 앞서 본 법 시행령 제 52 조 제 2 항에서 정하는 '각 호'의 하나로 그 제 1 호는 "제 1 항 제 5 호 및 제 6 호의 규정을 적용할 것"이라고 정하고 있고, 여기서의 제 1 항 제 6 호는 "1 필지의 대지위에 2 인 이상에게 분양될 건축물이 설치된 경우에는 건축물의 분양면적의 비율에 의하여 그 대지소유권이 주어지도록 할 것. 이 경우 토지의 소유관계는 공유로 한다"고 정하고 있다. 따라서 건축물의 분양면적 비율에 따라 대지소유권을 부여한다는 기준은 시·도조례로써는 이를 달리 정할 수 없다고 할 것이다.

2. 인정된 사실

기록에 의하면, 피신청인은 주택재건축정비사업조합으로서 ① 그 정관 제 39 조 제 2 항은 "사업시행 후 분양받을 주택 등의 면적은 분양면적(전용면적 + 공유면적)을 기준으로 하며 대지는 분양받은 주택 등의 전유면적 비례에 따라 공유지분으로 분양한다"고 정하고 있고, ② 피고의 관리처분계획 중 이 사건 상가에 관한 부분(이하 이 부분을 '이 사건 상가관리처분계획'이라고 한다)도 신축 상가의 전유면적에 따라 대지소유권을 분배하도록 하고 있는 사실을 알 수 있는 반면, ③ 위와 같이 전유면적에 따른 대지소유권 분배기준에 관하여 조합원 전원의 동의를 받았음을 인정할 자료는 없다.

3. 파기환송

앞서 본 법리에 비추어 보면, 전유면적에 따라 대지소유권이 부여되도록 한 위 정관 규정 및 이 사건 상가관리처분계획은 법 시행령 제52조 제2항에 위반하여 무효라고 할 것이다. 따라서 이 사건 상가관리처분계획에 의하여 대지소유권을 부여받게 되는 상가조합원인 원고들로서는 위 분배기준이 확정됨으로 인하여 생길 회복하기 어려운 손해를 예방하기 위하여 이 사건 상가관리처분계획의 효력을 정지할 긴급한 필요가 있다고 할 것이다. 이 점을 지적하는 취지의 재항고이유 제1점의 주장은 이유 있다.

C. [고등법원판례] ① 조합원이 주택을 취득하는 것은 분양계약의 효력이 아니라 관리처분계획 및 이에 따른 이전고시의 효력이야; ② 따라서 분양계약과 달리 분양면적 비율로 산정한 대지면적을 분양하는 내용으로 관리처분계획을 변경한 것은 분양계약자의 개별 동의를 받지 않았어도 위법하지 않아 —서울고등법원 2011.12.23. 선고 2011누5898 판결[관리처분계획무효확인등]

【당사자】

| 원고, 항소인 | 고○○ 외 7 |
| 피고, 피항소인 | A2단지아파트 재건축정비사업조합 |

도시정비법상 주택재건축조합의 경우 조합원이 주택을 취득하는 것은 분양계약의 효력에 기한 것이 아니고 관리처분계획 및 이에 따른 이전고시의 효력에 의한 것이므로 분양계약과 달리 분양면적 비율로 산정한 대지면적을 분양하는 내용으로 관리처분계획을 변경하는 경우 분양계약자 개별적인 동의를 얻지 않았다고 하여 이를 위법하다거나 무효로 볼 수 없고,

비록 관리처분계획의 변경으로 인하여 일반 수분양자들이 분양계약서의 내용과 다른 대지면적을 분양받게 된다고 하더라도 일반 수분양자들의 동의를 얻지 않은 것이 곧바로 도시정비법에 따라 변경된 관리처분계획의 하자사유가 된다고 할 수도 없다.

또한 도시정비법 시행령 제49조 제3호는 시장·군수의 인가를 받지 않고 신고만으로 변경할 수 있는 관리처분계획의 경미한 변경에 해당하는 사항 중 하나로 '이해관계가 있는 토지등소유자 전원의 동의를 얻어 변경하는 때'를 규정하고 있는 것에 불과하므로 이를 근거로 이 사건 3 관리처분계획을 수립하는 경우 분양계약자의 개별적인 동의가 필요하다고 볼 수도 없다.

IV. 공급할 수 있는 주택(분양권)의 수

A. '1주택 공급 원칙'과 그 예외

1. 【해설】 1주택 공급 원칙의 내용 (법 제76조 제1항 제6호)

> 1주택 공급 원칙은 a) 1세대 1주택 공급 원칙과 b) 공유토지 등에 대한 1주택 공급 원칙으로 나타난다.
>
> ① 1세대 1주택 공급 원칙: 1세대 또는 1명이 하나 이상의 주택 또는 토지를 소유한 경우에는 1주택만을 공급한다(같은 호 전단).
>
> ② 공유토지 등에 대한 1주택 공급 원칙: 2명 이상이 1주택 또는 1토지를 공유한 경우에는 (공유자가 다른 세대에 속하더라도) 1주택만을 공급한다(같은 호 후단).

2. 【법령】 법 제76조 제1항 제6호(1주택 공급 원칙)

> ① 제74조 제1항에 따른 관리처분계획의 내용은 다음 각 호의 기준에 따른다. <개정 2017.10.24, 2018.3.20, 2022.2.3, 2023.6.9, 2024.1.30>
>
> (1. ~ 5. 생략)
>
> 6. a) 1세대 또는 1명이 하나 이상의 주택 또는 토지를 소유한 경우 1주택을 공급하고, b) 같은 세대에 속하지 아니하는 2명 이상이 1주택 또는 1토지를 공유한 경우에는 1주택만 공급한다.

3. 【해설】 1주택 공급 원칙의 예외 (법 제76조 제1항 제7호)

> 1주택 공급 원칙의 예외, 즉 2주택 이상을 공급할 수 있는 경우는 아래와 같다(법 제76조 제1항 제7호 가목 ~ 마목).
>
> ㉮ 2명 이상이 1토지를 공유한 경우에는 시·도조례로 정하는 바에 따라 주택을 공급할 수 있다. 서울시조례는 재개발사업에서 권리산정기준일 이전부터 공유로 소유한 토지의 지분이 90㎡ 이상이거나 권리가액이 최소평형 분양가 이상인 경우는 별도로 1주택을 분양받을 수 있다고 규정하고 있다(서울시조례 제36조 제2항 제3호 단서 및 제1항 제2, 3호. ☞ 자세한 내용은 아래 제6절 II. 참조).
>
> 단독주택(다가구주택 포함) 공유자 중 대지지분이 90㎡ 이상인 자는 이 규정에 따라 별도로 1주택을 분양받을 수 있다.
>
> ㉯ 다음의 경우에는 토지등소유자가 소유한 주택 수만큼 공급할 수 있다(법 제76조 제1항 제7호 나목).

         1) 과밀억제권역 밖 비규제지역에서 시행하는 재건축사업의 토지등소유자에게는 소유주택 수만큼 공급할 수 있다. 단, 과밀억제권역 밖이라도 규제지역(투기과열지구 또는 조정대상지역)에서 최초 사업시행계획인가를 신청하는 재건축사업에서는 1 주택만 공급할 수 있다(규제지역 여부를 판정하는 기준시점이 '최초 사업시행계획인가 신청시'임). [이상 나목 1)]. ☞ 아래 별도 설명 참조(경과규정 포함).
         2) 근로자 숙소·기숙사 용도로 주택을 소유하고 있는 토지등소유자에게는 소유주택 수만큼 공급할 수 있다[재개발사업에도 적용됨. 나목 2)]. [나목 3), 4) 생략]
     ㉰ [㉯ 1) 단서의 예외] 과밀억제권역 밖 규제지역에서 최초 사업시행계획인가를 신청하는 경우라도, 규제지역으로 지정되기 전에 1 명의 토지등소유자로부터 토지등의 소유권을 양수하여 여러 명이 소유하게 된 경우에는 양도인과 양수인에게 각각 1 주택씩을 공급할 수 있다(법 제 76 조 제 1 항 제 7 호 다목). 이것도 재건축사업에 관한 예외조항이며 재개발사업에는 적용되지 않는다. ☞ 아래 【법령】 별도 설명 참조(경과규정 포함).

     ㉱ [원플러스원 분양] 종전자산 가격의 범위 또는 종전주택의 주거전용면적의 범위에서 2 주택을 공급할 수 있다. 다만, 이 경우 2 주택 중 1 주택은 주거전용면적 60 m² 이하로 하며, 이전고시일 다음날부터 3 년이 지나기 전에는 주택을 전매(상속을 제외한 모든 권리변동 수반 행위)할 수 없다(재개발사업에도 적용됨. 법 제 76 조 제 1 항 제 7 호 라목). ☞ 아래 별도 설명 참조.

     ㉲ 과밀억제권역 내 재건축사업의 경우는 소유주택 수의 범위 내에서 3 주택까지 공급할 수 있다. 다만, 과밀억제권역 내 규제지역(투기과열지구 또는 조정지역)에서 최초 사업시행계획인가를 신청하는 재건축사업의 경우는 소유주택 수와 관계 없이 1 주택만 공급할 수 있다(과밀억제권역 내에서는 규제지역으로 지정되기 전에 1 명의 토지등소유자로부터 토지등의 소유권을 양수하여 여러 명이 소유하게 된 경우도 1 주택만을 공급할 수 있음). (이상 법 제 76 조 제 1 항 제 7 호 마목) ☞ 아래 별도 설명 참조(경과규정 포함).

4. 【법령】 법 제 76 조 제 1 항 제 7 호 (1 주택 공급 원칙의 예외)

7. 제 6 호에도 불구하고 다음 각 목의 경우에는 각 목의 방법에 따라 주택을 공급할 수 있다.
    가. 2 명 이상이 1 토지를 공유한 경우로서 시·도조례로 주택공급을 따로 정하고 있는 경우에는 시·도조례로 정하는 바에 따라 주택을 공급할 수 있다.
      ☞ 서울시조례 제 36 조 제 2 항 제 3 호

IV. 공급할 수 있는 주택(분양권)의 수

나. 다음 어느 하나에 해당하는 토지등소유자에게는 소유한 주택 수만큼 공급할 수 있다.

　　1) 과밀억제권역에 위치하지 아니한 재건축사업의 토지등소유자. 다만, 투기과열지구 또는 「주택법」 제63조의2 제1항 제1호에 따라 지정된 조정대상지역(이하 이 조에서 "조정대상지역"이라 한다)에서 사업시행계획인가(최초 사업시행계획인가를 말한다)를 신청하는 재건축사업의 토지등소유자는 제외한다.

　　2) 근로자(공무원인 근로자를 포함한다) 숙소, 기숙사 용도로 주택을 소유하고 있는 토지등소유자

　　3) 국가, 지방자치단체 및 토지주택공사등

　　4) (생략)

다. 나목 1) 단서에도 불구하고 과밀억제권역 외의 조정대상지역 또는 투기과열지구에서 조정대상지역 또는 투기과열지구로 지정되기 전에 1명의 토지등소유자로부터 토지 또는 건축물의 소유권을 양수하여 여러 명이 소유하게 된 경우에는 양도인과 양수인에게 각각 1주택을 공급할 수 있다.

☞ 다목은 2022. 2. 3. 법률 제18830호로 신설된 조항이다(공포 즉시 시행). 이 조항은 2022. 2. 3. 이후 최초로 관리처분계획인가(변경인가는 제외)를 신청하는 경우부터 적용한다(동 부칙 제2조). 따라서 2022. 2. 2.까지 최초 관리처분계획인가를 신청한 사업장으로서 투기과열지구 또는 조정대상지역에서 최초 사업시행계획인가를 신청하는 재건축사업의 토지등소유자에게는 '과밀억제권역이 아니라도' 법 제76조 제1항 제7호 나목 1) 단서에 따라 같은 항 제6호가 적용되어 양도인·양수인을 통틀어 1주택만을 공급한다.

라. 제74조 제1항 제5호에 따른 가격[☞ 종전자산 가격]의 범위 또는 종전 주택의 주거전용면적의 범위에서 2주택을 공급할 수 있고, 이 중 1주택은 주거전용면적을 60제곱미터 이하로 한다.

다만, 60제곱미터 이하로 공급받은 1주택은 제86조 제2항에 따른 이전고시일 다음 날부터 3년이 지나기 전에는 주택을 전매(매매·증여나 그 밖에 권리의 변동을 수반하는 모든 행위를 포함하되 상속의 경우는 제외한다)하거나 전매를 알선할 수 없다.

☞ 이른바 '원플러스원 분양'에 관한 규정이다. 자세한 내용은 아래 별도 해설 참조

마. 과밀억제권역에 위치한 재건축사업의 경우에는 토지등소유자가 소유한 주택수의 범위에서 3주택까지 공급할 수 있다. 다만, 투기과열지구 또는 「주택법」 제63

제 2 장 분양 / 제 5 절 분양의 기준 (법령상 기준)

> 조의 2 제 1 항제 1 호에 따라 지정된 조정대상지역에서 사업시행계획인가(최초 사업시행계획인가를 말한다)를 신청하는 재건축사업의 경우에는 그러하지 아니하다.
>
> ☞ 과밀억제권역에 위치한 투기과열지구/조정대상지역에서 사업시행계획인가를 신청하는 재건축사업의 경우는 위 다목과 같은 특례조항이 없으므로, 언제나 1 주택만을 공급할 수 있다.

5. 【해설】재개발사업에서 다주택자가 2 주택 이상을 공급받는 경우는 '원플러스원 분양'뿐

> 1 주택 공급 원칙의 예외규정(법 제 76 조 제 1 항 제 7 호)은 대부분 재건축사업에 관한 것이다. 위 예외조항 중 재개발사업에 적용되는 것은 ① 종전주택을 근로자 숙소·기숙사 용도로 소유하고 있는 경우 등[법 제 76 조 제 1 항 제 7 호 나목 2), 3), 4)]과 ② '원플러스원 분양'(라목)뿐이다. (공유로 소유한 토지의 지분이 90 ㎡ 이상이거나 권리가액이 최소평형 분양가 이상인 경우 별도로 1 주택을 공급받는 것은 별도.)
>
> 위 ①의 경우(종전주택이 기숙사인 경우)와 ②의 경우(원플러스원 분양) 외에는 재개발구역 내에 종전주택을 아무리 많이 가지고 있어도 어느 지역이든 1 주택만을 공급받을 수 있다. 과밀억제권역 안이든 밖이든, 규제지역이든 비규제지역이든 똑같다(즉, 과밀억제권 밖의 비조정대상지역에서도 1 개의 주택만을 공급받을 수 있다).

B. 재건축사업에서 공급할 수 있는 주택의 수 (재건축사업에 관한 예외 및 경과규정 정리)

1. 【해설】과밀억제권역 밖 비규제지역 재건축사업 (소유주택 수만큼) [7 호 나목 1) 본문]

> 과밀억제권역 밖에서 시행되는 재건축사업의 토지등소유자에게는 소유한 주택 수만큼 공급할 수 있다[법 제 76 조 제 1 항 제 7 호 나목 1) 본문; 구법 제 48 조 제 2 항 제 7 호 나목 1) 본문].
>
> 그러나 '소유한 주택 수만큼 공급할 수 있다'는 것이지 그 수만큼 반드시 공급하여야 하는 것이 아니므로, 조합정관이나 관리처분계획에서 공급주택의 수를 제한할 수 있다.

2. 【해설】과밀억제권역 밖 규제지역의 예외와 그에 대한 특례 [7 호 나목 1) 단서, 다목]

> (1) 1 주택 공급 원칙[7 호 나목 1) 단서]: 과밀억제권역 밖이라도 규제지역(투기과열지구 또는 조정대상지역)에서는 1 주택만 공급할 수 있다[법 제 76 조 제 1 항 제 7 호 나목 1) 단서].
>
> 투기과열지구 또는 조정대상지역 여부는 최초 사업시행계획인가를 신청하는 때를 기준으로 판단한다.

과밀억제권역 밖 규제지역에 대한 '1주택 공급' 조항은 2017. 2. 8. 전부개정법(법률 제 14567 호) 공포 후 시행(2018. 2. 9.) 전인 2017. 10. 24.에 정부의 8·2 부동산대책에 따라 ① 구법(2017. 10. 24. 개정 법률 제 14943 호) 제 48 조 제 2 항 제 7 호 나목 1) 단서 및 ② 전부개정법 법 제 76 조 제 1 항 제 7 호 나목 1) 단서로 신설되어, ① 구법의 개정조항은 2017. 11. 10.부터 시행되었고 ② 전부개정법의 개정조항은 전부개정법 시행일에 맞추어 2018. 2. 9.부터 시행되었다.

다만, 2017. 10. 24. 개정규정(법률 제 14943 호)은 시행일인 2017. 11. 10. 이후 최초로 사업시행계획인가를 신청하는 경우부터 적용하므로(부칙 제 3 조 제 1 항), 투기과열지구 또는 조정대상지역이라도 과밀억제권역 밖 재건축사업장에서 2017. 11. 9.까지 최초로 사업시행계획인가를 신청한 경우에는 소유주택 수만큼 주택을 공급할 수 있다.

(2) 특례(제 7 호 다목): 2017. 11. 10. 이후 과밀억제권역 밖 규제지역에서 최초 사업시행계획인가를 신청하는 재건축사업이라도, 규제지역으로 지정되기 전에 1 명의 토지등소유자로부터 토지등의 소유권을 양수하여 여러 명이 소유하게 된 경우에는 양도인과 양수인에게 각각 1 주택씩을 공급할 수 있다(법 제 76 조 제 1 항 제 7 호 다목).

이 조항은 2022. 2. 3. 신설되어 즉시 시행된 조항이며, 2022. 2. 3. 이후 최초로 관리처분계획인가를 신청하는 경우부터 적용된다(부칙 제 2 조). 따라서 2022. 2. 2.까지 최초 관리처분계획인가를 신청한 재건축사업에서는 위와 같은 경우에도 양도인·양수인을 통틀어 1 주택만을 공급할 수 있다.

3. 【해설】 과밀억제권역 내 비규제지역 재건축사업 (소유주택 수의 범위에서 3 주택까지)

(1) 소유주택 수의 범위에서 3 주택까지 공급: 과밀억제권역 내에서도 투기과열지구 또는 조정대상지역이 아니면 재건축사업의 토지등소유자에게는 소유한 주택수의 범위에서 3 주택까지 공급할 수 있다[전부개정법 제 76 조 제 1 항 제 7 호 마목 본문 및 단서; 구법 제 48 조 제 2 항 제 7 호 마목].

예를 들어 과밀억제권역 내 재건축사업구역에 5 채의 아파트를 가지고 있는 조합원은 3 개의 신축아파트를 분양받을 수 있다. 다만, 조합정관이나 관리처분계획에서 공급주택수를 2 주택 이하로 제한할 수는 있다.

(2) 경과규정: 과밀억제권 내 비투기과열지구의 주택재건축사업에서 3 주택까지 공급할 수 있도록 한 규정은 2014. 12. 31. 개정법(법률 제 12957 호) 제 48 조 제 2 항 제 7 호 마목으로 신설되어 공포 즉시 시행되었다. 그 전에는 과밀억제권역 내 재건축사업에서는 (비규제지역에서도) 제 6 호(1 주택 공급 원칙)에 따라 1 주택만 공급할 수 있었다.

그런데 이 개정규정은 동 개정법 시행일인 2014. 12. 31. 이후 최초로 관리처분계획의 인가를 신청하는 경우부터 적용되었으므로(법률 제 14567 호 부칙 제 20 조; 법률 제 12957 호 부칙 제 2 조), 2014. 12. 30.까지 최초 관리처분계획의 인가를 신청한 과밀억제권 내 주택재건축사업에서는 투기과열지구가 아니라도 주택을 아무리 많이 소유하고 있어도 1 주택만 공급할 수 있었다.

4. 【해설】 과밀억제권역 내 규제지역 재건축사업 (1 주택)

(1) 규제지역은 1 주택만 공급: 과밀억제권역 내 규제지역(투기과열지구 또는 조정대상지역)에서 최초 사업시행계획인가를 신청하는 재건축사업에서는 1 주택만 공급할 수 있다[전부개정법 제 76 조 제 1 항 제 7 호 마목 단서; 구법 제 48 조 제 2 항 제 7 호 마목 단서]. 규제지역으로 지정되기 전에 1 명의 토지등소유자로부터 토지등의 소유권을 양수하여 여러 명이 소유하게 된 경우라도 과밀억제권역 내에서는 1 주택만을 공급할 수 있다(과밀억제권역 내 재건축사업에 관하여는 법 제 76 조 제 1 항 제 7 호 다목과 같은 특례조항이 없음).

투기과열지구 또는 조정대상지역 여부는 최초 사업시행계획인가를 신청하는 때를 기준으로 판단한다[법 제 76 조 제 1 항 제 7 호 마목 단서].

(2) 원래 2014. 12. 31. 개정법에서 과밀억제권역 내 재건축사업에서 3 주택까지 공급할 수 있게 한 규정을 신설할 때에는 투기과열지구에 한하여 1 주택으로 제한하였는데, 2017. 10. 24. 개정법(법률 제 14943 호)에서 투기과열지구뿐 아니라 조정대상지역에서도 1 주택만 공급하는 것으로 개정되었다. 이 개정규정은 경과조치 없이 2017. 11. 10.부터 시행되었다.

5. 【해설】 투기과열지구 또는 조정대상지역 내 재건축 (과밀억제권 밖도 1 주택만 공급)

(1) 과밀억제권역 안이든 밖이든 규제지역(투기과열지구 또는 조정대상지역)에서는 1 주택만을 공급할 수 있다. 규제지역 여부는 최초 사업시행계획인가 신청시를 기준으로 판단한다.

(2) 근거규정

① 과밀억제권역 밖: 전부개정법 제 76 조 제 1 항 제 7 호 나목 1) 단서 및 구법 제 48 조 제 2 항 제 7 호 나목 1) 단서(시행일: 2017. 11. 10.).

② 과밀억제권역 내: 전부개정법 제 76 조 제 1 항 제 7 호 마목 단서 및 구법 제 48 조 제 2 항 제 7 호 마목 단서. a) 2017. 11. 10. 이후는 투기과열지구와 조정대상지역 모두 1 주택만 공급할 수 있고, b) 2014. 12. 31.부터 2017. 11. 9.까지는 투기과열지구

IV. 공급할 수 있는 주택(분양권)의 수

에서는 1 주택만 공급하고, 조정대상지역과 비규제지역에서는 3 주택까지 공급할 수 있었고, c) 2014. 12. 31. 전에는 비규제지역에서도 1 주택만을 공급할 수 있었다.

2014. 12. 31. 개정법(법률 제 12957 호) 제 48 조 제 2 항 제 7 호 마목으로 신설되어 공포 즉시 시행되었다. 그 전에는 과밀억제권역 내 재건축사업에서는 (비규제지역에서도) 제 6 호(1 주택 공급 원칙)에 따라 1 주택만 공급할 수 있었다.

(3) 예외: 투기과열지구 또는 조정대상지역에서도 원플러스원 분양은 받을 수 있다.

6. 【구법령】재건축사업에 관한 구 도시정비법(2017. 11. 10. 개정법) 규정과 경과조치

2017. 11. 10. 시행 < 2017. 10. 24. 개정 법률 제 14943 호 >

구 도시정비법 제 48 조(관리처분계획의 인가 등)

② 제 1 항에 따른 관리처분계획의 내용은 다음 각 호의 기준에 따른다. <개정 2005. 3. 18., 2009. 2. 6., 2009. 5. 27., 2012. 2. 1., 2013. 12. 24., 2014. 12. 31., 2016. 1. 27., 2017. 10. 24.>

  1. ~ 6. 생략

  7. 제 6 호에도 불구하고 다음 각 목의 경우에는 각 목의 방법에 따라 주택을 공급할 수 있다.

    가. 생략

    나. 다음 어느 하나에 해당하는 토지등소유자에게는 소유한 주택 수만큼 공급할 수 있다.

      1) 「수도권정비계획법」 제 6 조제 1 항제 1 호에 따른 과밀억제권역에 위치하지 아니한 주택재건축사업의 토지등소유자. 다만, 투기과열지구 또는 「주택법」 제 63 조의 2 제 1 항제 1 호에 따라 지정된 조정대상지역에서 사업시행인가(최초 사업시행인가를 말한다)를 신청하는 주택재건축사업의 토지등소유자는 제외한다.

☞ 제 7 호 나목 1) 단서는 2017. 10. 24. 개정 법률 제 14943 호에서 신설되어 2017. 11. 10.부터 시행되었다.

    다. 라. 생략

    마. 「수도권정비계획법」 제 6 조제 1 항제 1 호에 따른 과밀억제권역에 위치한 주택재건축사업의 경우에는 토지등소유자가 소유한 주택 수의 범위에서 3 주택까지 공급할 수 있다. 다만, 투기과열지구 또는 「주택법」 제 63 조의 2 제 1 항 제 1 호에 따라 지정된 조정대상지역에서 사업시행인가(최초 사업시행인가를 말한다)를 신청하는 주택재건축사업의 경우에는 그러하지 아니하다.

제2장 분양 / 제5절 분양의 기준 (법령상 기준)

> [☞ 2017. 10. 24. 개정법(법률 제 14943 호)에서 '조정대상지역'이 추가됨. 시행일: 2017. 11. 10. 경과규정 없음]
>
> **부칙 제1조(시행일)**
>
> 이 법은 공포한 날부터 시행한다. 다만, 제 48 조 제 2 항 제 7 호의 개정규정은 2017 년 11 월 10 일부터 시행하고...
>
> **부칙 제3조(주택재건축사업의 주택공급수 제한에 관한 적용례)**
>
> ① 제 48 조 제 2 항 제 7 호 나목 1)의 개정규정[☞ 단서규정을 말함]은 같은 개정규정 시행 후 최초로 사업시행인가를 신청하는 경우부터 적용한다.
>
> ☞ 2017. 11. 9.까지 최초로 사업시행계획인가를 신청한 과밀억제권역 밖 재건축사업 장에서는 투기과열지구 또는 조정대상지역이라도 주택 수만큼 공급할 수 있다.

7. **【법령】수도권정비계획법 제 6 조(권역의 구분과 지정)**

> ② 과밀억제권역, 성장관리권역 및 자연보전권역의 범위는 대통령령으로 정한다.
>
> ☞ **【법령】과밀억제권역의 범위**
>
> [수도권정비계획법 시행령 제 9 조 관련 별표 1] <개정 2017. 6. 20.>
>
> 1. 서울특별시
>
> 2. 인천광역시[강화군, 옹진군, 서구 대곡동·불로동·마전동·금곡동·오류동·왕 길동·당하동·원당동, 인천경제자유구역(경제자유구역에서 해제된 지역을 포함한다) 및 남동 국가산업단지는 제외한다]
>
> 3. 의정부시
>
> 4. 구리시
>
> 5. 남양주시(호평동, 평내동, 금곡동, 일패동, 이패동, 삼패동, 가운동, 수석동, 지금 동 및 도농동만 해당한다)
>
> 6. 하남시
>
> 7. 고양시
>
> 8. 수원시
>
> 9. 성남시
>
> 10. 안양시
>
> 11. 부천시

12. 광명시
13. 과천시
14. 의왕시
15. 군포시
16. 시흥시[반월특수지역(반월특수지역에서 해제된 지역을 포함한다)은 제외한다]

C. ★ 투자 Tip

1주택 공급 원칙의 예외는 하나하나가 모두 중요한 투자 Tip 이다. 그런데 도시정비 법령의 복잡한 개정연혁과 경과규정으로 인하여 그 내용이 무척 복잡하고 혼란스럽기 그지없다. 그러므로 투자자들은 오래된 개정연혁들은 모두 무시하고, 현행 규정과 직접 관련된 경과규정만 기억해 두자.

1. ★ 투자 Tip – 과밀억제권역 밖 재건축사업의 분양주택 수

(1) 과밀억제권역 밖에서 시행되는 재건축사업의 토지등소유자에게는 <u>소유한 주택 수만큼</u> 공급할 수 있다

(2) 다만, 과밀억제권역 밖에서도 규제지역(투기과열지구 또는 조정대상지역)은 1주택만을 공급할 수 있다. 규제지역 여부는 최초 사업시행계획인가 신청시를 기준으로 판단한다.

 – 2017. 11. 9.까지 최초로 사업시행계획인가를 신청한 사업장에서는 규제지역이라도 소유주택 수만큼 주택을 공급할 수 있다.

 – 2017. 11. 10. 이후 최초로 사업시행계획인가를 신청하는 재건축사업이라도, <u>규제지역으로 지정되기 전에 1명의 토지등소유자로부터 토지등의 소유권을 양수하여 여러 명이 소유하게 된 경우에는 양도인과 양수인에게 각각 1주택씩을 공급할 수 있다</u>. 다만, 2022. 2. 2.까지 최초 관리처분계획인가를 신청한 재건축사업에서는 위와 같은 경우에도 양도인·양수인을 통틀어 1주택만을 공급할 수 있다.

2. ★ 투자 Tip – 과밀억제권역 내 재건축사업의 분양주택 수

과밀억제권역 내에서도 규제지역(투기과열지구 또는 조정대상지역)이 아니면 재건축사업의 토지등소유자에게는 <u>소유한 주택수의 범위에서 3주택까지</u> 공급할 수 있다.

다만, 규제지역(투기과열지구 또는 조정대상지역)에서는 1주택만 공급할 수 있다. 규제지역인지 여부는 최초 사업시행계획인가 신청시를 기준으로 판단한다.

제 2 장 분양 / 제 5 절 분양의 기준 (법령상 기준)

3. ★ 투자 Tip – 정관과 관리처분계획에 의한 제한도 있다!

> 법령에서 2 주택 이상을 공급할 수 있다고 규정한 것은 사업시행자에게 재량권을 준 것이므로, 조합정관이나 관리처분계획에서 공급주택의 수를 제한될 수 있다.
>
> 따라서 2 주택 이상을 분양받을 목적으로 다물건을 매수하는 경우에는 정관에 제한규정이 없는지 직접 확인해 보고, 조합에 문의해 본 후 매수 여부를 결정해야 한다.

V. 원플러스원(1+1) 분양 [재개발·재건축 공통]

A. 개요

1. 【해설】 '1+1 분양'의 내용

> 조합원이 소유한 종전자산이 가격이 높거나 주거전용면적이 넓은 경우에는 일정한 조건 하에 2 주택을 공급할 수 있다(법 제 76 조 제 1 항 제 7 호 라목). 이것을 '원플러스원(1+1) 분양'이라고 한다.
>
> 원플러스원 분양은 <u>재건축사업과 재개발사업 모두에서 인정</u>되며, 과밀억제권역 내 투기과열지구 사업장에서도 인정된다.
>
> 원플러스원(1+1) 분양은 2012. 2. 1. 개정법(법률 제 11293 호) 제 48 조 제 2 항 제 7 호 다목으로 신설되어 공포 즉시 시행되었다.

2. 【해설】 '1+1 분양'의 요건

> (1) 원플러스원 분양의 조건은 아래와 같이 '종전자산의 가격' 및 '종전주택의 주거전용면적'의 <u>두 가지 중 하나</u>로 충족할 수 있다(제 76 조 제 1 항 제 7 호 라목 본문).
>
> ① 종전자산 가격의 범위 내에서 2 주택을 공급할 수 있다. 예를 들어, 종전자산 평가액이 7 억원인 토지등소유자는 신축주택 분양가의 합계가 7 억원을 넘지 않는 범위 내에서 2 개의 주택을 공급할 수 있다.
>
> ② 종전주택의 주거전용면적의 범위 내에서 2 주택을 공급할 수 있다. 예를 들어, 종전주택의 주거전용면적이 144 ㎡인 토지등소유자는 전용면적이 85 ㎡인 주택 1 개, 59 ㎡인 주택 1 개를 공급할 수 있다.
>
> (2) 위 어느 경우이든 조합원이 보유한 <u>종전주택이 몇 채인지는 문제가 되지 않는다</u>. 1 채를 갖고 있든 5 채를 갖고 있든 총 가격 또는 총 전용면적의 범위 내에서 2 개의 주택만을 공급할 수 있을 뿐이다.

V. 원플러스원(1+1) 분양 [재개발·재건축 공통]

(3) 다만 분양받는 2주택 중 1주택은 주거전용면적 60㎡(24평형, 25평형) 이하로 공급하여야 한다.

3. ★ 투자 Tip – 꿩먹고 알먹는 다가구주택

다가구주택은 단독주택이나 다세대주택(빌라)보다 주거전용면적이 넓기 때문에 위 ②의 요건을 충족해서 원플러스원 분양을 받게 될 가능성이 매우 높다. 1+1 분양을 받지 못하는 경우에도 다가구주택은 일반적으로 단독주택이나 빌라보다 감정평가금액이 높게 나오므로 평형배정에서 유리하며, 사업이 성공적으로 진행되어 비례율이 상승하면 조합으로부터 청산금을 받을 수도 있다.

다가구주택은 전세가율이나 월세도 단독주택이나 다세대주택보다 높게 나오므로 초기 투자금을 낮출 수 있다.

4. 【해설】 원플러스원 '분양면적 제한'과 '전매금지'

(1) **이전고시 이전에는 전매 가능**: 이전고시 이전에는 입주권(조합원 지위) 상태로 전매할 수 있다(투기과열지구는 제외). 다만, 이 경우는 '1개의 조합원 지위'에서 '2개 주택에 대한 입주권'을 가지는 경우이므로, 2주택의 입주권을 하나로 전매해야 하며, 1주택에 대한 입주권만을 따로 떼어서 전매할 수 없다.

(2) **이전고시 다음 날부터 3년간 전매 금지**: 원플러스원 분양을 받는 경우 60㎡ 이하로 공급받은 1주택은 이전고시일 다음 날부터 3년이 지나기 전에는 주택을 전매할 수 없다(제76조 제1항 제7호 라목 단서).

☞ "조합원입주권"이란 관리처분계획의 인가(소규모주택정비사업에서는 사업시행계획인가)로 취득한 「입주자로 선정된 지위」를 말한다(소득세법 제88조 제9호).

5. ★ 투자 Tip – '1 분양신청'이 '1+1 분양신청'에 우선함

'1+1 분양신청자'와 '1주택 신청자'가 경합할 경우에는 '1주택 신청자'가 평형배정의 우선권을 가지므로, 종전자산의 주거전용면적이 145㎡ 미만인 조합원이 원플러스원 분양신청을 하는 경우에는 다음과 같은 점을 유념해야 한다.

'85㎡를 포함해서' 원플러스원 분양신청을 하기 위한 종전자산 최소면적은 145㎡이다(85㎡ + 60㎡ = 145㎡). 따라서 종전자산 주거전용면적 합계가 145㎡ 미만인 조합원이 원플러스원 분양을 받기 위해서는 2주택 모두 85㎡ 미만을 신청해야 한다. 그런데 이 경우 60㎡ 이하 평형에 분양신청자가 많아 60㎡ 이하 평형의 잔여분량이 없게 되면 결국 85㎡ 미만 1주택만을 분양받게 될 수 있다. 종전자산의 주거전용면적이 145㎡ 미만인 조합원이 원플러스원 분양신청을 하는 경우에는 이 점을 유념해

야 한다. 다만, 전용면적 49 ㎡인 아파트를 공급하는 구역에서는 135 ㎡만 가지고 있어도 85 ㎡와 함께 1+1 분양신청이 가능하다(85 ㎡ + 149 ㎡ = 134 ㎡).

B. [하급심판례] 대 201 ㎡('이 사건 토지') 지상 연면적 423.04 ㎡의 다가구주택('이 사건 주택')을 A, B, C가 공유한 사안에서, ① 원고 A는 2003. 12. 30. 전부터 이 사건 토지 중 102 ㎡ 지분을 소유하고 있었으므로 1주택을 별도로 공급받을 권리가 있고, ② 원고 B(66 ㎡), C(33 ㎡)는 이 사건 토지의 공유자로서 공동으로 1주택을 공급받을 수 있는 권리가 있으며(원고 A가 1주택을 별도로 공급받는다고 하여 원고 B, C가 공동으로 주택을 공급받을 자격이 소멸되는 것이 아님); ③ '원고 A'와 '원고 B, C'는 각각 이 사건 주택 중 공유지분으로 소유한 주거전용면적의 범위에서(원고 B, C는 공동으로 소유한 주거전용면적의 범위에서) '2주택(1+1)'을 공급받을 수 있는 지위에 있다고 본 사례 —서울행정법원 2018. 11. 30. 선고 2018구합63471 판결[수분양자지위확인]

【당사자】

원고	A, B, C
피고	노량진6 재정비촉진구역 주택재개발정비사업조합

【주문】

1. 피고가 시행하는 주택재개발정비사업에서 원고 A는 단독으로 수분양자의 지위에 있음을, 원고 A가 공유지분으로 소유한 주택의 주거전용면적의 범위에서 2주택을 공급받을 수 있는 지위에 있음을 각 확인한다.

2. 피고가 시행하는 주택재개발정비사업에서 원고 B, C은 공동으로 수분양자의 지위에 있음을, 원고 B, C이 공유지분으로 소유한 주택의 주거전용면적의 범위에서 공동으로 2주택을 공급받을 수 있는 지위에 있음을 각 확인한다.

【판례해설】 원고는 관리처분계획 취소소송을 제기해 다투어야 함

이 판결은 항소기각 후 대법원에서 파기, 각하되었다. 그 이유는 관리처분계획이 있기 전에 조합원이 조합을 상대로 수분양자지위나 수분양권의 확인을 구하는 소송은 허용되지 않기 때문이다(대법원 2019. 12. 13. 선고 2019두39277 판결).

그러나 원고의 분양신청 대상자격에 관한 이 판결의 판시내용은 유효하므로, 원고가 향후 수립되는 관리처분계획에서 분양대상 자격이 부인되거나, 원플러스원 분양을 받지 못하게 된다면 관리처분계획 취소소송을 제기하여 다툴 수 있다.

V. 원플러스원(1+1) 분양 [재개발·재건축 공통]

1. 기초사실

가. 피고는 서울 동작구 E 일대(이하 '이 사건 정비구역'이라 한다)에서 주택재개발정비사업(이하 '이 사건 사업'이라 한다)을 시행할 목적으로 2011. 3. 17. 서울특별시 동작구청장으로부터 조합설립인가를 받은 조합이다.

나. 원고들은 이 사건 정비구역 내에 소재한 서울 동작구 F 대 201 ㎡(이하 '이 사건 토지'라 한다) 및 그 지상의 연면적 합계 423.04 ㎡(연면적에서 1층 주차장 20.28 ㎡를 제외한 면적은 402.76 ㎡)인 다가구용 단독주택(이하 '이 사건 주택'이라 한다)을 아래와 같은 지분으로 각 공유하고 있다.

	이 사건 토지 공유지분	지분면적	이 사건 주택 공유지분	지분 주거전용면적
원고 A	34/67	102㎡	206.34/423.04	196.4㎡
원고 B	22/67	66㎡	154.255/423.04	146.9㎡
원고 C	11/67	33㎡	62.445/423.04	59.5㎡
합계	1	201㎡		402.76㎡

2. '원고 A'와 '원고 B, C'가 각각 주택을 공급받을 수 있는지에 관한 판단

가. 당사자들의 주장

(1) 원고들 주장

도시 및 주거환경정비법(이하 '도시정비법'이라 한다) 제76조 제1항 제7호 (가)목 및 구 서울특별시 도시 및 주거환경정비 조례(2010. 7. 15. 서울특별시조례 제5007호로 개정되기 전의 것, 이하 '구 서울시 조례'라 한다) 제27조 제2항 제3호, 서울특별시 건축 조례 제29조의 규정에 의하면, 원고 A가 2003. 12. 30. 전부터 공유지분으로 소유하고 있는 이 사건 토지의 지분면적이 90㎡ 이상이므로 원고 A는 단독으로 수분양권이 있고, 원고 B, C은 공동으로 수분양권이 있으므로 그 확인을 구한다.

(2) 피고 주장

이 사건 토지 중 원고 A의 지분면적만 90㎡ 이상이고, 원고 B, C의 개별 지분면적은 90㎡에 이르지 않으므로, 원고들이 주장하는 규정은 적용될 수 없고, 원고 A만 원고들의 대표로서 1주택의 수분양권이 있을 뿐이다.

나. 판단

(1) 구조례의 내용

도시정비법 제76조 제1항 제6호는 "1세대 또는 1명이 하나 이상의 주택 또는 토지를 소유한 경우 1주택을 공급하고, 같은 세대에 속하지 아니하는 2명 이상이 1주택 또는 1토지를 공유한 경우에는 1주택만 공급한다."고 규정하고, 같은 항 제7호 (가)목은 "제6호에도 불구하고 2명 이상이 1토지를 공유한 경우로서 시·도 조례로 주택공급을 따로 정하고 있는 경우에는 시·도 조례로 정하는 바에 따라 주택을 공급할 수 있다."고 규정하고 있다. 구 서울시 조례 제27조 제2항 제3호는 "하나의 주택 또는 한 필지의 토지를 수인이 소유하고 있는 경우에는 수인의 분양신청자를 1인의 분양대상자로 보되, 2003. 12. 30. 전부터 공유지분으로 소유한 토지의 지분면적이 건축조례 제29조에 따른 규모 이상인 자는 그러하지 아니하다."고 규정하고, 서울특별시 건축 조례 제29조 제1호는 주거지역의 경우 90 ㎡를 그 기준으로 규정하고 있다.

(2) 위 규정의 취지

앞서 본 관련법령의 규정내용을 종합하면, 주택재개발정비사업에 있어 1인이 하나 이상의 주택 또는 토지를 소유한 경우라 하더라도 정비사업의 시행에 따라 1주택만을 공급하고, 수인이 주택 또는 토지를 공유하고 있는 경우에도 그 수인에게 1주택을 공급하는 것이 원칙이나, 다만, 수인이 1토지를 공유한 경우로서 2003. 12. 30. 전부터 공유지분으로 소유한 토지의 지분면적이 90 ㎡ 이상인 자에 대하여는 별도로 1주택을 공급할 수 있다. 이는 토지의 면적을 불문하고 1토지를 소유하고 있는 자는 1주택을 공급받을 권리가 있다는 점과 비교하여 볼 때 토지의 공유자가 그 공유지분의 면적이 아무리 크다고 하더라도 공유자 전원이 1주택만을 분양받을 수 있다고 보는 경우 정비사업으로 인한 개발이익의 균등한 배분이라는 측면에서 형평에 맞지 아니하고, 다가구 주택과 같은 경우에는 실질적으로 주택의 일부분을 독립적으로 구분하여 사용하고 있고, 그 전용면적의 비율에 상응하는 토지의 공유지분을 소유하고 있음에도 언제나 수인의 다가구주택의 소유자들이 하나의 주택밖에 공급받지 못하게 되므로, 정비사업의 시행으로 인하여 주거의 근거지를 상실하게 되는 자들을 양산하게 된다는 점 고려하여, 2003. 12. 30. 전부터 토지를 공유하고 있는 자의 지분면적이 90 ㎡ 이상인 자에 대하여는 별도로 1주택을 공급받을 자격을 부여함으로써 개발이익의 공평한 분배라는 정비사업의 주된 가치를 달성하기 위함에 그 취지가 있다.

(3) 원고 A는 독립하여, 원고 B, C 공동으로 분양신청권이 있음

이에 비추어 볼 때 원고들은 이 사건 토지의 공유자들로서 원칙적으로 1주택만을 공급받는 것이 원칙이나, 이 사건 토지의 면적이 201 ㎡이고, 그 중 원고 A의 공유지분이

34/67로 지분에 해당하는 면적이 102㎡(= 201㎡ × 34/67)로 90㎡ 이상인 사실은 앞서 처분의 경위에서 본 바와 같고, 갑 제3호증의 1의 기재에 변론 전체의 취지를 종합하면, 원고 A가 1993. 4. 7. 이 사건 토지에 관하여 소유권이전등기를 마치고 단독으로 이를 소유하여 오다가, 2002. 11. 19. 원고 C에게 22/67 지분을, 원고 B에게 11/67 지분을 각 이전하여 주고 같은 날부터 34/67 지분을 소유하여, 2003. 12. 30. 전부터 소유하고 있는 지분면적이 90㎡ 이상인 사실이 인정되므로, 원고 A는 위 규정에 따라 별도로 1주택을 공급받을 수 있는 권리가 있고, 원고 B, C은 원칙대로 토지의 공유자로서 공동으로 1주택을 공급받을 수 있는 권리가 있다(원고 A가 1주택을 별도로 공급받게 된다고 하여 다른 공유자들인 원고 B, C이 공동으로 주택을 공급받을 수 있는 자격이 소멸되는 것은 아니고, 본래 원고들이 공동으로 1주택을 공급받을 수 있었던 것에서 원고 A가 위 규정에 의해 별도로 주택을 공급받게 됨에 따라 원고 B, C은 나머지 토지 지분의 공유자들로서 공동으로 1주택을 공급받을 수 있게 되는 결과가 되는 것이다).

따라서 원고들의 이 부분 주장은 이유 있다.

3. '원고 A'와 '원고 B, C'가 각각 '원플러스원 분양'을 받을 수 있는지에 관한 판단

도시정비법 제76조 제1항 제7호 (다)목은 "제74조 제1항 제5호에 따른 가격의 범위 또는 종전 주택의 주거전용면적의 범위에서 2주택을 공급할 수 있고, 이 중 1주택은 주거전용면적을 60제곱미터 이하로 한다. 다만, 60제곱미터 이하로 공급받은 1주택은 제86조 제2항에 따른 이전고시일 다음 날부터 3년이 지나기 전에는 주택을 전매(매매·증여나 그 밖에 권리의 변동을 수반하는 모든 행위를 포함하되 상속의 경우는 제외한다)하거나 전매를 알선할 수 없다."고 규정하고 있는바,

이는 앞서 본 토지의 공유자들 중 2003. 12. 30. 전부터 소유하고 있는 지분면적이 90㎡ 이상인 사람에 대하여 별도의 주택을 공급하는 것과 마찬가지로, 종전 주택의 면적을 고려하지 않고 모든 조합원들에게 일률적으로 1주택만을 공급받을 수 있도록 제한하는 것은 개발이익의 정당한 분배라는 측면에서 타당하지 않아, 분양단계에서 종전자산의 가액 또는 면적을 고려하여 일정한 범위와 제한 내에서 1주택을 추가로 분양받을 수 있도록 규정한 것으로, 독립적인 수분양권이 있는 모든 조합원들에게 공동으로 적용되는 규정이고, 토지의 공유자로서 별도로 1주택을 공급받을 수 있는 권리가 있는 경우에는 그 적용이 배제되는 것도 아니다.

앞서 본 바와 같이 원고 A는 단독으로, 원고 B, C은 공동으로 수분양자의 지위에 있는 이상, 위 도시정비법의 규정에 따라 원고 A는 공유지분으로 소유한 이 사건 주택의 주거전용면적의 범위에서 2주택을 공급받을 수 있는 지위에 있고, 원고 B, C은 공동으로 공유지분으로 소유한 이 사건 주택의 주거전용면적의 범위에서 2주택을 공급받을 수 있는 지위

에 있다. 따라서 원고들의 이 부분 주장은 이유 있다.

VI. 권리산정기준일

A. 개요

1. **【해설】** 도시재정비법의 '권리산정기준일' 개념이 도시정비법에 계승됨

> (1) '권리산정기준일' 개념은 「도시재정비법」에서 먼저 도입되었다. 즉, 토지분할, 단독·다가구주택의 다세대주택 전환 등 이른바 '지분쪼개기'가 발생한 경우 분양신청권의 산정기준이 되는 날('기준일')을 법률에서 처음 규정한 것은 2005. 12. 30. 제정되어 2006. 7. 1. 시행된 도시재정비법이다.
>
> (2) 제정 당시 도시재정비법 제33조는 재정비촉진지구의 지정·고시일 이후에 i) 1필지의 토지가 수개의 필지로 분할되는 경우(1호), ii) 단독 또는 다가구주택이 다세대주택으로 전환되는 경우(2호), iii) 주택 등 건축물이 분할되거나 공유자의 수가 증가되는 경우(3호) 및 iv) 하나의 대지범위 안에 속하는 동일인 소유의 토지와 주택 등 건축물을 토지와 주택 등 건축물로 각각 분리하여 소유하는 경우(4호)에는, 재정비촉진지구지정·고시일을 기준으로 분양받을 권리를 산정하도록 규정하였다.
>
> (3) 그 후 2008. 12. 31. 도시재정비법(2008. 12. 31. 개정 법률 제9321호) 제33조는 제5호로 ① '신축쪼개기'("5. 나대지에 건축물을 새로 건축하거나 기존 건축물을 철거하고 다세대주택이나 그 밖의 공동주택을 건축하여 토지등소유자가 증가하는 경우)를 추가하고, ② 권리산정기준일을 '재정비촉진지구의 지정·고시일'에서 「재정비촉진지구지정·고시일 또는 시·도지사가 따로 정하는 날」('기준일')로 변경했다.
>
> 하지만 재정비촉진사업에서 따로 기준일을 정한 사례는 없는 것으로 보인다.
>
> (4) 도시재정비법의 권리산정기준일 규정은 그 후 도시정비법에 그대로 계승되었다. 즉, 2009. 2. 6. 개정 도시정비법(법률 제9444호)은 제50조의2(주택등 건축물의 분양 받을 권리산정 기준일)를 신설하여 「정비구역 지정·고시일 또는 시·도지사가 기본계획수립 후 정비구역지정·고시 전에 따로 정하는 날」('기준일')을 권리산정기준일로 처음 규정하였다(공포 즉시 시행). 정비구역 지정·고시일은 권리산정기준일이 될 수 있는 '마지막 날'이다.
>
> 이에 따라 서울에서는 2010. 7. 15. 도시정비조례를 개정하여 재개발사업(제27조)과 단독주택재건축사업(제28조)에서 권리산정기준일을 도입하여 2010. 7. 16.부터 시행하였다(서울시조례 제5007호. 이른바 신조례).

(5) 구 도시정비법 제50조의2는 전부개정법 제77조에 거의 그대로 규정되었다. 다만, 권리산정기준일의 다음날을 기준으로 권리를 산정하도록 하였다.

이상의 내용을 요약하면 아래와 같다.

> 2006. 7. 1. 시행된 도시재정비법에서 권리산정기준일 도입(2008. 12. 31. 개정)

> 2009. 2. 6. 구 도시정비법 제50조의2를 신설해 도시재정비법의 권리산정기준일 개념을 도입함

> 2010. 7. 15. 권리산정기준일을 도입한 서울시 개정 '신조례' 성립(시행일: 2010. 7. 16.)

> 전부개정법 제77조 제1항은 구 도시정비법 제50조의2 제1항을 거의 그대로 가져왔으나, 권리산정기준일의 다음날을 기준으로 권리를 산정하도록 함

2. 【법령】 전부개정 도시정비법 제77조(주택 등 건축물을 분양받을 권리의 산정 기준일)

① 정비사업을 통하여 분양받을 건축물이 다음 각 호의 어느 하나에 해당하는 경우에는 제16조 제2항 전단에 따른 고시가 있는 날[☞ 정비구역지정·고시일] 또는 시·도지사가 투기를 억제하기 위하여 제6조 제1항에 따른 기본계획 수립을 위한 주민공람의 공고일 후 정비구역 지정·고시 전에 따로 정하는 날(이하 이 조에서 "기준일"이라 한다)의 다음 날을 기준으로 건축물을 분양받을 권리를 산정한다. <개정 2018. 6. 12., 2024. 1. 30.>

☞ 2024. 1. 30. 개정법(법률 제20174호)에서 "기본계획 수립 후 정비구역 지정·고시 전에 따로 정하는 날"이 "기본계획 수립을 위한 주민공람의 공고일 후 정비구역 지정·고시 전에 따로 정하는 날"로 변경되었다. 이 개정규정은 2024. 1. 30. 이후 기본계획 수립을 위한 주민공람의 공고를 하는 경우부터 적용한다(부칙 제3조 제2항).

따라서 2024. 1. 30. 이후 기본계획 수립을 위한 주민공람 공고를 하는 경우부터는 기준일을 '기본계획 수립 전'으로도 정할 수 있다.

1. 1필지의 토지가 여러 개의 필지로 분할되는 경우

2. 「집합건물의 소유 및 관리에 관한 법률」에 따른 집합건물이 아닌 건축물이 같은 법에 따른 집합건물로 전환되는 경우

3. 하나의 대지 범위에 속하는 동일인 소유의 토지와 주택 등 건축물을 토지와 주택 등 건축물로 각각 분리하여 소유하는 경우

4. 나대지에 건축물을 새로 건축하거나 기존 건축물을 철거하고 다세대주택, 그 밖의 공동주택을 건축하여 토지등소유자의 수가 증가하는 경우

> 5. 「집합건물의 소유 및 관리에 관한 법률」 제2조제3호에 따른 전유부분의 분할로 토지등소유자의 수가 증가하는 경우
>
> ② 시·도지사는 제1항에 따라 기준일을 따로 정하는 경우에는 기준일·지정사유·건축물을 분양받을 권리의 산정 기준 등을 해당 지방자치단체의 공보에 고시하여야 한다.

3. 【구법령】 구 도시정비법 제50조의2(주택등 건축물의 분양 받을 권리산정 기준일)

> [전부개정되기 직전 법률] (법률 제14943호, 2017. 10. 24., 일부개정)
>
> ① 정비사업으로 인하여 주택 등 건축물을 공급하는 경우 제4조 제6항에 따른 고시가 있은 날[☞ 정비구역지정·고시일] 또는 시·도지사가 투기억제를 위하여 기본계획수립 후 정비구역지정·고시 전에 따로 정하는 날(이하 이 조에서 "기준일"이라 한다)의 다음 날부터 다음 각 호의 어느 하나에 해당하는 경우에는 해당 토지 또는 주택 등 건축물의 분양받을 권리는 기준일을 기준으로 산정한다. <개정 2012. 2. 1., 2013. 12. 24.>
>
> (각호 생략)

4. 【법령】 도시재정비법 제33조(토지 등 분할거래)

> ① 재정비촉진사업별로 해당 사업에 관하여 정하고 있는 관계 법률에 따라 주택 등 건축물을 공급하는 경우, 제5조 제5항에 따른 고시가 있은 날[☞ 재정비촉진지구지정·고시일] 또는 시·도지사나 대도시 시장이 투기 억제 등을 위하여 따로 정하는 날(이하 이 조에서 "기준일"이라 한다) 이후에 다음 각 호의 어느 하나에 해당하는 경우에는 해당 토지 또는 주택 등 건축물을 분양받을 권리는 기준일을 기준으로 산정한다.

5. 【해설】 판단기준은 등기신청 접수일

> (1) 권리분할(지분쪼개기)이 완료되는 시점은 그 권리취득을 위한 등기가 마쳐진 시점이다. 그런데 부동산등기는 '등기신청 접수일'과 '등기 실행일(기록일)' 사이에 차이가 있는 경우 실행일이 아닌 접수일을 기준으로 등기부에 기록되므로, 등기접수일을 기준으로 판단한다.
>
> 따라서 신축빌라의 소유권보존등기신청서가 '기준일' 다음날까지 접수되면, 그날 등기부에 기록되지 않더라도 구분소유권을 확보한 것으로 보아 분양대상자격을 인정한다.

(2) 그러나 집합건물이 아닌 공유건축물을 집합건물로 전환하는 경우에는 구분등기를 하더라도 구분등기부에 종전 공유관계가 그대로 전사되므로 구분등기를 하는 것만으로는 권리분할이 완료되지 않는다. 따라서 이 경우에는 공유자들 사이에서 각 명의신탁해지를 원인으로 지분을 이전받아 각자 단독 소유로 하는 등기신청까지를 '기준일' 다음날까지 마쳐야 한다(1992. 2. 10. 등기선례 제 3-908 호).

6. ★ 투자 Tip – 건축중인 빌라를 매수하는 경우의 특약사항

정비구역 지정 전에 건축중인 빌라를 매수하는 경우에는 공사완료 후 사용승인을 받고 구분등기(소유권보존등기)를 마치기 전에 권리산정기준일이 도래할 가능성을 항시 염두에 두어야 한다. 권리산정기준일 다음날 이후에 구분등기(소유권보존등기)를 하게 되면 해당 빌라의 소유자는 분양신청권이 없기 때문이다.

따라서 건축중인 빌라를 매수할(분양받을) 때에는 매매계약서에 반드시 아래와 같은 특약사항을 넣어야 한다.

< 특약사항 >

"본 계약은 재개발 분양신청권을 갖기 위한 계약이며, 구분등기 전 정비구역 지정, 권리산정기준일 도래, 기타 사정으로 매수인이 분양대상자에서 제외되는 경우 본 계약은 무효로 하며 매도인은 매매대금을 전부 반환하여야 한다."

권리산정기준일까지 구분등기를 마치기만 하면 신축빌라는 높은 전세금을 받을 수 있어 초기투자금을 적게 들이고 종전자산 가액을 높일 수 있는 잇점이 있다.

B. 서울시 조례상의 권리산정기준일

1. 【해설】 '신조례'와 '구조례'

(1) '구조례', '신조례'는 서울시 정비업계에서 분양신청 자격의 기준일(권리산정기준일)과 관련하여 사용되는 말이다. 2010. 7. 15. 개정되어 2010. 7. 16.부터 시행된 서울시 도시정비조례(서울특별시조례 제 5007 호) 이후의 조례를 신조례라 하고, 그 전의 것을 구조례라고 한다.

(2) 신조례에서 가장 큰 변화는 도시정비법 개정(2009. 2. 6. 개정 및 시행 법률 제 9444 호)에 따라 토지분할·다세대전환 등 지분쪼개기로 토지등소유자 수가 증가한 경우 분양대상자격 유무를 판단하는 기준일을 종전의 '2003. 12. 30.'(최초 구조례 시행일)에서 권리산정기준일'로 변경한 것이다(조례 제 27, 28 조).

즉, 권리산정기준일을 기준으로 ① 그날까지 지분쪼개기를 마친 토지등소유자(즉 권리산정기준일까지 구분등기 등을 마친 토지등소유자)는 분양대상자가 되고, ② 그러

제 2 장 분양 / 제 5 절 분양의 기준 (법령상 기준)

> 지 못한 토지등소유자(권리산정기준일 후에 구분등기 등을 마친 토지등소유자)는 현금청산 대상자가 된다.
>
> 신조례와 구조례에 관하여는 아래 제 2 장 제 6 절 III.에서 자세히 본다.

2. **【조례】서울시 도시정비조례 제 2 조(정의)**

> 이 조례에서 사용하는 용어의 뜻은 다음과 같다.
>
> 　3. "관리처분계획기준일"이란 「도시 및 주거환경정비법」(이하 "법"이라 한다) 제 72 조 제 1 항 제 3 호에 따른 분양신청기간의 종료일을 말한다.
>
> 　11. "권리산정기준일"은 법 제 77 조에 따른 건축물의 분양받을 권리를 산정하기 위한 기준일로서 a) 법 제 16 조 제 2 항에 따른 고시가 있은 날 정비구역 지정·고시일 또는 b) 시장이 투기를 억제하기 위하여 기본계획 수립 후 정비구역 지정·고시 전에 따로 정하는 날 을 말한다.

3. **【조례】서울시 소규모주택정비조례 제 2 조(정의)**

> 6. "권리산정기준일"은 소규모주택정비사업으로 인하여 주택 등 건축물을 공급하는 경우 다음 각 목에 정한 날을 말한다.
>
> 　가. 토지등소유자가 사업시행자인 경우에는 주민합의체 구성을 신고한 날
>
> 　나. 조합이 사업시행자인 경우에는 조합설립인가일
>
> 　다. 구청장, 「한국토지주택공사법」에 따라 설립된 한국토지주택공사 또는 「서울특별시 서울주택도시공사 설립 및 운영에 관한 조례」에 따른 서울주택도시공사(이하 "토지주택공사등"이라 한다)등이 사업시행자인 경우에는 법 제 18 조 제 2 항에 따른 고시일
>
> 　라. 법 제 19 조 제 1 항에 따른 지정개발자가 사업시행자로 지정된 경우에는 법 제 19 조 제 2 항에 따른 고시일

4. **【해설】"기준일" vs. "권리산정기준일" – 기이한 입법과 무개념한 조례**

> (1) 법 제 77 조 제 1 항은 「정비구역 지정고시가 있은 날 또는 시·도지사가 기본계획 수립을 위한 주민공람의 공고일 후 정비구역 지정·고시 전에 따로 정하는 날」을 "기준일"이라 정의하고, 그 "기준일"의 다음 날을 기준으로 건축물을 분양받을 권리를 산정하도록 규정하고 있다.

즉, 도시정비법 제77조 제1항에 따르면 "기준일"의 다음 날 이 "권리산정기준일"이 된다.

(2) 한편 서울시 도시정비조례는 "권리산정기준일"을 "법 제77조에 따른 건축물의 분양받을 권리를 산정하기 위한 기준일로서 정비구역 지정·고시가 있은 날 또는 시장이 기본계획 수립 후 정비구역 지정·고시 전에 따로 정하는 날"이라 정의하는바(제2조 제11호), 신조례에 규정된 "권리산정기준일"의 정의는 2010. 7. 16 이후 현재까지 동일하며, 그 내용은 도시정비법 제77조 제1항이 정의한 "기준일"과 동일하다. 즉 서울시조례상 "권리산정기준일"은 도시정비법이 규정하는 "기준일"과 동일하다.

그런데 서울시조례는 지분쪼개기를 한 조합원의 분양대상자격 여부를 "권리산정기준일"을 기준으로 판정하도록 규정하고 있다(조례 제36조).

요컨대 도시정비법은 시·도지사가 따로 정하는 날("기준일")의 다음 날을 "권리산정기준일"로 삼고 있는데, 그 하위 자치입법인 서울시조례는 시·도지사가 따로 정하는 날을 "권리산정기준일"이라 정의하고, 그 권리산정기준일을 기준으로 분양대상 여부를 판단하도록 규정함으로써 모법에 위반된 규정을 하고 있는 것이다.

(3) 이런 위법한 조례규정은 도시정비법 제77조 제1항의 기이한 규정 및 개념정의에 기인한다. 즉, 도시재정비법 제33조와 구 도시정비법 제50조의2 모두 "기준일"(재정비촉진지구/정비구역 지정고시일 또는 시·도지사가 따로 정하는 날)을 기준으로 권리를 산정하도록 규정하였고, 서울시조례도 그에 따라 개정되었는데, 2017년에 도시정비법을 전부개정하면서 현재와 같이 「기준일의 다음날을 기준으로 한다」는 기이한 규정을 두게 되었고, 그 후에도 서울시조례는 종전 규정들을 그대로 사용함으로써 발생한 문제이다.

권리산정기준일을 "시·도지사가 따로 정하는 날"로 하지 않고 그 다음 날로 할 이유가 있는지 의문이거니와, "시·도지사가 따로 정하는 날의 다음 날"을 기준으로 권리를 산정하기로 했으면, "시·도지사가 따로 정하는 날"을 "기준일"이라 칭할 것이 아니라, "그 다음 날"을 "기준일"이라 칭했어야 한다.

(4) 조례의 합법적 해석: 「정비구역지정고시일 또는 시·도지사가 따로 정하는 날(= 조례상 "권리산정기준일")을 기준으로 재개발 분양대상 자격을 판단하도록 규정한 서울시조례 규정들은 전부 모법(도시정비법 제77조 제1항)을 위반하여 무효이다. 따라서 조례의 명문규정에도 불구하고, 재개발 분양대상 자격 유무의 판단은 「정비구역 지정고시일 또는 시·도시지가 따로 정하는 날(조례상 "권리산정기준일")의 다음날」을 기준으로 하여야 한다.

제 2 장 분양 / 제 6 절 서울시 재개발사업의 분양대상자 (서울시조례)

제6절 서울시 재개발사업의 분양대상자 (서울시조례)

I. 재개발사업 주택공급기준에 관한 시·도조례의 광범위한 입법재량

1. 【해설】 서울시 도시정비조례의 복잡한 개정연혁과 경과규정

> 도시정비법령은 재개발사업의 주택공급기준에 관하여 시·도조례에 광범위한 입법위임을 하고 있다(아래 법령 참조). 그래서 재개발사업의 주택공급에 관한 상세한 기준은 대부분 시·도조례에서 규정하고 있다.
>
> 서울특별시 도시정비조례는 재개발사업의 공동주택 공급기준에 관하여 세세한 규정들을 두고 있으며, 도시정비법령에 못지 않은 복잡한 입법연혁과 경과규정들을 가지고 있다. 2003. 12. 30. 제정·공포된 이후 약 70여 차례에 걸쳐 개정된 서울시 도시정비조례의 구 규정들은 수많은 경과규정을 통해 지금도 재개발사업의 분양대상 자격 여부를 판단하는 중요한 기준이 되고 있다.
>
> 그래서 서울시 재개발사업의 주택공급기준을 모두 파악하고 분양대상 자격 여부를 정확히 판별하는 것은 전문가들에게도 매우 어려운 일이다.
>
> 이 절에서는 서울시 재개발사업의 주택공급기준을 2003. 12. 30. 서울시 도시정비조례 제정 당시부터 현행 조례에 이르기까지 개정연혁 및 경과조치들과 함께 살펴본다.

2. 【법령】 전부개정 도시정비법 제76조(관리처분계획의 수립기준)

> ① 제74조제1항에 따른 관리처분계획의 내용은 다음 각 호의 기준에 따른다. <개정 2017. 10. 24., 2018. 3. 20., 2022. 2. 3., 2023. 6. 9., 2024. 1. 30.>
>
> 6. 1세대 또는 1명이 하나 이상의 주택 또는 토지를 소유한 경우 1주택을 공급하고, 같은 세대에 속하지 아니하는 2명 이상이 1주택 또는 1토지를 공유한 경우에는 1주택만 공급한다.
>
> 7. 제6호에도 불구하고 다음 각 목의 경우에는 각 목의 방법에 따라 주택을 공급할 수 있다.
>
>   가. 2명 이상이 1토지를 공유한 경우로서 시·도조례로 주택공급을 따로 정하고 있는 경우에는 시·도조례로 정하는 바에 따라 주택을 공급할 수 있다.

3. **【법령】 전부개정법 시행령 제 63 조(관리처분의 방법 등)**

> ① 법 제 23 조제 1 항제 4 호의 방법으로 시행하는 주거환경개선사업과 재개발사업의 경우 법 제 74 조에 따른 관리처분은 다음 각 호의 방법에 따른다. <개정 2022. 12. 9.>
>
> 1. 시·도조례로 분양주택의 규모를 제한하는 경우에는 그 규모 이하로 주택을 공급할 것
>
> 3. 정비구역의 토지등소유자(지상권자는 제외한다. 이하 이 항에서 같다)에게 분양할 것. 다만, 공동주택을 분양하는 경우 시·도조례로 정하는 금액·규모·취득 시기 또는 유형에 대한 기준에 부합하지 아니하는 토지등소유자는 시·도조례로 정하는 바에 따라 분양대상에서 제외할 수 있다.
>
> 7. 주택 및 부대시설·복리시설의 공급순위는 기존의 토지 또는 건축물의 가격을 고려하여 정할 것. 이 경우 그 구체적인 기준은 시·도조례로 정할 수 있다.

II. 재개발사업 공동주택 분양기준에 관한 현행 서울시조례의 주요내용

A. 서울시 도시정비조례 제 36 조(재개발사업의 분양대상 등)

[시행 2024. 3. 15.] [서울특별시조례 제 9145 호, 2024. 3. 15., 일부개정]

1. **【조례와 해설】 재개발사업의 공동주택 분양대상자 (조례 제 36 조 제 1 항)**

> ① 영 제 63 조 제 1 항 제 3 호에 따라 재개발사업으로 건립되는 공동주택의 분양대상자는 관리처분계획기준일 현재 다음 각 호의 어느 하나에 해당하는 토지등소유자로 한다.
>
> ☞ "관리처분계획기준일"은 분양신청기간의 종료일을 말한다(조례 제 2 조 제 3 호).
>
> 1. 종전의 건축물 중 주택(주거용으로 사용하고 있는 특정무허가건축물 중 조합의 정관등에서 정한 건축물을 포함한다)을 소유한 자
>
> ☞ 주택의 소유자는 주택의 규모나 가액과 무관하게 모두 분양대상 자격이 인정된다. 따라서 90 m² 미만의 과소필지에 해당하는 주택 소유자도 분양대상 자격이 있다.
>
> 대지 없이 주택만을 소유한 사람과, 주거용 특정무허가건축물 중 조합정관에서 정한 건축물의 소유자도 공동주택 분양신청권을 가진다. 다만, 아래에서 보는 것처럼 공부상 용도가 주택이 아닌데 사실상 주거용으로 사용되고 있는 건축물의 소유자는 2008. 7. 30. 개정조례 이후 분양대상 자격이 없다.

2. 분양신청자가 소유하고 있는 종전토지의 총면적이 90 제곱미터 이상인 자

☞ 여기서 주의할 점은, a) 90㎡가 공유지분인 경우에는 권리산정기준일 이전부터 공유지분을 소유하고 있어야 하고(서울시 도시정비조례 제36조 제2항 제3호 단서), b) 다른 토지로부터 분할된 토지인 경우에는 분할등기된 날이 권리산정기준일 이전이어야 한다는 점이다(같은 항 제4호).

3. 분양신청자가 소유하고 있는 권리가액이 분양용 최소규모 공동주택 1가구의 추산액 이상인 자. 다만, 분양신청자가 동일한 세대인 경우의 권리가액은 세대원 전원의 가액을 합하여 산정할 수 있다.

☞ 권리가액(세대합산) ≥ 최소평형 분양가

이 요건을 충족하면 주택 이외의 건축물(예: 상가) 소유자도 공동주택 분양신청권이 있다.

4. 사업시행방식전환의 경우에는 전환되기 전의 사업방식에 따라 환지를 지정받은 자. 이 경우 제1호부터 제3호까지는 적용하지 아니할 수 있다.

☞ 사업시행방식전환의 경우에는 환지면적의 크기, 공동환지 여부에 관계없이 환지를 지정받은 자 전부를 각각 분양대상자로 할 수 있다(조례 제36조 제4항).

5. 도시재정비법 제11조 제4항에 따라 재정비촉진계획에 따른 기반시설을 설치하게 되는 경우로서 종전의 주택(사실상 주거용으로 사용되고 있는 건축물을 포함한다)에 관한 보상을 받은 자

2. 【조례와 해설】 여러 명을 1명의 분양대상자로 보는 경우 (조례 제36조 제2항)

② 제1항에도 불구하고 다음 각 호의 어느 하나에 해당하는 경우에는 여러 명의 분양신청자를 1명의 분양대상자로 본다.

1. 단독주택 또는 다가구주택을 권리산정기준일 후 다세대주택으로 전환한 경우

☞ 이른바 '전환다세대'에 관한 규정이다. 전환다세대주택 소유자는 a) 권리산정기준일 이전에 다세대주택으로 전환된 경우에만 분양신청권이 인정되고, b) 권리산정기준일 후에 전환된 경우에는 1동 건물 전체 구분소유자에 대하여 1개의 분양신청권만 인정된다.

☞ 전환다세대주택인지 여부 및 다세대주택으로 전환된 날짜는 건축물대장에서 확인할 수 있다. 건축물대장 표제부 또는 전유부의 변동사항 중 '변동내용 및 원인' 란에 "다가구주택이 다세대주택으로 전환되어 신규작성"이라고 기재되어 있으면 전환다세대주택이고, 이 경우 '변동일자' 란에 기재된 날이 다세대로 전환된 날이다. 등기부에서는 이 날짜를 확인할 수 없다.

II. 재개발사업 공동주택 분양기준에 관한 현행 서울시조례의 주요내용

2. 법 제39조 제1항 제2호에 따라 여러 명의 분양신청자가 1세대에 속하는 경우

☞ 이 경우 a) 배우자 및 미혼인 19세 미만의 직계비속은 동일한 세대별 주민등록표에 등재되어 있지 않더라도 1세대로 보며, b) 1세대로 구성된 여러 명의 토지등소유자가 조합설립인가 후 세대를 분리한 경우에는 이혼 또는 19세 이상 자녀의 분가(세대별 주민등록을 달리하고, 실거주지를 분가한 경우로 한정함)를 제외하고는 1세대로 본다(법 제39조 제1항 제2호 후단).

cf.) 동의를 요하는 토지등소유자의 수를 산정할 때에는 동일 세대원도 각각 계산한다. 즉, 부부 또는 동일 세대원이라도 서로 다른 토지등을 소유하고 있는 경우에는 각자를 1명의 토지등소유자로 계산한다(대법원 2012. 12. 13. 선고 2011두21218 판결).

3. 1주택 또는 1필지의 토지를 여러 명이 소유하고 있는 경우. 다만, 권리산정기준일 이전부터 공유로 소유한 토지의 지분이 제1항 제2호 또는 권리가액이 제1항 제3호에 해당하는 경우는 예외로 한다.

☞ 1주택/필지를 여러 명이 공유하고 있는 경우에도, 권리산정기준일 이전부터 a) 공유토지 지분이 90㎡ 이상인 공유자와, b) 권리가액이 최소평형 분양가 이상인 공유자는 독자적인 분양신청권을 가진다.

4. 1필지의 토지를 권리산정기준일 후 여러 개의 필지로 분할한 경우

☞ 1필지의 토지를 권리산정기준일 후 여러 개의 필지로 분할하여 여러 명이 소유한 경우에는 1명의 분양대상자로 본다.

5. 하나의 대지범위에 속하는 동일인 소유의 토지와 주택을 건축물 준공 이후 토지와 건축물로 각각 분리하여 소유하는 경우. 다만, 권리산정기준일 이전부터 소유한 토지의 면적이 90제곱미터 이상인 자는 예외로 한다.

☞ 하나의 대지범위에 속하는 동일인 소유의 토지와 주택을 건축물 준공 이후 토지와 건축물로 각각 분리하여 소유하는 경우라도, 권리산정기준일 이전부터 소유한 토지의 면적이 90㎡ 이상인 사람은 개별분양권을 가진다.

6. 권리산정기준일 후 a) 나대지에 건축물을 새로 건축하거나 b) 기존 건축물을 철거하고 다세대주택, 그 밖에 공동주택을 건축하여 토지등소유자가 증가되는 경우

☞ 이른바 '신축 지분쪼개기'에 관한 규정이다. 나대지에 건축물을 새로 건축하는 경우뿐 아니라, 기존 건축물을 철거하고 공동주택을 건축한 경우에도 1개의 분양신청권만 인정된다.

3. 【해설】 토지공유자의 분양권에 관한 상세 설명 (조례 제36조 제2항 제3호 단서)

(1) 90㎡는 (공유든 단독소유든) 토지소유자가 분양권을 갖기 위한 최소면적이다. 따라서 90㎡ 미만인 1필지의 토지를 여러 명이 공유한 경우에는 1개의 분양신청권도 없다(조례 제36조 제1항 제2호). 다만, 이 경우 공유자 중 해당 정비구역 내 다른 소유 토지와 합해서 90㎡가 되는 사람이 있으면, 그 사람은 따로 분양대상자격이 인정된다.

☞ 90㎡는 서울특별시 내 주거지역에서 건축물이 있는 대지의 분할이 제한되는 최소면적이다(서울시 건축조례 제29조 제1호). 따라서 주거지역의 분할제한면적이 60㎡인 지방조례에서는 분양권의 기준도 60㎡이다(예: 부산광역시 도시정비조례 제37조 제1항 제2호 및 건축조례 제39조; 경기도 도시정비조례 제26조 제2항 제3호 및 각 시·군조례; 대전광역시 도시정비조례 제32조 제1항 제2호 및 건축조례 제39조).

(2) 면적이 90㎡인 1필지의 토지를 여러 명이 공유한 경우 1개의 분양권이 인정되는바(조례 제36조 제2항 제3호), 이 경우 대표조합원은 전체 토지등소유자를 대표하여 분양신청권을 가지고 대표조합원이 아닌 토지등소유자는 대표조합원을 통해 보유 지분에 해당하는 분양신청을 하는 것이므로(법제처 19-0118, 2019. 3. 26.), 분양받은 건축물은 대표조합원에게 전부 귀속되는 것이 아니고, 대표조합원과 나머지 토지등소유자가 권리가액의 비율로 공유한다(따라서 이전고시 후 공유로 소유권보존등기가 경료됨).

한편 90㎡ 이상이 되지 않는 공유자가 대표조합원으로 신고도 하지 않은 채 다른 공유자를 배제하고 단독으로 분양신청한 경우에는 현금청산대상자가 된다(대법원 2011. 1. 27. 선고 2008두14340 판결).

(3) 90㎡ 미만 토지라도 권리가액(세대합산)이 최소평형 분양가 이상이면 분양대상자격이 된다(조례 제36조 제1항 제3호).

4. 【해설】 90㎡ 이상인 토지의 공유자 중 일부가 개별분양권을 가진 경우 나머지 공유자

(1) 90㎡ 이상인 1필지의 토지를 여러 명이 공유한 경우, 공유자 중 권리산정기준일 이전부터 보유하고 있던 지분이 a) 90㎡ 이상이거나 b) 권리가액이 분양용 최소규모 공동주택 1가구의 추산액 이상[권리가액(세대합산) ≥ 최소분양가]인 사람은 별도로 1개의 개별분양권을 가진다(조례 제36조 제2항 제3호 단서).

이 경우 단독으로 분양대상자가 되는 공유자의 지분을 제외한 나머지 부분의 면적이 90㎡ 미만인 경우에는 나머지 공유자들은 분양신청권이 없다 (조례 제36조 제1항 제2호).

예를 들어,

　① 100 ㎡인 토지를 A, B 가 9:1 의 비율로 공유한 경우에는 A(90 ㎡)에게만 1 개의 분양신청권이 인정되며, B(10 ㎡)는 분양신청권이 없다(B 는 A 의 분양권에 대해서도 지분을 갖지 못한다).

　② 200 ㎡인 토지를 A, B 각 5:5 의 비율로 공유한 경우에는 A(100 ㎡), B(100 ㎡) 모두에게 각각 1 개의 분양신청권이 인정된다.

　③ 200 ㎡인 토지를 A, B, C 가 5:3:2 의 비율로 공유한 경우에는, i) A(100 ㎡)는 단독으로 1 개의 분양신청권을 갖고, ii) B(60 ㎡)와 C(40 ㎡)도 공동으로 1 개의 분양신청권을 갖는다.

(2) 공유자 중 일부가 사업구역 내 다른 토지등을 소유하고 있어서, 그의 공유지분이 다른 토지등에 합산되면서 단독조합원 자격을 부여받은 경우, 나머지 공유자의 공유지분이 90 ㎡에 미달하는 때에도 그 나머지 공유자에게 분양신청권을 인정할지가 문제되는바, 이를 인정한 하급심판결이 있다(서울행정법원 2009. 9. 24. 선고 2009 구합 10727 판결).

이 판결은 이 경우 A) 나머지 공유자(원고)는 해당 토지의 전체 권리가액에 상당하는 공동주택을 자신의 지분에 한하여 공급받을 수 있고, B) 나머지 지분은 사업시행자에게 귀속된다고 보는 것이 합리적이라고 판시했다.

5. 【해설】 종전토지 총면적 90 ㎡ 미만인 조합원의 '토지붙이기'

(1) 종전토지의 총면적이 90 ㎡ 이상이면 지목과 현황이 모두 도로인 토지의 소유자도 분양대상자가 되므로(조례 제 36 조 제 1 항 제 2 호), 토지 총면적이 90 ㎡가 되지 않는 토지소유자는 분양신청을 하기 전까지 부족한 면적을 추가로 매입하여 총면적을 90 ㎡ 이상으로 맞추면(분양신청기간 종료 전에 소유권이전등기를 마치고 조합에 명의변경신고를 해야 한다) 새 아파트를 분양받을 수 있다.

(2) 90 ㎡ 이상의 토지가 반드시 연접한 토지일 필요는 없으며, 사업구역 내 소유토지의 총면적이 90 ㎡ 이상이기만 하면 된다.

(3) 따라서 토지 총면적이 90 ㎡가 되지 않는 조합원은 a) 같은 처지에 있는 다른 조합원의 토지를 매입하여(속칭 '토지붙이기') 새 아파트를 분양받아 개발이익을 온전히 누리거나, b) 다른 조합원에게 프리미엄을 붙여 그 토지를 매각함으로써 개발이익을 조기에 실현할 수 있다.

(4) 그러나 이 경우, a) 하나의 대지범위 안에 속하는 토지가 여러 필지인 경우 권리산정기준일 후에 그 토지의 일부를 취득하였거나 공유지분으로 취득한 토지, b) 하나

제 2 장 분양 / 제 6 절 서울시 재개발사업의 분양대상자 (서울시조례)

의 건축물이 하나의 대지범위 안에 속하는 토지를 점유하고 있는 경우로서 권리산정기준일 후 그 건축물과 분리하여 취득한 토지, c) 1필지의 토지를 권리산정기준일 후 분할하여 취득하거나 공유로 취득한 토지는 종전 토지의 총면적 또는 권리가액 계산에 포함되지 않으므로 주의하여야 한다(조례 제 36 조 제 3 항. 아래 해설 참조).

구조례가 적용되는 사업장에서는 권리산정기준일 대신 2003. 12. 30.이 기준이 된다 (구조례 제 27 조 제 3 항).

6. 【조례와 해설】 종전자산 총면적/권리가액 산정시 제외되는 것(조례 제 36 조 제 3 항)

종전 토지의 총면적 및 권리가액을 산정함에 있어 다음 각 호의 어느 하나에 해당하는 토지는 포함하지 않는다.

　1. 하나의 대지범위 안에 속하는 토지가 여러 필지인 경우 권리산정기준일 후에 그 토지의 일부를 취득하였거나 공유지분으로 취득한 토지

　2. 하나의 건축물이 하나의 대지범위 안에 속하는 토지를 점유하고 있는 경우로서 권리산정기준일 후 그 건축물과 분리하여 취득한 토지

　3. 1필지의 토지를 권리산정기준일 후 분할하여 취득하거나 공유로 취득한 토지

③ 제 1 항 제 2 호의 종전 토지의 총면적 및 제 1 항 제 3 호의 권리가액을 산정함에 있어 다음 각 호의 어느 하나에 해당하는 토지는 포함하지 않는다.

　1. 「건축법」 제 2 조 제 1 항 제 1 호에 따른 하나의 대지범위 안에 속하는 토지가 여러 필지인 경우 권리산정기준일 후에 그 토지의 일부를 취득하였거나 공유지분으로 취득한 토지

　2. 하나의 건축물이 하나의 대지범위 안에 속하는 토지를 점유하고 있는 경우로서 권리산정기준일 후 그 건축물과 분리하여 취득한 토지

　3. 1필지의 토지를 권리산정기준일 후 분할하여 취득하거나 공유로 취득한 토지

7. 【조례】 서울시 도시정비조례 제 37 조(단독주택재건축사업의 분양대상 등)

단독주택 재건축사업은 도시정비법 시행령 별표 1 제 3 호가 개정되면서 폐지되었다 (2012. 7. 31. 개정 대통령령 제 24007 호. 시행일: 2014. 8. 3.). 다만, 2014. 8. 2.까지 정비기본계획이 수립된 지역은 종전 규정에 의하여 단독주택 재건축사업을 계속 시행할 수 있다(동 시행령 부칙 제 6 조 참조).

① 단독주택재건축사업(대통령령 제 24007 호 도시 및 주거환경정비법 시행령 일부개정령 부칙 제 6 조에 따른 사업을 말한다. 이하 같다)으로 건립되는 공동주택의 분양

II. 재개발사업 공동주택 분양기준에 관한 현행 서울시조례의 주요내용

> 대상자는 관리처분계획기준일 현재 다음 각 호의 어느 하나에 해당하는 토지등소유자로 한다.
>
>   1. 종전의 건축물 중 주택 및 그 부속토지를 소유한 자
>   2. 분양신청자가 소유하고 있는 권리가액이 분양용 최소규모 공동주택 1 가구의 추산액 이상인 자. 다만, 분양신청자가 동일한 세대인 경우의 권리가액은 세대원 전원의 가액을 합하여 산정할 수 있다.
>
> ② 제 1 항에도 불구하고 다음 각 호의 어느 하나에 해당하는 경우에는 여러 명의 분양신청자를 1명의 분양대상자로 본다.
>
>   1. 단독주택 또는 다가구주택을 권리산정기준일 후 다세대주택으로 전환한 경우
>   2. 법 제 39 조제 1 항제 2 호에 따라 여러 명의 분양신청자가 1 세대에 속하는 경우
>   3. 1 주택과 그 부속토지를 여러 명이 소유하고 있는 경우
>   4. 권리산정기준일 후 나대지에 건축물을 새로 건축하거나 기존 건축물을 철거하고 다세대주택, 그 밖에 공동주택을 건축하여 토지등소유자가 증가되는 경우

B. 경과규정에 따라 개별분양권이 인정되는 경우 (사실상 다가구주택과 협동주택의 특례)

1. 【해설】 '다가구주택'과 '사실상의 다가구주택'의 특례

> A) 1997. 1. 15. 이전에 가구별로 지분 또는 구분소유등기를 필한 다가구 주택과 B) 1990. 4. 21. 다가구주택 도입 이전에 단독주택으로 건축허가를 받아 지분 또는 구분등기를 필한 '사실상의 다가구주택'은 [위 A)의 경우는 다가구 주택으로 건축허가 받은 가구수에 한하여] 가구별 각각 1인을 분양대상자로 한다(제정조례 부칙 제 7 조).
>
> 위 B) 부분은 제정조례에는 없던 내용인데, 2005. 11. 10. 개정 때 추가되었다.

2. 【해설】 협동주택의 특례

> (1) 협동주택은 「서울특별시주택개량재개발사업시행조례」의 1977. 5. 13. 개정조례 (서울특별시조례 제 1166 호) 제 4 조 제 2 항의 신설로 도입된 후 1990. 4. 21. 다가구주택이 도입되기 전까지 단독주택에 준하여 관계법규를 적용하되 4 가구 이상 입체화된 형태로 건축한 '사실상의 다가구주택'을 말한다.
>
> 협동주택은 1988. 5. 7. 「서울특별시주택개량재개발사업시행조례」의 폐지와 함께 역사 속으로 사라졌으나, 그 전에 이미 건축허가를 받아 놓았거나 착공한 후 조례 폐지 후 완공하여 협동주택으로 등록/등기한 것도 상당수 있다.

(2) 협동주택은 ① 2009. 4. 22. 개정 도시정비조례(서울시조례 제 4768 호) 제 3 조에 의하여 1988 년 5 월 7 일 전에 지분 또는 구분소유등기를 필한 세대에 한하여 사실상 구분된 가구수만큼 분양대상자격이 인정되었다가, ② 2015. 6. 4. 개정조례(서울시조례 제 5924 호)에서 "1988 년 5 월 7 일 전에"라는 조건을 삭제하여 2015. 6. 4. 이후부터는 협동주택으로서 지분등기 또는 구분소유등기를 마친 세대는 등기시점을 불문하고 사실상 구분된 가구수만큼 분양대상 자격이 인정되었고, 이 개정규정은 2018. 7. 19. 서울시 전부개정 도시정비조례 부칙 제 31 조로 이어져 현재까지 효력을 가진다.

(3) 요컨대, 재개발사업에서 종전「서울특별시주택개량재개발사업시행조례」(폐지) 제 4 조 제 2 항에 따라 건축된 협동주택으로서 지분등기 또는 구분소유등기를 마친 세대는 등기시점을 불문하고 사실상 구분된 가구수만큼 분양대상 자격이 인정된다. ["개정규정은 이 조례 시행(2015. 6. 4.) 당시 최초로 조합설립인가를 신청하는 분부터 적용한다"라는 경과조치는 불필요하게 혼동만 주므로 생략했음.]

3. 【조례】「서울특별시주택개량재개발사업시행조례」제 4 조 제 2 항(사업방법)

1977. 5. 13. 서울특별시조례 제 1166 호로 전부개정, 시행된 것

② 주택을 건축하는 경우에는 구획 및 건축계획에 적합한 4 가구 이상 입체화된 협동주택으로 건축함을 원칙으로 한다. 이 경우 협동주택은 단독주택에 준하여 관계법규를 적용한다.

4. 【조례】부칙 제 3 조(협동주택의 분양기준에 관한 경과조치 등)

☞ [2009. 4. 22. 개정 서울특별시조례 제 4768 호]

① 제 24 조제 2 항제 3 호와 제 24 조의 2 제 2 항제 3 호에 불구하고 종전「서울특별시주택개량재개발사업시행조례」제 4 조 제 2 항에 따라 건축된 협동주택으로서 1988 년 5 월 7 일 전에 지분 또는 구분소유등기를 필한 세대는 사실상 구분된 가구수에 한하여 각각 1 인을 분양대상자로 한다.

② 제 1 항의 개정규정은 이 조례 시행 당시 최초로 조합설립인가를 신청하는 분부터 적용한다.

☞ [2015. 5. 14. 서울특별시조례 제 5924 호로 개정되어 2015. 6. 4. 시행된 것]

① 제 27 조 제 2 항 제 3 호와 제 28 조 제 2 항 제 3 호에 불구하고 종전「서울특별시주택개량재개발사업시행조례」제 4 조제 2 항에 따라 건축된 협동주택으로서 지분 또는 구분소유등기를 필한 세대는 사실상 구분된 가구수에 한하여 각각 1 인을 분양대상자로 한다. <개정 2015.5.14>

II. 재개발사업 공동주택 분양기준에 관한 현행 서울시조례의 주요내용

> ② 제1항의 개정규정은 이 조례 시행 당시 최초로 조합설립인가를 신청하는 분부터 적용한다.
>
> ☞ 2015. 6. 4. 개정 부칙 제3조 제1, 2항은 2018. 7. 19. 서울시 전부개정조례 부칙 제31조로 그대로 규정되어 지금도 유효한 규정이다(☞ 아래 참조).

C. 2018. 7. 19. 서울시 전부개정 도시정비조례 부칙

1. 【해설】 경과규정의 완결판

> 2018. 7. 19. 전부개정·시행된 서울시 도시정비조례(제6899호) 부칙에는 그때까지의 중요 경과규정들을 전부개정조례의 조문에 맞게 업데이트하여 모두 정리해 놓았다. 이 경과규정들은 지금도 법적 효력을 가지고 서울의 재개발사업에서 (구조례가 적용되는 사업장이든 신조례가 적용되는 사업장이든) 분양의 기준이 되고 있는 중요한 규정들이다. 그 주요내용은 아래와 같다.

2. 부칙 제8조(세대의 기준변경에 따른 적용례)

> 제36조제1항·제2항 및 제37조제2항제2호의 개정규정에 따른 세대 기준은 2009년 8월 7일 이후 최초로 조합설립인가를 받은 분부터 적용한다.

3. 부칙 제9조(단독주택재건축사업의 분양대상 등에 관한 적용례)

> ① 제37조제2항제1호의 개정규정은 서울특별시조례 제4768호 서울특별시 도시 및 주거환경 정비조례 일부개정조례 시행 후 다세대주택으로 전환한 분부터 적용한다.
>
> ② 제37조제2항제4호의 개정규정은 서울특별시조례 제4768호 서울특별시 도시 및 주거환경 정비조례 일부개정조례 시행 후 최초로 건축허가를 신청하는 분부터 적용한다.

4. 부칙 제25조(사실상 주거용으로 사용되고 있는 건축물에 관한 경과조치)

> 서울특별시조례 제4657호 서울특별시 도시 및 주거환경 정비조례 일부개정조례 시행 전에 종전의 「서울특별시 도시 및 주거환경 정비조례」(서울특별시조례 제4657호로 개정되기 전의 것을 말한다) 제24조제1항제1호에 따른 "사실상 주거용으로 사용되고 있는 건축물"로서 서울특별시조례 제4657호 서울특별시 도시 및 주거환경 정비조례 일부개정조례 시행 전에 「도시 및 주거환경정비법」(법률 제9047호로 개정되기 전의 것을 말한다. 이하 이 조에서 같다) 제4조제1항에 따른 정비계획을 주

민에게 공람한 지역의 분양신청자와 그 외 지역에서 「도시 및 주거환경정비법」 제4조제3항에 따른 정비구역 지정 고시일부터 「도시 및 주거환경정비법」 제46조 제1항에 따른 분양신청 기간이 만료되는 날까지 세대원 전원이 주택을 소유하고 있지 아니한 분양신청자는 제36조제1항제1호의 개정규정에도 불구하고 종전의 「서울특별시 도시 및 주거환경 정비조례」(서울특별시조례 제4657호로 개정되기 전의 것을 말한다)에 따른다.

5. 부칙 제27조(다세대주택으로 전환된 주택의 분양기준에 관한 경과조치)

제36조제2항제1호와 제37조제2항제1호의 개정규정에도 불구하고 서울특별시조례 제4824호 서울특별시 도시 및 주거환경 정비조례 일부개정조례 시행 당시 최초로 사업시행인가를 신청하는 분부터 1997년 1월 15일 전에 가구별로 지분 또는 구분소유등기를 필한 다가구주택이 건축허가 받은 가구 수의 증가 없이 다세대주택으로 전환된 경우에는 가구별 각각 1명을 분양대상자로 하여 적용한다.

6. 부칙 제28조(다가구주택의 분양기준에 관한 경과조치)

① 1997년 1월 15일 전에 가구별로 지분 또는 구분소유등기를 필한 다가구주택 (1990년 4월 21일 다가구주택 제도 도입 이전에 단독주택으로 건축허가를 받아 지분 또는 구분등기를 필한 사실상의 다가구주택을 포함한다)은 제36조 제2항 제3호의 개정규정에도 불구하고 다가구주택으로 건축허가 받은 가구 수로 한정하여 가구별 각각 1명을 분양대상자로 한다.

☞ A) 1997. 1. 15. 전에 가구별로 지분등기 또는 구분소유등기를 마친 「다가구주택」과 B) 1990. 4. 21.(다가구주택 제도 도입 시점) 전에 단독주택으로 건축허가를 받아 지분등기 또는 구분등기를 마친 「사실상의 다가구주택」은 가구별로 각각 1개의 분양신청권이 인정된다. 이후 지분이 전전양도된 경우에는 최종 양수인이 각 가구별로 1개의 분양신청권을 가진다.

② 1997년 1월 15일 전에 가구별로 지분 또는 구분소유등기를 필한 다가구주택 (1990년 4월 21일 다가구주택 제도 도입 이전에 단독주택으로 건축허가를 받아 지분 또는 구분등기를 필한 사실상의 다가구주택을 포함한다)은 제37조 제2항 제3호의 개정규정에도 불구하고 서울특별시조례 제4768호 서울특별시 도시 및 주거환경 정비조례 일부개정조례 시행 당시 최초로 사업시행인가를 신청하는 분부터 적용하며, 이미 사업시행인가를 받은 조합으로서 사업시행인가를 변경하고자 하는 경우에는 토지등소유자 전원의 동의를 받아야 한다.

☞ 제2항은 단독주택재건축사업에 대한 규정이다.

7. 부칙 제 29 조(권리산정기준일에 관한 적용례 및 경과조치)

> ① 제 36 조 및 제 37 조 개정규정은 서울특별시조례 제 5007 호 서울특별시 도시 및 주거환경 정비조례 일부개정조례 시행 이후 최초로 기본계획(정비예정구역에 신규로 편입지역 포함)을 수립하는 분부터 적용한다.
>
> ② 서울특별시조례 제 5007 호 서울특별시 도시 및 주거환경 정비조례 일부개정조례 시행 전에 기본계획이 수립되어 있는 지역 및 지구단위계획이 결정·고시된 지역은 종전의 「서울특별시 도시 및 주거환경 정비조례」(서울특별시조례 제 5007 호로 개정되기 전의 것을 말한다) 제 27 조 및 제 28 조에 따른다.
>
> ③ 분양대상 적용 시 제 2 항을 따르는 경우 2003 년 12 월 30 일 전부터 공유지분으로 소유한 토지의 권리가액이 분양용 최소규모 공동주택 1 가구의 추산액 이상인 자는 종전의 「서울특별시 도시 및 주거환경 정비조례」(서울특별시조례 제 5007 호로 개정되기 전의 것을 말한다) 제 27 조제 2 항제 3 호에 따른 분양대상자로 본다.

8. 부칙 제 31 조(협동주택의 분양기준에 관한 경과조치 등)

> 제 36 조 제 2 항 제 3 호와 제 37 조 제 2 항 제 3 호의 개정규정에도 불구하고 서울특별시조례 제 4768 호 「서울특별시 도시 및 주거환경 정비조례」 일부개정조례[☞ 2009. 4. 22. 개정조례] 시행 당시 최초로 조합설립인가를 신청하는 분부터 종전의 「서울특별시주택개량재개발사업시행조례」 제 4 조제 2 항에 따라 건축된 협동주택으로서 지분 또는 구분소유등기를 필한 세대는 사실상 구분된 가구 수로 한정하여 각각 1 명을 분양대상자로 하여 적용한다.

D. [고등법원판례] ① 준공 당시 일반건축물대장 및 등기부에 주용도가 '다세대주택'으로 기재되어 있기는 하나, 건축법상 다가구주택 제도가 도입되기 전에 작성된 것이고, 일반건축물대장에 '2 세대'가 아닌 '2 가구'로 기재되어 있어 구분소유의 대상이 되었다고 보기는 어렵다고 한 사례, ② 2015. 11. 6. 위 건물의 건축물대장이 집합건축물대장으로 전환되고 구분소유등기도 마쳐졌으나, 권리산정기준일인 정비구역 지정·고시일(2007. 7. 18.)에는 구분소유의 대상이 아니었으므로 결국 1 개의 분양신청권만 인정됨 —광주고등법원 2020. 1. 23. 선고 2018 누 6446 판결[관리처분계획처분취소등] (심리불속행 기각)

1. 사실관계

갑 제 11 내지 13 호증의 각 기재에 의하면, ① 광주 동구 DV 지상 2 층 시멘트벽돌조 슬래브 지붕 건물(1 층: 96.24 ㎡, 2 층: 96.24 ㎡)은 1987. 11. 13. 건축허가를 받아 1988. 3. 26. 준공되었고, 주용도를 '다세대주택'으로 하여 일반건축물대장과 등기부등본이 각 작성되었으나, 일반건축물대장의 '호수/가구/세대수' 란에는 '0 호수/2 가구/0 세대'로 기재되어 있는 사실,

제 2 장 분양 / 제 6 절 서울시 재개발사업의 분양대상자 (서울시조례)

② 위 건물은 1988. 8. 11.부터 DX 가 단독으로 소유하고 있다가 DY 과 DZ 이 2013. 6. 14. 위 건물을 공동으로 매수하여 소유권이전등기를 마친 사실, ③ DY 과 DZ 은 <u>2015. 11. 6. 위 건물을 집합건물(1 층: 4 세대, 2 층: 2 세대)로 전환하여 집합건축물 대장과 등기부등본(집합건물)</u>이 작성되었고, 위 건물 중 DW 호(17.4 ㎡)는 2017. 5. 24. 원고 AV 가, EC 호(20.7 ㎡)는 2015. 12. 31. 원고 AW 가, ED 호(23.4 ㎡)는 2016. 1. 21. 원고 AX 및 EE 이, EF 호(23.4 ㎡)는 2016. 1. 11. 원고 AY 가, EG 호(21.18 ㎡)는 2015. 12. 31. 원고 AZ 가 각 매매를 원인으로, EH 호(77.88 ㎡)는 2016. 5. 20. 원고 BA 가 증여를 원인으로 각 소유권이전등기를 마친 사실을 인정할 수 있다.

2. 정비구역지정·고시일 이후 구분소유 대상이 되었다고 보고 1 개의 분양신청권만 인정함

앞서 든 법리에다가 위 인정사실 및 변론 전체의 취지를 종합하여 알 수 있는 다음과 같은 사정들, 즉 ① <u>위 건물의 당초 일반건축물대장 및 등기부등본에는 주용도가 '다세대주택'으로 기재되어 있기는 하나, 이는 건축법상 다가구주택 제도가 도입되기 전에 작성된 것이고, 일반건축물대장에는 '2 세대'가 아닌 '2 가구'로 기재되어 있어 공부상 주용도가 '다세대주택'으로 기재되어 있다는 사정만으로 공동주택에 관한 구분의사가 객관적으로 외부에 표시되어 구분소유의 대상이 되었다고 보기는 부족한 점</u>, ② 위 건물은 일반건축물로 등록 등기되어 있다가 이 사건 정비구역의 지정·고시일 이후인 2015. 11. 6.경 건축물대장이 집합건축물대장으로 전환되고, 그에 따라 구분소유등기도 마쳐졌으나, 이전 일반건축물대장 상의 기재 내용과 마찬가지로 "건축물 현황"은 "층별: 1, 2 층, 구조: 세벽조, 용도: 다세대주택, 면적: 각 96.24 ㎡"로서 위 일반 및 집합건축물대장 상 각 층의 세부 구조나 용도, 면적 등에서 아무런 변동사항이 반영되어 있지 않은 점, ③ 위 건물은 당초 2 가구가 거주할 수 있도록 건축되었는데, 2015. 11. 6. 위와 같이 집합건축물로 전환된 후에도 각 구분된 면적이 17.4 ㎡~23.4 ㎡에 불과하여 구분된 부분의 각 세대가 각각 독립된 주거생활을 할 수 있을 정도로 구조상 및 이용상 독립성을 갖추었다고 보기 어려울 뿐만 아니라, 그러한 독립성을 갖추었다고 하더라도 그 시점은 위 2015. 11. 6.경 이후로 보아야 하는 점 등을 종합하여 보면, <u>위 건물은 구 도시정비법 제 77 조 제 1 항 제 2 호에 따라 정비구역 지정·고시일인 2007. 7. 18.을 기준으로 분양받을 권리를 산정하여야 하고, 그 당시 위 건물은 구분소유의 대상이 되지 않은 상태로 DX 가 단독 소유하고 있었으므로, 결국 1 개의 분양신청권만 인정되어야 한다.</u> 따라서 위 원고들의 주장은 이유 없다.

E. [하급심판례] ① 공유자 중 일부가 사업구역 내 다른 토지등을 소유하고 있어서, 그의 공유지분이 다른 토지등에 합산되면서 단독조합원 자격을 부여받은 경우, 나머지 공유자에게도 분양신청권이 인정되어야; ② 토지 공유자 중 일부(H, J)가 사업구역 내 다른 토지등을 소유하여 그(H, J)의 공유지분이 다른 토지등에 합산되면서 H, J 가 단독조합원 자격을 부여받은 경우, 나머지 공유자(67.125 ㎡)인 원고에게도 분양신청권을 인정한 사례; ② 이 경우 A <u>나머지 공유자(원고)는 해당 토지의 권리가액에 상당하는 공동주택을 자신의 지분에</u>

한하여 공급받을 수 있고, B) 나머지 지분은 사업시행자에게 귀속된다고 보는 것이 합리적임; ③ 원고에게 분양통지를 하지 않고 현금청산대상자로 정한 관리처분계획을 취소함 — 서울행정법원 2009. 9. 24. 선고 2009구합10727 판결[관리처분계획취소등]

【당사자】

원고	A
피고	B주택재개발정비사업조합

【주문】

피고가 2008. 12. 31. 동대문구청장으로부터 인가받은 관리처분계획 중 원고를 분양대상자에서 제외한 부분을 취소한다.

1. 처분의 경위와 기초사실

가. 피고는 서울 동대문구 C 일원 145,574㎡에 관한 주택재개발사업(이하 '이 사건 사업'이라 한다)의 시행을 목적으로 설립되어 2007. 1. 25. 조합설립인가를 받고, 같은 해 사업시행인가를 받은 구 도시 및 주거환경정비법(2009. 2. 6. 법률 제9444호로 개정되기 전의 것, 이하 '법'이라 한다)상의 정비사업조합이다.

나. 원고는 2005. 3. 17. 이 사건 정비구역 내에 있는 서울 동대문구 D 대 13㎡, E 대 146㎡, F 대 20㎡, G 대 7㎡(이하 일괄하여 '이 사건 토지'라 한다) 중 각 3/8 지분에 관하여 매매를 원인으로 한 소유권이전등기를 마쳤다. [☞ 원고의 이 사건 토지 지분 합계: 67.125㎡]

다. H은 2007. 1. 8. 이 사건 정비구역 내에 있는 서울 동대문구 대 116㎡ 및 그 지상 다가구용 단독주택에 관하여, 2007. 8. 30. 이 사건 토지 중 각 2/8 지분에 관하여 각 매매를 원인으로 한 소유권이전등기를 마쳤다.

라. J은 2007. 6. 27. 이 사건 정비구역 내에 있는 서울 동대문구 K 건물 제1층 제102호에 관하여, 2007. 12. 21. 이 사건 토지 중 각 3/8 지분에 관하여 각 매매를 원인으로 한 소유권이전등기를 마쳤다.

마. 피고는 이 사건 토지의 공유자 중 이 사건 사업구역 내에 별도로 다른 토지와 건물까지 소유하고 있던 H과 J에 대하여는 별도로 조합원 자격을 부여했다(J은 2008. 7. 25. 위 102호 건물 및 이 사건 토지 중 각 3/8 지분에 관한 소유권을 L에게 양도했고, J의 조합원 지위가 L에게 승계되었다).

바. 원고는 1960년경 미국으로 이주하여 현재까지 미국에서 살고 있으며, 이 사건 토지의 등기부에도 원고의 주소는 '미합중국 메릴랜드주 오덴톤시 M'로 기재되어 있었다.

사. 피고는 사업시행인가를 받은 후, 분양신청기간을 2007. 11. 2.부터 2007. 12. 1.까지로 정하여 조합원들로부터 분양신청을 받았는데, 이후 분양신청기간을 2007. 12. 22.까지로 연장하였다.

아. 피고는 미국에 거주하고 있던 원고에게는 서면에 의한 분양신청통지를 하지 않았고, 대신 국내에 거주하고 있는 원고의 사촌 N에게 구두로 '원고가 이 사건 각 토지와 관련하여 대표자를 선정해야 한다'는 취지를 안내하였는데, 원고는 위 분양신청기간 내에 분양신청을 하지 않았다.

자. 피고는 원고를 현금청산대상자로 정하는 내용이 포함된 관리처분계획을 수립하여 2008. 12. 31. 서울특별시 동대문구청장으로부터 위 관리처분계획에 대한 인가를 받았다(이하 위 관리처분계획 중 원고를 현금청산자로 정한 부분을 '이 사건 처분'이라 한다).

2. 피고의 주장

이 사건 사업구역 내 다른 토지와 건물을 각 소유하고 있던 이 사건 토지의 다른 공유자들에 대하여는 별도로 조합원 자격이 부여된 상태이고, 이 사건 토지 중 원고의 지분만을 면적으로 환산하면 합계 67.125㎡에 불과하여 어차피 원고는 공동주택분양대상이 아니라 현금청산대상일 뿐이므로 결국 이 사건 처분은 적법하다.

3. 판단 (이 사건 관리처분계획 중 원고를 현금청산대상자로 정한 부분을 취소함)

(가) 법 제19조 제1항, 구 서울특별시 도시 및 주거환경정비조례(2008. 9. 30. 조례 제4686호로 개정되기 전의 것, 이하 '정비조례'라 한다) 제24조 제2항 제3호는 하나의 주택 또는 한 필지의 토지를 수인이 소유하고 있는 경우에는 수인을 대표하는 1인을 조합원으로 보고, 1인의 분양대상자로 본다는 것이어서[다만 2003. 12. 30. 전부터 공유지분으로 소유한 토지의 지분면적이 건축조례 제25조 제1호의 규정에 의한 규모(90㎡) 이상인 자는 그러하지 아니하다], 수인이 한 필지의 토지를 공유한 경우 원칙적으로 1주택만을 분양한다.

또한 법 제48조 제7항, 도시 및 주거환경정비법 시행령(이하 '시행령'이라 한다) 제52조 제1항 3호, 정비조례 제24조 제2항 제2호는, 관리처분계획기준일 현재 수인의 분양신청자가 하나의 세대인 경우 수인의 분양신청자를 1인의 분양대상자로 본다는 것이어서, 위 1세대 1주택 분양의 취지에 의하면 1인이 주택재개발사업 구역 내에 수 필지의 토지를 소유한 경우라도 원칙적으로 1주택만을 분양하게 된다.

Ⅱ. 재개발사업 공동주택 분양기준에 관한 현행 서울시조례의 주요내용

(나) 어떤 조합원이 ①토지에 대한 지분소유권자이면서 동시에 ②토지의 단독 소유자인 경우, 그 조합원이 ②토지에 기한 권리와 ①토지의 지분소유권에 기한 권리를 임의로 분리하여 ②토지에 기해서는 단독조합원으로서 분양신청을 하고, ①토지의 지분소유권에 기해서는 다른 공유자를 대표조합원으로 선정하여 그 대표조합원 명의로 1주택을 별도로 분양신청하여 분양된 주택의 지분소유권을 취득하는 것은 위 1세대 1주택 분양의 취지에 비추어 허용되지 않는다고 할 것이고, 따라서 이러한 경우 그 조합원에 대하여는 ②토지의 소유권과 ①토지에 대한 지분소유권을 합하여 분양신청을 하는 것만이 허용된다고 할 것이다.

(다) 이와 같이 <u>한 필지의 일부 공유자들이 다른 토지와 합하여 단독조합원이 되는 경우</u>, 나머지 공유자에게 분양신청권을 부여하지 않는다면, 당초 공유자들과 함께 1주택을 분양받아 그 지분소유권을 취득할 수 있을 것으로 기대했던 나머지 공유자로서는 예상하지 못한 손해를 입게 되고, 실질적으로 공유자 중 1인이 다른 공유자의 동의 없이 공유물을 임의처분하는 것을 허용하는 결과가 되어 불합리하다. 따라서 <u>이 사건과 같이 공유자 중 일부가 사업구역 내의 다른 토지 등에 대한 소유권이 있어서, 그의 공유지분이 다른 토지 등에 합산되면서 단독조합원 자격을 부여받은 경우</u>, <mark>나머지 공유자에게도 분양신청권이 인정되어야</mark> 할 것이다.

(라) 이 때 나머지 공유자에 대한 공동주택 분양방안에 관하여 보건대, 당해 토지 중 공유지분 권리가액에 상당하는 1주택을 공급하는 방안은, 한 필지의 토지에 대하여 소유자가 수인이더라도 1주택만을 공급하도록 규정한 정비조례 제24조 제2항 제3호의 취지에 반하는 결과가 된다. 특히 위 방안에 의하면, 이 사건에서 만약 H만 사업구역 내에 다른 부동산을 소유하고 있고, 원고와 J은 이 사건 토지의 공유지분권만 갖고 있는 경우, 원고와 J에게 각 그 권리가액에 해당하는 1주택을 공급하여야 한다는 것인데, 그러면 결국 이 사건 토지와 다른 부동산에 대하여 3주택을 공급하게 되는 것이어서 부당하다. 한편, 위 방안에 의하더라도, 나머지 공유자의 공유지분 권리가액만으로는 분양용 최소규모 공동주택 1가구의 추산액에 미치지 못할 경우에는 나머지 공유자가 여전히 공동주택을 분양받지 못하게 되어 분양신청권을 인정하지 않을 때와 마찬가지의 결과에 이르게 되는바, 이런 점에서도 이는 적절한 방안이 아니라고 할 것이다.

<u>이러한 경우 A) <mark>나머지 공유자는 해당 토지의 권리가액에 상당하는 공동주택을 자신의 지분에 한하여 공급받을 수 있고,</mark> B) <mark>나머지 지분은 사업시행자에게 귀속된다고 보는 것이 합리적이라고 보인다</mark></u>. 이로 인해 한 필지의 토지에 대해 1주택을 공급한다는 원칙을 훼손하지 않으면서도, 일부 공유자가 별개의 부동산에 기해 단독으로 조합원의 자격을 인정받는다는 우연한 사정에 의해 다른 공유자의 공동주택분양가능성이 원천봉쇄당하는 불합리를 해결할 수 있게 된다. 이 방안에 의할 경우 원고는 피고와 공유관계에 있게 되어 권리행사에 있어서 다소간의 제약을 받게 되겠지만, 이는 수인이 공유한 한 필지의 토지에 관하여 대표조합원을 선정하여 주택을 분양받는 경우에도 마찬가지로 발생하는 문제이고, 이 해결

제 2 장 분양 / 제 6 절 서울시 재개발사업의 분양대상자 (서울시조례)

방안에 관해 특별히 제기되는 문제는 아니다.

(마) 즉, 이 사건에 있어서 원고가 분양신청기간 내에 분양신청을 했다면 이 사건 토지의 권리가액에 상당하는 공동주택의 3/8 지분을 분양받을 수 있었을 것이고, 따라서 원고는 어차피 현금청산대상자에 불과하므로 이 사건 처분이 적법하다는 피고의 주장은 받아들일 수 없다.

그렇다면 원고에 대한 분양신청통지의무를 제대로 이행하지 않은 채, 원고의 분양신청이 없다는 이유로 원고를 현금청산대상자로 정한 이 사건 처분은 위법하다.

F. 2010. 7. 16. '신조례'의 주요 개정내용

1. 【해설】분양신청권 여부 판단 기준일이 '2003. 12. 30.'에서 '권리산정기준일'로 변경됨

(1) '신조례'와 '구조례'

'신조례'는 2010. 7. 15. 개정되어 2010. 7. 16.부터 시행된 서울시 도시정비조례(서울특별시조례 제5007호) 이후의 조례를 말하고, 그 전의 것을 '구조례'라고 한다.

신조례에서 중요하게 달라진 두 가지는 ① 2010. 4. 15. 개정법(법률 제10268호)에 따라 '공공지원'(당시는 '공공관리'라 했음)에 관한 규정을 신설하여 서울시에서 정비사업에 대한 공공지원을 개시한 것과 ② 2009. 2. 6. 개정법(법률 제9444호)에 따라 '권리산정기준일'을 도입한 것이다.

(2) 구조례에서 분양신청권 판단 기준일은 2003. 12. 30.

'지분쪼개기'를 하여 늘어나게 된 토지등소유자에 대하여는 분양신청권을 인정하지 않는바, 구조례에서 지분쪼개기에 해당하는지 여부를 판단하는 기준시점은 「서울시 도시정비조례」가 제정·시행된 날인 "2003. 12. 30."이었다.

즉 i) 단독주택/다가구주택을 다세대주택으로 전환하거나, ii) 단독소유에서 공동소유로 변경하거나, iii) 토지분할을 하거나, iv) 토지와 건축물을 분리소유하거나, v) 나대지에 건물을 신축하거나, vi) 기존 건축물을 철거하고 다세대주택 기타 공동주택을 건축하는 등으로 토지등소유자가 증가하는 사유가 발생한 경우, 구조례에서는 그런 사유들이 ① 2003. 12. 29.까지 발생한 경우에는 분양대상자에 포함되나, ② 2003. 12. 30. 이후에 발생하면 일률적으로 분양대상자에서 제외되었다.

(3) 신조례에서 분양신청권 판단 기준일은 권리산정기준일

2010. 7. 16. 개정·시행된 신조례(서울특별시조례 제4657호, 2008. 7. 30. 일부개정)에서는 지분쪼개기의 판단 기준일이 현재와 같이 권리산정기준일로 변경되었다.

II. 재개발사업 공동주택 분양기준에 관한 현행 서울시조례의 주요내용

> 즉 신조례에서는 해당 사업별로 정해지는 '권리산정기준일'을 기준으로 하여, ① 지분쪼개기가 권리산정기준일까지 완료된 경우에는 증가한 토지등소유자도 분양대상자에 포함시키나, ② 지분쪼개기가 권리산정기준일 후에 완성된 경우에는 증가된 토지등소유자를 분양대상자에게서 제외시킨 것이다.
>
> 지분쪼개기가 완성된 시점은 그 권리취득의 등기가 마쳐진 시점(등기접수일)이다.

2. 【해설】'신축 지분쪼개기'에 '나대지에 건축물을 새로 건축하는 경우'가 추가됨

> 신조례에서 제27조 제2항 제6호가 "권리산정기준일 후 나대지에 건축물을 새로이 건축하거나 기존 건축물을 철거하고 다세대주택, 그 밖에 공동주택을 건축하여 토지등소유자가 증가되는 경우"로 개정되었다.
>
> 즉 '나대지에 건축물을 새로 건축하는 경우'가 2010. 7. 16.부터 '신축지분쪼개기'의 한 유형으로 추가되어 그런 경우에도 분양대상자가 1명으로 제한된 것이다.

3. 【해설】종전토지 총면적이 '30㎡ 이상 90㎡ 미만'인 무주택자의 분양신청 배제

> (1) 구조례가 적용되는 경우에는 90㎡ 미만 토지소유자도 분양대상자가 될 수 있는 경우가 있다. 즉, 구조례에서는 종전토지의 총면적이 90㎡ 미만이라도, ① 2003년 12월 30일 전에 분할된 1필지의 토지로서 ② 그 면적이 30제곱미터 이상인 토지(지목과 현황이 모두 도로인 토지는 제외됨)의 소유자는 ③ 사업시행인가고시일 이후부터 공사완료 고시일까지 세대원 전원이 무주택인 경우에 한하여 분양대상자가 될 수 있었다(구 조례 제27조 제1항 제2호 단서).
>
> (2) 그러나 2019. 7. 16. 신조례에서는 위 단서조항이 삭제되어서 종전토지의 총면적이 90㎡ 미만이면 무주택자라도 분양신청권이 없다.

4. 【경과조치】신조례의 경과규정

> (1) 신조례는 ① 2010. 7. 16. 이후 최초로 기본계획(정비예정구역에 신규로 편입되는 지역 포함)을 수립하는 사업부터 적용하며, ② 2010. 7. 15.까지 a) 기본계획이 수립되어 있는 지역 및 b) 지구단위계획이 결정·고시된 지역은 구조례를 적용한다(신조례 부칙 제3조 제2항).
>
> 따라서 ① 2010. 7. 16. 이후 최초로 기본계획을 수립하는 재개발사업에서는 '권리산정기준일'을 기준으로 지분쪼개기 해당 여부를 판단하고, ② 2010. 7. 15.까지 a) 기본계획이 수립되어 있거나 b) 지구단위계획이 결정·고시된 지역에서는 종전규정에 따라 "2003. 12. 30."을 기준으로 분양신청 대상 여부를 판단한다(즉 이런 지역에서는 2003. 12. 30. 이후에 지분쪼개기를 한 경우는 분양신청권이 제한된다).

현재 서울에서 진행되고 있는 재개발구역 중 상당수가 위 ②의 경우에 해당하므로 아직도 구조례가 적용되고 있다.

(2) ① 2010. 7. 15. 이전에 기본계획이 수립(정비예정구역으로 지정)되었다가 2010. 7. 16. 이후 기본계획이 변경된 경우는 '구조례'가 적용되나, ② 2010. 7. 15. 이전에 기본계획이 수립(정비예정구역으로 지정)되었다가 정비예정구역이 해제된 후 2010. 7. 16. 이후 새로이 기본계획이 수립된 재개발사업에는 '신조례'가 적용된다(서울시 주거정비과 2019. 11. 15. 유권해석 참조).

(3) 재정비촉진계획의 결정·고시가 있으면 그 고시일에 도시정비법에 따른 기본계획 수립, 정비구역 지정 및 정비계획 수립이 모두 있은 것으로 간주되므로(도시재정비법 제 13 조 제 1 항 제 1 호), 2010. 7. 15. 이전에 재정비촉진계획의 결정·고시가 있었으면 '구조례'가 적용된다.

III. 2010. 7. 15. 이전 '구조례'의 분양기준

A. 개요

1. 【구조례】 주택재개발사업의 공동주택 분양대상자 (구조례 제 27 조 제 1 항)

[시행 2010. 3. 2.] [서울특별시조례 제 4949 호, 2010. 3. 2., 일부개정]

① 영 제 52 조제 1 항제 3 호에 따라 주택재개발사업으로 건립되는 공동주택의 분양대상자는 관리처분계획기준일 현재 다음 각 호의 어느 하나에 해당하는 토지등소유자로 한다.(개정 2009. 07. 30)

  1. 종전의 건축물 중 주택(기존무허가건축물로서 사실상 주거용으로 사용되고 있는 건축물을 포함한다)을 소유한 자(개정 2009. 07. 30)

  2. 분양신청자가 소유하고 있는 종전토지의 총면적이 건축조례 제 29 조제 1 호의 규모(= 90 ㎡) 이상인 자.

  다만, 2003 년 12 월 30 일 전에 분할된 1 필지의 토지로서 그 면적이 30 제곱미터 이상인 토지(지목이 도로이며 도로로 이용되고 있는 토지를 제외한다)의 소유자는 법 제 28 조에 따른 사업시행인가고시일 이후부터 법 제 52 조제 3 항에 따른 공사완료 고시일까지 분양신청자를 포함한 세대원(이 경우 동일한 세대별 주민등록표 상에 등재되어 있지 아니한 배우자 및 미혼인 20 세 미만의 직계비속은 1 세대로 보며, 1 세대로 구성된 수인의 토지등소유자가 조합설립인가 후 세대를 분리하여 동일한 세대에 속하지 아니하는 때에도 이혼 및 20 세 이상 자녀의 분가를 제외하고는 1 세대로 본

다) 전원이 주택을 소유하고 있지 아니한 경우에 한하여 분양대상자로 한다.(개정 2009. 07. 30, 2010. 03. 02)

☞ < 구조례에서 90 ㎡ 미만 토지 소유자가 분양대상자가 되기 위한 조건 >

구조례에서는 토지의 총면적이 90 ㎡ 미만이라도, A) 2003 년 12 월 30 일 전에 분할된 1 필지의 토지로서 B) 그 면적이 30 ㎡ 이상인 토지(지목과 현황이 모두 도로인 토지는 제외됨)의 소유자는 C) 사업시행인가고시일 이후부터 공사완료 고시일까지 세대원 전원이 무주택인 경우에 한하여 분양대상자가 될 수 있다(구 조례 제 27 조 제 1 항 제 2 호 단서 및 같은 조 제 2 항 제 4 호).

다만, 지상에 타인 소유 건축물이 있는 토지의 소유자가 위 단서 조항에 따라 분양대상자가 되기 위해서는 그 지상 건축물이 준공되었을 때부터 토지와 건축물의 소유자가 달랐어야 한다. 준공 후 토지와 건축물의 소유자가 달라진 경우에는 a) 2003 년 12 월 30 일 전에 토지와 주택으로 각각 분리하여 소유한 경우로서 b) 토지의 규모가 90 ㎡ 이상인 경우에만 분양대상자가 된다(구 조례 제 27 조 제 2 항 제 5 호).

3. 분양신청자가 소유하고 있는 권리가액이 분양용 최소규모 공동주택 1 가구의 추산액 이상인 자(개정 2009. 07. 30)

4. 사업시행방식전환의 경우에는 전환되기 전의 사업방식에 따라 환지를 지정받은 자. 이 경우 제 1 호부터 제 3 호까지 규정은 적용하지 아니할 수 있다.(개정 2009. 07. 30)

5. 「도시재정비 촉진을 위한 특별법」 제 11 조제 4 항에 따라 재정비촉진계획에 따라 기반시설을 설치하게 되는 경우로서 종전의 주택(사실상 주거용으로 사용되고 있는 건축물을 포함한다)에 관한 보상을 받은 자(개정 2009. 07. 30)

2. 【구조례】 여러 명을 1 명의 분양대상자로 보는 경우 (구조례 제 27 조 제 2 항)

② 제 1 항에 불구하고 다음 각 호의 어느 하나에 해당하는 경우에는 수인의 분양신청자를 1인의 분양대상자로 본다.(개정 2009. 07. 30)

1. 단독주택 또는 다가구주택이 건축물준공 이후 다세대주택으로 전환된 경우(개정 2009. 07. 30)

2. 관리처분계획기준일 현재 수인의 분양신청자가 하나의 세대인 경우. 이 경우 동일한 세대별 주민등록표 상에 등재되어 있지 아니한 배우자 및 미혼인 20 세 미만의 직계비속은 1 세대로 보며, 1 세대로 구성된 수인의 토지등소유자가 조합설립인가 후 세대를 분리하여 동일한 세대에 속하지 아니하는 때에도 이혼 및 20 세 이상 자녀의

분가를 제외하고는 1세대로 보고, 권리가액은 세대원 전원의 가액을 합산하여 산정한다.(개정 2009. 07. 30)

3. 하나의 주택 또는 한 필지의 토지를 수인이 소유하고 있는 경우. 다만, 2003년 12월 30일 전부터 공유지분으로 소유한 토지의 지분면적이 건축조례 제29조에 따른 규모[= 90 ㎡] 이상인 자는 그러하지 아니하다.(개정 2009. 07. 30)

4. 2003년 12월 30일 이후 한 필지의 토지를 수개의 필지로 분할한 경우(개정 2009. 07. 30)

5. 하나의 대지범위 안에 속하는 동일인 소유의 토지와 주택을 건축물 준공이후 토지와 주택으로 각각 분리하여 소유한 경우.

다만, 2003년 12월 30일 전에 토지와 주택으로 각각 분리하여 소유한 경우로서 토지의 규모가 건축조례 제25조제1호에 따른 규모[= 90 ㎡] 이상인 경우에는 그러하지 아니하다.(개정 2009. 07. 30)

6. 단독주택 또는 비주거용건축물을 공동주택으로 신축한 경우(기존의 공동주택을 세대수를 늘려 신축한 경우를 포함한다). 다만, 신축한 공동주택의 주거전용면적이 해당 정비사업으로 건립되는 분양용 공동주택의 최소 주거전용면적 이상인 경우에는 그러하지 아니하다.(개정 2008. 7. 30, 2009. 07. 30)

☞ 제6호는 2008. 7. 30. 개정조례에서 신설되었음

3. 【구조례】 종전자산 총면적/권리가액 산정시 제외되는 것 (구조례 제27조 제3항)

③ 제1항 제2호의 종전 토지의 총면적 및 제1항 제3호의 권리가액을 산정함에 있어 다음 각 호의 어느 하나에 해당하는 토지는 포함하지 아니한다.(개정 2009. 07. 30)

1. 「건축법」 제2조제1항제1호에 따른 하나의 대지범위 안에 속하는 토지가 여러 필지인 경우 2003년 12월 30일 이후에 그 토지의 일부를 취득하였거나 공유지분으로 취득한 토지(개정 2009. 07. 30)

2. 하나의 건축물이 하나의 대지범위 안에 속하는 토지를 점유하고 있는 경우로서 2003년 12월 30일 이후 그 건축물과 분리하여 취득한 토지(개정 2009. 07. 30)

3. 1필지의 토지를 2003년 12월 30일 이후 분할 취득하거나 공유지분으로 취득한 토지(개정 2009. 07. 30)

④ 제1항부터 제3항까지 규정에 불구하고 사업시행방식전환의 경우에는 환지면적의 크기, 공동환지 여부에 관계없이 환지를 지정받은 자 전부를 각각 분양대상자로 할 수 있다.(개정 2009. 07. 30)

III. 2010. 7. 15. 이전 '구조례'의 분양기준

4. 【구조례】 단독주택재건축사업의 분양대상 (구조례 제 28 조)

> ① 영 제 52 조제 2 항제 1 호의 단서에 따라 단독주택재건축사업으로 건립되는 공동주택의 분양대상자는 관리처분계획기준일 현재 다음 각 호의 어느 하나에 해당하는 토지등소유자로 한다.(개정 2009. 07. 30)
>
> 1. 종전의 건축물 중 주택 및 그 부속토지를 소유한 자(개정 2009. 07. 30)
>
> 2. 분양신청자가 소유하고 있는 권리가액이 분양용 최소규모 공동주택 1 가구의 추산액 이상인 자(개정 2009. 07. 30)
>
> ② 제 1 항에 불구하고 다음 각 호의 어느 하나에 해당하는 경우에는 수인의 분양신청자를 1 인의 분양대상자로 본다.(개정 2009. 07. 30)
>
> 1. 단독주택 또는 다가구주택이 건축물 준공 이후 다세대주택으로 전환된 경우(개정 2009. 07. 30)
>
> 2. 관리처분계획기준일 현재 수인의 분양신청자가 하나의 세대인 경우. 이 경우 동일한 세대별 주민등록표 상에 등재되어 있지 아니한 배우자 및 미혼인 20 세 미만의 직계비속은 1 세대로 보며, 1 세대로 구성된 수인의 토지등소유자가 조합설립인가 후 세대를 분리하여 동일한 세대에 속하지 아니하는 때에는 이혼 및 20 세 이상 자녀의 분가를 제외하고는 1 세대로 보고, 권리가액은 세대원 전원의 가액을 합산하여 산정한다.(개정 2009. 07. 30)
>
> 3. 하나의 주택과 그 부속토지를 수인이 소유하고 있는 경우(개정 2009. 07. 30)
>
> 4. 단독주택 또는 비주거용건축물을 공동주택으로 신축한 경우(기존의 공동주택을 세대수를 늘려 신축한 경우를 포함한다). 다만, 신축한 공동주택의 주거전용면적이 해당 정비사업으로 건립되는 분양용 공동주택의 최소 주거전용면적 이상인 경우에는 그러하지 아니하다.(개정 2009. 07. 30)

B. 전환다세대 및 다가구주택 문제

1. 【해설】 제정조례의 전환다세대 분양대상자격 인정 기준(경과조치)

> (1) 전환다세대주택(단독주택/다가구주택이 준공 후 다세대주택으로 전환된 것) 소유자가 분양대상자에서 제외되기 시작한 것은 2003. 12. 30. 서울시 도시정비조례가 제정·시행되면서부터이다. 상세한 내용은 아래와 같다.
>
> ① <u>제정조례 시행(2003. 12. 30.) 이후에 단독주택 또는 다가구주택이 다세대주택으로 전환된 경우에는 1 동 전체 구분소유자 중 1 명만을 분양대상자로 인정한다</u>(제정조례 제 24 조 제 2 항 제 1 호).

② 2003. 12. 30. 전에(= 2003. 12. 29.까지) 다세대주택으로 전환하여 구분등기를 마친 구분소유자는 분양대상자가 될 수 있으나, 전환한 부분의 전용면적이 60 ㎡를 초과하는지 여부에 따라 분양기준이 달라진다(제정조례 부칙 제 5 조).

즉, ① 전환된 다세대주택의 주거전용총면적이 60 ㎡ 이하인 경우에는 전용면적 60 ㎡ 이하의 주택(또는 임대주택)만을 공급할 수 있고, ② 주거전용총면적이 60 ㎡를 초과하는 경우에는 종전과 동일하게 이러한 제한 없이 분양대상자가 된다(따라서 권리가액에 따라 60 ㎡를 초과하는 주택을 공급받을 수 있다. 제정조례 부칙 제 5 조).

(2) 제정조례에서는 '전환다세대'에 대하여만 분양신청권을 제한했고, '신축다세대'에 대하여는 분양신청권을 제한하지 않았다. 신축다세대의 분양신청권 제한은 2008. 7. 30. 개정조례에서 신설되었다(아래 Ⅵ. 참조).

2. 【구조례】 구조례 부칙 제 5 조 (분양대상기준의 경과조치)

[서울특별시조례 제 4550 호, 2007. 7. 30., 일부개정]

제 24 조 제 2 항 제 1 호의 규정에 불구하고 이 조례 시행[☞ 2003. 12. 30.] 전에 단독 또는 다가구주택을 다세대주택으로 전환하여 구분등기를 완료한 주택에 대하여는 A) 전용면적 60 제곱미터 이하의 주택을 공급하거나 정비구역안의 임대주택을 공급할 수 있으며, B) 다세대주택의 주거전용총면적이 60 제곱미터를 초과하는 경우에는 종전 관련조례의 규정에 의한다.

단, 하나의 다세대전환주택을 공유지분으로 소유하고 있는 경우에는 주거전용 총면적에 포함시키지 아니하며 전용면적 85 제곱미터 이하 주택을 분양신청 조합원에게 배정하고 잔여 분이 있는 경우, 전용면적 60 제곱미터 이하 주택 배정조합원의 상향요청이 있을 시에는 권리가액 다액 순으로 추가 배정할 수 있다.

☞ 2007. 7. 30. 제정·시행된 조례 제 4550 호에서 제정조례 부칙 제 5 조 중 "다세대주택의 주거전용면적이 60 ㎡를 초과하는 경우"을 "다세대주택의 주거전용총면적이 60 ㎡를 초과하는 경우"로 변경하고[아래 B) 부분], 위와 같이 단서를 신설하였다.

3. 【해설】 부칙 제 5 조에 따라 개별분양권을 가지려면 건축물대장의 전환도 마쳐야 함

(1) 일반건물로 등기한 건물에 관하여 구분등기를 하기 위해서는 먼저 건축물대장을 구분건물(다세대주택)로 전환 등록한 후 구분건물대장을 첨부하여 구분등기를 신청하는 것이 원칙이다.

그런데 구 집합건물법 제 61 조(2011. 4. 12. 삭제됨)에 따르면 구분건물대장으로의 등록신청을 하였으나 대장소관청이 그 등록을 거부한 때에는 그 신청인은 거부통지를 받은 날부터 14 일 이내에 그 서면을 첨부하여 곧바로 구분등기신청을 할 수 있는 특례가 인정되므로(1994. 2. 23. 등기선례 제 4-320 호), 건축물대장이 구분건물로 전환되지 않은 채 구분등기만 마친 경우가 발생할 수 있다.

이런 경우 제정조례 시행일인 2003. 12. 30. 전에 구분등기를 마치기만 하면 부칙 제 5 조[☞ 전환다세대 특례]에 따라 개별분양권이 인정되는지가 문제된다.

(2) 이에 관하여 대법원은 「부칙 제 5 조에 따라 개별분양권을 인정받기 위해서는 2003. 12. 30. 전에 구분등기를 마쳤을 뿐 아니라 다세대주택으로의 건축물대장 전환까지 마쳐야 한다」고 보았다.

따라서 건축물대장을 전환하지 않은 채 구분등기만 마친 사람은 부칙 제 5 조에 따른 개별분양권을 인정받을 수 없고, 별도로 부칙 제 7 조[☞ 다가구주택 특례]의 요건을 갖추어 개별분양권을 인정받지 못하는 한 개별분양권을 가질 수 없다. 부칙 제 7 조에 따라 개별분양권을 인정받으려면 1997. 1. 15.까지 구분소유등기를 마쳐야 한다.

(3) 결국 1997. 1. 15. 후 2003. 12. 30. 전에 건축물대장을 다세대주택으로 전환하지 않은 채 구분소유등기만 마친 사람은 부칙 제 5 조와 제 7 조 중 어디에도 해당하지 않아 개별분양권을 갖지 못한다(대법원 2009. 9. 10. 선고 2009 두 10628 판결).

4. 【구조례】제정조례 부칙 제 7 조(다가구주택의 분양기준에 관한 경과조치) <제 4167 호, 2003.12.30>

> 1997 년 1 월 15 일 이전에 가구별로 지분 또는 구분소유등기를 필한 다가구 주택(1990 년 4 월 21 일 다가구주택제도 도입 이전에 단독주택으로 건축허가를 받아 지분 또는 구분등기를 필한 사실상의 다가구주택을 포함한다)은 제 24 조 제 2 항 제 3 호의 규정에 불구하고 다가구 주택으로 건축허가 받은 가구수에 한하여 가구별 각각 1 인을 분양대상자로 한다. <개정 2005.11.10>

☞ 괄호 부분은 2005. 11. 10. 개정 때 추가된 내용임.

☞ 2018. 7. 19. 전부개정조례 부칙 제 28 조 제 1 항과 같은 내용이다. 이에 관하여는 제 2 장 제 6 절 II. B. C. 참조

C. [구조례 제 27 조 제 1 항 제 2 호 단서에 따라 분양대상자격을 인정한 사례] ① '서울시 기존무허가건물 관리대장'에 원고가 소유한 무허가건물이 '주거'로 등재되어 있지만, 실제로 사람이 독립된 주거를 할 수 있을 정도의 형태나 구조를 갖추지 않아 주택으로 볼 수 없다고 한 사례; ② 따라서 원고는 7 ㎡ 토지와 30 ㎡ 토지를 소유한 무주택자로서 구조례 제 27 조 제 1 항 제 2 호 단서에 따라 공동주택 분양대상자임 —서울행정법원 2021. 9. 17. 선고 2020 구합 73723 판결[조합원지위확인]

제 2 장 분양 / 제 6 절 서울시 재개발사업의 분양대상자 (서울시조례)

【당사자】

원고	A
피고	B구역주택재개발정비사업조합

【주문】

피고가 2020. 7. 8. 서울특별시 성북구청장으로부터 인가받은 관리처분계획 중 원고에 대한 부분을 취소한다.

1. 인정사실

앞서 본 증거들에 갑 제 5, 6 호증의 각 기재, 이 법원의 성북구청장에 대한 사실조회회신 결과 및 변론 전체의 취지를 종합하면, 다음과 같은 사실이 인정된다.

가) 이 사건 무허가건물에 관한 2020. 8. 5.자 '무허가건물 확인원'에 의하면, 이 사건 무허가건물의 면적은 56.19 ㎡(17 평), 건물구조는 '목조' 건물이고, 원고가 이 사건 무허가건물의 소유자로 등재되어 있다.

나) 원고는 이 사건 무허가건물에서 2000 년경부터 'I'라는 상호로 음식점(이하 '이 사건 음식점'이라 한다)을 운영하여 왔는데, 이 사건 무허가건물 내부는 음식을 조리하기 위한 부엌 부분과 식사를 할 수 있도록 조성된 공간이 대부분을 차지하고 있다.

다) 성북구청장은 "'서울특별시 기존 무허가건물 관리 대장'은 1979 년 4 월 실시된 '무허가건물 전수조사'를 통해 작성된 것으로 건축물 대장 등과 달리 그 작성 기준이 구체적, 세부적으로 정해져 있지 않고 단지 행정적 필요(위법건축물 관리)에 따라 작성·관리되는 것으로 당시 조사 내용(기재 내용)의 정확성에 대하여는 보증하기 어려움을 알려드립니다."고 사실조회에 대한 회신을 하면서 '기존 무허가건물 관리 대장'을 제출하였는데, 성북구청장이 제출한 '기존 무허가건물 관리 대장'에 의하면 이 사건 무허가건물은 56.20 ㎡(17 평) 규모의 '목조' 건물로서 그 용도가 '주거'로 등재되어 있다.

2. 관련 법령의 내용

... 구 정비조례 제 27 조 제 1 항 제 2 호에서는 '분양신청자가 소유하고 있는 종전토지의 총면적이 건축조례 제 29 조 제 1 호의 규모 이상인 자. 다만, 2003 년 12 월 30 일 전에 분할된 1 필지의 토지로서 그 면적이 30 제곱미터 이상인 토지(지목이 도로이며 도로로 이용되고 있는 토지를 제외한다)의 소유자는 법 제 28 조에 따른 사업시행인가고시일 이후부터 법 제 52 조 제 3 항에 따른 공사완료 고시일까지 분양신청자를 포함한 세대원 전원이 주택을

소유하고 있지 아니한 경우에 한하여 분양대상자로 한다.'고 규정하고 있다.

3. 구체적 판단

앞서 본 인정사실에 의하여 드러나는 다음과 같은 사정들을 위 관련 법령의 내용에 비추어 살펴보면, 이 사건 무허가건물은 사람이 독립된 주거를 할 수 있을 정도의 형태나 구조를 갖춘 것으로 볼 수 없어 '주택'에 해당한다고 보기 어려우므로, 원고가 이 사건 무허가건물을 소유하게 되었다 하더라도 여전히 주택을 소유하고 있지 아니한 자로서 구 정비조례 제27조 제1항 제2호에서 정한 공동주택의 분양대상자에 해당한다.

㉠ 이 사건 무허가건물에는 대부분 이 사건 음식점 운영에 필요한 물품이나 기구 등이 구비되어 있을 뿐, 사람이 거주를 하기 위해 필요한 기본적인 물품들(침구류, 옷장, 세탁기 등)이 전혀 구비되어 있지 아니한 것으로 보인다.

㉡ 이 사건 음식점에 방문하는 손님들이 식사를 하는 공간과 분리되어 오로지 주거를 위한 공간으로서 식사 또는 취침 등을 할 수 있는 독립적인 공간이나, 일상생활을 영위하는 데 불편함이 없을 정도의 시설이 갖추어진 욕실 공간도 마련되어 않다.

피고는 이 사건 음식점에 마련된 평상이나 식탁에서 식사를 할 수 있고, 좌식으로 된 마루 부분에서 취침을 할 수 있으므로 이 사건 무허가건물이 주택에 해당한다는 취지로 주장하나, 이는 일시적으로 이 사건 무허가건물 내에서 식사 내지 취침을 해결할 수 있는 정도에 불과할 뿐, 장기간에 걸쳐 독립적이고 평온한 주거생활을 영위할 수 있다고는 보이지 않는다.

㉢ 이 사건 토지에 관한 각 등기부등본이나 이 사건 제2토지에 대한 시유재산매매계약서의 기재에 의하면 원고는 계속하여 '서울 성북구 J건물 K호'에 거주하고 있었던 것으로 보이는바, 이 사건 무허가건물을 생활의 근거지로 삼아 거주할 만한 특별한 사정도 찾아보기 어렵다.

㉣ '기존 무허가건물 관리 대장'에 이 사건 무허가건물이 '주거'로 등재되어 있기는 하나 위 '기존 무허가건물 관리 대장'을 작성한 경위나 목적, 작성 기준 등에 비추어 보면 이 사건 무허가건물의 현황을 정확하게 반영하고 있다고 볼 수 없으므로, 위와 같이 이 사건 무허가건물의 용도가 '기존 무허가건물 관리 대장'에 '주거'로 등재되어 있다는 사정만으로 이 사건 무허가건물이 당연히 장기간 독립된 주거생활을 할 수 있는 구조로 된 '주택'에 해당한다고 볼 수도 없다.

따라서 이 사건 쟁점 관리처분계획 중 원고가 주택을 소유하고 있음을 전제로 원고를 분양대상자에서 제외한 부분은 더 나아가 살필 것 없이 위법하므로 취소되어야 한다.

제 2 장 분양 / 제 6 절 서울시 재개발사업의 분양대상자 (서울시조례)

D. ① 다가구주택 공유자들이 가구별로 각각 분양대상자로 인정되기 위해서는 <u>1997. 1. 15. 이전에 그 각 가구에 상응하는 지분 또는 구분소유등기를 마쳐야 해</u>(제정조례 부칙 제 7 조); ② 1993. 7. 29. 다가구주택의 소유권보존등기를 마치고 1997. 10. 7. 각 가구에 상응하는 지분이전등기를 마친 경우는 조례 부칙 제 7 조의 요건을 갖추지 못하여 원고들 각각 1 인을 분양대상자로 할 수 없음 —대법원 2009. 4. 23. 선고 2008 두 22853 판결[분양거부처분취소]

【당사자】

> 【원고, 상고인】 원고 1 외 2 인
>
> 【피고, 피상고인】 피고 주택재개발정비사업조합

이와 같은 <u>법령 및 조례의 규정에 따르면, 다가구주택의 공유자들이 가구별로 각각 주택재개발사업으로 건립되는 공동주택의 분양대상자로 인정되기 위해서는 1997. 1. 15. 이전에 그 각 가구에 상응하는 지분 또는 구분소유등기를 경료할 것을 요한다</u>고 할 것이다.

그런데 원심판결 이유에 의하면, 소외인이 <u>1992. 12. 10.</u> 8 가구가 거주할 수 있는 <u>다가구주택으로 건축허가를 받아</u> 자신의 소유인 서울 성동구 (이하 생략) 대 198 ㎡ 위에 지하 1 층, 지상 3 층의 다가구주택을 신축하여 1993. 7. 29. 자신 명의로 소유권보존등기를 경료한 후, <u>1997. 10. 7.</u> 위 건물에 관하여 원고들의 소유대상인 <u>각 가구에 상응하는 지분이전등기를 경료하였음</u>을 알 수 있으므로,

<u>원고들은</u> 이 사건 <u>조례 부칙 제 7 조에서 정한 요건을 갖추지 않았음</u>이 명백하고, 원심이 같은 취지에서 <u>원고들 각각 1 인을 분양대상자로 할 수 없다</u>고 판단한 것은 정당하다.

E. ① 구조례 제 5 조에 따라 개별분양대상자로 인정하기 위해서는 <u>2003. 12. 30. 전에 구분등기뿐 아니라 '건축물대장의 전환'까지 마쳐야 함</u>; ② 1997. 1. 15. 후 2003. 12. 30. 이전에 건축물대장의 전환 없이 구분등기만을 하여 부칙 제 5 조에 따른 개별분양권이 인정되지 않은 사례 —대법원 2009. 9. 10. 선고 2009 두 10628 판결[관리처분계획취소]

【당사자】

> 【원고, 피상고인】 원고 1 외 2 인
>
> 【피고, 상고인】 왕십리뉴타운제 2 구역주택재개발정비사업조합

III. 2010. 7. 15. 이전 '구조례'의 분양기준

【제 1 심판결 주문】(항소기각 후 위 대법원판결로 파기환송됨)

피고가 2008. 7. 31. 서울특별시 성동구청장으로부터 인가받은 관리처분계획 중 원고들을 공동분양대상자로 정한 부분을 취소한다.

1. 관련규정

가. 서울시 도시정비조례

한편 위 시행령의 위임에 따라 '서울특별시 도시 및 주거환경 정비조례'(이하 '이 사건 조례'라 한다. 뒤에서 보는 대로 2003. 12. 30.에 제정·시행되었다)의 ① 제 24 조 제 2 항은 수인의 분양신청자를 1 인의 분양대상자로 보는 경우(이하 '공동분양'이라 한다)로 "단독주택 또는 다가구주택이 건축물 준공 이후 다세대주택으로 전환된 경우"(제 1 호), "하나의 주택 또는 한 필지의 토지를 수인이 소유하고 있는 경우"(제 3 호)를 규정하면서, ② 부칙에서 제 1 호에 대하여는 "2003. 12. 30.[이 사건 조례 시행일이다] 전에 단독 또는 다가구주택을 다세대주택으로 전환하여 구분등기를 완료한 경우"(부칙 제 5 조), 제 3 호에 대하여는 "1997. 1. 15. 이전에 가구별로 지분 또는 구분소유등기를 필한 다가구주택의 경우"(부칙 제 7 조)에는 위 각호에 불구하고 각 가구별로 개별분양을 할 수 있도록 하는 경과규정을 두고 있다.

나. 부칙 제 5 조, 제 7 조의 연혁과 취지

그런데 1997. 1. 15.에 전문개정·시행된 '서울특별시 도시재개발사업조례'(이하 '구조례'라 한다)는 제 27 조 제 2 항 나목에서 "하나의 주택을 수인이 소유하고 있는 경우"를 공동분양대상으로 하면서, "1997. 1. 15.[구조례 시행일이다] 전에 가구별로 지분 또는 구분소유등기를 필한 다가구주택"에 대하여는 가구별 개별분양대상으로 하는 경과규정(부칙 제 6 조)을 두고 있었고, 이들 규정의 내용이 2003. 12. 30. 구조례를 폐지하면서 제정·시행된 이 사건 조례의 앞서 본 제 24 조 제 2 항 제 3 호 및 부칙 제 7 조에 포함되어 승계된 것이다.

또한 구조례는 원래 구역지정고시일 이후 다세대주택을 취득한 경우에도 가구별로 개별분양을 인정하였으나, 2000. 5. 20.에 "구역지정 이후 분할 취득되는 토지 및 건축물의 경우 분양대상에서 제외되는 것과의 형평을 기하기 위하여 구역지정고시일 이전에 다가구 등 단독주택에서 다세대 등 공동주택으로 전환된 경우에 한하여 가구별 개별분양을 할 수 있도록 분양대상기준을 변경"하는 내용으로 그 제 27 조 제 3 항이 개정되면서 "2000. 5. 20. 전에 다세대주택으로 전환하여 구분소유등기를 필한 주택"에 대하여는 위 개정에 불구하고 가구별 개별분양을 할 수 있도록 하는 경과규정(부칙 제 2 조)을 두었다가, 이 사건 조례 제 24 조 제 2 항 제 1 호가 구역지정고시일과 상관없이 단독주택 또는 다가구주택이 준공 이후 다세대주택으로 전환된 경우를 모두 공동분양대상으로 보면서 그 경과규정으로 앞서 살핀 바

와 같이 그 기준일을 2003. 12. 30.로 하는 부칙 제5조를 두게 된 것이다.

2. 법리

위에서 본 이 사건 조례 부칙 제7조 및 제5조의 취지는 다가구주택에 관하여 각 가구별로 수인이 지분등기를 하거나 구분소유등기를 한 경우 또는 애초 다가구주택이었던 건물이 후에 다세대주택으로 전환되어 공동주택이 된 경우에 예외적으로 가구별 개별분양을 인정하여 그와 같은 경우 독립된 구조를 가진 가구별로 구분거래되는 실정을 반영하면서도, 주택재개발사업에 의하여 공급되는 공동주택을 다수 취득할 목적으로 행하여지는 이른바 '지분 쪼개기'와 같은 폐해를 방지하기 위하여 일정한 시점 이전까지 지분등기나 구분소유등기의 경료 또는 다세대주택으로의 전환이 행하여졌을 것을 요구하는 데 있다고 할 것이다.

이와 같은 이 사건 조례 제24조 제2항 제1호, 제3호, 부칙 제5조, 제7조의 입법취지, 연혁 및 위 각 규정의 체계적 구조 등에 비추어 보면, 이 사건 조례 제24조 제2항 제3호, 부칙 제7조는 다가구주택에 관하여 지분등기 또는 구분소유등기만이 경료된 경우에 관한 규정임에 대하여, 제24조 제2항 제1호, 부칙 제5조는 다가구주택이 다세대주택으로 전환된 경우에 관한 규정으로서 이 때의 '전환'이란 구 '건축물대장의 기재 및 관리 등에 관한 규칙'(2007. 1. 16. 건설교통부령 제547호로 전부개정되기 전의 것) 제6조 제1항에 의한 '건축물대장의 전환'을 의미한다고 봄이 상당하다.

3. 대법원의 판단(파기환송)

가. 부칙 제7조의 내용

원심의 설시와 같이, 독립된 주거생활을 영위할 수 있는 구조로 되어 있는 다가구주택에 관하여 집합건물로 구분등기가 이루어진 이상 구분등기의 시점에 실질적으로 다세대주택으로 전환되었다고 보아야 하고 따라서 이에 대하여 이 사건 조례 제24조 제2항 제1호 및 부칙 제5조가 적용된다고 해석하게 되면, 1997. 1. 15. 후에 다가구주택에 관하여 건축물대장의 전환 없이 구분등기만을 한 경우도 그것이 2003. 12. 30. 이전에 행하여졌다면 다세대주택으로 전환한 것이 되고, 그 결과 그 주택에 대하여 위 조례 규정들에 의하여 당연히 개별분양권이 인정되게 된다.

그러나 이러한 해석은 다가구주택의 공유자 또는 구분소유자임을 이유로 가구별로 개별분양을 받기 위하여는 1997. 1. 15. 이전에 지분등기 또는 구분소유등기를 경료할 것을 요하는 위 부칙 제7조의 내용(대법원 2009. 4. 23. 선고 2008두22853 판결도 참조)과 양립할 수 없다는 점에서도 이를 받아들일 수 없다.

나. 2003. 12. 30. 전에 구분소유등기만 마쳤을 뿐, 다세대주택으로 건축물대장의 전환을 하지 않아 부칙 제5조의 요건을 갖추지 못함

원심판결 이유 및 기록에 의하면, 원고들은 다가구주택인 이 사건 건물에 관하여 2002년 10월 지분등기를, 2003. 7. 31. 구분소유등기를 각 마쳤을 뿐, 같은 해 12. 30.까지 다세대주택으로 건축물대장의 전환을 하지 않은 채 분양신청을 한 사실을 알 수 있다.

앞서 본 법리를 이에 적용하면, 원고들의 사안은 이 사건 조례 제24조 제2항 제3호의 "하나의 주택을 수인이 소유하고 있는 경우"에 해당한다고 할 것인데, 이 경우에 관한 경과규정인 위 부칙 제7조의 요건을 갖추지 못하였으므로, 공동분양대상이 될 수밖에 없다고 할 것이다.

다. 원심판결의 위법함

그럼에도 이 사건 건물이 이 사건 조례 제24조 제2항 제1호의 "다가구주택이 다세대주택으로 전환된 경우"에 해당하여 위 부칙 제5조가 적용된다고 보아 원고들을 개별분양대상이라고 한 원심의 판단에는 앞서 본 이 사건 조례 규정들에 관한 법리를 오해하여 판결결과에 영향을 미친 위법이 있다. 이 점을 지적하는 상고이유의 주장은 이유 있다.

IV. 2008. 7. 30. 조례에서 달라진 두 가지

A. 지분쪼개기의 한 유형으로 '신축 지분쪼개기'가 추가됨

1. 【해설】 단독주택 또는 비주거용건축물을 헐고 공동주택을 신축한 경우

> (1) 2008. 7. 30. 개정조례에서 '지분쪼개기'의 한 유형으로 "단독주택 또는 비주거용건축물을 헐고 공동주택을 신축한 경우"(이른바 '신축 지분쪼개기')가 추가되었다(동 조례 제24조 제2항 제6호 신설). 기존의 공동주택을 세대수를 늘려 신축한 경우도 여기에 포함된다. 2003. 12. 30. 제정조례에서는 '전환다세대'에 대하여만 분양신청권을 제한했고, '신축다세대'에 대하여는 분양신청권을 제한하지 않았다.
>
> 따라서 2008. 7. 30. 이후 '신축 지분쪼개기'를 한 경우에는 여러 명의 분양신청자를 1명의 분양대상자로 본다.
>
> (2) 2008. 7. 30. 개정조례에서 추가된 것은 「기존의 단독주택을 헐고 공동주택을 신축하거나, 기존 공동주택을 세대수를 늘려 신축한 경우」이며, '나대지에 건축물을 새로이 신축한 경우'는 여기에 포함되지 않는다. '나대지에 건축물을 새로이 신축한 경우'는 2010. 7. 16. 신조례에서 비로소 추가되었다.

제2장 분양 / 제6절 서울시 재개발사업의 분양대상자 (서울시조례)

2. 【해설】 2008. 7. 30. 조례 이후에도 신축빌라 소유자가 개별분양권을 가지는 경우

(1) 단서규정에 의하여 개별분양권을 가지는 경우

2008. 7. 30. 개정조례에서 규정하는 공동주택에 해당하더라도, 해당 공동주택의 주거전용면적이 그 정비사업으로 건립되는 공동주택의 최소 주거전용면적(일반적으로 59㎡임) 이상인 세대의 소유자는 분양대상자에 포함된다(동 조례 제24조 제2항 제6호 단서). 다만, 2010. 7. 16. 신조례에서 제24조 제2항 제6호로 조문이 변경되면서 이 단서규정은 삭제되었다.

(2) 경과조치에 의하여 개별분양권을 가지는 경우

2008. 7. 30. 개정조례는 개정조례 시행(2008. 7. 30.) 후 최초로 건축허가를 신청하는 분부터 적용하므로(동 조례 부칙 제3조), 그 전에 이미 공동주택 건축허가를 신청하여 공동주택을 신축한 경우에는 해당 공동주택 소유자 전원에게 분양신청권이 인정된다.

☞ 2008. 7. 30. 후 건축허가를 신청하여 신축된 공동주택의 소유자를 속칭 '신규소유자', 그 전에 건축허가를 신청하여 신축된 공동주택의 소유자를 '기존권리자'라 부른다.

3. 【해설】 2010. 7. 16. 신조례에서 '나대지에 건축물을 새로 건축하는 경우'가 추가됨

(1) 2008. 7. 30. 조례 제24조 제2항 제6호는 2010. 7. 16. 신조례에서 제27조 제2항 제6호로 조문이 변경되어 "권리산정기준일 후 나대지에 건축물을 새로이 건축하거나 기존 건축물을 철거하고 다세대주택, 그 밖에 공동주택을 건축하여 토지등소유자가 증가되는 경우"로 개정되었다.

즉 분양신청권이 제한되는 '신축지분쪼개기'의 한 유형으로 2010. 7. 16.부터 '나대지에 건축물을 새로 건축하는 경우'가 추가되었다(동 조례 제27조 제2항 제6호).

(2) 한편 신조례 제27조 제2항 제6호에서는 2008. 7. 30. 조례 제24조 제2항 제6호 단서 부분(예외조항)이 삭제되었다.

4. 【해설】 '2008. 7. 30. 조례의 경과규정'과 '신조례의 권리산정기준일'과의 관계

(1) '2008. 7. 30. 조례 제24조 제2항 제6호'의 내용은 '2010. 7. 16. 신조례 제27조 제2항 제6호'에 모두 포함되는 내용이기 때문에, 신조례가 적용되는 재개발사업에서도 '2008. 7. 30. 조례 제24조 제2항 제6호'의 경과조치가 계속 적용되는지가 문제된다. 만일 계속 적용된다고 보면, '나대지에 건축물을 새로이 건축한 경우' 외에 공동주택을 신축하여 토지등소유자가 증가된 경우 a) 2008. 7. 30. 후 최초로 건축허

가를 신청한 경우에는 증가된 토지등소유자에게 분양신청권이 인정되지 않으나, b) 그 전에 이미 공동주택 건축허가를 신청한 경우에는 해당 공동주택 소유자 전원에게 분양신청권이 인정되는 것으로 된다.

(2) 그러나, 신조례의 권리산정기준일은 도시정비법에 근거한 것이므로 위와 같이 해석하는 것은 타당하지 않으며, 신조례가 적용되는 재개발사업에서는 건축허가 신청일이 2008. 7. 30. 후인지 여부와 관계 없이 권리산정기준일을 기준으로 분양대상 여부를 판단하는 것이 타당하다.

(3) 한편 신조례 제27조 제2항 제6호에서는 2008. 7. 30. 조례 제24조 제2항 제6호 단서 부분이 삭제되었으므로, 신조례가 적용되는 재개발사업에서 권리산정기준일 이후 건축된 공동주택의 소유자는 <u>주거전용면적이 당해 정비사업으로 건립되는 공동주택의 최소 주거전용면적보다 큰 경우에도 분양신청권이 없다</u>.

B. 주택이 아닌데 '사실상 주거용으로 사용되는 건축물' 소유자는 분양대상자에서 제외됨

(1) 2008. 7. 30. 전 구조례 v. 2008. 7. 30. 개정조례

2008. 7. 30. 개정전 조례 제24조 제1항 제1호는 '사실상 주거용으로 사용되고 있는 건축물'의 소유자를 '기존무허가건축물'의 소유자와 별도로 분양대상자에 포함시켰으나, 2008. 7. 30. 개정조례에서는 기존무허가건축물 외에 '사실상 주거용으로 사용되고 있는 건축물'은 분양대상자에서 제외하였다.

☞ < 2008. 7. 30. 개정전 조례 >

"주택"에 "기존무허가건축물 및 <u>사실상 주거용으로 사용되고 있는 건축물</u>"이 포함되는 것으로 규정함(제24조 제1항 제1호).

☞ < 2008. 7. 30. 개정조례 >

"주택"에 포함되는 건축물을 "기존무허가건축물로서 <u>사실상 주거용으로 사용되고 있는 건축물</u>"로 규정함(제24조 제1항 제1호).

따라서 2008. 7. 30. 이후부터는 「건축물대장상 용도가 '주택'이 아닌데 사실상 주거용으로 사용되고 있는 건축물」의 소유자는 분양대상자에서 제외된다.

(2) 2008. 7. 30. 이후에도 분양대상 자격이 인정되는 경우

이 조례 개정(2008. 7. 30.) 전부터 '사실상 주거용으로 사용되고 있는 건축물'의 소유자 중 ① 이 조례 시행(2008. 7. 30.) 전에 정비계획을 주민에게 공람한 지역의 분양신청자와 ② 그 외 지역에서 정비구역지정·고시일부터 분양신청기간 만료일까지 세

제 2 장 분양 / 제 6 절 서울시 재개발사업의 분양대상자 (서울시조례)

대원 전원이 무주택인 분양신청자는 종전 규정에 따라 분양대상자격이 인정된다 (2008. 7. 30. 개정조례 부칙 제 2 조).

C. 관련규정

1. 【구조례】 2008. 7. 30. 개정전 구조례 제 24 조(주택재개발사업의 분양대상 등)

① 영 제 52 조제 1 항제 3 호의 규정에 의하여 주택재개발사업으로 건립되는 공동주택의 분양대상자는 관리처분계획기준일 현재 다음 각호의 1 에 해당하는 토지등소유자로 한다.
  1. 종전의 건축물 중 주택(기존무허가건축물 및 사실상 주거용으로 사용되고 있는 건축물을 포함한다)을 소유한 자

2. 【구조례】 2008. 7. 30. 개정조례 제 24 조(주택재개발사업의 분양대상 등)

① 영 제 52 조제 1 항제 3 호의 규정에 의하여 주택재개발사업으로 건립되는 공동주택의 분양대상자는 관리처분계획기준일 현재 다음 각호의 1 에 해당하는 토지등소유자로 한다.
  1. 종전의 건축물 중 주택(기존무허가건축물로서 사실상 주거용으로 사용되고 있는 건축물을 포함한다)을 소유한 자 (개정 2008. 7. 30)

3. 【구조례】 2008. 7. 30. 조례 부칙 제 2 조(사실상 주거용으로 사용되고 있는 건축물에 관한 경과조치)

이 조례 개정전 종전의 제 24 조제 1 항제 1 호에 따른 "사실상 주거용으로 사용되고 있는 건축물"로서 (a) 이 조례 시행 전에 법 제 4 조제 1 항에 따른 정비계획을 주민에게 공람한 지역의 분양신청자와 (b) 이 외 지역에서 법 제 4 조제 3 항에 의한 정비구역지정 고시일부터 법 제 46 조제 1 항에 의한 분양신청기간이 만료되는 날까지 세대원 전원이 주택을 소유하고 있지 아니한 분양신청자는 종전의 규정에 의한다.

4. 【구조례】 2008. 7. 30. 조례 제 24 조 (주택재개발사업의 분양대상 등) 제 2 항 제 6 호

2008. 7. 30. 일부개정된 서울특별시조례 제 4657 호
② 다음 각호의 1 에 해당하는 경우에는 수인의 분양신청자를 1 인의 분양대상자로 본다.

> 6. 단독주택 또는 비주거용건축물을 공동주택으로 신축한 경우(기존의 공동주택을 세대수를 늘려 신축한 경우를 포함한다). 다만, 해당 공동주택의 <u>주거전용면적이</u> 당해 정비사업으로 건립되는 분양용 공동주택의 <u>최소 주거전용면적 이상인 경우에는 그러하지 아니하다.</u> (개정 2008. 07. 30) [신설]

V. 무허가건축물 소유자의 분양대상 여부

> ☞ 무허가건축물 소유자의 조합원 자격 문제, 무허가건물의 소유권 귀속에 관하여 다툼이 있는 경우 등에 관한 상세한 내용은 돈.되.법 2 제3장 제5절을 참조하세요.

A. 개요 (무허가건물의 분양기준에 관한 현행조례의 내용 및 개정연혁)

1. 【해설】 2011. 5. 26. 개정조례: "주거용 특정무허가건축물 중 정관에서 정한 건축물"

> (1) 현행 조례에서 분양권이 인정되는 무허가건축물은 「a) 현재 주거용으로 사용하고 있는 b) 특정무허가건축물 중 c) 정관에서 분양대상자격을 인정한 건축물」이다 (조례 제36조 제1항).
>
> "특정무허가건축물"은 1989. 1. 24. 당시부터 있던 무허가건축물을 말한다(조례 제2조 제1호).
>
> (2) 무허가건축물 소유자의 분양대상자 포함 여부에 관한 기준이 현재와 같이 변경된 것은 <u>2011. 5. 26. 시행된 서울특별시조례 제5102호</u>에서이다.
>
> ☞ 2011. 5. 26. 개정조례는 신조례 시행(2010. 7. 16.) 이후에 개정·시행된 조례이다. 즉, 무허가건물의 분양대상 기준은 권리산정기준일 도입과 무관하다.
>
> (3) 2011. 5. 26. 개정조례에서 변경된 내용은 아래와 같다(현행조례도 같음).
>
> ① 분양대상자격 인정기준 변경: 주택재개발사업에서 무허가건축물의 분양대상자격 인정기준을 "1981. 12. 31. 현재 주거용 기존무허가건축물"에서 "1989. 1. 24. 당시 주거용 특정무허가건축물 중 정관에서 정한 건축물"로 변경함[동 조례 제2조 제1호; 토지보상법 시행규칙(건설교통부령 제344호) 부칙 제5조].
>
> ② 인정 근거자료의 제한을 없앰: 개정전 조례는 "1981. 12. 31. 현재 주거용 기존무허가건축물"의 인정근거자료를 원칙적으로 a) 무허가건축물대장, b) 1981년 2차 항공사진, c) 재산세 납부대장 중 하나로 제한하였으나, 개정조례에서는 특정무허가건축물을 인정하는 근거자료를 특별히 제한하지 않았음.

제 2 장 분양 / 제 6 절 서울시 재개발사업의 분양대상자 (서울시조례)

2. 【해설】 2011.05.26. 이후 최초로 '정비구역 지정을 위한 주민공람'을 하는 분부터 적용

2011. 5. 26. 조례의 위 개정내용은 2011. 5. 26. 이후 최초로 '정비구역 지정을 위한 주민공람'을 하는 분부터 적용한다(동 조례 부칙 제 2 조).

이 경과규정에 따라 아직도 서울의 대다수 재개발사업장에서 개정전 조례가 적용되고 있다.

3. 【조례】 현행 서울시 도시정비조례 제 36 조(재개발사업의 분양대상 등)

[시행 2021. 1. 7.] [서울특별시조례 제 7862 호, 2021. 1. 7., 일부개정]

① 영 제 63 조 제 1 항 제 3 호에 따라 재개발사업으로 건립되는 공동주택의 분양대상자는 관리처분계획기준일 현재 다음 각 호의 어느 하나에 해당하는 토지등소유자로 한다.

1. 종전의 건축물 중 주택(주거용으로 사용하고 있는 특정무허가건축물 중 조합의 정관등에서 정한 건축물을 포함한다)을 소유한 자

4. 【조례】 현행 서울시 도시정비조례 제 2 조(정의)

이 조례에서 사용하는 용어의 뜻은 다음과 같다. <개정 2021.9.30, 2022.12.30>

1. "특정무허가건축물"이란 건설교통부령 제 344 호 공익사업을위한 토지등의취득및보상에관한법률시행규칙 부칙 제 5 조에서 "1989 년 1 월 24 일 당시의 무허가건축물 등"을 말한다.

2. "신발생무허가건축물"이란 제 1 호에 따른 특정무허가건축물 이외의 무허가건축물을 말한다.

☞ A) "특정무허가건축물"은 1989. 1. 24. 이전(1989. 1. 24. 포함)에 건축된 무허가건축물을 말하고, B) "신발생무허가건축물"은 1989. 1. 25. 이후에 건축된 무허가건축물을 말한다(아래 경기도조례 참조).

☞ **【경기도 도시정비조례】 제 2 조(정의)**

1. "기존무허가건축물"이란 「공익사업을 위한 토지 등의 취득 및 보상에 관한 법률」에 따른 보상대상 무허가건축물로서 1989 년 1 월 24 일 이전에 건축된 것을 말한다.

2. "신발생무허가건축물"이란 제 1 호 이외의 무허가건축물로서 1989 년 1 월 25 일 이후에 건축된 것을 말한다.

V. 무허가건축물 소유자의 분양대상 여부

5. 【구법령】 구 토지보상법 시행규칙 부칙 제 5 조 (무허가건축물등에 관한 경과조치)

< 2002. 12. 31. 개정 건설교통부령 제 344 호 >

1989 년 1 월 24 일 당시의 무허가건축물등에 대하여는 제 24 조·제 54 조제 1 항 단서·제 54 조제 2 항 단서·제 58 조제 1 항 단서 및 제 58 조제 2 항 단서의 규정에 불구하고 이 규칙에서 정한 보상을 함에 있어 이를 적법한 건축물로 본다.

B. 2011. 5. 26. 개정전 조례

1. 【해설】 2011. 5. 26. 개정전 조례: "사실상 주거용으로 사용되는 기존무허가건축물"

서울의 대다수 재개발사업장에서는 아직도 '2011. 5. 26. 개정전 조례'가 적용되고 있다.-

(1) 2011. 5. 26. 개정전 조례에서는 "a) 기존무허가건축물로서 b) 사실상 주거용으로 사용되고 있는 건축물"을 소유한 자를 분양대상자로 규정하였다(동 조례 제 27 조 제 1 항 제 1 호).

(2) "기존무허가건축물"은 다음 중 하나에 해당하는 무허가건축물을 말한다(동 조례 제 2 조 제 1 호 가 ~ 마목).

　가. 1981 년 12 월 31 일 현재 무허가건축물대장에 등재된 무허가건축물(개정 2009. 07. 30)

　나. 1981 년 제 2 차 촬영한 항공사진에 나타나 있는 무허가건축물(개정 2009. 07. 30)

　다. 재산세 납부대장 등 공부상 1981 년 12 월 31 일 이전에 건축하였다는 확증이 있는 무허가건축물(개정 2009. 07. 30)

　라. A) i) 1982 년 4 월 8 일 이전에 사실상 건축된 ii) 연면적 85 제곱미터 이하의 iii) 주거용건축물로서 B) i) 1982 년 제 1 차 촬영한 항공사진에 나타나 있거나 ii) 재산세 납부대장 등 공부상 1982 년 4 월 8 일 이전에 건축하였다는 확증이 있는 무허가건축물(개정 2009. 07. 30)

　마. 「공익사업을 위한 토지 등의 취득 및 보상에 관한 법률 시행규칙」(건설교통부령 344 호) 부칙 제 5 조에 따른 무허가건축물 중 조합정관에서 정한 건축물(신설 2004. 11. 05, 개정 2008. 07. 30, 2008. 09. 30, 2009. 07. 30) [☞ 1989 년 1 월 24 일 당시의 무허가건축물등 중 조합정관에서 정한 건축물]

☞ 위 다섯 가지는 단순한 예시적 규정이 아니다. 따라서 <u>위 다섯 가지 중 하나에 해당함을 증명하지 못하면 기존무허가건축물로 인정받을 수 없다</u>(대법원 1999. 11. 9. 선고 98두15214 판결 참조).

(3) 위 5가지 중 하나에 해당하더라도, 증·개축·수선 등으로 무허가건축물확인원·항공사진 등에 나타난 무허가건축물과 현존 무허가건축물 사이에 <u>동일성이 인정되지 않는 경우에는 분양신청권이 인정되지 않는다.</u>

(4) 위의 "기존무허가건축물" 이외의 무허가건축물은 전부 "신발생무허가건축물"로서 분양대상에서 제외된다(동 조례 제27조 제1항 제2호).

2. 【조례】 2011. 5. 26. 개정전 조례 제27조(주택재개발사업의 분양대상 등)

[시행 2011. 3. 17.] [서울특별시조례 제5080호, 2011. 3. 17., 일부개정]

☞ 2011. 5. 26. 서울특별시조례 제5102호로 개정되기 전의 것

① 영 제52조 제1항 제3호에 따라 주택재개발사업으로 건립되는 공동주택의 분양대상자는 관리처분계획기준일 현재 다음 각 호의 어느 하나에 해당하는 토지등소유자로 한다.(개정 2009. 07. 30)

　1. 종전의 건축물 중 주택(기존무허가건축물로서 사실상 주거용으로 사용되고 있는 건축물을 포함한다)을 소유한 자(개정 2009. 07. 30)

3. 【조례】 2011. 5. 26. 개정전 조례 제2조(정의)

　1. "기존무허가건축물"이란 다음 각 목의 어느 하나에 해당하는 무허가건축물을 말한다.(개정 2008. 09. 30, 2009. 07. 30)

　　가. 1981년 12월 31일 현재 무허가건축물대장에 등재된 무허가건축물(개정 2009. 07. 30)

　　나. 1981년 제2차 촬영한 항공사진에 나타나 있는 무허가건축물(개정 2009. 07. 30)

　　다. 재산세 납부대장 등 공부상 1981년 12월 31일 이전에 건축하였다는 확증이 있는 무허가건축물(개정 2009. 07. 30)

　　라. A) i) 1982년 4월 8일 이전에 사실상 건축된 ii) 연면적 85제곱미터 이하의 iii) 주거용건축물로서 B) i) 1982년 제1차 촬영한 항공사진에 나타나 있거나 ii) 재산세 납부대장 등 공부상 1982년 4월 8일 이전에 건축하였다는 확증이 있는 무허가건축물(개정 2009. 07. 30)

마. 「공익사업을 위한 토지 등의 취득 및 보상에 관한 법률 시행규칙」(건설교통부령 344호) 부칙 제5조에 따른 무허가건축물 중 조합정관에서 정한 건축물(신설 2004. 11. 05, 개정 2008. 07. 30, 2008. 09. 30, 2009. 07. 30) [☞ 1989년 1월 24일 당시의 무허가건축물등 중 조합정관에서 정한 건축물]

2. "신발생무허가건축물"이란 제1호에 따른 기존무허가건축물 이외의 무허가건축물을 말한다.(개정 2008. 09. 30, 2009. 07. 30)

C. [비교표] 「2010. 7. 15. 개정조례('신조례')」와 「2011. 5. 26. 개정조례」의 주요 개정내용

표 5 2010.07.15. 개정조례와 2011.05.26. 개정조례의 주요 개정내용 비교

구분	시행일	주요 개정내용	경과조치
2010. 7. 15. 개정 조례(신조례)	2010. 7. 16.	재개발사업의 분양대상자격 기준일이 "2003. 12. 30."에서 "권리산정기준일"로 변경됨	① 2010. 7. 16.(신조례 시행일) 이후에 최초로 기본계획을 수립하는 사업부터 적용. ② 2010. 7. 15.까지 a) 기본계획이 수립되어 있는 지역 및 b) 지구단위계획이 결정·고시된 지역은 구조례가 적용됨(신조례 부칙 제3조).
2011. 5. 26. 개정조례	2011. 5. 26.	재개발사업에서 무허가건축물의 분양대상자격 기준이 아래와 같이 변경됨: "1981. 12. 31. 현재 주거용 기존무허가건축물" → "1989. 1. 24. 당시 주거용 특정무허가건축물 중 정관에서 정한 건축물"	2011. 5. 26. 이후 정비구역 지정을 위한 주민공람을 하는 분부터 적용(부칙 제2조)

D. ① 무허가건물은 신축자가 등기 없이 소유권을 원시취득하지만, 이를 양도하는 경우에는 등기 없이 인도만으로 소유권이 이전되지 않아; ② 따라서 무허가건물의 원시취득자(소외1)가 이를 원고에게 매도하여 인도했더라도, 소외1은 여전히 법률상 처분권을 가짐; ③ 그러나 재개발조합의 정관에서 무허가건물의 소유자에게 조합원 자격을 부여한 경우, 그 소유자는 최초의 신축자가 아니라 사실상의 소유자를 말함(따라서 소외1에게 여전히 법률상 소유권이 귀속된다고 하여 소외1이 조합원 자격을 취득한다고 볼 수 없음); ④ 무허

제2장 분양 / 제6절 서울시 재개발사업의 분양대상자 (서울시조례)

가건물의 사실상 소유자인지를 판단하는 기준 ―대법원 1997. 11. 28. 선고 95다43594 판결[명의변경이행]

【사실관계 및 무허가건축물 양도행위의 법률효과】

> ① 소외 1 무허가건물 신축 원시취득함.
> ② 원고가 소외 1로부터 매수하여 인도받아 점유함
> => 그러나 소외 1은 법률상 처분권한을 잃지 않음.
> ③ 그 후 소외 1 → 소외 2 → 피고에게로 이중양도 되어 피고가 무허가건물대장에 소유자명의를 등재함.
> => 그래도 원고는 피고를 상대로 무허가건물대장상의 명의변경을 구할 수 없음.

1. 무허가건축물의 신축과 양도의 법률관계

무허가건물에 관하여는 당초 그 보존등기조차 사실상 불가능하다고 하더라도 법률행위에 의한 물권변동에 있어 등기 아닌 인도가 그 공시방법으로 된다고 할 수 없다. 무허가건물의 신축은 법률행위에 의하지 아니한 물권의 취득이므로 그 신축자가 등기 없이 소유권을 원시취득한다고 할 것이지만, 이를 양도하는 경우에는 등기 없이 물권행위 및 인도에 의하여 그 소유권을 이전할 수 없다고 할 것이다.

이 사건에 있어 원고가 주장하는 바와 같이 원고가 이 사건 무허가건물의 신축자인 소외 1로부터 이를 매수하여 인도받아 점유하고 있다고 하더라도, 그 소유권을 취득할 수 없고 소외 1이 법률상의 처분권한을 상실하였다고 할 수 없으므로, 피고가 그 후 이 사건 무허가건물을 소외 1로부터 소외 2를 거쳐 이중으로 매수하여 무허가건물대장에 소유자명의를 등재하였다 하여 원고가 직접 피고에 대하여 방해배제의 방법으로서 무허가건물대장상의 명의변경을 청구할 권한이 있다고 할 수 없다.

2. 정관에 의한 재개발조합원 자격은 '사실상 소유자'에게 있음

다만, 주택개량재개발조합의 정관에서 재개발사업 시행구역 안의 토지 건물의 소유자와 별도로 일정한 요건을 갖춘 무허가건물을 소유한 자에 대하여도 조합원 자격을 부여하고 있는 경우 무허가건물에 관하여는 그 사실상의 소유자에게 조합원의 자격을 부여한 것이라고 해석하여야 할 것이지 최초의 신축자에게 여전히 그 법률상의 소유권이 귀속된다고 하여 신축자가 조합원으로서의 자격을 취득한다고 해석할 것은 아니며,

3. 무허가건물의 사실상 소유자인지를 판단하는 기준

이 경우 사실상의 소유자인지는 ① 당해 무허가건물의 양수 경위, ② 점유 및 사용관계, ③ 재산세 등의 납부 여부 및 ④ 무허가건물대장상의 등재 여부, ⑤ 당해 무허가건물이 주거용인 경우에는 그 소재지에 주민등록을 하였는지 여부 등을 종합적으로 고려하여 판단하여야 할 것이고(대법원 1994. 6. 28. 선고 93다40249 판결 참조)…

E. [도시정비법 시행 전 판례] 재개발조합 정관에서 '관악구보상조례 적용대상 무허가건축물의 소유자를 조합원으로 인정한다'고 규정한 경우에는 관악구보상조례 제3조 1~4호의 하나에 해당함을 증명하지 못하면 조합원 자격을 가질 수 없음 —대법원 1999. 11. 9. 선고 98두15214 판결[조합원자격확인]

【당사자】

> 【원고,상고인】 원고 1 외 2인
> 【피고,피상고인】 봉천제4-2구역주택개량재개발조합

1. 관련 규정

원심이 적법하게 인정한 사실에 의하면,

① 피고 조합 정관 제7조 제1항은 "조합원의 자격은 조합이 시행하는 사업구역 안의 토지 또는 건축물의 소유자와 지상권자로 한다."라고, 제2항은 "제1항의 규정에 의한 소유권, 지상권 등의 권리는 민법에서 규정한 권리를 말한다. 다만, 건축물이 무허가인 경우에는 서울특별시관악구무허가건물정비사업에대한보상금지급조례(이하 보상조례라고 한다) 적용대상 무허가건축물로서 자기 소유권을 입증하는 경우에 한하여 그 무허가건축물 소유자를 조합원으로 인정한다."라고 각 규정하고 있고,

② 보상조례 제3조는 "이 조례의 적용대상이 되는 무허가건물의 범위는 다음 각 호의 1과 같다."고 규정하면서 제1호로 "1981. 12. 31. 현재 무허가건물대장에 등재된 건물"을, 제2호로 "1981년 제2차 촬영 항공사진에 수록되어 있는 무허가건물"을, 제3호로 "재산세 납부 등으로 공부상 1981. 12. 31. 이전에 존립하였다는 확증 있는 무허가건물"을, 제4호로 "1982. 4. 8. 이전에 사실상 건립된 연면적 85㎡ 이하의 주거용 건물로서 1982년 제1차 촬영 항공사진에 수록되어 있거나 또는 재산세 납부 등 공부상 1982. 4. 8. 이전에 건립되었다는 확증이 있는 무허가건물"을 규정하고 있음을 알 수 있다.

제 2 장 분양 / 제 6 절 서울시 재개발사업의 분양대상자 (서울시조례)

2. 위 보상조례 제 3 조 각호의 하나에 해당하지 않는 한 조합원 자격 없음

이와 같은 보상조례 제 3 조의 규정 형식, 규정 취지 등에 비추어 보면, 무허가건물이 보상조례의 적용대상이 되기 위하여는 무허가건물이 1981. 12. 31.(연면적 85 m^2 이하의 주거용 건물인 경우에는 1982. 4. 8.) 이전에 건립되었다는 것만으로는 부족하고, 보상조례 제 3 조 각 호가 정하는 바와 같이 ① 무허가건물이 1981. 12. 31. 현재 무허가건물대장에 등재되었거나, ② 1981 년 제 2 차 촬영 항공사진에 수록되어 있거나, ③ 재산세 납부 등으로 공부상 1981. 12. 31. 이전에 존립하였다는 확증이 있거나, ④ 연면적 85 m^2 이하의 주거용 건물의 경우 a) 1982 년 제 1 차 촬영 항공사진에 수록되어 있거나 또는 b) 재산세 납부 등 공부상 1982. 4. 8. 이전에 건립되었다는 확증이 있음을 요한다고 보아야 하며,

위 규정이 1981. 12. 31. 또는 1982. 4. 8. 이전에 건립된 무허가건물이라는 점에 대한 입증방법을 예시적으로 규정한 데 불과한 것으로 볼 것은 아니라고 할 것이므로(대법원 1987. 7. 21. 선고 87 누 217 판결 참조),

피고 조합의 사업시행구역 내에 이 사건 무허가건물들을 소유하고 있는 원고들 소유의 이 사건 무허가건물들이 1981. 12. 31. 이전에 건립되었다고 하더라도, 1981. 12. 31. 현재 무허가건물대장에 등재되었다는 등 위 보상조례 제 3 조 각 호 소정의 무허가건물에 해당하지 않는 한 원고들에게 피고 조합의 조합원 지위를 인정할 수 없다고 할 것이다.

3. 원심판결의 정당함 (상고기각)

원심판결 이유에 의하면 원심은, 원고들 소유의 이 사건 무허가건물들이 1981. 12. 31. 현재 무허가건물대장에 등재되었다거나 1981 년 제 2 차 촬영 항공사진에 수록되어 있다거나 또는 재산세 납부 등 공부상 1981. 12. 31. 이전에 존립하였다는 확증이 있다고 인정할 증거가 부족하다는 이유로 원고들에게 피고 조합의 조합원 지위를 인정할 수 없다고 판단하고 있는바, 위에서 본 법리와 기록에 비추어 살펴보면 원심의 이러한 판단은 정당하고(기록에 의하면, 원고들이 피고의 재개발사업시행구역 내에 이 사건 무허가건물들을 소유하고 있고 이 사건 무허가건물들이 1981. 12. 31. 이전에 건립된 무허가건물들이라는 원고들의 주장에 대하여는 피고가 이를 자백하였음을 알 수 있으나, 나아가 이 사건 무허가건물들이 위 보상조례 제 3 조 각 호가 정하는 요건을 갖추고 있다는 점에 대하여는 원고가 이를 주장하거나 피고가 이를 자백한 바 없고 기록상 이를 인정하기에 충분한 증거를 발견할 수 없다), 거기에 상고이유에서 지적하는 바와 같은 다툼없는 사실에 관한 법리 및 변론주의의 원칙 위반 또는 판단유탈의 위법이 없다. 상고이유는 모두 받아들일 수 없다.

VI. 서울시내 재개발 투자시 주의사항 (서울시조례 기준)

> 위에서 본 재개발사업 분양기준에 관한 현행 서울시조례의 내용과 20여 년 동안 약 70회에 걸쳐온 복잡한 개정연혁과 경과규정은 하나하나가 모두 중요한 투자 Tip 이다. 그러나 일반인이 이를 한번에 모두 숙지하여 투자에 활용한다는 것은 매우 어려운 일이니, 쉬운 것부터 하나씩 골라서 내 것으로 만든 뒤 점차 투자대상을 확대해 가는 것이 좋다.
>
> 서울시조례의 중요내용을 다시 한번 정리해 본다.

A. ★ 투자 Tip – 적용 조례를 먼저 확인한다 ('구조례'와 '신조례')

> (1) 구조례 적용 지역: 2010. 7. 15.까지 a) 기본계획이 수립되어 있거나 b) 지구단위계획이 결정·고시된 지역은 구조례가 적용된다. 따라서 이런 지역에서는 "2003. 12. 30."을 기준으로 구조례 제 27 조에 따라 지분쪼개기에 해당하는지 여부를 판단한다. 즉 이 경우 2003. 12. 30. 이후에 지분쪼개기가 행하여진 물건을 매수하면 개별 분양신청권을 갖지 못한다. 기본계획 수립일은 시청이나 구청에서 확인할 수 있다.
>
> (2) 신조례 적용 지역: 2010. 7. 16. 이후 최초로 기본계획을 수립하는 사업지에는 신조례가 적용되므로, '권리산정기준일'을 확인한 후 권리산정기준일을 기준으로 개별분양권 여부를 판단한다(정확히는 조례상 권리산정기준일의 다음날을 기준으로 판단해야 하나, 투자자는 불필요한 분쟁을 막기 위해 권리산정기준일을 기준으로 판단하는 것이 좋겠다).
>
> "권리산정기준일"은 a) 정비구역 지정·고시일 또는 b) 시·도지사가 기본계획 수립 후 정비구역 지정·고시 전에 따로 정하는 날을 말하는바(법 제 77 조 제 1 항), 고시문을 찾기 어려우면 구청이나 조합에 문의해서 확인한다.
>
> (3) 서울의 재개발구역에서 토지나 빌라를 매수할 때에는 「2003. 12. 30.(구조례) 또는 권리산정기준일(신조례)」과 소유권보존등기일, 구분등기일, 분할등기일 등을 비교하여 개별분양신청권이 있는 물건인지를 잘 확인해야 한다.

B. ★ 투자 Tip – 건물매수시 기타 주의사항

> (1) 2008. 7. 30. 이후부터는 「건축물대장상 용도가 '주택'이 아닌데 사실상 주거용으로 사용되고 있는 건축물」의 소유자는 아래 ①, ②의 조건을 모두 충족한 경우에만 분양신청권이 인정된다(2008. 7. 30. 조례 부칙 제 2 조).
>
>   ① 그 건축물이 2008. 7. 30. 전부터 사실상 주거용으로 사용되고 있었을 것

> ② a) 해당 사업지가 2008. 7. 30. 전에 정비계획을 주민에게 공람한 지역이거나 또는 b) 해당 건축물 소유자의 세대원 전원이 정비구역지정·고시일부터 분양신청기간 만료일까지 무주택자일 것. a)와 b) 중 하나만 해당하면 된다.
>
> (2) 상가 등 주택 이외의 건축물을 매수하는 경우에는 권리가액이 분양용 최소규모 공동주택 1가구의 추산액 이상인지를 확인하여야 한다[권리가액(세대합산) ≥ 최소평형 분양가. 서울시조례 제36조 제1항 제3호].

C. ★ 투자 Tip - 무허가주택 투자 시 주의사항

> (1) 재개발구역에서 무허가건축물(이른바 '뚜껑')을 매수하려면 먼저 '최초 정비구역 지정을 위한 주민공람'이 2011. 5. 26. 이후에 이루어졌는지, 그 전에 이루어졌는지를 보아야 한다. ① 2011. 5. 26. 이후에 이루어졌으면 '2011. 5. 26. 개정조례'가 되고, ② 그 전에 이루어졌으면 개정전 조례가 적용된다. 서울의 재개발사업에는 아직도 대다수 사업장에서 '개정전 조례'가 적용된다.
>
> (2) '개정전 조례'가 적용되는 재개발구역에서는 "a) 사실상 주거용으로 사용되는 b) 기존무허가건축물"인지를 확인하여야 한다. "기존무허가건축물"은 다음 중 하나이다 (동 조례 제2조 제1호 가~마목).
>
>   가. 1981. 12. 31. 현재 무허가건축물대장에 등재된 무허가건축물
>
>   나. 1981년 제2차 촬영한 항공사진에 나타난 무허가건축물
>
>   다. 재산세납부대장 등 공부상 1981. 12. 31. 이전에 건축하였다는 확증이 있는 무허가건축물
>
>   라. 1982. 4. 8. 이전에 사실상 건축된 연면적 85㎡ 이하의 주거용건축물로서 a) 1982년 제1차 촬영한 항공사진에 나타나 있거나 b) 재산세 납부대장 등 공부상 1982. 4. 8. 이전에 건축하였다는 확증이 있는 무허가건축물.
>
>   마. 토지보상법 시행규칙(2002. 12. 31. 개정 건설교통부령 344호) 부칙 제5조에 따른 무허가건축물["1989년 1월 24일 당시의 무허가건축물등"을 말함] 중 조합정관에서 정한 건축물.
>
> ③ 위 5가지 중 하나에 해당하더라도, 증·개축·수선 등으로 무허가건축물확인원·항공사진 등에 나타난 무허가건축물과 현존 무허가건축물 사이에 동일성이 인정되지 않는 경우에는 분양신청권이 인정되지 않는다. 무허가건축물의 상태가 양호한 경우에는 이 점을 반드시 확인해야 한다.
>
> (3) 2011. 5. 26. 개정조례가 적용되는 재개발구역에서는 a) 주거용으로 사용하고 있는 b) 특정무허가건축물(1989년 1월 24일 당시의 무허가건축물) 중 c) 정관에서 정

> 한 건축물의 소유자만 분양신청권이 인정되므로, 개정조례가 적용되는 재개발구역에서 무허가건축물을 매수하는 경우에는 이 <u>3가지 요건을 모두 충족하는지를 확인</u>하여야 한다. 이 확인은 조합이나 관할구청에서 확인할 수 있다.
>
> (4) 2011. 5. 26. 이후 최초로 정비구역 지정을 위한 주민공람을 한 구역으로서 아직 조합설립인가가 나지 않은 구역이라면, 향후 제정되는 정관의 내용 여하에 따라 (그런 경우는 거의 없지만) 분양대상자가 되지 못할 수도 있다는 위험을 감수해야 한다.

제7절 분양의 순서, 평형배정, 동·호수추첨, 분양계약체결

I. 분양의 순서(순위) 및 평형배정

A. 개요

1.【해설】조합원분양에 대한「주택공급에 관한 규칙」의 적용 제한

> 주택법에 따른 사업계획승인을 받아 건설하는 주택 및 복리시설의 공급에는「주택공급에 관한 규칙」을 적용하는 것이 원칙이다(주택공급규칙 제3조 제1항). 정비사업의 사업계획승인을 받으면 주택법에 따른 사업계획승인을 받은 것으로 간주되므로, 정비사업을 통해 신축, 공급하는 주택 및 복리시설도 여기에 포함된다.
>
> 그러나 주택공급규칙은 A) 재개발·재건축사업, 가로주택정비사업, 소규모재건축사업으로 건설되는 주택으로서 <u>토지등소유자 또는 조합원에게 공급하는 주택</u>과 B) 재개발사업으로 건설되는 주택으로서 지방자치단체·한국토지주택공사·지방공사가 해당 정비구역 안의 세입자에게 공급하기 위해 조합으로부터 매입하거나 건설하는 주택<u>에 관하여는 도시정비법령이 우선적으로 적용되며, 주택공급규칙은 제22조(견본주택 건축기준 등)와 제57조(당첨자의 명단관리)만이 적용된다는 특례를 규정</u>하였다(규칙 제3조 제2항 제7호).
>
> 다만, 조합원에게 공급하고 남은 주택이 30세대 이상인 경우 그 남은 주택의 공급(즉, 30세대 이상의 일반분양)에 대하여는 주택공급규칙 전체가 적용된다(규칙 제3조 제2항 단서; 주택법 제15조 제1항; 동 시행령 제27조 제1항). 즉, 조합원에게 공급하고 남은 일반분양분 아파트가 30세대 이상이 경우에는 주택공급규칙에 따라 청약을 받아 분양한다.

제 2 장 분양 / 제 7 절 분양의 순서, 평형배정, 동·호수추첨, 분양계약체결

2. 【법령】 주택공급규칙 제 3 조(적용대상)

① 이 규칙은 … 법 제 15 조에 따라 사업계획 승인(「건축법」 제 11 조에 따른 건축허가를 포함한다)을 받아 건설하는 주택 및 복리시설의 공급에 대하여 적용한다. <개정 2016. 8. 12.>

② 제 1 항에도 불구하고 다음 각 호의 주택을 공급하는 경우에는 해당 호에서 정하는 규정만을 적용한다. 다만, 다음 각 호의 주택을 해당자에게 공급하고 남은 주택…이 법 제 15 조 제 1 항에 따른 호수 이상인 경우 그 남은 주택을 공급하는 경우에는 그렇지 않다. <개정 2016. 8. 12., 2017. 11. 24., 2018. 2. 9., 2018. 12. 11., 2019. 11. 1.>

☞ "법 제 15 조 제 1 항에 따른 호수"는 사업계획승인 대상 호수로서 30 세대 이상을 말한다(주택법 시행령 제 27 조 제 1 항).

  7. 다음 각 목의 주택: 제 22 조, 제 57 조

    가. 「도시 및 주거환경정비법」에 따른 정비사업(주거환경개선사업은 제외한다) 또는 「빈집 및 소규모주택 정비에 관한 특례법」에 따른 가로주택정비사업, 소규모재건축사업으로 건설되는 주택으로서 「도시 및 주거환경정비법」 제 74 조에 따른 관리처분계획 또는 「빈집 및 소규모주택 정비에 관한 특례법」 제 29 조에 따른 사업시행계획에 따라 토지등소유자 또는 조합원에게 공급하는 주택

    나. 「도시 및 주거환경정비법」에 따른 재개발사업으로 건설되는 주택으로서 지방자치단체, 한국토지주택공사 또는 지방공사가 해당 정비구역 안의 세입자에게 공급하기 위하여 해당 조합으로부터 매입하거나 해당 정비구역 안에 건설하는 주택

3. 【조례】 서울시조례 제 38 조 제 1 항 [재개발사업, 단독주택재건축사업의 주택분양 순서]

① 영 제 63 조 제 1 항 제 7 호에 따라 법 제 23 조 제 1 항 제 4 호의 방법으로 시행하는 주거환경개선사업, 재개발사업 및 단독주택재건축사업의 주택공급에 관한 기준은 다음 각 호와 같다. <개정 2023.5.22.>

 1. 권리가액에 해당하는 분양주택가액의 주택을 분양한다. 이 경우 권리가액이 2 개의 분양주택가액의 사이에 해당하는 경우에는 분양대상자의 신청에 따른다.

 2. 제 1 호에도 불구하고 정관등으로 정하는 경우 권리가액이 많은 순서로 분양할 수 있다.

 3. 법 제 76 조 제 1 항 제 7 호 라목에 따라 2 주택을 공급하는 경우에는 권리가액에서 1 주택 분양신청에 따른 분양주택가액을 제외하고 나머지 권리가액이 많은 순서로 60 제곱미터 이하의 주택을 공급할 수 있다.

> 4. 동일규모의 주택분양에 경합이 있는 경우에는 a) 권리가액이 많은 순서로 분양하고, b) 권리가액이 동일한 경우에는 공개추첨에 따르며, c) 주택의 동·층 및 호의 결정은 주택규모별 공개추첨에 따른다.

4. **【조례】 서울시조례 제 38 조 제 2 항 [재개발사업의 부대·복리시설 분양순서]**

> ② 영 제63조 제1항 제7호에 따라 법 제23조 제1항 제4호의 방법으로 시행하는 주거환경개선사업과 재개발사업으로 조성되는 상가 등 부대·복리시설은 관리처분계획기준일 현재 다음 각 호의 순위를 기준으로 공급한다. 이 경우 동일 순위의 상가 등 부대·복리시설에 경합이 있는 경우에는 제1항 제4호에 따라 정한다.
>
> 1. 제1순위 : a) 종전 건축물의 용도가 분양건축물 용도와 동일하거나 비슷한 시설이며 b) 사업자등록(인가·허가 또는 신고 등을 포함한다. 이하 이 항에서 같다)을 하고 영업을 하는 건축물의 소유자로서 c) 권리가액(공동주택을 분양받은 경우에는 그 분양가격을 제외한 가액을 말한다. 이하 이 항에서 같다)이 분양건축물의 최소분양단위규모 추산액 이상인 자
>
> 2. 제2순위 : a) 종전 건축물의 용도가 분양건축물 용도와 동일하거나 비슷한 시설인 건축물의 소유자로서 b) 권리가액이 분양건축물의 최소분양단위규모 추산액 이상인 자
>
> ☞ 사업자등록을 하고 영업을 하는 소유자는 1순위, 영업을 하지 않는 소유자는 2순위이다.
>
> 3. 제3순위 : a) 종전 건축물의 용도가 분양건축물 용도와 동일하거나 비슷한 시설이며 b) 사업자등록을 필한 건축물의 소유자로서 c) 권리가액이 분양건축물의 최소분양단위규모 추산액에 미달되나 공동주택을 분양받지 않은 자
>
> 4. 제4순위 : a) 종전 건축물의 용도가 분양건축물 용도와 동일하거나 비슷한 시설인 건축물의 소유자로서 b) 권리가액이 분양건축물의 최소분양단위규모 추산액에 미달되나 c) 공동주택을 분양받지 않은 자
>
> 5. 제5순위 : a) 공동주택을 분양받지 않은 자로서 b) 권리가액이 분양건축물의 최소분양단위규모 추산액 이상인 자
>
> 6. 제6순위 : a) 공동주택을 분양받은 자로서 b) 권리가액이 분양건축물의 최소분양단위규모 추산액 이상인 자

B. 지하철역에 가까운 곳에 있는 아파트를 사업구역에 편입시키기 위해 조합이 그 아파트의 구분소유자들에게 평형배정 우선권을 부여하기로 결의한 것은 적법해 (따라서 평형배정 차

제 2 장 분양 / 제 7 절 분양의 순서, 평형배정, 동·호수추첨, 분양계약체결

별을 이유로 관리처분계획이 위법하다고 할 수 없음) ―대법원 2014. 8. 20. 선고 2012 두 5572 판결[관리처분계획취소]

【당사자】

> [원고, 상고인] 원고 1 외 2 인
> [피고, 피상고인] 화곡 3 주구주택재건축정비사업조합

위와 같이 구 도시정비법 시행령 제 52 조 제 2 항 제 1 호는 주택재건축사업의 경우에 주택재개발사업 및 도시환경정비사업의 관리처분 기준의 하나인 제 52 조 제 1 항 제 8 호의 "주택의 공급순위는 기존의 토지 또는 건축물의 가격을 고려하여 정할 것. 이 경우 그 구체적인 기준은 시·도 조례로 정할 수 있다."는 규정을 적용하지 않고 있다. 그리고 구 도시정비법 시행령 제 10 조 제 1 항 [별표 1] 3 의 나.항에 따르면, 단독주택 재건축사업은 '기존의 단독주택(나대지 및 단독주택이 아닌 건축물을 일부 포함할 수 있다)을 재건축'하는 사업을 의미하는데, 피고 조합의 주된 사업구역은 주택단지인 지역이어서 이 사건 사업이 단독주택 재건축사업에 해당한다고 보기 어렵다.

이와 같은 관계 법령의 규정 내용과 체계 및 이 사건 주택재건축사업의 성격 등을 종합적으로 고려할 때, 이 사건 주택재건축 사업에 대해서는 구 도시정비법 시행령 제 52 조 제 1 항 제 8 호가 적용되지 않는다고 해석함이 타당하다.

또한 피고 조합이 조합원총회의 적법한 결의를 거쳐 제 3 주구 내 지하철 5 호선 우장산역에 가까운 곳에 있는 양서아파트와 홍진아파트를 이 사건 사업구역에 편입시키는 과정에서 그 구분소유자들의 동의를 얻기 위하여 그들에게 평형배정 우선권을 부여하기로 한 것은 합리적이라고 보이므로, 이러한 평형배정의 차별을 이유로 이 사건 관리처분계획이 구 도시정비법 제 48 조 제 2 항 제 1 호가 규정한 관리처분 기준에 반한다고 보기도 어렵다.

따라서 피고 조합이 2004. 11. 27. 총회 결의에 따라 양서아파트와 홍진아파트 조합원에 대하여 평형배정에 관한 우선권을 부여함을 전제로 분양신청을 받은 후 2010. 9. 18. 총회 결의를 거쳐 수립한 이 사건 관리처분계획이 관리처분 방법 및 기준에 관한 법령의 규정을 위반하였다고 볼 수 없다.

C. [고등법원판례] ① 서면결의 중 평형배정에 관한 부분이 '신건물의 구분소유권의 귀속에 관한 사항'이 구분소유자 간 형평에 현저히 반하여 무효라고 본 사례(서면결의의 내용상 하자); ② 관리처분계획안에 따라 평형배정을 실시하여 유리한 평형배정을 받게 된 조합원들로부터 그 관리처분계획안에 대해 찬성하는 내용의 서면결의서를 받아 정족수를 충족한 사안에서(평형배정 이전에 동의하지 않았다가 평형배정 이후 동의한 조합원 1,130 명 중 78%가 유리한 평형배정을 받은 조합원임), 동 서면결의는 먼저 이루어진 평형배정의 이해

관계를 이용하여 형식적으로 정족수를 충족한 것이 불과하여 무효라고 본 사례(서면결의의 절차상 하자) —서울고등법원 2007. 6. 7. 선고 2006 나 38842 판결[총회결의무효확인] (상고심에서 소취하)

【당사자】

원고, 피항소인	별지 "원고 목록"[양 00 등 26 명] 기재와 같다.
원고보조참가인	별지 "원고보조참가인 목록"[주 00 등 40 명] 기재와 같다.
피고, 항소인	과천주공 3 단지주택재건축정비사업조합

1. 이 사건 서면결의

그런데 앞서 본 바와 같이 피고는 이 사건 소송계속 중인 2006. 7.경까지 조합원 4/5 이상인 2,637 명으로부터 2004. 12. 27.자 또는 2005. 4. 24.자 총회결의를 추인하는 내용의 서면결의서를 제출받았으므로, 이로써 제 2 차 및 제 3 차 결의 중 시공사와의 공사본계약체결 동의 및 관리처분계획안 인준 부분에 관하여는 위 각 총회결의와는 별도의 결의(이하 '이 사건 서면결의'라 한다)가 유효하게 성립되었다고 볼 여지가 있는 것은 사실이다.

2. 서면결의의 내용상·절차상 중대한 하자

그러나, 앞서 본 바와 같이, 이 사건 서면결의는 신축아파트에 관한 평형배정이 끝난 후에 이루어진 것인데, 위 평형배정 및 그 후에 이루어진 이 사건 서면결의는 다음과 같은 내용상, 절차상 중대한 하자가 있다.

가. 내용상 중대한 하자

(중략) 등에 의하여 해결될 수 있는 점 등에 비추어 보면, 이 사건 서면결의 중 관리처분계획안 인준에 관한 부분은 신건물의 구분소유권의 귀속에 관한 사항에 관하여 각 구분소유자 간의 형평에 현저히 반하여 무효라고 봄이 상당하다.

나. 절차상 중대한 하자

다음으로, 피고 조합은 위와 같은 평형배정이 이루어진 후 제 2 차 결의 및 제 3 차 결의의 안건에 대하여 찬성하는 내용의 서면결의서를 받는 방식으로 이 사건 서면결의의 정족수를 충족하였는바,

이는 위 평형배정으로 인하여 불리한 입장에 서게 된 소수 조합원들의 이해관계를 고려하지 아니한 채 위 평형배정으로 인하여 유리한 입장에 서게 된 다수 조합원들로부터 동의

서면을 제출받은 것에 다름이 아닐 뿐만 아니라,

효력이 없는 관리처분계획안의 내용에 따라 평형배정을 실시한 후 위 평형배정에서 유리한 배정을 받게 된 조합들로부터 그들에게 유리한 평형배정방법이 포함된 관리처분계획안에 대한 동의를 받은 것으로서 적법한 총회결의 없이 먼저 이루어진 평형배정의 이해관계를 이용하여 형식적인 총회결의정족수를 충족한 것에 불과하여 결의 절차에 중대한 하자가 있다고 봄이 상당하다

(앞서 본 바와 같이, 평형배정 이전에는 관리처분계획안에 동의하지 않았던 조합원 가운데 평형배정 이후에는 관리처분계획안에 동의한 조합원의 수는 모두 1,130 명인데, 그 중 32, 33, 43, 50 평형 아파트를 배정받은 조합원이 약 78%인 884 명에 이르는 반면, 25, 26 평형 아파트를 배정받은 조합원은 약 21%인 246 명에 불과하고, 그나마 위 246 명 중 약 69%인 170 명은 25, 26 평형을 1 순위로 신청한 조합원들인 점에 비추어 보면, 위와 같은 평형배정이 실제로 그 후에 이루어진 이 사건 서면결의의 성부에 영향을 미친 것으로 보인다).

3. 이 사건 사면결의는 무효

따라서 이 사건 서면결의에는 위와 같은 내용상, 절차상의 중대한 하자가 있고, 한편 이 사건 서면결의는 제 3 차 결의 시 이미 서면결의서를 제출한 2,150 명 및 그 후 추가로 서면결의서를 제출한 487 명 등 합계 2,637 명의 찬성으로 성립되었고, 제 3 차 결의 및 이 사건 서면결의에서는 제 1 호 안건으로 일괄상정된 시공사와의 공사본계약체결 동의 및 관리처분계획안 인준에 관한 부분이 하나의 안건으로 결의되었으므로, 이 사건 서면결의의 하자에 의하여 위와 같이 일괄상정된 부분 모두가 무효로 된다고 봄이 상당하다.

II. 동·호수 추첨 및 배정의 하자

A. 개요

1. 【해설】

(1) 동·호수 추첨 및 배정은 법령·정관 및 관리처분계획에서 정한 기준과 절차에 따라 이루어져야 하며, 이를 위반한 동·호수 추첨 및 배정은 위법하다.

그러나 동·호수 배정의 기준이나 절차에 하자가 있다고 해서 언제나 무효로 되는 것은 아니고, 그 하자가 조합원의 분양신청권을 본질적으로 침해한 것으로 평가될 수 있을 정도인 경우에만 무효로 본다(서울고등법원 2021. 4. 1. 선고 2020 나 2016097 판결). ① 분양신청의 순위나 평형 우선배정권를 위반한 동·호수 배정은 무효이나(대

법원 2008. 2. 15. 선고 2006 다 77272 판결), ② 일부 조합원들에게 관리처분계획에서 정한 기준(종전상가 소유면적의 약 111%)을 초과한 면적을 배정한 것은 동호수 배정을 무효로 할 만큼 중대한 하자가 아니라고 본 사례가 있다(서울고등법원 2021. 4. 1. 선고 2020 나 2016097 판결).

(3) 동·호수 추첨은 조합의 통상사무에 속하므로, 임기만료 후 보충적 업무수행권을 가진 조합장도 할 수 있다(서울행정법원 2020. 12. 11. 선고 2019 구합 78920 판결).

2. 【해설】 층수 또는 동호수배정의 효력을 다투는 방법

(1) 층수 또는 동호수배정의 근거규정이나 배정 절차에 하자가 있음을 이유로 그 효력을 다투고자 하는 경우에는 조합을 상대로 민사소송으로 층수 또는 동호수배정 무효확인소송을 제기하면 된다(대법원 2010.01.28. 선고 2008 다 90347 판결).

(2) 동·호수 추첨 결과에 따라 이미 분양계약이 체결된 경우에는 분양계약에 대한 무효확인도 함께 구하여야 한다.

< 주문례 >(서울고등법원 2006. 10. 18. 선고 2006 나 9431 판결 참조)

"피고가 2004. 6. 16.에 한 동·호수 추첨결과에 따라 별지 목록 기재와 같이 피고 조합원들에게 한 신축아파트의 동·호수 배정 및 이에 의하여 체결한 분양계약은 무효임을 확인한다."

(3) 이미 동·호수 추첨 결과를 반영한 관리처분(변경)계획을 수립하여 인가를 받은 경우에는 동·호수 배정을 다툴 것이 아니라 관리처분(변경)계획의 무효확인/취소를 구하여야 한다.

3. 【정관】 주택재건축조합 표준정관 제 48 조(관리처분계획의 공람 등)

⑤ 조합원의 동·호수추첨은 ○○은행 전산추첨을 원칙으로 경찰관입회하에 공정하게 실시하여야 하며 추첨결과는 시장·군수에게 통보하여야 한다.

B. 동·호수 추첨 방식이 정관에서 정한 적법한 방법이 아닌 이상 원고들이 추첨에 참여하지 않아 분양계약을 체결하지 않았더라도 조합원 지위를 상실하지 않았다고 본 사례 ─대법원 2015. 10. 29. 선고 2013 두 12669 판결[관리처분계획일부무효확인]

원심판결 이유에 의하면 원심은, 그 판시와 같은 이유를 들어 피고조합이 이 사건 상가에 대하여 분양신청을 한 조합원인 원고들에게 무작위 추첨의 방식으로 공급할 상가를 정하는 것은 허용되지 않고, <u>위와 같은 추첨 방식이 조합 정관에서 정한 적법한 방법이 아닌 이상 원고들이 위 추첨에 참여하지 아니하여 분양계약을 체결하지 아니하였다 할지라도 피</u>

제2장 분양 / 제7절 분양의 순서, 평형배정, 동·호수추첨, 분양계약체결

고조합 정관 제44조 제5항 소정의 "조합원이 분양계약을 체결하지 않은 경우"에 해당한다고 볼 수 없어 원고들은 조합원의 지위를 상실하지 아니하였다고 판단하였다.

관련 법리에 비추어 기록을 살펴보면, 원심의 위와 같은 판단은 정당한 것으로 수긍할 수 있고, 거기에 상고이유의 주장과 같이 재개발조합 정관의 해석, 처분문서의 증명력, 관리처분계획의 효력 등에 관한 법리를 오해하거나 심리미진, 판단유탈 등의 잘못이 없다.

III. 동·호수 배정을 무효로 본 사례

A. ① 재건축조합이 60평형의 우선배정권이 있는 원고들을 배제한 채 우선배정권이 없는 조합원까지 포함시켜 동·호수 추첨을 마친 후 남은 세대를 추첨을 거쳐 원고들에게 배정한 것은 동·호수 추첨에 중대한 하자가 있어 무효야; ② 이 경우 원고들이 결과적으로 60평형을 배정받았고, 그 동·호수 추첨과정에서 선호도가 높은 동·호수를 배정받을 확률면에서 차이가 없었더라도, 동·호수 추첨을 다시 하면 선호도가 더 높은 동·호수를 배정받을 가능성이 있는 이상 무효확인을 구할 소의 이익이 있다고 본 사례 —대법원 2008. 2. 15. 선고 2006 다 77272 판결[분양계약체결금지]

【당사자】

[원고, 피상고인] 원고 1 외 20 인
[피고, 상고인] 해청아파트 1 단지 재건축조합
[피고 보조참가인(선정당사자)] 참가인

원심은 그 채용 증거들에 의하여, 피고의 관리처분계획상 구 아파트 41 평형의 소유자인 원고 19, 20, 21 은 이 사건 신축아파트 60 평형을 우선 배정받을 권리가 있으며 위 원고들이 1 지망으로 이 사건 신축아파트 60 평형의 배정을 신청하였음에도 불구하고,

피고는 이 사건 신축아파트 60 평형에 대한 동·호수 추첨을 함에 있어 위 원고들을 배제한 채 구 아파트 26 평형 또는 상가를 소유하고 있을 뿐이어서 이 사건 신축아파트 60 평형에 대한 우선배정권이 없는 조합원들까지 포함하여 1, 2 차로 동·호수 추첨을 마친 후 남은 세대를 추첨을 거쳐 위 원고들에게 배정함으로써 위 원고들의 동·호수 추첨권을 박탈한 사실을 인정한 다음,

이는 위 원고들의 조합원으로서의 기본적인 권리를 침해한 것으로 동·호수 추첨절차에 중대한 하자가 있어 무효라고 판단하였는바,

기록을 검토하여 보면 원심의 사실인정과 판단은 정당하여 수긍이 가고, 한편 위 원고들

이 결과적으로 이 사건 신축아파트 60평형을 배정받았다거나 그 동·호수 추첨 과정에서 선호도가 높은 동·호수를 배정받을 확률 면에서 차이가 없었다고 하더라도 이 사건 신축아파트 60평형에 대하여 동·호수 추첨을 다시 한다면 선호도가 더 높은 동·호수를 배정받을 가능성이 있는 이상 동·호수 추첨 등의 무효 확인을 구할 소의 이익이 없다고는 할 수 없다. 이와 관련한 상고이유의 주장은 받아들일 수 없다.

B. [같은 판례] ① 60평형 우선배정권이 있는 원고들의 청구에 따라 60평형에 대한 동·호수 추첨 및 배정이 무효로 확인될 경우 <u>나머지 평형의 배정도 일부씩 순차로 변경될 수밖에 없다면</u>, 각 평형별로 일부라도 변경이 불가피하므로 <u>모든 평형의 모든 동·호수에 대한 추첨 및 배정이 무효야</u>; ② 따라서 <u>원고들은 모든 평형의 모든 동·호수에 대한 추첨 및 배정의 무효확인을 구할 수 있음</u> —대법원 2008. 2. 15. 선고 2006다77272 판결[분양계약체결금지]

【당사자】

[원고, 피상고인] 원고 1 외 20인

[피고, 상고인] 해청아파트 1단지 재건축조합

[피고 보조참가인(선정당사자)] 참가인

기록에 의하면, ① 피고의 신축아파트 배정을 위한 평형결정은 내림차순 해당 조합원이 우선 평형배정을 받고, ② 내림차순 해당 조합원의 평형배정 후 잔여분에 대한 타 조합원의 평형배정에 경합이 발생할 경우 권리가액 다액순에 의하여 평형배정을 결정하되, ③ 제1신청 평형결정에서 탈락한 조합원은 제2신청부터 제8신청 평형배정에 참여할 수 있으며, ④ 권리가액 동일 조합원 간 경합시 무작위 전산 추첨하도록 되어 있는 <u>사실을 인정할 수 있으므로</u>,

<u>원고 19, 20, 21, 17의 청구에 따라 이 사건 신축아파트 60평형에 대한 동·호수 추첨 및 배정이 무효로 될 경우 나머지 평형의 배정도 일부씩 순차로 변경될 수밖에 없고</u>, 구 아파트 26평형 소유 원고들의 청구에 따라 이 사건 신축아파트 41, 40, 34평형에 대한 동·호수 추첨 및 배정이 무효로 될 경우에도 마찬가지로 나머지 평형의 배정도 일부씩 순차로 변경될 수밖에 없으며, <u>각 평형별로 일부라도 변경이 불가피하여 무효가 되는 이상 모든 동·호수에 대한 추첨 및 배정 등이 무효라고 할 것이다</u>.

그리고 원고 17은 이 사건 신축아파트 60평형에 관한 우선배정권이 있음에도 불구하고 이를 배정받지 못하였으므로, 이 사건 신축아파트 60평형 전부의 동·호수 추첨 및 배정 등의 무효확인을 구할 권리가 있고, 그 권리가 있는 이상 이 사건 신축아파트 60평형에 관한 우선배정권이 없는 조합원 2명이 배정받은 부분에 대해서만 무효확인을 구할 수 있는 것으

로는 볼 수 없다.

원심이 같은 취지에서 원고 8, 원고 15를 제외한 나머지 원고들(이하 '나머지 원고들'이라 한다)의 청구를 모두 인용한 조치는 정당한 것으로 수긍이 가고, 거기에 소의 이익에 관한 법리를 오해한 위법 등이 있다고 할 수 없다. 이와 관련한 상고이유의 주장은 받아들일 수 없다.

IV. 동·호수 배정에 하자가 있으나 유효하다고 본 사례

A. ① 동호수 배정에 하자가 있는 경우라도, 그 하자가 조합원의 분양신청권을 본질적으로 침해한 것으로 평가될 수 있을 정도인 경우에만 무효로 보는 것이 타당해; ② 피고가 일부 조합원들에게 관리처분계획에서 정한 기준(종전상가 소유면적의 약 111%)을 초과한 면적을 배정한 것이 동호수 배정을 무효로 할 만큼 중대한 하자라고 보기는 어렵다고 한 사례 ─서울고등법원 2021. 4. 1. 선고 2020 나 2016097 판결[동호수추첨및배정무효확인]

1. 원고의 주장

⑤ 피고는 동호수 배정시 이 사건 관리처분계획에서 정한 배정면적 기준인 '종전상가 소유면적의 약 111%' 기준을 훨씬 상회하여 위법하게 배정하였다. ⑤ 피고는 동호수 배정시 이 사건 관리처분계획에서 정한 배정면적 기준인 '종전상가 소유면적의 약 111%' 기준을 훨씬 상회하여 위법하게 배정하였다.

2. ⑤ 주장에 대한 판단

이 사건 관리처분계획 제 7 조 2. 2-1. 3)항 에서 "신축 근린생활시설의 배정면적은 종전 소유면적(전용면적) 대비 신축건축물 면적(전용면적) 약 111%를 적용하여 배정한다." 라고 정한 사실은 앞서 본 바와 같다. 그런데 피고는 별지 3 종전상가 전용면적 대비 신축상가 전용면적 비교표 기재와 같이 100여 명의 조합원들에 대하여 위 기준을 초과한 점포를 배정하였고, 그중에는 종전 소유면적 대비 500%에 해당하는 전용면적을 배정한 경우도 있다(을 제 13 호증).

재건축사업의 시행자는 정비사업의 시행으로 건설된 건축물을 인가받은 관리처분계획에 따라 토지등소유자에게 공급하여야 하므로(도시정비법 제 79 조 제 1 항), 신축건물의 동호수를 배정하면서 관리처분계획에서 정해진 기준을 적용하지 않았다면 그러한 동호수 배정에는 하자가 있다고 보는 것이 타당하다. 다만, 이 사건의 경우 이미 다수의 조합원과 비조합원들에 대하여 동호수 배정 및 일반분양절차가 완료된 점과 도시정비사업의 공익적□단체법적인 성격을 고려한다면, 동호수 배정에 하자가 있는 경우라도 언제나 동호수 배정 자체를

IV. 동·호수 배정에 하자가 있으나 유효하다고 본 사례

무효라고 볼 것은 아니고, 그 하자가 조합원의 분양신청권을 본질적으로 침해한 것으로 평가될 수 있을 정도인 경우에만 이를 무효로 보는 것이 타당하다고 할 것이다.

그런데 앞서 본 증거들 및 변론 전체 취지를 종합하여 인정되는 다음과 같은 사정들을 종합하여 보면, 원고들이 주장하는 위와 같은 사정만으로는 조합원들에 대한 이 사건 동호수 배정이 조합원들의 분양신청권을 본질적으로 침해한 것으로서 무효라고 보기는 어렵다.

① 근린생활시설에 대한 관리처분계획에서 신축 상가의 면적과 구획 및 배정기준을 정밀하게 정해놓지 않은 이상 관리처분계획에서 정한 배정기준은 조합원들로 하여금 자신이 분양받을 상가의 층과 면적 및 분담금 규모를 사전에 어느 정도 예측할 수 있도록 하는 대략적인 기준으로서 기능할 수밖에 없다.

때문에 실제 동호수 배정 단계에서 점포의 구획 등이 관리처분계획 수립 당시와 달라진 경우에는 관리처분계획에서 정한 기준을 일부 벗어나는 동호수 배정이 불가피하게 발생하는 경우도 생길 수 있다. 원고들은 관리처분계획에서 정해진 대로 신축상가를 종전 상가면적의 111%에 맞도록 구획하지 않은 것이 잘못이라고 주장하나, 일반적으로 근린생활시설의 면적과 구조는 주변상권이나 시장 상황에 따라 탄력적으로 조절될 수 있다고 보는 것이 조합원들의 이익에 부합하고, 이 사건 최초 관리처분계획안 수립 당시에도 향후 설계변경에 따라 면적이 변경될 수 있음을 명시하였으므로(을 제 26 호증), 신축 상가를 종전 상가면적의 111%가 되도록 구획하지 않은 것을 위법하다고 보기는 어렵다.

② 이 사건 관리처분계획 제 7 조 2. 2-1. 5)항에 의하면, 위 관리처분계획에서 정한 배정기준[전 소유면적(전용면적) 대비 신축건축물 면적(전용면적) 약 111%]이 모든 경우에 적용되는 것은 아니고, 조합원이 종전에 소유하였던 층과 다른 층의 신축상가를 신청하는 경우에는 면적비율에 관한 기준이 달리 적용되기도 하는데(예컨대 종전 상가 지상 1 층을 소유하였던 조합원이 신축 상가의 지상 5층을 배정 신청하는 경우 면적기준 비율 404%가 적용된다), 별지 3 종전상가 전용면적 대비 신축상가 전용면적 비교표에 기재된 호실 중에는 이처럼 층수가 다른 점포를 배정받은 경우가 포함되어 있다.

③ 피고가 일부 조합원들에게 종전 소유면적 대비 500%에 해당하는 신축 점포를 배정한 경우도 있지만, 그러한 경우는 모두 종전 소유면적이 6 ㎡ 내외로 작아서 그 면적의 111%에 해당하는 신축 점포가 없는 경우였다.

④ 종전 소유면적에 비하여 200% 이상의 신축 점포를 배정받은 조합원들은 대부분 종전 소유면적이 6 ㎡ 내외인 후순위 신청권자이거나, 상가 층수를 저층에서 고층으로 변경한 경우였고, 나머지 경우는 대체로 그 면적 비율이 131%에서 176% 정도로 관리처분계획에서 정한 면적기준을 벗어난 정도가 크지 않다.

제 2 장 분양 / 제 7 절 분양의 순서, 평형배정, 동·호수추첨, 분양계약체결

⑤ 피고가 일부 조합원들에게 배정 기준을 초과한 점포를 배정함으로써 다른 조합원들의 권리가 침해되었다고 볼 만한 구체적인 사정이 인정되지 않고, 설령 그로 인하여 <u>조합원들 사이에 다소의 불균형이 초래되었다고 하더라도 이에 따른 손익관계는 종전자산과 종후자산의 적정한 평가 등을 통하여 청산금을 가감함으로써 조정될 수 있는 성질의 것으로 보인다.</u>

⑥ 결국 <u>피고가 일부 조합원들에게 관리처분계획에서 정한 기준을 초과한 면적을 배정한 것이 조합원 동호수 배정을 무효로 할 만큼 중대한 하자라고 보기는 어려우므로</u>, 원고들의 이 부분 주장은 이유 없다.

V. 소의 이익

A. 평형 우선배정권을 박탈당한 원고들로서는 피고조합을 상대로 <u>동·호수 추첨 및 배정과 그에 기하여 </u><u>다른 조합원들과 체결한 분양계약의 무효확인을 구할 수 있다</u><u>고 본 사례 ―대법원 2008. 2. 15. 선고 2006 다 77272 판결[분양계약체결금지]</u>

【당사자】

[원고, 피상고인] 원고 1 외 20 인

[피고, 상고인] 해청아파트 1 단지 재건축조합

[피고 보조참가인(선정당사자)] 참가인

1. 제 3 자 사이의 권리관계에 관하여 확인의 이익이 있는 경우

확인의 소에 있어서 오로지 당사자 사이의 권리관계만이 확인의 대상이 될 수 있는 것은 아니고, 당사자 일방과 제 3 자 사이의 권리관계 또는 제 3 자 사이의 권리관계에 관하여도 그에 관하여 당사자 사이에 다툼이 있어서 당사자 일방의 권리관계에 불안이나 위험이 초래되고 있고, 다른 일방에 대한 관계에서 그 법률관계를 확정시키는 것이 당사자의 권리관계에 대한 불안이나 위험을 제거할 수 있는 유효·적절한 수단이 되는 경우에는 <u>당사자 일방과 제 3 자 사이의 권리관계 또는 제 3 자 사이의 권리관계에 관하여도 확인의 이익이 있다</u>(대법원 1997. 6. 10. 선고 96 다 25449, 25456 판결 등 참조).

2. 평형 우선배정권을 박탈당한 원고은 조합을 상대로 동·호수 추첨·배정과 그에 기하여 다른 조합원과 체결한 분양계약의 무효확인을 구할 수 있어

원심판결 이유를 기록에 비추어 살펴보면, 피고가 나머지 원고들의 신축아파트에 관한

평형 우선배정권을 배제한 채 동·호수 추첨 및 배정을 하고 이에 기하여 조합원들과의 사이에 분양계약을 체결함으로써 나머지 원고들의 신축아파트 수분양에 관한 권리 또는 법적 지위에 위험·불안이 야기되어 있다고 할 것이고,

재건축조합이 신축아파트의 배정을 위해 실시하는 동·호수 추첨 및 배정은 조합원들 전원의 이해관계가 걸린 단체법적인 법률행위로써 그러한 동·호수 추첨 및 배정을 기초로 하여 수많은 법률관계가 계속하여 발생할 뿐만 아니라 일단 동·호수 추첨 및 배정이 이루어지면 특별한 사정이 없는 한 그 동·호수 추첨 및 배정이 무효로 확인되기 전에는 새로운 동·호수 추첨 및 배정을 실시하는 것이 불가능하다고 할 것이므로,

<u>나머지 원고들로서는 피고를 상대로 동·호수 추첨 및 배정과 그에 기한 분양계약의 무효를 구하는 것이 분쟁해결을 위한 유효·적절한 수단이라고 할 것이고,</u>

<u>나머지 원고들이 아닌 조합원들과 피고 사이에 이 사건 신축아파트에 관한 분양계약 체결이 완료되었다는 등의 사정만으로는 동·호수 추첨 및 배정을 다시 하는 것이 불가능하다고는 할 수 없다.</u>

원심이 이와 같은 취지에서 피고의 본안전 항변을 배척한 조치는 정당한 것으로 수긍이 가고, 거기에 소의 이익에 관한 법리를 오해한 위법이 있다고 할 수 없다. 이와 관련한 상고이유의 주장 역시 받아들일 수 없다.

B. [위 판례 사안의 후속 사건] <u>피고조합은 동·호수 재추첨을 이행할 의무가 있으나, 현 시점에서 동·호수 추첨을 다시해 기존의 법률상 및 사실상 상태를 되돌리는 것은 그로 인하여 발생하는 사회경제적 비용이 너무 크므로 관리처분계획에 따른 동·호수 재추첨 자체의 이행을 구하는 것은 사회통념상 이행불능이 되었다고 보고 동·호수 추첨절차 이행청구를 기각한 사례</u> —대법원 2014. 6. 12. 선고 2011 다 33429 판결[아파트동,호수추첨]

【당사자】

> 원고, 상고인 별지 원고들 명단 기재와 같다.
> 피고, 피상고인 해청아파트 1 단지재건축조합

1. 법리 (이행불능의 의미)

채무의 이행이 불능이라는 것은 단순히 절대적·물리적으로 불능인 경우가 아니라 사회생활에 있어서의 경험법칙 또는 거래상의 관념에 비추어 볼 때 채권자가 채무자의 이행의 실현을 기대할 수 없는 경우를 말한다(대법원 2003. 1. 24. 선고 2000 다 22850 판결 등 참조).

제 2 장 분양 / 제 7 절 분양의 순서, 평형배정, 동·호수추첨, 분양계약체결

2. 원심판결의 정당함 (상고기각)

원심판결 이유에 의하면, 원심은 그 채택 증거들에 의하여 판시 사실을 인정한 다음,

① 이 사건 신축아파트 총 275 세대 중 260 세대가 2007. 8.경까지 입주를 마쳤는데, 그 중 54 세대는 베란다 확장공사를 포함한 인테리어 공사를, 8 세대는 일반내부인테리어 공사를 하였고, 조합원들 중 일부는 자신이 배정받은 아파트를 임대하여 임차인들이 주택임대차보호법에 의한 대항력을 취득하였으며, 조합원들이 배정받은 아파트 중 일부 아파트에는 소유권보존등기가 마쳐져서 이에 근거하여 가압류·가처분등기나 근저당권설정등기가 마쳐졌고, 이 사건 신축아파트 중 101 동 302 호와 104 동 504 호는 해당 조합원이 아파트를 제 3 자에게 매각하여 제 3 자 명의로 소유권이전등기가 마쳐진 점,

② 피고는 서울중앙지방법원 2005. 4. 28. 선고 2005 카합 815 가처분취소 판결에 기하여 나머지 조합원들과 사이에 분양계약을 체결하였는데, <u>이 사건 동·호수 추첨 무효확인 판결은 원고들과 피고만을 당사자로 한 것이고 나머지 조합원들은 위 판결의 당사자가 아니어서, 나머지 조합원들에게는 위 판결의 효력이 직접적으로 미치지 않으므로, 피고가 나머지 조합원들에게 이미 체결된 분양계약의 무효를 주장하기 어렵고, 피고가 나머지 조합원들을 동·호수 재추첨 대상으로 강제로 편입시킬 근거도 없는 점,</u>

③ 이 사건 관리처분계획에 따라 동·호수 재추첨을 실시하였을 경우 원고들 중 이 사건 신축아파트 60 평형을 배정받을 수 있는 조합원은 이 사건 구 아파트 41 평형을 소유하고 있었던 원고 B, C, D 뿐인데, 원고 B, C 은 이미 이 사건 신축아파트 중 60 평형을 배정받았고, D 은 2007. 3.경 피고에게 동·호수변경분양신청서를 제출하여 101 동 101 호(60 평형), 102 호(60 평형), 102 동 1001 호(68 평형) 3 세대를 대상으로 재추첨을 실시하고 그 결과에 대해 아무런 이의를 제기하지 않기로 하였는데, 위 재추첨 결과에 따른 분양계약을 체결하지 아니한 점,

④ 원고 B, C, D 을 제외한 나머지 원고들(이하 '나머지 원고들'이라고 한다)은 이 사건 구 아파트 26 평형을 소유하고 있어서 이 사건 관리처분계획에 따라 이 사건 신축아파트를 배정할 경우 45 평형, 41 평형, 40 평형, 34 평형을 배정받을 수 있는데, 45 평형 아파트는 총 59 세대여서 나머지 원고들보다 우선순위를 가진 이 사건 구 아파트 32 평형 및 29 평형 소유자들에게 우선배정하면, 나머지 원고들에게 배정될 수 있는 것은 없으나, 구 29 평형 소유자 중 1 명이 45 평형 아파트를 배정받았다가 포기한 1 세대(104 동 204 호)가 남아 있어, 위 45 평형 1 세대 및 41 평형, 40 평형을 놓고 재추첨이 될 것인데, 나머지 원고들은 현재 모두 41 평형 아파트를 배정받은 상태인 점,

⑤ 나머지 원고들 중 원고 E, F 은 2009. 4. 7. 피고와 사이에 103 동 1001 호(원고 E),

103동 2101호(원고 F)를 배정받고 향후 일체의 이의를 제기하지 않기로 약정한 점 등 제반 사정에 비추어 보면,

<u>현재 상태에서 이 사건 신축아파트를 대상으로 동·호수 추첨을 다시 하여 이 사건 신축아파트와 관련하여 이루어진 기존의 법률상 및 사실상 상태를 되돌리는 것은 그로 인하여 발생하는 사회경제적 비용이 너무 크다고 할 것이므로</u>, 원고들이 피고를 상대로 이 사건 관리처분계획에 따른 동·호수 재추첨 자체의 이행을 구하는 것은 사회통념상 불가능하게 되었다고 판단하였고, 또한 위와 같이 동·호수 재추첨 절차의 이행이 불가능한 이상, 원고들이 피고에게 위 <u>동·호수 재추첨을 전제로 하는 취득신고절차 및 소유권보존등기절차의 이행을 구할 수도 없다고 판단하였다</u>.

원심판결 이유를 관련 법리와 기록에 비추어 살펴보면, 원심의 위와 같은 판단은 정당한 것으로 수긍이 가고, 거기에 상고이유에서 주장하는 바와 같은 이행불능에 관한 법리오해 등의 위법이 없다.

C. [위 판례로 유지된 제1심판결] 청구취지가 불특정되었다는 피고의 항변을 배척하고 본안심리를 하여 원고의 <u>동·호수 추첨절차 이행청구를 기각한 사례</u> 서울중앙지방법원 2010. 9. 2. 선고 2009 가합 15591 판결[아파트동·호수추첨]

【청구취지】

> 피고는 2004. 5. 1. 조합원 총회에서 결의한 관리처분계획에 따라 별지 (1) 목록 기재 동·호수 추첨방식을 준수하여, 피고가 서울 강남구 T 외 2필지 상에 신축한 U 아파트 중 조합원분양분에 대하여, 피고의 조합원들에게 분양을 하기 위한 동·호수 추첨 절차를 이행하라.

피고는, 이 사건 신축아파트에 대한 동·호수 추첨을 다시 하기 위하여는 추첨의 주체(조합원)와 대상(호수)이 정해져야 하는데, 원고들의 청구취지만으로는 어떤 조합원이 어떤 호수를 놓고 추첨을 하여야 할지 정할 수 없어서 청구취지를 특정할 수 없으므로, 이 사건 소는 부적법하다고 주장한다.

살피건대 이 사건 청구취지 제1항은 원고들이 재건축조합인 피고를 상대로 이 사건 관리처분계획에서 정해진 대로 이 사건 신축아파트 중 조합원 분양분을 대상으로 동·호수 추첨을 하라는 것이므로, <u>추첨의 주체와 대상이 확정되었다고 보이므로</u>, 피고의 위 주장은 이유 없다.

D. [고등법원판례] ① <u>동·호수 배정 및 분양계약체결이 완료되고 일부에 대하여는 일반분양까지 완료되었다 하더라도, 동·호수 배정 및 그에 따른 분양계약의 무효확인을 구할 이익이</u>

있다고 본 사례; ② 재건축조합의 동·호수 추첨에 하자가 있는 경우, 조합을 상대로 동·호수 배정 및 다른 조합원들과 체결한 분양계약이 무효라는 것의 확인을 구하는 것은 분쟁해결을 위한 유효적절한 수단임 —서울고등법원 2006. 10. 18. 선고 2006 나 9431 판결[분양계약체결금지] (상고기각: 대법원 2008. 2. 15. 선고 2006 다 77272 판결)

【당사자】

[원고, 피항소인] 원고 1 외 20 인

[피고, 항소인] 해청아파트 1 단지 재건축조합

[피고보조참가인(선정당사자)] 참가인

【주문】

피고가 2004. 6. 16.에 한 동·호수 추첨결과에 따라 별지 목록 기재와 같이 피고 조합원들에게 한 신축아파트의 동·호수 배정 및 이에 의하여 체결한 분양계약은 무효임을 확인한다.

원고들이, 피고가 2004. 6. 16.에 한 동·호수 추첨결과에 따라 별지 목록 기재 조합원들에게 한 동·호수 배정 및 그들과 사이에서 체결한 분양계약이 무효라고 하면서 이의 확인을 구하는데 대하여, 피고는 다음과 같은 이유로 원고들의 이 사건 소는 확인의 이익이 없어 부적법하다고 항변한다… 그러므로 살피건대, 피고의 위 항변은 다음과 같은 이유로 모두 이유 없으므로, 피고의 본안전 항변은 받아들이지 아니한다.

먼저 ①의 점은, 원고들의 이 사건 청구 목적이 신축아파트 동·호수의 전면적인 재추첨에 있다고 단정하기는 어렵고, 피고의 주장과 같이 신축아파트에 대하여 조합원들에게 대한 동·호수 배정 및 분양계약체결이 완료되고 일부에 대하여는 일반분양까지 완료되었다 하더라도 이와 같은 사정만으로 신축아파트의 동·호수 추첨을 다시 하는 것이 불가능하다고 보기는 어려우므로, 피고의 이 부분은 항변은 이유 없다.

다음 ②의 점은, 원고들의 이 사건 청구 목적이 신축아파트 동·호수의 전면적인 재추첨에 있다고 단정하기 어렵다는 사실은 위에서 본바와 같고, 재건축조합의 동·호수 추첨에 하자가 있을 경우, 이를 다투고자 하는 조합원들은 조합에 대하여 반드시 그 추첨을 다시 이행하도록 청구할 필요는 없고, 그의 선택에 따라 금전 배상을 구하거나 일부 세대를 특정하여 분양하여 줄 것을 청구할 수도 있고 전면적인 재추첨을 구하는 등으로 다양한 권리 구제 수단을 선택할 수 있으므로, 그 권리 구제 수단을 구체적으로 선택하기 이전 상태에서 조합을 상대로 하여 동·호수 배정 및 다른 조합원들과 체결한 분양계약이 무효라는 것의 확인을 구하는 것은 분쟁해결을 위한 유효적절한 수단이라고 보여지므로, 이와 반대 전제에서서 반드시 재추첨의 이행만을 구하여야 한다는 취지의 피고의 위 항변은 이유 없다.

E. [합의로 인한 소의 이익 소멸] 동·호수 추첨의 무효를 주장하던 조합원이 그 추첨으로 배정받은 아파트를 포기하고 <u>일반 분양분으로 예정되어 있던 아파트를 배정받기로 하는 별도의 약정을 한 경우에는</u>, 동·호수 추첨의 무효확인을 구할 이익 없어 —대법원 2008. 2. 15. 선고 2006 다 77272 판결[분양계약체결금지]

【당사자】

[원고, 피상고인] 원고 1 외 20 인

[피고, 상고인] 해청아파트 1 단지 재건축조합

[피고 보조참가인(선정당사자)] 참가인

1. 법리

재건축조합의 신축아파트 배정을 위한 동·호수 추첨 절차에 하자가 있다고 주장하면서 그 무효를 다투던 조합원이 재건축조합과의 사이에 <u>그 동·호수 추첨으로 배정받은 아파트를 포기하고 일반 분양분으로 예정되어 있던 아파트를 배정받기로 하는 별도의 약정을 하였다면</u>, 특별한 사정이 없는 한 <u>그 조합원은 더이상 재건축조합의 동·호수 추첨 등의 무효확인을 구할 소의 이익이 없다</u>고 할 것이다.

2. 원심이 인정한 사실

원심이 채택한 증거 및 기록에 의하면,

① 피고가 2004. 6. 16. 이 사건 신축아파트의 동·호수 추첨을 실시함에 있어 <u>원고 8, 원고 15 가 관리처분계획 기준에서 정한 바에 따라 신축아파트 60 평형 우선배정권을 가지고 있음에도 불구하고 그 권리를 배제한 채 원고 8 에게 41 평형인 이 사건 신축아파트 103 동 2101 호를 배정하고, 원고 15 에게 41 평형인 이 사건 신축아파트 103 동 1001 호를 배정함</u>에 따라 원고 8, 원고 15 와 피고 사이에 신축아파트 동·호수 추첨 및 배정에 관하여 분쟁이 발생한 사실,

② 원고 8 은 2004. 6. 22. 피고와의 사이에 위 103 동 2101 호를 포기하는 대신 68 평형으로서 남향인 108 동 901 호를 배정받기로 합의하면서 피고에게 '<u>2004. 6. 16. 추첨으로 배정받은 103 동 2101 호를 포기하고 일반 분양분 중 108 동 901 호를 배정 신청합니다. 위의 사항에 대하여 조합 측에 어떠한 이의도 제기하지 않을 것이며, 아울러 민형사상의 책임도 불문하겠습니다</u>'라는 취지의 <u>각서</u>를 작성하여 준 사실,

③ 그 때까지 원고 8 은 적법한 재건축결의가 존재하지 않는다고 주장하며 구 아파트에 관하여 신탁을 원인으로 한 소유권이전등기절차 이행을 거절하고 있었으나 위 합의 이후 피고에게 그 절차를 이행한 사실,

④ 원고 15 는 원심판결 선고 후인 2007. 3. 15. 피고와의 사이에 위 103 동 1001 호 대신 68 평형인 102 동 1001 호를 배정받기로 합의하면서 '해청아파트 1 단지 재건축조합에서 2007. 3. 15. 실시한 분양변경 동·호수 추첨 결과 68 평형 102 동 1001 호에 당첨되었음을 상호 확인하며, 추첨 동·호수에 대하여 어떠한 이의도 제기하지 않겠습니다'라는 취지의 '<u>분양변경 동·호수 당첨증</u>'을 작성하였으며, 이에 따라 2007. 3. 22. 102 동 1001 호에 관하여 <u>분양계약을 체결한 사실</u>을 인정할 수 있는바,

3. 원심판결의 위법함

이를 위 법리에 비추어 검토하여 보면, 원고 8, 원고 15 로서는 더이상 피고에 대하여 관리처분계획 기준에서 정한 바에 따른 동·호수 재추첨 등을 구할 수 없게 되었다고 할 것이므로 <u>위 동·호수 추첨 및 배정 등의 무효확인을 구할 이익이 없다고 보아야 할 것이다.</u>

그럼에도 불구하고, 원심은 원고 8 의 소에 대한 피고의 본안전 항변을 배척하였으니 <u>원심에는 소의 이익에 관한 법리를 오해하여 판결 결과에 영향을 미친 위법이 있고</u>, 이를 지적하는 상고이유의 주장은 이유 있으며, 원고 15 의 이 사건 소는 상고심 계속중 소의 이익이 없어 부적법하게 되었으므로, 원심판결을 그대로 유지할 수 없게 되었다고 할 것이다.

VI. 위법한 동·호수 배정으로 인한 손해배상책임

A. ① 현저하게 불공정한 동·호수 배정행위에 대하여 <u>조합임원들의 공동불법행위책임을 인정한 사례</u>; ② 1999. 7. 21.자 임시총회 결의무효확인소송이 확정된 2002. 10. 9.에 이르러서야 비로소 구체적으로 손해배상청구권을 행사할 수 있게 되었다고 보고, 그 때를 손해배상청구권의 소멸시효 기산점으로 인정한 사례 ─대법원 2005. 12. 31. 선고 2005 다 45605 판결 [손해배상(기)]

【당사자】

원고, 피상고인	1. ~ 10.
피고, 상고인	1. O 아파트재건축주택조합
	2. ~ 6.

VI. 위법한 동·호수 배정으로 인한 손해배상책임

1. 불법행위의 성립 여부

가. 조합의 불법행위

원심은 제 1 심판결 이유를 인용하여 그 판시와 같은 사실을 인정한 다음, 피고 O 아파트 재건축주택조합(이하 '피고조합'이라고만 한다)의 아파트 동, 호수 추첨에 관한 1996. 6. 24.자 정기총회 결의와 그에 따른 아파트 동, 호수의 배정행위는 그 내용이 조합원의 기본적인 권리를 침해하고 현저하게 불공정한 것으로서 강행법규인 주택건설촉진법과 주택공급에관한규정 및 피고조합 정관규정에 반하여 무효이고,

원고들이 무효인 위 결의에 의해 다른 층보다 재산적 가치가 적은 1, 2층을 배정받게 되었으나 1999. 7. 21.자 임시총회 결의로도 위 아파트 배정의 잘못이 시정되지 않았으며, 그로부터 약 8 년 이상 지난 시점에서 입주자들의 아파트 매도, 이사 등으로 사실상 재추첨이 불가능하게 되었으므로, 피고조합은 위 무효인 1996. 6. 24.자 정기총회 결의 등에 의해 원고들이 입은 손해를 배상할 의무가 있고,

나. 조합임원들의 공동불법행위책임

한편 위 결의 당시 피고조합의 조합장 내지 이사인 나머지 피고들은 위와 같이 현저하게 불공정하고 관계 법령 및 정관규정에 위반됨이 명백한 아파트 동, 호수 추첨에 관한 결의안이 총회에 상정되어 통과되도록 방치하였고, 통과된 결의안에 따라 추첨을 하였을 뿐만 아니라 추첨권을 박탈당한 조합원들의 동, 호수를 임원회의에서 임의로 결정하는 등 아파트 동, 호수 배정에 관련된 공동불법행위자로서, 피고조합과 연대하여 원고들이 입은 손해를 배상할 의무가 있다고 판단하였다.

관계법리와 기록에 비추어 살펴보면 원심의 이러한 사실인정과 판단은 정당하고, 거기에 불법행위 성립요건에 관한 법리오해, 판단유탈 등의 위법이 있다고 볼 수 없다.

2. 손해액 산정의 기준시점

불법행위로 인한 손해액 산정의 기준시점은 불법행위시라고 할 것이나, 다만 불법행위시와 결과발생시 사이에 시간적 간격이 있는 경우에는 결과가 발생한 때에 불법행위가 완성된다고 보아 불법행위가 완성된 시점, 즉 손해발생시가 손해액 산정의 기준시점이 된다고 할 것이다.

원심은, 원고들이 입은 손해액을 산정함에 있어 1999. 7. 21.자 임시총회 결의 무효확인 소송이 확정될 때까지는 피고들의 불법행위로 인한 원고들의 손해 발생 여부가 구체적으로 확정되지 아니하였다는 전제 아래, 1996. 6. 24.자 정기총회 결의의 하자를 시정하기 위한

1999. 7. 21.자 임시총회 결의가 판결에 의해 무효로 확정된 2002. 10. 9.에 가까운 시점인 2002. 10. 29. 현재 이 사건 아파트의 각 층의 평균가격을 기준으로 하였는바, 원심의 조치는 앞서 본 법리에 비추어 정당한 것으로 수긍이 가고, 거기에 손해액 산정의 기준시점에 관한 법리오해 등의 위법이 있다고 볼 수 없다.

3. 손해배상청구권의 포기에 관하여

원심은 제 1 심판결 이유를 인용하여, ① 원고 B, C, 망 F, N은 1996. 6. 24.자 정기총회에 참석하여 그 결의에서 정한 방식에 따라 아파트를 배정받았고, 원고 A, D, E, J, M, 망 K은 소외 U 등 5 인(이하 '소외인들'이라 한다)과 함께 위 결의의 무효확인을 구하는 소(서울지방법원 96 가합 80519 호)를 제기하였다가 1996. 12. 7. 이를 취하하였으며, 피고조합에게 앞으로 재건축사업에 협조하겠다는 내용의 각서 및 결의서를 제출하고 1997. 10.경 자신들에게 배정된 아파트에 입주하여 직접 거주하거나 임대하여 오고 있으며, 원고들은 1997. 8. 11.부터 1997. 11.까지 사이에 아파트 공사비와 관리비를 납부하여 왔으나, 원고 A, D, E, J, M, 망 K 이 1996. 6. 24.자 정기총회 결의의 무효확인을 구하는 소를 제기하자 당시 피고조합의 조합장이었던 피고 Q 가 원고들에게 건축비 미납분 이자 400 만 원, 미이주로 인한 조합의 손해 6 억 3,000 만 원의 감면 등을 제의하였기에 이를 신뢰하고 위와 같이 소를 취하하거나 각서와 결의서를 제출한 것인데, 피고조합이 조합 손해 6 억 3,000 만 원에 대하여 원고들 중 일부에게 소를 제기하는 등 위 약속을 위배한 사실,

② 그 후 위 원고들과 나머지 원고들은 1997. 9. 22. 위 총회결의무효확인의 소 담당 재판부 앞으로 1996. 6. 24.자 정기총회 결의가 부당하다는 진정서를 제출하고, 1998. 11. 30.에도 원고 N, C 을 제외한 나머지 원고들이 용산구청장에게 공개추첨 방법에 의한 재추첨을 실시할 수 있도록 행정지도를 해달라는 민원을 제기하고, 1999. 3. 3.에는 원고 N 을 제외한 나머지 원고들이 위 사건의 상고심인 대법원에 1996. 6. 24.자 정기총회 결의가 부당하다는 내용의 진정서를 제출하는 등 위 총회결의의 시정을 위하여 노력하여 온 사실,

③ 그 후 대법원에서 1996. 6. 24.자 정기총회 결의가 무효라는 판결이 확정되자 원고들은 여러 차례에 걸쳐 용산구청장에게 위 대법원 판결의 취지에 따라 아파트의 동, 호수배정이 적법하게 이루어질 수 있도록 해달라는 내용의 민원을 제기하였고, 1999. 7. 21.자 임시총회 결의가 있은 후인 1999. 8. 12.에는 피고조합에 대하여도 위 결의가 위 대법원 확정판결을 무시하고 다시 원고들의 추첨권을 침해한 것으로서 무효이므로 이에 승복할 수 없다는 내용의 통고서를 발송하고 위 결의의 무효확인을 구하는 소를 제기한 사실, ④ 원고들이 이 사건 아파트에 입주하고 공사비를 납부한 것은 연 19%에 달하는 고율의 연체이자의 발생을 막기 위한 부득이한 조치였던 사실 등을 인정할 수 있는 데다가,

⑤ 원고들이 명시적으로 1996. 6. 24.자 정기총회 결의에 따르겠다는 의사를 표시한 바

없고, ⑥ 이 사건 아파트 중 한강변을 바라다 볼 수 없는 1, 2층을 배정받음으로써 다른 층에 비하여 재산적 가치가 낮다고 생각하여 전면 재추첨안을 계속 주장하다가 별다른 상황 변화가 없는 상태에서 상당한 재산적 손실을 초래할 수 있는 위 결의안을 수용하기로 한다는 것은 이례에 속하는 점 등에 비추어,

원고들이 1996. 6. 24.자 정기총회 결의를 통한 아파트 배정결과를 추인 내지 재승인하면서 피고들에 대한 손해배상청구권도 포기하였다고 볼 수 없다고 판단하였다. 관계법리와 기록에 비추어 살펴보면, 원심의 사실인정과 판단은 정당하고, 거기에 채증법칙 위배, 판단유탈, 손해배상청구권의 포기에 관한 법리오해 등의 위법이 있다고 볼 수 없다.

4. 단기소멸시효 기산점에 관하여

불법행위로 인한 손해배상청구권의 단기소멸시효 기산점이 되는 민법 제766조 제1항 소정의 '손해 및 가해자를 안 날'이라 함은 손해의 발생, 위법한 가해행위의 존재, 가해행위와 손해의 발생과의 사이에 상당인과관계가 있다는 사실 등 불법행위의 요건사실에 대하여 현실적이고도 구체적으로 인식하였을 때를 의미하고, 피해자 등이 언제 불법행위의 요건사실을 현실적이고도 구체적으로 인식한 것으로 볼 것인지는 개별적 사건에 있어서의 여러 객관적 사정을 참작하고 손해배상청구가 사실상 가능하게 된 상황을 고려하여 합리적으로 인정하여야 한다(대법원 2002. 6. 28. 선고 2000다22249 판결 등 참조).

원심은 제1심판결 이유를 인용하여, 원고들이 1996. 6. 24.자 정기총회 결의상의 잘못으로 인하여 다른 층보다 재산적 가치가 적은 1, 2층의 아파트를 배정받는 손해를 입기는 하였지만, 한편 소외인들이 피고조합을 상대로 제기한 1996. 6. 24.자 정기총회 결의 무효확인 소송이 1999. 3. 9. 소외인들의 승소로 확정되었고, 이에 따라 피고조합이 1996. 6. 24.자 정기총회 결의의 하자를 시정하기 위하여 1999. 7. 21. 임시총회에서 판시와 같은 결의를 하였으나, 원고들이 피고조합을 상대로 1999. 7. 21.자 임시총회 결의무효확인소송을 제기하여 2002. 10. 9. 원고들의 승소로 확정된 사실 등에 비추어, 1999. 7. 21.자 임시총회 결의무효확인소송이 확정되기까지는 피고들의 불법행위로 인한 원고들의 손해 발생 여부가 구체적으로 확정되지 아니하였고,

따라서 원고들은 1999. 7. 21.자 임시총회 결의무효확인소송이 확정된 2002. 10. 9.에 이르러서야 비로소 피고들에 대하여 구체적으로 손해배상청구권을 행사할 수 있게 되었으므로 그 때가 원고들의 손해배상청구권의 소멸시효의 기산점이 되는데 원고들은 그로부터 3년 이내인 2003. 3. 17. 이 사건 소를 제기하였다고 판단하여 피고들의 시효소멸에 관한 항변을 배척하였다.

위 법리에 비추어 원심의 판단은 정당하고, 거기에 손해배상청구권의 단기소멸시효 기산

점에 관한 법리오해, 이유모순, 판단유탈 등의 위법이 있다고 볼 수 없다.

B. [위 판례로 유지된 제 1 심판결] ① 조합임원들이 현저하게 불공정하고 법령과 정관에 위반됨이 명백한 동·호수 추첨안이 1996. 6. 24. 정기총회 에 상정되어 통과되도록 방치하였을 뿐 아니라, 비록 위 안건이 조합원 다수의 찬성으로 통과되었더라도 이를 그대로 집행해서는 안 될 의무가 있는데도 그 안에 따른 동·호수 추첨을 강행한 사안에서, 해당 임원들에게 공동불법행위책임을 인정함; ② 다만, 1999.07.21. 임시총회결의에 대하여는 임원의 고의·과실을 인정하기 어려워 그 임시총회 당시에만 이사직에 있었던 피고 O, Q 에 대하여는 손해배상책임을 인정하지 않음—서울서부지방법원 2004. 11. 5. 선고 2003 가합 1939 판결 [손해배상(기)]

1. 기초사실

다. 피고조합은 1996. 6. 24. 정기총회 (이하 '1996. 6. 24.자 정기총회'라고 한다)에서 조합원 321 명 중 295 명이 참석한 가운데 조합원들이 입주할 신축아파트(이하 '이 사건 아파트'라고 한다)의 동, 층, 호수 배정을 하면서, 재건축사업에 극심한 반대를 한 소외 X, Y, Z, AA, AB(이하 '이 사건 소외인들' 이라고 한다) 및 원고 A, D, E, J, 망 H 등 일부 조합원들에게는 입주권은 주되 동, 층, 호수의 추첨권은 주지 않기로 하고,

그 나머지인 추첨권이 있는 조합원들 중에서는 ① 조합부지 내 지상건물의 소유자로서 자신의 대지를 조합을 위해 내놓은 조합원들이 가장 먼저, ② 그 다음으로 조합의 임원들이 (당시 조합장이던 피고 N 가 조합 임원들에게 추첨권을 먼저 주자고 제의하고 조합원들이 이에 찬성함으로써, 조합의 임원들이 나머지 조합원들보다 먼저 추첨하게 되었다), 그리고 ③ 나머지 조합원들은 기존 아파트에서 퇴거한 순서대로 추첨을 하기로 한 다음,

그 추첨방법 에 관하여는 조합원들이 그 추첨 순서대로 입주를 희망하는 아파트의 동, 층, 호수를 임의로 지정하여 대형 게시판에 적어 놓고 추첨지에 기록하는 방식으로 하되 그 날 참석하지 못한 조합원에 대하여는 경찰관 입회하에 참석한 조합원이 한 사람씩 대리추첨하기로 결의하고, 위와 같은 방법에 따라 이 사건 아파트를 배정하였는데(원고 F, B, C, K 은 각 300, 302, 303, 318 번의 추첨순서를 배정받아 추첨하였다), 위와 같은 방식의 추첨에 반대하며 이에 참가하지 아니한 조합원들에 대하여는 다른 조합원들이 나와 대신 추첨하였고, 이 사건 소외인들 및 원고 A, D, E, G, J, 망 H 등과 같이 추첨권을 박탈한 조합원들에 대하여는 다음날 임원회의에서 동, 층, 호수를 결정하였다.

라. 그 결과 원고 A 는 AC 호, 원고 B 는 AD 호, 원고 C 은 AE 호, 원고 D 는 AF 호, 원고 E 는 AG 호, 원고 F 은 AH 호, 원고 G 는 AI 호, 망 H 은 AJ 호, 원고 J 는 AK 호, 원고 K 은 AL 호를 각 배정받았다.

VI. 위법한 동·호수 배정으로 인한 손해배상책임

마. 이 사건 소외인들은 1996. 11.경 피고조합을 상대로 서울지방법원 96 가합 80519 호로 1996. 6. 24.자 정기총회 결의의 무효확인을 구하는 소를 제기하였고, 위 법원은 1997. 10. 23. '1996. 6. 24.자 정기총회에서 피고조합의 재건축사업에 반대한 조합원들에게 이 사건 아파트 추첨권을 주지 않기로 한 결의와, 이 사건 아파트를 배정함에 있어 조합원인 이 사건 소외인들을 제외하고 나머지 조합원들에 대하여, 그 방법도 공개추첨에 의하지 아니하고 조합원들이 입주를 희망하는 아파트의 동, 층, 호수를 임의로 선택하여 지정하도록 한 결의는 조합원의 기본적인 권리를 침해하는 것일 뿐만 아니라 그 내용이 현저하게 불공정한 것으로서 강행법규인 주택건설촉진법과 주택공급에관한규정 및 피고조합의 정관에 위배되어 무효'라고 판결하였고, 위 판결에 대한 피고조합의 항소와 상고는 모두 기각되어 위 판결은 1999. 3. 9. 확정되었다.

바. 위 판결이 확정됨에 따라 피고조합은 1999. 7. 21. 임시총회를 소집하여 175 명의 조합원들이 모인 가운데 아파트 동, 층, 호수의 추첨문제를 다시 논의하였는데, 이 사건 소외인들을 비롯한 일부 조합원들은 동, 층, 호수를 모두 새로이 추첨하여야 한다고 주장(이하 '전면재추첨안'이라고 한다)한 반면, 위 판결이 확정되기 이전에 이미 이 사건 소외인들을 제외한 나머지 조합원들은 모두 1996. 6. 24.자 정기총회 결의에 따라 추첨된 각 아파트 동, 호수에 입주를 완료, 이를 사용하여 왔기 때문에 위 확정판결의 취지를 그대로 수용하여 종전의 아파트 추첨결과를 무효로 돌리고 모든 세대를 새로 추첨하여 다시 입주하게 함으로써 다수의 연쇄 이사 사태를 일으킨다는 것은 현실적으로 매우 곤란한 일이었으므로 나머지 대부분의 조합원들은 전면재추첨안에 반대하였다.

이에 일부 조합원들로부터 이 사건 소외인들에게만 우선추첨권을 주어 공개추첨을 하도록 한 뒤 이 사건 소외인들이 그 추첨된 아파트에 입주를 원하면 해당 아파트에 이미 입주하고 있던 세대는 적정한 보상을 받고 그 아파트를 이 사건 소외인들에게 명도해주기로 하고, 만약 이 사건 소외인들이 그 추첨된 아파트에 입주를 원하지 않으면 그 아파트의 시가 상당액을 보상하여 주도록 하자는 주장(이하 '미입주세대만의 추첨안'이라고 한다)이 제기되었다.

사. 많은 조합원들이 위 미입주세대만의 추첨안에 찬성한다는 발언을 하면서 장내가 어수선해졌고, 이에 사회자가 위 두 개의 안을 표결에 부치겠다고 하였는데, 이 사건 소외인들은 그 표결 자체를 거부하면서 퇴장해 버렸다. 결국 남아있던 조합원들이 그대로 표결을 한 결과 전면재추첨안은 8 표에 불과한 반면 미입주세대만의 추첨안은 115 표가 되어 '이 사건 아파트 동, 층, 호수의 추첨에 관하여 1999. 6. 24.자 정기총회의 결의에 따른 추첨결과에 의하여 입주한 조합원들에 대하여는 종전 추첨결과를 그대로 인정하고 미입주한 5 명의 조합원들에 대하여만 새로이 추첨한다'는 내용의 결의(이하 '1999. 7. 21.자 임시총회 결의'라고 한다)가 이루어졌다.

제 2 장 분양 / 제 7 절 분양의 순서, 평형배정, 동·호수추첨, 분양계약체결

아. 이에 원고들과 소외 AM, AN은 피고조합을 상대로 서울지방법원 99 가합 83588 호로 1999. 7. 21.자 임시총회 결의의 무효확인을 구하는 소를 제기하여 위 법원으로부터 2000. 12. 19. 패소판결을 선고받았으나, 이에 항소하였고 항소심 법원은 2002. 5. 30. '1999. 7. 21.자 임시총회 결의는 원고들 등에 대하여는 1996. 6. 24.자 정기총회 결의를 그대로 추인하는 것과 같은 내용으로 1996. 6. 24.자 정기총회 결의와 마찬가지로 강행법규인 주택건설촉진법과 주택공급에관한규칙 및 피고조합 정관의 규정에 위배하여 원고들 등의 조합원으로서의 추첨권을 침해하는 것으로서 무효'라고 판결하였으며(서울고등법원 2001 나 4028 호), 위 판결에 대한 피고조합의 상고가 기각되어 위 판결은 2002. 10. 9. 확정되었다.

자. 한편 신축된 이 사건 아파트는 한강변에 위치한 지상 22 층의 아파트로서 1, 2 층을 제외한 나머지 층은 한강변이 바라다 보이는 관계로 1, 2 층과 나머지 층 사이에 재산적 가치에서 상당한 차이가 있다.

2. 원고들의 청구원인에 관한 판단

가. 손해배상책임의 발생

(1) 조합의 손해배상책임

앞서 인정한 사실에 의하면 아파트 동, 층, 호수 추첨에 관한 1996. 6. 24.자 정기총회 결의는 그 내용이 조합원의 기본적인 권리를 침해하고 현저하게 불공정한 것으로서 강행법규인 주택건설촉진법과 주택공급에관한규정 및 피고조합 정관규정에 반하여 무효이고, 원고들은 위 무효인 1996. 6. 24.자 정기총회 결의에 의하여 나머지 층보다 재산적 가치가 적은 1, 2 층을 배정받게 되었으며, 위 1996. 6. 24.자 정기총회 결의의 하자를 시정하기 위하여 소집된 1999. 7. 21.자 임시총회 결의로도 위와 같은 아파트 배정의 잘못은 시정되지 아니하였는바, 1996. 6. 24.자 정기총회 결의일로부터 8년여가 지난 현재로서는 이미 아파트를 타에 매도하고 이사한 조합원들도 상당수에 이르러 아파트 동, 층, 호수를 재추첨한다는 것이 사실상 불가능하다는 점은 명백하므로, 피고조합은 위 무효인 1996. 6. 24.자 정기총회 결의에 의하여 원고들이 입은 손해를 배상할 의무가 있다.

(2) 조합임원(피고 M, N, P, R, S)의 공동불법행위책임

그리고 피고 M, N, P, R, S 는 1996. 6. 24.자 정기총회 당시 피고조합의 조합장 내지 이사였던 자들로서 관계 법령과 피고조합의 정관규정을 준수하여 조합업무를 처리할 의무가 있음에도 위와 같이 현저하게 불공정하고 법령 및 정관규정에 위반됨이 명백한 아파트 동, 층, 호수 추첨에 관한 안이 총회에 상정되어 통과되도록 방치하였으며, 비록 위 안이 조합원 다수의 결의에 의하여 통과되었다고 하더라도 이를 그대로 집행하여서는 아니 될 의무가 있는데도 위 통과된 안에 따라 조합원들이 아파트 동, 층, 호수를 추첨하도록 하였을 뿐

VI. 위법한 동·호수 배정으로 인한 손해배상책임

아니라, 총회 다음날 임원회의에서 원고 A, D, E, G, J, 망 H 등과 같이 추첨권을 박탈한 조합원들의 동, 층, 호수를 결정하였고, 특히 피고 N 는 위 정기총회에서 임원들에게 먼저 추첨권을 주자고 제안하였으며, 위 제안이 통과됨에 따라 위 피고들은 다른 조합원들보다 우선 동, 층, 호수를 추첨할 수 있는 이익을 얻었는바, 위와 같은 사정에 비추어보면 위 피고들은 피고조합과 연대하여 위 무효인 1996. 6. 24.자 정기총회 결의에 의하여 원고들이 입은 손해를 배상할 의무가 있다.

(3) 1999.07.21. 임시총회 당시에만 이사 지위에 있었던 피고 O, Q 는 손해배상책임 없음

그러나 피고조합의 1996. 6. 24.자 정기총회 결의의 하자를 시정하기 위하여 소집된 1999. 7. 21.자 임시총회의 결의도 무효이고, 이로 인해 원고들에 대한 아파트 배정상의 잘못이 시정되지 않은 점은 앞서 본바와 같으나, 원고들은 1996. 6. 24.자 정기총회 결의상의 하자로 다른 층보다 재산적 가치가 낮은 1, 2 층의 아파트를 배정받는 재산상 손해를 입게 된 것일 뿐, 1999. 7. 21.자 임시총회 결의에 의하여 새로운 재산상 손해가 발생한 것은 아니며, 또한 1999. 7. 21.자 임시총회 당시 이 사건 소외인들을 제외한 나머지 조합원들은 위 1996. 6. 24.자 정기총회결의에 따라 추첨된 아파트에 이미 입주하여 이를 사용하고 있었기 때문에 종전의 아파트 추첨결과를 무효로 돌리고 모든 세대를 새로 추첨하여 다시 입주하게 함으로써 다수의 연쇄 이사 사태를 일으킨다는 것은 현실적으로 매우 곤란하였을 것으로 보여지고, 이 때문에 대부분의 조합원들이 전면재추첨안을 반대하고 미입주세대만의 추첨안을 통과시킨 사실은 앞서 보았는바,

위와 같은 전면재추첨안 실행의 현실적인 어려움 및 위 결의에 이르게 된 과정 등을 고려하면, 1999. 7. 21.자 임시총회 당시 피고조합의 조합장 및 이사의 지위에 있던 자들에게 그 결의의 하자에 대한 고의나 과실을 인정하기는 어려우므로, 원고들은 1999. 7. 21. 임시총회 결의 당시에만 피고조합의 이사의 지위에 있었던 피고 O, Q 에 대하여서는 그 손해배상책임을 물을 수 없다고 할 것이다.

나. 손해배상의 범위

원고들이 적법한 방법에 의하여 아파트를 추첨, 배정받았을 경우 어떠한 층을 배정받았을지는 알 수 없으므로, 원고들이 피고조합, 피고 M, N, P, R, S 의 불법행위로 입은 손해액은 이 사건 아파트의 평균가격(1 층부터 22 층까지의 전체 층의 가격을 합산하여 이를 평균한 금액)과 원고들이 배정받은 1,2 층의 가격과의 차액이라고 봄이 상당하다 할 것인데, 감정인 T 의 각 시가감정결과에 의하면 위 1999. 7. 21.자 임시총회 결의 무효확인소송이 확정된 2002. 10. 9.에 가까운 2002. 10. 29. 현재 이 사건 아파트의 각 층 가격이 1 층 227,000,000 원, 2 층 243,000,000 원, 3 층 251,600,000 원, 4 층 257,000,000 원, 5 층 262,500,000 원, 6 층 267,900,000 원, 7 층 273,300,000 원, 8 층 276,000,000 원, 9 층

278,700,000 원, 10층 281,400,000 원, 11층 284,100,000 원, 12층 286,800,000 원, 13층 289,000,000 원, 14층 289,000,000 원, 15층 286,800,000 원, 16층 284,100,000 원, 17층 281,400,000 원, 18층 278,700,000 원, 19층 276,000,000 원, 20층 265,200,000 원, 21층 259,800,000 원, 22층 254,300,000 원으로 평균 가격은 270,618,181 원(=각 층 가격의 합계 5,953,600,000 원÷22층, 원 미만 버림, 이하 같다)인 사실을 인정할 수 있으므로,

위 피고들은 연대하여 ① 1층을 배정받은 원고 A, D, E, G, I, J, K 에게는 각 43,618,181 원(=270,618,181 원 - 1층 가격 227,000,000 원), ② 2층을 배정받은 원고 B, C, F 에게는 각 27,618,181 원(=270,618,181 원 - 2층 가격 243,000,000 원)과 위 각 금원에 대하여 1999. 7. 21.자 임시총회결의 무효확인소송이 확정된 2002. 10. 9.부터 지연손해금을 지급할 의무가 있다.

C. [고등법원 판례] ① 관리처분계획의 무효확인이 받아들여지지 않을 경우 분양계약에 기초하여 대금감액 또는 채무불이행에 기한 손해배상청구의 소는 민사소송에 해당하나, 관리처분계획 무효확인소송의 관련청구소송으로 병합하여 제기할 수 있어 —서울고등법원 2011.12.23. 선고 2011 누 5898 판결[관리처분계획무효확인등]

【당사자】

> 원고, 항소인   고○○ 외 7
> 피고, 피항소인 A2 단지아파트 재건축정비사업조합

【참조조문】 행정소송법 제 10 조(관련청구소송의 이송 및 병합)

> ① 취소소송과 다음 각호의 1 에 해당하는 소송(이하 "관련청구소송"이라 한다)이 각각 다른 법원에 계속되고 있는 경우에 관련청구소송이 계속된 법원이 상당하다고 인정하는 때에는 당사자의 신청 또는 직권에 의하여 이를 취소소송이 계속된 법원으로 이송할 수 있다.
>
> 1. 당해 처분등과 관련되는 손해배상·부당이득반환·원상회복등 청구소송
>
> 2. 당해 처분등과 관련되는 취소소송
>
> ② 취소소송에는 사실심의 변론종결시까지 관련청구소송을 병합하거나 피고외의 자를 상대로 한 관련청구소송을 취소소송이 계속된 법원에 병합하여 제기할 수 있다.

위 원고들의 예비적 청구는 과오납한 조합원 분담금의 반환을 구하는 것이 아니라, 이 사건 각 관리처분계획 및 이 사건 이전고시의 무효확인을 구하는 주위적 청구가 받아들여지지 않을 경우, 분양계약에 기초하여 담보책임에 따른 대금감액 또는 분양계약 상 채무불

이행에 기한 손해배상을 구하는 것이므로, 그 소송형태는 공법상 당사자소송이 아니라 민사소송이라 할 것이고, 이는 행정소송법 제38조 제1항, 제10조 제2항에 정한 관련청구소송에 해당한다 할 것이므로, 이와 다른 전제에 선 피고의 위 항변은 이유 없다.

VII. 손해배상의 범위 (손해액의 산정)

A. ① 재개발조합이 원고들의 종전자산 가액을 잘못 산정하여 33평형 아파트를 배정받지 못하고 23평형 아파트를 배정받은 경우의 통상손해 = 33평형 아파트에 대한 입주권 거래가격 – 23평형 아파트에 대한 입주권 거래가격; ② 여기서 '33평형 아파트에 대한 입주권 거래가격'은, 동·호수 추첨 당시인 2006. 6. 14.을 기준으로 한 시가(시가는 해당 아파트의 일반분양가격과 인근 유사 아파트의 거래사례를 종합하여 산정함)와 조합원분양가의 차액(프리미엄)을 계산하는 방식으로 하되(33평형 아파트에 대한 입주권 거래가격(프리미엄) = 33평형 아파트의 평균 시가 – 33평형 아파트의 평균 조합원분양가), 장래의 불확실성에 대한 위험 등을 감안하여 10%를 차감하고; ③ 조합이 사후에 33평형 중 가장 저층인 7층의 보류분 아파트를 배정받을 수 있는 기회를 제공하여 이를 배정받은 조합원은, 그로 인하여 전보된 손해를 손해배상액에서 공제하여야 함 —대법원 2011. 5. 13. 선고 2011다3268 판결[손해배상(기)]

【당사자】

> [원고(선정당사자), 피상고인] 원고(선정당사자) 1
>
> [피고, 상고인] 황학구역주택재개발조합

1. 기초사실 [원심판결: 서울고등법원 2010. 12. 9. 선고 2009나97750 판결]

가. 피고 조합은 1996. 12. 13. 조합설립 및 사업시행인가를 받은 주택재개발조합인데, 2006. 3. 2. 조합원총회를 열어 관리처분계획을 의결하고, 2006. 6. 9. 관할관청으로부터 인가를 받았다. 위 관리처분계획에 의하면, 원고(선정당사자) 및 선정자들(이하 구분 없이 '원고'라 한다)의 분양기준가액(원고 C 81,567,000원, 원고 A 80,626,500원, 원고 D 81,025,000원, 원고 E 80,474,500원)으로는 23평형 아파트를 배정받도록 되어 있었다. 이에 따라 2006. 6. 14. 조합원들이 동·호수 추첨을 시행한 결과 원고들은 모두 23평형 아파트에 당첨되었다.

나. 이에 대하여 원고들을 포함한 조합원들 중 일부는 F을 선정당사자로 선정하여 2006. 9. 6. 위 인가된 관리처분계획의 취소를 구하는 소(서울행정법원 2006구합32207)를 제기하여, 2007. 5. 11. 위 분양기준가액에 원고들의 국·공유지의 평가액(원고 C 34,903,000원, 원고 A 34,513,000원, 원고 D 34,685,000원, 원고 E 34,475,000원)을 합산하지 아니한 부분

을 취소한다는 판결을 선고받았다. 그 후 위 판결은 항소기각(서울고등법원 2007 누 14758) 및 상고기각(대법원 2008 두 1665) 판결로 2008. 4. 11. 확정되었다. 그런데 위 국·공유지의 평가액을 원고들의 분양기준가액에 합산할 경우 위 관리처분계획에 따르면 원고들은 33 평형 아파트를 분양받을 수 있었다.

다. 피고 조합은 2008. 8. 18. 원고들과 사이에, '확정판결에 따른 조정 방안으로 조합원들의 동·호수를 모두 조정하는 것은 현실적으로 불가능하므로, 원고들이 23 평형의 아파트를 원하거나 33 평형의 보류분을 원할 경우 이를 배정하여 주기로 하며, 이로 인하여 발생한 손해배상에 대해서는 법원의 판결에 따를 것을 확약한다'는 취지의 확약서를 작성하여 주었다.

라. 이에 원고들은 같은 날 피고 조합에 대하여 원고들이 이미 주장한 손해배상문제는 별도로 하기로 하고, 원고 C, A 는 이미 배정된 23 평형 아파트(102 동 2705 호, 102 동 2205 호)를 그대로 수용하고, 원고 D 는 이미 배정된 102 동 3011 호를 포기하고 23 평형 101 동 1608 호 아파트를, 원고 E 은 33 평형 105 동 707 호 아파트를 각 배정받기를 원하여 그 희망대로 아파트를 배정받았다.

2. 원심의 판단

가. 손해배상책임의 발생

원심판결 이유에 의하면, 원심은 그 판시와 같은 사실들을 인정한 다음,

원고(선정당사자) 및 선정자 2, 3, 4(이하 이들을 합쳐 '원고들'이라고 하고, 개별적으로 칭할 때에도 원고 선정당사자 또는 선정자 구분 없이 '원고'라고 한다)는 피고의 분양기준가액 산정 잘못으로 말미암아 33 평형 아파트 동·호수 추첨에 참여하여 아파트를 배정받을 기회를 잃었으므로, 동·호수 추첨 당시 33 평형 아파트를 배정받을 수 있는 조합원 권리의 거래가격과 원고들이 실제로 배정받은 23 평형 아파트를 배정받을 수 있는 조합원 권리의 거래가격 사이의 차액 상당 손해를 입었다고 판단하는 한편

피고의 주장, 즉 피고가 행정소송의 결과에 따라 사후적으로 원고들에게 33 평형 아파트를 배정받을 수 있는 기회를 부여하였고 원고들이 스스로의 선택에 따라 33 평형 아파트를 배정받을 기회를 포기하거나 새로 33 평형 아파트를 배정받음으로써 원고들이 33 평형 아파트를 배정받을 기회를 상실한 손해가 회복되었다는 주장에 대해서는,

피고가 원고들의 선택에 따라 23 평형 또는 33 평형 아파트를 배정해 주기로 한 2008. 8. 18. 당시 원고들이 선택할 수 있는 33 평형 아파트는 당초 동·호수 추첨 당시 배정받을 수 있었던 전체 33 평형 아파트와 동가치로 구성된 아파트가 아니라 보류분 아파트였고, 피고

가 2008. 8. 18. 원고들에게 그로 인하여 발생한 손해를 배상하기로 확약하였다는 이유로 피고의 위 주장을 배척하였다.

나. 손해배상의 범위

원심은 나아가, 구체적인 손해배상액을 산정함에 있어서는

(1) 33평형 아파트에 대한 조합원 권리 거래가격의 산정

원심에서의 감정결과에 따라 해당 평형 아파트 중 기준호수에 대한 동·호수 추첨 당시인 2006. 6. 14.을 기준으로 한 시가(시가는 해당 아파트에 대한 일반분양가격과 인근 유사 아파트의 거래사례를 종합하여 산정하였다)와 조합원분양가격의 차액(다만 장래의 불확실성에 대한 위험 등을 감안하여 10%를 차감하였음)을 계산하는 방식으로 해당 평형 아파트에 대한 조합원 권리의 거래가격을 산정한 다음,

(2) 손해액 = 33평형 아파트에 대한 조합원권리 거래가격 − 23평형 아파트에 대한 조합원권리 거래가격

33평형 아파트에 대한 조합원 권리의 거래가격인 154,854,000원과 23평형 아파트에 대한 조합원 권리의 거래가격인 109,238,000원의 차액인 45,616,000원이 원고들이 각각 입은 손해액에 해당하므로, 피고는 원고 1, 2, 3에게 각각 위 손해액을 배상하여야 하고(다만 원고 1에 대해서는 위 원고가 구하는 범위 내에서),

(3) 33평형 보류분을 배정받은 원고는 그로 인해 전보된 손해를 손해액에서 공제함

원고 4에 관하여는 같은 원고가 2008. 8. 18. 피고의 조치에 따라 당초 배정받았던 23평형 아파트 대신 33평형 아파트 보류분 중 105동 (이하 생략)를 배정받음으로써 동·호수 추첨 당시를 기준으로 한 위 105동 (이하 생략)에 대한 조합원 권리의 거래가격인 151,806,000원과 23평 기준호수에 대한 조합원 권리의 거래가격인 109,238,000원의 차액 상당인 42,568,000원의 손해는 전보되었고, 손해액 중 전보되지 아니한 나머지 3,048,000원(= 45,616,000원 - 42,568,000원)을 피고가 원고 4에게 배상하여야 한다고 판단하였다.

3. 대법원의 판단 (상고기각)

(1) 주택재개발조합인 피고가 조합원인 원고들의 종전 자산 가액을 잘못 산정한 나머지, 원고들을 23평형 아파트를 배정받을 조합원으로 취급함으로써 원고들이 33평형 아파트를 배정받을 권리가 침해되고,

제 2 장 분양 / 제 7 절 분양의 순서, 평형배정, 동·호수추첨, 분양계약체결

그 권리침해 당시를 기준으로 일반분양가격과 주위 유사 아파트의 시세 등을 종합적으로 고려한 33 평형 아파트의 평균적인 객관적 가치가 33 평형 아파트의 평균적인 조합원분양가격을 초과하고 있었다면, 원고들은 33 평형 아파트 배정에서 배제됨으로써 그 차액 상당의 경제적 손실을 입게 된 것이다.

이때 33 평형 아파트 대신 배정받은 23 평형 아파트의 객관적 가치가 23 평형 아파트의 조합원분양가격을 초과함으로써 얻은 이익이 있으면 이를 공제한 금액이 원고들이 입은 종국적인 경제적 손실에 해당하며,

이러한 경제적 손실은 33 평형 아파트를 배정받을 권리의 침해로 인한 통상의 손해에 해당한다고 할 것이다.

(2) 한편 피고가 관리처분계획을 다시 수립하여 조합원들의 동·호수를 모두 조정하는 것은 현실적으로 불가능하다는 이유로, 사후적으로 원고들에게 원고들의 선택에 따라 23 평형 아파트를 그대로 배정받거나 33 평형 아파트 중 가장 저층인 7 층의 보류분 아파트를 배정받을 수 있는 기회를 제공하였다고 하여도, 이를 당초 조합원 대상 33 평형 아파트의 동·호수 추첨에 참가하여 아파트를 배정받을 수 있는 기회를 제공한 것과 동일하게 평가할 수는 없으므로, 그러한 기회를 제공한 것만으로 피고가 주장하는 것과 같이 원고들의 손해가 전보되었다고 볼 수는 없다. 다만 원고 4 가 실제로 33 평형 아파트 보류분을 배정받음으로써 전보된 손해는 피고가 원고 4 에게 배상하여야 할 손해배상액에서 공제하여야 한다.

(3) 원심판결 이유 및 기록에 비추어 살펴보면, 원심의 판단은 위와 같은 법리에 따른 것으로 정당하고, 거기에 손해의 개념 및 발생 또는 통상의 손해에 관한 법리를 오해한 잘못이 없다.

B. ① 대다수 조합원들이 소유권보존등기를 마친 때에 관리처분계획에 따른 동·호수 재추첨의 이행을 구하는 것이 사회통념상 불가능하게 되었다고 보고, 그때를 손해액 산정의 기준시점으로 본 사례; ② 손해액 = 원고들이 배정받을 수 있었던 110 세대 아파트의 평균 기대 수익 − 원고들이 취득한 실제 수익 —대법원 2014. 7. 10. 선고 2013 다 65710 판결[손해배상]

【당사자】

【원고, 상고인】 원고 1 외 2 인

【피고, 피상고인】 해청아파트 1 단지재건축조합

VII. 손해배상의 범위 (손해액의 산정)

1. 법리 (손해의 액수를 증명하는 것이 곤란한 경우 법원이 손해액을 산정하는 방법)

불법행위로 인한 손해액 산정의 기준시점은 불법행위시라고 할 것이나, 다만 <u>불법행위시와 결과발생시 사이에 시간적 간격이 있는 경우에는 결과가 발생한 때에 불법행위가 완성된다고 보아 불법행위가 완성된 시점, 즉 손해발생시가 손해액 산정의 기준시점이 된다</u>고 할 것이다(대법원 2007. 6. 15. 선고 2005다45605 판결 등 참조).

그리고 불법행위로 인한 손해배상청구소송에서 <u>재산적 손해의 발생사실은 인정되나 구체적인 손해의 액수를 증명하는 것이 사안의 성질상 곤란한 경우</u>, 법원은 증거조사의 결과와 변론 전체의 취지에 의하여 밝혀진 당사자들 사이의 관계, 불법행위와 그로 인한 재산적 손해가 발생하게 된 경위, 손해의 성격, 손해가 발생한 이후의 여러 정황 등 관련된 모든 간접사실을 종합하여 손해의 액수를 판단할 수 있다(대법원 2004. 6. 24. 선고 2002다6951, 6968 판결 등 참조).

이러한 법리는 자유심증주의하에서 손해의 발생사실은 증명되었으나 사안의 성질상 손해액에 대한 증명이 곤란한 경우 증명의 정도를 경감함으로써 손해의 공평·타당한 분담을 지도원리로 하는 손해배상제도의 이상과 기능을 실현하는 데 그 취지가 있는 것이지, <u>법관에게 손해액의 산정에 관한 자유재량을 부여한 것은 아니므로, 법원이 위와 같은 방법으로 구체적 손해액을 판단하는 때에는, 손해액 산정의 근거가 되는 간접사실의 탐색에 최선의 노력을 다하여야 하고, 그와 같이 탐색해 낸 간접사실을 합리적으로 평가하여 객관적으로 수긍할 수 있는 손해액을 산정하여야 한다</u>(대법원 2007. 11. 29. 선고 2006다3561 판결, 대법원 2009. 9. 10. 선고 2006다64627 판결 등 참조).

2. 원심판결의 내용

원심판결 이유에 의하면, 원심은 위법한 동·호수 배정으로 인하여 원고들이 입은 재산상 손해라고 하는 것은 일응 이 사건 동·호수 배정이 없었을 경우에 배정받을 수 있었던 아파트와 관련된 재산 상태와 이 사건 동·호수 배정으로 인하여 배정된 아파트와 관련된 재산 상태 사이의 차액이라고 하면서, 원고들이 입은 손해액을 산정함에 있어 제1심의 감정촉탁 결과 및 원심의 변론종결일에 가까운 2013. 4. 15. 당시를 기준으로 산정한 이 사건 신축아파트에 대한 감정촉탁결과 등을 종합하여

① 원고들의 분양신청을 포함하여 동·호수 추첨이 이루어졌다고 가정하더라도, 원고들에게 남향 아파트가 배정되었을 것이라고 단정할 수 없고, ② 나아가 설령 원고들이 남향의 40평형 아파트를 배정받을 수 있다는 점이 상당한 정도로 예상 가능하다고 하더라도, 대규모 재건축 사업의 성격, 신축아파트의 설계 내용, 피고 조합이 취한 보상 내용 등에 비추어, 원고들에 대한 동향 아파트 배정에 대하여는 상당한 정도의 이익 불균형 해소조치가 취해

제 2 장 분양 / 제 7 절 분양의 순서, 평형배정, 동·호수추첨, 분양계약체결

진 결과, 이 사건 동·호수 배정으로 인하여 원고들에게 어떠한 실제적인 재산상 손해가 발생하였다고 볼 수 없다는 이유로 그 손해배상을 구하는 원고들의 청구를 기각하였다.

3. 대법원의 판단 (파기환송)

그러나 원심의 위와 같은 판단은 앞서 본 법리에 비추어 다음과 같은 이유에서 수긍하기 어렵다.

가. 조합원들 대다수가 보존등기를 마친 시점에 관리처분계획에 따른 재추첨이 불가능하게 되었다고 보고, 그때를 손해액 산정의 기준시점으로 봄

기록에 의하면, 늦어도 이 사건 신축아파트에 관하여 대다수 조합원들이 그 소유권보존등기를 마친 2011. 12.경에는 원고들이 피고를 상대로 이 사건 신축아파트에 대하여 이 사건 관리처분계획에 따른 동·호수 재추첨의 이행을 구하는 것이 사회통념상 불가능하게 되었다고 봄이 상당하고 그 무렵 피고의 불법행위로 인한 원고들의 손해 발생 여부가 구체적으로 확정되었다고 할 것이다. 따라서 원심으로서는, 피고의 불법행위로 인한 원고들의 손해 발생 여부가 구체적으로 확정되었다고 볼 수 있는 시점인 2011. 12.경을 손해액 산정의 기준시점으로 삼아 그 손해 발생 여부 및 그 손해액을 산정하였어야 한다.

나. 위법한 동·호수 배정으로 조합원들이 입은 손해액의 산정방법

또한, 원고들을 포함한 이 사건 구 아파트 26평형을 소유한 110세대 조합원들은 이 사건 관리처분계획에 따라 각 평형 및 방향, 층수를 달리하는 이 사건 신축아파트 110세대를 배정받을 수 있었고, 각 평형 및 방향, 층수에 따라 그 분양가가 달라지는 점 등을 참작하면, 피고의 위법한 이 사건 동·호수 배정으로 인하여 원고들이 입은 재산상 손해는 원고들의 위 손해발생시를 기준으로 이 사건 신축아파트 중 원고들이 배정받을 수 있었던 110세대 아파트의 각 시가와 각 분양가를 고려하여 산정한 평균 기대 수익에서 원고들이 취득한 각 아파트의 시가와 그 분양가를 고려하여 산정한 실제 수익을 뺀 차액이라고 봄이 상당하다(대법원 2007. 6. 15. 선고 2005다45605 판결 등 참조).

다. 원심판결의 위법함

그럼에도 불구하고, 원심은 사실심 변론종결 당시를 손해액 산정의 기준시점으로 본 다음 추단 가능한 손해액의 범위에 관한 사정을 고려하지 아니한 채 손해액 산정의 근거로 보기 어려운 사정과 일부 인정된 간접사실만을 참작하여 그 판시와 같은 이유만으로 원고들의 손해배상청구를 배척하였으니, 이러한 원심의 판단에는 불법행위로 인한 손해배상청구소송에서 손해액 산정의 기준시점 및 손해액의 증명 또는 손해액의 산정에 관한 법리를 오

해함으로써 필요한 심리를 다하지 아니하여 판결 결과에 영향을 미친 위법이 있다. 이 점을 지적하는 이 부분 상고이유는 이유 있다.

C. [위 판례의 환송후 판결] ① 원고측 조합원들의 소유권보존등기절차개시금지 가처분결정이 취소됨에 따라 대다수 조합원이 2011. 12.경까지 소유권보존등기를 마쳤으므로, 늦어도 2011. 12.경에는 관리처분계획에 따른 동·호수 재추첨의 이행이 사회통념상 불가능하게 되었다고 봄; ② 따라서 그 시점을 손해액 산정의 기준으로 삼고; ② 원고별 손해액 = 원고들이 배정받을 수 있었던 110세대의 평균 기대수익 – 각 원고가 취득한 아파트의 실제 수익; ③ 평균 기대수익 = 2011. 12.경 평균시가 – 평균 분양가; 원고별 실제 수익 = 취득한 아파트의 2011. 12. 시가 – 분양가 —서울고등법원 2016. 4. 15. 선고 2014 나 37004 판결[손해배상]

【당사자】

【원고, 상고인】 원고 1 외 2인

【피고, 피상고인】 해청아파트 1 단지재건축조합

【주문】

피고는 원고 A 에게 5,827,651 원, 원고 B 에게 5,077,651 원, 원고 C 에게 6,977,651 원과 각 이에 대하여 2011. 12. 9.부터 2016. 4. 15.까지 연 5%, 그 다음 날부터 갚는 날까지 연 15%의 각 비율로 계산한 돈을 지급하라.

【사실관계】

① 2004. 5. 1. 임시총회 관리처분계획안 의결

② 2004. 6. 1. ~ 2004. 6. 4. 조합원 분양신청

③ 2004. 6. 4. 조합은 원고측 분양신청서를 수취거절, 반송하고 분양신청이 없는 것으로 처리하여 2004. 6. 16. 동·호수 추첨 실시('이 사건 동·호수 추첨').

④ 이 사건 동·호수 추첨결과에 따라 동·호수 배정을 마치고 나머지 잔여세대를 원고측 조합원들에게 배정함(이상 '이 사건 동·호수 배정'). 이때 원고들은 모두 동북향 아파트를 배정받음

⑤ 2004. 6. 28. '이 사건 동·호수 배정'에 따른 분양계약체결 금지를 명하는 가처분결정

⑥ 2005. 4. 28. 위 가처분이 담보제공 조건부로 취소됨(2006. 4. 13. 확정)

⑦ 가처분취소판결의 가집행에 기하여 이 사건 동·호수 추첨결과에 따라 2005. 7.경까지 조합원 217세대와 분양계약을 체결함

⑧ 위 분양계약체결금지 가처분결정에 대한 이의신청 항소심에서 2005. 8. 23.(분양계약 체결 후임) 가처분취소 판결이 선고, 확정됨

⑨ 2005. 5. 30. 조합은 이 사건 동·호수추첨이 유효한 것임을 전제로 강남구청장으로부터 일반분양모집승인을 받음

⑩ 2005. 6. 15. 입주자모집금지 가처분 결정

⑪ 2005. 12. 15. 이 사건 동·호수 배정 및 이에 기하여 체결된 분양계약에 대한 무효확인 판결(서울중앙지방법원 2004 가합 60343 호 판결. 2008. 2. 15. 확정)

⑫ 2007. 3. 8. 임시사용승인; 2007. 5. 25. 준공인가; 2007. 8. 7.경 총 275세대 중 260세대에 대한 입주 완료

⑬ 2007. 4. 10. "피고는 이 사건 동·호수 추첨결과에 따른 분양계약체결을 이유로 소유권보존등기절차를 개시 또는 진행하여서는 아니 된다"는 가처분 결정(1 심에서 기각된 후 항고심에서 인용됨. 서울고등법원 2007 라 527 호)

⑭ 2007. 6. 21. "원고 측 조합원들이 일정 금원을 지급할 것을 조건으로 배정된 아파트에 잠정적으로 입주하도록 허용하되, 이로 인하여 원고 측 조합원들이 해당 아파트를 분양받은 것으로 의제하는 것은 아니다"는 내용의 가처분 결정이 내려지고; 본안소송에서도 같은 취지의 화해권고결정이 확정됨

⑮ 2007. 9. 27.부터 2008. 2. 22.까지 원고 측 조합원들은 이 사건 동·호수 배정에 따른 분양대금을 모두 납부하고, 2007. 9. 22.부터 2008. 3. 13.까지 입주 완료

⑯ 2008. 7. 11. 일반분양분에 대한 입주자 모집금지 및 분양계약 체결 금지를 명하는 판결 선고(1 심 패소 후 항소심에서 승소함)

⑰ 위 ⑬ 2007. 4. 10. 자 가처분결정(서울고등법원 2007 라 527 호)에 대한 가처분이의(2010.9.13. 신청 서울고등법원 2010 카합 1570)에서 2011. 9. 15. "더이상 소유권보존등기절차 개시 금지를 구할 필요성이 없게 되었다"는 이유로 가처분이 취소, 확정됨(2014. 6. 27. 재항고 기각)

⑱ 이에 따라 2011. 12.경까지 피고 조합원들 대부분이 소유권보존등기를 마침

⑲ 2009 년 원고측은 "위 ⑪ 판결(서울중앙지방법원 2004 가합 60343 호)의 취지에 따라 동·호수 추첨절차를 이행하고, 그 동·호수 추첨결과에 따라 원고 측 조합원들에게 배정된 아파트에 대한 취득신고절차를 이행하며, 위 아파트에 대한 소유권보존등기절차를 이행"할 것을 구하는 소송을 제기하였으나,

⑳ 2010. 9. 2. "기존의 상태를 되돌리는 것은 사회경제적 비용이 너무 크므로 관리처분계획에 따른 동·호수 재추첨 자체의 이행을 구하는 것은 사회통념상 불가능하게 되었다"는 이유로 패소함(2014. 6. 12. 상고기각)

1. 기초사실

가. 원고들의 분양신청 및 피고의 동·호수 추첨

1) 피고는 2004. 5. 1. 조합원 임시총회를 개최하여 관리처분계획안을 의결하였는데, 위와 같이 결의된 관리처분계획은 건축 시설물의 조합원에 대한 분양기준 등에 관하여 아래와 같이 규정하고 있다.

(관리처분계획기준 생략)

2) 위와 같은 임시총회 이후 피고는 2004. 6. 1.부터 2004. 6. 4.까지 조합원들로부터 분양신청을 받았는데, 원고 측 조합원들은 21 장의 분양신청서를 하나의 봉투에 넣어 봉투 겉면에 '분양신청서 21 매 재중'이라고 기재하여 G 명의로 등기우편으로 발송하였다. 피고는 2004. 6. 4. 이와 같은 우편을 접수하였음에도 이를 수취거절하여 반송하고는 원고 측 조합원들의 분양신청이 없는 것으로 처리하여 2004. 6. 16. 신축아파트에 대한 동·호수 추첨을 실시하였다(이하 '이 사건 동·호수 추첨'이라 한다).

3) 피고는 이 사건 동·호수 추첨결과에 따라 조합원들에게 동·호수 배정을 마친 이후 잔여세대를 원고 측 조합원들에게 배정하였다(이하 원고 측 조합원들 및 나머지 조합원들에 대한 동·호수 배정을 통틀어 '이 사건 동·호수 배정'이라 한다), 원고들은 이 사건 구 아파트 26 평형의 구분소유자 110 세대 중 일부로서 1 순위로 남향 40 평형을, 2 순위로 동북향 41 평형을 신청하였으나, 피고의 이 사건 동·호수 배정으로 원고 A 는 103 동 1401 호를, 원고 B 은 103 동 1701 호를, 원고 C 은 103 동 1201 호를 각 배정받았는데, 이는 모두 동북향 아파트였다.

나. 이 사건 동·호수 배정에 관한 가처분결정 및 무효확인 판결

1) 원고 측 조합원들은 피고를 상대로 이 사건 동·호수 배정에 따른 분양계약체결의 금지를 구하는 가처분신청을 하여 2004. 6. 28. 이를 인용하는 결정(서울중앙지방법원 2004 카합 1978 호)을 받았다. 이에 대하여 피고는 특별사정에 의한 가처분취소를 신청하여 2005. 4. 28. 담보제공 조건의 가처분결정 취소판결을 받았고(서울중앙지방법원 2005 카합 815 호), 이에 대한 원고 측 조합원들의 항소(서울고등법원 2005 나 42486 호) 및 상고(대법원 2005 다 56223 호)가 기각되어 위 가처분결정 취소판결은 2006. 4. 13. 확정되었다.

2) 피고는 위 가처분결정 취소판결의 가집행에 기하여 이 사건 동·호수 추첨결과에 따라 2005. 7.경까지 조합원 217세대와 사이에 분양계약을 체결하였다.

3) 또한 피고는 위 2004. 6. 28.자 분양계약체결금지 가처분결정(서울중앙지방법원 2004 카합 1978 호)에 대하여 이의신청을 하였으나, 2004. 12. 24. 위 가처분결정을 인가하는 판결이 선고되자(서울중앙지방법원 2004 카합 2691 호) 이에 항소하였다. 항소심 법원은 2005. 8. 23. '피고가 이미 조합원 217명과 분양계약을 체결하는 등 가처분을 발령할 보전의 필요성이 존재하지 아니하게 되었다'는 이유로 위 가처분결정을 취소하는 판결을 선고하였고(서울고등법원 2005 나 6657 호), 이에 대한 원고 측 조합원들의 상고가 2006. 4. 13. 기각되었다(대법원 2005 다 56216 호).

4) 한편 원고 측 조합원들은 피고를 상대로 이 사건 동·호수 배정 및 이에 의한 분양계약의 무효확인을 구하는 소(서울중앙지방법원 2004 가합 60343 호)를 제기하였는데, 위 사건에서 2005. 12. 15. '원고 측 조합원들의 분양신청이 적법하게 이루어졌는데도 그 분양신청이 없음을 전제로 하여 나머지 조합원들의 분양신청에 따라 신축아파트의 동·호수를 추첨하여 배정하고 남은 아파트를 원고 측 조합원들에게 배정한 것은 위법하다'는 등의 이유로 피고의 이 사건 동·호수 추첨결과에 따라 조합원들에게 한 이 사건 동·호수 배정 및 이에 의하여 체결된 분양계약은 무효임을 확인한다는 판결이 선고되었고, 이에 대한 피고의 항소(서울고등법원 2006 나 9431 호) 및 상고(대법원 2006 다 77272 호)가 기각되어 위 판결은 2008. 2. 15. 확정되었다.

다. 일반분양분에 대한 입주자 모집금지 및 분양계약 체결금지 소송

1) 피고는 2004. 9. 17. 임시총회를 개최하여 아파트 일반분양분 결정 안건을 결의하고, 2005. 4. 27.부터 2005. 4. 29.까지 사이에 조합원 207명으로부터 30세대를 일반분양분으로 정하기로 결의한다는 내용의 서면결의서를 제출받은 후, 이 사건 동·호수추첨이 유효한 것임을 전제로 조합원에게 배정되지 아니한 30세대의 일반분양분 중 68평형 1세대, 60평형 2세대를 제외한 나머지 신축아파트에 관하여 서울특별시 강남구청장에게 일반분양모집승인을 신청하였고, 2005. 5. 30. 서울특별시 강남구청장으로부터 34평형 17세대, 40평형 3세대, 41평형 6세대, 45평형 1세대에 관하여 일반분양을 허용하는 일반분양모집승인을 받았다.

2) 이에 원고 측 조합원들은 각 피고와 시공사인 삼성물산 주식회사를 상대로, 입주자모집금지 등을 구하는 가처분을 신청하여 2005. 6. 15. 일부 인용결정을 받았고(서울중앙지방법원 2005 카합 1904 호), 피고가 2004. 9. 17.자 임시총회에서 한 이 사건 신축아파트 일부 세대에 관한 일반분양결정결의와 일반분양이 무효라고 주장하면서 잔여 일반분양분에 대한 입주자 모집금지 및 분양계약 체결의 금지를 구하는 소송을 제기하여 그 청구가 제 1심에서는 2007. 9. 6. 기각되었으나(서울중앙지방법원 2005 가합 63011 호), 항소심에서는 2008. 7.

11. 인용되었다(서울고등법원 2007 나 96067 호).

3) 위 항소심 판결은 '이 사건 동·호수 추첨은 절차상 중대한 하자가 있어 무효이고, 이 사건 동·호수 배정이 유효함을 전제로 조합원들에게 배정하고 남은 부분을 대상으로 한 2004. 9. 17.자 일반분양결정결의도 무효라 할 것이며, 새로 적법한 동·호수 추첨이 행하여 질 경우 원고 측 조합원들이 10 세대 아파트를 배정받을 가능성이 있으므로 이에 대한 수분양권에 근거하여 입주자 모집금지 및 분양계약 체결의 금지를 구할 권리가 있다'는 요지로 판단하였다.

라. 아파트의 신축 및 입주 완료

1) 피고는 2007. 3. 8. 서울 강남구 F 외 2 필지 지상에 지하 2 층, 지상 10~24 층인 아파트 8 개동 275 세대 및 지하 1 층, 지상 5 층인 부대복리시설 1 개동 규모의 공동주택(이하 '이 사건 신축아파트'라 한다)을 신축하여 서울특별시 강남구청장으로부터 도시 및 주거환경정비법에 따라 임시사용승인을 받았고, 2007. 5. 25. 준공인가를 받았으며, 2007. 8. 7.경까지 이 사건 신축아파트 총 275 세대 중 260 세대에 대한 입주가 완료되었다.

2) 한편 피고는 2007. 4. 2.경 원고 측 조합원들에게 이 사건 동·호수 배정에 따른 해당 아파트의 분양계약금을 납부하고 분양계약을 체결할 것을 독촉함과 동시에 입주지정기간 내에 분양계약을 체결하지 않을 경우에는 계약체결의사가 없는 것으로 간주하여 금전청산절차를 진행할 것이라고 통보하였다. 이에 원고 측 조합원들은 피고와 시공사인 삼성물산 주식회사를 상대로 원고 측 조합원들에 대한 제명금지 및 현금청산금지, 입주방해금지 등을 구하는 가처분신청 및 본안소송을 제기하여, 2007. 6. 21. '원고 측 조합원들이 일정 금원을 지급하는 것을 조건으로 배정된 아파트에 잠정적으로 입주하도록 허용하되, 이로 인하여 원고 측 조합원들이 해당 아파트를 분양받은 것으로 의제하는 것은 아니다'는 가처분 결정이 내려졌고(서울중앙지방법원 2007 카합 1249 호), 본안소송(서울중앙지방법원 2007 가합 92914 호)에서도 같은 취지의 화해권고결정이 확정되었다.

3) 원고 측 조합원들은 2007. 9. 27.부터 2008. 2. 22.까지 이 사건 동·호수 배정에 따른 해당 아파트의 분양대금을 모두 납부하였고, 2007. 9. 22.부터 2008. 3. 13.까지 사이에 입주를 완료하였다.

마. 소유권보존등기절차 개시금지 가처분 결정 및 취소

1) 원고 측 조합원들은 피고를 상대로 이 사건 동·호수 추첨결과에 따른 분양계약이 무효임을 이유로 그 분양계약에 따른 이 사건 신축아파트에 관한 소유권보존등기절차의 개시 또는 진행 등을 금지하는 가처분을 신청하였으나 2007. 3. 6. 기각결정을 받았다(서울중앙지방법원 2006 카합 3860 호). 원고 측 조합원들은 위 결정에 불복하여 항고하였는데, 2007. 4.

10. '피고는 이 사건 동·호수 추첨결과에 따른 분양계약체결을 이유로 소유권보존등기절차를 개시 또는 진행하여서는 아니 된다'는 인용 결정을 받았고(서울고등법원 2007 라 527 호), 이에 대한 피고의 재항고는 2008. 5. 13. 각하되었다(대법원 2007 마 573 호).

2) 피고는 2010. 9. 13. 원고 측 조합원들을 상대로 위 2007. 4. 10.자 소유권보존등기절차 개시금지 가처분결정(서울고등법원 2007 라 527 호)에 대하여 이의를 신청하였는데(서울고등법원 2010 카합 1570 호), 서울고등법원은 2011. 9. 15. '더이상 이 사건 신축아파트에 관하여 소유권보존등기절차 개시 등의 금지를 구할 필요성이 없게 되었다'는 이유로 위 가처분결정을 취소하고 그 가처분 신청을 각하하는 결정을 하였고, 이에 대한 원고 측 조합원들의 재항고는 2014. 6. 27. 기각되었다(대법원 2011 마 1915 호).

3) 이에 따라 피고의 조합원들은 대부분 2011. 12.경까지 이 사건 신축아파트 중 분양받은 세대에 관한 소유권보존등기를 마쳤다.

바. 동·호수 추첨의 이행청구 판결

원고 측 조합원들은 피고를 상대로 이 사건 동·호수 배정 및 이에 의한 분양계약이 무효라는 판결이 확정되었으므로 위 판결의 취지에 따라 동·호수 추첨절차를 이행하고, 그 동·호수 추첨결과에 따라 원고 측 조합원들에게 배정된 아파트에 대한 취득신고절차를 이행하며, 위 아파트에 대한 소유권보존등기절차를 이행할 것을 구하는 소(서울중앙지방법원 2009 가합 15591 호)를 제기하였는데,

위 사건에서 2010. 9. 2. '이 사건 신축아파트를 대상으로 동·호수 추첨을 다시 하여 이 사건 신축아파트와 관련하여 이루어진 기존의 법률상 및 사실상 상태를 되돌리는 것은 그로 인하여 발생하는 사회경제적 비용이 너무 크므로 피고를 상대로 관리처분계획에 따른 동·호수 재추첨 자체의 이행을 구하는 것은 사회통념상 불가능하게 되었다'는 이유로 청구를 기각하는 판결이 선고되었고, 이에 원고 측 조합원들이 항소하였으나 2011. 3. 31. 항소기각 판결이 선고되었으며(서울고등법원 2010 나 85807 호), 2014. 6. 12. 상고기각 판결이 선고되었다(대법원 2011 다 33429 호).

2. 원고들의 청구에 관한 판단

가. 손해배상책임의 발생

앞서 인정한 사실에 의하면 피고의 정관상 조합원은 관리처분계획으로 정한 주택 등의 분양청구권을 가지므로 원고들로서는 관리처분계획에 따른 동·호수 추첨권을 가진다고 할 것인데, 피고가 원고 측 조합원들의 분양신청이 적법하게 이루어졌음에도 그 분양신청이 없음을 전제로 하여 나머지 조합원들의 분양신청에 따라 이 사건 동·호수 추첨을 하여 배정을

한 후 잔여세대를 원고들에게 배정한 것은 원고들의 동·호수 추첨권을 박탈한 것으로서 위법하다. 따라서 피고는 특별한 사정이 없는 한 원고들에게 위 불법행위로 인하여 원고들이 입은 재산상 손해를 배상할 책임이 있다.

나. 피고의 주장에 관한 판단

(1) 조합원이 아니라는 주장에 대한 판단

그러나 앞서 든 증거들 및 변론 전체의 취지를 종합하여 인정할 수 있는 다음과 같은 사정, 즉 ① 피고는 주택조합설립(변경)인가필증(갑 제38호증)에 첨부된 조합원명부에 원고들을 포함함으로써 관할구청에 원고들을 조합원으로 등록하여 놓은 점, ② 피고가 설립된 이후 이루어진 각종 조합원총회에서 원고들을 포함한 258명을 재적조합원 수로 하여 안건에 대한 결의를 해왔던 점, ③ 피고는 원고들이 조합원 지위에 있음을 전제로 이 사건 구 아파트의 구분소유자이던 원고들을 상대로 신탁을 원인으로 한 소유권이전등기절차의 이행을 구하는 소를 제기하여 그 신탁등기를 마쳤던 점, ④ 원고들과 피고 사이에는 10여 년에 걸쳐 수십 건 이상의 소송이 진행되었는데, 그 대부분의 소송이 원고들이 조합원임을 전제로 진행되었고, 그 각 소송에서 피고는 원고들의 조합원 지위에 대하여 다투지 않았던 것으로 보이는 점, ⑤ 피고는 원고들에게 분양신청기간 내에 분양신청을 하라고 요구하기도 하였고, 관리처분계획에 따라 나머지 조합원들로부터 분양신청을 받아 동·호수 추첨을 하여 배정하고 잔여세대를 원고들에게 배정하였던 점(피고의 관리처분계획 제7조는 분양평형신청 기간 내 분양평형신청을 하지 않은 조합원의 경우 분양평형신청을 마친 조합원의 평형 및 동·호수 배정 후 잔여세대를 임의로 배정한다고 정하고 있음은 앞에서 본 바와 같다) 등을 종합하여 보면,

원고들은 이 사건 1차 재건축결의 당시에 이미 적법하게 조합에 가입한 것으로 봄이 상당하고, 그 후 비록 원고들이 이 사건 1차 재건축결의의 무효를 주장하였더라도 그러한 권리행사가 조합으로부터의 탈퇴의 의사표시라고 단정할 수는 없다.

더구나 위와 같은 사정에 비추어 보면, 피고는 조합설립 당시 원고들이 조합원의 지위를 취득하였음을 전제로 지난 10여 년간 원고들에게 조합원의 권리를 행사하거나 의무를 이행하라고 요구하였고, 원고들도 이 사건 1차 재건축결의의 무효를 주장한 것을 비롯하여 피고의 사업진행에 이의를 제기하면서도 조합원의 지위는 유지하고자 하였던 것으로 보이는 바,

이러한 상황에서 이 사건 2차 재건축결의 당시 원고들이 여전히 이 사건 1차 재건축결의의 무효를 주장하고 있었고 그로부터 원고들과 피고 사이에 10여 년에 걸친 소송에서 피고가 원고들이 조합원이 아니라고 주장하지 아니하여 그 동안의 사건에서 원고들이 조합원

제 2 장 분양 / 제 7 절 분양의 순서, 평형배정, 동·호수추첨, 분양계약체결

임을 전제로 법률관계가 정리되어 왔음에도, 이 사건에 이르러 비로소 피고가 요구하는 서면에 의한 동의서를 제출하지 아니하였다는 이유로 피고가 원고들의 조합원 지위를 부정하는 것은 신의칙에 반한다고 봄이 상당하다. 따라서 원고들에게는 피고의 조합원 지위가 인정되므로 피고의 이 부분 주장은 이유 없다.

(2) 현금청산대상자라는 주장에 대한 판단

먼저 원고들의 신탁등기의무 미이행으로 원고들의 분양신청권이 제한되었는지 보건대, 비록 정관에 조합원의 신탁등기의무를 정하고 있다고 하더라도 조합원에 대한 제명 등 별다른 조치 없이 단지 정관이 정한 신탁등기의무를 이행하지 않았다는 이유로 당연히 조합원의 분양신청권이 제한된다고 볼 수 없고, 피고의 정관상 조합원은 관리처분계획으로 정한 주택 등의 분양청구권을 가지며(제9조 제1항 제1호), 조합원의 권리와 의무의 변동에 관한 사항은 총회의 결의를 거쳐 결정하도록 되어 있는 사실(제18조 제1호)은 앞에서 본 바와 같으므로, 피고가 신탁을 원인으로 한 소유권이전등기 미이행을 이유로, 원고들의 분양신청권을 제한하려면 분양신청이 이루어지기 전에 미리 조합원 총회의 결의를 거쳐야 하고, 분양신청이 종료된 후에 그 권리를 소급하여 제한할 수 없는바, 설령 원고들이 신탁등기의무를 이행하지 않았다고 하더라도 원고들의 분양신청이 이루어지기 전에 조합원 총회로써 원고들의 분양신청권을 제한하는 결의를 하였다는 점을 인정할 만한 증거가 없는 이상 원고들이 신탁등기의무를 이행하지 않았다는 이유로 분양신청권을 가질 수 없다는 피고의 위 주장은 이유 없다.

다음으로 원고들의 분양신청이 부적법한지 보건대, 피고의 정관에 의하면 분양신청서를 우편으로 제출하고자 할 경우에는 그 신청서가 분양신청기간 내에 발송된 것임을 증명할 수 있도록 등기우편 등으로 제출하여야 한다고 정하고 있는 사실(제38조 제3항)은 앞서 본 바와 같으므로 원고들이 등기우편으로 분양신청을 한 것이 부적법하다고 할 수 없고, 피고의 정관상 조합원 권한의 대리행사는 인정되지 않는다고 하더라도(제9조 제2항), 원고측 조합원들이 분양신청서 21장을 일괄하여 하나의 봉투에 넣어 보낸 것만으로는 분양신청 권한 자체를 대리행사 한 것이라고 볼 수 없다...

다. 손해배상책임의 범위

(1) 손해액 산정의 기준시점

1) 불법행위로 인한 손해액 산정의 기준시점은 불법행위시라고 할 것이나, 다만 불법행위시와 결과발생시 사이에 시간적 간격이 있는 경우에는 결과가 발생한 때에 불법행위가 완성된다고 보아 불법행위가 완성된 시점, 즉 손해발생시가 손해액 산정의 기준시점이 된다고 할 것이고(대법원 2007. 6. 15. 선고 2005다45605 판결 등 참조), 손해의 액수에 대한

VII. 손해배상의 범위 (손해액의 산정)

증명책임은 손해배상을 청구하는 피해자인 원고들에게 있다(대법원 1994. 3. 11. 선고 93 다 57100 판결, 대법원 2011. 7. 28. 선고 2010 다 18850 판결 등 참조).

2) 살피건대 앞서 본 바와 같이 원고 측 조합원들의 분양신청이 적법하게 이루어졌는데도 피고가 2004. 6. 16. 그 분양신청이 없음을 전제로 나머지 조합원들의 분양신청에 따라 이 사건 동·호수 추첨을 하여 신축아파트를 배정한 후 잔여세대를 원고들에게 배정하였고, 그 후 피고가 이 사건 동·호수 추첨결과에 따라 조합원들에게 한 이 사건 동·호수 배정 및 이에 의하여 체결된 분양계약이 무효임을 확인하는 판결(서울중앙지방법원 2004 가합 60343 호)이 선고되어 2008. 2. 15. 확정되었으므로 원고들은 피고에 대하여 이 사건 신축아파트에 관하여 새로운 동·호수 추첨 및 배정을 구할 권리를 가진다.

그런데 원고 측 조합원들의 피고에 대한 소유권보존등기절차 개시금지 가처분결정(서울고등법원 2007 라 527 호)이 2011. 9. 15. 취소되었고, 이에 따라 피고의 조합원들 대다수가 2011. 12.경까지 이 사건 신축아파트에 관하여 소유권보존등기를 마쳤으므로 늦어도 2011. 12.경에는 원고들이 피고를 상대로 이 사건 신축아파트에 대하여 관리처분계획에 따른 동·호수 재추첨의 이행을 구하는 것이 사회통념상 불가능하게 되었다고 봄이 상당하고, 따라서 그 무렵에는 피고의 불법행위로 인한 원고들의 손해 발생 여부가 구체적으로 확정되었다고 할 것이다.

(2) 평균 기대수익과의 차액 상당 손해

1) 원고들을 포함하여 이 사건 구 아파트 26 평형을 소유한 110 세대 조합원들은 관리처분계획에 따라 각 평형 및 방향, 층수를 달리하는 이 사건 신축아파트 110 세대를 배정받을 수 있었고, 각 평형 및 방향, 층수에 따라 그 분양가가 달라지는 점 등을 참작하면, 피고의 위법한 이 사건 동·호수 배정으로 인하여 원고들이 입은 재산상 손해는 원고들의 위 손해발생시를 기준으로 이 사건 신축아파트 중 원고들이 배정받을 수 있었던 110 세대 아파트의 시가와 분양가를 고려하여 산정한 평균 기대수익에서 원고들이 취득한 각 아파트의 시가와 분양가를 고려하여 산정한 실제 수익을 뺀 차액이라고 봄이 상당하다(대법원 2007. 6. 15. 선고 2005 다 45605 판결 등 참조).

2) 앞서 든 증거들에 의하면 이 사건 구 아파트 26 평형을 소유한 110 세대 조합원들이 내림차순에 의하여 우선 배정받을 수 있었던 이 사건 신축아파트는 45 평형 3 세대, 41 평형 44 세대, 40 평형 59 세대, 34 평형 4 세대인 사실을 인정할 수 있으나, 원고들과 피고가 원고들이 우선 배정받을 가능성이 있었던 각 평형 중 45 평형, 34 평형을 배제하고 40 평형과 41 평형 세대의 평균 기대수익만으로 손해를 산정하는 데 동의하여 이를 토대로 감정이 이루어졌고, 을 제 46 호증의 기재와 환송 후 당심 감정인 N 의 감정결과에 의하면 원고들의 손해발생시점에 가까운 2011. 12. 9. 당시 원고들이 우선 배정받을 가능성이 있었던 이 사건

제 2 장 분양 / 제 7 절 분양의 순서, 평형배정, 동·호수추첨, 분양계약체결

신축아파트 40 평형 59 세대, 41 평형 44 세대 총 103 세대 아파트의 시가는 별지 2. 기재와 같고, 위 각 아파트의 분양금액이 별지 3. 기재와 같은 사실을 인정할 수 있다.

위와 같은 2011. 12. 9. 당시의 시가와 분양가를 고려하여 평균 기대수익을 산정하면 별지 1. 기재와 같이 470,375,651 원이 되고,

별지 1

남향 102동(21세대) 평균시가	남향 105동 (19세대) 평균시가	남향 108동(19세대) 평균시가	동북향 103동(22세대) 평균시가	동북향 106동(22세대) 평균시가
① 1,269,857,143	② 1,268,000,000	③ 1,268,000,000	④ 1,216,136,364	⑤ 1,216,136,364
남향 102동(21세대) 평균분양가	남향 105동(19세대) 평균분양가	남향 108동(19세대) 평균분양가	동북향 103동(22세대) 평균분양가	동북향 106동(22세대) 평균분양가
⑥ 784,446,667	⑦ 783,948,421	⑧ 792,022,105	⑨ 752,715,636	⑩ 769,806,545
남향 102동(21세대) 평균수익(①-⑥)	남향105동(19세대) 평균수익(②-⑦)	남향 108동(19세대) 평균수익(③-⑧)	동북향 103동(22세대) 평균수익(④-⑨)	동북향 106동(22세대) 평균수익(⑤-⑩)
⑪ 485,410,476	⑫ 484,051,579	⑬ 475,977,895	⑭ 463,420,728	⑮ 446,329,819
2011. 12. 9. 기준 평균 기대수익: 470,375,651원[=(⑪×21세대 + ⑫×19세대 + ⑬×19세대 + ⑭× 22세대 + ⑮×22세대)/103세대. 원 미만 반올림, 이하 같다]				

원고들이 취득한 각 아파트의 실제 수익액은 원고 A 의 경우 464,548,000 원(= 2011. 12. 9. 당시 103 동 1401 호의 시가 1,231,000,000 원 - 103 동 1401 호의 분양가액 766,452,000 원), 원고 B 의 경우 465,298,000 원(= 2011. 12. 9. 당시 103 동 1701 호의 시가 1,236,000,000 원 - 103 동 1701 호의 분양가액 770,702,000 원), 원고 C 의 경우 463,398,000 원(= 2011. 12. 19. 당시 103 동 1201 호의 시가 1,226,000,000 원 - 103 동 1201 호의 분양가액 762,602,000 원)이므로,

위 평균 기대수익액과 원고들의 실제 수익액의 차액은 ① 원고 A 의 경우 5,827,651 원 (= 470,375,651 원 - 464,548,000 원), ② 원고 B 의 경우 5,077,651 원(= 470,375,651 원 - 465,298,000 원), ③ 원고 C 의 경우 6,977,651 원(= 470,375,651 원 - 463,398,000 원)이 된다.

3) 이에 대하여 원고들은, 위 103 세대 중 일반분양된 9 세대(40 평형 아파트 3 세대, 41 평형 아파트 6 세대)는 조합원 추첨에서 제외되었으므로 평균 기대수익액을 산정함에 있어서도 제외되어야 한다고 주장한다.

VII. 손해배상의 범위 (손해액의 산정)

그러나 앞서 든 증거들에 변론 전체의 취지를 종합하여 인정할 수 있는 다음과 같은 사정, 즉 ① 피고의 2004. 9. 17.자 임시총회에서의 일반분양결정결의는 이 사건 동·호수 배정이 유효함을 전제로 조합원들에게 배정하고 남은 부분을 대상으로 한 것인데, 이 사건 동·호수 배정이 무효인 이상 위 일반분양결정결의 역시 무효인 점, ② 원고 측 조합원들은 동·호수 추첨이 새로 이루어지면 조합원들이 일반분양분으로 된 아파트를 배정받을 가능성이 있다는 이유로 피고를 상대로, 일반분양분 10 세대(위 9 세대 및 60 평형 1 세대)에 대한 입주자 모집금지와 분양계약 체결의 금지를 구하는 소송을 제기하여 인용판결(서울고등법원 2007 나 96067 호)을 받기도 하였던 점, ③ 피고는 이 사건 구 아파트 41 평형 소유자로서 이 시건 신축아파트 60 평형을 1 지망으로 신청한 원고 측 조합원들 일부에 대하여 이 사건 신축아파트 41 평을 배정하기도 하였는바, 이 사건 구 아파트 26 평형을 소유하고 있었던 110 세대 중 16 세대가 40 평형, 41 평형을 배정받지 않게 된 것은 피고의 이 사건 동·호수 추첨에 따른 결과이므로 새로운 동·호수 추첨에서도 110 세대 중 16 세대가 다른 평형을 배정받으리라고 단정할 수 없는 점, ④ 피고의 관리처분계획에 의하면 조합원 분양분이 확정된 이후에 일반분양분을 확정하도록 정하고 있는 점, ⑤ 이 사건 신축아파트의 일반분양분에는 각 동의 1 층이 포함되어 있는데, 분양평형산청서에 '1 층 배정 신청란'이 있는 것으로 보아 이 사건 동·호수 추첨이 위와 같이 추후 일반분양분으로 결정된 세대를 제외하고 이루어졌더라도 추첨에서 제외된 세대를 분양받고자 하는 조합원이 있는 경우에는 동·호수 변경이 가능하였던 것으로 보이는 점, ⑥ 새로운 동·호수 추첨에서 피고가 조합원이 선호하지 않는 세대로 보아 추첨에서 제외한 세대를 배정받고자 하는 조합원이 발생할 가능성을 배제할 수 없는 점 등에 비추어 보면,

<u>새로 적법한 동·호수 추첨이 행하여질 경우 원고들은 이 사건 신축아파트 중 위와 같은 경위로 일반분양분으로 결정된 41 평형 6 세대, 40 평형 3 세대를 배정받을 가능성이 있다고</u> 할 것이어서 평균 기대수익은 피고의 위법한 이 사건 동·호수 추첨이 없었더라면 원고들이 배정받을 가능성이 있었던 위 9 세대를 포함한 103 세대(실제로는 110 세대)를 기준으로 산정되어야 할 것이다. 따라서 <u>원고들의 위 주장은 이유 없다.</u>

4) 한편, 피고는 2004. 6. 5. 이 사건 신축아파트 중 동북향의 41 평형 아파트를 배정받은 조합원들에게 평균 기대수익과 원고들의 실제 수익의 차액을 상회하는 10,000,000 원씩을 지급할 것을 결의하였으므로 원고들의 손해배상청구는 이유 없다고 주장하므로 살피건대, 을 제 47, 48 호증의 각 기재에 의하면 피고의 2004. 6. 5.자 정기총회에서 동북향으로 배치된 41 평형(103 동)을 배정받아 분양계약을 체결하는 조합원에 대하여 1 세대당 10,000,000 원씩을 보상하고, 보상금의 재원은 나머지 조합원들이 균등하게 분양계약시 별도로 납부하도록 하는 안건이 상정된 사실, 피고의 2006. 6. 13.자 정기총회에서 2004. 6. 5.자 정기총회에서 위 보상안건이 가결되었음을 전제로 변경되는 사항은 대의원회의 결의로 처리하기로 하는 안건이 상정된 사실은 인정되나, 그로부터 장기간이 경과한 현재까지 위 보상금 지급 절차가 이루어지지 않고 있는 점을 감안하면 이를 손해액 산정에 고려할 것은 아니다. 따라

서 피고의 위 주장은 이유 없다.

　　(3) 공유면적 평균 기대수익과의 차액 상당 손해

　원고들은, 이 사건 동·호수 배정으로 원고들에게 배정된 103동의 공유면적은 34.85 ㎡인 반면, 이 사건 신축아파트 중 원고들이 배정받을 가능성이 있었던 94세대의 평균 공유면적은 31.8 ㎡이어서 이 사건 구 아파트 26평형을 소유하고 있던 다른 조합원들에 비해 약 3 ㎡의 공유면적이 과다하게 배분되었고, 이 사건 신축아파트의 분양금액이 공유면적을 포함한 분양면적을 토대로 산출됨에 따라 위 공유면적 3 ㎡에 상응한 분양금액 17,289,000원(= 1 ㎡당 분양금액 5,763,000원 × 3 ㎡)을 다른 조합원들보다 더 부담하였으므로, 피고는 원고들에게 각 17,289,000원과 이에 대한 지연손해금을 배상할 의무가 있다고 주장한다.

　살피건대 갑 제12호증의 기재에 의하면 이 사건 신축아파트 중 40평형 남향 아파트 59세대의 분양면적은 135.39 ㎡(= 전용면적 105.50 ㎡ + 공유면적 29.89 ㎡)이고, 41평형 동북향 아파트 44세대의 분양면적은 136.23 ㎡(= 전용면적 101.38 ㎡ + 공유면적 34.85 ㎡)이어서 원고들이 배정받은 41평형 아파트의 경우 전용면적은 40평형 아파트에 비해 4.12 ㎡ 적으면서 공유면적은 4.96 ㎡ 많은 사실은 인정된다.

　그러나 앞서 본 피고의 관리처분계획 제6조 제1항 제2호는 조합원 분양가격을 지역적 입지조건, 조합의 사업성, 인근지역 시세 등을 감안한 감정평가법인 2개 기관의 감정평가 산출금액에 의한다고 규정하고 있어 원고들 주장과 같이 공유면적이 포함된 분양면적에 산술 비례하여 이 사건 신축아파트의 조합원 분양가격이 산출되었다고 보기 어렵고, 달리 이를 인정할 만한 증거가 없을 뿐만 아니라, 설령 원고들이 공유면적 약 3 ㎡에 대한 분양금액을 다른 평형을 배정받은 조합원들보다 더 부담하였다고 하더라도 원고들로서는 공유면적 약 3 ㎡를 더 취득하였으므로 그 자체로 원고들에게 어떠한 손해가 발생하였다고 할 수 없다. 따라서 원고들의 이 부분 주장은 이유 없다.

D. [위 사건에서 위자료청구를 기각함] 서울고등법원 2016. 4. 15. 선고 2014나37004 판결[손해배상]

1. 원고들의 주장 요지

　원고들이 피고의 위 불법행위가 있었던 2004. 6.경부터 이를 바로 잡기 위해 14년간 다수의 소송을 하면서 정신적 고통을 입었으므로 피고는 원고들에게 예비적 청구취지 기재와 같이 위자료 각 7,000,000원(= 1년당 500,000원 × 14년)과 이에 대한 지연손해금을 지급할 의무가 있다.

VII. 손해배상의 범위 (손해액의 산정)

2. 예비적 청구(위자료 청구)에 관한 판단

일반적으로 불법행위로 인하여 재산적 손해가 발생한 경우, 그로 인하여 당사자가 받은 정신적인 고통은 재산적 손해에 대한 배상이 이루어짐으로써 회복된다고 보아야 할 것이므로, 재산적 손해의 배상만으로는 회복될 수 없는 정신적 고통을 입었다는 특별한 사정이 있고, 상대방이 이와 같은 사정을 알았거나 알 수 있었을 경우에 한하여 정신적 고통에 대한 위자료를 인정할 수 있는바(대법원 2005. 3. 24. 선고 2005다213 판결 등 참조), 원고들 제출의 증거만으로는 원고들이 앞서 인정한 재산상 손해의 배상만으로 회복될 수 없는 정신적 고통을 입었고, 상대방인 피고가 이러한 사실을 알았거나 알 수 있었다는 점을 인정하기에 부족하고, 달리 이를 인정할 만한 증거가 없으므로 원고들의 이 부분 청구는 이유 없다.

E. [같은 취지의 하급심판례] ① 조합원 우선배정 구간을 정한 관리처분계획에도 불구하고 조합원들에게 일반분양 구간을 포함한 동·호수 추첨을 실시하여 배정한 재건축조합 및 조합장에게 손해배상책임을 인정한 사례; ② 원고별 손해액 = 원고들이 배정받을 수 있었던 156세대의 평균 기대수익 − 각 원고가 취득한 아파트의 실제 수익; ③ 이전고시일 다음날 관리처분계획에 따른 동·호수 재추첨의 이행이 사회통념상 불가능하게 되었다고 보고 그때를 손해액 산정의 기준시점으로 삼음; ④ 다만, 그 시점의 시가를 알 수 없어(시가감정을 하지 않음) 공시가격을 기준으로 손해액을 산정함(항소심에서 감정결과에 따라 다시 계산함. 이유 참조); ⑤ 조합원으로부터 분양권을 매수한 사람은 위법한 동·호수 추첨으로 인한 손해배상청구권까지 함께 양도받지 않았으므로 손해배상청구가 배척됨 —대구지방법원 2020. 7. 10. 선고 2018가합209786 판결[동호수추첨무효확인 등]

【당사자】

원고, 항소인겸피항소인	A, C, E, F (1심 원고: 이○○ 외 5명)
피고, 피항소인 겸 항소인	1. 대신 2-3지구주택재건축정비사업조합
	2. 임○○ (H 조합장)

【사실관계】

2015. 10. 31. 이 사건 임시총회에서 관리처분계획변경안 의결
2015. 11. 27. 관리처분계획인가; 2015. 11. 30. 고시
2015. 12. 30. 동·호수 추첨
2016. 1. 4. 조합원들에게 동·호수 결과 통지
2016. 1. 25.부터 3일 간 일반분양계약 체결

제 2 장 분양 / 제 7 절 분양의 순서, 평형배정, 동·호수추첨, 분양계약체결

> 2016. 2. 15. ~ 2016. 2. 17. 조합원 분양계약 체결
>
> 2018. 8. 24. 준공인가
>
> 2018. 12. 10. 이전고시

【제 1 심판결 주문】

> 피고들은 공동하여 원고 이○○에게 13,058,761 원, 원고 이△△에게 13,428,761 원, 원고 류○○에게 626,428 원, 원고 장○○에게 13,058,761 원, 원고 황○○에게 21,234,761 원과 각 이에 대하여 2019. 1. 1.부터 2020. 7. 10.까지는 연 5%, 그 다음 날부터 갚는 날까지는 연 12%의 각 비율로 계산한 돈을 지급하라.

【항소심판결 주문】

> 피고들은 공동하여 원고 A 에게 34,000,000 원, 원고 C 에게 58,000,000 원, 원고 E 에게 34,000,000 원, 원고 F 에게 29,000,000 원 및 각 이에 대하여 2019. 1. 1.부터 2021. 11. 17.까지는 연 5%, 그 다음 날부터 다 갚는 날까지는 연 12%의 각 비율로 계산한 돈을 지급하라.

☞ 아래 판결이유는 항소심에서 수정, 추가된 내용을 반영한 것이다(대구고등법원 2021. 11. 17. 선고 2020 나 23821 판결).

1. 기초사실

가. 당사자들의 지위

피고 A 주택재건축정비사업조합(이하 '피고 조합'이라고 한다)은 대구 중구 일대를 정비구역으로 하는 주택재건축정비사업(이하 '이 사건 사업'이라 한다)을 시행할 목적으로 설립된 재건축정비사업조합이고, 피고 임○○은 피고 조합의 조합장이며, 원고들은 피고 조합의 조합원이거나 조합원으로부터 수분양자 지위를 양수한 자이다.

나. 피고 조합의 설립 및 사업 진행 경과

피고 조합은 2005. 3. 9. 대구광역시 중구청장으로부터 조합설립인가를 받은 후, 이 사건 사업에 관하여 2005. 9. 7. 사업시행인가를, 2007. 4. 16. 관리처분인가를 받았으나, 2015. 6. 10.경 정비계획 변경에 따라 공동주택의 규모, 주택평형별 세대수, 사업시행기간 등 사업내용을 변경하여 사업시행변경인가를 받았다. 피고 조합은 2015. 10. 31. 임시총회(이하 '이 사건 임시총회'라고 한다)를 개최하여 관리처분계획변경(안)(이하 '이 사건 관리처분계획'이라

고 한다)을 의결하였고, 대구광역시 중구청장은 2015. 11. 27. 위 계획을 인가하여 2015. 11. 30. 이를 고시하였다.

다. 이 사건 관리처분계획의 내용

1) 이 사건 관리처분계획은 건축 시설물의 조합원에 대한 분양기준 등에 관하여 아래와 같이 규정하고 있다.

[관리처분계획(변경)기준(안)]

제 7 조 [분양(변경)신청 공고 및 신청]

　1. 분양(변경)신청 공고: 2015. 6. 22.

　2. 분양(변경)신청 기간: 2015. 6. 29. ~ 2017. 7. 31.(33 일간)

　7. 분양대상 아파트는 주택규모 분류에 따라 59 ㎡ A 형, 59 ㎡ B 형, 84 ㎡ A 형, 84 ㎡ B 형으로 구분하며, 조합원 희망에 따라 순위를 정하여 신청한다.

8. 공동주택(아파트) 조합원 분양(변경)신청 현황

주택규모	총세대	조합원 분양	1 순위 경합여부
59 ㎡ A 형	211	35	순위배정
59 ㎡ B 형	36	1	순위배정
84 ㎡ A 형	122	113	순위배정
84 ㎡ B 형	98	7	순위배정
계	467	156	-

제 10 조 [건축시설물의 분양기준]

① 조합원 아파트 분양기준

조합원에게 분양하는 아파트는 다음 각 호의 기준에 의한다.

　1. <u>일반분양에 우선하여 조합원에게 분양</u>하며 분양(변경)신청한 수만큼 공급하는 것으로 한다.

　2. 종전의 주택을 2 인 이상이 공유지분으로 공동 소유하는 경우, 그 중 조합에 신고된 대표자 1 인만을 조합원으로 보며, 1 주택만을 공급한다.

　3. 1 주택 이상 소유한 조합원이 소유한 주택수만큼 공급받지 아니하고 1 주택만을 분양(변경) 신청한 경우 나머지 소유 주택은 관리처분계획(변경)(안)이 정한 현금청산 기준 적용이 아닌 소유 주택의 권리가액으로 합산하여 정산할 수 있다.

　4. 주택과 상가를 동시에 소유한 경우에는 조합정관, 조례 등 관계 법령의 규정에 따라 주택과 상가를 각 분양받을 수 있다.

> ② 조합원 아파트 평형 배정기준
>
> 1. 조합원이 분양(변경)신청서 상의 "분양희망의견"란에 신청한 평형을 우선 공급기준으로 한다.
>
> 2. 조합원이 신청한 주택공급에 분양 가능한 주택의 세대수보다 신청자가 과다하여 경합이 되는 경우에는 해당 희망평형 신청자 중 권리가액 다액순으로 우선 공급하며, 차 순위 "분양희망의견" 주택형에서 선 순위자에게 우선 공급한 후 잔여 주택에서 권리가액 다액 순으로 공급한다.

2) 피고 조합은 이 사건 임시총회 당시 조합원들에게 이 사건 관리처분계획이 담긴 '임시총회(관리처분계획변경)'라는 제목의 책자를 교부하였고, 그 책자에는 [별첨 3] '신축건축물 감정평가(동·호수별 분양가)'라는 자료(이하 '이 사건 별첨자료'라고 한다)가 첨부되어 있는데,

이 사건 별첨자료에는 각 동별 위치도와 동·호수별 분양가가 기재되어 있고, 각 동·호수별 분양가를 정리한 표에서 전체 세대 중 조합원 분양세대를 59㎡ A형 35세대 2), 59㎡ B형 1세대 3)는 빨간색, 84㎡ A형 113세대 4)는 파란색, 84㎡ B형 7세대 5)는 녹색으로 표시(이하 표시한 세대를 '조합원 우선배정 구간'이라고 하고, 그 외 세대를 '일반분양 구간'이라고 한다)하여 일반분양세대와 구분하고 있다.

라. 조합원들의 동·호수 추첨 및 분양계약 체결

1) 피고 조합은 이 사건 임시총회 이후 2015. 12. 30. 일부 조합원들이 참석한 가운데 조합원들이 분양받을 아파트에 대한 동·호수 추첨(이하 '이 사건 동·호수 추첨'이라 한다)을 실시하였고, 2016. 1. 4. 조합원들에게 그 결과를 통지하였다. 그 후 피고 조합은 일반분양절차를 진행하여 2016. 1. 25.부터 3일간 일반분양계약을 체결하였다.

2) 원고들을 비롯한 조합원들은 2016. 2. 15.부터 2016. 2. 17.까지 피고 조합과 이 사건 동·호수 추첨결과에 따라 배정받은 아파트에 관한 분양계약을 체결하였다. 원고들이 배정받은 동·호수 및 해당 세대의 분양가는 아래와 같다.

순번	성명	배정호수	평형(㎡)	유형	계약면적(㎡)	분양가(원)
1	이○○6)	106동 *호	84.9760	A형	161.733	275,630,000
2	조○○7)	106동 *호	84.9760	B형	162.188	285,000,000
3	이△△	106동 *호	84.9760	A형	161.733	267,000,000
4	류○○	107동 *호	59.9760	A형	118.96	213,685,000
5	장○○	105동 *호	84.9760	A형	161.733	275,630,000
6	황○○	105동 *호	84.9760	A형	161.733	283,806,000

마. 아파트의 준공 및 입주

피고 조합은 2018. 8. 24. 대구 중구 지상에 지하 2층, 지상 29층인 아파트 7개 동 467세대 및 지하 1층, 지상 3층인 근린생활시설 2개동 규모의 공동주택(이하 '이 사건 아파트'라고 한다)을 신축하여 준공인가를 받았고, 2018. 12. 10. 이 사건 사업에 관한 이전고시가 이루어졌다.

[인정 근거] 다툼 없는 사실, 갑 제1, 2, 4, 9, 13호증(가지번호 있는 것은 각 가지번호 포함, 이하 같다), 을 제1 내지 7호증의 각 기재, 변론 전체의 취지

2. 판단

가. 손해배상책임의 발생

(1) 이 사건 동·호수 추첨의 위법성

앞서 인정한 사실에 갑 제7, 11호증의 각 기재와 변론 전체의 취지를 더하여 알 수 있는 다음과 같은 사정들을 종합하면, 피고 조합의 조합원은 이 사건 관리처분계획으로 정한 주택 등의 분양청구권을 가지므로 조합원으로서는 관리처분계획에 따른 동·호수 추첨권을 가진다고 할 것인데, 피고 임○○이 조합원 우선배정 구간을 정하고 이를 대상으로 조합원들에 대한 동·호수 추첨을 하기로 하는 내용의 이 사건 관리처분계획에 관한 결의에도 불구하고 일반분양 구간을 포함하여 동·호수 추첨을 실시한 것은 조합원들의 동·호수 추첨권을 박탈한 것으로서 위법하다.

가) 이 사건 관리처분계획 제10조(건축시설물의 분양기준)는 '조합원 아파트 동·호수 추첨 및 결정방법'에 관하여 '조합원 우선배정 구간 외의 구간 중 저층부(1층~2층)와 우선배정 구간 외의 다른 동을 희망하는 조합원은 조합이 정한 동·호수 추첨일 10일 전에 우선배정 신청을 하면 시공자와 협의하여 배정할 수 있다. 단, 경합 시에는 제2항 제2호의 방법을 따른다.'라고 규정하여 조합원 우선배정 구간이 있음을 전제하고 있다. 이에 대해 피고들은 위 규정이 '피고 조합이 시공사와 협의하여 조합원 우선배정 구간을 확정하였을 경우 그 우선배정 구간에 속하지 않은 다른 동·호수를 원하는 조합원이 있으면 추첨 전에 미리 시공사와 협의하여 우선배정을 할 수 있다.'는 일반론에 불과하다고 주장하나, 그와 같이 해석할 아무런 근거가 없고 실제로 피고 조합이 이 사건 관리처분계획을 결의한 이 사건 임시총회 이후 시공사와 협의하여 조합원 우선배정 구간을 확정한 사실도 없는 점에서 피고들의 위 주장은 받아들이기 어렵다.

나) 피고들은 이 사건 임시총회에서 조합원들에게 "각 평형별로 조합원가, 일반분양가가 정해져서 구간이 나와 있습니다만, 분양신청현황과 향후 과정에서 변동이 생기기 때문에 전

체 조합원 분양신청 현황을 토대로 향후 모든 것이 마쳐지면 배정구획이라든지 내용을 시공사와 그리고 착공 전에, 일반분양 승인 전에 충분히 검토를 거쳐서 배정구간을 확정해서 다시 한번 진행한다는 말씀을 드리겠습니다."라고 설명하였던 점을 근거로 이 사건 별첨자료의 내용이 조합원 우선배정 구간을 분리, 확정한 것이 아니라고 주장하나, <u>위 내용은</u> 이 사건 별첨자료에 기재된 각 동·호수별 분양가격에 대한 설명과정에서 총회 사회자가 발언한 것으로서 <u>분양가격의 변경 가능성을 고지한 것으로 보이고</u>, 위와 같은 사정만으로 피고 조합이 이 사건 별첨자료에 표시된 조합원 우선배정 구간의 확정을 유보하였다고 보기 어렵다.

다) 설령 피고 조합이 이 사건 관리처분계획의 결의 당시 <u>이 사건 별첨자료에 기재된 '조합원 우선배정 구간'</u>을 확정적인 것이 아니라 추후 시공사와의 협의 결과에 따라 변경될 수 있다는 취지로 안내하였다고 하더라도, 그와 같은 사정만으로 조합원들이 이 사건 아파트의 전체 세대를 대상으로 조합원 분양세대를 배정하기로 결의하였다고 볼 수 없다... <u>시공사와의 협의 결과 재차 관리처분계획(변경)안을 수립하여 결의를 거치지 않은 이상 피고 조합이나 피고 임○○으로서는 이 사건 관리처분계획에 따라 이 사건 별첨자료에 기재된 '조합원 우선배정 구간'에 한하여 조합원 분양세대에 대한 동·호수 추첨을 실시할 의무가 있다.</u>

라) 피고들은 피고 조합이 시공사와의 협의를 통해 조합원 우선배정 구간을 정하여 가급적 조합원들이 선호하는 동과 주택형에 배정을 하고자 노력하였으나 이 사건 재건축사업의 중요한 이해당사자인 시공사와의 협의 과정에서 조합원들의 이익만을 고집할 수는 없었다고 주장하나, 피고들 주장이 사실이라 하더라도 <u>피고 임○○으로서는 이 사건 관리처분계획에 따라 우선배정을 하고 조합원들이 추가 분담금을 부담할지, 조합원 우선배정 구간을 변경할지, 조합원 우선배정 구간을 없애고 전체 세대에 대하여 추첨을 할지 등을 새롭게 관리처분계획(변경)안으로 상정하여 총회의 결의를 받아 업무를 추진하여야 하며 임의로 조합원 우선배정 구간을 배제하거나 그 내용을 변경할 수 없다.</u>

(2) 신의칙 위반 여부

... ③ 따라서 피고 조합의 조합원들로서는 이 사건 동·호수 추첨결과에 대해 이의가 있더라도 분양 자체를 포기하지 않는 한 계약체결을 거절하기는 어려웠을 것이고, <u>조합원들이 가처분 등의 조치를 취하지 아니하고 피고 조합과 분양계약을 체결한 것이 위법한 동·호수 추첨으로 인하여 입게 된 손해배상에 관한 권리까지 포기하는 것으로 해석하기 어려운 점</u> 등에 비추어 볼 때,

피고들이 주장하는 사정만으로는 피고 조합과 분양계약을 체결한 <u>조합원들이 피고들을 상대로 위법한 동·호수 추첨에 따른 손해배상을 구하는 것이 신의성실의 원칙에 반한다고</u>

보기 어렵다. 따라서 피고들의 이 부분 주장은 이유 없다.

(3) 분양권 양수인의 손해배상청구

이 사건 동·호수 추첨으로 인한 손해배상청구권은 불법행위에 기한 손해배상청구권의 성격을 가진다고 할 것인데, 계약상 지위의 양도에 의하여 계약당사자로서의 지위가 제3자에게 이전되는 경우 계약상의 지위를 전제로 한 권리관계만이 이전될 뿐 불법행위에 기한 손해배상청구권은 별도의 채권양도절차 없이 제3자에게 당연히 이전되는 것이 아니다.

따라서 이 사건 동·호수 추첨으로 인한 손해배상청구권을 가지고 있던 조합원이 분양계약상의 지위를 제3자에게 양도하였다는 사정만으로 그 양수인이 당연히 위 손해배상청구권을 행사할 수 있다고 볼 수는 없다. 다만 이 사건 동·호수 추첨이 위법하여 그로 인한 손해배상청구권이 있음을 알고 이를 반영하여 높은 가격에 분양권을 매수하는 등으로 양수인이 분양계약상 지위를 양도받으면서 이 사건 동·호수 추첨으로 인한 손해배상청구권까지 함께 양도받았다는 등의 특별한 사정이 있는 경우에만 양수인이 그 손해배상청구권을 행사할 수 있다고 할 것이다.

피고 조합이 이 사건 아파트 106동 *호에 관하여 오○○와 분양계약을 체결하였으나, 엄○○가 2016. 12. 9. 오○○로부터, 원고 조○○가 2017. 1. 11. 엄○○로부터 106동 *호에 관한 분양계약상 권리의무를 순차적으로 승계하여 원고 조○○가 위 세대의 수분양자가 된 사실은 앞서 본 바와 같다. 한편 원고 조○○가 위와 같이 분양계약상 지위를 양도받으면서 오○○ 또는 엄○○로부터 이 사건 동·호수 추첨으로 인한 손해배상청구권까지 함께 양도받은 사실을 인정할 아무런 증거가 없다. 그렇다면 원고 조○○는 이 사건 동·호수 추첨결과 이 사건 아파트 106동 *호를 배정받음으로써 발생한 손해에 대하여 피고들을 상대로 배상을 청구할 수 없다. 피고들의 이 부분 주장은 이유 있다.

나. 손해배상책임의 범위

(1) 손해액 산정의 기준시점

피고 조합은 2018. 8. 24. 이 사건 아파트에 대한 준공인가를 받았고, 피고 조합은 2018. 12. 10. 이 사건 사업에 대하여 '도시 및 주거환경정비법' 제86조에 따라 대지 및 건축물의 소유권 이전에 관한 고시를 하였다(을 제1, 2호증). '도시 및 주거환경정비법'에 의하면, 대지 또는 건축물을 분양받을 자는 고시가 있은 날의 다음 날에 그 소유권을 취득하고(제86조 제2항), 그 무렵 분양계약자들 상당수가 이 사건 아파트에 입주함으로써 그 점유까지 취득하였으므로, 동·호수 재추첨의 이행이 불가능하게 된 것은 위 이전고시일 다음 날인 2018. 12. 11.로 봄이 타당하다.

제 2 장 분양 / 제 7 절 분양의 순서, 평형배정, 동·호수추첨, 분양계약체결

(2) 평균 기대수익과의 차액 상당 손해

가) 손해의 액수에 대한 증명책임은 손해배상을 청구하는 피해자인 원고들에게 있다(대법원 2011. 7. 28. 선고 2010 다 18850 판결 등 참조). 다만 불법행위로 인한 손해배상청구소송에서 재산적 손해의 발생사실은 인정되나 구체적인 손해의 액수를 증명하는 것이 사안의 성질상 곤란한 경우, 법원은 증거조사의 결과와 변론 전체의 취지에 의하여 밝혀진 당사자들 사이의 관계, 불법행위와 그로 인한 재산적 손해가 발생하게 된 경위, 손해의 성격, 손해가 발생한 이후의 여러 정황 등 관련된 모든 간접사실을 종합하여 손해의 액수를 판단할 수 있다(대법원 2004. 6. 24. 선고 2002 다 6951, 6968 판결 등 참조).

나) 원고 이○○, 이△△, 류○○, 장○○, 황○○을 포함한 조합원들은 이 사건 관리처분계획에서 조합원 우선배정 구간으로 지정된 156 세대를 배정받을 수 있었고, 각 평형 및 방향, 층수에 따라 그 분양가가 달라지는 점 등을 참작하면, 피고들의 위법한 이 사건 동·호수 추첨으로 인하여 위 원고들이 입은 손해는 위 손해발생시를 기준으로 이 사건 아파트 중 위 원고들이 배정받을 수 있었던 156 세대 아파트의 시가와 분양가를 고려하여 산정한 평균 기대수익에서 위 원고들이 취득한 각 아파트의 시가와 분양가를 고려하여 산정한 실제 수익을 뺀 차액이라고 봄이 상당하다(대법원 2007. 6. 15. 선고 2005 다 45605 판결 등 참조).

다) 앞서 든 증거들에 의하면 이 사건 아파트의 동별, 평형 및 구조별 세대수와 그 중 조합원 배정세대 및 일반분양 배정세대는 아래 표와 같다.

동	평형/구조	총세대수	조합원배정(세대수)	일반분양배정(세대수)
101동	59A형	30	0	30
	59B형	36	1(1903호)	35(1903호 제외)
102동	59A형	30	0	30
103동	59A형	40	35(201, 201, 301, 302, 401호 제외)	5(201, 201, 301, 302, 401호)
104동	84A형	43	40(102, 201, 202호 제외)	3(102, 201, 202호)
105동	84A형	40	37(201, 202, 301호 제외)	3(201, 202, 301호)
	84B형	42	4(1603, 1604, 1703, 1704호)	38
106동	84A형	39	36(102, 201, 202호 제외)	3(102, 201, 202호)
	84B형	56	3(1904, 2003, 2004호)	53(1904, 2003, 2004호 제외)
	59A형	56	0	56
107동	59A형	55	0	55
계		467	156	311

이 사건 아파트에 대한 조합원들의 분양신청은 각 평형(84 ㎡ 또는 59 ㎡)과 내부구조(A형 또는 B형, 아파트 호수 중 끝자리가 1, 2 인 경우는 A형, 3, 4 인 경우는 B형이다.)만 선택하여 신청할 수 있었고, 개별 동은 지정할 수 없었다. 원고 이○○, 이△△, 장○○, 황○

○은 84 ㎡/A 형을, 원고 류○○는 59 ㎡/A 형을 선택하였다. 그렇다면 위 원고들이 선택한 각 평형 및 내부구조별로 추첨을 기대할 수 있는 각 동별 가능 세대수는 아래 표와 같다.

평형	배정 가능 세대(동·호수)
84/A형	104동 43세대 중 - 102, 201, 202호를 제외한 40세대 105동 40세대 중 - 201, 202, 301호를 제외한 37세대 106동 39세대 중 - 102, 201, 202호를 제외한 36세대
59/A형	103동 40세대 중 - 201, 202, 301, 302, 401호를 제외한 35세대

[제1심 판결]

갑 제 2, 16 호증의 각 기재와 변론 전체의 취지에 의하면, 위 원고들의 손해발생시점에 가까운 2019. 1. 1. 당시 위 원고들이 우선 배정받을 가능성이 있었던 이 사건 아파트 84 ㎡/A 형 104 동 40 세대, 105 동 37 세대, 106 동 36 세대 및 59 ㎡/A 형 103 동 35 세대의 공시가격(시가를 기준으로 평균 기대수익과 실제 수익을 산정함이 원칙이나, 이 사건 아파트의 경우 손해발생 당시의 시가를 알 수 없어 공시가격을 기준으로 산정하기로 한다)은 [별지 2] 공시가격 기재와 같고, 위 각 아파트의 분양금액이 [별지 3] 분양가 기재와 같은 사실을 인정할 수 있다.

① 위와 같은 2019. 1. 1. 당시의 시가와 분양가를 고려하여 평균 기대수익을 산정하면 [별지 1] 평균 기대수익 기재와 같이 84 ㎡/A 형을 신청한 원고 이○○, 이△△, 장○○, 황○○은 98,428,761 원, 59 ㎡/A 형을 신청한 원고 류○○는 82,941,428 원이 되고,

② 위 원고들이 취득한 각 아파트의 실제 수익액은 원고 이○○의 경우 85,370,000 원(= 2019. 1. 1. 당시 106 동 *호의 공시가격 361,000,000 원 - 106 동 *호의 분양가액 275,630,000 원), 원고 이△△의 경우 85,000,000 원(= 2019. 1. 1. 당시 106 동 *호의 공시가격 352,000,000 원 - 106 동 *호의 분양가액 267,000,000 원), 원고 류○○의 경우 82,315,000 원(= 2019. 1. 1. 당시 107 동 *호의 공시가격 296,000,000 원 - 107 동 *호의 분양가액 213,685,000 원), 원고 장○○의 경우 85,370,000 원(= 2019. 1. 1. 당시 105 동 *호의 공시가격 361,000,000 원 - 105 동 *호의 분양가액 275,630,000 원), 원고 황○○의 경우 77,194,000 원(= 2019. 1. 1. 당시 105 동 *호의 공시가격 361,000,000 원 - 105 동 *호의 분양가액 283,806,000 원)이므로,

③ 위 평균 기대수익액과 위 원고들의 실제 수익액의 차액은 a) 원고 이○○의 경우 13,058,761 원(= 98,428,761 원 - 85,370,000 원), b) 원고 이△△의 경우 13,428,761 원(= 98,428,761 원 - 85,000,000 원), c) 원고 류○○의 경우 626,428 원(= 82,941,428 원 - 82,315,000 원), d) 원고 장○○의 경우 13,058,761 원(= 98,428,761 원 - 85,370,000 원), e) 원고 황○○의 경우 21,234,761 원(= 98,428,761 원 - 77,194,000 원)이 된다.

[항소심 판결]

> ☞ 항소심에서는 위와 같이 계산하지 않고, 항소심 감정결과에 따라 원고들이 배정받을 가능성이 있었던 아파트의 중층 세대의 시가를 평균 시가로 보고, 그 금액에서 각 원고들이 배정받은 아파트의 시가를 바로 공제하는 방법으로 손해액을 산정했다.
>
> 손해액 = 대상 아파트 중층 세대 시가 − 각 원고들이 배정받은 아파트의 시가

① 갑 제 2, 16 호증의 각 기재, 당심의 감정촉탁 결과, 변론 전체의 취지에 의하면, 피고들의 불법행위가 없었더라면 위 원고들이 배정받을 가능성이 있었던 이 사건 아파트 84 ㎡/A 형의 평균 시가로 추인되는 동일 평형 중층 세대(R 동 BJ 호, U 동 BH 호)의 2019. 1. 1. 기준 시가는 597,000,000 원인 사실,

② 위 원고들이 배정받은 아파트의 2019. 1. 1. 기준 시가는, 원고 A 563,000,000 원(U 동 K 호), 원고 C 539,000,000 원(U 동 S 호), 원고 E 563,000,000 원(T 동 K 호), 원고 F 568,000,000 원(T 동 M 호)인 사실이 인정되므로,

③ 피고들의 불법행위로 인하여 원고들에게 발생한 그 차액 상당의 손해는, 원고 A 은 34,000,000 원(= 597,000,000 원 − 563,000,000 원), 원고 C 은 58,000,000 원(= 597,000,000 원 − 539,000,000 원), 원고 E 는 34,000,000 원(= 597,000,000 원 − 563,000,000 원), 원고 F 은 29,000,000 원(= 597,000,000 원 − 568,000,000 원)이 된다.

☞ 같은 사업장에서의 같은 취지 판례: 대구지방법원 2023. 4. 12. 선고 2021 가단 145656 판결[손해배상(기)]

VIII. 분양계약의 체결

A. 개요

1. 【해설】 분양계약 체결 개요

> **(1) 분양계약체결 통지:** 분양계약체결 통지의 방법은 분양신청통지 방법과 같다(등기우편 반송 후 1 회 일반우편 추가 발송. ☞ 제 2 장 제 1 절 IV. 참조). 다만, 공고는 하지 않아도 된다(서울행정법원 2019. 11. 20. 선고 2018 구합 75887 판결. 항소기각).
>
> 분양계약체결 통지는 조합원들에게 기한 내에 분양계약에 응해 줄 것을 안내하는 것일 뿐이어서 조합원들의 구체적인 권리의무에 직접적 변동을 초래하는 행정처분이 아니고, 그 부존재확인을 구할 법률상 이익도 없다(대법원 2002. 12. 27. 선고 2001 두 2799 판결).

(2) 사법상 계약(민사소송): 분양계약에서 종전자산 가액과 권리가액 및 종후자산 추산액을 기초로 청산금을 추산하여 분담금(추정분담금)을 정하고, 그 분담금을 계약금·중도금·잔금으로 분할하여 입주시까지 모두 지급하기로 합의한다(단, 종전자산 가액이 분양받은 종후자산 가액보다 큰 조합원의 경우는 마이너스 분담금, 즉 환급금이 기재된다). 이는 정관에 따른 청산금의 분할징수에 해당하나(표준정관 제 44 조 제 5 항 및 법 제 89 조 제 2 항), 조합과 조합원 간의 개별합의(분양계약, 조합원공급계약) 형식으로 이루어진다.

그래서 분양계약에 따른 청산금청구는 민사소송으로 취급하는 것이 실무이다(대법원 2012. 3. 29. 선고 2010 다 590 판결; 대법원 2015.11.26. 선고 2013 다 70668 판결; 서울고등법원 2013. 8. 23. 선고 2012 나 105132 판결 등).

☞ 청산금에 관하여는 돈.되.법 5 제 5 장 제 5 절을 참조하세요.

(3) 총회결의를 거치지 않아도 유효함: 분양계약은 정관규정에 따라 체결되므로 그 자체로 유효하고, 분양계약에서 정관이나 관리처분계획 등에서 예정하지 않은 조합원의 급부의무를 정하고 있더라도, ① 사법상 계약의 체결이 조합과 조합원의 자유로운 의사의 합치에 기하여 이루어지고 ② 그 필요성과 상당성이 있다고 인정되는 한, 총회결의를 거치지 않았더라도 그 분양계약은 유효하다(대법원 2008. 12. 24. 선고 2006 다 73096 판결).

2. 【해설】 여러 명을 대표하는 조합원의 분양계약 체결

여러 명을 대표하는 1 명의 조합원(대표조합원)이 분양신청을 하는 경우 그 여러 명의 토지등소유자 모두가 각자 분양신청서를 작성하여 대표조합원의 분양신청서에 첨부하도록 하고 있다.

그런데 수인을 대표하는 조합원이 분양계약을 체결할 때에 각 소유자별 구비서류[계약금(부담금의 10%) 입금증, 인감증명서, 주민등록등본, 인감도장, 신분증]까지 함께 제출하도록 요구하고 있어 문제가 되고 있다.

이에 관하여「조합이 관계 법령이나 정관에서도 정하지 않은 대표조합원 외 나머지 공동분양대상자에 대한 계약금 입금증, 인감증명서, 주민등록등본, 인감도장, 신분증 등을 제출하도록 요구한 후 대표조합원이 위 서류들을 갖추지 못한 채 분양계약 체결에 임하였다고 하여 이를 분양계약 체결의무를 위반한 것이라고 평가하는 것은 부당하며, 따라서 이 경우 분양계약 체결기간이 도과되었더라도, 관리처분계획에서 정해진 대로 소외 공동분양대상자와 함께 공동수분양권자의 지위에 있다」고 판시한 하급심판례가 있다(서울행정법원 2021. 9. 10. 선고 2019 구합 78425 판결).

3. 【해설】 분양대금의 결정

조합원분양가는 분양신청통지문에서부터 언급되기 시작한다. 분양통지문에 포함될 「분양대상자별 분담금 추산액」은 조합원분양가에서 권리가액을 공제함으로써 산출되기 때문이다. ★ 분담금 = 조합원분양가 − 권리가액.

그러나 분양통지문에 언급된 조합원분양가는 분양신청을 앞둔 조합원들에게 사업에 참여할지 여부를 선택할 수 있도록 관련 정보를 제공하기 위하여 안내된 금액으로서 '추정분양가'에 불과하다. 이후 관리처분계획 수립 단계에서 시장·군수등이 선정·계약한 2인 이상의 감정평가법인등이 평가한 금액을 산술평균하여 종후자산 추산액이 정해지고(법 제73조 제1항 제3호 및 제4항), 추후 동호수 추첨결과에 따라 분양대금이 최종 결정된다.

B. 분양계약과 관리처분계획의 관계

1. 【해설】 분양계약은 관리처분계획의 집행행위

(1) 조합과 조합원 사이의 법률관계는 관리처분계획에 의해 결정됨: 조합과 조합원 사이의 법률관계, 특히 신축건물의 완성 및 권리이전에 관한 법률관계는 관리처분계획과 그 완성행위인 이전고시에 의하여 형성되고 완성되는 것이지 분양계약에 의해서 형성되는 것이 아니다. 관리처분계획수립·인가와 이전고시 사이에 사업시행자가 하는 구체적 사실행위들(이주·철거·착공)과 법률행위(분양계약체결 등)는 관리처분계획을 집행하고 실현하는 행위이며, 그러한 구체적 사실행위와 법률행위에 의하여 비로소 조합과 조합원 사이의 법률관계가 형성되는 것이 아니다.

(2) 조합과 조합원 사이의 이행의무의 존부 및 내용도 관리처분계획에 의해 결정됨: 이런 의미에서 관리처분계획이 인가된 이후 조합원과 조합 사이에 체결되는 분양계약은 관리처분계획에 따라 결정된 조합원과 조합 사이의 분양에 관한 법률관계를 구체화하고 보충하는 의미를 갖는다고 볼 수 있다. 따라서 조합과 조합원 사이의 이행의무의 존부나 내용도 1차적으로 관리처분계획에 따라 결정된다.

(3) 구체적 사례: <u>조합원이 조합으로부터 전용면적의 비율에 따라 산정된 대지지분을 이전받기로 하는 분양계약을 체결하였다고 하더라도</u>, 그 후 변경된 관리처분계획에 의해서 조합원에게 공급할 대지지분의 기준이 전용면적에서 분양면적으로 변경되었다면, <u>조합은 변경된 관리처분계획에 따라 분양면적 비율에 의한 대지지분을 이전할 의무가 있을 뿐</u>이다.

(이상 서울고등법원 2011.12.23. 선고 2011누5898 판결.)

2. 【해설】 분양계약 해제 문제

> (1) 조합과 조합원 사이의 분양에 관한 법률관계는 도시정비법, 조합정관, 관리처분계획에 의하여 형성되는 것이지 분양계약에 의하여 비로소 형성되는 것은 아니며, 분양계약은 관리처분계획 등에 의하여 이미 형성된 법률관계를 구체화하고 보충하는 의미를 갖는 것에 불과하다.
>
> 따라서 조합이나 조합원이 분양계약상 채무불이행을 이유로 분양계약을 해제하더라도, 조합원 지위가 상실된다거나 현금청산대상자로 되지는 않는다.
>
> (2) 관리처분계획에 반하는 분양계약은 효력이 없고, 분양계약 체결 후 관리처분계획의 주요 부분이 변경되면 분양계약은 변경된 관리처분계획과 저촉되는 범위 내에서는 효력을 상실한다.
>
> 따라서 관리처분계획 변경으로 환급금의 규모와 지급시기가 달라지면, 종전 분양계약에서 정한 환급금 규모와 지급시기를 전제로 한 채무불이행을 근거로 분양계약을 해제할 수 없다. (이상 서울고등법원 2014. 10. 15. 선고 2013 나 35797 판결.)

C. ① 조합과 조합원이 사법상 계약으로 개별약정을 하는 경우에는 반드시 총회결의를 거쳐야 하는 것 아니야; ② 그 계약체결의 필요성과 상당성이 인정되는 한, 조합원에게 정관이나 관리처분계획에서 예정하지 않은 급부의무를 정하고 있다는 사정만으로 그 계약이 무효로 되지는 않아; ③ 상가분양 지연으로 공사비를 지급할 수 없게 되어 시공사의 유치권 행사와 연체료 등으로 공사비 등이 증가될 상황에서 '조합원과의 개별계약' 형식으로 사업비를 분양대금 선납부 후정산 방식으로 분담키로 하여 조합원의 부담이 증가한 사안에서, 그 필요성과 상당성을 인정하여 그 분양계약이 유효하다고 본 사례—대법원 2008. 12. 24. 선고 2006 다 73096 판결[부당이득금]

【당사자】

> 【원고, 피상고인】 원고 1 외 42 인
>
> 【피고, 상고인】 피고 주택개량재개발조합

1. 법리

가. 조합과 조합원의 개별약정도 허용될 수 있어

구 도시재개발법(1995. 12. 29. 법률 제 5116 호로 전문 개정되기 전의 것)의 적용을 받는 재개발조합의 조합원이 재개발사업의 시행 결과 조성된 대지 및 건물에 관한 소유권을 취득하는지 여부는 인가·고시된 관리처분계획 및 이에 따른 분양처분에 의하여 정해지지만,

재개발조합과 조합원이 도시재개발사업 시행 과정에서 시공사에 대한 공사비 지급, 신축건물에 대한 조합원의 입주 및 분양대금 납부 등을 둘러싼 권리·의무관계를 원활하게 조정하고 이를 구체화하기 위하여 사법상 계약의 형태로 개별적인 약정을 체결하는 것은 구 도시재개발법에서 이를 금지하고 있다는 등의 특별한 사정이 없는 한 항시 허용되지 않는다고 볼 것은 아니다.

나. 조합과 조합원의 계약에 총회의결이 반드시 필요한 것 아니야

위와 같은 사법상 계약의 체결이 재개발조합과 조합원의 자유로운 의사의 합치에 기하여 이루어진 것인 이상, 재개발조합이 반대 조합원을 포함한 전체 조합원에게 행정처분의 방식으로 일률적으로 경비 등을 부과할 경우에 거쳐야 하는 총회결의 절차는 위와 같은 사법상 계약 체결의 경우에도 반드시 거쳐야 한다고 볼 수는 없으며, 공사비 등의 지급을 위한 조합원의 급부의무의 부담 및 그 내용이 구 도시재개발법을 포함한 전체 법질서에 비추어 허용될 수 있고,

그 사법상 계약의 체결에 이르게 된 동기, 경위 및 목적 등에 비추어 필요성과 상당성이 있다고 인정되는 때에는 사법상 계약에서 조합원에게 정관이나 관리처분계획 등에서 예정하지 아니한 급부의무에 관하여 정하고 있다는 사정만으로 이러한 사법상 계약이 무효로 되는 것은 아니라고 할 것이다.

2. 대법원의 판단 (파기환송)

가. 이 사건 분양계약의 유효함

앞에서 본 법리와 위 사실관계에 비추어 살펴본다. 피고 조합은 분양 대상 신축 아파트에 대한 공사가 완료되었음에도 당초 관리처분계획에서 예정한 것과는 달리 상가의 분양 등이 늦어진 탓에 시공사에게 공사비 등을 지급할 수 없게 되고 이에 따라 시공사의 신축 아파트에 대한 유치권 등의 행사로 예정된 입주일에 조합원의 입주가 곤란해지며 연체료 등의 가산으로 공사비 등의 부담이 증가될 수 있는 상황에 처하게 되었는바,

만일 피고 조합이 부족한 변제재원을 마련하기 위하여 그 공사비 등을 우선 외부에서 차입하여 지급하고 사업완료시에 조합원으로부터 청산금을 지급받아 충당하는 경우에는 그 동안의 차입금이자 등 금융비용의 부담 내지 그에 따른 경제적 손실이 재개발사업비용의 종국적 부담자인 조합원에게 고스란히 돌아가게 될 것이어서 오히려 조합원에게 불리하게 될 수도 있으므로, 피고 조합의 조합원들로서는 피고 조합이 이러한 공사비 등을 지체 없이 지급할 수 있도록 각자 비용을 분담하여 출연할 필요가 있었다고 할 것이다.

이 사건 각 분양계약은 그 비용분담 문제의 해결을 위하여 피고 조합과 해당 원고 내지

조합원이 개별적인 합의를 통하여 일단 분양대금을 전액 납부하기로 약정하고 이를 가지고 공사비채무 등을 변제함으로써 신축 아파트 입주가 가능하도록 함과 아울러 불필요한 연체료 채무의 증가를 방지한 다음 향후 상가의 분양 등이 완료된 후 청산금을 확정하여 이를 반환받기로 약정하거나, 이와 같은 약정과 동일한 구속력을 스스로 인정하기로 하고 신축 아파트에 대한 분양대금을 피고 조합에 자발적으로 납입한 후 사후에 피고 조합과 그에 관한 분양계약을 체결한 것이므로, 이는 종국적으로 피고 조합의 조합원들이 부담하여야 할 재개발사업의 비용을 분양대금의 선납부 후정산의 방식으로 분담하기로 하고 이를 개별적인 의사의 합치에 기한 사법상 계약의 형식으로 정한 것이라고 할 것이다.

위와 같이 신축 아파트의 적기 입주와 사업비용 증가의 방지라는 목적을 달성하기 위하여 체결된 이 사건 분양계약에 따른 분양대금 납부의무의 부담이나 그 내용은 구 도시재개발법을 포함한 전체 법질서에 비추어 허용될 수 있고, 이 사건 각 분양계약의 체결에 이르게 된 동기, 경위 및 목적 등에 비추어 필요성과 상당성이 있다고 인정할 수 있으므로, 이 사건 각 분양계약을 무효로 보기는 어렵다고 할 것이다.

나. 원심판결의 위법함

이와 달리 원심은, 피고 조합의 조합원들은 관리처분계획에 따라 재개발사업이 완료되고 분양처분이 고시된 다음날 아파트의 소유권을 당연히 취득하게 되고 그 시점에서 청산금을 지급하면 될 뿐이며, 구 도시재개발법상 조합이 분양처분의 고시가 있기 전에 조합원으로부터 금원을 징수할 수 있는 경우로는 부과금과 가청산금의 징수만이 있을 뿐인데도, 피고 조합이 총회결의도 거치지 아니한 채 조합원들과 신축 아파트의 가액에 상당하는 분양대금 전액을 납부하게 하는 내용의 계약을 체결하였다는 이유로 이 사건 각 분양계약이 무효라고 판단하고 말았으니,

이러한 원심의 판단에는 재개발조합과 조합원 사이에 체결된 사법상 계약의 효력에 관한 법리를 오해하여 판결에 영향을 미친 위법이 있다. 이 점을 지적하는 피고 조합의 상고이유의 주장은 이유 있다.

D. [고등법원판례] ① 조합이나 조합원이 분양계약상 채무불이행을 이유로 분양계약을 해제하더라도, 조합원 지위가 상실된다거나 현금청산대상자로 되지 않아; ② 관리처분계획에 반하는 분양계약은 효력이 없고, 분양계약 체결 후 관리처분계획의 주요 부분이 변경되면, 분양계약은 변경된 관리처분계획과 저촉되는 범위 내에서는 효력을 상실해; ③ 관리처분계획 변경으로 환급금의 규모와 지급시기가 달라진 이상, 종전 분양계약에서 정한 환급금 규모와 지급시기를 전제로 한 채무불이행을 근거로 분양계약을 해제할 수 없음 ─서울고등법원 2014. 10. 15. 선고 2013나35797 판결[소유권이전등기] (심리불속행 상고기각)

【당사자】

원고,피항소인	A 재건축정비사업조합
피고,항소인	B, C

1. 관련 법리

위와 같은 법리와 도시정비법 규정의 내용과 취지에 비추어 보면, 도시정비법상 재건축정비사업의 경우 조합원과 재건축정비사업조합 사이의 분양에 관한 법률관계는 도시정비법, 재건축정비사업조합의 정관, 관리처분계획 및 이전고시 등에 의하여 형성되는 것이지 분양계약에 의하여 비로소 형성되는 것은 아니라 할 것이고, 관리처분계획이 인가된 이후 조합원과 재건축정비사업조합 사이에 체결된 분양계약은 조합원과 재건축정비사업조합 사이에 관리처분계획 등에 의하여 이미 형성된 법률관계를 구체화하고 보충하는 의미를 갖는 것에 불과하다. 따라서 원고의 정관이나 총회 결의 등에 달리 정함이 없는 한, 재건축정비사업조합이나 조합원이 분양계약상의 채무불이행을 이유로 분양계약을 해제한다고 하더라도 조합정관이나 관리처분계획 등에 의하여 형성된 법률관계까지 실효된다고 해석할 수는 없으므로, 분양계약의 해제로 인하여 그 조합원의 조합원 지위가 상실된다거나 또는 현금청산대상자가 된다고 할 수 없다.

또한 관리처분계획에 반하는 분양계약은 그 효력을 인정할 수 없고, 관리처분계획의 주요 부분을 실질적으로 변경하는 내용의 새로운 관리처분계획이 수립인가된 경우 당초의 관리처분계획은 달리 특별한 사정이 없는 한 효력을 상실한다는 점에 비추어 볼 때, 분양계약 체결 이후 관리처분계획의 주요 부분이 변경된 경우에는 재건축조합과 조합원 사이의 권리관계는 변경된 관리처분계획에 따라 변경되고, 그에 따라 종래의 분양계약은 변경된 관리처분계획과 저촉되는 범위 내에서는 그 효력을 상실한다고 봄이 상당하다.

2. 관리처분계획 변경으로 환급금 규모와 지급시기가 달라진 이상, 종전 분양계약에서 정한 환급금 규모와 지급시기를 전제로 한 채무불이행을 근거로 분양계약을 해제할 수 없음

이 사건의 경우 원고와 피고들 사이의 분양계약 체결 이후인 2012. 2. 25.자 조합원총회에 의하여 추정비례율이 97%에서 72.62%로 대폭 감소되어 피고 B 의 경우 환급금이 2,992,571,647 원에서 2,094,804,123 원으로 줄어들었고, 피고 C 의 경우 환급대상에서 부담금 납부 대상자로 바뀌었으며, 조합원 환급금에 관하여 일괄로 지급하되 그 지급시기는 시공사와 협의하는 것으로 관리처분계획이 변경되었고, 위 관리처분계획 변경이 2012. 5. 24. 인가된 사실은 앞에서 본 바와 같다.

위에서 본 법리에 비추어 보면, 위 관리처분계획변경 인가로써 원고와 피고들 사이의 이 사건 각 분양계약은 위 변경된 관리처분계획과 저촉되는 범위 내에서 실효되었다고 할 것이므로, 원고는 위 변경된 관리처분계획에 따라 환급금 지급의무를 부담할 뿐, 더 이상 환급금의 규모와 지급시기에 관하여 이 사건 각 분양계약의 구속을 받지 않는다고 할 것이다. 따라서 관리처분계획에서 환급금의 규모와 지급시기를 달리 정한 이상 피고들은 이 사건 각 분양계약상의 채무불이행을 근거로 분양계약을 해제할 수는 없다고 할 것이다.

한편, 피고들은 비례율을 제대로 설명하지 않았다는 점을 해제사유의 하나로 삼고 있으나, 피고들이 직접 서명한 재건축결의 동의서(갑 제 8 호증의 1, 3)에 비례율이 명시되어 있으므로 비례율에 대한 설명을 제대로 하지 않았다는 주장은 이유 없다.

따라서 이 사건 각 분양계약의 해제로 조합원 지위가 상실됨을 전제로 한 피고들의 주장, 즉 피고들은 현금청산대상자에 해당하므로 원고의 현금청산의무와 피고들의 소유권이전 등기의무가 동시이행관계에 있다는 주장은 어느 모로 보나 이유 없다.

☞ [같은 취지] 서울고등법원 2015. 11. 27. 선고 2015 나 2008894 판결(심리불속행)

E. [하급심판례] 여러 명을 대표하는 조합원이 자신의 구비서류를 갖추어 분양계약체결에 임하였는데, 조합이 관계 법령이나 정관에서 정하지 않은 대표조합원 외 나머지 공동분양대상자에 대한 계약금 입금증, 인감증명서, 주민등록등본, 인감도장, 신분증 등을 제출하도록 요구하며 분양계약 체결을 거절한 것은 부당해; ② 따라서 이 경우 분양계약 체결기간이 도과되었더라도, 원고 대표조합원은 관리처분계획에서 정해진 대로 소외 공동분양대상자와 함께 여전히 공동수분양권자의 지위에 있다고 본 사례 —서울행정법원 2021. 9. 10. 선고 2019 구합 78425 판결[조합원지위확인]

【주문】

원고가 유한회사 C 과 함께 D 호에 대한 공동수분양권자의 지위에 있음을 확인한다.

피고가 조합원들에게 통지한 분양계약체결 안내문을 보면, '공동명의인 경우 각 소유자별 구비서류[계약금(부담금의 10%) 입금증, 인감증명서, 주민등록등본, 인감도장, 신분증]'를 함께 제출하도록 요구하고 있는데, 이는 앞서 본 바와 같이 법규적 효력이 있는 구 정비조례 시행규칙 제 15 조 [별지 제 22 호] 서식이 수인이 1 인의 분양대상자로 신청하는 경우 각 분양신청서를 작성하여 제출하도록 하는 것을 고려한 것으로 보인다.

그러나 ... 조합이 도시정비법령등 관계 법령이나 정관에서도 정하여지지 않은 대표조합원 외 나머지 공동분양대상자에 대한 계약금 입금증, 인감증명서, 주민등록등본, 인감도장, 신분증 등을 제출하도록 요구한 후 대표조합원이 위 서류들을 갖추지 못한 채 분양계약 체결에 임하였다고 하여 이를 분양계약 체결의무를 위반한 것이라고 평가하는 것은 부당하다.

원고가 비록 C에 대한 구비서류를 갖추지 못하였다고 하더라도, 피고 정관에 따라 대표조합원으로서의 수권을 받아 이 사건 분양부동산에 관한 분양계약 체결을 요청한 것은 적법함에도 피고가 이를 거절한 것은 부당하고, 따라서 피고가 정한 분양계약 체결기간이 도과되었다고 하더라도 원고에게는 이 사건 <u>관리처분계획에서 정해진 바와 같이 C과 공동으로 이 사건 분양부동산에 관한 수분양권을 가진 조합원 지위가 계속하여 유지된다</u>고 할 것이다. 따라서 원고의 주장은 이유 있고, 피고가 이를 다투고 있는 이상 원고의 위와 같은 지위 존재의 확인을 구할 확인의 이익도 있다.

돈.되.법

제 3 장

관리처분계획

제1절 관리처분계획의 의미와 법적 성격
제2절 관리처분계획의 수립·인가 절차
제3절 관리처분계획의 내용
제4절 상가 관리처분계획 (상가독립정산제 문제)
제5절 종전자산의 사용·수익 금지
제6절 관리처분계획인가의 고시에 따른 임대차 등의 종료
제7절 이주·철거
제8절 일반분양
제9절 관리처분계획의 변경
제10절 관리처분계획의 효력을 다투는 소송

"관리처분계획은 조합원의 권리변환에 관한 중요내용들을 담고 있고, 향후 정비사업의 모든 절차는 관리처분계획에 따라 이루어지고 관리처분계획에 구속되므로, 관리처분계획의 수립·변경 단계에서 조합원 간 이해관계가 가장 첨예하게 대립하고 분쟁도 많이 발생한다."

VIII. 분양계약의 체결

제1절 관리처분계획의 의미와 법적 성격

A. 개요

1. 【해설】 관리처분계획이 무엇인가?

> "관리처분계획"은 토지등소유자의 종전자산에 관한 권리를 정비사업으로 새로 조성·축조되는 토지 및 건축시설(종후자산)에 관한 권리로 변환시켜 배분하는 구속적 행정계획이다.
>
> 조합원들의 분양신청이 끝나면 '조합원분양 세대수'와 '일반분양 세대수'가 정해지며, 사업시행자는 이를 바탕으로 관리처분계획을 수립한다. 관리처분계획인가 이후의 행위는 관리처분계획을 집행하고 실현하는 행위에 불과하며(따라서 관리처분계획과 다른 내용으로 정비사업을 진행하기 위해서는 먼저 관리처분계획의 변경절차를 밟아야 한다), 관리처분계획의 집행 및 실현행위는 이전고시를 통해 완결된다.
>
> 이와 같이 관리처분계획은 조합원의 권리변환에 관한 중요내용들을 담고 있고, 향후 정비사업의 모든 절차는 관리처분계획에 따라 이루어지고 관리처분계획에 구속되므로, 관리처분계획의 수립·변경 단계에서 조합원 간 이해관계가 가장 첨예하게 대립하고 분쟁도 많이 발생한다.

2. 【해설】 관리처분계획과 이전고시의 관계

> 사업시행자는 관리처분계획에서 정해진 바에 따라 건물을 축조하여 공급하여야 하고(법 제79조 제2항), 준공인가 후 관리처분계획에서 정한 대로 이전고시를 해야 한다(법 제86조 제1항). 이전고시는 정비사업으로 조성, 신축된 토지·건축물 등에 관한 조합원들의 권리관계를 확정짓는 처분으로서 관리처분계획의 집행을 완결하는 행위이다.
>
> 기존 관리처분계획의 내용대로 권리관계를 형성·확정할 수 없게 된 경우에는 먼저 조합총회에서 관리처분변경계획안을 의결하여 시장·군수의 인가를 받은 후에 이전고시를 하여야 하며, 이전고시로써 관리처분계획은 불가역不可逆적으로 완성된다. 이전고시 후에는 관리처분계획을 변경할 수 없다.

제 3 장 관리처분계획 / 제 1 절 관리처분계획의 의미와 법적 성격

3. 【해설】 관리처분계획에 따른 관리·처분·공급 의무

> 정비사업으로 조성되는 대지 및 건축물은 관리처분계획에 따라 처분·관리하여야 하고, 관리처분계획에 따라 토지등소유자에게 공급하여야 한다(법 제 79 조 제 1, 2 항). 이전고시도 관리처분계획에 따라서만 할 수 있다(법 제 86 조 제 1 항).
>
> 분양계약도 관리처분계획에 따라 결정된 조합원과 조합 사이의 분양에 관한 법률관계를 구체화하고 보충하는 것이며, 관리처분계획에 반하는 분양계약은 무효이다(서울고등법원 2014. 10. 15. 선고 2013 나 35797 판결).

B. 관리처분계획은 구속적 행정계획으로서 독립된 행정처분이야 —대법원 2022. 7. 14. 선고 2022 다 206391 판결[손해배상(기)]

재건축조합이 행정주체의 지위에서 도시정비법 제 74 조에 따라 수립하는 <u>관리처분계획은</u> 정비사업의 시행 결과 조성되는 대지 또는 건축물의 권리귀속에 관한 사항과 조합원의 비용 분담에 관한 사항 등을 정함으로써 조합원의 재산상 권리·의무 등에 구체적이고 직접적인 영향을 미치게 되므로, 이는 <u>구속적 행정계획으로서 재건축조합이 행하는 독립된 행정처분</u>에 해당한다(대법원 1996. 2. 15. 선고 94 다 31235 전원합의체 판결, 대법원 2009. 9. 17. 선고 2007 다 2428 전원합의체 판결 등 참조).

C. 조합원분양계약에서 '전용면적'의 비율에 따라 대지지분을 이전받기로 약정했더라도, 그 후 관리처분계획을 변경하여 대지지분의 기준을 '전용면적'에서 '분양면적'으로 변경했다면, 분양계약의 대지지분에 관한 내용도 관리처분계획과 같이 변경된 것이야; ② 따라서 피고조합은 변경된 관리처분계획에 따라 분양면적 비율에 의한 대지지분을 이전할 의무가 있을 뿐임 —대법원 2014. 11. 13. 선고 2012 두 2948 판결[관리처분계획무효확인등]

1. 원심이 인정한 사실

원심판결 이유에 의하면, 원심은

① 원고 A, B, C 및 소외 F 은 2005 년경 피고의 조합원으로서 피고와 각 분양계약을 체결하면서 공급받을 아파트의 <u>전용면적의 비율에 따라 산정된 대지지분을 이전받기로 약정</u>하였고 위 분양계약에 따라 분양대금을 모두 납부한 사실,

② 원고 A, B, C 및 소외 F 과 피고 사이에 각 체결된 <u>분양계약의 계약서 제 1 조</u>에는 '이 계약서는 수원시 매탄주공 2 단지아파트 <u>재건축정비사업조합 규약 및 관리처분계획기준에 의거하여</u> 조합원의 출자대가로 아파트를 소유하게 하고 출자액을 기준으로 분양가 대비 부족분을 조합원이 부담한다'라고 정하고 있는 사실,

③ 이 사건 3 관리처분계획에 의하여 조합원에게 공급할 대지지분의 기준이 전용면적에서 분양면적으로 변경된 사실,

④ 피고는 원고 A, B, C 및 소외 F 에게 각 분양면적의 비율에 따른 대지지분에 관하여만 소유권이전등기를 마쳐 준 사실을 인정한 다음,

2. 원심판결의 정당함 (상고기각)

원고 A, B, C 및 소외 F 과 피고 사이의 각 분양계약은 관리처분계획에 근거를 둔 것인데, 이 사건 3 관리처분계획에 의하여 조합원에게 공급할 대지지분의 기준이 전용면적에서 분양면적으로 변경됨에 따라 위 각 분양계약의 대지지분에 관한 내용도 관리처분계획과 같이 변경된 것으로 봄이 상당하므로, 원고 A, B, C 및 소외 F 이 피고와 전용면적의 비율에 따라 산정된 대지지분을 이전받기로 하는 분양계약을 체결하였다고 하더라도 피고는 원고 A, B, C 및 소외 F 에게 이 사건 3 관리처분계획에 따라 분양면적 비율에 의한 대지지분을 이전할 의무가 있을 뿐이라고 판단하였다.

관련 법리에 비추어 기록을 살펴보면 원심의 위와 같은 판단은 정당하여 수긍이 가고, 거기에 관리처분계획의 효력, 조합원 공급계약의 효력 및 조합의 정산의무에 관한 법리 등을 오해한 잘못이 없다.

D. [위 판례의 원심판결] ① 조합원과 조합 사이의 분양에 관한 법률관계는 관리처분계획 및 이전고시에 의하여 형성되는 것이지 분양계약에 의하여 비로소 형성되는 것 아니야; ② 분양계약은 관리처분계획에 따라 결정된 법률관계를 구체화하고 보충하는 의미를 갖는 것에 불과해; ③ 따라서 분양에 관한 조합원의 이행의무의 존부 및 내용도 분양계약이 아니라 관리처분계획에 따라 결정돼; ④ 분양계약에서 '전용면적' 비율에 따라 산정된 대지지분을 이전받기로 약정하고 분양대금을 완납했는데, 그 후 조합이 조합원에게 공급할 대지지분의 기준을 전용면적에서 분양면적으로 변경하는 것으로 관리처분계획을 변경하고(이 사건 3 관리처분계획), 변경된 관리처분계획(이 사건 3 관리처분계획)에 따라 '분양면적' 비율에 따른 대지지분만 이전한 것은 적법함 —서울고등법원 2011.12.23. 선고 2011 누 5898 판결 [관리처분계획무효확인등]

【당사자】

| 원고, 항소인 | 고○○ 외 7 |
| 피고, 피항소인 | A2 단지아파트 재건축정비사업조합 |

제3장 관리처분계획 / 제1절 관리처분계획의 의미와 법적 성격

1. 기초사실

① 원고 A, B, C 및 J 은 2005 년경 피고의 조합원으로서 피고와 각 분양계약을 체결하면서 공급받을 아파트의 전용면적의 비율에 따라 산정된 대지지분을 이전받기로 약정하였고 위 분양계약에 따라 분양대금을 모두 납부한 사실, ② 그런데도 피고는 원고 A, B, C 및 J 에게 각 분양면적의 비율에 따른 대지지분에 관하여만 소유권이전등기를 마쳐 준 사실은 당사자 사이에 다툼이 없다.

2. 법리

그러나 도시정비법상 재건축정비사업의 경우, 조합원과 조합 사이의 분양에 관한 법률관계 특히 건물의 완성 및 권리이전에 관한 법률관계는 도시정비법, 관리처분계획 및 이전고시에 의하여 형성되는 것이지 분양계약에 의하여 비로소 형성되는 것이 아니라 할 것이고 그 이행의무의 존부나 내용도 관리처분계획에 따라 결정된다고 보아야 한다.

또한 관리처분계획이 인가된 이후 조합원과 조합 사이에 체결되는 분양계약은 조합원과 조합 사이에 관리처분계획에 따라 결정된 분양에 관한 법률관계를 구체화하고 보충하는 의미를 갖는다고 봄이 상당하다.

3. 판단

이 사건의 경우, 원고 A, B, C 및 J 이 피고와 전용면적의 비율에 따라 산정된 대지지분을 이전받기로 하는 분양계약을 체결하였다고 하더라도 앞서 본 바와 같이 이 사건 3 관리처분계획에 의하여 조합원에게 공급할 대지지분의 기준이 전용면적에서 분양면적으로 변경되었으므로, 피고는 원고 A, B, C 및 J 에게 이 사건 3 관리처분계획에 따라 분양면적 비율에 의한 대지지분을 이전할 의무가 있을 뿐이다(게다가 갑 제 2 호증, 갑 제 22 호증의 1, 갑 제 25 호증의 1 의 각 기재에 변론 전체의 취지를 종합하면, 원고 A, B, C 및 J 과 피고 사이에 각 체결된 분양계약의 계약서 제 1 조에는 '이 계약서는 수원시 아파트 재건축정비사업조합 규약 및 관리처분계획기준에 의거하여 조합원의 출자대가로 아파트를 소유하게 하고 출자액을 기준으로 분양가 대비 부족분을 조합원이 부담한다'라고 정하고 있는 사실을 인정할 수 있는바, 위 인정사실에 의하면, 원고 A, B, C 및 J 과 피고 사이의 분양계약은 관리처분계획에 근거를 둔 것이라 할 것이므로, 이 사건 3 관리처분계획으로 대지지분의 기준이 변경됨에 따라 위 각 분양계약의 대지지분에 관한 내용도 관리처분계획과 같이 변경된 것으로 봄이 상당하다). 따라서 피고가 위 원고들에게 전용면적 비율에 의한 대지지분을 이전할 의무가 있음을 전제로 한 위 원고들의 위 주장은 더 나아가 살펴볼 필요 없이 이유 없다.

제2절 관리처분계획의 수립·인가 절차

I. 총회 전 조합원에 대한 통지

A. 개요

1. 【해설】 관리처분계획의 수립 및 인가 (절차 흐름도)

> 관리처분계획의 준비와 수립 및 인가는 다음과 같은 순서로 진행된다.
>
> ① 매도청구소송 시작(재건축) → ② 감정평가·분양통지·분양공고(사업시행계획인가 고시일 또는 공사도급계약 체결일부터 120일 이내) → ③ 분양신청(통지일부터 30~60일 이내. 1회 한 20일 연장 가능) → ④ 분양설계 → ⑤ 관리처분계획(안) 수립 → ⑥ 총회 개최 1개월 전 문서통지 → ⑦ 관리처분총회 소집 → ⑧ 총회의결(조합원 과반수 찬성) → ⑨ 사업시행자의 주민공람(30일 이상) 및 공람사항의 개별통지 → (공람의견 제출 및 심사; 수정의결) → ⑩ 관리처분계획 인가신청 → (시기 조정; 타당성 검증) → ⑪ 관리처분계획 인가 → ⑫ 지방자치단체 공보에 고시 → ⑬ 분양신청 조합원에게 개별통지

2. 【해설】 총회 전 통지사항 (법 제74조 제5항)

> (1) 조합은 관리처분계획의 수립·변경을 의결하기 위한 총회의 개최일부터 1개월 전에 다음 사항을 각 조합원에게 문서로 통지하여야 한다 (법 제74조 제5항 및 제1항 제3~6호): ① 분양대상자별 종전의 토지 또는 건축물 명세 및 가격(종전자산 감정평가액. 같은 조 제1항 제5호), ② 분양예정인 대지 또는 건축물(종후자산)의 추산액(제1항 제3호), ③ 정비사업비 추산액 및 그에 따른 조합원 분담규모 및 분담시기(제1항 제6호), ④ 일반분양분·공공지원민간임대주택·임대주택 기타 부대시설·복리시설 등 보류지·체비지 등의 명세와 추산액 및 처분방법(제1항 제4호) 등을 모든 조합원에게 문서로 통지하여야 한다(법 제74조 제5항).
>
> 관리처분총회 개최 1개월 전 통지의무는 2009. 11. 28. 개정법(2009. 5. 27. 개정 법률 제9729호)에서 신설되었다.
>
> (2) 사전통지 제도의 취지는, 관리처분계획은 모든 조합원의 권리의무관계를 확정하는 형성적 행정처분이기 때문에 각 조합원으로 하여금 자신의 권리변환의 내용, 자신에게 부과될 분담금이 얼마인지 및 그 분담금이 정당하게 산출되었는지 여부를 판단하기 위해 필요한 기초자료를 총회 개최 한달 전에 미리 받아 보고 충분히 검토한 후 관리처분총회에서 조합원의 권리를 온전히 행사할 수 있도록 하기 위한 것이다.

따라서 사전통지 없이 개최한 총회에서 수립·변경한 관리처분계획은 위법하다.

(3) 따라서 총회 회의자료에 관리처분계획 중 일부에 관한 구체적인 내용이 포함되어 있지 않았더라도 그 사항들이 관리처분계획안으로 상정되지 않았다고 할 수 없으며, 그러한 소집통지가 위법하다고 할 수도 없다(서울행정법원 2015. 12. 18. 선고 2015구합54001 판결 참조. 사업시행계획에 관한 판례).

마찬가지로 관리처분계획의 수립·변경을 위한 총회의 소집통지에 법 제74조 제5항 및 제1항 제3~6호 외의 사항을 포함시키지 않은 것은 하자가 아니다(같은 판례).

3. 【법령】 전부개정 도시정비법 제74조(관리처분계획의 인가 등) 제5항

⑤ 조합은 제45조 제1항 제10호의 사항을 의결하기 위한 총회의 개최일부터 1개월 전에 제1항 제3호부터 제6호까지의 규정에 해당하는 사항을 각 조합원에게 문서로 통지하여야 한다. <개정 2021.3.16>

☞ 법 제74조 제1항 제3~6호

3. 분양대상자별 분양예정인 대지 또는 건축물의 추산액(임대관리 위탁주택에 관한 내용 포함)

4. 다음 각 목에 해당하는 보류지 등의 명세와 추산액 및 처분방법. 다만, 나목의 경우에는 제30조 제1항에 따라 선정된 임대사업자의 성명 및 주소(법인인 경우에는 법인의 명칭 및 소재지와 대표자의 성명 및 주소)를 포함한다.

   가. 일반 분양분

   나. 공공지원민간임대주택

   다. 임대주택

   라. 그 밖에 부대시설·복리시설 등

5. 분양대상자별 종전의 토지 또는 건축물 명세 및 사업시행계획인가 고시가 있은 날을 기준으로 한 가격(사업시행계획인가 전에 제81조 제3항에 따라 철거된 건축물은 시장·군수등에게 허가를 받은 날을 기준으로 한 가격)

6. 정비사업비의 추산액(재건축사업의 경우에는 「재건축초과이익 환수에 관한 법률」에 따른 재건축부담금에 관한 사항을 포함한다) 및 그에 따른 조합원 분담규모 및 분담시기

4. 【해설】종후자산 감정평가

(1) 종후자산 평가의 시기: 전부개정법에서도 종후자산의 추산액은 관리처분계획에 포함될 사항이고 분양통지사항에는 포함되지 않는다(법 제74조 제1항, 제72조 제1항). 따라서 종후자산에 대한 감정평가는 관리처분계획 수립 전까지만 이루어지면 된다. 다만, 조합은 관리처분총회 개최일부터 1개월 전에 분양예정인 대지/건축물의 추산액, 종전자산 가격 등을 각 조합원에게 문서로 통지해야 하므로(법 제74조 제5항), 신속하게 감정평가를 의뢰하여야 한다.

(2) 평가기준일: 종후자산 평가 기준일은 '분양신청기간 만료일' 또는 '조합이 제시하는 날'이다(「감정평가 실무기준」(국토교통부 고시) 730의 3.2 제1항). 종후자산 평가의 기준일을 분양신청기간 만료일로 한 것은 조례에서 관리처분계획기준일을 분양신청기간만료일로 정의하고 있기 때문인 것으로 보이나(서울시조례 제2조 제3호), '관리처분계획기준일'은 종전 토지/건축물의 확정 및 분양대상자 해당 여부를 판정하기 위한 기준일이므로 종후자산 평가기준일은 '분양신청기간 만료일 이후로서 조합이 제시하는 날'로 보는 것이 타당하다.

종후자산은 인근지역이나 동일수급권 안의 유사지역에 있는 유사물건의 분양사례·거래사례·평가선례 및 수요성, 총 사업비 원가 등을 고려하여 감정평가한다(실무기준 3.2 제2항).

(3) 감정평가법인등의 선정과 가격산정 방법: 종전자산 평가의 경우와 동일하다. 즉, ① 재개발사업에서는 시장·군수등이 선정한 2인 이상의 감정평가법인등, ② 재건축사업에서는 a) 시장·군수등이 선정한 1인 이상의 감정평가법인등과 b) 조합총회의 의결로 선정한 1인 이상의 감정평가법인등이 평가한 금액을 산술평균하여 산정한다(법 제74조 제4항).

5. 【법령】재건축 표준정관 제46조(관리처분계획의 기준)

조합원의 소유재산에 관한 관리처분계획은 분양신청 및 공사비가 확정된 후 건축물 철거 전에 수립하며 다음 각호의 기준에 따라 수립하여야 한다.

  10. 종전의 주택 및 부대복리시설(부속되는 토지를 포함한다)의 평가는 감정평가업자 2인 이상이 평가한 금액을 산술평가한 금액으로 한다.

  【주】동별 입지상 주거환경이 크지 않고, 유사한 주택구조 또는 층별시세차가 크지 않는 경우 등 감정평가를 실시할 필요가 크지 않은 경우에는 면적기준으로 가치평가하는 것으로 규정할 수 있음

  11. 분양예정인 주택 및 부대복리시설(부속되는 토지를 포함한다)의 평가는 감정평가업자 2인 이상이 평가한 금액을 산술평가한 금액으로 한다.

제 3 장 관리처분계획 / 제 2 절 관리처분계획의 수립·인가 절차

> 【주】감정평가업자를 선정할 때 재개발사업과 같이 시장·군수의 추천을 받는 것으로도 규정할 수 있음

B. [사전통지의무가 신설되기 전 법률이 적용된 판례] ① 소집통지에 포함될 회의목적사항은 회의참석에 관한 구성원들의 의사결정이나 준비를 가능하게 할 정도면 충분하고; ② 달리 법령·정관에 특별한 규정이 없는 한, 상정될 안건의 구체적 내용이나 그에 관한 판단자료까지 반드시 소집통지에 포함해야 하는 것 아니야; ③ 구 도시정비법령에는 관리처분총회 개최 전에 미리 조합원들에게 법 제 50 조 제 4, 5 호 사항을 통지하도록 하는 규정이 없으므로, 이를 통지하지 않고 개최한 총회에서 수립한 관리처분계획은 적법함 ―대법원 2014. 2. 13. 선고 2011 두 21652 판결[조합설립인가처분무효확인]

【당사자】

원고,상고인	원고
제 3 자소송참가인,상고인	제 3 자 소송참가인 1 외 2 인
피고,피상고인	서울특별시 성동구청장
피고겸서울특별시성동구청장의보조참가인	왕십리뉴타운제 1 구역주택재개발정비사업조합

일반적으로 회의체를 소집함에 있어서 그 소집통지에 포함될 회의의 목적사항은 구성원들의 회의참석에 관한 의사결정이나 준비를 가능하게 할 정도이면 충분하고, 달리 법령이나 정관 등에서 특별한 규정을 두고 있지 않은 한, 상정될 안건의 구체적 내용이나 그에 관한 판단자료까지 반드시 소집통지에 포함해야 하는 것은 아니다(대법원 2012. 1. 27. 선고 2011 두 9164 판결 참조).

... 구 도시정비법 및 시행령은 사업시행자가 관리처분계획 수립을 위한 총회 개최 이전에 미리 조합원들에게 위 4 호 및 5 호 사항을 통지하도록 하는 내용의 명문의 규정을 두고 있지는 않았다. 그리고 기록에 의하면, 피고 조합의 정관도 피고가 관리처분계획 수립을 위한 총회 개최 이전에 조합원들에게 위 4 호 및 5 호 사항을 통지하도록 규정하고 있지 않다.

위 법리와 구 도시정비법령 및 피고 조합의 정관에 의하면, 피고가 이 사건 관리처분계획의 수립을 위한 2007. 10. 24.자 임시총회 개최 이전에 미리 조합원들에게 4 호 사항 및 5 호 사항을 통지하여야만 한다고 볼 것은 아니다.

그럼에도 원심이, 사업시행자는 관리처분계획 수립을 위한 총회 개최 이전에 미리 조합원들에게 위 4 호 사항 및 5 호 사항을 통지할 의무가 있음을 전제로 이 사건 관리처분계획 및 그 인가처분이 위법하다고 본 것은 잘못이지만, 그 판시와 같은 사정들에 비추어 무효사유에 해당하지 않음을 이유로 원고의 이 부분 청구를 배척한 결론은 정당하다. 따라서 원심

판단에 이 부분 상고이유로 주장하는 바와 같이 4호 사항 및 5호 사항의 사전통지 의무에 관한 법리 등을 오해하여 판결 결과에 영향을 미친 위법이 있다고는 할 수 없다.

II. 총회결의

A. 개요

1. 【해설】일반 의결정족수와 의사정족수

> (1) **의결정족수:** 관리처분계획의 작성·변경은 총회의결사항이다(경미한 변경은 제외. 법 제45조 제1항 제10호). 조합원 과반수 찬성으로 의결한다(법 제45조 제4항 본문). 반드시 총회에서 의결하여야 하며 토지등소유자의 동의서로 대체할 수 없다.
>
> (2) **의사정족수(직접출석 요건):** 관리처분계획을 의결하는 총회에는 조합원의 20/100 이상이 직접 출석하여야 한다(법 제45조 제7항 단서). 대리인을 통하여 의결권을 행사하는 경우에는 직접 출석한 것으로 본다(같은 조 제7항).
>
> (3) **대의원회 대행 불가:** 관리처분계획의 작성·변경에 대한 총회의결은 대의원회가 대행할 수 없다(법 제46조 제4항; 영 제43조 제8호).

2. 【해설】특별 의결정족수: 조합원 2/3 이상의 찬성을 요하는 경우

> (1) 물가상승분 및 현금청산대상자에 대한 손실보상액을 제외한 정비사업비 증가율이 10% 이상인 경우에는 조합원 2/3 이상의 찬성으로 의결하여야 한다(법 제45조 제4항 단서).
>
> (2) 정비사업비가 증액되는 경우가 아니라도, 관리처분계획의 내용('조합의 비용부담'이나 '시공자·설계자의 선정 및 계약서에 포함될 내용' 등)이나 변경이 실질적으로 정관변경 또는 조합설립사항의 변경을 가져오는 경우에는, 정관변경에 관한 규정(법 제40조 제3항)을 유추적용하여 조합원의 2/3 이상의 찬성을 얻어야 한다. 이러한 변경을 조합원 2/3 미만의 동의로 가결할 수 있도록 한 정관규정은 무효이다. (이상 대법원 2014. 6. 12. 선고 2012두28520 판결; 대법원 2012. 8. 23. 선고 2010두13463 판결 등).

3. 【법령】전부개정 도시정비법 제45조(총회의 의결)

> ① 다음 각 호의 사항은 총회의 의결을 거쳐야 한다.
>   10. 제74조에 따른 관리처분계획의 수립 및 변경(제74조제1항 각 호 외의 부분 단서에 따른 경미한 변경은 제외한다)

> ④ 제1항 제9호 및 제10호의 경우에는 조합원 과반수의 찬성으로 의결한다. 다만, 정비사업비가 100분의 10(생산자물가상승률분, 제73조에 따른 손실보상 금액은 제외한다) 이상 늘어나는 경우에는 조합원 3분의 2 이상의 찬성으로 의결하여야 한다.
>
> ⑦ 총회의 의결은 조합원의 100분의 10 이상이 직접 출석(제5항 각 호의 어느 하나에 해당하여 대리인을 통하여 의결권을 행사하는 경우 직접 출석한 것으로 본다. 이하 이 조에서 같다)하여야 한다.
>
> 다만, 창립총회, 사업시행계획서의 작성 및 변경, 관리처분계획의 수립 및 변경을 의결하는 총회 등 대통령령으로 정하는 총회의 경우에는 조합원의 100분의 20 이상이 직접 출석하여야 한다. <개정 2021. 8. 10.>

4. 【해설】 분양신청을 하지 않은 조합원은 '총 조합원 수'에서 제외됨

> (1) 조합원 지위를 상실한 현금청산대상자는 정족수 계산에서 제외된다. 조합이 관할 관청에 조합원자격 상실을 이유로 한 조합설립변경신고절차를 밟지 않았더라도 정족수에서 제외된다.
>
> (2) 따라서 분양신청기간 내에 분양신청을 하지 않은 사람은 분양신청기간 종료 후 개최되는 총회의 의사정족수 산정을 위한 '총 조합원 수'에 포함되지 않는다. 분양신청을 하지 않은 조합원은 '분양신청기간 종료일 다음날' 조합원 지위를 상실하기 때문이다(대법원 2012. 3. 29. 선고 2010두7765 판결).

B. ① 관리처분계획을 '제1안'과 '제2안'으로 구분하여 투표한 경우, 비록 두 안이 조합원들의 비용부담이라는 측면에서 실질적으로 차이가 없다 하더라도, '제1안'과 '제2안'에 대한 투표결과를 합산하여 의결정족수 충족 여부를 판단할 수는 없어; ② '제2안'에 대한 동의자 수만으로 정족수를 충족하므로 관리처분계획이 적법하다고 본 사례 ─대법원 2012. 8. 23. 선고 2010두13463 판결[관리처분계획취소]

【당사자】

> [원고, 상고인] 별지 원고 목록 기재와 같다.
> [피고, 피상고인] 화명주공아파트재건축조합

1. 원심판결의 내용

원심판결 이유에 의하면, 원심은 그 채택 증거를 종합하여,

① 피고는 2007. 10. 14.자 임시총회에서 전체 조합원 4,146명 중 3,500명이 출석한 가운데 '관리처분계획(안) 승인의 건'에 대하여 새시 비용(예상금액: 약 371억 원), 법인세(예상금액: 약 80억 원), 민원보상비(예상금액: 약 100억 원) 등을 조합원들이 부담하는 제1안과 롯데건설 주식회사(이하 '롯데건설'이라고 한다)가 부담하는 제2안을 상정하여 투표한 결과 1안에 대하여는 395명이 찬성하고, 제2안에 대하여는 2,560명이 찬성하여 제2안을 채택한 사실,

② 제1안과 제2안은 조합원들의 무상지분율에 일부 증감이 있을 뿐 나머지 사항 즉 신축 세대수, 평당 분양가 등에 있어 동일한 사실을 인정한 다음,

관리처분계획 제1안과 제2안은 조합원들의 비용부담이라는 측면을 고려하면 실질적으로 동일하다고 볼 수 있으므로 그 투표결과를 합산하여 의결정족수 충족 여부를 결정할 수 있다고 판단하였다.

2. 대법원의 판단 (상고기각)

가. 제1안과 제2안의 투표결과를 합산하여 정족수 충족 여부를 판단한 것은 잘못

그러나 피고는 제1안과 제2안을 명백히 구분하여 투표를 진행하였을 뿐만 아니라 제1안과 제2안은 새시 비용, 법인세, 민원보상비의 부담주체 및 조합원들의 무상지분율에 있어서 일정한 차이가 있고, 또한 원심의 판단과 같이 제1안과 제2안이 조합원들의 비용부담이라는 측면에서는 실질적으로 동일하다고 볼 수 있다고 하더라도 비용부담 시기에 관하여도 차이가 있을 수밖에 없어 제1안에 찬성한 조합원들이 제1안이 없었더라도 반드시 제2안에 대하여 찬성하였을 것이라고 단정할 수는 없으므로, 원심과 같이 제1안과 제2안에 대한 투표결과를 합산하여 의결정족수 충족 여부를 판단할 수는 없다.

나. 제2안 동의자 수만으로 정족수를 충족함

그러나 피고는 이 사건 사업시행계획을 토대로 개정 도시정비법이 정하는 절차에 따라 관리처분계획을 수립할 수 있다고 할 것이고, 관리처분계획의 수립은 개정 도시정비법 제24조 제3항 제10호, 제5항에 따라 피고 정관 소정의 의결정족수를 충족하면 충분하다 할 것인바, 원심이 인정한 사실관계에 의하면 관리처분계획 제2안에 대한 동의자 수만으로도 피고 정관 소정의 의결정족수를 충족하고 있으므로 이 사건 관리처분계획의 수립은 적법하다고 할 것이다.

결국 원심이 관리처분계획 제1안과 제2안의 투표결과를 합산하여 이 사건 관리처분계획의 수립에 관한 의결정족수 충족 여부를 판단한 것은 잘못이지만, 이 사건 관리처분계획의 수립이 적법하다고 판단한 결론은 정당하고, 거기에 이 부분 상고이유와 같은 관리처분

계획 수립의 의결정족수 산정방식에 관한 법리오해로 인하여 판결 결과에 영향을 미친 위법이 없다.

C. ① 재개발조합이 관리처분계획에 의하지 않고 대지나 건축시설을 처분/관리하는 행위는 무효야; ② 재개발조합이 취득한 토지에 대하여 조합의 직무대행자가 <u>관리처분계획에 의하지 않고</u> 원고에게 사용권을 부여함과 동시에 그 지상에 설치된 울타리를 철거하기로 하는 내용의 계약을 체결한 것은 무효임 ―대법원 1996.11.15. 선고 95 다 27158 판결[울타리철거 등]

[당사자]

【원고,상고인】 원고 1 외 5 인
【피고,피상고인】 신림제 3 구역 주택개량재개발조합

도시재개발법(1995. 12. 29. 법률 제 5116 호로 전문 개정되기 전의 것, 이하 '법'이라고 한다) 제 47 조는 대지 및 건축시설은 관리처분계획에 의하여 이를 처분 또는 관리하여야 한다고 규정하고 있고, 한편 법 제 23 조 제 3 항 제 7 호는 관리처분계획은 총회의 결의를 거쳐야 한다고 규정하고 있는바, 위 각 규정의 취지에 비추어 보면 <u>재개발조합이 조합원총회의 결의를 거친 관리처분계획에 의하지 아니하고 대지나 건축시설을 처분하거나 관리하는 행위를 한 경우에는 그 효력이 없다고 할 것이다.</u>

그런데 기록에 의하면, <u>피고 조합의 직무대행자 배○○은 조합원총회의 결의를 거친 관리처분계획에 의하지 아니하고 원고 장○○, 망 염○○ 및 원고 김○○과의 사이에 피고 조합이 취득한 이 사건 토지에 대하여 사용권을 부여함과 동시에 그 지상에 설치된 울타리를 철거하기로 하는 내용의 이 사건 계약을 체결한 것임</u>을 알 수 있는바, 사정이 이와 같다면 이 사건 계약은 그 <u>효력이 없다</u>고 할 것이다. 원심판결의 설시이유는 적절하지 아니하나 이 사건 계약이 조합원총회의 결의를 거치지 아니하여 그 효력이 없다고 본 원심의 결론은 정당하므로 논지는 모두 받아들일 수 없다.

D. [고등법원판례] ① 총회에서 결의된 관리처분계획을 수정하여 인가신청을 하고자 할 경우에는 그 전에 다시 총회결의를 거쳐야; ② 총회에서 결의된 관리처분계획에 조합이 임의로 무상단가를 증액하고 조합원들의 권리가액 산정을 변경하여 인가받은 관리처분계획은 위법하므로, 해당 부분을 취소함 ―서울고등법원 2008.11.4. 선고 2008 누 8651 판결[관리처분계획취소]

[당사자]

원고, 피항소인 A 외 20 명

III. 관리처분계획의 공람, 인가신청, 인가·고시 및 통지

| 피고, 항소인 | W 조합 |

[주문]

제1심 판결을 다음과 같이 변경한다.

　가. 피고가 2006. 10. 26. 서울특별시 서초구청 장으로부터 인가받은 관리처분계획 중 원고들에 대한 '조합원 권리가액 산출표'의 '조합원 권리가액' 부분, '분양대상자의 권리가액 다액순 내역서'의 '권리가액' 부분, '관리처분계획 및 분양설계기준'의 제12조 제2호 나목 '무상단가' 부분을 각 취소한다.

　나. 원고들의 나머지 청구를 각 기각한다.

도정법 제24조, 제48조 등이 관리처분계획의 인가신청에 앞서 조합원으로 구성되는 총회에서 관리처분계획에 관하여 결의를 거쳐야 한다고 규정하고 있는 것은 관리처분계획의 입안에 대하여 조합원의 의사를 반영하고 그들 상호간의 이익을 합리적으로 조정하는 데에 그 취지가 있는 것이므로, <u>총회에서 결의된 관리처분계획을 수정하여 인가신청을 하고자 할 경우에는 그 전에 다시 수정된 내용에 대하여 총회의 결의를 거쳐야 한다</u>(대법원 2001. 10. 12. 선고 2000두4279 판결 참조).

그런데 앞서 본 바와 같이 2006. 8. 2.자 <u>조합원총회에서 무상단가를 증액하기로 하는 결의나 총 사업비의 금액을 확정하는 결의가 이루어지지 아니하였음에도, 피고가 임의로,</u> 위 총회에서 결의된 관리처분계획에 무상단가를 증액하고, 또한 총 사업비의 금액이 확정되었음을 전제로 산출한 비례율을 적용하여 조합원들의 권리가액을 산정하는 변경을 가한 후, 이에 대하여 조합원총회의 재의결을 거치지 아니한 채 <u>관리처분계획인가신청을 함으로써</u> 무상단가가 증액되지 아니하였을 경우와 비교하여 <u>조합원들의 부담금이 증액되게 하였으므로,</u>

<u>이 사건 관리처분계획 중 위와 같이 변경된 부분, 즉</u> ① '<u>조합원 권리가액 산출표</u>'(갑 제36호중)의 '조합원 권리가액' 부분, ② '<u>분양대상자의 권리가액 다액순 내역서</u>'(갑 제38호중)의 '권리가액' 부분, ③ '<u>관리처분계획 및 분양설계기준</u>'(갑 제35호중)의 제12조 제2호 나목 '무상단가' 부분은 위법하며, 따라서 이 점을 지적하는 원고들의 주장은 이유 있다.

III. 관리처분계획의 공람, 인가신청, 인가·고시 및 통지

A. 관리처분계획의 공람 및 인가신청

1. 【해설】 인가신청 및 신청 전 공람

사업시행자는 관리처분계획인가를 신청하기 전에 관계 서류의 사본을 30일 이상 토지등소유자에게 공람하게 하고 의견을 들어야 한다.

공람을 실시하려는 경우 사업시행자는 공람기간·장소 등 공람계획에 관한 사항과 개략적인 공람사항을 미리 토지등소유자에게 통지하여야 하고, 분양신청을 한 자에게는 관리처분계획인가의 내용 등을 통지하여야 한다(법 제78조 제5항; 영 제65조 제1항).

2017. 12. 26. 총회에서 관리처분계획안을 수립하고 공람을 실시한 후 2018. 4. 16. 자 총회에서 관리처분계획을 확정하고 다시 공람을 거치지 않고 관리처분계획인가를 신청한 것은 적법하다(서울행정법원 2021. 1. 29. 선고 2018구합80056 판결).

사업시행계획의 공람은 사업시행계획의 인가신청을 받은 시장·군수등이 하는 반면(법 제56조 제1항; 영 제49조), 관리처분계획의 공람은 인가신청 전에 사업시행자(조합)가 한다(법 제78조 제1항). 관리처분계획의 인가신청을 받은 시장·군수등은 공람공고를 하지 않는다.

관리처분계획의 인가 또는 변경인가를 받으려는 때에는 별지 제9호서식의 관리처분계획(인가, 변경·중지·폐지인가)신청서에 관리처분계획서, 총회의결서 및 공사계약서 사본을 첨부하여 시장·군수등에게 제출해야 한다(규칙 제12조).

2. 【법령】 전부개정 도시정비법 제78조(관리처분계획의 공람 및 인가절차 등)

① 사업시행자는 제74조에 따른 관리처분계획인가를 신청하기 전에 관계 서류의 사본을 30일 이상 토지등소유자에게 공람하게 하고 의견을 들어야 한다. 다만, 제74조 제1항 각 호 외의 부분 단서에 따라 대통령령으로 정하는 경미한 사항을 변경하려는 경우에는 토지등소유자의 공람 및 의견청취 절차를 거치지 아니할 수 있다.

⑤ 사업시행자는 제1항에 따라 공람을 실시하려거나 제4항에 따른 시장·군수등의 고시가 있은 때에는 대통령령으로 정하는 방법과 절차에 따라 토지등소유자에게는 공람계획을 통지하고, 분양신청을 한 자에게는 관리처분계획인가의 내용 등을 통지하여야 한다. <개정 2017. 8. 9.>

3. 【법령】 전부개정법 시행령 제65조(통지사항)

① 사업시행자는 법 제78조 제5항에 따라 공람을 실시하려는 경우 공람기간·장소 등 공람계획에 관한 사항과 개략적인 공람사항을 미리 토지등소유자에게 통지하여야 한다.

III. 관리처분계획의 공람, 인가신청, 인가·고시 및 통지

4. 【정관】 주택재건축조합 표준정관 제 48 조(관리처분계획의 공람 등)

① 조합은 관리처분계획의 인가를 받기 전에 관계서류의 사본을 30 일 이상 토지등소유자에게 공람하고 다음 각호의 사항을 각 조합원에게 통지하여야 한다.

1. 관리처분계획의 개요

2. 주택 및 토지지분면적 등 분양대상 물건의 명세

3. 그 밖에 조합원의 권리·의무와 이의신청 등에 관한 사항

② 조합원은 제 1 항의 규정에 의한 통지를 받은 때에는 조합에서 정하는 기간 안에 관리처분계획에 관한 이의신청을 조합에 제출할 수 있다.

③ 조합은 제 2 항의 규정에 의하여 제출된 조합원의 이의신청내용을 검토하여 합당하다고 인정되는 경우에는 관리처분계획의 수정 등 필요한 조치를 취하고, 그 조치결과를 공람·공고 마감일부터 10 일 안에 당해 조합원에게 통지하여야 하며, 이의신청이 이유없다고 인정되는 경우에도 그 사유를 명시하여 당해 조합원에게 통지하여야 한다.

④ 조합은 제 3 항의 규정에 따라 관리처분계획을 수정한 때에는 총회의 의결을 거쳐 확정한 후 그 내용을 각 조합원에게 통지하여야 한다.

B. 시기조정 및 타당성검증

1. 【해설】 관리처분계획의 타당성검증

관리처분계획의 인가신청을 받은 시장·군수등은, a) 정비사업비가 10% 이상 증가한 경우, b) 조합원 분담금 추산액이 20% 이상 늘어난 경우, c) 인가신청 후 15 일 이내에 조합원 1/5 이상이 타당성검증을 요청한 경우 및 d) 기타 시장·군수등이 필요하다고 인정하는 경우에는 토지주택공사등 또는 한국감정원에 타당성검증을 요청하여야 한다.

2. 【법령】 전부개정 도시정비법 제 78 조(관리처분계획의 공람 및 인가절차 등)

③ 시장·군수등은 다음 각 호의 어느 하나에 해당하는 경우에는 대통령령으로 정하는 공공기관에 관리처분계획의 타당성 검증을 요청하여야 한다. 이 경우 시장·군수등은 타당성 검증 비용을 사업시행자에게 부담하게 할 수 있다. <신설 2017. 8. 9.>

☞ "대통령령으로 정하는 공공기관"은 토지주택공사등과 한국감정원을 말한다(영 제 64 조 제 1 항).

> 1. 제 74 조 제 1 항 제 6 호에 따른 정비사업비가 제 52 조 제 1 항 제 12 호에 따른 정비사업비 기준으로 100 분의 10 이상으로서 대통령령으로 정하는 비율 이상 늘어나는 경우
>
> ☞ "대통령령으로 정하는 비율"은 100 분의 10 이다(영 제 64 조 제 2 항).
>
> 2. 제 74 조제 1 항제 6 호에 따른 조합원 분담규모가 제 72 조제 1 항제 2 호에 따른 분양대상자별 분담금의 추산액 총액 기준으로 100 분의 20 이상으로서 대통령령으로 정하는 비율 이상 늘어나는 경우
>
> ☞ "대통령령으로 정하는 비율"은 100 분의 20 이다(영 제 64 조 제 3 항).
>
> 3. 조합원 5 분의 1 이상이 관리처분계획인가 신청이 있은 날부터 15 일 이내에 시장·군수등에게 타당성 검증을 요청한 경우
>
> 4. 그 밖에 시장·군수등이 필요하다고 인정하는 경우

3. 【해설】 관리처분계획인가의 시기 조정

> 관리처분계획인가의 시기조정의 요건, 절차 및 방법은 사업시행계획인가의 경우와 동일하다(도시정비법 제 75 조).
>
> ☞ 이에 관하여는 돈.되.법 3 제 5 장 제 3 절 III.을 참조하세요.

C. 관리처분계획의 인가·고시 및 통지

1. 【해설】 처리기간, 관리처분계획인가 내용의 개별통지

> (1) 시장·군수등은 관리처분계획의 신청이 있을 날부터 30 일 이내(타당성검증을 요청한 경우에는 60 일 이내)에 인가 여부를 결정하여 사업시행자에게 통지하여야 한다 (법 제 78 조 제 2 항). 관리처분계획을 인가하는 때에는 그 내용을 해당 지방자치단체의 공보에 고시하여야 한다(제 4 항).
>
> (2) 관리처분계획의 인가가 고시되면, 사업시행자는 분양신청을 한 자에게 관리처분계획인가의 내용 등을 통지하여야 한다. 이때 통지사항에는 "분양대상자별 종전 토지/건축물의 명세 및 가격과 분양예정 대지/건축물의 명세 및 추산가액"이 포함되어야 한다. (법 제 78 조 제 5 항; 영 제 65 조 제 2 항 제 5 호.)
>
> (3) 법 제 78 조 제 5 항에 따른 통지를 게을리하면 500 만원 이하의 과태료가 부과된다(법 제 140 조 제 2 항 제 2 호).

III. 관리처분계획의 공람, 인가신청, 인가·고시 및 통지

2. 【법령】 전부개정법 시행령 제 65 조(통지사항)

> ② 사업시행자는 법 제 78 조 제 5 항 및 제 6 항에 따라 <u>분양신청을 한 자에게 다음 각 호의 사항을 통지</u>하여야 하며, 관리처분계획 변경의 고시가 있는 때에는 변경내용을 통지하여야 한다.
> 1. 정비사업의 종류 및 명칭
> 2. 정비사업 시행구역의 면적
> 3. 사업시행자의 성명 및 주소
> 4. 관리처분계획의 인가일
> 5. <u>분양대상자별 기존의 토지 또는 건축물의 명세 및 가격과 분양예정인 대지 또는 건축물의 명세 및 추산가액</u>

D. ① 관리처분계획인가 처분에는 기부채납과 같은 다른 조건을 붙일 수 없어; ② 관리처분계획인가 시 인가조건('이 사건 시유지 등을 매입하여 공원과 주차장 등을 조성한 후 이를 기부채납하는 내용')을 부과한 것은 그 <u>위법성이 중대하고 명백하여 무효임</u>; ③ <u>사업시행인가처분에도 동일한 인가조건이 부여되어 있다거나 이 사건 인가조건과 동일한 사실이 관리처분계획의 일부 내용으로 기재되어 있다고 하더라도</u> 무효인 인가조건이 유효로 될 수는 없음 —대법원 2012. 8. 30. 선고 2010 두 24951 판결[사업시행변경인가처분등일부무효확인]

【당사자】

> [원고, 상고인] 의왕내손주택재건축정비사업조합 외 1 인
> [원고, 피상고인] 프라자빌라재건축정비사업조합 외 1 인
> [피고, 피상고인 겸 상고인] 의왕시장

1. 사업시행인가처분과 관리처분계획인가처분은 별개 처분

도시정비법 제 28 조에 따른 사업시행인가처분과 같은 법 제 48 조, 제 49 조에 따른 관리처분계획인가처분은 그 법률효과를 달리하는 별개의 처분이므로, 원고 프라자빌라재건축정비사업조합에 관하여 <u>사업시행인가처분에도 동일한 인가조건이 부여되어 있다는 이유만으로 관리처분계획인가처분에 부여된 이 사건 인가조건의 무효를 다툴 법률상 이익이 없다고 할 수 없다.</u>

제 3 장 관리처분계획 / 제 3 절 관리처분계획의 내용

2. 관리처분계획인가 처분에 부과된 인가조건은 무효

... 이러한 관리처분계획 및 그에 대한 인가처분의 의의와 성질, 그 근거가 되는 도시정비법과 그 시행령상의 위와 같은 규정들에 비추어 보면, 행정청이 관리처분계획에 대한 인가 여부를 결정할 때에는 그 관리처분계획에 도시정비법 제 48 조 및 그 시행령 제 50 조에 규정된 사항이 포함되어 있는지, 그 계획의 내용이 도시정비법 제 48 조 제 2 항의 기준에 부합하는지 여부 등을 심사·확인하여 그 인가 여부를 결정할 수 있을 뿐 기부채납과 같은 다른 조건을 붙일 수는 없다고 할 것이다.

원심은, 판시와 같은 이유로 관리처분계획인가에는 관리처분계획 작성자에게 조건(부담)을 부과하는 부관을 붙일 수 없으므로, 원고 프라자빌라재건축정비사업조합, 청화아파트주택재건축정비사업조합에 대한 관리처분계획인가 시 이 사건 인가조건을 부과한 것은 그 위법성이 중대하고 명백하여 무효이고, 이 사건 인가조건과 동일한 사실이 관리처분계획의 일부 내용으로 기재되어 있다고 하더라도 무효인 이 사건 인가조건이 유효로 될 수는 없다고 판단하였다.

이러한 원심의 판단은 앞서 본 법리에 따른 것으로서, 거기에 상고이유의 주장과 같이 자유심증주의의 한계를 벗어나 사실을 잘못 인정하거나 관리처분계획인가에 관한 하자의 중대, 명백성 등의 법리를 오해하여 판결에 영향을 미친 위법이 없다.

제3절 관리처분계획의 내용

I. 관리처분계획에 포함될 내용

A. 개요

1. 【법령】전부개정 도시정비법 제 74 조(관리처분계획의 인가 등)

① 사업시행자는 제 72 조에 따른 분양신청기간이 종료된 때에는 분양신청의 현황을 기초로 다음 각 호의 사항이 포함된 관리처분계획을 수립하여 시장·군수등의 인가를 받아야 하며, 관리처분계획을 변경·중지 또는 폐지하려는 경우에도 또한 같다. 다만, 대통령령으로 정하는 경미한 사항을 변경하려는 경우에는 시장·군수등에게 신고하여야 한다. <개정 2018. 1. 16.>

☞ 아래 초록색 박스는 총회 개최 1 개월 전 서면통지사항을 표시한 것이다.

1. 분양설계

I. 관리처분계획에 포함될 내용

> 2. 분양대상자의 주소 및 성명
>
> 3. 분양대상자별 분양예정인 대지 또는 건축물의 추산액(임대관리 위탁주택에 관한 내용을 포함한다)
>
> 4. 다음 각 목에 해당하는 보류지 등의 명세와 추산액 및 처분방법. 다만, 나목의 경우에는 제 30 조 제 1 항에 따라 선정된 임대사업자의 성명 및 주소(법인인 경우에는 법인의 명칭 및 소재지와 대표자의 성명 및 주소)를 포함한다.
>
> 가. 일반 분양분
>
> 나. 공공지원민간임대주택
>
> 다. 임대주택
>
> 라. 그 밖에 부대시설·복리시설 등
>
> 5. 분양대상자별 종전의 토지 또는 건축물 명세 및 사업시행계획인가 고시가 있은 날을 기준으로 한 가격(사업시행계획인가 전에 제 81 조 제 3 항에 따라 철거된 건축물은 시장·군수등에게 허가를 받은 날을 기준으로 한 가격)
>
> 6. 정비사업비의 추산액(재건축사업의 경우에는 「재건축초과이익 환수에 관한 법률」에 따른 재건축부담금에 관한 사항을 포함한다) 및 그에 따른 조합원 분담규모 및 분담시기
>
> 7. 분양대상자의 종전 토지 또는 건축물에 관한 소유권 외의 권리명세
>
> 8. 세입자별 손실보상을 위한 권리명세 및 그 평가액
>
> 9. 그 밖에 정비사업과 관련한 권리 등에 관하여 대통령령으로 정하는 사항

2. 【법령】 전부개정법 시행령 제 62 조(관리처분계획의 내용)

> 법 제 74 조 제 1 항 제 9 호에서 "대통령령으로 정하는 사항"이란 다음 각 호의 사항을 말한다.
>
> 1. 법 제 73 조에 따라 현금으로 청산하여야 하는 토지등소유자별 기존의 토지·건축물 또는 그 밖의 권리의 명세와 이에 대한 청산방법
>
> 2. 법 제 79 조 제 4 항 전단에 따른 보류지 등의 명세와 추산가액 및 처분방법
>
> ☞ 법 제 79 조 제 4 항 전단: "사업시행자는 분양신청을 받은 후 그 잔여분을 보류지(건축물 포함)로 정하거나 일반분양할 수 있다."
>
> 3. 제 63 조 제 1 항 제 4 호에 따른 비용의 부담비율에 따른 대지 및 건축물의 분양계획과 그 비용부담의 한도·방법 및 시기. 이 경우 비용부담으로 분양받을 수 있는

제 3 장 관리처분계획 / 제 3 절 관리처분계획의 내용

한도는 정관등에서 따로 정하는 경우를 제외하고는 기존의 토지 또는 건축물의 가격의 비율에 따라 부담할 수 있는 비용의 50 퍼센트를 기준으로 정한다.

　4. 정비사업의 시행으로 인하여 새롭게 설치되는 정비기반시설의 명세와 용도가 폐지되는 정비기반시설의 명세

　5. 기존 건축물의 철거 예정시기

　6. 그 밖에 시·도조례로 정하는 사항

☞ 서울시 도시정비조례 제 33 조(관리처분계획의 내용)

영 제 62 조제 6 호에서 "그 밖에 시·도조례로 정하는 사항"이란 다음 각 호의 사항을 말한다.

　1. 법 제 74 조제 1 항제 1 호의 분양설계에는 다음 각 목의 사항을 포함한다.

　　가. 관리처분계획 대상물건 조서 및 도면

　　나. 임대주택의 부지명세와 부지가액·처분방법 및 임대주택 입주대상 세입자명부(임대주택을 건설하는 정비구역으로 한정한다)

　　다. 환지예정지 도면

　　라. 종전 토지의 지적 또는 임야도면

　2. 법 제 45 조제 1 항제 10 호에 따른 관리처분계획의 총회의결서 사본 및 법 제 72 조제 1 항에 따른 분양신청서(권리신고사항 포함) 사본

　3. 법 제 74 조 제 1 항 제 8 호에 따른 세입자별 손실보상을 위한 권리명세 및 그 평가액과 영 제 62 조 제 1 호에 따른 현금으로 청산하여야 하는 토지등소유자별 권리명세 및 이에 대한 청산방법 작성 시 제 67 조에 따른 협의체 운영 결과 또는 법 제 116 조 및 제 117 조에 따른 도시분쟁조정위원회 조정 결과 등 토지등소유자 및 세입자와 진행된 협의 경과

　4. 영 제 14 조 제 3 항 및 이 조례 제 12 조 제 3 항에 따른 현금납부액 산정을 위한 감정평가서, 납부방법 및 납부기한 등을 포함한 협약 관련 서류

　5. 그 밖의 관리처분계획 내용을 증명하는 서류

3. 【조례】 관리처분계획 수립시 종전자산 인정 기준 (서울시 도시정비조례 제 34 조)

(1) 관리처분계획을 수립함에 있어 종전토지의 면적은 관리처분계획기준일 현재 지적공부(토지대장. 사업시행방식전환의 경우에는 환지예정지증명원)에 따르되, 공유토지의 경우는 부동산등기부(또는 환지예정지증명원)의 지분비율을 기준으로 한다(서울시

조례 제 34 조 제 1 호). 관리처분계획기준일은 분양신청기간의 종료일을 말한다(조례 제 2 조 제 3 호).

(2) 국·공유지의 점유연고권은 지적측량성과에 따라 관계 법령과 정관 등이 정하는 바에 따라 인정한다(같은 조 제 2 호). ☞ 국·공유지 점유연고권에 관한 자세한 내용은 돈.되.법 3 제 5 장 제 6 절 III.을 참조하세요.

(3) 종전 건축물의 소유면적은 관리처분계획기준일 현재 건축물 대장을 기준으로 하되, 법령에 위반하여 건축된 부분의 면적은 제외한다. 다만, 정관 등이 따로 정하는 경우에는 재산세과세대장 또는 측량성과를 기준으로 할 수 있다. (이상 같은 조 제 3 호.)

(4) 종전 토지 등의 소유권은 관리처분계획기준일 현재 부동산등기부(사업시행방식전환의 경우에는 환지예정지증명원)에 따르며, 소유권 취득일은 부동산등기부상의 접수일자를 기준으로 한다. 다만, 특정무허가건축물(미사용승인건축물을 포함한다)인 경우에는 구청장 또는 동장이 발행한 기존무허가건축물확인원이나 그 밖에 소유자임을 증명하는 자료를 기준으로 한다. (이상 같은 조 제 4 호.)

4. 【해설】 분양설계

(1) "분양설계"란 분양대상자별로 분양예정위치를 정하고, 적정분양가격을 산정하는 설계를 말하는 것으로서 건축설계와는 그 의미를 달리한다(대법원 2016. 3. 24. 선고 2013 다 70644 판결).

(2) 관리처분계획에는 분양설계가 포함되어야 하며(법 제 74 조 제 1 항 제 1 호), 분양설계에는 ① 관리처분계획 대상물건 조서 및 도면 ② 임대주택의 부지명세와 부지가액·처분방법 및 임대주택공급대상세입자 명부(임대주택을 건설하는 정비구역에 한한다) ③ 환지예정지 도면 ④ 종전 토지의 지적 또는 임야도면 등이 포함되어야 한다(서울시 도시정비조례 제 33 조 제 1 호).

(3) 분양설계의 기준일은 관리처분계획의 기준일과 같은 '분양신청기간 만료일'이다(법 제 76 조 제 1 항 제 5 호).

B. [하급심판례] ① 상가는 관리처분계획 단계에서 미리 층·호수별로 면적을 구체적으로 구분지어 분양대상자를 확정할 필요성은 적고, 오히려 공동주택과 달리 관리처분계획 후에 실제 분양상황이나 수분양자들의 입점계획 등을 반영하여 추후에 상가를 구획하고 면적을 확정하는 것이 보다 합리적이야; ② 관리처분계획 중 근린생활시설(상가) 부분에 분양설계를 누락한 하자가 없다고 본 사례 —서울행정법원 2016.10.28. 선고 2016 구합 1288 판결 [관리처분계획무효확인]

제 3 장 관리처분계획 / 제 3 절 관리처분계획의 내용

【당사자】

원 고	이○○
피 고	○○○○아파트 주택재건축정비사업조합

1. 원고의 주장

원고는 이 사건 관리처분계획에 아래와 같은 하자가 있다고 주장하면서 주위적으로 이 사건 관리처분계획 중 근린생활시설(상가)에 관한 부분의 무효 확인을 구하고, 제 1 예비적으로 위 부분의 취소를 구하며, 제 2 예비적으로 이 사건 관리처분계획 중 원고 및 고○○에 관한 종전자산 감정평가 내역 부분의 취소를 구한다.

이 사건 관리처분계획에는 분양기준과 신축상가 건물 각 층의 면적 및 평면도만이 나타나 있을 뿐, 분양대상자별로 분양예정위치를 정하는 내용이 없고, 신축상가 건물이 구분점포로 구분되어 있지 않으며, 각 구분점포의 면적이나 위치 및 형태가 특정되어 있지 아니하다. 따라서 이 사건 관리처분계획 중 근린생활시설(상가) 부분은 도시 및 주거환경정비법(이하 '도시정비법'이라 한다) 제 48 조 제 1 항 제 1 호가 정한 분양설계를 누락하여 위법하다.

2. 판단 (분양설계를 누락한 하자가 없음)

도시정비법 제 48 조 제 1 항 제 1 호가 관리처분계획에 포함되어야 하는 사항의 하나로 정하고 있는 분양설계란 건축계획에 다른 건축물의 설계기준, 시설의 내역, 분양의 기준 등 관리처분계획에 따라 분양할 토지 및 건축물의 분양에 관한 구체적 계획을 의미하는바, 앞서 인정한 사실에 변론 전체의 취지를 더하여 알 수 있는 다\음과 같은 사정들을 종합하여 보면, 이 사건 관리처분계획 중 근린생활시설(상가) 부분에 도시정비법 제 48 조 제 1 항 제 1 호가 정한 분양설계를 누락한 하자가 있다고 보기 어렵다. 따라서 원고의 이 부분 주장은 이유 없다.

1) 상가의 경우, 동일한 면적과 형태로 공급되는 공동주택에 비해 그 규모가 제한적이고 수요자별 혹은 업종별로 선호하는 위치나 면적, 층수가 모두 다를 수 있으며, 분양이 완료된 이후라도 일반분양 결과를 포함한 전체적인 분양상황이나 실제 입점상황에 따라 내부 설계를 변경해야 하는 경우도 생길 수 있다는 점 등에 비추어 보면, 관리처분계획 단계에서 미리 층·호수별로 면적을 구체적으로 구분지어 분양대상자를 확정할 필요성은 적다고 보이고, 오히려 상가의 경우 공동주택과는 달리 필요에 따라 경량 칸막이벽을 통해 구획을 짓거나 구획을 재설정하는 등의 탄력적인 방법이 얼마든지 가능하므로, 관리처분계획 후에 실제 분양상황이나, 수분양자들의 입점계획 등을 반영하여 추후에 상가를 구획하고 면적을 확정하는 것이 보다 합리적이라고 보인다.

2) 이 사건 관리처분계획 중 근린생활시설(상가)부분은 신축된 상가의 면적을 구체적으로 구획 짓고, 구획된 면적을 분양신청자 중 누구에게 분양할 것인지 등에 관한 세부적인 계획은 없으나, 층 및 면적 배정기준을 정해두고 있어 상가조합원들로서는 자신이 분양받을 상가의 층과 면적을 충분히 예측할 수 있으므로, 위와 같은 구체적이고 세부적인 계획까지 미리 수립할 필요성은 없다고 보인다. 공동주택의 경우에도 관리처분계획 단계에서는 주택의 면적(평형)만이 대략적으로 확정될 뿐 분양대상자 별로 정확한 동·호수가 확정되지 않고, 이후 동·호수 등 정확한 위치의 확정은 관리처분계획이 확정된 이후에 별도의 추첨 절차를 통하여 이루어지는 것이 일반적이다.

3) 이 사건 관리처분계획은 신축 상가건물의 위치 배정 기준에 관하여 명시적인 규정을 두고 있지 않으나, 이는 신축 상가건물의 구분 점포별 위치와 면적이 아직 구체적으로 구획되지 아니하였기 때문인 것으로 보인다. 한편 이 사건 관리처분계획은 상가 위치 배정의 전제가 되는 층 배정은 조합원 분양신청에 의하고, 경합이 있는 경우에는 종전감정평가금액 평당 단가 순으로 하되, 종전감정평가금액 평당 단가가 동일한 경우 공개추첨에 의한다고 정하고 있고, 피고의 정관은 종전평가액을 평당가격으로 환산한 금액을 기초로 하여 형평성에 맞게 신축 상가건물의 평형 및 층·호를 배정한다고 정하고 있으므로, 신축 상가건물의 위치 배정도 층 배정에 준하여 조합원 분양신청에 의하되, 경합이 있는 경우에는 종전감정평가금액 평당 단가 순으로 정해질 것으로 보인다.

II. 계획재량의 범위와 한계

A. 【해설】 관리처분계획에 관한 사업시행자의 광범위한 재량과 그 한계

> (1) 관리처분계획의 수립은 계획재량행위에 해당하여 조합에 상당한 재량이 인정되며, 조합은 종전의 토지 또는 건축물의 면적·이용상황·환경 그 밖의 사항을 종합적으로 고려하여 대지 또는 건축물이 균형 있게 분양신청자에게 배분되고 합리적으로 이용되도록 그 재량을 행사해야 한다(대법원 2022. 7. 14. 선고 2022 다 206391 판결).
>
> (2) 다만, 조합원(토지등소유자)의 지위나 권리·의무의 인정 자체에 관하여는 사업시행자에게 재량의 여지가 없다(대법원 2010. 10. 28. 선고 2009 두 4029 판결 참조). 따라서 조합원의 권리·의무에 영향을 미치는 권리의 취득과 비용 분담에 관한 사항은 관리처분계획에 구체적이고 명확하게 기재되어야 하며, 도시정비법 제 74 조 제 1 항 각호의 사항이나 이에 준하는 사항 등이 누락된 관리처분계획은 위법하다(서울고등법원 2017. 4. 7. 선고 2016 누 46856 판결).

B. ① 도시환경정비사업에서 관리처분계획은 a) 토지등소유자의 지위나 권리·의무의 인정 자체에 관하여는 재량의 여지가 없으나, b) 그 구체적 내용에 관하여는 계획재량행위로서

상당한 재량이 인정돼; ② 따라서 법령이 정한 기준을 준수한 이상, 토지등소유자들 사이에 다소 불균형이 초래된다 하더라도, 그것이 특정 토지등소유자의 재산권을 본질적으로 침해하는 것이 아닌 한 관리처분계획이 위법하다고 볼 수 없어(그에 따른 손익관계는 종전자산과 종후자산의 적정한 평가 등을 통해 청산금을 가감함으로써 조정될 것이므로) ―대법원 2014. 3. 27. 선고 2011 두 24057 판결[관리처분계획취소등]

【당사자】

[원고, 상고인] 원고

[피고, 피상고인] 지엘피에프브이원 주식회사

1. 법리

가. 도시환경정비사업의 관리처분계획은 계획재량행위

도시정비법 제 48 조 제 2 항 제 1 호는 관리처분계획의 기준의 하나로 종전의 토지 또는 건축물의 면적·이용상황·환경 그 밖의 사항을 종합적으로 고려하여 대지 또는 건축물이 균형 있게 분양신청자에게 배분되고 합리적으로 이용되도록 할 것을 규정하고 있다.

그런데 도시환경정비사업은 상업지역·공업지역 등으로서 토지의 효율적 이용과 도심 또는 부도심 등 도시기능의 회복이나 상권활성화 등이 필요한 지역에서 도시환경을 개선하기 위하여 시행하는 것으로서 다수의 이해관계가 상충되어 토지등소유자들의 개별적이고 구체적인 이익 전부를 만족시킬 수는 없는 것이고, 도시환경정비사업에서의 관리처분계획은 사업을 시행함에 있어 반드시 수립하여야 하는 법률이 정한 행정계획으로서 토지등소유자의 지위나 권리·의무의 인정 자체에 관하여는 재량의 여지가 없다고 하겠지만, 그 구체적인 내용의 수립에 관하여는 이른바 계획재량행위에 해당하여 상당한 재량이 인정된다고 할 것이다.

나. 토지등소유자들 사이에 다소 불균형이 초래된다는 사정만으로 관리처분계획이 위법하다고 볼 수 없어

따라서 적법하게 인가된 관리처분계획이 종전의 토지 또는 건축물의 면적·이용상황·환경 그 밖의 사항을 종합적으로 고려하여 대지 또는 건축물이 균형 있게 분양신청자에게 배분되고 합리적으로 이용되도록 하는 것인 이상, 그로 인하여 토지등소유자들 사이에 다소 불균형이 초래된다고 하더라도 그것이 특정 토지등소유자의 재산권을 본질적으로 침해하는 것이 아닌 한, 이에 따른 손익관계는 종전자산과 종후자산의 적정한 평가 등을 통하여 청산금을 가감함으로써 조정될 것이므로, 그러한 사정만으로 그 관리처분계획을 위법하다고 볼 수는 없다(대법원 2010. 10. 28. 선고 2009두4029 판결 참조).

2. 원심판결의 정당함

원심은 제1심판결을 인용하여 피고가 분양신청 대상에서 업무시설을 일괄 제외하고, 판매시설 중에서도 피맛길 및 청진소로 등 대로변에 위치한 상가를 제외하는 바람에 <u>원고가 원하던 지상 1층 상가의 분양배정을 받지 못하게 되었다 하더라도, 판시 각 사정에 비추어 이 사건 관리처분계획의 내용이 현저히 불합리하여 도시정비법 제48조에 반한다거나 그로 인하여 원고의 재산권이 부당하게 침해된다고 볼 수 없다고</u> 판단하였다.

원심판결 이유를 위에서 본 법리와 적법하게 채택된 증거들에 비추어 살펴보면, 원심의 위와 같은 판단은 정당하여 수긍할 수 있고, 거기에 상고이유의 주장과 같이 논리와 경험의 법칙에 반하여 자유심증주의의 한계를 벗어나거나 헌법 제23조 제3항, 도시정비법 제48조 등에 관한 법리를 오해한 위법이 없다.

C. '지상 1층' 근린생활시설의 분양을 신청한 원고에게 '지하 1층' 근린생활시설을 배정한 관리처분계획이 적법하다고 본 사례 —대법원 2010. 10. 28. 선고 2009두4029 판결[관리처분계획취소]

【당사자】

원고, 상고인	A
피고, 피상고인	삼봉알앤디 주식회사

원심판결 이유에 의하면, 원심은 그 채용증거들에 의하여 그 판시와 같은 사실을 인정한 다음, ① 원고가 종전에 소유하던 토지의 면적은 46.6 ㎡로서 이 사건 사업구역 전체 면적 5,734.1 ㎡의 0.81%에 불과한 점, ② <u>원고가 종전에 소유하던 토지 및 건물의 평가액과 이 사건 신축건물 지상 1층 101호 또는 102호 근린생활시설의 평가액 사이에 현저한 격차가 있는 점</u>, ③ 건축설계를 변경하여 이 사건 신축건물 지상 1층의 근린생활시설을 좁은 면적으로 분할할 경우, 오피스타운이 되고 있는 그 주변 환경에 비추어, 이 사건 신축건물의 효율적 이용이 저해될 수 있을 것으로 보이는 점 등을 종합하여 보면,

<u>지상 1층 근린생활시설의 분양을 신청한 원고에게 그 신청내용과 달리 지하 1층 근린생활시설을 배정하였다는 사정만으로 이 사건 관리처분계획이 형평에 반하여 위법한 것은 아니라고</u> 판단하였다.

앞에서 본 법리와 기록에 비추어 살펴보면, <u>원심의 위와 같은 판단은 정당한 것으로 수긍이 가고</u>, 거기에 상고이유에서 주장하는 바와 같이 법 제48조 제2항 제1호에 관한 법

리오해 등의 위법이 있다고 할 수 없다.

D. ① 조합원(토지등소유자)의 지위나 권리·의무의 인정 자체에 관하여는 재량의 여지가 없다; ② 구 도시정비법 제 48 조 제 1 항에 정해진 사항이나 이에 준하는 사항을 누락한 관리처분계획은 위법해 —서울고등법원 2017. 4. 7. 선고 2016 누 46856 판결[관리처분계획취소](상고심에서 소취하)

<u>관리처분계획은</u> 사업을 시행함에 있어 반드시 수립하여야 하는 법률이 정한 행정계획으로서 그 구체적인 내용의 수립에 관하여는 이른바 <u>계획재량행위에 해당하여 상당한 재량이 인정된다고 할 것이나</u>, <u>조합원(토지등소유자)의 지위나 권리·의무의 인정 자체에 관하여는 재량의 여지가 없다고 할 것이다</u>(대법원 2010. 10. 28. 선고 2009 두 4029 판결 참조).

따라서 조합원의 권리·의무에 영향을 미치는 권리의 취득과 비용 분담에 관한 사항은 관리처분계획에 구체적이고 명확하게 기재되어야 하므로, <u>도시정비법 제 48 조 제 1 항에 정해진 사항이나 이에 준하는 사항 등이 누락되었다면 특별한 사정이 없는한 그 관리처분계획은 위법하다고 할 것이다</u>.

III. 종교시설 문제

A. 재정비촉진계획에서 종교시설이 야기하는 문제

1. 【해설】 '주거-영업 이분법'에서 야기된 정당보상의 사각지대

> (1) 재개발사업에서는 토지등의 재산권 자체에 대한 보상 외에도(또는 토지등의 소유 여부와 무관하게) ① 이주대책수립 또는 이주정착금 지급(토지보상법 제 78 조, 동 시행령 제 40 조 등), ② 주거이전비와 이사비 지급(토지보상법 제 78 조 제 5 항, 동 시행규칙 제 54 조 등), ③ 영업보상(도시정비법 시행령 제 54 조, 토지보상법 제 77 조 등) 등을 추가로 하여야 하고, 또한 ④ 그것을 위한 협의절차(토지보상법 제 16 조)를 진행하여야 한다. 이러한 조치들은 헌법이 규정하는 공용침해에 대한 정당보상 원칙(헌법 제 23 조 제 3 항)을 구체적으로 실현하는 것이다.
>
> (2) 그런데 현행 보상입법은 '주거 또는 영업'이라는 이분법에 따라 이루어지고 있으므로, 사업구역 내에 주거도 영업도 아닌 다른 목적을 위해 설치·운영되는 시설이 존재하는 경우, 해당 시설의 소유자, 운영자 또는 그 구성원들은 위와 같은 보상의 대상에서 제외되어 정당보상의 사각지대에 놓이게 되는 문제가 발생한다. 종교시설이 그 대표적인 경우이다.

2. 【해설】 「서울특별시 뉴타운지구 등 종교시설 처리방안」

(1) 서울특별시는 2009. 9.경 재정비촉진계획 수립시에 기존 종교시설에 대한 이전 대책이 없는 경우가 많아 종교단체와 조합 간의 갈등으로 촉진사업이 지연되는 경우가 발생하자 그 기준을 정하기 위해 2009. 9. 27. '행정 2 부시장 방침 제507호'로 「서울특별시 재정비촉진계획 수립시 종교시설 처리방안」을 마련하였는데, 그 주된 내용은 아래와 같다

III. 대책

■ 재정비촉진계획 수립시

종교시설은 우선적으로 "존치"가 되도록 검토

- 재정비촉진계획 수립시 존치여부 등을 사전에 판단하여 "존치"를 원칙으로 계획하고 불가피한 경우 이전계획을 수립하여 관리처분 실시

- "존치"대상은 종교단체가 토지 및 건물을 소유하고 정상적인 종교활동을 수행 중인 곳을 기준으로 하고, "이전"의 불가피성 여부는 재정비위원회 사전 자문을 거쳐 판단

※ 재정비촉진지구는 광역 생활권(주거지형 50 만㎡ 이상)을 단위로 하여 도로, 학교, 공원 등 공공시설을 확보하기 위한 광역계획으로서, 지형변경 및 도로선형 · 구배조정이 이루어지기 때문에 사실상 존치가 어려워 이전이 불가피한 경우가 많음

"이전"이 불가피한 경우 "존치"에 준하는 이전계획 수립

- 이전계획 수립시 관련 종교단체와 협의

- 기존부지와 이전 예정부지는 "대토" 원칙

- 현 종교시설 실제 건물 연면적에 상당하는 건축비용 조합 부담

(성물 등 가치가 큰 종교물품에 대한 제작 설치비 고려)

사업기간동안 종교활동에 지장이 없도록 임시장소 마련, 이전비용 등 조합 부담

IV. 행정사항

■ 재정비촉진계획 수집 관련

• 본 지침을 촉진계획수립 기준 및 재정비위원회 자문사항으로 운영

구역단위 정비사업에도 동 지침을 준용하여 운영하도록 협조

정비계획, 촉진계획이 결정된 구역 또는 변경 예정인 구역은 동 지침에 준하여 종교시설 이전대책 마련하도록 유도

3. **【해설】**「서울특별시 뉴타운지구 등 종교시설 처리방안」의 법적 의미

(1) 서울시의 종교시설 처리방안은 보상의 사각지대인 종교시설을 정당보상의 영역에 포함시킴으로써 도시정비법령과 보상관련 법령을 합헌적으로 해석·집행하기 위한 노력의 산물이라고 볼 수 있다. ① 종교시설부지 구입비용 지원, 새 성전 건립비용 지원 등은 이주대책수립 또는 이주정착금 지급(토지보상법 제78조, 동 시행령 제40조 등)에, ② 임시성전 마련, 시설공사비 및 원상회복비 지원은 영업보상(임시영업소 설치비용. 토지보상법 시행규칙 제47조 제4항)에, ③ 성상·성물 등 가치가 큰 주요 종교물품의 이전비용, 재재작 또는 재구입 등의 지원은 영업보상 중 '휴업 및 영업이전으로 인한 부대비용' 보상(토지보상법 시행규칙 제47조 제1항) 또는 주거이전비 및 이사비 지급(토지보상법 제78조 제5항, 동 시행규칙 제54조 등)에 각 상응하는 조치이다.

(2) 그러나 이 지침은 그 자체로 법적 구속력을 가진다고 볼 수 없는 서울특별시의 내부지침에 불과하다는 한계가 있다(서울행정법원 2016. 4. 22. 선고 2015구합69799 판결; 서울고등법원 2019. 10. 17. 선고 2019누41746 판결 등 다수)

4. **【해설】** 종교시설 소유자가 취하여야 할 조치

정비계획 또는 사업시행계획에 존치안 또는 대토안이 반영되지 않으면, 그 후 정비사업의 시행과정에서 조합과 별도의 합의가 성립하지 않는 한(조합과의 합의는 총회의 결의 필요하다) 종교단체도 일반 토지등소유자와 똑같이 취급되므로, 상가나 주택을 분양받아 새로운 종교시설을 마련하여 이전하거나, 분양신청을 하지 않고 현금청산금으로 정비구역 밖에 새 종교시설 부지를 마련하여 이전해야 한다(서울행정법원 2016. 4. 22. 선고 2015구합59679 판결 참조).

그러니 사찰·교회 등 종교시설의 소유자(종교단체)는 위 지침만 바라보고 있어서는 안 되며, 정비계획 수립 단계에서부터 주민공람 기간 동안에 적극적으로 의견을 제시하고 참여하여 위 지침에 따른 존치안 또는 대토안(대토안에는 건축비용의 조합 부담, 사업기간 동안의 임시장소 마련, 이전비용의 조합 부담 등도 포함시켜야 한다)이 정비계획에 반영되도록 노력해야 한다.

또한 조합설립 후에는 조합과 원만한 협상안을 도출해내기 위하여 끊임없이 협상을 시도해야 한다(아래 참조).

[협상 사례] 거여2 재정비촉진구역 1지구에서 한국기독교장로회 A 교회가 조합으로부터 제안받은 **협상안** (서울행정법원 2016.4.22. 선고 2015구합69799 판결 참조)

　1. 기존 귀 교회의 부지와 이전할 예정부지는 감정평가금액으로 대토(정산).

> 2. 교회 신축건물 비용은 현 종교시설 연면적(1,603.42 ㎡)에 상응하는 건축비용에 대해서만 3.3 ㎡당 6,000,000 원(부가세 포함)을 공사비로 조합에서 부담.
>
> 3. 귀 교회의 손실보상비는 1,100,000,000 원으로 정함.
>
> 4. 귀 교회의 이주비(임시성전 인테리어 비용, 임시성전 원상복구 비용. 부동산 중개 수수료, 이사비용)는 460,000,000 원으로 함.
>
> 5. 귀 교회의 이전에 따르는 이전비(임대보증금 등)는 당 조합에서 전세금 10억 원을 대여 처리함.
>
> ※ 신축공사시 현 교회규모를 초과한 면적에 대한 공사비는 교회측 부담.
>
> 한편 재정비촉진구역 재개발조합과 교회 사이에 사이에 종교시설 부지를 분양받기로 하는 <u>협의가 완료되지 않았음에도 교회가 종교시설 부지를 분양받고 청산금을 납부하는 내용의 관리처분계획을 수립한 것은 위법하다</u>고 보고 관리처분계획 전부를 취소한 고등법원 판결이 있어 아래에서 소개한다(서울고등법원 2017. 4. 7. 선고 2016누 46856 판결).

B. [고등법원판례] ① 원고교회와 피고조합 사이에 <u>종교시설 부지를 분양받기로 하는 협의가 완료되지 않았음에도</u>(토지의 위치 및 면적에 관한 협의는 있었으나, 분양대금·보상금 등에 관한 협의가 완료되지 않았음) <u>원고교회가 종교시설 부지를 분양받고 청산금을 납부하는 내용의 관리처분계획을 수립한 것은 위법해</u>; ② 이 경우 피고조합이 관리처분계획 인가 전 원고에게 44억 7,000만원의 보상비와 10억원의 대여비가 포함된 협상계획안까지 제시하였다면, 신의칙상 적어도 피고가 산정한 보상액은 관리처분계획에 포함시켜야 함; ③ <u>원고의 최종적인 분양의사나 보상내역 여하에 따라 비례율 및 다른 조합원들의 분담금도 함께 변경되어야 하므로 관리처분계획 전체를 취소한 사례</u> —서울고등법원 2017. 4. 7. 선고 2016 누 46856 판결[관리처분계획취소](상고심에서 소취하)

【당사자】

원고, 항소인	한국기독교장로회 거암교회
피고, 피항소인	거여 2 재정비촉진구역 1 지구 주택재개발정비사업조합

1. 기초사실

가. 피고는 서울 송파구 거여동 181, 202 일대 토지의 주거재개발정비사업을 위하여 2012. 7. 20. 서울특별시 송파구청장(이하 '송파구청장'이라 한다)으로부터 조합설립인가를

제 3 장 관리처분계획 / 제 3 절 관리처분계획의 내용

받은 주택재개발정비사업조합이고,[1] 원고는 피고 정비사업 구역 내에서 종교시설 등으로 사용되는 <별지>목록 기재 부동산을 소유한 자로서 피고의 조합원이다.

나. 피고는 2013. 8. 12. 송파구청장으로부터 사업시행인가를 받은 다음 2014. 3. 21.경 조합원들에게 개략적인 부담금 내역과 분양신청기간(2014. 3. 24-2014. 4. 30.)[2] 등을 통지·공고하였다.

다. 피고는 2015. 3. 19. 임시총회 결의를 거쳐 관리처분계획(이하 '이 사건 관리처분계획'이라 한다)을 수립하고, 2015. 4. 27. 송파구청장으로부터 이 사건 관리처분계획을 인가받았는데, 이 사건 관리처분계획 중 원고와 관련된 내용은 다음 표 기재와 같다.

■ 종교시설 부지에 대한 관리처분계획 내용

구역 내 종교시설 부지는 협의된 내용에 따라 당해 권리자에게 분양하되, 분양을 희망하지 않거나 분양을 포기할 경우 대의원회의 의결을 거쳐 일반에게 분양한다.[3]

■ 원고에 대한 분양내용

○ 분양예정 대지 및 건축물의 명세 및 추산액

용도	분양면적(전용면적)(㎡)	대지 지분(㎡)	분양가격 (원)
아파트[4]	135.45(108.72)	48.91	650,475,000
종교용지[5]		1,406.90	8,764,987,000
합계			9,415,462,000

○ 원고의 종전 토지 또는 건축물의 명세 및 평가액

-명세: <별지> 목록 기재와 같음

-총 평가액: 6,722,409,450 원

-분양기준가액: 6,723,753,950 원(= 6,722,409,450 원 x 비례율 100.02%)

○ 원고의 청산추산액

---

[1] 피고는 송파구청장으로부터 2009. 2. 6.자로 조합설립인가처분과 2009. 12. 22.자로 조합설립 변경인가처분을 받았으나, 위 조합설립 결의에 하자가 있어 위 각 처분을 취소한다는 판결이 선고되자(서울고등법원 2011. 4. 13. 선고 2010 누 26034 판결), 2012. 6. 19.자 임시총회를 열어 다시 적법하게 결의를 마친 다음 송파구청장으로부터 2012. 7. 20. 조합설립인가의 성격을 가지는 조합설립 변경인가를 받았다.

[2] 분양신청기간은 이후 2014. 5. 1.부터 2014. 5. 20.까지 연장되었다.

[3] 관리처분계획 제 2 장(관리처분계획의 기준) 제 7 절 종교부지(택지 1-1-2)

[4] 이하 '이 사건 아파트'라고 한다.

[5] 이하 '이 사건 종교시설 부지'라고 한다.

2,690,708,070 원(= 9,415,462,000 원 - 6,723,753,931 원)

라. 송파구청장은 2015. 4. 30. 서울특별시 송파구 고시 제 2015-40 호로 인가된 이 사건 관리처분계획의 내용을 고시하였다.

2. 쟁점

이 사건의 쟁점은 ① 이 사건 종교시설 부지에 관하여 이 사건 관리처분계획대로 원·피고 사이에 "협의"가 있었는지 여부와 ② 원고에 대한 적법한 분양신청 통지가 있었는지 여부로 귀착된다.

3. 원고의 종교시설 부지에 대한 관리처분계획의 존재 여부

가. 인정사실

(1) 뉴타운지구 등 종교시설 처리방안의 수립

서울특별시는 2009. 9.경 재정비촉진계획 수립시에 기존 종교시설에 대한 특정을 고려한 이전대책을 마련하지 않아 종교단체와 조합 간의 갈등으로 재정비촉진사업이 지연되는 경우가 발생하자 그 기준을 정하기 위해 아래와 같이 '뉴타운지구 등 종교시설 처리방안'(이하 '이 사건 처리방안'이라 한다)을 마련하였다.

(처리방안 내용 생략)

(2) 원고의 종교시설에 관한 협의과정

가) 원고는 2009. 3. 30. 피고와 송파구청에 원고 소유의 종교시설을 현위치에 존치시켜 줄 것을 요청하였는데, 송파구청은 2009. 4. 3. "피고와 협의처리하여야 할 사항이며, 피고에게 민원내용을 통지하겠다."라는 취지로 회신하였다.

나) 원고는 위와 같은 존치 요청에도 불구하고 피고가 이를 받아들이지 않자 2013. 2. 28. 피고에게 "A 교회 이전에 따른 민원요구서"라는 문서를 보내면서 이전할 경우 원고에게 지급되어야 하는 보상항목에 관한 의견을 제시하였고, 그 후 원·피고 사이에 2013. 3. 9.부터 2013. 6. 27.까지 4 차례에 걸쳐 이전에 따른 보상 협의가 진행되었다.

다) 피고는 2014. 1. 9. 원고에게 이주보상금 요구액에 관한 세부항목을 제시하여 줄 것을 요구하였고, 원고는 2014. 1. 26. 피고에게 토지보상비, 기회손실보상비, 교회 신축비, 이주비 등의 명목으로 합계 164 억 3,600 만 원의 보상을 요구하는 안을 제시하였다.

라) 피고는 위 요구안에 대하여는 별다른 응답 없이 원고에 대한 보상내역이 포함되지 않은 상태로 관리처분계획을 수립하려고 하였고, 이에 원고는 2015. 2. 23.경 피고와 송파구청장에게 원고의 보상계획을 반영한 관리처분계획을 수립해 줄 것을 요청하였다.

마) 이에 대하여 송파구청장은 2015. 3. 3. 원고에게 "원고가 요청한 보상의 규모 및 절차 등은 피고와 협의하여야 할 사안으로 피고에게 원고의 요구사항에 대하여 통지하였다."라고 답변하였고, 피고는 2015. 3. 5. 원고에게 "원고의 보상 및 이주 등에 대해서는 조만간 협의할 예정임을 알려드리며, 2015. 2. 13.부터 2015. 3. 17.까지 관리처분계획 공람기간 중이므로 권리관계를 확인하시기 바랍니다."라고 답변하였다.

바) 피고가 2015. 3. 19. 원고에 대한 보상내역이 반영되지 않은 상태로 이 사건 관리처분계획을 의결하자, 원고는 2015, 4. 17.경 송파구청장에게 피고의 관리처분계획인가신청을 반려 또는 유보 해달라고 요청하였고, 송파구청장은 2015. 4. 22. 피고에게 "서울특별시가 수립한 종교용지 처리방안에 따른 대안을 제시하라."고 행정지도를 하면서, 2015. 4. 23. 원고에게 "원고의 요청에 대하여는 관련 법규에 따라 처리할 예정"이라고 통지하였다.

사) 피고는 송파구청장으로부터 위와 같이 행정지도를 받은 당일인 2015. 4. 22. 원고에게 아래와 같은 협상계획안을 통보하였다.

> 2. 기존 귀 교회의 부지와 이전할 예정부지는 감정평가금액으로 대토(정산).
>
> 3. 교회 신축건물 비용은 현 종교시설 연면적(1,603.42 ㎡)에 상응하는 건축비용에 대해서만 3.3 ㎡당 6,000,000 원(부가세 포함)을 공사비로 조합에서 부담.
>
> 4. 귀 교회의 손실보상비는 1,100,000,000 원으로 정함.
>
> 5. 귀 교회의 이주비(임시성전 인테리어 비용, 임시성전 원상복구 비용, 부동산 중개 수수료, 이사비용)는 460,000,000 원으로 함.
>
> 6. 귀 교회의 이전에 따르는 이전비(임대보증금 등)는 당 조합에서 전세금 10 억 원을 대여 처리함.
>
> ※ 신축공사시 현 교회규모를 초과한 면적에 대한 공사비는 교회측 부담.

나. 판단

기초사실 및 인정사실 등에서 알 수 있는 <u>다음의 사정 등을 위 법리에 비추어 보면, 이 사건 관리처분계획에는 원고의 권리취득에 관한 사항 또는 원고를 제외한 다른 조합원의 비용 분담에 관한 사항이 누락되어 있어 위법하다고 인정된다.</u>

가) 먼저 이 사건 관리처분계획 제 2 장 제 7 절에 있는 "구역 내 종교시설 부지는 협의

된 내용에 따라 당해 권리자에게 분양하되, 분양을 희망하지 않거나 분양을 포기 할 경우에는 대의원회의 의결을 거쳐 일반에게 분양한다."라는 문구 중 전단의 의미는 구역 내 종교시설 부지에 관하여 당해 권리자가 그 부지를 분양받기로 피고와 협의를 완료(합의)한 경우에 그 부지를 당해 권리자에게 분양한다는 의미로 봄이 상당하다.

피고는 위 전단에서 말하는 협의는 "종교부지에 해당하는 토지의 대토 위치 및 면적에 관한 협의"만을 의미하고 그 밖의 분양조건(분양대금 또는 보상) 등은 포함되지 않는다고 주장하나, 그와 같이 축소하여 해석할 명문의 근거가 없을 뿐 아니라, 위 조항 후단의 문언(분양을 희망하지 않거나 분양을 포기할 경우에는 대의원회의 의결을 거쳐 일반에게 분양한다.)에 비추어 보아도 전단의 의미는 당해 권리자가 그 토지를 분양받기를 희망하는 경우로 해석하는 것이 자연스럽다. 나아가 거래통념상 분양의사는 토지의 위치 및 면적에 관한 사항뿐만 아니라 분양대금 등 다른 거래조건에 의해서도 영향을 받게 되므로, 토지의 위치 및 면적에 관한 협의가 있었다고 하더라도 다른 거래조건 등에 관한 협의가 완료되지 않았다면 해당 토지에 관한 권리자의 분양의사가 추단된다고 볼 수 없다. 따라서 위 문구의 법률적 의미를 다투는 피고의 위 주장은 이유 없다.

나) 이러한 해석을 기초로 원고의 경우를 살펴보면, ① 앞서 본 바와 같이 원고는 최초 피고에게 종전 위치에 기존의 종교시설이 그대로 존치되기를 원하는 의사를 표시하였으나 피고가 이에 응하지 않자 사업구역 내의 종교시설 부지로 이전하는 안을 수용하는 조건으로 피고에게 164억 3,600만 원의 보상금을 요구하였던 점, ② 원고가 이 사건 관리처분계획대로 이 사건 종교시설 부지로 이전할 경우 오히려 약 26억 9,000만원에 이르는 청산금을 피고에게 지급하여야 하는 점, ③ 원고가 이 사건 소송과정 등을 통하여 위와 같은 거액의 청산금을 마련하기 어렵다고 호소하고 있고, 현재까지도 원·피고 사이에 보상금에 관한 합의가 이루어지지 않은 점 등에 비추어 보면,

원·피고 사이에 이 사건 종교시설 부지를 분양받기로 하는 협의가 완료되었다고 보기 어려울 뿐 아니라 원고에게 보상금에 관한 합의 없이 관리처분계획대로 이 사건 종교시설 부지를 분양받을 의사가 있었다고 보기도 어렵다.

다) 따라서 이 사건 관리처분계획이 결의되어 인가받을 당시 원고가 이 사건 종교시설을 분양받을지 여부는 아직 확정되었다고 보기 어려우므로, 원고가 이 사건 종교시설 부지를 분양받는 것을 전제로 작성된 이 사건 관리처분계획에는 중대한 오류가 있다고 할 것이다.

라) 한편 원·피고 사이에 협상이 진행 중인 이주에 관한 보상액은 원고가 이 사건 관리처분계획에 따라 향후 부담하여야 할 청산금액에 직접적 영향을 미칠 뿐만 아니라 그 보상액은 종국적으로 나머지 조합원들이 분담해야 하는 비용(도시정비법 제48조 제1항 제15호)에 해당하므로, 그러한 보상액이 있다면 이 사건 관리처분계획 전에 협의가 이루어져 이

사건 관리처분계획에 포함되어야 하고, 이에 관한 총회의 의결도 있었어야 한다.[6]

마) ① 피고의 주장처럼 원고가 신축건물 또는 토지를 분양받는 조합원이어서 공익사업을 위한 토지 등의 취득 및 보상에 관한 법률에 따른 주거이전비 청구권을 가지는 것은 아니라고 하더라도(대법원 2011. 11. 24. 선고 2009 다 28394 판결 참조), 종교시설에 대한 이전대책을 마련함이 없이 관리처분계획을 수립할 경우 헌법이 정한 정당한 보상 원칙에 반할 우려가 크고, 서울특별시도 그러한 점을 고려하여 이 사건 처리방안을 수립한 점, ② 이 사건 처리방안에 따라 서울시에서 이루어진 재개발·재건축 사업들에서 순복음 옥수교회 등 5 개 교회시설에 대하여 기회손실비용 등 이전비 보상이 이루어 진 점(갑 제 6 호증), ③ 송파구청장이 이 사건 관리처분계획을 인가하기 전 이 사건 처리방안에 따른 대안을 마련하라고 피고에게 행정지도를 한 점, ④ 피고가 원고와 보상액에 관하여 여러 차례 협의를 하였고, 원고로부터 이 사건 관리처분계획에 원고의 보상계획을 반영하여 달라는 요청을 받고도 이를 명시적으로 거절함이 없이 원고에게 조만간 협의할 예정이라고 통보한 점, ⑤ 피고가 송파구청장의 행정지도에 따라 이 사건 관리처분계획을 인가받기 전에 원고에게 약 44 억 7,000 만 원의 보상비와 10 억 원의 대여비가 포함된 협상계획안까지 제시한 점 등을 종합해 보면,

신의성실의 원칙이나 금반언의 원칙상 원고가 주장하는 금액은 아니더라도 적어도 피고가 위와 같은 협의 등을 통하여 산정한 나름의 합리적인 보상액은 이 사건 관리처분계획에 포함시켜야 한다고 봄이 상당하다.[7]

다. 소결

그렇다면 원고의 나머지 절차적 위법에 관한 주장에 관하여 더 나아가 살펴볼 필요 없이 이 사건 관리처분계획은 위법하여 취소되어야 할 것이다.

4. 취소의 범위 (전부 취소)

이 사건 종교시설 부지의 평가액이 8,764,987,000 원에 이르고, 피고가 보상액으로 제시한 협상액이 약 44 억 7,000 만 원에 이르는 점 등을 고려하면, 이 사건 종교시설 부지에 대한 원고의 최종적인 분양의사나 원고에 대한 보상내역이 어떻게 결정되는지에 따라 새로

---

[6] 만일 보상액의 범위만이 문제라면 총회에서는 협상가능한 보상액의 상한만을 결의하고 나머지 사항은 조합장에게 위임하는 결의도 가능할 것이다.

[7] 만일 보상을 하지 않는 것이 옳다고 생각하여 보상을 하지 않으려는 의사였다면, 앞서 본 피고의 언행 등에 비추어 적어도 관리처분계획에 그러한 비용을 보상하지 않는다는 사실 및 그 나름의 근거를 명백히 밝혔어야 한다.

이 관리처분계획을 수립할 경우 작성될 공동주택 및 상가 분양대상 조합원들에 대한 부담금을 결정하는 비례율, 권리가액비율 및 그 분담금액도 함께 변경되어야 할 것이므로, 결국 이 사건 관리처분계획의 하자는 이 사건 관리처분계획 전체에 영향을 미친다고 할 것이다.[8] 따라서 이 사건 관리처분계획은 그 전부가 취소되어야 할 것이다.

C. [하급심판례] 분양신청 통지 전에 피고조합이 원고교회와 교회의 존치 여부 또는 대체부지의 제공 등에 관한 협의를 하지 않고 원고교회에 종교용지를 배정하지 않았다는 사정만으로 도시정비법 제 76 조(관리처분계획의 수립기준) 제 1 항을 위반했다고 볼 수 없어 —대구지방법원 2020. 12. 9. 선고 2019 구합 22585 판결[조합설립인가무효확인등]

【당사자】

> 원고 김○○ 외 12 명
> 피고 1. 대구광역시 중구청장
>   2. A 지구 주택재개발정비사업조합

도시정비법은 제 76 조 제 1 항 제 1 호에서 관리처분계획의 수립기준으로 '종전의 토지 또는 건축물의 면적·이용 상황·환경, 그 밖의 사항을 종합적으로 고려하여 대지 또는 건축물이 균형 있게 분양신청자에게 배분되고 합리적으로 이용되도록 한다'고 규정하고 있을 뿐, 종교시설의 소유자를 주택이나 상가 소유자와 달리 특별하게 취급하도록 규정하고 있지 않고, 종교시설 종교용지의 배분에 관하여도 별도로 규정하고 있지 않다.

따라서 설령 원고 교회의 주장과 같이 분양신청 통지 전에 피고 조합이 원고 교회와 교회의 존치 여부 또는 대체부지의 제공 등에 관한 협의를 하지 않고 원고 교회에 종교용지를 배정하지 아니하였다 하더라도 이러한 사정만으로 피고 조합이 분양신청 통지 등의 절차를 제대로 이행하지 않았다거나 도시정비법 제 76 조 제 1 항을 위반하였다고 보기 어렵다.

D. [하급심판례] 주택재개발사업 대상인 종교부지에서 종교활동을 하던 토지소유자가 같은 지목의 토지를 분양받아야 한다는 기대는 법률상 권리로 보장되어 있지 않아 —수원지방법원 2017. 4. 27. 선고 2015 구합 69271 판결[사업시행계획취소] (항소기각, 심리불속행 기각)

---

[8] 즉 이 사건 관리처분계획에 따른 비례율은 총수입-총사업비(공통부담소요비용)/분양대상토지등의 소유자 종정 총 평가액)x100 으로 정해지는데, 피고가 보상액으로 제시한 이 사건 협상액 44 억 7,000 만 원이 고려되지 않았을 경우의 종전 비례율은 100.02%이나 이 사건 보상액이 고려되면 97,61%로 변경된다.

제3장 관리처분계획 / 제3절 관리처분계획의 내용

【당사자】

> 원고 재단법인 기독교한국침례회유지재단
> 피고 장안 111-4 구역 주택재개발정비사업조합

　주택재개발사업 대상인 종교부지 지상에서 종교활동을 하던 토지 소유자가 그 사업 종료에 따라 같은 지목의 토지를 분양받아야 한다는 기대는 헌법상 재산권 또는 종교의 자유의 본질을 구성한다고 볼 수 없고, 위와 같은 기대가 법률상 권리로 보장되어 있지도 않으며...

E. [하급심판례] 피고조합이 E교회에 대해서만 종교용지를 부여하고, 원고에 대하여 종교용지를 부여하지 않은 것이 원고교회의 분양신청권, 거주·이전의 자유, 종교의 자유, 평등권을 침해하지 않는다고 본 사례: ① 원고와 E교회 사이에 규모와 형태, 소유한 토지의 면적, 지목 등에서 차이가 존재하고, ② 건축법령상 종교시설인 E교회와 달리 원고가 소유한 건물은 종교시설(500㎡ 이상)이 아닌 제2종 근린생활시설(500㎡ 미만)에 해당할 뿐 아니라, ③ 원고는 피고로부터 이 사건 정비구역 내에 위치한 상가를 분양받아 종교활동을 계속할 수도 있었던 점 등을 고려함 —광주지방법원 2019. 5. 23. 선고 2018구합13148 판결[관리처분계획취소] (항소기각)

【당사자】

> 원고　　A 교회
> 피고　　B 구역 주택재개발정비사업조합

　앞서 든 증거들에 을 제1 내지 5, 12 내지 14호증의 각 기재 및 변론 전체의 취지를 더하여 인정되는 다음과 같은 사정들을 종합할 때, 피고가 분양신청 및 통지와 관리처분계획 수립과정에서 원고를 위한 종교용지 및 종교시설을 배정하지 않은 것이 원고의 분양신청권, 거주·이전의 자유, 종교의 자유, 평등권을 침해하였다고 볼 수 없다. 따라서 원고의 이 부분 주장은 이유 없다...

　한편, 건축법 제2조 제2항은 건축물의 용도를 분류하면서 제2종 근린생활시설을 제4호로, 종교시설을 제6호로 정하면서, 각 용도에 속하는 건축물의 세부 용도를 대통령령에 위임하고 있다. 이에 따라 용도별 건축물의 종류를 정하고 있는 건축법 시행령 제3조의5[별표 1]은 4호 나목에서 '종교집회장[교회, 성당, 사찰, 기도원, 수도원, 수녀원, 제실, 사당, 그 밖에 이와 비슷한 것을 말한다. 이하 같다]으로서 같은 건축물에 해당 용도로 쓰는 바닥면적의 합계가 500㎡ 미만인 것'을 '종교시설'이 아닌 제2종 근린생활시설로 분류하고, 6호 가목에서 '종교집회장으로서 제2종 근린생활시설에 해당하지 아니하는 것'을 종교시설'로 분류하고 있다.

이 사건 부동산은 F가 건물 1층을 상가, 2층을 주택으로 각 사용하다가 1998. 11. 18. 원고의 전신인 G 교회에 증여한 것으로 토지는 '281㎡' 크기에 지목이 '대'이고, 건물은 외형상 빌라의 형태를 띄고 있다. 반면, E 교회는 부지가 3,326.28㎡에 이르는 대형교회로 대지의 지목이 종교용지로 되어있고, 외형도 전형적인 대형교회의 모습을 띄고 있다.

피고는 이 사건 사업시행계획 수립 시부터 관리처분계획에 이르기까지 E 교회에 대하여는 종교용지를 부여하기로 결정하고 원고에 대하여는 따로 종교용지를 부여하지 않는 것으로 결정하였는데, ① 원고와 E 교회 사이에 위와 같이 규모와 형태, 소유한 토지의 면적, 지목 등에서 객관적인 차이가 존재하고, ② 건축법령상 종교시설인 E 교회와 달리 원고가 소유한 건물은 건축법령상 종교시설이 아닌 제2종 근린생활시설에 해당할 뿐 아니라 ③ 원고는 피고로부터 이 사건 정비구역 내에 위치한 상가를 분양받아 종교활동을 계속할 수도 있었던 점 등을 더하여 보면, 피고가 이 사건 사업시행계획에서 E 교회에 대해서만 종교용지를 부여하고, 원고에 대하여 종교용지를 부여하지 않은 것이 평등의 원칙에 반한 것으로 보이지 않는다.

IV. 보류지·체비지 문제

A. 개요

1. 【해설】 보류지와 체비지

> (1) 정비사업에서 보류지는 분양대상자의 누락·착오 및 소송 등에 대비하여 일반분양하지 않고 남겨두는 주택을 말한다. 보류지에는 처음부터 관리처분계획에서 보류지로 지정한 것과 조합원분양분 중 조합원으로부터 분양신청을 받은 후 잔여분을 보류지로 지정한 것이 있다.
>
> 사업시행자는 조합원으로부터 분양신청을 받은 후 잔여분이 있는 경우에는 정관 또는 사업시행계획으로 정하는 목적을 위하여 그 잔여분을 보류지(건축물 포함)로 정하거나, 조합원 또는 토지등소유자 이외의 자에게 분양할 수 있다(법 제79조 제4항).
>
> (2) 보류지와 일반에게 분양하는 대지 또는 건축물은 도시개발법 제34조에 따른 보류지 또는 체비지로 본다(법 제87조 제3항). 따라서 정비사업의 보류지와 '일반분양 대지/건축물'에 관하여는 각각 도시개발법의 보류지 또는 체비지에 관한 법리가 적용된다(대법원 2018. 9. 28. 선고 2016다246800 판결).

제 3 장 관리처분계획 / 제 3 절 관리처분계획의 내용

2. 【해설】재개발사업 등의 보류지에 관한 제한

(1) 보류지 물량의 제한: <u>재개발사업과 주거환경개선사업 및 단독주택재건축사업의 경우</u> 공동주택은 총 건립세대수의 1% 범위에서만 보류지를 정할 수 있고, 1%를 초과하여 보류지를 정하려면 구청장의 인가를 받아야 한다(서울시조례 제 44 조 제 1 항).

(2) 보류지의 공급 대상자: 보류지는 <u>누락·착오 및 소송 등에 따른 대상자</u> 또는 [사업시행계획인가에 보류지를 제 3 자에 우선하여 제 46 조제 1 항제 1 호에 해당하는 세입자("적격세입자")에게 분양하도록 하는 부관이 붙은 경우] '<u>적격세입자'에게 우선 처분하여야 한다</u>(조례 제 44 조 제 2 항 제 1 호, 제 27 조 제 2 항 제 3 호).

"적격세입자"란 A) 해당 정비구역에 거주하는 세입자로서 세대별 주민등록표에 등재된 날을 기준으로 '정비구역 지정을 위한 공람공고일' 기타 '<u>기준일</u>' 3 개월 전부터 사업시행계획인가로 인하여 이주하는 날까지 계속하여 거주하고 있는 무주택세대주(신발생무허가건축물에 거주하는 세입자는 제외) 및 B) <u>해당 정비구역에 거주하는 토지등소유자로서 <u>최소분양주택가액의 4 분의 1 보다 권리가액이 적은 자</u> 중 해당 정비사업으로 인해 무주택자가 되는 세대주</u>를 말한다(조례 제 46 조 제 1 항 제 1 호).

(3) 보류지의 분양가격: 보류지의 분양가격에 관하여는 법 제 74 조 제 1 항 제 3 호가 준용되므로(서울시조례 제 44 조 제 2 항 제 2 호) 조합원분양가와 같다.

(4) 보류지 잔여분의 처분: 보류지를 처분하고 남은 잔여분은 일반분양 절차에 따라 분양한다. 보통 경쟁입찰 방식으로 진행하며 최저입찰가격은 일반 시세를 참고하여 조합이 정한다. 정관에서 처분방법을 별도로 정한 경우에는 그 절차와 방법을 따라야 한다.

보류지 입찰정보는 "나라장터(http://www.g2b.go.kr/index.jsp)"에서 볼 수 있다. 서울의 경우는 "서울특별시 정비사업 정보몽땅"(https://cleanup.seoul.go.kr)에서도 볼 수 있다(알림마당>조합입찰공고).

(5) 재건축사업에서는 위와 같은 제한을 받지 않으며, 정관에서 정한 만큼 보류지를 정하고, 정관 또는 총회결의로 처분대상자, 가격, 방법 등을 자유롭게 정할 수 있다.

3. 【해설】도시개발법의 체비지·보류지에 관한 법리

(1) **보류지·체비지의 개념:** 도시개발사업의 시행자는 도시개발사업에 필요한 경비에 충당하거나 규약·정관·시행규정 또는 실시계획으로 정하는 목적을 위하여 일정한 토지를 환지로 정하지 아니하고 보류지로 정할 수 있으며, 그 중 일부를 체비지로 정하여 도시개발사업에 필요한 경비에 충당할 수 있다(도시개발법 제 34 조 제 1 항). 따라서 체비지는 보류지의 일종이다.

IV. 보류지·체비지 문제

> **(2) 체비지의 처분:** 체비지는 사업시행자가 사업에 필요한 경비를 충당하기 위하여 종전 토지에 대한 환지로 지정하지 않은 토지를 말하며, 체비지 용도로 환지 예정지가 지정된 경우 사업시행자는 이를 제3자에게 사용·수익하게 하거나 처분하여 그 대금으로 도시개발사업에 드는 비용을 충당할 수 있다(도시개발법 제36조 제4항).
>
> **(3) 보류지·체비지의 예:** 사업시행자가 사업구역 내의 학교용지와 같은 공공시설용지를 기부채납하려는 경우에는 보류지로 지정하고, 이를 공공기관에 매각하고자 하는 경우에는 체비지로 지정한다. 또한 종전토지의 소유권 귀속에 관한 분쟁이 발생한 경우에 소유권분쟁이 종결될 때까지 보류지로 지정한 후 판결 등으로 소유권분쟁이 종결되면 환지를 교부받을 자를 지정하고 이후 통상의 환지절차에 따라 진행한다.

4. **【법령】전부개정 도시정비법 제79조(관리처분계획에 따른 처분 등)**

> ④ 사업시행자는 제72조에 따른 <u>분양신청을 받은 후 잔여분이 있는 경우</u>에는 정관 등 또는 사업시행계획으로 정하는 목적을 위하여 그 잔여분을 <u>보류지(건축물을 포함한다)</u>로 정하거나 조합원 또는 토지등소유자 이외의 자에게 분양할 수 있다. 이 경우 분양공고와 분양신청절차 등에 필요한 사항은 대통령령으로 정한다.

5. **【법령】전부개정 도시정비법 제87조(대지 및 건축물에 대한 권리의 확정)**

> ③ 제79조 제4항에 따른 보류지와 일반에게 분양하는 대지 또는 건축물은 「도시개발법」 제34조에 따른 보류지 또는 체비지로 본다.

6. **【법령】도시개발법 제34조(체비지 등)**

> ① 시행자는 도시개발사업에 필요한 경비에 충당하거나 규약·정관·시행규정 또는 실시계획으로 정하는 목적을 위하여 <u>일정한 토지를 환지로 정하지 아니하고 보류지</u>로 정할 수 있으며, 그 중 일부를 체비지로 정하여 도시개발사업에 필요한 경비에 충당할 수 있다.

7. **【조례】서울시 도시정비조례 제44조(보류지 등)**

> ① 사업시행자는 제38조에 따라 주택 등을 공급하는 경우 분양대상자의 누락·착오 및 소송 등에 대비하기 위하여 법 제79조제4항에 따른 보류지(건축물을 포함한다. 이하 같다)를 다음 각 호의 기준에 따라 확보하여야 한다.
>
>   1. 법 제74조 및 제79조에 따른 토지등소유자에게 분양하는 공동주택 총 건립세대수의 1 퍼센트 범위의 공동주택과 상가 등 부대·복리시설의 일부를 보류지로 정할 수 있다.

제 3 장 관리처분계획 / 제 3 절 관리처분계획의 내용

> 2. 사업시행자가 제 1 호에 따른 <u>1 퍼센트의 범위를 초과하여 보류지를 정하려면 구청장에게 그 사유 및 증명 서류를 제출하여 인가를 받아야 한다</u>.
>
> ② 제 1 항에 따른 보류지는 다음의 기준에 따라 처분하여야 한다.
>
> 1. <u>누락·착오 및 소송 등에 따른 대상자</u> 또는 제 27 조 제 2 항 제 3 호에 따른 <u>적격세입자에게 우선 처분</u>한다.
>
> 2. 보류지의 분양가격은 법 제 74 조 제 1 항 제 3 호[☞ 분양예정 대지/건축물의 추산액]를 준용한다.
>
> 3. 제 1 호에 따라 보류지를 처분한 후 잔여분이 있는 경우에는 제 40 조[☞ 일반분양]에 따라 분양하여야 한다.

8. **【정관】주택재건축조합 표준정관 제 45 조(보류지)**

> 분양대상의 누락, 착오 등의 사유로 인한 관리처분계획의 변경과 소송 등의 사유로 향후 추가분양이 예상되는 경우 분양하는 공동주택 총 건립세대수의 __% 이내와 부대복리시설의 일부를 보류지로 정할 수 있다.

B. ① 조합원이 분양신청을 하지 않거나 분양계약을 체결하지 않아 보류지/일반분양분이 되는 대지·건축물에 관하여는 도시개발법상 보류지/체비지에 관한 법리가 적용돼; ② 종전토지와 환지 사이에는 동일성이 유지되므로, a) 종전토지의 권리제한은 환지에 설정된 것으로 보고, b) 환지를 정하지 않은 종전 토지의 권리제한은 환지처분으로 소멸해; ③ 도시재개발법과 도시정비법은 '분양신청 후 잔여분'을 보류지와 일반분양분으로 나누고 있을 뿐이므로, 관리처분계획에 '체비지'라는 용어로 표시되지 않아도 체비지가 될 수 있어; ④ 따라서 체비지인 이 사건 토지는 이전고시가 있은 다음 날 조합이 소유권을 원시적으로 취득하였다가 소유권보존등기를 마친 후 원고 명의로 소유권이전등기를 마침으로써 원고에게 소유권이 이전됨(도시개발법 §42⑤) —대법원 2020. 5. 28. 선고 2016 다 233729 판결[소유권이전등기말소등]

【당사자】

> 【원고, 상고인】 학교법인 이화학당
>
> 【피고(선정당사자), 피상고인】 피고(선정당사자)

IV. 보류지·체비지 문제

1. 법리

가. 보류지/일반분양분이 된 대지·건축물에 관하여는 보류지/체비지에 관한 법리가 적용됨

구 도시 및 주거환경정비법(2008. 3. 21. 법률 제8970호로 개정되기 전의 것, 이하 '구 도시정비법'이라 한다) 제48조 제3항은 "사업시행자는 제46조의 규정에 의하여 분양신청을 받은 후 잔여분이 있는 경우에는 정관 등 또는 사업시행계획이 정하는 목적을 위하여 보류지(건축물을 포함한다)로 정하거나 조합원 외의 자에게 분양할 수 있다."라고 정하고, 제55조 제2항은 위와 같은 보류지와 일반에게 분양하는 대지 또는 건축물을 "도시개발법 제33조의 규정에 의한 보류지 또는 체비지로 본다."라고 정하고 있다. 이에 따라 조합원이 분양신청을 하지 않거나 분양계약을 체결하지 않아 보류지 또는 일반분양분이 되는 대지·건축물에 관하여는 도시개발법상 보류지 또는 체비지에 관한 법리가 적용될 수 있다.

나. 종전토지와 환지 사이의 동일성

한편 구 도시개발법(2007. 4. 11. 법률 제8376호로 개정되기 전의 것, 이하 '구 도시개발법'이라 한다) 제33조는 "시행자는 도시개발사업에 필요한 경비에 충당하거나 규약·정관·시행규정 또는 실시계획으로 정하는 목적을 위하여 일정한 토지를 환지로 정하지 아니하고 이를 체비지 또는 보류지로 정할 수 있다."라고 정하고, 제41조 제5항은 "제33조의 규정에 의한 체비지는 시행자가, 보류지는 환지계획에서 정한 자가 각각 환지처분의 공고가 있은 날의 다음 날에 당해 소유권을 취득한다. 다만 제35조 제4항의 규정에 의하여 이미 처분된 체비지는 당해 체비지를 매입한 자가 소유권이전등기를 마친 때에 이를 취득한다."라고 정하고 있다. 나아가 제41조 제1항은 "환지계획에서 정하여진 환지는 그 환지처분의 공고가 있은 날의 다음 날부터 종전의 토지로 보며, 환지계획에서 환지를 정하지 아니하는 종전의 토지에 존재하던 권리는 그 환지처분의 공고가 있은 날이 종료하는 때에 소멸한다."라고 정하고 있다.

이러한 규정들에 의하면, 종전 토지 중 환지계획에서 환지를 정한 경우 종전 토지와 환지 사이에 동일성이 유지되므로 ① 종전 토지의 권리제한은 환지에 설정된 것으로 보게 되고, ② 환지를 정하지 않은 종전 토지의 권리제한은 환지처분으로 소멸하게 된다.

이에 따라 체비지 또는 보류지는 그에 상응하는 종전 토지에 아무런 권리제한이 없는 상태로 구 도시개발법 제41조 제5항에서 정한 바에 따라 소유권을 취득한다(대법원 2018. 9. 28. 선고 2016다246800 판결 참조).

다. 이전고시의 효력은 환지처분의 효력과 궤를 같이함

구 도시개발법 제39조 제4항, 제5항에 의하면, 시행자는 지정권자에 의한 준공검사를

제3장 관리처분계획 / 제3절 관리처분계획의 내용

받은 경우 환지계획에서 정한 사항을 토지소유자에게 통지하고 이를 공고하는 방식으로 환지처분을 하고, 이러한 환지처분으로 환지계획에서 정한 내용에 따른 권리변동이 발생한다. 한편 구 도시정비법 제54조 제1항, 제2항에 의하면, 사업시행자는 준공인가와 공사의 완료에 관한 고시가 있는 때 관리처분계획에 정한 사항을 분양받을 자에게 통지하고 그 내용을 당해 지방자치단체의 공보에 고시하는데, 이러한 이전고시로 관리처분계획에 따른 권리변동이 발생한다. 이와 같은 환지처분과 이전고시의 방식 및 효과에 비추어 보면, 이전고시의 효력 등에 관하여는 구 도시정비법 관련 규정에 의하여 준용되는 구 도시개발법에 따른 환지처분의 효력과 궤를 같이하여 새겨야 함이 원칙이다(대법원 2012. 3. 22. 선고 2011두6400 전원합의체 판결 등 참조).

라. 체비지의 소유권 귀속

이러한 관련 규정과 법리에 따라 살펴보면, 주택재개발사업에서 시행자가 사업에 필요한 경비에 충당하거나 규약·정관·시행규정 또는 사업시행계획으로 정한 목적을 위하여 관리처분계획에서 조합원 외의 자에게 분양하는 새로운 소유지적의 체비지를 창설하고 이를 이전고시 전에 이미 매도한 경우, 당해 체비지는 사업시행자가 이전고시가 있은 날의 다음 날에 소유권을 원시적으로 취득하고 당해 체비지를 매수한 자는 소유권이전등기를 마친 때에 소유권을 취득하게 된다.

2. 원심기록에 의하여 알 수 있는 사실

원심판결 이유 및 기록에 의하면, 다음과 같은 사실을 알 수 있다.

가. 이 사건 재개발사업의 진행 경위

건설교통부장관은 1985. 5. 18. 구 도시재개발법(2002. 12. 30. 법률 제6852호로 폐지되기 전의 것, 이하 같다)에 의하여 서울 서대문구 (지번 1 생략) 일대(이하 '이 사건 재개발사업구역'이라 한다)를 주택개량 재개발구역으로 결정·고시하였다. 소외 조합은 1986. 12. 3. 이 사건 재개발사업 시행인가를 받았다.

서대문구청장은 1991. 8. 24. 소외 조합이 작성한 관리처분계획을 인가·고시하였고 2005. 12. 29. 변경된 관리처분계획을 인가·고시하였다(위와 같이 변경인가·고시된 관리처분계획을 '이 사건 관리처분계획'이라 한다). 이후 이 사건 재개발사업이 완료됨에 따라 서대문구청장은 2006. 7. 21. 구 도시정비법 제54조에 의하여 대지 및 건축물의 소유권 이전을 고시(이하 '이 사건 이전고시'라 한다)한 다음, 이 사건 재개발사업구역 내 관리처분 전 토지의 지적공부 등을 폐쇄하고 관리처분 후 토지의 지적공부 등을 새로 편성하였다.

나. '이 사건 종전 3 필지 토지'의 취득 및 '이 사건 매매계약'의 체결

소외 조합은 이 사건 재개발사업 시행 중이던 1987. 1. 16. 원고에게 이 사건 재개발사업 구역 부지 중 원고가 운영하는 학교 정문 위치의 대지를 원고 소유로 환지하여 이전하기로 합의하고, 1988. 2. 및 1992. 10. 위 대지 중 당시 지번 기준 서울 서대문구 (지번 2 생략) 대 113 ㎡, (지번 3 생략) 철도용지 164 ㎡ 및 (지번 4 생략) 철도용지 321 ㎡(이하 합하여 '이 사건 종전 3 필지 토지'라 한다)를 수용재결 또는 매매를 원인으로 취득하여 소외 조합 명의로 소유권이전등기를 마쳤다.

소외 조합은 1992. 12. 31. 원고와 이 사건 종전 3 필지 토지 중 일부 면적과 당시 지번 기준 서울 서대문구 (지번 5 생략) 철도용지 55 ㎡ 중 54 ㎡(4 필지 면적 총합계 397 ㎡)를 원고에게 분양처분하되 제 3 자에게 권리가 있는 것은 등기를 말소하여 하자 없이 완전히 인도하기로 합의하는 한편, 원고에게 위 각 토지를 학교 정문확장사업의 부지로 사용하도록 승낙하였다.

소외 조합은 2005. 4. 28. 이 사건 재개발사업 완료를 앞두고 원고와 위 각 합의를 구체화하기로 하고, 원고가 운영하는 학교 정문확장용 부지 명목으로 "이 사건 종전 3 필지 토지 등 9 필지의 일부 또는 전부 면적 합계 609 ㎡로서, 이 사건 재개발사업에 따른 준공인가 후에 '서울 서대문구 (지번 6 생략) 학교용지 609 ㎡'로 환지될 예정지 부분"을 매매대상 토지로 삼아, 위 토지를 가압류, 압류, 가처분, 제한물권 등에 의하여 제한되지 않은 완전한 소유권의 상태로 원고에게 매매대금 20 억 원에 매도하고 이전고시 즉시 소유권이전등기를 마쳐주기로 하는 내용의 매매계약(이하 '이 사건 매매계약'이라 한다)을 체결하였다.

소외 조합은 다음 날 원고에게 위 매매대상 토지 전부에 관한 사용권이 원고에게 있음을 확인하는 사용승낙서를 교부하였고, 원고가 소외 조합을 상대로 제기한 위 매매대상 토지에 관한 소유권이전등기청구 소송에서 2005. 12. 9. 이 사건 매매계약과 같은 내용의 임의조정을 하였다.

다. 이 사건 경매절차에서 피고가 조합 명의 토지 9 필지를 낙찰받고 이전고시 이후에 매각대금을 완납함

한편 소외 조합의 채권자 소외인 등의 신청에 따라 2004. 11. 23. 이 사건 종전 3 필지 토지를 비롯하여 이 사건 재개발사업구역 내 소외 조합 명의의 토지 9 필지에 관하여 서울 서부지방법원 2004 타경 29299 호로 강제경매절차(이하 '이 사건 경매절차'라 한다)가 개시되었다. 피고(선정당사자, 이하 '피고'라 한다)는 이 사건 경매절차에서 위 토지 9 필지를 매수하여 이 사건 이전고시일 이후인 2006. 8. 10. 매각대금을 완납하였다.

라. 이 사건 관리처분계획의 내용

1) 소외 조합은 1991. 8. 24. 인가받은 최초 관리처분계획에서 이 사건 재개발사업구역 부지 41,667.7 ㎡ 중, 공공시설 4,070.1 ㎡ 및 원고에 분양할 토지 약 609 ㎡(도로확장용지)를 제외한 나머지 약 36,988.6 ㎡를 1 필지로 지적 정리하여, 분양대상지별로 건축시설의 분양면적비율에 의하여 공유지분으로 소유권을 부여하는 내용의 분양설계를 하였는데, 이러한 계획은 1999. 1. 8. 관리처분계획 변경인가 당시 위 609 ㎡의 용도를 '도로확장용지'에서 '학교용지'로 변경한 것을 제외하고는 그대로 유지되었다.

2) 2005. 12. 29. 최종 변경인가된 이 사건 관리처분계획에는 다음과 같은 내용이 기재되어 있다.

① 종전 서울 서대문구 (지번 1 생략) 일대 920 필지의 지적이 (지번 7 생략) 일대 27 필지로 정비되고, 종전 920 필지 중 23 필지는 종전 토지로 존치되며, 나머지 897 필지가 4 필지로 재편되어 크게 '택지 2 필지', '공공시설 1 필지' 및 '그 밖의 용도 1 필지'로 나뉘게 된다. ② 그중 '택지'에 해당하는 2 필지 부분에 아파트, 근린생활시설 및 판매시설이 신축되어, 아파트는 조합원에게 분양되고, 근린생활시설 및 판매시설은 일반 공급된다. ③ '공공시설 1 필지' 부분에 도로가 신설되어 서대문구에 무상귀속되고, '그 밖의 용도 1 필지' 부분에 학교용지 609 ㎡가 신설되어 이를 소외 조합이 취득한 후 원고에게 이전한다. ④ 이 사건 종전 3 필지 토지 등에 관한 이 사건 경매개시결정의 기입등기는 '택지' 부분에 조성되는 건축물 중 판매시설에 이전된다.

3) 한편 이 사건 관리처분계획에 환지예정지 지정서가 포함되어 있는데, 위 지정서에는 이 사건 종전 3 필지 토지를 비롯하여 이 사건 토지의 물리적 위치의 종전 지번 9 필지에 관한 환지예정지로 이 사건 토지가 단독으로 또는 일부 필지의 경우 이 사건 토지와 택지 부분 2 필지가 함께 기재되어 있다.

마. 이 사건 관리처분계획 인가 후 작성·고시된 이 사건 이전고시 조서에는 서울 서대문구 (지번 8 생략) 학교용지 609 ㎡(이하 '이 사건 토지'라 한다)가 위 조서 중 '신설되는 공공시설 명세서' 부분에 표기되어 소유자는 '원고'라고 기재되어 있고, 위 조서 중 '환지확정조서'에도 이 사건 토지는 소외 조합이 취득한 후 원고에게 이전하며 이 사건 종전 3 필지 토지에 관한 이 사건 경매개시결정의 기입등기는 택지 부분에 조성되는 판매시설에 이전된다는 뜻이 기재되어 있다.

마. 이 사건 토지에 관한 조합 명의 소유권보존등기 및 원고 명의 소유권이전등기

소외 조합은 이 사건 이전고시 이후인 2006. 10. 23. 이 사건 토지에 관하여 소유권보존등기를 한 후, 같은 날 원고에게 소유권이전등기를 마쳤다.

바. 조합의 소유권 중 323/609 지분을 피고 명의로 이전하고 원고의 소유권전부이전등기
를 286/609 지분이전으로 하는 변경등기가 마쳐짐

이후 피고는 서울서부지방법원 등기촉탁담당 법원사무관 등에게 자신이 이 사건 경매절차에서 취득한 토지 중 이 사건 종전 3 필지 토지가 이 사건 재개발사업으로 이 사건 토지 중 일부 지분으로 환지되었다고 주장하며 원고 명의의 위 소유권이전등기에 관하여 변경등기촉탁신청을 하였다.

위 법원사무관 등이 불수리처분을 하자, 피고는 위 법원에 이의신청을 하였다. 위 법원의 제1심은 2013. 6. 25. 피고의 이의신청을 기각하였으나, 항고심은 2014. 3. 17. 제1심결정을 취소하고 피고에 대하여 소외 조합의 소유권 중 323/609 지분의 소유권이전등기를 촉탁하고 원고의 소유권전부이전등기를 286/609 지분이전으로 하는 변경등기를 촉탁한다는 결정을 하였으며, 위 결정은 그 무렵 그대로 확정되었다. 피고는 위 항고심결정에 따라 2014. 3. 28. 이 사건 토지 중 323/609 지분에 관하여 자신의 명의로 지분전부이전등기를 마쳤다.

3. 대법원의 판단 (파기환송)

가. 이 사건 토지는 관리처분계획의 기재내용에도 불구하고 체비지야

그러나 위와 같은 사실관계를 앞서 본 법리에 비추어 살펴보면, 다음과 같이 판단할 수 있다.

가. 이 사건 토지는 이 사건 관리처분계획 및 이전고시에 의하여 소유지적이 새로이 창설된 체비지로서 이에 상응하는 종전 토지의 관념이 있을 수 없으므로 이 사건 종전 3 필지 토지의 환지로 볼 수 없고, 이 사건 이전고시가 있은 날의 다음 날인 2006. 7. 22. 소외 조합이 소유권을 원시적으로 취득하였다가 2006. 10. 23. 소유권보존등기를 마친 후, 원고가 같은 날 원고 명의로 소유권이전등기를 마침으로써 원고에게 소유권이 이전되었다고 보아야 한다. 또한 이 사건 관리처분계획 및 이전고시의 해석상 이 사건 종전 3 필지 토지에 관한 이 사건 경매개시결정의 기입등기에 기한 권리가 이 사건 토지로 이전되었다고 볼 수 없다.

나. 이 사건 관리처분계획 및 이전고시 조서에는 이 사건 토지를 종전 토지의 소유지적에 갈음하는 것이 아닌 새로운 소유지적으로 창설하여 원고에게 공급하고, 이 사건 종전 3 필지 토지에 관한 이 사건 경매개시결정의 기입등기는 택지 부분에 조성되는 판매시설에 이전하려는 소외 조합의 의사가 분명하게 표시되었다고 볼 수 있다.

다. 구 도시재개발법 및 구 도시정비법은 분양신청 후 잔여분을 보류지 또는 일반분양분

으로 나누고 있을 뿐이므로 이 사건 토지에 관한 위와 같은 법률효과가 반드시 관리처분계획에 '체비지'라는 용어로서 표시되어야만 발생하는 것이라고 볼 수 없다. 나아가 이 사건 토지는 종전 토지에 갈음하여 지적이 생성된 것이 아니므로 구 도시정비법 제55조 제1항의 적용대상도 아니다. 원심이 원용한 대법원 2013. 5. 6.자 2013마325 결정은 종전 토지나 건축물에 갈음하는 새로운 토지나 건축물의 소유자가 조합인 경우에 관한 것으로서, 이와 사안을 달리하는 이 사건 토지에 적용하기에 적절하지 않다.

라. 이 사건 관리처분계획 중 환지예정지 지정서에 이 사건 종전 3필지 토지에 대한 환지예정지로 이 사건 토지가 기재되어 있기는 하지만, 환지예정지 지정처분은 토지소유자로 하여금 환지계획상 환지로 정하여진 토지를 환지처분이 공고되기 전까지 임시로 사용·수익할 수 있게 하는 한편 종전의 토지를 사용·수익할 수 없게 하는 처분에 불과하고, 환지처분이 일단 공고되어 효력을 발생하게 되면 환지예정지 지정처분은 그 효력이 소멸된다(대법원 1999. 10. 8. 선고 99두6873 판결, 대법원 2018. 3. 29. 선고 2017두70946 판결 등 참조).

이 사건 이전고시 조서에서 '이 사건 토지는 신설되는 체비지로서 이 사건 종전 3필지 토지와 무관하게 원고에게 소유권이 귀속된다'는 뜻을 분명히 하였으므로, 위 환지예정지 지정서의 기재로써 이 사건 종전 3필지 토지 중 일부 면적이 이 사건 토지로 환지되었다고 볼 수 없다.

마. 소외 조합은 원고에게 장래 이 사건 토지로 지정될 체비지 예정지 609㎡를 매도하여 매도대금으로 재개발사업 비용에 충당하기로 하되, 이 사건 토지의 물리적 위치에 놓인 종전 지번인 이 사건 종전 3필지 토지 등 9필지에 관하여 이 사건 토지로의 환지예정지 지정처분을 함으로써, 이전고시 전 체비지 예정지로서의 이 사건 토지의 매도 및 이 사건 종전 3필지 토지에 대한 사용수익권 부여를 가능하도록 하였던 것으로 보인다.

나. 원심판결의 위법함

결국 피고가 2014. 3. 28. 이 사건 토지 중 323/609 지분에 관하여 마친 지분전부이전등기 및 이에 기초한 선정자들의 지분전부이전등기와 근저당권설정등기는 모두 원인무효라고 보아야 한다.

그럼에도 피고의 위 지분전부이전등기가 유효하다고 보아 원고의 청구를 배척한 제1심 판단을 그대로 유지한 원심판단에는 구 도시정비법상 관리처분계획 및 이전고시의 효력에 관한 법리를 오해하여 판결에 영향을 미친 위법이 있다. 이 점을 지적하는 상고이유는 이유 있다.

제4절 상가 관리처분계획 (상가독립정산제 문제)

I. 상가 관리처분계획에 관한 광범위한 재량권

A. 【해설】

> 상가건물(업무시설·상업시설·근린생활시설 등 부대·복리시설) 부분의 관리처분계획에 관하여는 보다 광범위한 계획재량이 인정되며, 극단적 형태로 상가에 관한 관리처분계획안을 상가조합원들이 자율적으로 마련하는 상가독립정산제도 허용된다.
>
> 「상가건물의 경우 ① 동일한 면적과 형태로 공급되는 공동주택에 비해 그 규모가 제한적이고 ② 수요자별 혹은 업종별로 선호하는 위치나 면적, 층수가 모두 다를 수 있으며, ③ 분양이 완료된 이후라도 일반분양 결과를 포함한 전체적인 분양상황이나 실제 입점상황에 따라 내부 설계를 변경해야 하는 경우도 생길 수 있으므로, 관리처분계획에 근린생활시설 및 판매시설 분양대상 조합원들의 개별 분양 호수, 분양면적, 부담금 등이 포함되어 있지 않다고 하여 위법하다고 단정할 수 없다」는 등의 판시를 하급심에서 종종 볼 수 있다(서울행정법원 2017. 8. 25. 선고 2016 구합 76947 판결; 서울행정법원 2023. 5. 26.자 2023 아 10554 결정 등).

B. 「상가 부분 관리처분계획에 '분양대상자별 분양예정인 대지 또는 건축물의 추산액' 또는 '정비사업비 추산액 및 그에 따른 조합원 부담규모 및 부담시기'에 관한 사항이 포함되지 않아 위법하다」는 원고 주장을 배척한 사례 ―대법원 2013. 6. 27. 선고 2011 두 1689 판결[관리처분계획취소]

원심은 업무·상업시설 및 근린생활시설 분양의 특성 등 그 판시와 같은 사정을 들어 이 사건 관리처분계획에 위법 제 48 조 제 1 항 제 3 호에 규정된 '분양대상자별 분양예정인 대지 또는 건축물의 추산액' 또는 제 5 호에 규정된 '정비사업비의 추산액 및 그에 따른 조합원 부담규모 및 부담시기'에 관한 사항이 포함되지 않아 위법한 것이라는 원고의 주장을 배척한 제 1 심의 결론을 유지하였다.

관리처분계획의 법적 성격 등 관련 법리와 위법 제 48 조 제 1 항의 입법취지 등을 기록에 비추어 살펴보면 원심의 위와 같은 판단은 정당한 것으로 수긍이 되고, 거기에 상고이유의 주장과 같은 법리오해 등의 위법이 있다 할 수 없다.

C. [위 판례의 원심판결에 인용된 제 1 심판결] ① 업무·상업시설 및 근린생활시설에 관하여 향후 관리처분변경계획을 통하여 권리귀속에 관한 사항 등을 확정하기로 한 관리처분계획이 적법하다고 본 사례; ② 원고로서는 정관규정에 따라 권리가액의 100% ~ 130%의 범위

내에서 분양받고자 하는 상가 동의 위치와 상가를 선택하여 평균분양면적 기준금액을 곱하면 원고가 분양받고자 하는 상가의 분양금액(즉 분양대상자별 분양예정인 대지 또는 건축물의 추산액)을 알 수 있고, ③ 원고의 권리가액에서 앞서 계산한 분양금액을 빼면 원고가 부담하거나 지급받을 청산금액(즉 정비사업비 추산액에 따른 조합원 부담규모)에 대해서도 알 수 있다는 점 등을 근거로 함 —서울행정법원 2010. 1. 14. 선고 2009구합22522 판결[관리처분계획취소]

앞서 본 인정사실에 나타난 아래와 같은 사정을 종합하면, 비록 <u>이 사건 관리처분계획에서 업무·상업시설 및 근린생활시설에 관하여 향후 관리처분변경계획을 통하여 권리귀속에 관한 사항 등을 확정하기로 예정되어 있다고 하더라도</u> 이와 같은 사정만으로는 이 사건 관리처분계획에 '분양대상자별 분양예정인 대지 또는 건축물의 추산액', '정비사업비의 추산액에 따른 조합원 부담규모 및 부담시기'에 관한 사항이 전혀 포함되어 있지 않아서 <u>위법한 것이라고는 단정할 수 없으므로</u>, 이와 다른 원고의 주장은 이유 없다.

① <u>이 사건 관리처분계획은</u> 업무·상업시설 및 근린생활시설에 관하여 6개로 구분된 획지별로 건축물의 용도, 층수, 전용면적, 공용면적, 공급면적, 지하주차장, 계약면적, 대지지분을 구체적으로 기재한 표로 나타내고, <u>조합원의 분양면적을 31,931.72㎡</u>, <u>조합원의 분양금액(평균분양면적기준금액)을 9,494,788원/3.3085㎡로</u> 정하면서, 원고에 대하여는 <u>비례율을 104.36%, 분양기준가액을 1,539,154,900원, 분양대상을 상가라고 정하고 있다.</u>

② 업무·상업시설 및 근린생활시설은 <u>정관에서 정한 기준에 따른 순위별 분양대상자</u>(제7조 3항 ①호)에게 분양기준가액의 범위 안에서 분양대상자의 신청에 의하여 분양하되, 분양시설의 단위규모 구획상 불가피한 경우에 한하여 권리가액의 130%에 해당하는 가액의 범위 안에서 분양을 받을 수 있는바(제7조 3항 ②호), <u>원고로서는 자신의 권리가액의 100% 내지 130%의 범위 내에서</u> 제5조 4항 4호의 표에서 <u>분양받고자 하는 상가 동의 위치와 상가를 선택하여 조합원의 분양금액</u>(평균분양면적 기준금액)을 곱하면 원고가 분양받고자 하는 상가의 분양금액, 즉 분양대상자별 분양예정인 대지 또는 건축물의 추산액을 알 수 있고, 나아가 <u>원고의 권리가액에서 앞서 계산한 원고가 분양받고자 하는 상가의 분양금액을 공제하면 원고가 부담하거나 지급받을 청산금액, 즉 정비사업비의 추산액에 따른 조합원 부담규모에 대해서도 알 수 있다.</u>

③ 또한, 조합원은 분양받은 건축시설의 분양금액과 분양기준가액과의 차액을 비용부담금으로 납부하여야 하고, 이에 대한 방법과 시기는 조합과 시공사가 체결하는 도급계약에서 정한 기간 내에 분양계약을 체결하여야 하며 분양계약에서 정한 방법에 따라 납부하여야 하는바(제11조 1항), 상가의 분양대상자의 경우에도 정비사업비의 추산액에 따른 조합원 부담금의 부담시기는 공동주택 분양대상자와 마찬가지로 <u>분양계약에서 정하는 바에 따르도록 정해져 있다고 볼 수 있다.</u>

④ 업무·상업시설 및 근린생활시설에 관하여 분양대상자별 분양예정인 대지 또는 건축물이 확정되지는 않았지만, 그 시설에 관하여 조합원 분양면적과 조합원 분양금액을 정하고 있는 만큼(제 5 조 제 5 항 가호), 비록 분양대상자별 분양예정인 대지 또는 건축물이 차후에 확정된다고 하더라도 그로 인하여 전체 조합원들의 비례율이 변경되거나 공동주택 분양대상자가 된 조합원들의 분담금에 중대한 영향을 미칠 것으로는 보이지 않는다.

⑤ 업무·상업시설 및 근린생활시설의 경우에는 업무·업종의 다양성 등에 따라 분양단위의 규모·배치 등을 충분히 고려해야 향후의 수익성을 담보할 수 있기 때문에 분양대상자별 분양예정인 대지 또는 건축물의 확정을 차후로 미루면서까지 분양단위의 규모·배치 등에 신중을 기해야 할 현실적인 필요성이 있고, 이러한 방법이 상가를 분양신청한 자에게 불리한 방법이라고 볼 수도 없다.

⑥ 주택재개발사업에서 사업시행자가 작성하는 관리처분계획은 사업시행의 결과 설치되는 대지를 포함한 각종 시설물의 권리귀속에 관한 사항과 그 비용 분담에 관한 사항을 정하는 포괄적 행정계획이기는 하나 그로 인하여 직접적으로 조합원의 권리관계가 변동되거나 비용분담의 의무가 발생되는 것은 아닌 만큼(조합원은 재개발사업이 시행됨에 따라 장차 이전고시에 의해 비로소 새로운 대지 또는 건축시설에 관한 소유권을 취득하고, 청산금부과처분에 따라 새로운 대지 또는 건축시설의 청산금납부의무를 부담하게 되는 것이다), 관리처분계획에 포함되어야 할 '분양대상자별 분양예정인 대지 또는 건축물의 추산액', '정비사업비의 추산액에 따른 조합원 부담규모 및 부담시기'에 관한 사항이 이전고시나 청산금부과처분과 같은 정도로 구체적이거나 확정적인 내용일 것을 요한다고 볼 것은 아니다.

D. [고등법원판례] ① 관리처분계획에서 상가의 구체적 구획 및 구획된 면적을 누구에게 분양할 것인지에 관한 세부적 계획을 포함하고 있지는 않으나, 상가조합원들에게 배정될 상가의 업종, 구체적 층·호수에 대한 기준을 밝히고 있다고 본 사례; ② 구분상가에 대한 분양과 구체적 층·호수 배정이 이루어지지 않은 상태에서 결의된 관리처분계획에 상가조합원 개개인의 분양가액과 부담금 내역이 포함되어 있지 않으나, 분양가액이나 추가 부담금에 관한 사항을 전혀 정하고 있지 않다고 할 수는 없다고 봄 —부산고등법원 (창원) 2016. 6. 22. 선고 2015 누 11052 판결[관리처분계획무효확인] (확정)

1. 원고들의 주장

이 사건 관리처분계획이 아파트에 관하여는 분양면적, 분양세대수를 확정하고 있음에 반하여 기존 상가 조합원들에 대하여는 개별적으로 분양할 면적, 분양금액, 추가부담금을 확정하고 있지 않다. 또 종전 상가의 자산평가액을 61 억 원으로, 이 사건 상가의 분양가액을 80 억 원으로 하고 있으면서도, 분양할 상가의 수를 확정하고 있지 않아 피고가 임의로 결정하는 분양상가의 개수에 따라 원고들을 포함한 기존 상가 조합원들이 약 20 억 원의 추가

제 3 장 관리처분계획 / 제 4 절 상가 관리처분계획 (상가독립정산제 문제)

부담금을 지불해야 할 수도 있다. 이와 같이 이 사건 관리처분계획은 적어도 원고들에 대해서는 관리처분계획으로서의 요건을 갖추지 못하였으므로, 취소되어야 하거나 효력이 없다.

2. 판단

살피건대, 도시정비법 제 48 조 제 1 항에 의하면, 사업시행자는 같은 법 제 46 조에 따른 분양신청기간이 종료된 때에는 그 분양신청의 현황을 기초로 ① 분양설계, ② <u>분양대상자의 주소 및 성명</u>, ③ 분양대상자별 분양예정인 대지 또는 건축물의 추산액, ④ <u>분양대상자별 종전의 토지 또는 건축물의 명세 및 사업시행인가의 고시가 있은 날을 기준으로 한 가격</u>, ⑤ <u>정비사업비의 추산액 및 그에 따른 조합원 부담규모 및 부담시기</u>, ⑥ <u>분양대상자의 종전의 토지 또는 건축물에 관한 소유권 외의 권리명세, 세입자별 손실보상을 위한 권리명세 및 그 평가액</u>, ⑦ 그 밖에 정비사업과 관련한 권리 등에 대하여 대통령령이 정하는 사항을 포함한 관리처분계획을 수립하여 시장·군수의 인가를 받아야 한다.

그런데 제 1 심 판결에서 인정한 사정들에다가 피고가 당심에서 추가로 제출한 을 제 19 호증 내지 을 제 21 호증(각 가지번호 포함)의 각 기재에 변론 전체의 취지를 종합하여 인정되는 다음과 같은 사정들에 비추어보면, <u>이 사건 관리처분계획이 위 법률에 정한 요건을 갖추지 못하였다고 보기 어려우므로, 원고들의 위 주장은 이유 없다.</u>

가. 피고 사무실에 비치된 평면도를 통해 자신이 분양받고자 하는 상가의 위치·면적을 알 수 있었음

피고는 조합설립 동의 당시 이 사건 상가를 3 층으로 건축할 예정이었지만, 원고들을 비롯한 기존 상가 조합원들이 재건축 이후에도 기존 상가의 층수대로 분양받을 수 있게 해달라고 요구하여 용적률의 제한 내에서 기존 상가 1 층에 해당하는 면적을 확보하기 위하여 부득이 이 사건 상가를 2 층으로 변경하였다. <u>이 사건 사업시행계획 결의를 위한 임시총회 무렵 피고의 사무실에는 위와 같이 변경된 이 사건 상가의 1 층과 2 층 평면도</u>(이후 기존 상가 조합원과 피고의 협의 과정에서 1 층에 출입구가 한 곳 더 추가되었고, 그에 따라 1 층의 구분상가 수도 1 개 줄어들었다. 분양가액 산정을 위한 감정평가는 그와 같이 조정된 내역을 기초로 이루어졌다)를 비치하여 조합원들이 열람할 수 있게 하였다. 따라서 위 임시총회 무렵 원고들을 포함한 기존 상가 조합원들로서는 위 평면도 중 자신이 분양을 원하는 <u>구분상가의 위치와 면적을 대략적으로 알 수 있었다.</u>

나. '분양신청안내'에 평균 예상분양가, 예상 권리가액. 예상 부담금이 기재되어 있었음

나) ① 피고는 이 사건 사업시행계획에 대하여 인가를 받은 후인 2013. 11. 26.부터 같은 해 12. 26.까지 조합원들을 상대로 분양절차를 진행하였는데, 당시 배포된 '<u>조합원분양신청</u>

안내'에는 기존 상가 조합원의 대지지분이 66m²일 경우를 상정한 종전 예상 평균 감정가액(3.3m² 당 2,200 만 원), 비례율을 105%와 110%로 하였을 때의 조합원 평균 예상분양가와 예상 권리가액, 예상 부담금이 기재되어 있었고, 첨부된 분양신청서에는 분양을 신청하는 상가의 용도 및 평형을 기재하도록 하는 란이 있었다.

② 피고가 나라감정평가법인과 (주)대한감정평가법인에 의뢰하여 이 사건 관리처분계획 의결 전에 제출받은 각 감정평가서에는 위 1 층과 2 층 평면도를 기반으로 한 이 사건 상가의 배치도와 각 구분상가별 조합원 분양가액(합계는 76 억여 원이고, 일반분양을 포함시키는 경우 80 억여 원 정도이다)이 기재되어 있었다.

다. 관리처분계획에 상가조합원들에게 배정될 상가의 업종, 층·호수에 대한 기준이 있음

이 사건 관리처분계획에는 다음과 같은 내용이 포함되어 있다. (중략)

① 위에서와 같이 이 사건 관리처분계획이 이 사건 상가의 면적을 구체적으로 구획짓고, 구획된 면적을 분양신청자 중 누구에게 분양할 것인지 등에 관한 세부적인 계획을 포함하고 있지는 않다. 그러나 A) 기존 상가 조합원의 경우 원칙적으로 종전자산의 소유현황(종별, 층별 등)을 고려하여 그와 동일하게 배정하되 변경을 원할 경우 다른 조합원에 대한 배정이 완료되고 남은 물량에 대해 배정하고, B) 구체적인 층·호수는 조합과 상가조합원들이 협의하여 결정하되 경합이 발생하는 경우 추첨에 의하여 정하도록 하는 내용을 포함시킴으로써, 기존 상가 조합원들에게 배정될 이 사건 상가의 업종, 구체적인 층·호수에 대한 기준을 밝히고 있다.

② 원고들을 포함한 기존 상가 조합원들은 위에서 본 것과 같이 이 사건 사업시행계획 결의를 위한 임시총회 무렵 피고의 사무실에 게시된 이 사건 상가의 평면도를 통하여 분양신청 대상인 구분상가의 배치와 면적을 알 수 있는 상태였고, 이 사건 관리처분계획 결의 전에 제출된 감정평가서들에는 위 각 구분상가별 분양면적과 가액이 표시되어 있었으므로, 향후 협의 또는 추첨 등에 의해 정해지게 되는 구분상가의 구체적인 층·호수에 따라 위 감정평가서들로부터 그 분양가액을 확인하고, 이 사건 관리처분계획에 포함된 비례율과 권리가액 산정원칙을 적용하여 자신의 권리가액을 계산함으로써 구분상가 분양에 따른 자신의 추가 부담금을 산정할 수 있게 된다.

따라서 아직 구분상가에 대한 분양과 구체적인 층·호수 배정이 이루어지지 않은 상태에서 결의된 이 사건 관리처분계획이 기존 상가 조합원 개개인에 대한 분양가액이나 부담금 내역을 포함하지 않고 있다고 하여 분양가액이나 추가 부담금에 관한 사항을 전혀 정하고 있지 않다고 할 수는 없다.

라. 상가는 관리처분계획 단계에서 층·호수별 면적의 확정을 미루어서라도 분양단위의 규모·배치에 신중을 기할 필요가 있음

상가의 경우, 동일한 면적과 형태로 공급되는 공동주택에 비해 그 규모가 제한적이고 수요자별 혹은 업종별로 선호하는 위치나 면적, 층수가 모두 다를 수 있으며, 분양이 완료된 이후라도 일반분양 결과를 포함한 전체적인 분양상황이나 실제 입점상황에 따라 내부설계를 변경하여야 하는 경우도 생길 수 있다는 점에서 보면, 관리처분계획 단계에서는 층.호수별 면적의 확정을 차후로 미루어서라도 분양단위의 규모·배치 등에 신중을 기해야 할 현실적인 필요성이 있고, 이러한 방법이 상가의 분양을 신청한 사람에게 불리한 방법이라고 볼 수도 없다.

E. [하급심판례] ① 신축 상가의 층을 배정할 때 현재 소유하고 있는 층을 기준으로 하되, 지하층 소유 조합원의 경우에는 희망의사에 따라 지상 1층, 지상 2층 또는 지상 3층을 지정하여 배정받을 수 있도록 하고, ② 전면상가를 1개 소유한 조합원보다 후면상가를 다수 소유한 조합원에게 우선권을 부여하는 관리처분계획이 적법하다고 본 사례 [원고들은 모두 도로에 접한 상가('전면상가')를 소유한 조합원임] ─서울행정법원 2017. 8. 25. 선고 2016구합 76947 판결[관리처분계획취소] (항소기각, 심리불속행 상고기각)

【청구취지】(청구기각)

> 피고가 2016. 7. 25. 서울특별시 강동구청장으로부터 인가받은 관리처분계획 중 '신축 근린생활시설(상가) 규모(평형)및 동·호수 배정 기준' 부분을 취소한다.

1. 원고들의 주장

원고들이 상가를 분양신청할 당시에는 신축 상가의 내부설계가 확정되지 않아 구분소유권의 대상이 되는 상가의 면적, 개수, 위치 등을 알 수 없었다. 이러한 상황에서 이 사건 관리처분계획 부분대로 상가 조합원들에게 상가를 배정한다면 상가 조합원들이 분양신청 당시에는 예측할 수 없었던 다음과 같은 여러 불합리한 결과가 발생하므로, 이 사건 관리처분계획 부분은 도시 및 주거환경정비법 제 48조 제 2항, 집합건물의 소유 및 관리에 관한 법률 제 47조 제 1항에 위반되어 위법하다.

① 이 사건 관리처분계획 부분은 상가 조합원들이 상가분양을 신청하면서 기재한 '분양희망면적에 따라 상가를 배정하도록 되어 있는데, 이는 피고가 어떤 면적의 상가를 어디에 배치하는지에 따라 상가 조합원들이 배정받을 상가의 위치가 결정되는 셈이므로, 상가 조합원들의 이해관계를 피고의 자의에 맡기는 결과가 된다.

② 이 사건 관리처분계획 부분은 동일 규모 상가에 경합이 발생할 경우 종전자산의 권

리가액 다액 순으로 상가배정 우선권을 부여하도록 되어 있는데, 이는 예컨대 전면상가를 1개 소유한 조합원보다 후면상가를 다수 소유한 조합원에게 우선권을 부여하는 것으로서 전면상가를 1개 소유한 조합원들의 영업환경에 큰 변동을 초래한다.

③ 피고는 상가 조합원들에게 아파트와 상가를 동시에 분양신청하는 것도 허용하였는데, 이 경우 아파트와 상가를 동시에 분양신청한 조합원이 종전자산의 권리가액이 높다는 이유로 상가배정 우선권까지 부여받는다면 상가만 분양신청한 조합원에 비하여 과도한 혜택을 받게 된다.

2. 판단

가. 상가 분양신청 및 관리처분계획의 특수성

상가의 경우, ① 동일한 면적과 형태로 공급되는 공동주택에 비해 그 규모가 제한적이고 ② 수요자별 혹은 업종별로 선호하는 위치나 면적, 층수가 모두 다를 수 있으며, ③ 분양이 완료된 이후라도 일반분양 결과를 포함한 전체적인 분양상황이나 실제 입점상황에 따라 내부 설계를 변경해야 하는 경우도 생길 수 있으므로, 분양신청 및 관리처분계획 단계에서 미리 층별·호수별로 면적을 구체적으로 구분지어 분양신청을 받아 분양대상자를 확정하는 것만이 적법하다고 단정하기는 어렵다.

상가는 공동주택과 달리 구조상 구분될 것을 요하지 않아(집합건물의 소유 및 관리에 관한 법률 제1조의2 제3호, 제4호에 따르면, '경계를 명확하게 알아볼 수 있는 표지를 바닥에 견고하게 설치하고 구분점포별로 부여된 건물번호표지를 견고하게 붙이는 것만으로도 구분소유가 가능하다) 필요에 따라 탄력적으로 구획을 설정 또는 재설정할 수 있으므로, 관리처분계획 이후 실시될 일반분양의 결과나 수분양자들의 입점계획 등을 반영하여 추후에 상가를 구획하고 면적을 확정하는 것이 오히려 상가 구분소유자의 전체적인 이익을 고려한 방법이라고 볼 수도 있다. 상가에 대한 관리처분계획의 적법성을 판단할 때에는 위와 같은 상가의 특수성이 고려되어야 한다.

나. 관리처분계획 수립방안의 다양성

상가에 대한 관리처분계획을 수립하는 방안으로는 여러 가지를 상정해 볼 수 있다. 상가 조합원들 사이에 서로 이해관계의 충돌이 크지 않은 경우에는 상가 조합원들 사이의 합의에 따라 처분하도록 할 수도 있겠으나, 결국은 상가 조합원들 사이에 서로 이해관계가 충돌하는 경우가 문제이므로, 이 때 어느 조합원의 이해관계를 우선할 것인지, 그 우선권을 어디에 적용할 것인지가 문제된다. 이해관계를 우선시할 조합원을 결정하는 방안으로는 ① 상가 내 위치가 좋은 조합원의 이해관계를 우선하는 방안(예컨대 갑 제3호증의 1에서와 같이 종전자산의 단위면적당 가액이 큰 순서대로 우선), ② 위치와 면적을 모두 고려하여 권리가액이 큰 조합원의 이해관계를 우선하는 방안(예컨대 갑 제 3 호증의 3, 을 제 8 호증의 1 에서와 같이 종전자산 감정가액이 큰 순서대로 우선) 등이 있고, 위와 같은 방법으로 우선권을 가진 조합원이 ① 원하는 위치의 상가를 먼저 배정받을 수 있게 하는 방안, ② 원하는 면적의 상가를 먼저 배정받을 수 있게 하는 방안 등을 생각해 볼 수 있다.

위와 같은 여러 방안은 상가의 전체적인 입지, 상가 내부 구분상가의 배치, 수분양자들이 영위하고자 하는 업종의 내용과 분포, 해당 업종을 영위하는 데 필요한 면적, 등 제반 사정에 따라 어떤 방법이 더 합리적인지 판단할 수는 있어도 적어도 어떤 방법이 완전히 잘못된 것이라고는 판단하기 어렵다.

다. 관리처분계획의 재량행위성

(중략)

라. 위와 같은 법리 등에 비추어 이 사건을 살펴본다.

가) 이 사건 관리처분계획 부분은 <u>신축 상가의 층을 배정할 때 조합원이 현재 소유하고 있는 층을 기준으로 하되, 지하층 소유 조합원의 경우에는 희망의사에 따라 지상 1 층, 지상 2 층 또는 지상 3 층을 지정하여 배정받을 수 있도록 규정하고 있다</u>[관리처분계획 제 12 조 제 2 항 제 1 호 (가)목 및 (나)목]. 그런데 신축 상가건물의 1 층 분양면적 합계가 상가 조합원들이 1 층 분양을 희망한 면적 합계보다 42.1 평(336 평 - 263.9 평 - 30 평) 크므로 층 배정에 있어서 상가 조합원들 사이에 경합이 발생할 여지는 없다. 이 경우 지하 1 층 조합원들에게 그 희망에 따라 지상 1 층을 배정한다고 하더라도 층 배정 자체의 문제는 발생하지 않는다.

나) 다음으로 <u>이 사건 관리처분계획 부분은 상가 조합원들이 분양받게 될 신축상가의 면적을 먼저 확정하도록 규정하고 있는데</u>, 이 때 <u>조합원이 분양신청서에 기재한 분양희망면적과 가장 근접한 면적의 상가를 배정하고, 경합이 발생할 경우 권리가액 다액 순으로 배정하며, 권리가액이 동일할 경우에는 공개추첨에 의해 배정하도록 규정하고 있다</u>[관리처분계획 제 12 조 제 2 항 제 1 호 (다)목]. 그리고 <u>층과 면적이 모두 정해진 후 상가 조합원들이 분양받게 될 신축 상가의 위치는 공개 추첨에 의하여 정하도록 규정하고 있다</u>[관리처분계획 제 12 조 제 2 항 제 2 호].

<u>이는 상가의 면적을 위치보다 중요시하는 방법으로 보이는데</u>, 업종에 따라서는 위치보다 면적이 더 중요한 경우도 있고, 구체적인 상가 배치는 관리처분계획 단계에서는 아직 확정된 것도 아니며(상가 조합원들은 구체적으로 상가를 배치하는 단계에서 자신의 의견을 밝힐 수 있는 기회가 있을 것으로 보인다), 다양한 면적으로 상가를 구성하는 것이 획일적인 면

적으로 상가를 구성하는 것보다 상가 조합원들의 전체적인 이익 향상에 도움이 될 수 있으므로, 상가의 면적을 먼저 확정하도록 하는 것이 비합리적이라고 단정하기는 어렵다.

또한 종전 상가의 단위면적당 가액이 큰 순서 대신 종전 상가의 감정가액이 큰 순서대로 면적 배정에 우선권을 부여하는 것은 상가 조합원들이 종전에 보유한 상가의 위치(층과 입지 포함)와 면적을 종합적으로 고려한 결과로 볼 수 있으므로, 그와 같은 방법이 비합리적이라고 단정할 수는 없다. 종국적으로는 종전자산과 종후자산의 적정한 평가 등을 통하여 청산금을 가감함으로써 이해관계가 조정된다는 점 또한 고려되어야 한다.

그리고 아파트와 상가를 동시에 분양신청할 수 있는 기회는 해당 요건을 충족하는 상가 조합원들에게 다 같이 부여되므로, 그러한 기회를 살려 아파트를 분양신청한 상가 조합원들이 과도한 혜택을 받는다고 볼 수는 없다.

다) 피고 정관 제46조는 '조합원의 소유재산에 관한 관리처분계획은 분양신청 및 공사비가 확정된 후 건축물 철거 전에 수립하며 다음 각 호의 기준에 따라 수립하여야 한다.'고 규정하면서 제4호에서 '조합원에 대한 신축건축물의 평형별 배정에 있어 조합원 소유 종전 건축물의 가격·면적·유형·규모 등에 따라 우선순위를 정할 수 있다.'고 규정하고 있다(을 제2호증). 이 사건 관리처분계획 부분은 신축 상가의 '면적 배정' 즉 위 정관 규정상의 '평형별 배정'에 있어서 종전건축물의 가격·면적·유형·규모 등에 따라 우선순위를 부여하는 것이므로, 위 정관 규정에 부합하는 것이다.

라) 이러한 사정을 모두 종합하여 본다면, 피고가 수립한 이 사건 관리처분계획 부분은 상가 조합원들이 희망한 면적을 중요시한 것으로서 원하지 않는 위치에 배정받는 상가 조합원이 발생한다고 하더라도 그 조합원의 재산권을 본질적으로 침해하는 것이라고는 볼 수 없고, 피고에게 부여된 계획 재량의 범위를 벗어난다고 할 수도 없다. 따라서 이 사건 관리처분계획 부분은 도시정비법 제48조 제2항 제1호에 위반되지 않는다. 이 부분 원고들 주장은 받아들일 수 없다.

F. [항소심판례] 관리처분계획내역서 및 관리처분계획인가통지서에 구체적 부담금 내역이 기재되지 않았으나, 상가의 경우 상가의 구분이 관리처분계획이 인가된 이후에 확정되기 때문에 세부 분양가액을 산정하기 어려웠던 점을 고려하여 관리처분계획을 무효로 할 만한 중대한 하자가 아니라고 본 사례 —부산지방법원 2008. 11. 7. 선고 2008나11013 판결[부동산명도] (상고기각)

【당사자】

원고,피항소인   장전1정비구역 제2지구 주택재개발정비사업조합

제 3 장 관리처분계획 / 제 4 절 상가 관리처분계획 (상가독립정산제 문제)

| 피고,항소인 | 피고 |

위 인정사실에 의하면, 원고가 피고에 대하여는 관리처분계획내역서 및 관리처분계획인가통지서에도 피고의 구체적인 부담금 내역을 기재하여 통지하지 아니한 점을 인정할 수 있으나,

한편 위 인정사실에 변론 전체의 취지를 종합하여 인정되는 다음과 같은 사정, 즉 ① 피고는 상가만을 분양신청하였고, 상가의 경우 그 상가의 구분이 관리처분계획이 인가된 이후에 확정되기 때문에 세부 분양가액을 산정하기 어려웠던 점, ② 이에 원고도 피고에 대한 관리처분계획 공람내역서에 상가를 분양신청한 경우 그 상가의 세부 분양가액 등을 향후 정하여 관리처분변경계획수립시에 재통보할 것이라고 기재하였던 점, ③ 부산 금정구청장도 이러한 사정을 고려하여 위 관리처분계획을 그대로 인가하였던 점 등에 비추어 보면, 피고가 주장하는 바와 같은 사유만으로 위 관리처분계획 또는 관리처분계획 인가가 무효에 이를 만큼의 중대한 하자가 있다고 보기 어렵다. 따라서 피고의 위 주장은 이유 없다.

G. [하급심판례] ① 관리처분계획에 근린생활시설 및 판매시설 분양대상 조합원들의 개별 분양 호수, 분양면적, 부담금 등이 포함되어 있지 않다고 하여 위법하다고 단정할 수 없어; ② 그와 같은 내용의 관리처분계획안에 대한 총회결의 효력정지 가처분을 취소함 ─서울행정법원 2023. 5. 26.자 2023 아 10554 결정 [가처분이의]

【당사자】

| 채권자 A ~ H
| 채무자 I 재정비촉진구역 주택재개발정비사업조합 |

【주문】

| 채권자들과 채무자 사이의 이 법원 2022 아 12695 총회결의효력정지가처분 신청사건에 관하여 이 법원이 2023. 2. 17. 한 가처분결정 중 인용 부분을 취소한다. |

【취소된 제 1 심 결정】

| 채무자의 2022. 7. 15. 자 총회의 제 1 호 안건 '관리처분계획(안) 수립의결의 건' 중 근린생활시설(상가) 및 판매시설 부분 결의는 서울행정법원 2022 구합 82578 총회결의무효확인 사건의 판결 선고일로부터 30 일이 되는 날까지 효력을 정지한다. |

I. 상가 관리처분계획에 관한 광범위한 재량권

1. 채권자들의 주장

이 사건 관리처분계획 중 근린생활시설 및 판매시설 부분은, 아래와 같이 중대하고 명백한 하자가 존재하여 무효이다. 이 사건 관리처분계획대로 후속 인가 절차 및 분양절차가 진행될 경우 채권자들은 회복할 수 없는 손해를 입게 되므로, 이 사건 관리처분계획에 관한 채무자 총회 결의의 효력 정지를 구한다.

1) 이 사건 추정분양가와 관련하여, 조합원들 분양 대상인 근린생활시설은, 주로 조합원 외 일반 분양 대상인 판매시설에 비하여 그 ㎡당 추정분양가가 2배 이상 높게 책정되었다. 이는 근린생활시설을 분양 신청한 조합원들의 재산권을 본질적으로 침해한다.

2) 관리처분계획은, '분양신청의 현황'을 기초로 도시 및 주거환경정비법(이하 '도시정비법'이라 한다) 제74조 제1항 각 호 소정의 내용을 포함하여 수립되어야 한다. 그런데 ① 채무자는 조합원들로부터 분양신청을 받으면서, 근린생활시설 및 판매시설에 관하여는 공동주택과는 달리, 분양신청서에 근린생활시설 또는 판매시설 분양 희망 여부만을 표시하게 하고, 구체적인 희망 면적·층수·용도 등을 조사하지 아니하였다. 이로 인해 근린생활시설 및 판매시설에 관하여는, 조합원들 사이에 특정 면적, 층수, 용도 등에 대한 경합이 발생하였는지조차 확정할 수 없는 실정이다. 또한 ② 이 사건 관리처분계획에는, 근린생활시설 및 판매시설과 관련하여 '분양대상자별 분양예정인 대지 및 건축물의 추산액'(도시정비법 제74조 제1항 제3호) 등에 관한 내용이 없다.

3) 채무자는 분양신청 안내 당시 근린생활시설 108호, 판매시설 356호(총 464호)를 조합원에게 100% 분양한다고 안내하였으나, 이 사건 관리처분계획에서 464호 중 198호(42%)를 일방적으로 일반 분양으로 전환하였고, 조합원 분양분과 일반 분양분을 이사회에서 임의로 결정할 수 있도록 포괄 위임하였다. 또한 이 사건 관리처분계획에는 근린생활시설 및 판매시설을 누구에게, 어떻게 분양할 것인지에 관한 구체적인 분양 기준도 포함되어 있지 않다. 이 사건 관리처분계획은, 근린생활시설 및 판매시설을 분양신청한 조합원들의 선택권을 침해하고, 권리가액이 높은 조합원이 권리가액이 적은 조합원보다 낮은 가격의 근린생활시설 및 판매시설을 공급받을 수 있는 결과를 가져올 수 있어 위법하다.

2. 판단

1) 행정소송법상의 당사자소송에 대하여는 행정소송법 제23조 제2항의 집행정지에 관한 규정이 준용되지 아니하므로(행정소송법 제44조 제1항 참조), 이를 본안으로 하는 가처분에 대하여는 행정소송법 제8조 제2항에 따라 민사집행법상의 가처분에 관한 규정이 준용된다(대법원 2015. 8. 21.자 2015무26 결정 등 참조). 한편, 민사집행법 제300조 제2항의 임시의 지위를 정하기 위한 가처분은 다툼이 있는 권리관계에 관하여 본안소송이 확

제 3 장 관리처분계획 / 제 4 절 상가 관리처분계획 (상가독립정산제 문제)

정될 때까지 사이에 가처분권리자가 현재의 현저한 손해를 피하거나 급박한 위험을 방지하기 위하여 또는 기타의 이유가 있는 때에 한하여 허용되는 응급적, 잠정적인 처분이고, 이러한 가처분이 필요한지 여부는 당해 가처분신청의 인용 여부에 따른 당사자 쌍방의 이해득실관계, 본안소송에 있어서의 장래의 승패의 예상, 기타 제반 사정을 고려하여 법원의 재량에 따라 합목적적으로 결정하여야 한다(대법원 2014. 6. 27.자 2011 마 1915 결정 등 참조).

2) 기록 및 심문 전체의 취지를 종합하여 알 수 있는 다음과 같은 사정들에 비추어 보면, 채권자들의 주장과 제출된 자료만으로는 현 단계에서 본안판결에 앞서 시급히 가처분으로, 이 사건 관리처분계획 중 근린생활시설 및 판매시설 부분 결의의 효력 정지를 명할 정도로 피보전권리 및 보전의 필요성이 충분히 소명되었다고 보기 어렵다. 따라서 채권자들의 주장은 이유 없다.

① 분양대상자별 분담금은 '종후자산 평가액 '(분양받을 대지 및 건축물의 평가액)에서 권리가액(종전 자산 가격 평가액)에 비례율을 곱한 '기준가액 '을 제외하는 방식으로 산정된다. 이 사건 추정분양가는, 도시정비법 제 72 조 제 1 항에 따라 분양공고 당시 분양신청을 앞둔 조합원들에게 재개발사업에 참여할지 여부를 선택할 수 있도록 분양대상자별 분담금의 추산액 등 관련 정보를 제공하기 위하여 안내된 금액으로, 확정된 종후자산 평가액은 아니다. 종후자산 평가액은, 사업시행계획 수립 후 분양신청절차를 거친 다음 관리처분계획을 수립하는 단계에서 비로소 도시정비법 제 74 조 제 4 항 제 1 호에 따라 시장·군수 등이 선정한 2 인 이상의 감정평가법인 등이 평가한 금액을 기초로 산정된다. 채무자가 2021. 4. 9. 경 조합원들에게 배부한 '분양신청 안내 '(소을 제 4 호증 제 13 면)에도, "이 사건 추정분양가는 추정분담금 검증위원회의 검증을 거친 추정금액으로 분양신청 안내 시 참고용으로 작성되었으며, 추후 관리처분계획을 위한 총회, 공람 및 인가 시 발송될 분양가액은 종후감정평가금액 중 분양최소금액으로 일괄 통보하며, 추후 동호수 추점결과에 따라 최종 확정됩니다."라고 기재되어 있다. 따라서 이 사건 관리처분계획의 위법 여부는, 채무자가 이의신청 이후 제출한 종후자산 감정평가 자료까지 종합하여 판단되어야 한다.

② 채무자가 제출한 자료에 의하면, 용산구청장에 의해 선정된 주식회사 M, 주식회사 N 은 국토교통부가 정한 감정평가에 관한 규칙 등에 기초하여, 거래사례비교법에 따라 각 근린생활시설 및 판매시설 블록별 기준상가의 가격을 산출한 다음 각 호실별 가격형성요인을 고려하여 종후자산 감정평가를 실시한 것으로 보인다. 그 결과 이 사건 추정분양가와 다소 금액 차이는 있지만, 1 층의 경우 여전히 계약면적 기준 ㎡당 근린생활시설 분양가(17,545,180 원)가 판매시설 분양가(9,633,289 원)에 비해 약 1.8 배 높게 평가되었는데, 전용면적당 단가로는 ㎡당 근린생활시설 22,413,409 원, 판매시설 27,178,580 원으로 평가되었다.

이에 대해 감정평가를 실시한 주식회사 M 의 감정평가사는 다음과 같은 의견을 밝히고 있다. 즉, "채무자가 분양하려는 판매시설은 전용률(전용면적/계약면적)이 35% 내외인 반면, 근린생활시설은 전용률이 66~85%에 이른다. 집합건물의 소유 및 관리에 관한 법률은 구분소유권의 목적인 건물부분을 '전유부분'으로 정의하고 있고(제2조 제3호), 감정평가실무기준에 의하면 층별 및 위치별 효용비율 산출에서의 면적기준은 전유면적으로 함이 원칙이다. 따라서 <u>감정평가 시에는 계약면적당 단가를 기준으로 가격을 평가하되, 가치형성요인 중에서 전용률을</u> 고려하여 평가하였다. 전용면적당 단가를 기준으로 보면, 입지가 우등한 판매시설의 전용면적당 단가가 근린생활시설의 전용면적당 단가에 비해 높게 산출되었다."는 의견이다. 위와 같은 사정에, 근린생활시설 및 판매시설은 면적 외에도 위치, 접근성, 업종별 분포 등 다양한 요인들이 가치 평가에 고려될 수밖에 없다는 점 등을 고려해 볼 때, 채권자들이 현재까지 제출한 자료만으로는, 전문적 영역에 속하는 <u>감정평가법인의 종후자산 감정평가 결과가 현저히 논리와 경험의 법칙에 반한다거나 그 평가 결과로 인해 채권자들의 재산권이 본질적으로 침해된다는 점이 충분히 소명되었다고 보기 어렵다.</u>

③ <mark>근린생활시설 및 판매시설의 경우</mark> 동일한 면적과 형태로 공급되는 공동주택에 비해 그 규모가 제한적이고 수요자별 혹은 업종별로 선호하는 위치나 면적, 층수가 모두 다를 수 있고, 분양이 완료된 이후라도 일반 분양 결과를 포함한 전체적인 분양상황이나 실제 입점 상황에 따라 내부설계를 변경하여야 하는 경우도 생길 수 있다. 따라서 <u>관리처분계획 단계에서는 세부적인 계획이 포함되지 않을 수 있으므로, <mark>관리처분계획에 근린생활시설 및 판매시설 분양대상 조합원들의 개별 분양 호수, 분양면적, 부담금 등이 포함되어 있지 않다고 하여 위법하다고 단정할 수 없다.</mark></u> 나아가 이 사건 관리처분계획에는 '<mark>근린생활시설(상가/판매시설) 처분계획</mark>'에 관하여 '희망하는 동·호수를 조합원에게 분양한다'는 취지가 명시되어 있고(제16조 제5항 2호), '근린생활시설(상가/판매시설) 분양면적 및 대지면적 산정'에 관하여 '<u>추후 MD 구성이 확정되면 상가분양신청자의 의견 등을 수렴하여 분양면적, 호수 등이 변경될 수 있다</u>'는 취지가 명시되어 있다(제15조 제2항). 채무자가 2021. 4. 9.경 조합원들에게 배부한 '분양신청 안내'(소을 제4호증 제36면)에도, '상가의 분양신청은 분양신청서의 근린생활시설(상가) 또는 판매시설 분양 희망자란에 지장날인하시기 바라며, 동·호수 배정은 관리처분계획인가 후 관리처분기준에 따라 상가분양신청자들의 의견 등을 수렴하여 분양합니다'라고 기재되어 있다. <u>위와 같은 분양방식은, 공동주택의 동□호수 배정방식, 시기와 본질적으로 다르지 않다.</u>

④ 또한 이 사건 관리처분계획 제16조 제4항은 <mark>근린생활시설(상가/판매시설) 공급기준</mark>을 정하고 있다... 위 공급기준은, 서울특별시 도시 및 주거환경정비 조례 제38조(주택 및 부대·복리시설 공급 기준 등) 제2항에서 정한 공급순서에 관한 규정에 근거한 것으로 보인다. 채권자들은, 이 사건 관리처분계획의 공급기준이 권리가액이 많은 조합원의 우선권을 보장하지 않아 위법하다는 취지로도 주장하나, <u>이 사건 관리처분계획에는 "순위가 동일한 경우에는 권리가액이 많은 순위를 기준으로 공급한다."는 내용이 명시되어 있다.</u>

⑤ 이 사건 관리처분계획 중 '근린생활시설(상가/판매시설) 처분계획'에 "신축되는 근린생활시설은 향후 입지적 조건과 유동인구 등의 다양한 변수가 존재하는바 추후 합리적인 MD 구성 및 원활한 일반 분양 등을 고려하여 이사회 심의 및 의결을 통해 조합원 분양분과 일반 분양분을 구분할 수 있다."는 내용이 있기는 하다(제16조 제5항 제1호, 이하 '이 사건 조항'이라 한다).

그러나 같은 제5항 제3호에는 "조합원에게 우선 분양 및 계약체결 후 잔여분은 일반 분양한다."는 내용이 있다. 채무자가 2022. 7. 15. 자 총회에서 배부한 이 사건 관리처분계획 첨부자료 책자에도, 근린생활시설 및 판매시설(총 464호)의 각 호실별 면적, 소재지, 층, 호수, 추산가액을 정리한 표에 각 처분방법으로 '조합원 분양 후 잔여분은 일반 분양'이라 기재되어 있고, 그 하단에 "근린생활시설 및 판매시설은 조합원 분양구역이 별도로 정해져 있지 않아 조합원이 우선배정되고 남은 호수를 일반 분양 가격으로 분양합니다."라는 내용이 기재되어 있다. 위와 같은 내용을 종합해볼 때, 이 사건 관리처분계획 중 제16조 제5항의 '근린생활시설(상가/판매시설) 처분계획 부분'이 조합원의 재산권을 본질적으로 침해하는 것인지는 일응 채권자들의 소명자료만으로는 현 단계에서 충분히 소명되었다고 보기 어렵고, 이는 장래 본안소송에서 충실한 심리를 통하여 확정되는 것이 타당해 보인다.

한편 채무자는 이 사건에서, 이 사건 조항은 다른 관리처분계획에서도 일반적으로 사용되는 관용적 문구로, 채무자는 판매시설을 일반에 우선하여 분양할 계획이 전혀 없고, 그러한 분양방법은 도시정비법 제79조 제4항에 의한 조합원 우선 분양 원칙에 반하여 위법하다고까지 스스로 분명히 밝히고 있다. 채무자가 향후 도시정비법령과 정관 등에서 정한 바에 따라 조합원들에게 분양 물량을 먼저 배정한 뒤 그 잔여분을 일반 분양하면 족할 것이나, 설령 채권자들이 우려하는 대로, 해당 조합원의 의사에 반하여 조합원의 재산권을 본질적으로 침해하는 내용으로 관리처분계획변경이 이루어졌다고 판단할 경우, 해당 조합원으로서는 구체적인 분양현황을 토대로 그 변경 결의 등의 효력을 다툴 수 있을 것으로 보인다. 현 단계에서 가처분으로 시급히 이 사건 관리처분계획에 대한 채무자 총회 결의의 효력을 정지할 정도로 보전의 필요성이 충분히 소명되었다고 보기도 어렵다.

⑥ 이 사건 관리처분계획은, 근린생활시설 및 판매시설 총 464호를 조합원 및 일반에 분양할 것을 계획하고 있다. 그런데 채무자가, 근린생활시설 및 판매시설을 분양신청한 조합원 중 권리가액(공동주택을 함께 분양신청한 경우에는 잔여 권리가액)이 분양최소금액이 4억 7,100만 원에 미치지 못하는 조합원을 분양대상에서 제외함에 따라 266명의 조합원만 근린생활시설 및 판매시설 분양 자격을 부여받게 되었다. 이러한 제한에 따라 근린생활시설 및 판매시설 분양을 희망하는 조합원의 권리가 제한되는 것은 사실이나, 이 사건 사업의 규모나 특성, 근린생활시설 및 판매시설의 효율성 등에 비추어, 채권자들이 제출한 자료만으로는 위와 같은 분양최소금액 설정 및 그 금액 산정이 위법하다는 점이 충분히 소명되지 않는다. 나아가 채권자들 중 공동주택만 분양신청한 주식회사 O 측 채권자 E를 제외하

고는, 나머지 채권자들은 모두 근린생활시설 및 판매시설을 분양받는 것으로 관리처분계획이 수립되었다. 따라서 채권자들의 주장과 같이, 채무자가 근린생활시설 및 판매시설 중 198호를 일반 분양하는 것을 전제로 이 사건 관리처분계획을 수립하였더라도, <u>채무자는 향후 MD 구성 및 조합원들의 신청을 받아 근린생활시설 및 판매시설 배정 절차를 마치면, 그러한 배정 결과를 반영한 (변경)관리처분계획에 대하여 별도로 조합원 총회를 거쳐 관할 행정청의 변경인가를 받을 예정임을 밝히고 있으므로</u>, <u>현재 MD 구성을 통한 분양면적, 호수 등이 미정인 상태에서는 그러한 사정만으로 채권자들의 재산권이 곧바로 본질적으로 침해되거나 강제 수용 유사한 결과가 초래된다고 보기 어렵다.</u>

그렇다면, 채권자들의 채무자에 대한 이 사건 가처분신청은 모두 이유 없으므로, 이 사건 <u>가처분결정을 취소하고 위 가처분 신청을 기각하기로</u> 하여, 주문과 같이 결정한다.

II. 상가 관리처분의 무효·부존재는 관리처분계획 전체의 무효사유

A. <u>상가 부분에 관하여 제대로 관리처분계획을 수립하지 않고 아파트 조합원과 관련된 사항만으로 조합원 권리가액비율을 산출하여 조합원분담금을 산정한 관리처분계획은 그 전체가 무효임</u> (상가 부분 관리처분계획을 새로 수립할 경우 아파트조합원들에 대한 권리가액비율 및 분담금액도 일부 변경되어 관리처분계획 전체에 영향을 미치므로) ―대법원 2010.12.9. 선고 2010 두 4407 관리처분계획무효확인등

【당사자】

| 원고, 피상고인 | 김○○ 외 5 명 |
| 피고, 상고인 | ○○단지(2 차)재건축주택조합 |

1. 이 사건 관리처분계획의 내용

원심은 제 1 심판결 이유를 인용하여,

① 기존 2 동의 상가를 헐고 새로 1 동을 건축하는 이 사건에서 층 및 위치에 따라 가격의 폭이 다양한 상가의 특성을 감안할 때 종전건축물의 소유면적 및 층별 위치를 기준으로 어떻게 1:1 로 맞추어 분양한다는 것인지그 기준이 모호한 점,

② 관리처분계획 제 5 조 '종전 건축물의 명세 및 가격'에서 <u>상가전체에 대한 감정가격만을 산정하였을 뿐 상가조합원들에 대하여 개별적으로 종전 건축물의 명세 및 가격을 산정하지 않은 점,</u>

③ 같은 계획 제 3 조에서는 '건축물의 소유면적 및 층별 위치를 기준으로 1:1 분양을 원칙'이라고 하고, 제 8 조에서는 '종전 토지 및 건축물 지분 1:1 분양을 원칙'이라고 하여 그 기준이 동일하지 않은 점,

④ 재건축 전후의 아파트 및 상가의 건축 내역이 사뭇 달라지는 이 사건에서 상가조합원들의 '종전건축물면적 기준 1:1 분양'과 '종전 대지 지분 기준 1:1 분양'은 두 가지 요건을 동시에 충족시킬 수 없는 것이어서 그 자체로 상호 모순이고, 층 및 위치에 따라 가격의 폭이 다양한 상가의 특성상 단순히 건축물 면적 및 대지지분이 동일한 것만으로는 특별한 의미가 없는 점,

⑤ 같은 계획 제 6 조에서 신축상가의 분양가 추산액과 관련하여 '공인감정평가기관 2 개 업체의 산술평균한 가격을 참고하여 상가분양시 조합과 시공회사와의 협의에 의하여 정한다'고만 하여 신축상가의 분양가 추산액을 산정하지도 않은 점,

⑥ 같은 계획 제 7 조 '자금운용계획(안)' 및 제 8 조 '조합원 분담금 산정'에서도 상가에 대하여는 '종전 토지 및 건축물 지분 1:1 분양을 원칙으로 한다'고 하여 상호 모순되고 특별한 의미 없는 모호한 내용을 반복한 채 아무런 구체적인 내용 없이 상가조합원을 제외한 아파트 조합원과 관련된 사항만으로 조합원 권리가액비율을 산출한 후 조합원분담금을 산정한 점,

⑦ 같은 계획 제 11 조 '조합원 분양신청 현황'에서는 '상가분양신청자에 대한 동, 층, 호수 배정은 추후 협의한다'고만 하여 상가분양자를 따로 확정하지 않은 점 등을 종합해 보면,

2. 상가 부분에 관한 관리처분계획의 누락으로 관리처분계획 전체를 무효로 봄

이 사건 관리처분계획 중 상가 부분에 관하여는 구 도시정비법 제 48 조 제 1 항 소정의 내용들이 포함되어 있지 않아 제대로 관리처분계획이 수립되지 않았고, 이러한 하자는 중대하고 위 관리처분계획 내용 자체로 객관적으로 명백하며, 새로이 상가와 관련한 관리처분계획을 수립할 경우 아파트조합원들에 대한 권리가액비율 및 분담금액도 일부 변경되어야 할 것으로 보여 위와 같은 하자는 이 사건 관리처분계획 전체에 영향을 미친다 할 것이므로, 이 사건 관리처분계획은 그 전부가 무효라고 판단하였다.

앞서 본 관련 규정 및 기록에 비추어 살펴보면, 원심의 이러한 판단은 정당하고, 거기에 상고이유에서 주장하는 바와 같은 관리처분계획안에 대한 조합 총회결의의 절차상 및 실체상의 하자에 관한 채증법칙 위반, 법리오해 등의 잘못이 없다.

B. [같은 취지 하급심판례] 관리처분계획 중 상가 부분에 관하여 분양예정 대지 및 건축시설의 총 평가액 등 총액에 관한 사항과 분양순위의 결정기준 등은 정해졌으나, 상가조합원들

이 분양받게 될 대상 및 평가액·분담금 등 구체적 사항이 정해지지 않았다고 보고 관리처분계획 전체가 무효라고 판시한 사례 —서울행정법원 2009. 9.18. 선고 2009 구합 10185 판결[관리처분계획및인가처분무효확인]

앞서 본 바와 같이 <u>제 2 차 관리처분계획 중 상가에 관하여 분양예정 대지 및 건축시설의 총 평가액 등 총액에 관한 사항 및 분양순위의 결정기준 등은 정하여졌으나 상가 분양대상 조합원들이 분양받게 될 구체적인 대상 및 평가액, 분담금 등 구체적인 사항에 관하여는 정하여지지 아니하였다</u>고 할 것이고, 피고 조합이 산출한 조합원들의 권리가액 산출의 기준이 되는 비례율은 추후 상가에 관한 별도의 관리처분계획이 수립 됨에 따라 변경이 예정된 단순한 추정액을 기준으로 한 것이므로 공동주택 분양대상 조합원들의 분담금도 제대로 산정되었다고 볼 수 없을 것이다.

위와 같은 사정에 비추어 볼 때, 제 2 차 관리처분계획 중 <u>상가에 관하여는 도시정비법 제 48 조 제 1 항 소정의 내용이 포함되어 있지 않아 제대로 된 관리처분계획이 수립된 바 없다</u> 할 것이고, 새로이 상가와 관련한 관리처분계획을 수립할 경우 공동주택 분양대상 조합원들에 대한 권리가액비율 및 분담금액도 일부 변경되어야 할 것으로 보여 <u>위와 같은 하자는 이 사건 관리처분계획 전체에 그 영향을 미친다</u> 할 것이므로, <u>이 사건 관리처분계획은 그 전부가 위법하다</u>고 보아야 할 것이다.

또한, 제 2 차 인가는 위와 같이 도시정비법 제 48 조 제 1 항을 위반한 제 2 차 관리처분계획의 위법을 간과하고 이루어진 것으로서 역시 위법하다고 할 것이다.

III. 상가독립정산제와 관련한 정관변경의 효력 (신뢰보호원칙 문제)

A. 개요

1. 【해설】 상가 구분소유자의 무기는 조합설립동의서

> (1) 재건축사업에서 아파트조합원과 상가조합원은 동일한 이해집단이 아니다. 상가소유자들에게는 언제 얼마큼 실현될지 알 수 없는 개발이익보다 매월 현금으로 들어오는 임대수입 또는 현재의 매출이익과 고객선을 유지하는 것이 더 중요하고, 또한 신축건물의 마감재보다 단지내 위치와 점포의 접근성이 훨씬 더 중요하기 때문이다. 재개발사업도 사정은 마찬가지이다.
>
> 그런데 조합에서 상가조합원은 소수파일 수밖에 없으므로, 조합총회에서 상가조합원들이 통상적인 방법으로 자신들의 이익을 지키는 것은 불가능에 가까운 일이다.
>
> (2) 그러나 상가 소유자들은 아파트 소유자들이 무시할 수 없는 무기 하나를 가지고 있다. 재건축조합을 설립하기 위해서는 ① 전체 구분소유자의 4 분의 3 이상 및 토지

면적의 4분의 3 이상의 동의를 받는 것 외에 ② "주택단지 내 각 동(복리시설의 경우는 주택단지 내 복리시설 전체를 하나의 동으로 봄)별 구분소유자의 과반수 동의"를 얻어야 하므로(법 제35조 제3항), 상가 구분소유자들 과반수가 조합설립에 반대하면 재건축사업을 시작조차 할 수 없기 때문이다.

(3) 상가 소유자들은 조합설립인가 단계에서 이것을 무기로 추진위원회를 상대로 협상력을 발휘해 원하는 것을 얻을 수 있다. 추진위원회가 상가부지의 토지분할을 청구하거나(법 제67조 제1항 제2호 참조) 상가부지를 정비구역에서 제외하는 내용의 정비구역 변경 지정을 받아 사업을 계속할 수 있는 방법이 있기는 하나, 기존 상가부지를 사업부지에서 제외하고 공동주택 부지만으로 재건축사업을 시행하는 것은 그리 간단한 문제가 아니다.

(4) 따라서 상가건물 소유자들은 조합설립 전 단계에서부터 한목소리로 단결된 협상력을 발휘하여 자신들의 이익을 분명하게 확보해 놓아야 한다. 그러지 못하면 이후 정비사업이 진행되는 동안 내내 아파트조합원들의 들러리만 서게 된다.

2. 【해설】 상가독립정산제 도입은 정관변경 사항 (조합원 2/3 이상 찬성에 의한 총회결의)

(1) 상가소유자들은 조합설립 단계에서 미리 추진위원회와 종전자산(상가)의 평가, 신축상가의 위치·규모·구조 및 배정기준 등에 관하여 미리 합의를 해 두어야 하는데, 최근에는 조합과 상가독립정산제 약정을 하는 경우가 많다.

상가독립정산제 약정은 a) 아파트와 상가를 분리하여 개발이익과 비용을 별도로 정산하고 b) 상가조합원들로 구성된 별도의 기구('상가협의회')가 상가에 관한 관리처분계획안의 내용을 자율적으로 마련하는 것을 주요 내용으로 한다.

(2) 그런데 위 a)부분은 '조합의 비용부담 ' 및 '조합원의 권리·의무 '에 관한 사항에 해당하고, b)부분은 '조합임원의 권리·의무 ', '임원의 업무의 분담 및 대행 등 ' 및 '관리처분계획 '에 관한 사항에 해당하므로, 상가독립정산제 약정은 총회의결사항이고 조합정관에 규정해야 할 사항이다.

따라서 조합이 상가독립정산제 약정을 하거나 그 내용을 변경하기 위해서는 조합원 3분의 2 이상 찬성을 받아 정관을 변경해야 한다('조합의 비용부담 '에 관한 사항이기 때문에 2/3 이상 동의가 필요한 것임. 법 제40조 제3항 및 같은 조 제1항 제8호). (이상 대법원 2018. 3. 13. 선고 2016두35281 판결 참조.)

(3) 그래서 상가독립정산제 약정에는 「조합과 상가협의회의 약정 내용을 조합총회에서 특별다수로 의결하여 정관에 규정하기로 한다」는 내용이 반드시 들어가야 한다. 위약벌과 위약금 조항까지 넣으면 더 좋다. 또한 조합의 상가협의회 운영비 대여 조건도 명시하여야 한다.

III. 상가독립정산제와 관련한 정관변경의 효력 (신뢰보호원칙 문제)

(4) 위 합의사항의 이행을 확보하기 위하여, 상가협의회는 창립총회에서 상가독립정산제 약정이 적법하게 의결되어 정관에 규정되는 것을 확인한 후에 조합설립동의서를 내 주어야 한다.

3. 【해설】 정관변경을 하지 않은 채 상가독립정산제가 조합 내부규범이 되는 경우

상가독립정산제를 조합이 채택하기로 결정하는 총회결의가 정관변경의 요건을 완전히 갖추지는 못했다면 형식적으로 정관이 변경된 것은 아니지만, 그러한 총회결의가 유효하게 성립하였고 정관변경을 위한 실질적인 의결정족수를 갖췄다면 적어도 조합 내부적으로 업무집행기관을 구속하는 규범으로서의 효력은 가진다(대법원 2018. 3. 13. 선고 2016두35281 판결).

따라서 조합총회에서 조합원 2/3 이상의 찬성으로 상가독립정산제를 채택하는 결의를 했다면, 정관변경 결의의 형식과 절차를 갖추지 않았더라도, 상가독립정산제가 조합의 내부규범으로 성립한 것이다(같은 판례).

4. 【해설】 내부규범화한 상가독립정산제를 다시 철회·변경하는 방법 (신뢰보호원칙 문제)

(1) 총회결의를 통한 상가독립정산제의 철회·변경: 상가독립정산제를 조합 내부규범으로 채택했더라도, 조합의 최고의사결정기관인 총회는 상가협의회가 상가독립정산제에 따라 작성한 상가관리처분계획안을 그대로 채택할 의무를 부담하지 않는다.

따라서 총회에서 의결한 관리처분계획의 내용이 상가독립정산제와 일부 배치되는 부분이 있다면, 그 총회결의에는 종전 총회결의의 내용(상가독립정산제)을 일부 철회·변경하는 취지가 포함되어 있는 것으로 볼 수 있다(대법원 2018. 3. 13. 선고 2016두35281 판결. 이하 같은 판례).

(2) 상가독립정산제를 철회·변경하는 총회결의의 유효 요건: 그러나 조합 내부규범을 변경하는 총회결의가 적법하게 성립하기 위해서는 ① 법령 및 정관에서 정한 절차와 의결정족수를 갖추어야 하고(조합원 과반수 또는 2/3 이상 찬성), ② 결의 내용이 법령 및 정관에 위배되지 않아야 하고, ③ 내부규범 변경을 통해 달성하려는 이익이 종전 내부규범의 존속을 신뢰한 조합원들의 이익보다 우월해야 한다(신뢰보호원칙).

한편 상가독립정산제를 일부 철회·변경하는 총회결의가 신뢰보호원칙을 충족했는지 여부의 판단은 ① 조합이 종전에 채택한 상가독립정산제의 내용을 일부 철회·변경하여야 할 객관적 사정과 필요가 존재하는지, ③ 그로써 조합이 달성하려는 이익은 어떠한 것인지, ④ 상가독립정산제의 일부 철회·변경에 따라 상가조합원들이 침해받은 이익은 어느 정도의 보호가치가 있으며 그 침해 정도는 어떠한지, ⑤ 조합은 상가독

제 3 장 관리처분계획 / 제 4 절 상가 관리처분계획 (상가독립정산제 문제)

립정산제의 존속에 대한 상가조합원들의 신뢰 침해를 최소화하기 위해 어떤 노력을 기울였는지 등과 같은 여러 사정을 종합적으로 비교·형량하여 판단한다.

상가독립정산제와 일부 배치되는 내용의 관리처분계획이 위 기준들을 모두 충족했다면, 그것은 적법·유효한 관리처분계획이다(같은 판례).

5. 【해설】 상가독립정산제 이행의 지속적 감시

(1) 위와 같이 조합이 상가독립정산제를 채택한 후에도 새로운 총회결의를 통해 이를 철회·변경하는 것이 얼마든지 가능하고, 상가소유자들이 그러한 총회결의를 무효화하기는 쉽지 않다.

따라서 상가협의회 회원들이 일체 단결하여 조합이 약정위반행위를 하지 못하도록 감시의 끈을 놓지 않는 것이 중요하다. 조합이 독립정산 약정을 위반하는 사업추진을 할 때에는 즉시 이의를 제기해 시정을 요구하고, 즉시 시정되지 않으면, 더 기다리지 말고 바로 본안소송을 제기하고 가처분을 신청하여 위법한 사업추진을 더이상 진행하지 못하게 해야 한다.

(2) 공익사업의 성격 및 정비사업의 속성 상 사업이 진행되면 될수록 처분의 효력을 다투기는 점점 더 어려워진다. 상가조합원의 권리침해가 구체적으로 가시화되는 관리처분계획인가 시점에 가서야 비로소 이의를 제기하는 경우가 많으나, 이는 잘못된 대응 방식이다. 사업시행계획 수립 단계에서부터 철저히 감시해야 한다.

(3) 조합이 상가독립정산제를 내부규범으로 채택한 후 이를 위반한 관리처분계획을 수립하여 상가조합원들에게 손해를 가한 경우에는 손해배상책임을 질 수 있다(서울고등법원 2016. 11. 18. 선고 2016 나 5605 등 환송후 항소심 판결 참조).

(4) 한편 아파트조합원들 입장에서도 상가독립정산 약정이 원만하게 이행되면 사업속도가 빨라져 사업비와 조합원 분담금이 줄어드는 이점이 있으므로(또한 재건축으로 좋은 상가가 들어서면 새 아파트의 가치도 높아진다), 아파트조합원들도 상가부지를 사업구역에 포함시키기 위해 상가독립정산제를 채택한 이상 약정사항을 준수하는 전향적인 태도가 필요하다.

6. 【해설】 상가건물의 존치/리모델링을 조건으로 하는 정비계획/사업시행계획

상가소유자들의 반대가 심할 경우에는 상가동을 존치 또는 리모델링하는 내용을 정비계획에 포함시키거나, 그런 내용이 포함된 사업시행계획서를 작성하기로 합의하는 방안도 생각해 볼 수 있다(법 제 58 조).

☞ 「존치/리모델링 건축물이 포함된 사업시행계획」에 관하여는 돈.되.법 3 제 5 장 제 3 절 I.을 참조하세요.

III. 상가독립정산제와 관련한 정관변경의 효력 (신뢰보호원칙 문제)

7. 【해설】상가협의회의 구성·운영 시 주의할 점

> (1) 상가조합원들이 단결해서 조합을 상대로 제대로 협상력을 발휘하기 위해서는 독립된 권리능력과 당사자능력을 가진 상가협의회를 구성하는 것이 좋다. 상가구분소유자 전원이 총회를 개최하여 규약을 제정하고 대표자를 선출하면, '비법인 사단'으로서 권리능력과 소송당사자능력을 갖춘 상가협의회를 구성할 수 있다.
>
> (2) 권리능력이나 당사자능력이 인정되어도, 상가협의회가 상가조합원과 별도로 직접 조합을 상대로 사업시행계획·관리처분계획 등 '처분'의 효력을 다툴 수 있는 당사자 적격을 인정받기는 어렵다. 상가협의회는 조합과 체결한 상가독립정산 약정에 기한 민사상 청구만을 할 수 있으며, 사업시행계획·관리처분계획 등의 취소/무효확인 소송은 상가조합원들이 직접 제기해야 한다.
>
> (3) 한편 상가협의회 규약에는 「상가협의회 대표가 조합과 상가소유자의 권익에 중대한 영향을 미치는 사항에 관하여 협약이나 합의를 할 때에는 반드시 상가협의회 총회의 사전의결을 얻도록 하고, 이를 위반하여 체결한 협약 및 그에 따른 후속행위를 모두 무효로 한다」는 규정을 두고, 이와 같은 내용을 상가협의회 대표가 직접 조합 임원 전원에게 문서로 통지하도록 하여야 한다.

8. ★ 투자 Tip – 상가소유자 수는 사업의 중요한 변수

> 재개발·재건축 투자를 할 때에는 구역 내 상가소유자의 수와 동의율 및 상가조합원과 다른 조합원들의 관계를 눈여겨 보아야 한다. 그것은 사업진행 속도에 매우 중요한 변수가 되기 때문이다.
>
> 한남 1 재정비촉진구역은 상가소유자 동의율이 저조하여 2018년 정비구역지정이 해제된 후 이제 다시 사업추진을 시작하고 있고, 상가가 많은 흑석 1 재정비촉진구역은 추진위원회 승인 이후 조합설립인가시까지 약 13년이 걸렸다.

B. ① '조합의 비용부담'에 관한 사항이 종전 총회결의와 비교할 때 조합원들의 이해관계에 중대한 영향을 미칠 정도로 실질적으로 변경된 경우에는 정관변경 절차가 아니라도 조합원 2/3 이상 동의를 받아야; ② 상가독립정산제 약정 은 '조합임원의 권리·의무', '임원의 업무 분담 및 대행' 및 '관리처분계획'에 관한 사항에 해당하므로, 조합정관에 규정하여야; ③ 이런 내용의 총회결의가 정관변경을 위한 실질적 의결정족수를 갖추었다면, (형식적으로 정관이 변경된 것은 아니지만) 적어도 조합 내부적으로 업무집행기관을 구속하는 규범으로서 효력은 있어; ④ 조합 내부규범을 변경하는 총회결의가 적법하려면, '규범변경을 통해 달성하려는 이익'이 '종전 내부규범의 존속을 신뢰한 조합원들의 이익'보다 우월하여야 신뢰보호 원칙 ; ⑤ 2014. 12. 9.자 총회결의에서 수립한 관리처분계획 중 2013. 7. 15.자 총회에서 채택한 상가독립정산제와 일부 배치되는 부분은 종전 총회결의 일부를 철회·변경하는

제 3 장 관리처분계획 / 제 4 절 상가 관리처분계획 (상가독립정산제 문제)

것인데도, 원심판결이 위 ①, ④ 요건을 따져보지 않은 채 관리처분계획이 위법하다고 본 것은 위법함(파기환송) —대법원 2018. 3. 13. 선고 2016 두 35281 판결[관리처분계획취소]

【당사자】

【원고, 피상고인 겸 상고인】 원고 1 외 2 인

【피고, 상고인 겸 피상고인】 가락시영아파트 주택재건축정비사업조합

1. 법리

가. 상가독립정산제약정과 정관

도시정비법은 조합이 '정비사업의 시행방법', '조합임원의 권리·의무', '조합의 비용부담', '그 밖에 정비사업의 추진 및 조합의 운영을 위하여 대통령령이 정하는 사항' 등이 포함된 정관을 작성하여야 한다고 규정하고 있고(제 20 조 제 1 항 제 6 호, 제 8 호, 제 9 호, 제 17 호), 그 위임에 따라 도시정비법 시행령은 '임원의 업무의 분담 및 대행 등에 관한 사항', '관리처분계획에 관한 사항', '조합원의 권리·의무에 관한 사항' 등을 정관에서 정하여야 하는 사항으로 규정하고 있다(제 31 조 제 2 호, 제 10 호, 제 15 호).

재건축조합의 조합원들 중 상가의 구분소유자들(이하 '상가조합원'이라고 하고, 이와 대비되는 아파트의 구분소유자들을 '아파트조합원'이라고 한다)과 아파트조합원 사이의 이해관계 및 주된 관심사항이 크게 다른 상황에서, ① 아파트와 상가를 분리하여 개발이익과 비용을 별도로 정산하고 ② 상가조합원들로 구성된 별도의 기구(이하 '상가협의회'라고 한다)가 상가에 관한 관리처분계획안의 내용을 자율적으로 마련하는 것을 보장한다는 내용으로 조합과 상가협의회 사이에서 합의하는 경우가 있다(①, ②를 통틀어 소위 '상가 독립정산제 약정'이라고 불리고 있다. 대법원 2013. 3. 28. 선고 2012 두 3385 판결 참조).

①부분은 조합원별 부담액에 영향을 미칠 수 있으므로 '조합의 비용부담' 및 '조합원의 권리·의무'에 관한 사항에 해당하고, ②부분은 조합 총회에 상정하여 승인받아야 하는 관리처분계획안 중 상가 부분의 작성을 조합의 이사회가 아니라 상가협의회에게 일임한다는 내용이므로 '조합임원의 권리·의무', '임원의 업무의 분담 및 대행 등' 및 '관리처분계획'에 관한 사항에 해당하므로, 이러한 내용은 원칙적으로 조합의 정관에 규정하여야 하는 사항이다.

다만 이러한 내용을 조합이 채택하기로 결정하는 조합 총회의 결의가 정관 변경의 요건을 완전히 갖추지는 못했다면 형식적으로 정관이 변경된 것은 아니지만, 총회결의로서 유효하게 성립하였고 정관 변경을 위한 실질적인 의결정족수를 갖췄다면 적어도 조합 내부적으로 업무집행기관을 구속하는 규범으로서의 효력은 가진다고 보아야 할 것이다(대법원 2012.

8. 23. 선고 2010 두 13463 판결 참조). 왜냐하면, 조합의 총회가 조합의 최고의사결정기관이고(대법원 2010. 5. 27. 선고 2008 다 53430 판결 참조), 정관 변경은 조합의 총회결의를 통해서 결정된 후 감독청의 인가를 받아야 하며(도시정비법 제 20 조 제 3 항), 여기에서 감독청의 인가는 기본행위인 총회결의의 효력을 완성시키는 보충행위일 뿐(대법원 2007. 7. 24. 자 2006 마 635 결정 참조) 정관의 내용 형성은 기본행위인 총회결의에서 이루어지기 때문이다.

나. 조합 내부의 규범을 변경하는 총회결의의 적법요건

조합의 총회는 조합의 최고의사결정기관이고, 정관 변경이나 관리처분계획의 수립·변경은 총회의 결의사항이므로, 조합의 총회는 새로운 총회결의로써 종전 총회결의의 내용을 철회하거나 변경할 수 있는 자율성과 형성의 재량을 가진다. 그러나 이러한 자율성과 재량이 무제한적인 것일 수는 없다. 조합 내부의 규범을 변경하고자 하는 총회결의가 적법하려면 다음과 같은 기준들을 충족하여야 한다.

첫째, 총회결의가 상위법령 및 정관에서 정한 절차와 의결정족수를 갖추어야 한다. 총회의 절차 및 의결정족수 등에 관하여는 상위법령에서 특별히 정한 바가 없으면 정관으로 정한 바를 따라야 한다(도시정비법 제 24 조 제 6 항). 그러나 도시정비법은 '조합의 비용부담'이 정관에서 정하여야 하는 사항이고(제 20 조 제 1 항 제 8 호) 이를 변경하기 위해서는 조합원 3 분의 2 이상의 동의를 받도록 규정하고 있으므로(제 20 조 제 3 항), '조합의 비용부담'에 관한 사항이 종전 총회결의와 비교하여 볼 때 조합원들의 이해관계에 중대한 영향을 미칠 정도로 실질적으로 변경된 경우에는 비록 그것이 정관변경 절차는 아니라 하더라도 특별다수의 동의요건을 규정하여 조합원들의 이익을 보호하려는 도시정비법 제 20 조 제 3 항, 제 1 항 제 8 호의 규정을 유추적용하여 조합원 3 분의 2 이상 동의를 받아야 한다고 봄이 타당하다(대법원 2012. 8. 23. 선고 2010 두 13463 판결 참조).

둘째, 총회결의의 내용이 상위법령 및 정관에 위배되지 않아야 한다.

셋째, 일단 내부 규범이 정립되면 조합원들은 특별한 사정이 없는 한 그것이 존속하리라는 신뢰를 가지게 되므로, 내부 규범 변경을 통해 달성하려는 이익이 종전 내부 규범의 존속을 신뢰한 조합원들의 이익보다 우월하여야 한다.

조합 내부 규범을 변경하는 총회결의가 신뢰보호원칙에 위반되는지를 판단하기 위해서는, a) 한편으로는 침해받은 이익의 보호가치, 침해의 중한 정도, 신뢰가 손상된 정도, 신뢰 침해의 방법 등과 b) 다른 한편으로는 조합 내부 규범의 변경을 통해 실현하고자 하는 공익적 목적을 종합적으로 비교·형량하여야 한다(대법원 2009. 4. 23. 선고 2008 두 8918 판결 참조).

2. 원심판결에 의하여 알 수 있는 사정들

원심판결 이유에 의하면, 다음과 같은 사정들을 알 수 있다.

(1) 피고는 2003. 6. 12. 설립된 재건축조합으로서, 2007. 7. 27. 총회결의에서 사업시행계획을 수립하여 2008. 4. 1. 사업시행인가를 받았다.

(2) 피고는 2013. 6. 17. 피고의 상가조합원들로만 구성된 '상가협의회'와 이른바 '상가 독립정산제'를 채택한다는 업무협약(이하 '이 사건 업무협약'이라고 한다)을 체결하였다. 그 내용은 ① 상가의 개발이익과 그 재건축에 소요되는 비용은 상가조합원들 사이에서만 분담하고, ② 상가의 분양면적, 분양시기, 분양가격, 내부설계 및 디자인, 점포용도, 업종구성, 마감·추가·특화공사 등 상가의 신축계획안, 상가 개발이익의 처분 및 정산 등을 포함한 상가 관리처분계획안 수립은 상가협의회가 주관하며, 대외적인 업무는 피고가 적극 협조한다는 것이다.

(3) 피고는 2013. 7. 15. 총회에서 조합원 80.87%의 동의를 받아 이 사건 업무협약 체결을 추인하는 결의를 하였다.

(4) 상가협의회는 자체적으로 상가관리처분계획안(이하 '이 사건 상가관리처분계획안'이라고 한다)을 마련하여 상가협의회 대의원회에서 이를 의결한 후, 2014. 10. 29. 피고에게 이 사건 상가관리처분계획안이 상가협의회 대의원회에서 의결되었음을 통보하고 이 사건 상가관리처분계획안이 수록된 임시총회 책자를 보냈으나, 피고 조합은 2014. 11. 4. 이를 상가협의회에 반환하였다.

(5) 상가협의회는 2014. 11. 19. 상가협의회 임시총회를 개최하여 상가조합원 285 명 중 154 명의 동의(동의율 54.03%)로 이 사건 상가관리처분계획안을 의결하고, 2014. 11. 24. 피고에게 이 사건 상가관리처분계획안이 상가협의회 임시총회에서 의결되었음을 통보하고, 2014. 11. 28. 피고에게 위 상가협의회 임시총회의 의사록을 송부하였다.

(6) 피고는 2014. 12. 1. 상가협의회에 '위 상가협의회 임시총회의 참석자 명단, 서면결의서, 임시총회 속기록, 녹취파일 등 이 사건 상가관리처분계획안이 상가조합원들의 의사를 반영하여 수립된 것임을 입증할 자료를 2014. 12. 4.까지 송부할 것'을 요청하였다. 그러나 상가협의회는 이에 대해 별다른 조치를 취하지 않았다.

(7) 피고는 2014. 12. 9. 정기총회를 개최하여, 상가협의회의 이 사건 상가관리처분계획안을 반영하지 않은 채 피고의 이사회가 별도로 마련한 관리처분계획안(여기에는 아파트에 관한 관리처분계획안뿐만 아니라 상가에 관한 관리처분계획도 포함되어 있다)을 승인하는 결의를 하였고(이를 통해 수립된 피고의 9 관리처분계획을 '이 사건 관리처분계획'이라고 한

III. 상가독립정산제와 관련한 정관변경의 효력 (신뢰보호원칙 문제)

다), 서울특별시 송파구청장은 2015. 1. 27. 이 사건 관리처분계획을 인가한 후 2015. 1. 29. 이를 고시하였다(서울특별시 송파구 고시 제 2015-7 호).

3. 대법원의 판단 (파기환송)

이러한 사정들을 앞서 본 관련 법령 규정 및 법리에 비추어 살펴보면, 다음과 같이 판단할 수 있다.

가. 상가독립정산제를 채택하는 이 사건 업무협약의 내부적 구속력

이 사건 업무협약에서 약정한 내용은 상가조합원뿐만 아니라 아파트조합원의 비용분담에도 큰 영향을 미치는 것이어서, 이를 도입하는 것은 정관 주요 부분의 실질적 변경에 해당하므로, 조합원 3분의 2 이상의 동의가 필요하다. 이에 따라 피고는 위 2013. 7. 15.자 총회에서 피고 조합원 80.87%의 동의를 거쳐 이 사건 업무협약을 승인하고 상가 독립정산제를 채택하는 결의를 하였으므로, 그 결의 내용이 피고 내부적으로 구속력을 갖게 되었다.

나. 관리처분계획 중 상가독립정산제와 일부 배치되는 부분은 종전 총회결의를 일부 철회·변경하는 것

피고가 2014. 12. 9.자 총회결의를 통해 수립한 이 사건 관리처분계획의 내용이 2013. 7. 15.자 총회결의를 통해 채택한 상가 독립정산제와 일부 배치되는 부분이 있다면, 새로운 총회결의로써 종전 총회결의의 내용을 일부 철회·변경하는 취지가 포함되어 있는 것으로 볼 수 있다.

다. 위 관리처분계획을 수립한 총회결의의 적법 여부를 판단하기 위해 심리할 사항들

따라서 이 사건 관리처분계획의 내용에 2013. 7. 15.자 총회결의를 통해 채택한 상가 독립정산제와 일부 배치되는 부분이 있다고 하더라도, 그러한 사정만으로 그 부분이 위법하다고 단정할 수는 없고, 이 사건 관리처분계획을 수립하는 2014. 12. 9.자 총회결의가 2013. 7. 15.자 총회결의를 통해 채택한 상가 독립정산제의 내용을 일부 철회·변경하면서 앞서 본 바와 같은 기준들을 충족하였는지를 살펴볼 필요가 있다.

① 특히 상가 독립정산제는 '조합의 비용부담'과 관련 있으므로 그에 관한 사항을 실질적으로 변경하기 위하여 조합원 3분의 2 라는 특별다수의 동의요건을 갖추었는지를 살펴보아야 하고, ② 나아가 피고가 종전에 채택한 상가 독립정산제의 내용을 일부 철회·변경하여야 할 객관적 사정과 필요가 존재하는지, ③ 그로써 피고가 달성하려는 이익은 어떠한 것인지, ④ 상가 독립정산제의 일부 철회·변경에 따라 상가조합원들이 침해받은 이익은 어느 정도의 보호가치가 있으며 그 침해 정도는 어떠한지, ⑤ 피고는 상가 독립정산제의 존속에 대한 상

가조합원들의 신뢰 침해를 최소화하기 위하여 어떤 노력을 기울였는지 등과 같은 여러 사정을 종합적으로 비교·형량하여 이 사건 관리처분계획의 내용 중 상가 독립정산제와 일부 배치되는 부분이 신뢰보호원칙에 위반되는지를 살펴보아야 한다.

라. 원심판결의 위법함

그런데도 원심은, 2014. 12. 9.자 총회결의가 2013. 7. 15.자 총회결의를 통해 채택한 상가 독립정산제의 내용 중 일부를 적법하게 철회·변경하였는지에 관해서는 심리·판단하지 않은 채, 피고가 상가에 관한 관리처분계획을 수립할 때 여전히 이 사건 업무협약에 따라 상가협의회의 이 사건 상가관리처분계획안을 반영하여야 할 의무가 있다고 전제하여 이를 따르지 않은 이 사건 관리처분계획 중 이 사건 상가관리처분계획안과 배치되는 부분(즉, 제 7 조 제 2 항 상가분양기준 부분, 제 13 조 제 5 항 청산방법 부분, 제 13 조 제 8 항 상가의 업종구성, 배정에 관한 이사회의 조정권한 부분)은 위법하다고 판단하여 그 부분을 취소하였다.

이러한 원심판단에는 조합 총회의 내부 규범 정립 권한, 특별다수 동의요건, 관리처분계획의 수립 등에 관한 법리를 오해하여 필요한 심리를 다하지 아니함으로써 판결에 영향을 미친 잘못이 있다. 따라서 이를 지적하는 상고이유 주장은 이유 있다.

IV. 상가독립정산제의 변경이 신뢰보호원칙을 위반했다고 본 사례

A. 원고들을 비롯한 상가조합원들이 침해받는 이익의 정도와 그 보호가치, 피고가 달성하려는 이익, 원고들의 신뢰 침해를 최소화하기 위한 노력의 정도·경위 등을 종합할 때, 이 사건 결의는 신뢰보호원칙에 위반되어 효력이 없다고 본 사례 ─대법원 2022. 5. 26. 선고 2022두30539 판결[총회결의무효확인]

【당사자】

원고,피상고인	1 ~ 12
피고,상고인	N 주택재건축정비사업조합

위 법리에 원심판결 이유와 원심이 적법하게 채택한 증거를 더하여 보면, ① 이 사건 합의는 2009. 7. 11.자 주민총회, 2009. 10. 31.자 총회결의, 2013. 4. 27.자 총회결의를 통하여 피고에게 효력이 미치게 되었으나, 피고도 새로운 총회결의로써 종전 총회결의의 내용을 철회하거나 변경할 수 있는 자율성과 형성의 재량을 가지는 것이 원칙이고, ② 다만, 피고가 주장한 사정만으로는 종전 총회결의의 내용을 변경함으로써 이 사건 합의의 내용을 변경하여야 할 객관적인 필요성이 인정되기 어려운 반면, 이로 인하여 원고들을 비롯한 상가조합원들이 침해받게 되는 이익의 정도와 그 보호가치는 물론 피고가 달성하려는 이익, 이 사건

합의의 존속에 대한 원고들의 신뢰 침해를 최소화하기 위한 노력의 정도·경위 등을 종합할 때, 이 사건 결의는 여전히 원고들에 대하여 신뢰보호원칙에 위반되어 부적법하므로 효력이 없다고 판단된다.

비록 원심의 판단에 적절하지 않은 설시가 일부 있으나, 결과적으로 이 사건 결의를 무효로 본 것은 정당하고, 이러한 원심의 판단에 이 사건 합의의 효력 및 사정변경으로 인한 신뢰보호원칙의 제한에 관한 법리를 오해하거나 필요한 심리를 다하지 아니함으로써 판결에 영향을 미친 잘못이 없다.

B. [위 판례로 확정된 제1심 판결] 수원지방법원 2021. 4. 22. 선고 2020 구합 65853 판결[총회결의무효확인]

1. 기초사실

가. 당사자들의 지위

피고는 안산시 단원구 ○○ 일원에 공동주택(아파트) 및 부대복리시설을 건축하는 주택재건축사업(이하 '이 사건 사업'이라고 한다)을 시행할 목적으로 설립되어 2009. 7. 24. 안산시장으로부터 조합설립인가를 받은 조합이고, 원고들은 이 사건 사업구역 내에 있는 상가의 구분소유자들로서 피고의 조합원이다.

나. 원고들과 추진위원회의 합의 경위 등

1) 원고들은 이 사건 사업의 시행으로 인한 영업중단 등의 손해를 우려하여 2007년부터 조합설립 추진위원회에 신축상가 전면부의 진입로 보장, 상가 지분율 제시, 영업장 대체지원비와 이주비 지급 등을 요구하였다.

2) 상가 구분소유자들의 대표인 원고 B, D, 원고 H은 2009. 4. 15. 추진위원회와 '상가의 기존 대지지분 702.68 ㎡를 신축상가 1층과 2층에 각 694.21 ㎡로 하여 전용면적으로 신축 보장한다'는 등의 제시안에 대하여 잠정적인 협의를 하였다가, 2009. 4. 28. 추진위원회에 위 제시안을 수용할 수 없다는 통보를 하는 등 협의안 도출에 어려움을 겪었다.

3) 상가 구분소유자들의 대표인 원고 B 등은 2009. 6. 19. 추진위원회에 위 2009. 4. 15.자 제시안을 기초로 하되 영업장 대체지원비를 15억 원에서 5억 원으로 변경하는 내용의 최종안을 제시하였다. 이에 추진위원회는 2009. 6. 24. 상가 구분소유자들의 최종안을 주민총회에 제4호 안건으로 상정하기로 하고, 만약 위 최종안이 부결될 경우 제5호 안건으로 토지분할 청구소송의 건을 상정하기로 하였다.

제 3 장 관리처분계획 / 제 4 절 상가 관리처분계획 (상가독립정산제 문제)

4) 추진위원회는 2009. 7. 11. 주민총회를 개최하여 제 4 호 안건으로 '상가 관련 협의안에 관한 건'을 상정하여 아래와 같은 내용으로 결의하였다(이와 같이 주민총회결의를 거친 내용을 '이 사건 합의'라 한다).

> 2009. 6. 19.자 상가 측 제시안
> - 2009. 6. 24. 추진위원회에서 상가 관련 협의안으로 가결함
> ① 상가 신축계획 시 상가 앞 보도 및 도로, 상가 영업 시 원활한 진입 보장은 상가에서 사진으로 제시된 자료를 최대한 반영하도록 한다.
> ② 정비계획 결정·고시된 내용에 포함된 상가 가설계안을 기준으로 상가의 면적을 축소하되 상가의 기존 대지지분 702.68㎡를 신축상가 1층과 2층에 각 694㎡로 하여 전용면적으로 신축 보상하고, 지하층 및 카리프트, 엘리베이터는 신축하지 않기로 한다(다만 발전기실, 기계실, 저수조는 건축법에 맞게 적용하기로 한다).
> ③ 영업장 대체지원비는 5억 원(=세대당 5,000만 원 × 10세대)으로 한다.
> ④ 마감재는 기본으로 한다.
> ⑤ 이주비는 아파트 조합원 평균(73㎡와 83㎡)의 2배로 한다.
> ⑥ 시공사 입찰 시 상가 측 조건 명기 후 현장설명회 시 참여하기로 한다.

5) 원고들은 이 사건 합의 이후 추진위원회에 아래와 같은 내용의 조합설립 동의서를 제출하였다. (중략)

다. 기존 관리처분계획 취소소송의 경과

1) 피고는 2014. 8. 23. 조합총회를 개최하여 '관리처분계획 수립의 건'을 상정·결의하였고 2014. 9. 24. 안산시장으로부터 관리처분계획인가를 받았는데(위와 같이 인가된 관리처분계획을 '기존 관리처분계획'이라 한다), 그 중 상가조합원의 권리가액 및 부담금 산정기준(이하 '이 사건 산정기준'이라 한다)은 아래와 같다.

> 제6조 조합원 권리가액 및 부담금(환급금) 산정기준
> 나. 근린생활시설(상가) 조합원 권리가액 및 부담금 산정기준
>   1. 상가 조합원의 세대별 부담금(환급금)은 조합원이 분양받을 상가의 조합원 분양가 및 조합원 대물변제 비율, 권리가액 등 세부적인 사항에 대하여 2009년 주민총회에서 의결한 협의 내용을 기준으로 조합, 시공사, 상가 조합원 간에 체결하는 합의에 의한다.
>   2. 상가 조합원 권리가액 = 조합원 종전자산 평가 산술평균금액 × 비례율
>   3. 조합원 개별 부담금 = 신축상가 조합원 분양가(감정평가액 산술평균금액) - 권리가액

2) 원고 A, B, C, H, I, J 및 D(이하 '원고 A 등'이라 한다)는 '이 사건 산정기준은 이 사건 합의를 위반한 것이고, 만일 비례율 등을 정하지 않은 것이라면 그 내용이 지나치게 모

IV. 상가독립정산제의 변경이 신뢰보호원칙을 위반했다고 본 사례

호하여 상가 조합원의 부담금을 예측할 수 없으므로, 구 도시 및 주거환경정비법(2015. 9. 1. 법률 제 13508 호로 개정되기 전의 것, 이하 '구 도시정비법'이라 한다) 제 48 조 제 1 항에 어긋난다'고 주장하면서, 수원지방법원 2014 구합 58922 호로 기존 관리처분계획 중 이 사건 산정기준 부분의 취소를 구하는 소를 제기하였다.

3) 수원지방법원은 2016. 1. 12. '이 사건 산정기준은 구 도시정비법 제 48 조 제 1 항 소정의 내용이 누락되었거나, 제 1 항과 제 2, 3 항의 내용이 상호 모순되어 그 내용을 확정할 수 없으므로 적법하게 수립되었다고 할 수 없다'는 이유로 기존 관리처분계획 중 이 사건 산정기준 부분을 취소하는 내용의 판결을 선고하였다.

4) 위 판결에 대해 피고가 서울고등법원 2016 누 34853 호로 항소하였으나, 위 법원은 2017. 6. 13. '이 사건 산정기준 제 1 항을 통해 이 사건 합의가 기존 관리처분계획에 편입되었고, 위 조항이 이 사건 산정기준의 본질적인 내용을 구성하고 있는데, 이와 모순되는 내용의 제 2, 3 항이 함께 규정되어 있어 이 사건 산정기준 자체로는 상가 조합원의 권리가액이나 부담금이 어떤 내용으로 정해져야 하는지 확정하기 어렵도록 되어 있으므로, 기존 관리처분계획 중 상가와 관련된 부분은 적법하게 수립되었다고 할 수 없다'는 이유로 피고의 항소를 기각하는 판결을 선고하였다.

5) 이에 피고가 다시 대법원 2017 두 52801 호로 상고하였으나, 2017. 9. 5. 피고의 상고가 기각되어 위 제 1 심 판결이 확정되었다.

라. 2018 년 총회결의 및 관련 소송 경과

1) 피고는 2018. 4. 7. 조합총회를 개최하여 '제 6 호: 관리처분계획 변경의 건'을 상정·결의하였는데, 그 중 상가조합원의 권리가액 및 부담금 산정기준은 아래와 같다(이하 위 관리처분계획 변경의 건에 관한 총회 결의를 2018 년 총회결의'라 한다).

제6호 안건

관리처분계획 변경의 건

근린생활시설(상가) 조합원 권리가액 및 부담금 산정기준

1. 조합원에 대한 대지 및 건축시설의 분양기준이 되는 분양대상자별 권리가액의 산정은 형평성의 원칙에 따라 아파트 조합원과 동등한 비례율을 적용한다.
2. 개별조합원의 구체적인 부담금 또는 환급금은 조합원 분양가액에서 조합원 권리가액을 차감하여 산정한다.

- 권리가액 = 상가 조합원 종전자산 평가액 × 비례율(117.8685%)
- 부담금(또는 환급금) = 신축상가 조합원분양가 - 조합원별 권리가액

제 3 장 관리처분계획 / 제 4 절 상가 관리처분계획 (상가독립정산제 문제)

2) 원고 A 등은 2018 년 총회결의의 무효 확인 등을 구하는 소를 제기하였고, 수원지방법원은 2018. 12. 13. '피고가 이 사건 합의의 내용 및 위 원고들과 같은 상가조합원들의 이익에 반하는 2018 년 총회 결의를 강행한 것은 사회질서에 위반되어 현저히 형평에 반한다'는 이유로 2018 년 총회결의의 무효를 확인하는 내용의 판결을 선고하였다(수원지방법원 2018 구합 68866 호, 이하 '이 사건 종전 판결'이라 한다).

3) 피고가 위 판결에 대해 서울고등법원 2019 누 31695 호로 항소하였으나, 위 법원은 2019. 10. 18. '피고가 이 사건 합의의 내용을 수차례 인정하거나 수용한 바 있음에도 2018 년 총회결의는 이 사건 합의 내용을 변경하거나 배척할만한 특별한 사정이 없음에도 소수자인 상가조합원들이 합리적으로 기대할 수 있는 정당한 이익을 침해하거나 박탈하는 것으로서, 신의칙에 반할 뿐더러 현저히 형평에 반한다'는 이유로 피고의 항소를 기각하는 판결을 선고하였다.

4) 이에 피고가 다시 대법원 2019 두 56685 호로 상고하였으나, 2020. 2. 13. 피고의 상고가 기각되어 위 제 1 심 판결이 확정되었다.

마. 이 사건 총회 개최 기존 관리처분계획 취소소송의 경과

1) 피고는 2018 년 총회결의 무효확인 소송의 상고심 계속 중인 2019. 12. 29. 조합총회를 개최하여 제 9 호 안건으로 관리처분계획 변경의 건 (이하 이 사건 안건 이라한다)을 상정·결의하였는데(이하 이 사건 결의 라 한다), 그 중 상가 조합원 권리가액 및 부담금 산정기준은 아래와 같다.

나. 근린생활시설(상가) 조합원 권리가액 및 부담금 산정기준
1. 조합원에 대한 대지 및 건축시설의 분양기준이 되는 분양대상자별 권리가액의 산정은 조합원 설문조사, 무상지분율 감소, 사업비 증가 등 조합의 사정변경을 감안하고, 상가의 특수성을 반영하여 형평에 부합하도록 아파트 조합원들보다 높게 차등을 주는 비례율 170%를 적용한다.
2. 개별조합원의 구체적인 부담금 또는 환급금은 조합원 분양가액에서 조합원 권리가액을 차감하여 산정한다.

- 권리가액 = 상가 조합원 종전자산 평가액 × 비례율(170.0000%)
- 부담금(또는 환급금) = 신축상가 조합원분양가 − 조합원별 권리가액

---

2. 이 사건 결의의 무효 여부

구 도시정비법 제 15 조 제 4 항 등 관련 규정의 내용, 형식 및 취지에 비추어 보면, 비법인사단인 추진위원회가 행한 업무와 관련된 권리와 의무는 비록 추진위원회가 행한 업무가 사후에 관계 법령의 해석상 추진위원회의 업무 범위에 속하지 아니하여 효력이 없다고 하

더라도 도시정비법 제16조에 의한 조합설립인가처분을 받아 법인으로 설립된 조합에 모두 포괄승계된다고 봄이 타당하다(대법원 2012. 4. 12. 선고 2010다10986 판결 참조).

또한 재건축에 있어 그 비용의 분담과 구분소유권의 귀속에 관한 사항은 조합원들 사이에 형평성을 갖추도록 정하여야 하는 것이다. 비록 법인이나 피고 조합과 같은 권리능력 없는 사단의 정관이나 결의 등 단체 내부의 규정은 특별한 사정이 없는 한 그 내용이 강행법규에 위반된다거나 선량한 풍속 기타 사회질서에 위반된다고 볼 정도로 사회관념상 현저히 타당성을 잃은 경우가 아니라면 이를 유효한 것으로 시인하여야 할 것이므로(대법원 1992. 11. 24. 선고 91다29026 판결, 대법원 2002. 4. 26. 선고 2001다78980 판결 등 참조), 재건축 조합이 재건축 비용의 분담과 구분소유권의 귀속에 관한 사항을 정함에 있어서도 형식적인 산술적 형평의 원칙을 적용하여 사소한 형평의 불만족을 이유로 그 결의를 무효로 돌릴 것은 아니지만, 재건축 사업 시행의 제반 조건, 조합원들간 형평의 차이가 발생하게 된 경위, 조합원들의 재산적 가치에 대한 불균형의 정도, 그 불균형을 줄일 수 있는 다른 방법의 존재 가능성, 불이익을 입은 조합원들에 대한 적절한 보상 여부, 다수 조합원이 소수 조합원에게 부당한 불이익을 강요하는지 여부 등 재건축 사업의 다양한 사정을 종합하여 사회관념상 현저히 형평에 반한다고 인정될 때에는 이를 무효라고 판단할 것이다.

앞서 든 사실 및 증거에 갑 제9, 21, 29, 40, 55, 56호증, 을 제2, 6호증의 각 기재, 변론 전체의 취지를 더하여 알 수 있는 다음과 같은 사정을 종합하면, A) 피고는 2009. 10. 31. 조합총회에서 제1호 안건으로 '조합(추진위원회) 수행업무 추인의 건'을 결의하는 등 이 사건 합의의 내용을 수차례 인정하거나 수용한 바 있고, B) 이 사건 결의는 이 사건 합의 내용을 변경하거나 배척할만한 특별한 사정이 없음에도 소수자인 상가조합원들이 합리적으로 기대할 수 있는 정당한 이익을 침해하거나 박탈하는 것으로서, 신의칙에 반할 뿐더러 현저히 형평에 반한다고 할 것이므로, 이 사건 결의는 원고들의 나머지 주장에 관하여 나아가 살펴볼 필요 없이 무효라 할 것이다. (이하 생략)

V. 신뢰보호원칙을 위반하지 않았다고 본 사례

A. ① 신뢰보호의 원칙은 행정청이 공적 견해를 표명할 당시의 사정이 그대로 유지됨을 전제로 하는 원칙임(따라서 사후에 사정이 변경된 경우에는 신뢰보호 원칙에 위반되지 않음); ② 다수의 이해관계인들에 의해 장기간 시행될 것이 예정된 재건축사업의 특성상 사업진행 과정에서 사업여건이 바뀌면 그에 따라 사업내용의 수정이 불가피한 경우가 발생할 수 있으므로; ③ 사업시행방식이 '확정지분제'에서 '도급제'로 변경됨에 따라, 피고조합이 추진위원회와 상가조합원들 사이의 약정 및 그에 따른 종전정관을 변경하여 그 약정에 반하는 내용의 관리처분계획을 수립한 것은 신뢰보호원칙에 반하지 않음 —대법원 2020. 6. 25. 선고 2018두34732 판결[관리처분계획인가처분취소]

제 3 장 관리처분계획 / 제 4 절 상가 관리처분계획 (상가독립정산제 문제)

【당사자】

【원고, 상고인】 원고 1 외 6인
【피고, 피상고인】 야음주공2단지아파트주택재건축정비사업조합

앞서 본 법리에 따라 기록을 살펴보면, 다음과 같이 판단된다.

(1) 피고 조합의 전신인 <u>추진위원회와 상가 조합원들 사이에 체결된 2007. 11. 28.자 약정</u>(이하 '이 사건 약정'이라고 한다)의 문언 및 체결 경위 등에 비추어 이 사건 약정은 상가 소유자들이 직접 시공사와 상가의 권리가액에 관하여 협의하여 합의가 이루어진 경우 그 합의사항을 관리처분계획에 반영되도록 할 수 있는 권리를 상가 소유자들에게 인정한 것이고, 피고 조합은 조합설립인가 당시의 최초 정관에 이 사건 약정을 반영하였다.

그러나 이 사건 약정에서 상가 소유자들과 시공사가 상가의 권리가액에 관하여 합의에 이르지 못하는 경우에 권리가액을 어떻게 정할 것인지에 관하여는 아무것도 정하지 않았으므로, 권리가액에 대한 합의가 원만히 이루어지지 않는 경우에 대해서까지 상가 소유자들이 요구하는 수준의 권리가액이 관리처분계획에 반영되도록 할 권리를 부여한 것으로 볼 수는 없다. 추진위원회가 이 사건 약정 체결에 앞서 원고들을 비롯한 상가 소유자들에게 그러한 권리 부여에 관한 신뢰를 부여한 것으로 볼만한 사정도 없다.

(2) <u>이 사건 약정은 이 사건 재건축사업이 확정지분제 방식으로 시행될 것을 전제로 이루어졌는데, 이후 사업시행방식이 도급제 방식으로 변경되면서</u> 공동주택과 비교하여 상가 등 부대·복리시설의 권리가액만 높게 산정하는 경우 공동주택소유자들에게 그로 인한 불이익이 돌아갈 수 있게 되는 등 사정이 변경되었다. <u>다수의 이해관계인들에 의하여 장기간 시행될 것이 예정된 재건축사업의 특성상 이처럼 사업 진행 과정에서 사업여건 등이 바뀌면 그에 따라 사업내용 등의 수정이 불가피한 경우가 발생할 수 있다.</u>

(3) 피고 조합은 이 사건 관리처분계획안을 수립하기 전 여러 차례 원고들을 비롯한 상가 소유자들과 상가의 권리가액에 대한 협의를 진행하였으나 합의에 이르지 못하였는데, 위 협의 과정에서 피고 조합이 불성실한 태도로 협의에 임하였다거나 달리 최종 합의에 이르지 못한 책임이 전적으로 피고 조합에게 있다고 볼만한 사정은 보이지 않는다.

(4) 이 사건 관리처분계획의 상가 등 부대·복리시설에 대한 권리가액 산정 방식은 2개의 감정평가업자가 평가한 금액을 산술평균하는 것으로 상가 소유자들인 원고들의 종전 재산 평가에 관한 권리를 본질적으로 침해한다고 보기 어렵다.

(5) 위와 같은 사정을 종합해 보면, <u>피고 조합이 이 사건 약정 및 그에 따른 종전 정관을 변경하여 이 사건 약정에 반하는 내용의 관리처분계획을 수립하였더라도 이를 신뢰보호</u>

원칙에 위반된다고 볼 수 없다.

VI. '조합원과의 개별약정'의 효력의 한계

A. ① 재건축조합이 개별 조합원과 사적으로 관리처분계획과 관련한 약정을 체결한 경우, 그 조합원은 조합에 대하여 약정 내용대로 관리처분계획을 수립하도록 강제할 수 있는 민사상 권리는 없고; ② 다만, 조합이 재량권의 범위 내에서 그 합의 취지를 성실하게 반영하기 위한 조치를 취하지 않음으로써 개별 조합원의 신뢰를 침해한 데 따른 불법행위책임을 추궁할 수 있을 뿐이야; ② 이 경우 손해배상책임의 범위를 산정함에 있어서도 합의 내용이 절대적으로 반영되어야 하는 것은 아님 —대법원 2022. 7. 14. 선고 2022다206391 판결[손해배상(기)]

【당사자】

> 【원고, 피상고인】 원고 1 외 8인
>
> 【원고(선정당사자), 피상고인】 원고(선정당사자) 10
>
> 【피고, 상고인】 중앙주공2단지주택재건축정비사업조합

1. 법리 (재건축조합이 조합원과 사적으로 한 약정의 효력)

재건축조합이 관리처분계획의 수립 혹은 변경을 통한 집단적인 의사결정 방식 외에 전체 조합원의 일부인 개별 조합원과 사적으로 그와 관련한 약정을 체결한 경우에도, 구속적 행정계획으로서 재건축조합이 행하는 독립된 행정처분에 해당하는 관리처분계획의 본질 및 전체 조합원 공동의 이익을 목적으로 하는 재건축조합의 행정주체로서 갖는 공법상 재량권에 비추어 재건축조합이 개별 조합원 사이의 사법상 약정에 직접적으로 구속된다고 보기는 어렵다.

따라서 그 개별 약정의 내용과 취지 등을 감안하여 유효·적법한 관리처분계획 수립의 범위 내에서 그 약정의 취지를 가능한 한 성실하게 반영하기 위한 조치를 취하여야 할 의무가 인정될 수 있음은 별론으로 하더라도, 이를 초과하여 개별 조합원과의 약정을 절대적으로 반영한 관리처분계획을 수립하여야만 하는 구체적인 민사상 의무까지 인정될 수는 없고, 약정의 당사자인 개별 조합원 역시 재건축조합에 대하여 약정 내용대로의 관리처분계획 수립을 강제할 수 있는 민사상 권리를 가진다고 볼 수 없다.

2. 대법원의 판단 (파기환송)

가. 원심판결의 내용

원심판결 이유 및 기록에 따르면, ① 원고들은 이 사건 청구원인으로 채무불이행 또는 불법행위에 따른 손해배상을 선택적으로 청구하였고, ② 원심은 그 판시와 같은 이유로 피고가 이 사건 2009년 합의대로 관리처분계획을 수립하여 원고들이 신축상가에 입주할 수 있도록 하여야 할 채무가 인정됨을 전제로, 피고의 원고들에 대한 이행지체에 따른 손해배상책임을 인정하였다.

나. 재건축조합이 조합원과 사적으로 한 약정의 법적 효력

그러나 앞서 본 법리에 원심판결의 이유와 원심이 적법하게 채택한 증거를 더하여 보면, 이 사건 2009년 합의는 여러 차례의 주민총회 등 총회결의를 거쳐 피고에게 효력이 미치게 된 것으로 볼 수 있으나,

피고도 공법상 행정주체로서 갖는 재량권에 따른 유효·적법한 관리처분계획의 수립이라는 측면에서 새로운 총회결의로 종전 총회결의의 내용을 철회하거나 변경할 수 있는 자율성과 형성의 재량을 가지는 것이 원칙이고, 단지 피고가 2019년 총회결의에 이르기까지 주장한 사정만으로는 이 사건 2009년 합의의 내용을 변경하여야 할 객관적인 필요성이 인정되기 어려운 점 등에 비추어 원고들에 대한 신뢰보호원칙에 위반되어 그 효력이 인정되지 않을 뿐이다(대법원 2022. 5. 26. 선고 2022두30539 판결 참조). 이와 달리 개별 조합원인 원고들이 재건축조합인 피고에 대하여 구속적 행정계획이자 독립된 행정처분에 해당하는 관리처분계획을 수립할 때 반드시 이 사건 2009년 합의 내용을 전적으로 반영시킬 것을 요구할 수 있는 구체적인 민사상 권리를 가진다고까지 볼 수는 없고, 피고도 원고들에 대하여 이 사건 2009년 합의 내용을 전적으로 반영하여 관리처분계획을 수립할 구속력 있는 민사상 의무를 부담한다고 볼 수 없다.

다만 원고들로서는 피고가 유효·적법한 관리처분계획 수립을 위한 적정한 재량권 행사의 범위 내에서 이 사건 2009년 합의의 취지를 성실하게 반영하기 위한 조치를 취하지 아니함으로써 원고들의 신뢰를 침해한 데 따른 불법행위책임을 추궁할 수 있을 뿐이고, 그 손해배상책임의 범위를 산정함에 있어서도 이 사건 2009년 합의 내용이 절대적으로 반영되어야 하는 것은 아니다.

3) 그럼에도 원심은 피고가 원고들에 대하여 이 사건 2009년 합의 내용을 전적으로 반영한 관리처분계획을 수립하여 신축상가에 입주할 수 있도록 하여야 할 민사상 채무가 있음을 전제로, 그 채무불이행에 따른 손해배상책임의 성립을 인정한 후 그 범위를 산정하였

는바, 이러한 원심의 판단에는 도시정비법상 관리처분계획의 성격 및 그와 별개의 민사상 약정과의 관계, 그에 따른 채권·채무관계의 존부 및 내용과 채무불이행책임의 성부, 손해 발생 여부 및 손해배상책임의 범위에 관한 법리를 오해하여 판결에 영향을 미친 잘못이 있다.

제5절 종전자산의 사용·수익 금지

I. 개요

A. 【해설】관리처분계획 인가고시 후 종전 권리자의 사용·수익 금지

> (1) 관리처분계획의 인가고시가 있으면, 사용·수익정지명령 혹은 다른 처분이나 조치 없이 종전의 토지 또는 건축물에 대한 소유자·지상권자·임차인 기타 권리자는 이전고시(법 제78조 제4항)가 있는 날까지 이를 사용수익할 수 없고, 대신 사업시행자가 이를 사용·수익할 수 있게 된다(법 제81조 제1항; 대법원 1992. 12. 22. 선고 91다22094 전원합의체 판결). 따라서 종전 토지등의 점유자는 이를 사업시행자에게 인도할 의무를 진다.
>
> (2) 다만, 조합원이 아닌 토지등소유자는 손실보상(토지보상법에 따른 손실보상금 또는 매도청구대금) 청구권을 가지므로, 인도의무와 손실보상의무 사이의 관계(선이행 또는 동시이행)가 문제된다.
>
> (3) 관리처분계획의 인가고시가 있기 전에는 사업시행자는 종전 토지나 건축물을 사용·수익할 권한이 없다. 따라서 관리처분계획 인가·고시 전에 사업시행자가 토지나 지상물을 점유·사용하려면 법이 정한 수용·사용절차를 거치거나 소유자의 사용승낙을 받아야 한다(대법원 2009.07.09. 선고 2007다83649 판결).

B. 【법령】전부개정 도시정비법 제81조(건축물 등의 사용·수익의 중지 및 철거 등)

> ① 종전의 토지 또는 건축물의 소유자·지상권자·전세권자·임차권자 등 권리자는 제78조 제4항에 따른 <u>관리처분계획인가의 고시가 있은 때에는</u> 제86조에 따른 이전고시가 있는 날까지 <u>종전의 토지 또는 건축물을 사용하거나 수익할 수 없다.</u>
>
> 다만, 다음 각 호의 어느 하나에 해당하는 경우에는 그러하지 아니하다. <개정 2017. 8. 9.>
>
> 1. 사업시행자의 동의를 받은 경우

> 2. 「공익사업을 위한 토지 등의 취득 및 보상에 관한 법률」에 따른 <u>손실보상이 완료되지 아니한 경우</u>

II. 종전 토지등소유자 등의 사용·수익권 소멸

A. 종전자산 인도의무와 손실보상의무의 관계

1. 【해설】 개요

> '종전자산 권리자의 인도의무'와 '사업시행자의 손실보상의무'의 관계에 관하여 법은 아래 두 가지만 규정하고 있다.
>
> ① 종전 토지나 건축물의 소유자·지상권자·전세권자·임차권자 등 권리자는 관리처분계획인가가 고시되면 이전고시가 날 때까지 종전 토지 또는 건축물을 사용·수익할 수 없다(법 제81조 제1항).
>
> ② 권리자가 사업시행자의 동의를 받았거나 토지보상법에 따른 손실보상이 완료되지 아니한 경우에는 종전 토지나 건축물을 계속 사용·수익할 수 있다(같은 항 단서).
>
> 그런데 위 규정들만 보아서는 종전자산 인도의무와 손실보상의무의 관계를 정확히 알기 어렵다. 위 규정들의 구체적 의미를 재개발사업과 재건축사업으로 나누어 아래에서 자세히 알아 본다.

2. 【해설】 조합원의 조건 없는 인도의무 (재개발, 재건축 공통)

> 조합원은 종전자산을 출자해서 사업에 참여하여 종후자산을 그 대가로 받게 되므로 종전자산에 대하여 별도로 손실보상을 받지 않는다. 따라서 관리처분계획인가가 고시되면 종전 토지/건축물에 대한 조합원의 사용·수익권은 즉시 소멸하며, 조합원은 종전자산을 조건 없이 사업시행자에게 인도하여야 한다. 재건축사업의 경우도 마찬가지이다.
>
> 다만, 조합은 상당한 인도기간을 허여하므로, 조합원은 조합이 정한 이주기간 내에 조합의 지시·안내에 따라 이주를 마치면 된다.

3. 【해설】 재개발사업의 현금청산대상자 (손실보상의무의 선이행)

> (1) 현금청산대상자와 조합원이 될 수 없는 자(지상권자)는 관리처분계획인가가 고시된 후에도 손실보상금을 전부 받을 때까지 종전 토지/건축물을 계속 사용·수익할 수 있다.

II. 종전 토지등소유자 등의 사용·수익권 소멸

> (2) 사업시행자의 손실보상의무와 종전자산 권리자의 인도의무의 관계는,
>
> ① 보상협의가 성립한 경우에는 동시이행 관계이고,
>
> ② 협의가 성립하지 않아 수용재결 절차로 이행된 경우에는 사업시행자의 손실보상의무가 먼저 이행되어야 할 선이행의무이다(토지보상법 제 62 조). 따라서 조합은 손실보상금을 먼저 지급한 뒤에야 권리자에게 토지/건축물의 인도를 요구할 수 있다.
>
> (3) 손실보상에는 현금청산금, 이주정착금, 주거이전비, 이사비 등이 모두 포함된다. 따라서 종전자산의 권리자는 현금청산금·이주정착금·주거이전비·이사비 등을 모두 지급받은 뒤에 인도하면 된다(단, 손실보상을 받기 위해서는 각 손실보상 항목 별로 법령이 정하는 요건을 갖추어야 함).
>
> (4) 그러나 실무에서는 재개발조합이 보상협의조차 시작하지 않은 채 종전자산의 권리자들을 상대로 인도소송을 제기한 경우에도, 법원은 인도청구를 기각하지 않고 사건을 계속 가지고 있다가 조합이 협의 및 수용재결 절차를 진행하여 손실보상금을 공탁하는 것을 기다려 인도청구를 전부 인용해 주고 있다. 이런 재판관행으로 인하여 선이행의무라는 것이 별 의미가 없게 되었다.
>
> 재개발조합이 주거이전비와 이사비도 지급하지 않은 채 세입자를 상대로 명도단행가처분 신청까지 했다가 기각된 사례가 있다(대구지방법원 서부지원 2020. 9. 16.자 2020 카합 5081 결정).
>
> ☞ 「재개발사업에서 종전자산 인도의무와 손실보상의무의 관계」에 관한 상세한 내용은 돈.되.법 5 제 1 장 제 7 절 I.을 참조하세요.

4. 【해설】 재건축사업의 현금청산대상자 (동시이행관계)

> 재건축사업에서 '사업시행자의 현금청산금 지급의무'와 '현금청산대상자의 종전자산 인도의무'는 동시이행관계이다. 따라서 현금청산대상자는 조합으로부터 현금청산금을 전부 지급받을 때까지 종전자산의 인도를 거부하며 계속 사용·수익할 수 있다.
>
> 한편 「토지등소유자의 권리제한등기 없는 소유권이전등기 및 인도의무」와 「사업시행자의 매매대금 지급의무」는 동시이행 관계에 있으므로(대법원 2010. 8. 19. 선고 2009 다 81203 판결), 종전자산에 저당권 등 권리제한등기가 되어 있는 경우에는 토지등소유자는 피담보채무액(피담보채무액을 모르는 경우는 채권최고액)의 범위에서는 동시이행 항변을 할 수 없다(대법원 1996.05.10. 선고 96 다 6554 판결 및 대법원 2015.11.19. 선고 2012 다 114776 전원합의체 판결).
>
> ☞ 「재건축사업에서 종전자산 인도의무와 손실보상의무의 관계」에 관한 상세한 내용은 돈.되.법 5 제 1 장 제 7 절 II.를 참조하세요.

제 3 장 관리처분계획 / 제 5 절 종전자산의 사용 수익 금지

5. 【해설】 세입자 문제

> **(1) 재개발사업의 세입자**
>
> 임차인 등 세입자도 일정한 요건 하에 주거이전비와 이사비 및 영업보상금을 받을 권리가 있고 그 보상의무는 인도에 앞서 선이행되어야 할 의무이므로, 보상요건을 갖춘 세입자는 그 보상금을 전부 받을 때까지 종전 토지/건축물을 계속 사용·수익할 수 있다. 조합원 종전자산의 세입자이든, 현금청산대상 물건의 세입자이든 마찬가지이다.
>
> ☞ 이에 관하여는 돈.되.법 5 제 3 장 제 3 절 III. IV. 및 제 4 절 VIII.을 참조하세요.
>
> **(2) 재건축사업의 세입자**
>
> 재건축사업에서는 세입자에 대한 보상의무가 없다. 따라서 재건축사업에서 관리처분계획인가가 고시되면 종전 토지/건축물에 대한 세입자의 사용·수익권은 즉시 소멸한다.
>
> 다만, 이 경우 세입자는 임대차계약 등을 해지하고 사업시행자에게 임대차보증금의 반환을 요구할 수 있으므로(법 제 70 조 제 1, 2 항), 세입자는 임대차보증금반환채권으로써 동시이행 항변을 할 수 있다(즉, 임차인은 사업시행자로부터 보증금을 전부 돌려받을 때까지 인도를 거부하며 종전자산을 계속 사용·수익할 수 있다).

6. 【법령】 토지보상법 제 62 조(사전보상)

> <u>사업시행자는</u> 해당 공익사업을 위한 <u>공사에 착수하기 이전에</u> 토지소유자와 관계인에게 <u>보상액 전액을 지급하여야 한다.</u> 다만, 제 38 조에 따른 천재지변 시의 토지 사용과 제 39 조에 따른 시급한 토지 사용의 경우 또는 토지소유자 및 관계인의 승낙이 있는 경우에는 그러하지 아니하다.

B. 관리처분계획인가가 고시되면 종전 토지·건축물의 소유자·지상권자·전세권자·임차권자 등 권리자는 토지/건축물을 사용·수익할 수 없고, 자신들이 점유하고 있는 건물 부분을 사업시행자인 조합에게 인도할 의무가 있어 —대법원 2014. 7. 24. 선고 2012 다 62561,62578 판결[건물인도·건물명도]

【당사자】

> 【원고, 피상고인】 화곡 3 주구주택재건축정비사업조합
>
> 【원고보조참가인, 상고인】 케이비부동산신탁 주식회사
>
> 【피고, 상고인】 피고 1 외 3 인

【피고, 피상고인 겸 상고인】 대한예수교장로회 은성교회

구 도시 및 주거환경정비법(2012. 2. 1. 법률 제 11293 호로 개정되기 전의 것, 이하 '도시정비법'이라 한다) 제 49 조 제 6 항에 따라 <u>관리처분계획이 인가되어 고시된 때에는 종전의 토지 또는 건축물의 소유자·지상권자·전세권자·임차권자 등 권리자는 도시정비법 제 54 조에 의한 이전의 고시가 있은 날까지 종전의 토지 또는 건축물에 대하여 이를 사용하거나 수익할 수 없고,</u> 사업시행자가 이를 사용·수익할 수 있게 된다(대법원 2010. 5. 27. 선고 2009 다 53635 판결 참조).

원심이 같은 취지에서 <u>이 사건 관리처분계획 인가 고시에 따라 임차권자로서 사용·수익이 정지된 피고들은, 사업시행자로서 이 사건 부동산의 사용·수익권을 취득한 원고에게 자신들이 점유하고 있는 건물 부분을 인도할 의무가 있다</u>고 판단한 것은 정당하고, 거기에 도시정비법 제 49 조 제 6 항 본문에 따른 건물인도 청구권의 존부에 관한 법리 등을 오해한 위법이 없다.

C. 관리처분계획의 인가고시가 있으면 목적물에 대한 종전 소유자 등의 사용·수익이 정지되므로, 사업시행자는 별도의 수용 또는 사용의 절차 없이 이를 사용·수익할 수 있게 돼 —대법원 2013. 12. 26. 선고 2011 다 85352 판결[손해배상]

【당사자】

【원고, 상고인】 신당제 7 주택재개발정비사업조합
【피고, 피상고인】 피고 1 외 6 인

구 도시 및 주거환경정비법(2009. 5. 27. 법률 제 9729 호로 개정되기 전의 것) 제 49 조 제 3 항은 "시장·군수는 제 2 항의 규정에 의하여 관리처분계획을 인가하는 때에는 그 내용을 당해 지방자치단체의 공보에 고시하여야 한다"고 정하고, 같은 조 제 6 항 본문은 "제 3 항의 규정에 의한 고시가 있은 때에는 종전의 토지 또는 건축물의 소유자·지상권자·전세권자·임차권자 등 권리자는 제 54 조의 규정에 의한 이전의 고시가 있은 날까지 종전의 토지 또는 건축물에 대하여 이를 사용하거나 수익할 수 없다"라고 정하고 있다. 이들 법규정에 따라 <u>관리처분계획의 인가고시가 있으면 목적물에 대한 종전 소유자 등의 사용·수익이 정지되므로 사업시행자는 목적물에 대한 별도의 수용 또는 사용의 절차 없이 이를 사용·수익할 수 있게 된다</u>(대법원 2011. 11. 24. 선고 2009 다 28394 판결 참조).

D. [고등법원 판례] ① 관리처분계획이 인가·고시된 때에는 사업시행자는 정비사업 시행구역 안의 종전 토지·지상물에 대한 사용수익권을 직접 취득하고, <u>그 사용수익권은 관리처분계획에 포함되지 않은 제 3 자에게까지 미쳐</u>; ② 따라서 사업구역 내에서 조합의 허락 없이

함바식당을 운영한 피고들은 그 기간 동안 임료 상당의 부당이득을 원고에게 지급할 의무 있어; ③ 시공자로부터 식당운영을 허락받았더라도 피고들은 사용·수익권 없음 —서울고법 2013. 6. 13. 선고 2012 나 105118 판결[부당이득 등](확정: 심리불속행 기각)

【당사자】

원고, 항소인 휘경 제4구역 주택재개발정비사업조합

피고, 피항소인   1. 김○○

2. 강○○

1. 기초사실

가. 원고는 이○○ 소유인 서울 동대문구 휘경동 53-1 대 2 ㎡, 김○○ 소유인 서울 동대문구 휘경동 53-5 대 112 ㎡, 이○○ 소유인 서울 동대문구 휘경동 53-36 대 102 ㎡, 안○○, 김○○ 소유인 서울 동대문구 휘경동 53-28 대 76 ㎡(이하 '이 사건 토지' 라 한다)를 포함한 서울 동대문구 휘경 2 동 39-60 일대 22,839 ㎡를 사업시행구역으로 한 주택재개발정비사업 시행을 위하여 정립된 주택재개발정비사업조합으로, 2008. 4. 17. 서울 동대문구청장으로부터 구 도시 및 주거환경정비법(2009. 2. 6. 법률 제9444호로 변경되기 전의 것, 이하 '구 도시정비법'이라 한다)제49조 제3항외 규정에 의한 관리처분계획의 인가를 받았고, 서울 동대문구청장은 같은 날 위 관리처분계획인가를 고시하였다.

나. 피고들은 부부 사이로 2010. 4. 8. 이 사건 토지 중 별지도면 표시 ①, ②, ③, ④, ①의 각 점을 순차로 연결한 선내 (가) 부분 231.40 ㎡(이하 '이 사건 식당부지'라 한다) 지상에 가건물을 설치하고, 그 때부터 2011. 10. 7.까지 위 가건물에서 식당을 운영하였다.

2. 구 도시정비법 상 관리처분계획의 인가고시가 있는 경우 사입사행자가 대외적으로도 사업부지에 관한 사용·수익권을 취득하는지 여부

구 도시정비법 제49조 제6항이 인가된 관리처분계획이 고시된 때에는 '종전의 토지 또는 건축물의 소유자·지상권자·전세권자·임차권자 등 권리자(이하 '종전 권리자'라 한다)는 이전고시가 있는 날까지 종전의 토지 또는 건축물에 대하여 이를 사용하거나 수익할 수 없다'고 규정하고 있는바, 위 규정의 반대해석상 일단 관리처분계획이 인가를 받아 지방자치단체의 공보에 고시된 때에는 종전 권리자는 더이상 종전의 토지 또는 건축물을 사용하거나 수익할 수 없는 반면 사업시행자로서는 정비사업 시행구역 안의 종전 토지나 지상물에 대한 사용수익권을 직접 취득한다고 보아야 할 것인데, 그 사용수익권의 범위는 다음과 같은 이유에서 관리처분계획에 포함되지 아니한 제3자에게까지 미친다고 보아야 한다...

3. 부당이득반환의무

이 사건 토지를 포함한 사업시행구역에 관해 2008. 4. 17. 구 도시정비법에 의한 관리처분계획이 인가되어 같은 날 고시되었고, 그 후 2010. 4. 8.부터 2011. 10. 7.까지 피고들이 이 사건 토지를 점유·사용한 사실은 앞서 본 바와 같고, 위 2.가.항에서 본 바와 같이 위 관리처분계획이 인가 고시됨에 따라 원고가 이 사건 토지에 관한 사용·수익권을 취득하였으므로, 특별한 사정이 없는 한 <u>피고들은 위 기간 동안의 임대료 상당의 부당이득을 원고에게 지급할 의무가 있다.</u>

이에 대하여 피고들은 이 사건 토지를 포함한 지역 내에서 <u>원고로부터 공사 도급을 받은 소외 주식회사 이수건설이 피고들에게 식당 운영을 허락하여 이 사건 토지를 사용·수익한 것이므로, 피고들에게 이 사건 토지를 점유·사용할 적법한 권원이 존재하였다고 주장하므로</u> 살피건대, 주식회사 아수건설이 원고로부터 적법하게 이 사건 토지부근에서 공사를 도급받은 사실에 관해서는 당사자 사이에서 다툼이 없으나, <u>공사를 도급받았다는 사실만으로 공사 현장 부근에 식당을 설치하여 이를 운영할 권한이 주식회사 이수건설에게 부여되었다고 보기 어렵고</u>, 달리 피고들에게 이 사건 토지를 적법하게 점유·사용할 권한이 존재하였다고 볼만한 아무런 증거가 없다. 따라서 피고들의 이 부분 주장은 이유 없다.

4. 부당이득의 범위에 관한 판단

위 기초사실 및 제1심 감정인 황○○의 감정결과에 의하면 피고들이 2010. 4. 8.부터 2011. 10. 7.까지 이 사건 토지를 점유·사용한 사실 및 이 사건 토지의 통상 임료는 2010년에는 월 2,545,000원, 2011년에는 월 2,661,000원인 사실을 인정할 수 있으므로, 피고들이 얻은 부당이득의 범위는 2010년에 22,311,166원[= (23/30일 + 8개월) X 2,545,000원, 원 미만 버림], 2011년에 24,549,870원[= (9개월 + 7/31일) X 2,661,000원, 원 미만 버림]이고 그 합계액은 46,861,036원이다.

III. 조합원의 인도의무 불이행으로 인한 손해배상책임

A. 개요

1. 【해설】조합원의 조건 없는 인도의무

> (1) 조합원은 인도의무와 대가관계에 있는 반대채권을 갖지 않으므로 조합에 대해 조건 없는 인도의무를 부담한다. 따라서 조합원이 조합이 정한 이주기간 내에 이주를 완료하지 않으면 인도의무 불이행으로 인한 손해배상책임이 발생할 수 있다.

> 특히 조합원이 조합을 상대로 관리처분계획 무효확인/취소 소송 제기하며 인도를 거부하다가 패소한 경우 손해배상책임을 부담한 사례들이 있으므로, 조합원들은 조합을 상대로 소송을 제기하는 경우에도 종전 토지/건축물의 인도 거부는 매우 신중히 하여야 한다.
>
> (2) 관리처분계획의 인가고시가 있으면 종전 건축물의 임차권자는 그때부터 이전고시가 있는 날까지 이를 사용·수익할 수 없고(구 도시정비법 제 49 조 제 6 항), 사업시행자는 소유자, 임차권자 등을 상대로 부동산의 인도를 구할 수 있으므로, 조합원은 이주移住기간 내에 세입자를 건물에서 퇴거시킬 의무도 부담한다(대법원 2020. 11. 26. 선고 2019 다 249831 판결 및 정관 제 37 조 제 4 항).

2. **【정관】재건축 표준정관 제 37 조(이주대책)**

> ④ 조합원은 조합이 정하여 통지하는 이주기한 내에 당해 건축물에서 퇴거하여야 하며, <u>세입자 또는 임시거주자 등이 있을 때에는 당해 조합원의 책임으로 함께 퇴거하도록 조치하여야</u> 한다.
>
> ⑤ <u>조합원은</u> 본인 또는 세입자 등이 당해 건축물에서 퇴거하지 아니하여 기존 주택 등의 철거 등 <u>사업시행에 지장을 초래하는 때에는</u> <u>그에 따라 발생되는 모든 손해에 대하여 변상할 책임을 진다.</u>
>
> ⑥ 제 5 항의 규정에 의하여 조합원이 변상할 <u>손해금액과 징수방법 등은 대의원회에서 정하여 총회의 승인을 얻어 당해 조합원에게 부과하며, 이를 기한 내에 납부하지 아니한 때에는 당해 <u>조합원의 권리물건을 환가처분하여 그 금액으로 충당할 수 있다.</u>

B. ① 채무자의 법률적 판단으로 채무가 없다고 믿고 채무이행을 거부한 채 소송으로 다투었더라도, 채무자의 법률적 판단이 잘못된 것이라면 고의/과실을 부정할 수 없어; ② <u>조합설립결의 당시 동의서에 '건축물 철거 및 신축비용 개산액' 등에 대한 기재가 없는 하자가 있기는 하나, 조합설립인가신청 당시 제출된 동의서에는 '건축물 철거 및 신축비용 개산액' 등이 기재되어 있어 중대·명백한 하자가 아님에도, 피고들(조합원)이 잘못된 법률적 판단으로 인도의무 이행을 거부하며 조합설립인가 처분 및 그에 이은 관리처분계획인가 처분의 무효확인소송을 제기했다가 패소한 사안에서, 피고들에게 고의/과실이 있다고 보고 조합에 대한 손해배상책임을 인정한 사례</u> (조합원의 이주 지연으로 인하여 조합이 시공자로부터 공사계약에 따른 연체이자 3,242,245,000 원을 청구받은 사안임) —대법원 2013. 12. 26. 선고 2011 다 85352 판결[손해배상]

【당사자】

> [원고, 상고인] 신당제 7 주택재개발정비사업조합

III. 조합원의 인도의무 불이행으로 인한 손해배상책임

[피고, 피상고인] 피고 1 외 6인

1. 법리

채무불이행으로 인한 손해배상청구에 있어서 확정된 채무의 내용에 좇은 이행을 하지 아니하였다면 그 자체가 바로 위법한 것으로 평가되는 것이고(대법원 2002. 12. 27. 선고 2000 다 47361 판결 참조), 다만 채무불이행에 채무자의 고의나 과실이 없는 때에는 채무자는 손해배상책임을 부담하지 않는다(민법 제 390 조 참조).

한편 채무자가 자신에게 채무가 없다고 믿었고 그렇게 믿은 데 정당한 사유가 있는 경우에는 채무불이행에 고의나 과실이 없는 때에 해당한다고 할 수 있다. 그러나 채무자가 채무의 발생원인 내지 존재에 관한 법률적인 판단을 통하여 자신의 채무가 없다고 믿고 채무의 이행을 거부한 채 소송을 통하여 이를 다투었다고 하더라도, 채무자의 그러한 법률적 판단이 잘못된 것이라면 특별한 사정이 없는 한 채무불이행에 관하여 채무자에게 고의나 과실이 없다고는 할 수 없다.

2. 원심판결의 내용

가. 원심이 인정한 사실

원심은,

① 원고가 서울 중구 신당동 45 일대 51,817 ㎡(이하 '이 사건 사업구역'이라 한다)에 관하여 주택재개발사업을 시행할 목적으로 설립된 주택재개발정비사업조합이고, 피고들은 그 사업구역 내에 위치한 이 사건 각 부동산을 소유한 자인 사실,

② 서울 중구청장은 2007. 1. 19. 원고가 이 사건 사업구역 내 토지 등 소유자 531 명 중 427 명으로부터 조합설립동의를 받았다고 보고 원고에 대한 조합설립인가처분을 한 사실,

③ 원고는 2007. 10. 13. 관리처분총회를 개최하여 지상 15 층 아파트 15 개 동을 총 사업비 245,706,022,739 원, 연면적 130,178.40 ㎡로 신축하는 내용 등의 관리처분계획(이하 '이 사건 관리처분계획'이라 한다)을 승인하고, 대림산업 주식회사를 시공자로 선정하였음을 전제로 원고와 대림산업 주식회사 사이의 공사도급계약 체결에 관한 승인결의를 하였으며, 서울 중구청장은 2008. 6. 26. 위 관리처분계획에 대하여 인가처분(이하 '이 사건 관리처분계획인가처분'이라 한다)을 하고 이를 공고한 사실,

④ 피고 1 등은 2008. 12. 1. 원고를 상대로 주위적으로 조합설립무효확인을, 예비적으로 원고 조합의 2007. 10. 13.자 관리처분총회결의 중 시공자선정결의에 대한 추인결의 및 위

공사도급계약 체결결의의 무효확인을 구하는 소(서울중앙지방법원 2008 가합 120342)를 제기하였는데,

2009. 9. 17. 주위적 청구에 대하여는 "이 사건 동의서에 기초한 원고 조합의 설립은 적법하다고 볼 수 없으나, 원고 조합은 2009. 5.경부터 2009. 8. 26.경까지 사이에 조합원들로부터 '신축건축물의 설계개요' 등 법에서 요구하는 사항을 새로이 정한 동의서를 조합원 444 명으로부터 제출받아 2009. 8. 26.경 법에 정한 정족수를 갖추게 되었고, 그로써 별도의 조합설립동의가 유효하게 성립하였으므로, 원고 조합의 설립은 보완된 동의서 징구로 유효하게 되었다."는 이유로 기각판결을 선고받았고

이에 대하여 피고 1 등이 불복하여 항소를 제기하였는데, 항소심(서울고등법원 2009 나 101017)은 2010. 8. 26. 주위적 청구에 대하여는 "원고 조합의 설립 효력을 부정하기 위해서는 행정소송인 항고소송으로 서울 중구청장의 이 사건 조합설립인가처분의 효력을 다투어야 하고, 민사소송으로 그 무효확인을 구하는 것은 확인의 이익이 없어 부적법하다."는 이유로 소각하판결을 선고한 사실,

⑤ 피고 1 등은 2009. 9. 10. 서울특별시 중구청장을 상대로 2007. 1. 19. 이 사건 조합설립인가처분의 무효확인을 구하는 소(서울행정법원 2009 구합 37579)를 제기하였는데, 2010. 11. 24. "조합설립 동의 당시에 사용된 이 사건 동의서는 법적사항이 탈루된 동의서로서 무효이므로 이를 기초로 이루어진 이 사건 조합설립인가처분 역시 효력이 없는 동의서에 기초하여 이루어진 위법이 있으므로 이 사건 조합설립인가처분의 하자는 법규의 중요한 부분을 위반한 것으로서 중대하다고 할 것이나, 인가신청 시에 제출된 이 사건 동의서에 '건축물철거 및 신축비용 개산액' 항목이 기재되어 있었던 이상 비록 조합설립 동의 당시에 이 부분이 공란이었다고 하더라도 인가처분이 당연무효라고 할 수는 없다."는 등의 이유로 기각판결을 선고받았고,

이에 대하여 위 피고들이 불복하여 항소를 제기하여 항소심(서울고등법원 2011 누 2073)이 계속 중인 사실 등을 인정한 다음,

나. 원심의 판단

그 판시와 같은 사정을 토대로 피고들의 이 사건 각 부동산 인도의무의 근거가 되는 이 사건 조합설립결의, 시공자선정결의, 조합설립인가처분, 공사도급계약 체결결의 및 관리처분계획인가처분 등의 효력이 다투어지고 있는 기간에는 피고들로서는 이 사건 각 부동산을 원고에게 인도할 의무가 있는지에 관하여 의문을 가질 만한 합리적이고 정당한 이유가 있다고 보이고, 피고 1 등이 이 사건 민사소송과 행정소송 등을 제기하거나 피고들이 원고의 건물명도소송에 응소한 행위가 권리실현이나 권리보호를 빙자하여 원고의 권리나 이익을

침해하는 것이거나 상당한 이유 없이 원고에게 고통을 주려는 의사로 행하여졌다고 보기 어려우며, 피고들의 위와 같은 행위가 공서양속에 반하는 정도에 이르렀다고 보이지도 아니하므로, 이 사건 조합설립결의, 시공자선정결의, 조합설립인가처분, 공사도급계약 체결결의 및 관리처분계획인가처분 등의 효력이 다투어지고 있는 동안에 피고들이 이 사건 각 부동산의 인도의무를 이행하지 않았다고 하더라도 그로 인하여 피고들에게 채무불이행책임이 성립된다고 볼 수는 없다고 판단하였다.

3. 대법원의 판단 (파기환송)

그러나 원심의 이러한 판단은 다음과 같은 이유에서 수긍하기 어렵다.

가. 관리처분계획인가·고시 후 사업시행자의 사용·수익권

구 도시 및 주거환경정비법(2009. 5. 27. 법률 제 9729 호로 개정되기 전의 것) 제 49 조 제 3 항은 "시장·군수는 제 2 항의 규정에 의하여 관리처분계획을 인가하는 때에는 그 내용을 당해 지방자치단체의 공보에 고시하여야 한다"고 정하고, 같은 조 제 6 항 본문은 "제 3 항의 규정에 의한 고시가 있은 때에는 종전의 토지 또는 건축물의 소유자·지상권자·전세권자·임차권자 등 권리자는 제 54 조의 규정에 의한 이전의 고시가 있는 날까지 종전의 토지 또는 건축물에 대하여 이를 사용하거나 수익할 수 없다"라고 정하고 있다. 이들 법규정에 따라 관리처분계획의 인가고시가 있으면 목적물에 대한 종전 소유자 등의 사용·수익이 정지되므로 사업시행자는 목적물에 대한 별도의 수용 또는 사용의 절차 없이 이를 사용·수익할 수 있게 된다(대법원 2011. 11. 24. 선고 2009 다 28394 판결 참조).

나. 조합설립인가처분의 설권적 효력

그리고 주택재개발사업에서의 사업시행자인 정비사업조합은 관할 행정청의 조합설립인가와 등기에 의해 설립되고, 조합설립결의는 조합설립인가처분이라는 행정처분을 하는 데 필요한 절차적 요건 중 하나에 불과하므로, 조합설립결의에 하자가 있다 하더라도 그로 인해 조합설립인가처분이 취소되거나 당연무효로 되지 않은 한 정비사업조합은 여전히 사업시행자로서의 지위를 갖는다(대법원 2010. 4. 8. 선고 2009 다 10881 판결 참조).

다. 피고들의 법률상·정관상 의무

원심판결 이유에 의하면, 원고는 2008. 6. 26. 서울 중구청장으로부터 이 사건 관리처분계획인가처분을 받아 그 인가처분이 고시되었으므로, 위 관리처분계획인가처분이 당연무효이거나 취소되었다는 등의 특별한 사정이 없는 한 이 사건 각 부동산의 소유자인 피고들은 사업시행자인 원고의 인도청구에 응할 의무가 있다. 또한 원고의 조합정관 제 10 조 제 1 항 제 7 호는 '사업시행계획에 의한 철거 및 이주의무'를 조합원의 의무로 규정하고 있으므로

제 3 장 관리처분계획 / 제 5 절 종전자산의 사용 수익 금지

원고의 조합원인 피고들은 위 정관규정에 의해서도 이 사건 각 부동산의 인도의무가 인정된다.

라. 조합설립인가처분·관리처분계획인가처분에 관한 무효사유의 부존재

한편 원심판결 이유 및 기록에 의하면, 이 사건 조합설립결의 당시 이 사건 동의서에 '건축물 철거 및 신축비용 개산액' 등에 대한 기재가 없어 하자가 있기는 하나, 원고가 조합설립인가신청을 할 당시 제출된 이 사건 동의서에 '건축물 철거 및 신축비용 개산액' 등이 기재되어 있었던 사정 등에 비추어 보면 이 사건 조합설립인가처분에 중대하고 명백한 하자가 있다고 할 수 없으므로 이 사건 조합설립인가처분 및 그에 이어진 관리처분계획인가처분이 당연무효라고 할 수는 없다. 그 밖에 피고들이 내세우는 이 사건 조합설립인가처분, 관리처분계획인가처분의 하자들도 그 인가처분이 당연무효라고 볼 만한 사유가 될 수 없다.

피고 1 등이 서울특별시 중구청장을 상대로 제기한 이 사건 조합설립인가처분의 무효확인을 구하는 행정소송 역시 항소심에서 피고 1 등의 항소를 기각하는 판결이 선고되었고, 피고 1 등이 이에 불복하여 상고하였으나 2012. 5. 10. 상고기각으로 확정되었다.

마. 피고들의 잘못된 법률적 판단은 면책사유 못 돼

따라서 피고들이 잘못된 법률적 판단으로 이 사건 각 부동산의 인도의무가 없다고 믿고 그 의무의 이행을 거부한 것이라 하더라도 피고들이 인도의무가 없다고 믿은 데 정당한 사유가 있다고 할 수 없으므로, 이 사건 각 부동산의 인도의무 불이행에 관하여 피고들에게 고의나 과실이 없다고 할 수 없다.

바. 원심판결의 위법함

그런데도 원심은 그 판시와 같은 이유로 피고들이 이 사건 각 부동산의 인도의무를 이행하지 않은 것에 대하여 채무불이행책임이 없다고 판단하고 말았으니, 이러한 원심판결에는 채무불이행으로 인한 손해배상책임에 관한 법리를 오해하여 판결에 영향을 미친 위법이 있다. 이 점을 지적하는 상고이유 주장은 이유 있다.

C. [위 판례의 기초사실] 서울중앙지방법원 2010. 6. 10. 선고 2009 가합 97463 판결[손해배상]

1. 기초사실 (위 사건 제 1 심판결의 기초사실)

다음의 사실은 당사자 사이에 다툼이 없거나, 갑 2 내지 9 호증, 을가 2 호증(각 가지번호 포함)의 각 기재에 변론 전체의 취지를 종합하여 인정할 수 있다.

가. 원고 조합은 서울 중구 신당동 45 일대 51,817 ㎡(이하 '이 사건 사업구역'이라 한다)에 관하여 도시 및 주거환경정비법(이하 '도정법'이라 한다)상의 주택재개발사업을 시행할 목적으로 설립된 주택재개발정비사업조합이고,

피고 1은 별지 ⑴ 부동산목록 제 1 항 부동산을, 피고 2, 3은 같은 목록 제 2 항 부동산을, 피고 4는 같은 목록 제 3 항 부동산을, 피고 5(항소심 및 대법원판결의 피고 4)는 같은 목록 제 4 항 부동산을, 피고 6(항소심 및 대법원판결의 피고 5)은 같은 목록 제 5 항 부동산을, 피고 7(항소심 및 대법원판결의 피고 6)은 같은 목록 제 6 항 부동산을, 피고 8(항소심 및 대법원판결의 피고 7)는 같은 목록 제 7 항 부동산을 각 소유한 사람들이며, 피고 9는 같은 목록 제 8 항 부동산을, 피고 10, 11은 같은 목록 제 9 항 부동산을 각 임차하여 점유하고 있는 사람들이다.

나. 원고 조합의 전신인 재개발사업조합설립추진위원회(이하 '이 사건 추진위원회'라고 한다)는 2003. 3. 7.경 구성되어 2003. 6. 6. 일간신문에 시공자 입찰공고를 게재하였고, 위 입찰공고에 의하여 6일 뒤인 같은 달 12. 18:00까지 다음과 같은 신청서류를 첨부한 입찰서류를 접수받았으며, 소외 대림산업 주식회사(이하 '대림산업'이라 한다)가 단독입찰하여 2003. 6. 22. 위 추진위원회 주민총회에서 대림산업을 시공자로 선정하는 결의에 대한 찬반투표를 통하여 위 대림산업을 시공자로 선정하는 결의(이하 '이 사건 시공자선정결의'라고 한다)를 하였다.

(신청서류 생략)

다. 이 사건 추진위원회는 도정법이 제정되어 시행된 이후인 2004. 10. 13. 서울 중구청장으로부터 조합설립추진위원회 승인을 받았고, 2006. 6. 17. 개최될 예정인 원고 조합 창립총회를 앞두고 이 사건 사업구역 내의 토지 등 소유자들로부터 조합설립동의서(이하 '이 사건 1 차 동의서'라고 한다)를 제출받았는데, 위 조합설립동의서에는 '신축건축물의 설계개요' 및 '건축물의 철거 및 신축비용 개산액'에 관한 사항이 공란으로 기재되어 있었다(원고 조합은 이 사건 1 차 동의서에 위 각 사항들이 기재되어 있었다고 주장하나 이에 부합하는 듯한 갑 11 호증의 1 내지 15 의 각 기재는 믿기 어렵고, 달리 이를 인정할 증거가 없다).

라. 원고 조합은 2006. 6. 17. 조합창립총회를 개최하여 구역지정고시와 건축계획도면(조감도, 설계개요, 배치도, 단위평면)이 첨부된 사업시행계획안 및 원고 조합 정관에 관하여 각 승인결의를 하였고, 원고 조합은 이 사건 1 차 동의서와 원고 조합 정관을 첨부하여 서울 중구청장에게 조합설립인가신청을 하였다.

마. 서울 중구청장은 2007. 1. 19. 원고 조합이 이 사건 사업구역 내 토지 등 소유자 531 명 중 427 명으로부터 이 사건 1 차 동의서에 의한 조합설립동의를 받았다고 보고 원고 조합에 대한 설립인가처분(이하 '이 사건 조합설립인가처분'이라 한다)을 하였다.

바. 원고 조합은 2007. 8. 10. 서울 중구청장으로부터 이 사건 사업구역 내에서 지상 15층, 15개동, 총 895세대 규모의 아파트 및 부대복리시설을 신축하는 내용의 사업시행인가처분(이하 '이 사건 사업시행인가처분'이라 한다)을 받았다.

사. 원고 조합은 2007. 10. 13. 관리처분총회를 개최하여 지상 15층 아파트 15개동을 총 사업비 245,706,022,739원, 연면적 130,178.40㎡로 신축하는 내용 등의 관리처분계획(이하 '이 사건 관리처분계획'이라 한다)을 승인하고, 대림산업을 시공자로 선정하였음을 전제로 원고 조합과 대림산업 사이의 공사도급계약 체결에 관한 승인결의(이에는 이 사건 시공자선정결의를 추인하는 취지도 포함되어 있다)를 하였으며, 서울 중구청장은 2008. 6. 26. 위 관리처분계획에 대하여 인가처분(이하 '이 사건 관리처분계획인가처분'이라 한다)을 하고, 이를 공고하였다.

아. 원고 조합은 2007. 10. 19.경 대림산업과 사이에 공사도급계약(이하 '이 사건 공사도급계약'이라 한다)을 체결하였는데, 위 계약서 제13조에서는 다음과 같이 규정하고 있다.

< 공사도급계약 제13조(거주자의 이주) >

① 사업지구 내 거주자(세입자를 포함한다. 이하 같다)의 이주는 최초 이주비 대여일로부터 6개월 이내에 원고 조합의 책임 하에 완료하여야 하며, 대림산업은 이주촉진을 위한 조치와 지원을 하여야 한다.

③ 제1항의 기간을 준수하지 못하여 대림산업의 공사 착공이 지연되는 경우 원고 조합과 원고 조합의 조합원은 대림산업이 기집행한 모든 사업경비(기본이주비 포함) 일체에 대하여 지연일수만큼 제18조의 연체이자율을 적용한 연체이자를 대림산업에게 지급하여야 한다.

자. 대림산업은 2009. 7. 31.경 원고 조합에게 원고 조합의 조합원 중 일부세대의 미이주로 인하여 철거가 완료되지 못하였음을 이유로 위 공사도급계약에 근거하여 사업비에 대한 기발생 연체료 3,242,245,000원의 지급을 요청하였다.

D. ① 일부 조합원들이 사업시행계획인가와 관리처분계획인가의 무효확인소송을 제기했다가 모두 기각된 후 부동산을 인도한 사안에서 조합원들의 손해배상책임을 인정하고; ② 손해배상의 범위에 관하여는 a) 기본이주비와 사업비에 관한 시공자의 대출금에 대하여 인도의무가 지체된 기간 동안의 이자와, 이주비를 신청하지 않은 조합원에게 같은 기간 동안 조합이 추가로 부담하게 된 이자를 합한 1일 15,218,835원을 손해라고 보고, 이 금액에 피고별 지체일수를 곱한 액수를 손해액으로 인정함; ③ 다만, 피고들의 손해배상책임을 20%로 제한함 —대법원 2018. 7. 12. 선고 2014다88093 판결[손해배상(기)]

III. 조합원의 인도의무 불이행으로 인한 손해배상책임

【당사자】

[원고, 피상고인 겸 상고인] A 아파트 주택재건축정비사업조합

[피고, 상고인 겸 피상고인] B, C, D, E, F

1. 사건 경위

원심판결 이유와 원심이 채택한 증거에 의하면 다음 사실을 알 수 있다.

가. 원고는 도시 및 주거환경정비법상 주택재건축정비사업조합이다. 피고들은 그 사업시행구역 내에 있던 아파트의 구분소유자로서 원고의 조합원이거나 조합원이었던 사람이다.

원고의 정관 제10조 제1항 제6호는 '조합원은 사업시행계획에 의한 철거 및 이주의무를 부담한다'는 취지로 규정하고 있다(이하 '이 사건 정관 규정'이라고 한다).

나. 피고 C, D, E, F를 비롯한 일부 조합원들은 2010. 10. 용산구청장이 원고에 대하여 한 사업시행계획인가와 관리처분계획인가의 무효 확인을 구하는 행정소송을 제기하면서 '관리처분계획상 원고가 종전 자산과 종후 자산의 가치 차이에 따른 정산 없이 조합원들이 일률적으로 동일한 분담금을 부담하는 것은 실질적인 형평에 반하여 현저하게 불공정하거나 청산절차를 배제하여 무효'라고 주장하였다(이하 이 사건 행정소송이라고 한다).

이 사건 행정소송의 제1심, 항소심, 상고심은 위 관리처분계획인가의 위법성에 관한 판단을 다소 달리한 부분이 있으나, 사업시행계획인가와 관리처분계획인가의 무효확인 등을 구하는 청구를 모두 배척한 결론은 동일하다.

다. 피고들은 2011. 8.부터 2011. 9.까지 사이에 별건 민사소송에서 원고에게 이 사건 각 부동산을 인도하라는 가집행선고부 제1심 판결을 선고받았고, 그 무렵 판결 결과에 따라 이 사건 각 부동산을 인도하였다.

라. 피고 B, F는 조합원이었으나 연장된 분양계약 체결기간인 2012. 2. 29.까지 분양계약을 체결하지 않아 원고 정관에 따라 분양계약 체결기간 만료일 다음날인 2012. 3. 1. 현금청산대상자가 되었다.

2. 원심의 판단

원심은 피고들이 원고에게 이 사건 각 부동산을 인도하는 것을 지체하여 주택재건축정비사업 시행이 지연되었다는 이유로 원고가 구하는 2011. 5. 1.(피고들의 명도의무가 발생하는 이 사건 관리처분계획인가 고시일인 2011. 2. 18. 이후이다)부터 이 사건 각 부동산의 피

고별 인도 완료일까지의 손해를 배상할 의무가 있다고 판단하였다.

원고가 사업시행계획과 관리처분계획에 대하여 용산구청장으로부터 인가 처분을 받았으므로, 조합원인 피고들이 구 도시 및 주거환경정비법(2017. 2. 8. 법률 제 14567 호로 전부개정 되기 전의 것. 이하 '구 도시정비법'이라고 한다) 제 49 조 제 6 항과 이 사건 정관 규정에 따라 주택재건축정비사업의 시행자인 원고에게 이 사건 각 부동산을 인도할 의무가 있는데도 인도의무를 지체하였다는 것이 판단의 근거이다.

반대로 피고들이 인도 의무를 지체하지 않았고 설령 인도의무를 지체하였다 하더라도 이 사건 행정소송의 경위 등에 비추어 보면 그 지체에 정당한 사유가 있었다는 피고들의 주장에 대하여 판시와 같은 이유를 들어 이를 배척하였다.

나아가 원심은 손해배상의 범위에 관하여 기본이주비와 사업비에 관한 대출금에 대하여 인도의무가 지체된 기간 동안의 이자와, 이주비를 신청하지 않은 조합원에게 같은 기간 동안 원고가 추가로 부담하게 되는 이자를 합한 1 일 15,218,835 원을 손해라고 보아 위 금액에 피고별 지체일수를 곱한 액수를 손해액으로 산정하였다. 다만, 원심은 판시와 같은 사정을 종합하여 피고들의 책임 비율을 20%로 제한하였다.

3. 대법원의 판단 (상고기각)

가. 피고의 책임을 20%로 제한한 것은 정당함

원심이 설시한 책임제한 사유 중 일부에 부적절한 점이 있으나, 관련 법리와 기록에 비추어 살펴보면, 원심이 피고들의 책임을 20%로 제한한 것이 형평의 원칙에 비추어 현저히 불합리하다고 단정할 수 없다. 원심의 위와 같은 판단에 상고이유 주장과 같이 논리와 경험의 법칙을 위반하여 자유심증주의의 한계를 벗어나거나 손해배상 책임 제한에 관한 법리를 오해하여 판결에 영향을 미친 잘못이 없다.

나. 피고들은 정당한 사유 없이 부동산인도를 거부하여 인도의무를 지체하였음

원심이 원고가 구하는 2011. 5. 1.부터 이 사건 각 부동산의 피고별 인도일까지 사이에 피고들이 정당한 사유 없이 이 사건 부동산의 인도를 거부하여 인도의무를 지체하였다고 판단한 것은 원심이 인용한 대법원 2013. 12. 26. 선고 2011 다 85352 판결의 법리에 따른 것이어서 정당하다. 거기에 상고이유 주장과 같이 필요한 심리를 다하지 않은 채 논리와 경험의 법칙을 위반하여 자유심증주의의 한계를 벗어나거나 인도의무의 발생 시점과 범위, 인도의무 지체에 관한 정당한 사유, 신의칙, 인도의무 지체와 손해발생의 인과관계, 손해배상의 범위와 손해액 산정에 관한 법리를 오해하고 법령에 위반하는 등으로 판결에 영향을 미치거나 이유 모순의 잘못이 없다.

IV. 관리처분계획 인가·고시 전 사업시행자의 사용·수익 문제

A. 관리처분계획의 인가·고시 전에는 법이 정한 수용·사용절차를 거치거나 소유자의 사용승낙을 받지 않는 한, 재개발사업의 시행자가 재개발사업의 시행을 위하여 그 토지나 지상물을 점용하는 경우라 하더라도 이를 적법한 점유·사용이라 할 수 없어 ―대법원 2009.07.09. 선고 2007다83649 판결[건물철거등]

구 도시재개발법(2002. 12. 30. 법률 제6852호로 폐지되기 전의 것)이나 도시 및 주거환경 정비법(이하 '도시정비법'이라고 한다)에 의하여 사업시행인가를 받은 시행자라 하더라도 관리처분계획의 인가·고시가 있기 전에는 사업시행인가만으로 재개발사업 시행구역 안의 토지나 지상물을 사용·수익하는 등의 권리를 직접 취득한다고 할 수 없으므로(구 도시재개발법 제34조 제8항, 도시정비법 제49조 제6항), 사업시행자가 토지 등 소유자에게 손실을 보상하거나 보상하는 조건으로 <u>수용 또는 사용절차 등을 거치거나</u>(구 도시재개발법 제31조, 제32조, 도시정비법 제38조, 제40조) 토지 등 <u>소유자로부터 토지나 지상물의 사용승낙을 받지 않는 한 재개발사업의 시행을 위하여 그 토지나 지상물을 점용하는 경우라 하더라도 이를 적법한 점유·사용이라 할 수 없다</u>(대법원 1992. 12. 22. 선고 91다22094 전원합의체 판결 등 참조).

B. ① 사업시행인가를 받은 시행자라도 관리처분계획 인가·고시 전에는 수용·사용을 거치거나 토지등소유자의 사용승낙을 받지 않는 한 토지등을 점유·사용할 수 없어; ② 토지등소유자가 관리처분계획 인가·고시 전에 사업시행자로 하여금 사업시행을 할 수 있도록 토지등에 대한 사용수익을 포기하거나 그 사용을 승낙한 것은 사용대차에 해당하고; ③ 그 후 <u>사업시행자가 변경되면 사용대차 관계는 새로운 사업시행자에게 승계돼</u>; ④ 그러나 종전 사업시행자와 사이에 사용·수익에 충분한 기간이 경과해 사용대차가 해지된 경우에는 새로운 사업시행자는 새로운 점유권원을 취득해야 함(승계될 사용대차가 없으므로) ―대법원 2009. 7. 9. 선고 2007다83649 판결[건물철거등]

1. 관리처분계획 인가·고시 전에는 사업시행자의 사용·수익권 없음

구 도시재개발법(2002. 12. 30. 법률 제6852호로 폐지되기 전의 것)이나 도시 및 주거환경 정비법(이하 '도시정비법'이라고 한다)에 의하여 <u>사업시행인가를 받은 시행자라 하더라도 관리처분계획의 인가·고시가 있기 전에는</u> 사업시행인가만으로 재개발사업 시행구역 안의 토지나 지상물을 사용·수익하는 등의 권리를 직접 취득한다고 할 수 없으므로(구 도시재개발법 제34조 제8항, 도시정비법 제49조 제6항), <u>사업시행자가 토지 등 소유자에게 손실을 보상하거나 보상하는 조건으로 수용 또는 사용절차 등을 거치거나</u>(구 도시재개발법 제31조, 제32조, 도시정비법 제38조, 제40조) <u>토지 등 소유자로부터 토지나 지상물의 사용승낙을 받지 않는 한 재개발사업의 시행을 위하여 그 토지나 지상물을 점용하는 경우라 하더</u>

제 3 장 관리처분계획 / 제 5 절 종전자산의 사용 수익 금지

라도 이를 적법한 점유·사용이라 할 수 없다(대법원 1992. 12. 22. 선고 91 다 22094 전원합의체 판결 등 참조).

2. 관리처분계획 인가·고시 전 토지등소유자의 사용승낙은 민법상 사용대차에 해당함

한편, 소유권의 핵심적 권능에 속하는 사용·수익의 권능이 소유자에 의하여 대세적·영구적으로 유효하게 포기될 수 있다고 한다면, 이는 결국 처분권능만이 남는 새로운 유형의 소유권을 창출하는 것이어서 물권 법정주의에 반하므로, 특별한 사정이 없는 한 이를 허용할 수 없고 당사자가 사용수익권을 포기하였다 하더라도 이는 그 상대방에 대하여 채권적으로 포기한 것으로 봄이 상당하며, 그것이 상대방의 사용·수익을 일시적으로 인정하는 취지라면 이는 사용대차의 계약관계에 다름 아니라고 할 것이다(대법원 2009. 3. 26. 선고 2009 다 228, 235 판결 참조). 이와 같은 법리는 토지 등 소유자가 관리처분계획의 인가·고시 전에 사업시행자로 하여금 사업시행을 할 수 있도록 토지 등에 대한 사용수익을 포기하거나 토지 등의 사용을 승낙한 경우에도 마찬가지로 적용될 수 있다.

3. 사업시행자가 변경된 경우 사용대차 관계도 승계됨

구 도시재개발법 제 6 조, 도시정비법 제 10 조에 의하면, 사업시행자 또는 토지 등 소유자의 변동이 있은 때에는 종전의 사업시행자와 종전의 토지 등 소유자 사이의 권리의무관계는 새로운 사업시행자 또는 새로운 토지 등 소유자에 대한 관계에서는 승계된 것으로 볼 수 있으므로, 종전 토지 등 소유자와 종전 사업시행자 사이에 재개발사업의 시행을 위하여 수용 또는 사용절차에 갈음하여 토지 등에 대한 사용대차 계약을 체결한 경우 특별한 사정이 없는 한 그 사용대차는 새로운 사업시행자 또는 새로운 토지 등 소유자에 대한 관계에서 승계된다고 볼 수 있다.

4. 사업시행자 변동 전에 사용대차가 해지된 경우에는 새로운 점유권원을 취득해야 함

그러나 민법 제 613 조 제 2 항에 의하면, 사용대차에 있어서 그 존속기간을 정하지 아니한 경우, 차주는 계약 또는 목적물의 성질에 의한 사용·수익이 종료한 때에는 목적물을 반환하여야 하고, 비록 현실로 사용·수익이 종료하지 아니한 경우라도 사용·수익에 충분한 기간이 경과한 때에는 대주는 언제든지 계약을 해지하고 그 차용물의 반환을 청구할 수 있는 바, 토지 등 소유자가 종전 사업시행자에 대하여 위와 같은 사유로 사용대차를 적법하게 해지한 경우에는 새로운 사업시행자가 승계받을 수 있는 토지 등에 대한 사용대차는 이미 소멸하여 존재하지 아니하므로, 그 새로운 사업시행자가 관리처분계획의 인가·고시 전까지 그 토지 등을 적법하게 점유·사용하기 위해서는 수용 또는 사용절차 등을 거치거나 토지 등 소유자로부터 사용승낙을 받는 등 새로운 점유권원을 취득하여야 할 것이다.

IV. 관리처분계획 인가 고시 전 사업시행자의 사용 수익 문제

여기서, 토지 등 소유자가 종전 사업시행자에 대하여 사용·수익에 충분한 기간이 경과하였음을 이유로 사용대차를 적법하게 해지할 수 있는지 여부는, 사용대차 계약 당시의 사정, 차주의 사용기간 및 이용상황, 대주가 반환을 필요로 하는 사정 등을 종합적으로 고려하여 공평의 입장에서 토지 등 소유자에게 해지권을 인정하는 것이 타당한가의 여부에 의하여 판단하여야 한다(대법원 2001. 7. 24. 선고 2001 다 23669 판결, 1993. 11. 26. 선고 93 다 36806 판결 등 참조).

C. [같은 판례] ① 재개발구역 내 토지 공유자인 원고가 1991. 12. 18.경 토지와 지상건물을 스스로 ○○개발(최초 사업시행자)에 인도하고 다른 곳으로 이주한 후 ○○개발이 부도가 나고, 1993. 2. 25.경 사업시행자가 ○○종합건설로 변경되었으나, 그 후에도 사업이 장기간 표류하자 시공자(대우건설)와 토지소유자들이 함께 재개발조합을 설립하여 1999. 7. 21. 조합으로의 사업시행자 변경인가신청을 하였으나 반려되고, 그 후 2005. 7. 28.경 사업시행자가 피고로 변경된 사안에서, ② 원고가 ○○개발에 토지사용을 승낙한 것은 '기간을 정하지 않은 사용대차'이나; ③ 적어도 원고등이 재개발조합을 설립하여 1999. 7. 21.경 관할 관청에 사업시행자 변경인가 신청을 할 무렵에는 사용대차가 묵시적으로 해지되었다고 보고; ④ 피고의 점유를 불법점유로 본 사례(피고가 승계받을 사용대차가 없으므로) —대법원 2009. 7. 9. 선고 2007 다 83649 판결[건물철거등]

【당사자】

【원고, 상고인】 원고 [☞ 쟁점토지의 공유자]

【피고, 피상고인】 피고 주식회사 [☞ 사업시행자변경인가를 받은 새 사업시행자]

1. 원심기록에 의하여 알 수 있는 사실

원심판결 이유와 기록에 의하면,

① 이 사건 제 1 토지 중 257.9 분의 254.6 지분, 이 사건 제 2 토지 중 257.9 분의 224.85 지분을 각 소유한 원고가 1991. 12. 18.경 이 사건 재개발사업 시행구역 내의 사업시행자인 주식회사 ○○ 개발(이하 '○○ 개발'이라고 한다)이 공사를 시행할 수 있도록 스스로 이 사건 제 1, 2 토지를 지상건물과 함께 ○○ 개발에 인도한 후 다른 곳으로 이주한 사실,

② ○○ 개발은 주식회사 대우건설(이하 '대우건설'이라고 한다)과 사이에 이 사건 공사에 관한 도급계약을 체결하고 1991. 10. 21.경 공사에 착공하였으나 지하구조물 공사가 진행된 상태에서 부도가 나 그 공사가 중단되었고, 1993. 2. 25.경에 이르러 그 사업시행자가 ○○ 개발에서 ○○ 종합건설 주식회사(이하 '○○ 종합건설'이라 한다)로 변경인가된 사실,

③ 대우건설은 ○○ 개발에 대한 대여금채권의 담보로 저당권을 설정받았던 이 사건 재개발사업 시행구역 내 일부 토지에 대하여 유치권을 주장하면서 이를 계속 점유하여 오다가 그 저당권을 실행하여 1998. 3. 23.경 이를 경락받은 사실,

④ 원고는 ○○ 개발의 부도 후 ○○ 종합건설로 사업시행자가 변경되는 것에 반대하였을 뿐만 아니라 ○○ 종합건설도 이 사건 재개발사업을 제대로 시행하지 못한 채 장기간이 경과하자, 대우건설을 비롯한 이 사건 재개발사업 시행구역 내 토지 소유자들과 함께 재개발조합을 설립하여 1999. 7. 21.경 관할 관청에 재개발사업의 주체를 위 조합으로 변경하는 내용의 신청을 하였다가 사업주체를 토지 등의 소유자에서 조합으로 변경하는 것은 허용되지 않는다는 이유로 그 신청이 반려된 사실,

⑤ 그 후 원고를 비롯한 이 사건 재개발사업구역 내 토지 소유자들은 사업시행자를 ○○ 종합건설에서 대우건설로 변경하기로 하는 지주총회결의를 하고, 이에 따라 관할관청에 사업시행자 변경신청을 하였으나, 이 사건 재개발사업부지 내에 있는 일부 토지 위 건물의 진정한 소유자가 누구인지에 대하여 다툼이 있어 토지 소유자 등의 3 분의 2 이상의 동의 요건을 충족하였는지 여부가 불분명하다는 이유로 이 역시 반려된 사실,

⑥ 이와 같이 대우건설과의 재개발사업 추진 노력이 실패로 돌아가고, 대우건설이 경락받은 토지를 피고에게 매각하려고 하자, 원고를 비롯한 이 사건 재개발사업지구 내 토지 소유자들로 구성된 재개발대책위원회는 2003. 9. 15.경 당시 이 사건 제 1, 2 토지를 포함한 이 사건 재개발사업 시행구역 내의 토지를 점유하고 있던 대우건설에게 '대우건설이 재개발사업지구 내의 토지를 무단으로 점유하고 있으므로 2003. 9. 25.까지 현장 울타리를 철거하고 토지 소유자들에게 토지를 인도하여 달라'는 취지의 통지를 한 사실,

⑦ 대우건설은 2005. 4. 19.경 자신이 경락받은 이 사건 재개발사업 시행구역 내 일부 토지를 피고에게 매도하고 재개발사업의 공사현장을 피고에게 인도한 사실,

⑧ 그 후 이 사건 재개발사업 시행구역 내 토지 등 소유자들은 2005. 4. 29. 임시총회를 소집하여 토지 등 소유자 과반수의 참석과 동의하에 사업시행자를 ○○ 종합건설에서 피고로 변경하기로 하는 결의를 하였으나, 원고는 이에 반대한 사실,

⑨ 피고는 2005. 7. 28.경 관할 행정청으로부터 사업시행자 변경인가를 받았고, 이 사건 제 1, 2 토지 위에는 피고가 건축한 현장 관리사무실 두 동이 위치한 사실 등을 알 수 있다.

IV. 관리처분계획 인가 고시 전 사업시행자의 사용 수익 문제

2. 대법원의 판단 (파기환송)

가. 관리처분계획인가 전 토지사용승낙의 법적 성질은 '기간을 정하지 않은 사용대차'

앞에서 본 법리와 위 인정 사실에 비추어 살펴보면, 이 사건 제 1, 2 토지의 공유자인 원고는 당초 사업시행자인 ○○ 개발이 재개발사업의 시행을 위하여 공사를 진행할 수 있도록 기간을 정하지 아니한 채 이 사건 제 1, 2 토지에 대한 사용·수익을 승낙하였지만, 그와 같은 사정만으로 원고가 그 사용수익권을 대세적·영구적으로 유효하게 포기하였다고 볼 수는 없고, 이는 사업시행자인 ○○ 개발로 하여금 재개발사업의 시행을 위하여 공사를 원활하게 진행할 수 있도록 이 사건 제 1, 2 토지에 대한 사용수익권을 채권적으로 포기하거나 사용수익권을 부여한 것에 불과하므로 그 법적 성질은 기간을 정하지 아니한 일반 민법상의 사용대차라고 봄이 상당하다. 그리고 이러한 토지 등의 사용대차 관계는 원고가 이를 적법하게 해지하였다는 등의 특별한 사정이 없는 한 그 후 사업시행자 변경인가를 받은 다른 사업시행자에게도 승계된다고 볼 수 있다.

나. 적어도 1999. 7. 21.경에는 사용대차가 묵시적으로 해지되었다고 봄

그러나 ○○ 종합건설은 1993. 2. 25.경 사업시행자 변경인가를 받아 ○○ 개발과 원고와의 사용대차 관계 등을 승계받은 이후 재개발사업을 제대로 시행하지 못한 채 장기간이 경과하여 원고를 비롯한 토지 등 소유자들과의 신뢰관계가 깨어진 상태에 있었을 뿐만 아니라, 이러한 상태가 계속된 채 1999. 7.경에 이르러서는 이 사건 재개발사업이 정상적으로 시행되었더라면 토지 등을 사용·수익하는 데 충분한 기간은 이미 경과되었다고 볼 수 있으므로,

원고 등과 ○○ 종합개발 사이의 이 사건 제 1, 2 토지 등에 대한 사용대차는, 적어도 원고 등이 신뢰관계가 깨어지고 재개발사업 시행능력이 부족한 ○○ 종합건설을 배제한 채 재개발조합을 설립하여 사업시행자를 변경하기로 결의하고 1999. 7. 21.경 관할 관청에 사업시행자 변경인가 신청을 할 무렵에는 묵시적으로 해지되었다고 봄이 상당하고(원고의 '토지사용허락 철회 주장'은 '사용대차 해지 주장'으로 보인다), 이 사건 공사현장을 직접 점유하면서 원고 등과 협력관계를 유지하여 오던 대우건설과 사이의 이 사건 제 1, 2 토지 등에 대한 사용대차 관계 역시, 원고 등이, 경락받은 토지를 피고에게 매각하려는 대우건설을 상대로 2003. 9. 25.까지 이 사건 제 1, 2 토지 등을 원고 등에게 인도할 것을 청구함으로써 그 이후 소멸되었다고 봄이 상당하다.

다. 따라서 새 사업시행자의 점유는 불법점유임

그렇다면, 원고는 이 사건 제 1, 2 토지의 공유자로서 2003. 9. 26.부터 이 사건 재개발사

제3장 관리처분계획 / 제6절 관리처분계획인가의 고시에 따른 임대차 등의 종료

업에 관한 관리처분계획의 인가·고시 전까지는 이 사건 제1, 2 토지를 직접 사용·수익할 권리를 갖고 있다고 할 것이고, 피고가 2005. 4. 19.경 대우건설로부터 이 사건 공사현장을 인도받고 2005. 7. 28.경 사업시행자 변경인가를 받았다 하더라도 ○○ 종합건설이나 대우건설로부터 승계받을 원고와의 사용대차 관계는 부존재하므로, 이 사건 제1, 2 토지 등에 대한 수용 또는 사용절차 등을 거치거나 원고로부터 새로이 토지사용 승낙을 받는 등 점유권원을 주장·증명하지 못하는 한 원고의 사용수익권을 침해하는 불법점유라고 보아야 할 것이다.

라. 원심판결의 위법함

그런데도 원심은, 이 사건 제1, 2 토지의 공유자인 원고가 1991. 12. 18.경 재개발사업의 시행을 위하여 이 사건 제1, 2 토지에 대한 사용수익권을 스스로 포기하였다고 보고, 이 사건 재개발사업 인가와 사업시행 변경인가가 취소되었다는 등의 특별한 사정이 없는 한, 이 사건 재개발사업의 시행이 예정보다 지연되고 있다거나, 원고가 2003. 9. 15.경 대우건설에게 이 사건 제1, 2 토지의 소유자로서 토지인도 등의 통지를 하였다 하더라도, 사업시행자 변경인가를 받은 피고를 상대로 이 사건 제1, 2 토지의 점유·사용으로 인한 손해배상 또는 부당이득반환을 구할 수 없다는 취지로 판단하고 말았으니, 이러한 원심의 판단에는 재개발사업에 있어서 토지소유자의 사용수익권의 포기 등에 관한 법리를 오해하여 판결에 영향을 미친 위법이 있다. 이 점을 지적하는 상고이유의 주장은 이유 있다.

제6절 관리처분계획인가의 고시에 따른 임대차 등의 종료

I. 임차인의 사용·수익권 소멸 및 임대차 해지권

A. 임차인의 해지권

1. 【해설】 임차인의 계약해지권

> (1) 관리처분계획인가의 고시가 있은 때에는 종전의 토지 또는 건축물의 소유자·지상권자·전세권자·임차권자 등 권리자는 이전고시가 있는 날까지 종전의 토지 또는 건축물을 사용하거나 수익할 수 없으며(법 제81조 제1항), 이에 따라 임대차 등의 설정 목적을 달성할 수 없게 된 임차권자·전세권자·지상권자는 계약을 해지할 수 있다(법 제70조 제1항).
>
> (2) 관리처분계획인가의 고시 전이라도 사회통념상 임차인에게 임대차관계를 유지하도록 하는 것이 부당하다고 볼 수 있는 특별한 사정이 있는 경우에는, 임차인은 임대

I. 임차인의 사용·수익권 소멸 및 임대차 해지권

> 차계약을 해지하고 사업시행자를 상대로 보증금반환을 청구할 수 있다(대법원 2020. 8. 20. 선고 2017 다 260636 판결. 아래 참조).
>
> (3) 임대인은 아래에서 볼 갱신거절권만 있을 뿐, 중도 해지권은 없다.

2. 【법령】 전부개정 도시정비법 제 70 조(지상권 등 계약의 해지)

> ① 정비사업의 시행으로 <u>지상권·전세권 또는 임차권</u>의 설정 <u>목적을 달성할 수 없는 때에는 그 권리자는 계약을 해지할 수 있다.</u>

B. 임대인의 갱신거절권

1. 【해설】 임대인의 갱신거절사유

> (1) 정비사업의 시행으로 건물이 철거되거나 재건축이 이루어지는 경우는 주택임대차 및 상가건물임대차의 갱신거절 사유에 해당한다(주택임대차법 제 6 조의 3 제 1 항 제 7 호 다목; 상가임대차법 제 10 조 제 1 항 제 7 호 다목). 따라서 관리처분계획의 인가 고시가 있은 후에 임차인이 임대차를 해지하지 않고 계약갱신을 요구하면, 임대인은 갱신거절권을 행사하여 임대차를 종료시킬 수 있다. 그러나 사업시행계획의 인가고시가 있다는 사정만으로는 갱신거절사유가 되지 않는다. (대법원 2020. 11. 26. 선고 2019 다 249831 판결.)
>
> (2) 관리처분계획의 인가·고시가 있기 전에 임차인이 갱신요구를 할 경우에도, 관리처분계획이 총회에서 의결되어 그에 대한 인가·고시가 곧 이루어질 것으로 예상되는 때에는 임대인은 인가고시 전이라도 갱신요구를 거절할 수 있다고 보아야 한다. 그런 경우가 아니라면 관리처분계획인가의 고시일에 임대차가 종료한다는 조건으로 갱신요구를 받아들일 수 있을 것이다.
>
> (3) 정비사업 시행으로 인한 철거·재건축은 임대차계약 체결 당시 임대인이 임차인에게 구체적으로 고지하지 않았더라도 갱신거절사유가 된다. 다만 임대인이 고지하지 않은 경우에는 임대인의 손해배상책임이 문제될 수 있다(법 제 122 조. 아래 참조).

2. 【법령】 주택임대차보호법 제 6 조의 3(계약갱신 요구 등)

> ① 제 6 조에도 불구하고 임대인은 임차인이 제 6 조제 1 항 전단의 기간 이내에 계약 갱신을 요구할 경우 정당한 사유 없이 거절하지 못한다. 다만, <u>다음 각 호의 어느 하나에 해당하는 경우에는 그러하지 아니하다.</u>
>
> 　7. 임대인이 다음 각 목의 어느 하나에 해당하는 사유로 목적 주택의 전부 또는 대부분을 철거하거나 재건축하기 위하여 목적 주택의 점유를 회복할 필요가 있는 경우

> 가. 임대차계약 체결 당시 공사시기 및 소요기간 등을 포함한 철거 또는 재건축계획을 임차인에게 구체적으로 고지하고 그 계획에 따르는 경우
>
> 나. 건물이 노후·훼손 또는 일부 멸실되는 등 안전사고의 우려가 있는 경우
>
> 다. 다른 법령에 따라 철거 또는 재건축이 이루어지는 경우
>
> [본조신설 2020. 7. 31.] (☞ 시행일: 2020. 7. 31.)
>
> **부칙 <법률 제 17470 호, 2020. 7. 31.>**
>
> **제 2 조(계약갱신 요구 등에 관한 적용례)** ① 제 6 조의 3 및 제 7 조의 개정규정은 <u>이 법 시행 당시 존속 중인 임대차에 대하여도 적용한다.</u>
>
> ② 제 1 항에도 불구하고 이 법 시행 전에 임대인이 갱신을 거절하고 제 3 자와 임대차계약을 체결한 경우에는 이를 적용하지 아니한다.

3. **【법령】상가임대차법 제 10 조(계약갱신 요구 등)**

> ① 임대인은 임차인이 임대차기간이 만료되기 6 개월 전부터 1 개월 전까지 사이에 계약갱신을 요구할 경우 정당한 사유 없이 거절하지 못한다. 다만, <u>다음 각 호의 어느 하나의 경우에는 그러하지 아니하다.</u> <개정 2013. 8. 13.>
>
> 7. 임대인이 다음 각 목의 어느 하나에 해당하는 사유로 목적 건물의 전부 또는 대부분을 철거하거나 재건축하기 위하여 목적 건물의 점유를 회복할 필요가 있는 경우
>
> 가. 임대차계약 체결 당시 공사시기 및 소요기간 등을 포함한 철거 또는 재건축계획을 임차인에게 구체적으로 고지하고 그 계획에 따르는 경우
>
> 나. 건물이 노후·훼손 또는 일부 멸실되는 등 안전사고의 우려가 있는 경우
>
> 다. <u>다른 법령에 따라 철거 또는 재건축이 이루어지는 경우</u>

4. **【해설】'법정 최단 존속기간'의 배제**

> 관리처분계획의 인가를 받은 경우에는 지상권·전세권 또는 임대차계약의 최단 존속기간(지상권 30 년, 전세권 1 년, <u>주택임대차 2 년</u>, <u>상가임대차 1 년</u> 등)에 관한 규정이 적용되지 않는다(법 제 70 조 제 5 항에 의한 해당 규정의 적용 배제). 리모델링사업에서는 일정한 조건 하에서 최단 존속기간에 관한 규정의 적용이 배제된다(주택법 제 76 조 제 4 항).
>
> 따라서 관리처분계획의 인가를 받은 후에는 임대인은 법정 최단존속기간이 되지 않았더라도 갱신거절을 해서 임대차를 종료시킬 수 있다.

5. 【법령】 전부개정 도시정비법 제70조(지상권 등 계약의 해지)

⑤ 제74조에 따라 관리처분계획의 인가를 받은 경우 지상권·전세권설정계약 또는 임대차계약의 계약기간은 「민법」 제280조·제281조 및 제312조 제2항, 「주택임대차보호법」 제4조 제1항, 「상가건물 임대차보호법」 제9조 제1항을 적용하지 아니한다.

6. 【법령】 주택법 제76조(공동주택 리모델링에 따른 특례)

④ 임대차계약 당시 다음 각 호의 어느 하나에 해당하여 그 사실을 임차인에게 고지한 경우로서 제66조 제1항 및 제2항에 따라 리모델링 허가를 받은 경우에는 해당 리모델링 건축물에 관한 임대차계약에 대하여 「주택임대차보호법」 제4조 제1항 및 「상가건물 임대차보호법」 제9조 제1항을 적용하지 아니한다.

1. 임대차계약 당시 해당 건축물의 소유자들(입주자대표회의를 포함한다)이 제11조제1항에 따른 리모델링주택조합 설립인가를 받은 경우
2. 임대차계약 당시 해당 건축물의 입주자대표회의가 직접 리모델링을 실시하기 위하여 제68조제1항에 따라 관할 시장·군수·구청장에게 안전진단을 요청한 경우

7. 【해설】 토지등소유자와 공인중개사의 설명의무

(1) 위와 같이 임대차 등의 목적물이 정비사업부지에 포함되면 임차인은 임대차가 중도에 종료될 수 있는 위태로운 상황에 처하게 되므로, 토지등소유자는 자신이 소유하는 정비구역 내 토지 또는 건축물에 대하여 전세·임대차 또는 지상권 설정 등 계약을 체결하는 경우 해당 정비사업의 추진단계, 퇴거예정시기(건축물의 경우 철거예정시기를 포함한다), 행위제한(법 제19조) 등을 상대방에게 설명·고지하고 계약서에 기재 후 서명·날인하여야 한다(법 제122조 제1항).

(2) 개업공인중개사도 위 사항들에 관하여 중개의뢰인에게 성실·정확하게 설명하고 설명의 근거자료를 제시하여야 한다(법 제122조 제2항, 공인중개사법 제25조 제2항).

(3) 토지등소유자와 공인중개사가 임대차계약 체결 당시 정비사업의 시행으로 건물이 철거되거나 재건축이 이루어질 수 있다는 사실을 고지하지 않아 임대차가 불시에 종료되고, 그로 인하여 임차인이 신규임차인을 통해 권리금을 회수할 수 있는 기회를 갖지 못하는 손해를 입었다면, 임차인에게 손해배상책임을 질 수 있다. 토지등소유자는 채무불이행 또는 불법행위로 인한 손해배상책임을, 개업공인중개사는 공인중개사법 제30조에 의한 손해배상책임을 진다. 이런 경우는 사업 초기에 은밀히 진행되는

제 3 장 관리처분계획 / 제 6 절 관리처분계획인가의 고시에 따른 임대차 등의 종료

> '토지등소유자가 시행하는 도시정비형 재개발사업'(구 도시환경정비사업)에서 종종 발생한다.
>
> ☞ 이에 관한 상세한 내용은 돈.되.법 1 제 4 장 제 2 절 I.을 참조하세요.

C. 해지권(임차인)과 갱신거절권(임대인)을 행사하지 않은 경우의 법률관계

1. 【해설】 임차인이 해지권을 행사하지 않은 경우의 법률관계

> (1) 도시정비법은 관리처분계획인가의 고시가 있는 경우 임차인 등의 사용·수익권 소멸과 계약 해지권만을 규정하고 있으며, 관리처분계획인가의 고시로 인하여 계약관계가 당연히 종료한다고 규정하지 않고 있다.
>
> (2) 따라서 관리처분계획의 인가고시가 있은 뒤에도 임차인이 계약을 해지하지 않으면 임대차계약이 당연히 종료되거나 이행불능이 되지 않는다. 따라서 <u>관리처분계획인가고시 후에도 임차인이 계속 사용·수익한 이상 임대인은 임차인에 대하여 여전히 차임청구권을 가진다</u>. (이상 대법원 2011. 5. 13. 선고 2010 다 101622 판결.)
>
> 그 후 임대차목적물이 철거되어 실제로 사용·수익이 불가능하게 되었어도 임차인이 임대차를 해지하지 않는 한 임대차는 종료하지 않고 일시정지된 상태로 존속하며, 이후 공사가 완료되어 이전고시가 이루어지면 대항요건을 갖춘 주택임차권은 조합원이 분양받은 종후자산에 설정된 것으로 간주된다(법 제 87 조 제 1 항).
>
> 사업시행자의 '임시거주 상응 조치의무'(임대주택 제공, 주택자금 융자알선 등. 법 제 61 조 제 1 항)는 임차인인 등이 해지권을 행사하지 않은 경우에 특별한 의미가 있다.

2. 【해설】 상가임대차의 경우

> (1) 법 제 87 조 제 1 항은 주택임대차에 관하여만 종후자산으로의 권리전환을 규정하고 있으며, 상가임대차에 관하여는 그와 같은 권리전환 규정이 없다. 따라서 상가임대차에 관하여는 실제로 사용·수익이 불가능하게 된 이후에도 임대차관계가 계속 존속한다고 보기가 어렵다. 그러므로 계약목적에 따른 사용·수익이 현저히 어렵게 된 시점에는 임차인의 해지통고가 없더라도 임대차는 당연히 종료한다고 보는 것이 타당하다(대법원 1996. 3. 8. 선고 95 다 15087 판결 참조).
>
> (2) 이와 관련하여, 2017. 10. 12. 관리처분계획의 인가고시가 있고, 2019. 2. 22. 임대차목적물에 대한 수용재결(수용개시일: 2019. 4. 12.)이 있은 후 2019. 3. 27. 재개발조합이 영업보상금을 공탁하고 2019. 5. 10. 인도집행을 한 사안에서 2019. 5. 10.(인도집행일)경 임대차계약이 종료되었다고 보고, 임차인은 2019. 5. 10.까지 실제 사용·수

익하였는지에 관계없이 임대차계약에서 정한 차임을 지급할 의무가 있다고 본 하급심판례가 있다(서울북부지방법원 2021. 10. 6. 선고 2020 나 42133 판결).

(3) <u>임차인으로서는</u> 관리처분계획인가고시가 있은 후 또는 그 전이라도 사회통념상 임대차관계를 유지하도록 하는 것이 부당하다고 볼 수 있는 특별한 사정이 있는 경우에는 <u>지체 없이 해지통고를 해서 차임지급의무에서 벗어나야</u> 할 것이다.

D. ① 관리처분계획의 인가고시로 소유자·임차인이 사용·수익할 수 없다는 사정만으로 임대차계약이 당연히 종료되거나 이행불능이 되지 않아; ② 따라서 관리처분계획 인가고시 후에도 임차인이 계속 사용·수익한 이상 임대인은 임차인에 대하여 여전히 차임청구권을 가져 —대법원 2011. 5. 13. 선고 2010 다 101622 판결

도시 및 주거환경 정비법 제 49 조 제 6 항 본문은 '관할관청에 의한 관리처분계획인 가고시가 있은 때에는 종전의 토지 또는 건축물의 소유자·지상권자·전세권자·임차권자 등 권리자는 제 54 조의 규정에 의한 이전의 고시가 있는 날까지 종전의 토지 또는 건축물에 대하여 이를 사용하거나 수익할 수 없다'라고 규정하고 있는바, <u>위 규정에 의하여 소유자 등 권리자가 종전의 토지 또는 건축물에 대하여 이를 사용하거나 수익할 수 없다고 하더라도 그러한 사정만으로 종전의 토지 또는 건축물의 소유자와 임차인 사이의 채권계약인 임대차계약이 당연히 종료된다거나 이행불능이 되었다고 볼 수 없다.</u>

같은 취지에서 원심이 위 조항의 의미는 관리처분계획의 사업시행자에 대하여 그 사용·수익권을 주장할 수 없다는 것에 불과하고, <u>부동산의 소유자로서 이를 임차한 자가 그 목적물을 임차인의 사용·수익에 제공하고, 임차인이 적극적으로 사용·수익한 이상 임대인이 임대차계약상 임차인에 대하여 가지는 차임청구권을 부정하는 의미로는 볼 수 없다고</u> 판단한 것은 정당하고, 거기에 상고이유에서 지적하는 바와 같이 위 규정에 관한 법리를 오해하였거나 심리를 다하지 아니하여 판결에 영향을 미친 위법이 없다.

E. ① <u>관리처분계획인가의 고시가 있으면</u> 사업시행자는 임차권자 등을 상대로 부동산의 인도를 구할 수 있고; ② 그 결과 임차권자는 임대차기간이 남아 있더라도 임대차목적물을 사업시행자에게 인도해야 하고, 정비사업이 진행되는 동안 임대차목적물을 사용·수익할 수 없으며; ③ 따라서 임차인은 임대차계약을 해지하고 사업시행자를 상대로 보증금반환청구권을 행사할 수 있음; ④ <u>관리처분계획인가의 고시 전이라도 사회통념상 임차인에게 임대차관계를 유지하도록 하는 것이 부당하다고 볼 수 있는 특별한 사정이 있는 경우에는, 임차인은 임대차계약을 해지할 수 있음</u>; ⑤ 아래의 사실관계에서 관리처분계획인가 고시가 있기 전 임차인의 계약해지를 인정하고 조합에 대한 보증금반환청구를 인용한 사례 —대법원 2020. 8. 20. 선고 2017 다 260636 판결[임대차보증금]

【사실관계】

2014. 12. 8. 마포구청장 관리처분계획 인가

2014. 12. 27.경 피고조합은 세입자를 포함한 조합원들에게 이주안내문 발송

- 이주비신청기간: 2015. 1. 6. ~ 2015. 1. 20.
- 이주기간: 2015. 1. 21. ~ 2015. 6. 21.

2015. 1. 15. 임차인이 임대인에게 임대차 해지를 통고하고 보증금반환을 요구함

2015. 3. 12. 마포구청장 관리처분계획인가 고시

【당사자】

【원고, 피상고인】 원고 1 외 1인

【피고, 상고인】 대흥제2구역주택재개발정비사업조합

1. 법리

가. 임차인에게 계약해지권 및 사업시행자에 대한 보증금반환청구권을 인정한 취지

구 도시 및 주거환경정비법(2017. 2. 8. 법률 제14567호로 전부 개정되기 전의 것, 이하 '구 도시정비법'이라고 한다) 제44조 제1항에서 "정비사업의 시행으로 인하여 지상권·전세권 또는 임차권의 설정목적을 달성할 수 없는 때에는 그 권리자는 계약을 해지할 수 있다."라고 규정하고, 제2항에서 "제1항의 규정에 의하여 계약을 해지할 수 있는 자가 가지는 전세금·보증금 그 밖의 계약상의 금전의 반환청구권은 사업시행자에게 이를 행사할 수 있다."라고 규정하고 있다(이하 통칭하여 '이 사건 조항'이라고 한다).

이처럼 이 사건 조항이 정비사업 구역 내의 임차권자 등에게 계약 해지권은 물론, 나아가 사업시행자를 상대로 한 보증금반환청구권까지 인정하는 취지는, ① 정비사업의 시행으로 인하여 그 의사에 반하여 임대차목적물의 사용·수익이 정지되는 임차권자 등의 정당한 권리를 두텁게 보호하는 한편, ② 계약상 임대차기간 등 권리존속기간의 예외로서 이러한 권리를 조기에 소멸시켜 원활한 정비사업의 추진을 도모하고자 함에 있다(대법원 2014. 7. 24. 선고 2012다62561, 62578 판결 등 참조).

나. "정비사업의 시행으로 임차권의 목적을 달성할 수 없는 때"의 의미

한편 임대차계약은 임대인이 임차인에게 목적물을 사용·수익하게 할 것을 약정하고 임차인이 이에 대하여 차임을 지급할 것을 약정하는 것을 계약의 기본내용으로 하므로(민법 제

618조), 이 사건 조항에서 말하는 '정비사업의 시행으로 인하여 임차권의 설정목적을 달성할 수 없다'는 것은 정비사업의 시행으로 인하여 임차인이 임대차목적물을 사용·수익할 수 없게 되거나 임대차목적물을 사용·수익하는 상황 내지 이를 이용하는 형태에 중대한 변화가 생기는 등 임차권자가 이를 이유로 계약 해지권을 행사하는 것이 정당하다고 인정되는 경우를 의미한다.

다. 구 도시정비법 제49조 제6항 본문의 의미

구 도시정비법 제49조 제6항 본문에 따라 관리처분계획인가의 고시가 있을 때에는 종전의 토지 또는 건축물의 소유자·지상권자·전세권자·임차권자 등 권리자는 구 도시정비법 제54조에 의한 이전의 고시가 있는 날까지 종전의 토지 또는 건축물에 대하여 이를 사용하거나 수익할 수 없고, 사업시행자가 이를 사용·수익할 수 있게 된다(대법원 1992. 12. 22. 선고 91다22094 전원합의체 판결, 대법원 2010. 5. 27. 선고 2009다53635 판결 등 참조).

이에 따라 사업시행자는 관리처분계획인가의 고시가 있게 되면 위 조항을 근거로 정비구역 내에 있는 토지 또는 건축물의 임차권자 등을 상대로 그들이 점유하고 있는 부동산의 인도를 구할 수 있다(대법원 2014. 7. 24. 선고 2012다62561, 62578 판결 등 참조).

그 결과 임차권자는 임대차기간이 남아 있더라도 자신이 점유하고 있는 임대차목적물을 사업시행자에게 인도하여야 할 의무를 부담하게 되고 이로 인해 정비사업이 진행되는 동안 임대차목적물을 사용·수익할 수 없게 된다.

따라서 임차인은 원칙적으로 관리처분계획인가의 고시가 있다면 임차권의 설정목적을 달성할 수 없게 되었음을 이유로 이 사건 조항[제44조 제1항]에 따라 임대차계약을 해지하고, 사업시행자를 상대로 보증금반환청구권을 행사할 수 있다.

라. 관리처분계획인가 전에 임대차를 해지할 수 있는 경우

다만 관리처분계획인가의 고시 이전이라도 정비사업 계획에 따라 사업시행자에 의한 이주절차가 개시되어 실제로 이주가 이루어지는 등 사회통념상 임차인에게 임대차관계를 유지하도록 하는 것이 부당하다고 볼 수 있는 특별한 사정이 있는 경우에는, 임차인은 이 사건 조항에 따라 임대차계약을 해지하고, 사업시행자를 상대로 보증금반환청구권을 행사할 수 있다.

이 경우 임차인이 관리처분계획인가의 고시 이전에 해지권을 행사할 수 있는 특별한 사정이 있는지는, 정비사업의 진행 단계와 정도, 임대차계약의 목적과 내용, 정비사업으로 임차권이 제한을 받는 정도, 사업시행자나 임대인 등 이해관계인이 보인 태도, 기타 제반 사정을 종합적으로 고려하여 개별적·구체적으로 판단하여야 한다.

제 3 장 관리처분계획 / 제 6 절 관리처분계획인가의 고시에 따른 임대차 등의 종료

2. 원심판결에 의하여 알 수 있는 사실

원심판결 이유에 따르면 다음과 같은 사실을 알 수 있다.

가. 원고들은 피고가 사업을 진행하는 주택재개발정비구역에 있는 서울 마포구 (주소 생략)에 관하여 2013. 2. 25. 소외인과 보증금 8,500만 원, 기간 2013. 2. 25.부터 2015. 2. 24.까지로 정하여 임대차계약을 체결하였고, 그 무렵 소외인에게 보증금을 모두 지급한 후 2013. 3. 4. 전입신고를 하였다.

나. 마포구청장은 2014. 12. 8. 피고의 관리처분계획을 인가하였다.

다. 피고는 2014. 12. 27.경 세입자를 포함한 조합원들에게 '이주비 신청 접수기간은 2015. 1. 6.부터 2015. 1. 20.까지, 이주기간은 2015. 1. 21.부터 2015. 6. 21.까지, 조합원의 경우 이주를 빨리할수록 이주촉진비를 지급하는데, 세입자를 포함하여 공가 확인 후 지급한다'는 내용의 이주안내문을 발송하였다.

라. 원고들은 2015. 1. 15. 소외인에게 위 임대차계약을 해지한다고 통고하면서 보증금의 반환을 요구하였다.

마. 마포구청장은 2015. 3. 12. 위 관리처분계획인가를 고시하였다.

바. 원고들은 보증금을 반환받지 못하자 서울 0 2015 차 1161 호로 지급명령을 신청하여 2015. 3. 20.자 지급명령이 2015. 5. 9. 확정되었고, 이를 집행권원으로 하여 소외인이 피고에 대해 가지는 수용보상금 채권에 관하여 2015. 8. 17. 서울서부지방법원 2015 타채 9882 호로 채권압류 및 추심명령을 받았다.

3. 대법원의 판단 (상고기각)

가. 관리처분계획인가·고시 전에 임대차계약을 해지할 수 있다고 본 사례

위와 같은 사실관계를 앞서 본 법리에 비추어 살펴본다.

가. 원고들은 2015. 1. 15. 소외인에게 임대차계약을 해지한다는 의사를 표시하였는데, 비록 원고들의 해지 시점이 관리처분계획인가의 고시 이전이기는 하지만 이때는 이미 마포구청장이 피고의 관리처분계획을 인가하여 가까운 시일 내에 관리처분계획인가의 고시가 있을 것으로 예상되던 시기였다.

나. 사업시행자인 피고 역시 관리처분계획이 인가된 후 정비구역 내에 거주하고 있던 세입자와 조합원들을 상대로 이주안내문을 발송하여 정해진 이주기간 내에 이주할 것을 요구

하고 있었다.

다. 피고가 정한 이주기간도 원고들이 해지권을 행사한 후 불과 며칠 후인 2015. 1. 21. 부터 시작되는 것으로 예정되어 있었다.

라. 이러한 사정에 비추어 보면, 원고들이 관리처분계획인가의 고시 이전에 임대차관계를 유지하는 것이 부당하다고 볼 수 있는 특별한 사정이 있다고 볼 수 있으므로, 원고들은 임대차계약을 해지하고 사업시행자인 피고를 상대로 보증금반환청구권을 행사할 수 있다.

나. 원심판결의 정당함

원심이 같은 취지에서 원고들이 이 사건 조항에 따라 사업시행자인 피고를 상대로 임차보증금 반환청구권을 행사할 수 있다고 판단한 것은 앞서 본 법리에 따른 것으로서, 원심의 판단에 상고이유 주장과 같이 이 사건 조항에서 정한 임차인의 범위에 관한 법리를 오해하는 등으로 판결에 영향을 미친 잘못이 없다.

F. 임대인이 임차인에게 임대차 목적물을 사용·수익케 할 의무가 이행불능이 되고 이러한 이행불능이 일시적이라고 볼 만한 특별한 사정이 없다면 임대차는 당사자의 해지 의사표시를 기다릴 필요 없이 당연히 종료해 —대법원 1996. 3. 8. 선고 95다15087 판결[보증금반환]

임대인이 임대차 목적물의 소유권을 제3자에게 양도하고 그 소유권을 취득한 제3자가 임차인에게 그 임대차 목적물의 인도를 요구하여 이를 인도하였다면 임대인이 임차인에게 임대차 목적물을 사용·수익케 할 의무는 이행불능이 되었다고 할 것이고 이러한 이행불능이 일시적이라고 볼 만한 특별한 사정이 없다면 임대차는 당사자의 해지 의사표시를 기다릴 필요 없이 당연히 종료되었다고 볼 것이지, 임대인의 채무가 손해배상 채무로 변환된 상태로 채권·채무관계가 존속한다고 볼 수 없다.

원심이 적법하게 확정한 바와 같이 임대인인 피고가 이 사건 임대차 목적물의 소유권을 소외 1 등에게 양도하여 그 소유권을 취득한 소외인 등이 임차인인 피고에게 이 사건 임대차 건물 부분의 명도를 요구하여 이를 명도하였으며 그 무렵 피고가 행방불명이 되어 그 소재를 알 수 없게 되었다면, 이 사건 임대차 목적물을 사용·수익케 할 임대인의 의무는 피고의 귀책사유로 인하여 이행불능이 되었다고 할 것이므로 이 사건 임대차는 당사자의 해지 의사표시를 기다릴 필요 없이 이로 인하여 바로 종료되었다고 판단한 원심의 조치는 위와 같은 법리에 비추어 볼 때 정당하다 할 것이고, 거기에 소멸시효 기산점 및 임대차 종료 사유에 관한 법리를 오해한 잘못이 없다. 상고이유는 받아들일 수 없다.

제 3 장 관리처분계획 / 제 6 절 관리처분계획인가의 고시에 따른 임대차 등의 종료

G. [하급심판례] 아래의 사실관계에서 2019. 5. 10.경 임대차계약이 종료되었다고 보고; 원고는 이 사건 건물을 실제 사용·수익하였는지에 관계없이 2019. 5. 10.까지 이 사건 임대차계약에 따라 차임을 지급할 의무가 있다고 본 사례 (따라서 임대차보증금에서 그때까지의 연체차임을 공제함) —서울북부지방법원 2021. 10. 6. 선고 2020 나 42133 판결[부당이득금]

【기초사실】

> 2013. 12. 12. 원고(세입자)는 이 사건 건물을 인도받아 영업 개시
> 2017. 9. 29. 관리처분계획인가
> 2017. 10. 12. 관리처분계획인가 고시
> 2019. 2. 22. 이 사건 건물에 대한 수용재결(수용개시일: 2019. 4. 12.)
> 2019. 3. 27. 영업보상금 13,755,000 원 공탁
> 2019. 5. 10. 조합의 강제집행으로 원고가 이 사건 건물에서 퇴거함

원고는 이 사건 조합의 재개발정비사업에 관한 관리처분계획인가가 고시된 날인 2017. 10. 12. 이 사건 임대차계약이 종료되었고, 원고는 2018. 4. 이후에는 이 사건 건물을 사용·수익하지 않았으므로 원고에게 미지급 차임 또는 미지급 차임 상당의 부당이득반환의무가 없다는 취지로 주장하나,

앞서 본 바와 같이 재개발사업에 관한 관리처분계획인가의 고시가 있었다는 사정만으로 임대차계약이 당연히 종료된다거나 이행불능이 되었다고 볼 수 없고, <u>이 사건 임대차계약은 2019. 5. 10.경 종료되었다고 봄이 상당하므로, 원고는 이 사건 건물을 실제 사용·수익하였는지에 관계없이 이 사건 임대차계약이 종료된 2019. 5. 10.까지 이 사건 임대차계약에 따라 차임을 지급할 의무가 있다.</u>

II. 상가임차인의 권리금보호 배제

A. 개요

1. 【해설】 권리금보호 배제사유

> 정비사업의 시행으로 상가건물이 철거되거나 재건축이 이루어지는 경우는 임차인의 권리금보호 예외사유에도 해당한다(상가임대차법 제 10 조의 4 제 1 항 단서).
>
> 즉 정비사업의 시행으로 상가건물이 철거되거나 재건축이 이루어지는 경우에는 임차인은 임대인에게 임차인이 주선한 신규임차인이 되려는 자와 임대차계약을 체결할

것을 요구할 수 없으며, 따라서 임대인이 이를 거절하더라도 임차인은 임대인에게 권리금 상당의 손해배상을 청구할 수 없다.

2. 【법령】 상가건물 임대차보호법 제10조의4(권리금 회수기회 보호 등)

> ① 임대인은 임대차기간이 끝나기 6개월 전부터 임대차 종료 시까지 다음 각 호의 어느 하나에 해당하는 행위를 함으로써 권리금 계약에 따라 임차인이 주선한 신규임차인이 되려는 자로부터 권리금을 지급받는 것을 방해하여서는 아니 된다. 다만, 제10조 제1항 각 호[☞ 제7호 다목]의 어느 하나에 해당하는 사유가 있는 경우에는 그러하지 아니하다. <개정 2018. 10. 16.>
>
> (각 호 생략)

B. ① 임대차 종료 시 단기간 내에 관리처분계획인가·고시가 이루어질 것이 객관적으로 예상되는 등 특별한 사정이 없는 한, 사업시행인가가 고시되었다는 사정만으로는 권리금회수 보호의무의 예외사유(=계약갱신 거절사유)인 「임대인이 다른 법령에 따라 목적 건물의 전부 또는 대부분을 철거하거나 재건축하기 위하여 '목적 건물의 점유를 회복할 필요'가 있는 경우」에 해당하지 않아; ② 위와 같은 특별한 사정이 인정되지 않아 임대인에게 권리금 회수 방해로 인한 손해배상책임을 인정한 사례 —대법원 2020. 11. 26. 선고 2019다249831 판결[손해배상(기)]

1. 법리

가. 권리금회수 보호의무의 예외사유로서 "목적건물의 점유를 회복할 필요가 있는 경우"

구 상가임대차법 제10조의4 제1항은 "임대인은 임대차기간이 끝나기 3개월 전부터 임대차 종료 시까지 다음 각호의 어느 하나에 해당하는 행위를 함으로써 권리금 계약에 따라 임차인이 주선한 신규임차인이 되려는 자로부터 권리금을 지급받는 것을 방해하여서는 아니 된다."라고 정하면서 "다만 제10조 제1항 각호의 어느 하나에 해당하는 사유가 있는 경우에는 그러하지 아니하다."라고 하여, 계약갱신 거절사유가 있으면 임대인이 권리금 회수기회 보호의무를 지지 않는 것으로 정하고 있다.

한편 같은 법 제10조 제1항 제7호 (다)목은 계약갱신 거절사유의 하나로, 임대인이 다른 법령에 따라 목적 건물의 전부 또는 대부분을 철거하거나 재건축하기 위하여 '목적 건물의 점유를 회복할 필요'가 있는 경우를 들고 있다.

나. 관리처분계획인가·고시가 이루어진 것은 계약갱신 거절사유임

구 도시 및 주거환경정비법(2017. 2. 8. 법률 제14567호로 전부 개정되기 전의 것, 이하

'구 도시정비법'이라 한다)에 따라 정비사업이 시행되는 경우 관리처분계획인가·고시가 이루어지면 종전 건축물의 소유자나 임차권자는 그때부터 이전고시가 있는 날까지 이를 사용·수익할 수 없고(구 도시정비법 제49조 제6항), 사업시행자는 소유자, 임차권자 등을 상대로 부동산의 인도를 구할 수 있다(대법원 2014. 7. 24. 선고 2012다62561, 62578 판결 참조). 이에 따라 임대인은 원활한 정비사업 시행을 위하여 정해진 이주기간 내에 세입자를 건물에서 퇴거시킬 의무가 있다.

따라서 임대차 종료 시 이미 구 도시정비법상 관리처분계획인가·고시가 이루어졌다면, 임대인이 관련 법령에 따라 건물 철거를 위해 건물 점유를 회복할 필요가 있어 구 상가임대차법 제10조 제1항 제7호 (다)목에서 정한 계약갱신 거절사유가 있다고 할 수 있다.

다. 사업시행인가·고시가 있었다는 사정만으로는 계약갱신 거절사유 아님

그러나 구 도시정비법상 사업시행인가·고시가 있는 때부터 관리처분계획인가·고시가 이루어질 때까지는 일정한 기간의 정함이 없고 정비구역 내 건물을 사용·수익하는 데 별다른 법률적 제한이 없다.

이러한 점에 비추어 보면, 정비사업의 진행 경과에 비추어 임대차 종료 시 단기간 내에 관리처분계획인가·고시가 이루어질 것이 객관적으로 예상되는 등의 특별한 사정이 없는 한, 구 도시정비법에 따른 사업시행인가·고시가 이루어졌다는 사정만으로는 임대인이 건물 철거 등을 위하여 건물의 점유를 회복할 필요가 있다고 할 수 없어 구 상가임대차법 제10조 제1항 제7호 (다)목에서 정한 계약갱신 거절사유가 있다고 할 수 없다.

라. 권리금회수 보호의무의 예외사유에 대한 증명책임은 임대인에게 있음

이와 같이 임대차 종료 시 관리처분계획인가·고시가 이루어졌거나 이루어질 것이 객관적으로 예상되는 등으로 구 상가임대차법 제10조 제1항 제7호 (다)목의 사유가 존재한다는 점에 대한 증명책임은 임대인에게 있다.

2. 원심판결의 정당함

원심은 이 사건 건물 일대에 관하여 주택재개발정비사업시행인가가 고시되었다는 사정만으로는 이 사건 임대차가 종료될 무렵 임대인인 피고에게 이 사건 건물의 전부 또는 대부분을 철거하거나 재건축하기 위하여 목적 건물의 점유를 회복할 필요가 있었다고 보기 어렵고, 달리 이를 인정할 증거가 없다고 판단하였다.

원심판결 이유를 기록에 비추어 살펴보면, 원심의 위와 같은 판단은 위 법리에 따른 것으로 정당하고, 이 부분 상고이유 주장과 같이 구 상가임대차법 제10조의4 제1항 단서 및 제10조 제1항 제7호 (다)목에 관한 법리를 오해하는 등으로 판결에 영향을 미친 잘못이 없다.

C. [위 대법원판례의 사실관계] 서울서부지방법원 2019. 6. 21. 선고 2018 나 31860 판결[손해배상(기)]

1. 기초사실

가. 1) 원고는 2002. 7. 5. 피고와 사이에 서울 은평구 (주소 1 생략) 소재 건물(이하 '이 사건 건물'이라 한다) 중 1층(이하 '이 사건 점포'라 한다)에 관하여 보증금 60,000,000 원, 차임 월 5,900,000 원, 임대차 기간 30개월로 하는 임대차계약(이하 '이 사건 임대차계약'이라 한다)을 체결하고, 이 사건 점포를 인도받아 '○○할인마트'라는 상호로 소매업 영업(이하 '이 사건 영업'이라 한다)을 하였다. 2) 그 후 이 사건 임대차계약은 계속하여 묵시적으로 갱신되었다.

나. 한편 이 사건 건물 소재지가 포함된 서울 은평구 (주소 2 생략) 일대 112,694.3 ㎡에 관하여 2013. 6. 13. 증산 5 재정비촉진구역 주택재개발정비사업시행인가가 고시되었다.

다. 원고는 2016. 7. 7.경 이 사건 영업에 관하여 새로운 임차인이 되려는 소외 1 과 사이에 권리금을 85,000,000 원으로 하는 양도양수계약(이하 '이 사건 권리금계약'이라 한다)을 체결한 다음, 이를 피고에게 알리면서 소외 1 과의 새로운 임대차계약 체결을 주선하였다.

라. 이에 원고, 피고, 소외 1 은 2016. 7. 26.경 함께 은평구청에 찾아가 위 재개발정비사업의 진행 정도에 관하여 알아보았는데, 소외 1 은 이 사건 건물이 철거되기 전까지 5년 정도는 영업을 할 수 있을 것으로 판단하고, 피고에게 이 사건 점포에 관하여 임대차계약을 체결하겠다는 의사를 표시하였으나, 피고는 그 자리에서 단호하게 거절하였다.

마. 1) 원고를 대리하여 법무법인 천우는 2016. 8. 2.경 피고에게 이 사건 임대차계약의 해지를 통고하면서, 피고가 위와 같이 소외 1 과의 새로운 임대차계약의 체결을 거절하였음을 이유로 손해배상을 청구하겠다는 내용의 서면(이하 '이 사건 해지통고'라 한다)을 보냈고, 2016. 8. 5. 피고를 상대로 권리금 상당의 손해배상금을 구하는 이 사건 소를 제기하였다... 2) 이에 대하여 피고는 2016. 8. 9. 이 사건 건물 소재지 일대에 재개발이 추진 중이므로 권리금을 인정하는 임대차계약 체결을 거부한다는 내용의 서면을 보냈다.

바. 1) 소외 1 은 이 사건 점포의 임차를 포기하고, 다른 곳을 임차하여 소매점 영업을 하고 있다. 2) 피고는 2016. 11. 9.경 소외 2 에게 이 사건 점포 및 이 사건 건물 지하층을 보증금 1억 3,000 만 원, 차임 월 700 만 원, 임대차기간 2016. 11. 9.부터 2026. 11. 8.로 정하여 임대하였고 현재는 소외 2 가 이 사건 점포에서 마트를 운영하면서 사용하고 있다. 피

고와 소외 2 사이의 위 임대차계약의 특약사항으로 "이 지역은 뉴타운 재개발 지역으로 권리금이 존재하지 않는다. 임차인은 재개발 지정을 충분히 인지 후 위 계약서를 작성하며 임대인에게 어떠한 책임도 전가할 수 없다. 재개발 발표 후 지역주민 이주 시 3개월 전에 서면 통보 후 임차인은 위 계약을 해약할 수 있다."고 정하고 있다.

III. 임대차보증금반환의무 등에 대한 사업시행자의 공동책임

A. 개요

1. 【해설】임대차보증금반환의무 등에 대한 사업시행자의 공동책임

> (1) 정비사업의 시행으로 전세권·임차권 등의 설정 목적을 달성할 수 없어 임차권자 등 권리자가 계약을 해지하는 경우에는 전세금·보증금 그 밖의 계약상의 금전반환청구권을 사업시행자에게 행사할 수 있다(법 제70조 제1, 2항).
>
> 정비구역 내 토지 또는 건축물의 임차인이기만 하면 사업시행자에게 보증금반환청구권을 행사할 수 있으며, 임대인이 조합원인지 현금청산대상자인지는 문제가 되지 않는다. 무허가건물의 임차인도 그 임대차가 적법하게 성립한 이상 사업시행자에게 임차보증금 반환청구권을 행사할 수 있다. (이상 서울고등법원 2010. 1. 14. 선고 2009나62365, 2009나62372 판결.)
>
> (2) 다만, 사업시행자는 정비사업의 원활한 진행과 임차인 등의 보호를 위해 법정 공동책임을 지는 것에 불과하며, 보증금반환의무의 주채무자는 임대인인 토지등소유자이다. 따라서 임차인 등이 사업시행자에게 보증금반환청구권을 행사하기 위해서는 당연히 임대인에 대하여 보증금반환청구권을 가지고 있어야 한다(대법원 2014. 7. 24. 선고 2012다62561, 62578 판결).
>
> (3) 사업시행자가 임차인 등에게 보증금을 반환한 때에는 주채무자인 해당 토지등소유자에게 구상할 수 있으며, 토지등소유자가 조합의 구상에 응하지 않을 경우 조합은 해당 토지등소유자가 당해 정비사업에서 공급받을 대지 또는 건축물을 압류할 수 있다. 이 경우 압류는 저당권과 동일한 효력을 가진다(따라서 우선변제권을 가짐). (법 제70조 제3, 4항).

2. 【법령】전부개정 도시정비법 제70조(지상권 등 계약의 해지)

> ① 정비사업의 시행으로 <u>지상권·전세권 또는 임차권</u>의 설정 목적을 달성할 수 없는 때에는 <u>그 권리자는 계약을 해지할 수 있다</u>.

III. 임대차보증금반환의무 등에 대한 사업시행자의 공동책임

> ② 제1항에 따라 계약을 해지할 수 있는 자가 가지는 전세금·보증금, 그 밖의 계약상의 금전의 반환청구권은 사업시행자에게 행사할 수 있다.
>
> ③ 제2항에 따른 금전의 반환청구권의 행사로 해당 금전을 지급한 사업시행자는 해당 토지등소유자에게 구상할 수 있다.
>
> ④ 사업시행자는 제3항에 따른 구상이 되지 아니하는 때에는 해당 토지등소유자에게 귀속될 대지 또는 건축물을 압류할 수 있다. 이 경우 압류한 권리는 저당권과 동일한 효력을 가진다.

B. ① 임차권자가 사업시행자를 상대로 보증금 등의 반환을 구하려면 토지등소유자에 대하여 보증금반환채권을 가져야 해; ② 신탁으로 인한 소유권이전등기가 마쳐진 후에 수탁자 승낙 없이 위탁자와 임대차계약을 체결한 임차인은 수탁자에게 임대차보증반환채권을 가지지 못하므로 조합에 대하여 보증금반환청구를 할 수 없음 —대법원 2014. 7. 24. 선고 2012다62561,62578 판결[건물인도·건물명도]

【당사자】

> [원고, 피상고인] 화곡3주구주택재건축정비사업조합
>
> [원고보조참가인, 상고인] 케이비부동산신탁 주식회사
>
> [피고, 상고인] 피고 1 외 3인
>
> [피고, 피상고인 겸 상고인] 대한예수교장로회 은성교회

1. 구 도시정비법 제44조 제1, 2, 3항의 입법취지

이처럼 도시정비법이 정비사업 구역 내의 임차권자 등에게 계약 해지권은 물론, 나아가 사업시행자를 상대로 한 보증금반환청구권까지 인정하는 취지는, 정비사업의 관리처분계획인가 고시에 따라 그 의사에 반하여 임대차목적물의 사용·수익이 정지되는 임차권자 등의 정당한 권리를 두텁게 보호하는 한편, 계약상 임대차기간 등 권리존속기간의 예외로서 이러한 권리를 조기에 소멸시켜 원활한 정비사업의 추진을 도모하고자 함에 있다.

이와 같은 입법 취지·목적, 위 각 규정의 체계적 해석 등과 아울러 ① 도시정비법 제44조 제3항은 임차권자에게 보증금을 반환한 사업시행자의 토지등소유자에 대한 구상권의 법적 근거가 되는 규정이므로, 위 조항에 따라 사업시행자가 토지등소유자에게 구상권을 행사하려면 토지등소유자에게 임차권자에 대한 보증금반환채무가 있음을 전제로 하는 점, ② 도시정비법 제44조 제4항 또한 마찬가지로 토지등소유자의 임차권자에 대한 보증금반환채무 등을 전제로 한 규정이라고 볼 수 있는 점, ③ 토지등소유자에게 대항할 수 없는 무단

제3장 관리처분계획 / 제6절 관리처분계획인가의 고시에 따른 임대차 등의 종료

전차인 등의 경우까지 도시정비법 제44조 제2항에 기하여 사업시행자를 상대로 보증금 등 반환을 구할 수 있다고 본다면, 다른 법률관계에서는 임대차계약상 그 임대인을 상대로 한 보증금반환채권을 갖는 데 불과한 무단 전차인 등이 '정비사업의 시행'이라는 우연한 사정에 기하여 임대인의 자력과 무관하게 보증금을 반환받게 되는 점, ④ 이러한 결과는 주택임대차보호법 등에 정한 임차권 보호의 취지와 부합하지 아니할 뿐 아니라, 사업시행자로 하여금 임대인의 무자력 등으로 구상을 하지 못할 위험까지 부담하도록 하는 것이어서 정비사업의 원활한 진행이라는 이 사건 조항의 입법 취지에도 어긋나는 점 등에 비추어 보면, 이 사건 조항에 따라 <u>임차권자가 사업시행자를 상대로 보증금 등의 반환을 구하려면, 임차권자가 토지등소유자에 대하여 보증금반환채권을 가지는 경우라야 한다</u>.

2. 대법원의 판단 (파기환송)

그러나 원심의 이러한 판단은 다음과 같은 이유에서 이를 수긍할 수 없다.

가. 법리 (신탁의 효력)

신탁법상의 신탁은 위탁자가 수탁자에게 특정의 재산권을 이전하거나 기타의 처분을 하여 수탁자로 하여금 신탁 목적을 위하여 그 재산권을 관리·처분하게 하는 것이므로(신탁법 제1조 제2항), 부동산의 신탁에 있어서 수탁자 앞으로 소유권이전등기를 마치게 되면 대내외적으로 소유권이 수탁자에게 완전히 이전되고, 위탁자와의 내부관계에 있어서 소유권이 위탁자에게 유보되어 있는 것은 아니라 할 것이며, 이와 같이 <u>신탁의 효력으로서 신탁재산의 소유권이 수탁자에게 이전되는 결과 수탁자는 대내외적으로 신탁재산에 대한 관리권을 갖는 것</u>이다(대법원 2002. 4. 12. 선고 2000다70460 판결 등 참조).

나. 신탁 이후 수탁자 동의 없이 임차인이 된 원고는 수탁자에게 대항할 수 없음

위와 같은 사실관계를 위 법리에 비추어 살펴보면, 위 신탁계약에 따라 이 사건 부동산의 대내외적 소유권은 신탁등기일인 2008. 6. 19.에 수탁자인 참가인에게 완전히 이전되었으므로, 위 <u>신탁등기일 당시 이 사건 부동산에 존재하는 위 별첨 5 기재 임대차에 대한 임대인 지위만 수탁자에게 승계되고, 위 신탁등기일 이후로는 위 신탁조항 제10조 제3항에 따라 수탁자의 사전승낙 등을 거쳐 체결된 임대차만이 소유자인 수탁자에게 대항할 수 있게 된다</u>.

따라서 <u>피고 은성교회가 2008. 7. 1. 피고 다인종합건설과 사이에 체결한 위 임대차계약에 대하여 이 사건 부동산의 소유자인 참가인의 사전승낙을 받았다는 등의 특별한 사정이 없는 한, 참가인은 위 임대차계약에 정한 위 보증금에 대하여 피고 은성교회에게 반환채무를 부담하지 않게 되고</u>, 그러한 경우 위 (1)항에서 본 법리에 비추어 <u>결국 피고 은성교회는</u>

원고에 대하여 이 사건 조항에 기한 위 보증금의 반환청구권을 행사할 수 없게 된다고 할 것이다.

그런데 참가인은 위 별첨 5 의 기재에 따라 피고 은성교회가 임대차보증금이 없는 임차인인 것으로 알았을 뿐, 위 임대차계약에 따른 임대차보증금의 존재를 알지 못하였다는 취지로 주장하고 있고, 달리 기록을 살펴보아도 당시 피고 은성교회나 피고 다인종합건설이 참가인으로부터 임대차계약 체결에 대한 사전승낙을 받았다는 점을 인정할 만한 증거를 찾아보기 어렵다.

다. 원심판결의 위법함

그럼에도 원심은 이와 달리 피고 은성교회나 피고 다인종합건설이 위 임대차계약 체결 당시 참가인의 사전승낙을 받았는지 여부 및 그에 따라 피고 은성교회가 이 사건 조항에 정한 '임차인'에 해당하는지 여부 등에 관하여 심리하지 않은 채, 그 판시 사정만을 들어 피고 은성교회의 동시이행항변을 받아들이고 말았으니, 이러한 원심판단에는 이 사건 조항에 정한 '임차인'의 범위 등에 관한 법리를 오해하고 필요한 심리를 다하지 아니하여 판결에 영향을 미친 위법이 있다.

IV. 임차인에 대한 영업보상 문제 (재개발만 해당)

A. ① 사업시행자는 관리처분계획인가에 의하여 사용·수익권을 잃는 임차인에게 손실보상의무를 부담해; ② 따라서 사업시행자가 임차인으로부터 토지/건축물을 인도받기 위하여는 관리처분계획이 인가·고시된 것만으로는 부족하고, 협의 또는 수용재결에 의하여 결정되는 영업손실보상금을 지급해야 해; ③ 이 경우 '조합의 보상금 지급의무'와 '임차인의 부동산 인도의무'의 관계는, i) 보상에 관한 협의가 성립된 경우는 동시이행 관계이고, ii) 재결절차에 의할 때에는 영업손실보상금의 지급이 선이행의무야 —대법원 2011. 11. 24. 선고 2009 다 28394 판결[건물명도]

☞ 판결이유는 돈.되.법 5 제 3 장 제 4 절 VIII.을 참조하세요.

B. ① 재건축사업에는 수용에 관한 규정이 적용되지 않으므로 '손실보상의 선이행'이 적용되지 않아; ② 재개발사업과 달리 재건축사업에서 매도청구권 행사의 기준인 '시가'에 개발이익이 포함되는 것은 재건축사업에서 임차인에 대한 보상을 토지등소유자가 스스로 할 것을 전제로 한 것임; ③ 따라서 재건축사업의 시행자는 임차인들에게 영업손실 등에 관한 보상의무가 없음 —대법원 2014. 7. 24. 선고 2012 다 62561,62578 판결[건물인도·건물명도]

제 3 장 관리처분계획 / 제 6 절 관리처분계획인가의 고시에 따른 임대차 등의 종료

【당사자】

[원고, 피상고인] 화곡 3 주구주택재건축정비사업조합

[원고보조참가인, 상고인] 케이비부동산신탁 주식회사

[피고, 상고인] 피고 1 외 3 인

[피고, 피상고인 겸 상고인] 대한예수교장로회 은성교회

1. 관련규정

도시정비법 제 38 조는 정비사업 시행자에게 정비구역 안에서 「공익사업을 위한 토지 등의 취득 및 보상에 관한 법률」(이하 '공익사업법'이라 한다)에 의한 토지 등을 수용 또는 사용할 권한을 부여하면서, 주택재건축사업의 경우에는 다른 정비사업과 달리 천재·지변 그 밖의 불가피한 사유로 인하여 긴급히 정비사업을 시행할 필요가 있다고 인정되는 때(도시정비법 제 8 조 제 4 항 제 1 호)에 해당하는 사업에 한정하고 있다. 그리고 도시정비법은 제 40 조 제 1 항에서 "정비구역 안에서 정비사업의 시행을 위한 토지 또는 건축물의 소유권과 그 밖의 권리에 대한 수용 또는 사용에 관하여는 이 법에 특별한 규정이 있는 경우를 제외하고는 공익사업법을 준용한다"고 규정하고 있고, 제 49 조 제 6 항 본문에서 관리처분계획 인가 고시로 인한 토지 또는 건축물의 소유자·지상권자·전세권자·임차권자 등 권리자의 사용·수익의 정지를 규정하면서, 같은 항 단서에서 그 예외로 "사업시행자의 동의를 받거나 제 40 조 및 공익사업법에 따른 손실보상이 완료되지 아니한 권리자의 경우에는 그러하지 아니하다"고 규정하고 있다.

2. 주택재건축사업에는 수용절차가 없어

가. 구 도시정비법 제 49 조 제 6 항 단서는 재건축사업에 적용 안 돼

위 각 규정의 문언과 그 취지를 종합하면, 도시정비법 제 49 조 제 6 항 단서는 도시정비법 제 38 조에 따라 사업시행자에게 공익사업법상 정비구역 안의 토지 등을 수용 또는 사용할 권한이 부여된 정비사업에 제한적으로 적용되고, 그 권한이 부여되지 아니한 주택재건축사업에는 적용될 수 없다 할 것이다.

나. 토지보상법은 재건축사업에 적용 안 돼

나아가 도시정비법의 입법 목적 및 취지, 도시정비법상 주택재건축사업의 특성 등과 아울러

① 도시정비법은 다양한 유형의 정비사업에 대하여 각 사업의 공공성 및 공익성의 정도

에 따라 그 구체적 규율의 내용을 달리하고 있는 점,

② 도시정비법상 주택재건축사업은 "정비기반시설은 양호하나 노후·불량건축물이 밀집한 지역에서 주거환경을 개선"할 목적으로 시행하는 것으로서 정비기반시설이 열악한 지역에서 정비기반시설 설치를 통한 도시기능의 회복 등을 목적으로 하는 주택재개발사업 등에 비하여 그 공공성 및 공익성이 상대적으로 미약한 점,

③ 그에 따라 도시정비법은 <u>주택재건축사업 시행자와 토지등소유자 등의 협의가 성립하지 않을 경우의 해결방법으로, 수용·사용 등의 공적 수단에 의하지 않고 매도청구권의 행사를 통한 사적 자치에 의해 해결하도록 규정하고 있는바</u>, 이는 도시정비법의 기본적 틀로서 입법자가 결단한 것이라고 볼 수 있는 점,

④ <u>주택재개발사업 등에 있어서 수용보상금의 산정이 개발이익을 배제한 수용 당시의 공시지가에 의하는 것과는 달리, 주택재건축사업의 매도청구권 행사의 기준인 '시가'는 재건축으로 인하여 발생할 것으로 예상되는 개발이익이 포함된 가격을 말하는데</u>(대법원 2009. 3. 26. 선고 2008다21549, 21556, 21563 판결 참조), <u>이러한 차이는 주택재건축사업의 토지등소유자로 하여금 임차권자 등에 대한 보상을 임대차계약 등에 따라 스스로 해결하게 할 것을 전제로 한 것</u>으로 보이는 점 등에 비추어 보면,

<u>주택재건축사업에 대하여 도시정비법 제49조 제6항 단서나 공익사업법 규정이 유추적용된다고 보기도 어렵다.</u>

다. 주택재건축조합은 임차인에게 영업손실 보상의무 없어

그러므로 원심이 그 판시와 같은 이유로 수용 또는 사용 권한이 부여되어 있지 아니한 이 사건 <u>주택재건축사업의 시행자인 원고에게 임차권자인 피고들에 대한 영업손실 등에 관한 손실보상의 의무가 없다고 판단한 것은 정당하고</u>, 거기에 도시정비법 제49조 제6항 단서 및 공익사업법상 손실보상 규정의 적용 또는 유추적용에 관한 법리 등을 오해한 위법이 없다.

제7절 이주·철거

I. 이주비 지원

A. 조합의 이주비 대출 지원

제3장 관리처분계획 / 제7절 이주·철거

1. 【해설】 조합의 이주비 지원

(1) 조합원은 자신이 소유하는 건축물을 철거하고 이주하여 그 대지 위에 새로운 건축물을 건설하기로 한 사람이므로, 이주는 당연히 자기부담으로 하는 것이 원칙이다.

그런데 이주가 지연되면 금융비용과 사업비가 증가하여 사업성이 떨어지므로, 조합은 신속한 이주를 위해 조합원에게 이주비 대출을 알선·지원한다. 조합은 신속한 이주를 촉진하기 위하여 이주기간 내에 이주를 완료하는 조합원에게 수백만원 정도의 '이주촉진비'를 덤으로 주기도 한다.

(2) 이주비 대출은 조합의 주선 하에 조합원의 종전자산을 담보로 이루어지는 주택담보대출이므로, 조합원은 종전 토지 및 건축물을 담보로 제공하여야 한다. 이때 대출 금융기관 명의로 근저당권이 설정되고(주택도시보증공사가 대출보증을 하는 경우에는 주택도시보증공사 명의로 근저당권이 설정됨), 그 기회에 조합 앞으로 신탁을 원인으로 한 소유권이전등기를 경료한다.

이주비 대출은 LTV, DTI 의 제한을 받으나, DSR 제한은 받지 않는다(조합원분담금에 대한 중도금 대출도 DSR 의 제한을 받지 않는다).

   * LTV(Loan-to-value ratio, 주택담보대출비율) = 대출가능금액 ÷ 담보재산평가액. LTV 의 기준이 되는 '담보재산평가액'은 프리미엄이 포함된 시가가 아니라, 분양신청 안내서와 관리처분계획에 기재된 종전자산 감정평가액 이다.

   * DTI(Debt-to-income ratio, 총부채상환비율) = (주택담보대출 원리금상환액 + 기타 대출 이자상환액) ÷ 연소득

* DSR(Debt Service Ratio, 총부채원리금상환비율) = (주택담보대출 원리금상환액 + 기타 대출 원리금상환액) ÷ 연소득) ☞ DTI 와 DSR 의 차이는 주택담보대출을 제외한 기타 대출에서 이자상환액만 계산하느냐(DTI), 원리금상환액을 계산하느냐(DSR) 이다.

(3) 조합은 이주비 대출을 희망하는 조합원에게 조합이 직접 금융기관과 대출약정을 체결하거나(이 경우 대주는 금융기관), 시공자와 약정을 체결하여 시공자가 직접 대여해 주도록(이 경우 대주는 시공자) 알선할 수 있으며, 이주비 대출을 받으려는 조합원은 조합에서 배포하는 '대출안내서'에 따라 대출신청을 하고 그 요건 및 절차를 준수하여야 한다. 조합원은 신축 아파트에 입주할 때까지 금융기관(또는 시공자)에게 이주비를 모두 상환하거나(만기일시상환. 조기상환 가능 조건), 대출 조건에 따라 주택담보대출로 대환하여야 한다.

(4) 이주비 대출은 재개발사업의 현금청산대상자에게 손실보상으로 지급하는 주거이전비, 이사비 또는 이주정착금 등과 전혀 다른 것이므로 혼동하지 말아야 한다.

(5) 이주비대출의 주선·지원은 이주를 촉진하기 위한 것이기 때문에 <u>조합원이 법인이거나 토지만을 소유한 경우에는 이주비 지원을 하지 않는다</u>.

2. 【해설】이주비 대출 후 조합원지위를 승계한 자의 지위

양도·상속·증여·판결 등으로 조합원의 지위가 승계된 경우 승계인은 조합원의 권리와 의무 및 종전의 권리자가 행하였거나 조합이 종전의 권리자에게 행한 처분, 청산시 권리·의무에 관한 범위 등을 모두 승계하므로(도시정비법 제 129 조; 재건축 표준정관 제 9 조 제 5 항), 구 조합원이 부담하고 있던 이주비 상환의무도 승계한다.

따라서 조합원이 대출이자를 부담하는 조건이면 이자상환의무도 승계하며, <u>양수인이 조합원지위를 승계하기 전에 발생한 이자의 상환의무도 승계한다</u>(서울고등법원 2018. 5. 31. 선고 2017 나 2075966 판결 참조).

3. 【정관】재건축 표준정관 제 37 조(이주대책)

① 사업시행으로 주택이 철거되는 조합원은 사업을 시행하는 동안 <u>자신의 부담으로 이주하여야</u> 한다.

② 조합은 이주비의 지원을 희망하는 조합원에게 <u>조합이 직접 금융기관과 약정을 체결하거나, 시공자와 약정을 체결하여 지원하도록 알선</u>할 수 있다. 이 경우 이주비를 지원받은 조합원은 사업시행구역안의 <u>소유 토지 및 건축물을 담보로 제공</u>하여야 한다.

③ 제 2 항의 규정에 의하여 이주비를 지원받은 조합원 또는 그 권리를 승계한 조합원은 <u>지원받은 이주비를 주택 등에 입주시까지 시공자(또는 금융기관)에게 환불하여야</u> 한다.

4. 【정관】재개발 표준정관 제 35 조(이주대책)

① 사업시행구역안의 거주자중 사업시행으로 주택이 철거되는 조합원에게 사업시행기간동안 <u>임시수용시설에 수용하거나 주택자금을 융자알선</u>한다.

② 조합은 이주비의 지원을 희망하는 조합원에게 조합이 직접 금융기관과 약정을 체결하거나, 시공자와 약정을 체결하여 지원하도록 알선할 수 있다. 이 경우 <u>이주비를 지원받는 조합원은 사업시행구역안의 소유토지 및 건축물을 담보로 제공</u>하여야 한다.

③ 사업시행으로 철거되는 주택의 세입자는 해당 시·도조례에서 정하는 바에 따라 <u>임대주택을 공급</u>하거나, 공익사업을위한토지의취득및손실보상에관한법률 시행규칙 제

54조제2항 및 제55조제2항 규정의 기준에 해당하는 세입자에 대하여는 동 규칙이 정한 바에 따라 주거이전비를 지급한다.

B. 이주비 대출이자의 부담

1. 【해설】 이주비 대출이자 부담자는 정관에 따라 달라짐

> (1) 이주비대출 이자와 근저당권 설정비용의 부담 방법은 정관에 따라 달라질 수 있다. 조합원이 직접 부담하거나, 조합이 대납한 후 입주시 조합원으로부터 일시 상환받거나, 조합이 사업비로써 전부 또는 일부를 무상 대납할 수도 있다.
>
> (2) 조합이 사업비로 이주비 대출이자를 대납해 주는 경우, 대납 이자 중 일반분양 비율에 해당하는 금액은 조합의 손금(비용)으로 처리될 수 없으며 조합원에게 소득처분되어 배당소득세가 부과된다. 좀더 자세히 보면, 조합이 대납한 이주비 대출이자 중 조합원이 조합으로부터 무상으로 지원받게 되는 이자 상당액, 즉 조합이 대납한 대출이자 중 수익사업 부문에 해당하는 일반분양 비율 상당액[대납 대출이자 × (= 1 – 조합원분양 비율)]은 배당소득으로 소득처분되어 15.4%의 배당소득세가 부과된다.
>
> (3) 시공자는 조합원들에게 무이자로 이주비를 대여하거나 대출이자를 무상으로 대납해 줄 수 없다(계약업무처리기준 제30조 제1, 2항).

2. 【해설】 재건축부담금 문제 (배당소득세를 피하면서 개발비용으로 인정받는 방법)

> (1) 조합이 대납한 이주비 대출이자는 재건축부담금 부과기준을 산출할 때 '개발비용' 항목으로 공제된다(재건축이익환수법 시행령 제9조 제2항 관련 [별표] 제1호 라목 중 "조합원의 이주를 위하여 드는 이주비용에 대한 금융비용"에 해당).
>
> * 재건축부담금 부과기준(재건축초과이익) = 종료시점 주택가격 총액 – 개시시점 주택가격 총액 – 부과기간 동안의 정상주택가격상승분 총액 – 개발비용 등
>
> (2) 그런데 이주비 이자를 조합이 대납하지 않고 조합원이 직접 납부하는 경우에도 '개발비용'으로 인정되는지 여부가 명확하지 않다. 재건축부담금 납부의무자는 조합이며 조합원은 2차 납부의무자에 불과하기 때문이다(재건축이익환수법 제6조 제1항).
> 그래서 이주비 이자를 조합이 대납하지 않고 조합원이 직접 납부하면, 앞서 본 배당소득세가 부과되지 않을 수는 있지만, 조합원이 직접 납부한 이자는 조합이 지출한 개발비용이 아니므로 재건축부담금 부담기준이 그만큼 상승할 수가 있다.
>
> (3) 이에 배당소득세도 내지 않고 재건축부담금 부담기준 산출시 개발비용으로도 인정받기 위한 방법으로, 조합이 이주비 대출이자를 대납한 후 입주 시 조합원으로부터

> 상환받는 방법이 사용되고 있으나, 이 방법이 배당소득세와 재건축부담금 문제를 모두 확실하게 해결해 줄 수 있을지는 아직 미지수이다.

C. 시공자의 이주비 지원

1. 【해설】이사비·이주비·이주촉진비 등에 대한 시공자의 지원 및 그에 대한 제한

> **(1)** 구「계약업무처리기준」하에서 시공자의 이주비 관련 지원은 ① 금융기관의 이주비 대출이자를 대여하는 것과 ② 적정금리 수준으로 '추가이주비'를 대여하는 것(재건축사업 제외)만이 허용되었고(②는 재개발사업에서만 허용되었음). 그 외의 지원은 일절 허용되지 않았다. 따라서 시공자는 이주비를 직접 대여해 줄 수 없었다(구 기준 제30조).
>
> 그러나 그 위반행위에 대한 명시적 제재규정이 없었기 때문에 건설회사들은 SPC(특수목적법인) 설립, 신용공여(연대보증) 등 편법적인 방법으로 LTV 100% 이주비 지원을 하여 위법 논란이 있었다. 법 제132조 제1항 제1호("금품, 향응 또는 그 밖의 재산상 이익을 제공하거나 제공의사를 표시하거나 제공을 약속하는 행위") 위반으로 볼 여지가 있었으나, 이는 형벌법규의 확장해석이므로 허용될 수 없다(실제로 정부에서 법 제132조 제1항 위반으로 수사의뢰를 한 적이 있으나 처불규정 미비 등을 이유로 불기소처분 된 적이 있음).
>
> **(2)** 그러나 2023. 6. 16. 개정·시행된「계약업무처리기준」에서는 ① 시공자가 이주비 등을 무상으로 제공하는 것과 이주비 등을 무이자로 대여하거나 시중 최저금리보다 더 낮은 금리로 대여하는 것은 금지되나, ② 이주비 등을 시중금리 수준으로 대여하는 것은 허용된다(기준 제30조). ②는 재건축사업에서도 허용된다.
>
> **(3)** 도시정비법령에도 이와 같은 내용의 규정을 신설·정비하고, 제제규정도 신설하여 2022. 12. 11.부터 시행하였다(법 제132조 제2, 3, 4항; 영 제96조의2; 법 제140조 제1항 제2호).
>
> 따라서 시공자의 이주비 지원이 현행 계약업무기준과 같이 달라진 것은 2023. 6. 16. 이 아니고 2022. 12. 11.이다(2022. 6. 10. 개정법률 제18941호 및 2022. 12. 9. 개정 대통령령 제33046호 시행일). 다만, 현행법에서도 이주비 관련 위반행위에 대한 형사처벌 규정은 없다(법 제135조 제2호 참조).
>
> **(4)** 건설사의 입찰제안에 포함된 이주비 지원 제안이 위와 같은 기준을 위반한 경우 시공자선정이 무효가 될 수 있고, 그 내용이 시공자선정 입찰공고에 포함된 경우에는 입찰 자체가 무효가 될 수 있다.

2. 【법령】 제 132 조(조합임원 등의 선임·선정 및 계약 체결 시 행위제한 등)

② 건설업자와 등록사업자는 제 29 조[☞ 시공자 선정]에 따른 계약의 체결과 관련하여 시공과 관련 없는 사항으로서 다음 각 호의 어느 하나에 해당하는 사항을 제안하여서는 아니 된다. <신설 2022. 6. 10.> [☞ 제 2 항 시행일: 2022. 12. 11.]

  1. 이사비, 이주비, 이주촉진비, 그 밖에 시공과 관련 없는 사항에 대한 금전이나 재산상 이익을 제공하는 것으로서 대통령령으로 정하는 사항

  2. 「재건축초과이익 환수에 관한 법률」에 따른 재건축부담금의 대납 등 이 법 또는 다른 법률을 위반하는 방법으로 정비사업을 수행하는 것으로서 대통령령으로 정하는 사항

☞ 영 제 96 조의 2(제안이 금지되는 사항)

  ① 법 제 132 조제 2 항제 1 호에서 "대통령령으로 정하는 사항"이란 다음 각 호의 사항을 말한다.

    1. 이사비, 이주비, 이주촉진비 및 그 밖에 시공과 관련 없는 금전이나 재산상 이익을 무상으로 제공하는 것

    2. 이사비, 이주비, 이주촉진비, 그 밖에 시공과 관련 없는 금전이나 재산상 이익을 무이자나 제안 시점에 「은행법」에 따라 설립된 은행 중 전국을 영업구역으로 하는 은행이 적용하는 대출금리 중 가장 낮은 금리보다 더 낮은 금리로 대여하는 것

  ② 법 제 132 조제 2 항제 2 호에서 "대통령령으로 정하는 사항"이란 「재건축초과이익 환수에 관한 법률」에 따른 재건축부담금의 대납을 말한다.

[본조신설 2022. 12. 9.]

  [☞ 시행일: 2022. 12. 11.]

③ 시·도지사, 시장, 군수 또는 구청장은 제 1 항 각 호 또는 제 2 항 각 호의 행위에 대한 신고의 접수·처리 등의 업무를 수행하기 위하여 신고센터를 설치·운영할 수 있다. <신설 2023. 12. 26.>

④ 제 3 항에 따른 신고센터의 설치 및 운영에 필요한 사항은 국토교통부령으로 정한다. <신설 2023. 12. 26.>

[☞ 제 3, 4 항 시행일: 2024. 6. 27.]

I. 이주비 지원

3. 【법령】 제140조(과태료)

① 다음 각 호의 어느 하나에 해당하는 자에게는 1천만원 이하의 과태료를 부과한다. <개정 2022. 6. 10.>
  2. 제132조 제2항을 위반하여 제29조에 따른 계약의 체결과 관련하여 시공과 관련 없는 사항을 제안한 자

4. 【법령】 「정비사업 계약업무처리기준」 제30조(건설업자등의 금품 등 제공 금지 등)

<2023.06.16. 시행 국토교통부 고시 제2023-302호 >

① 건설업자등은 법 제29조에 따른 계약의 체결과 관련하여 시공과 관련 없는 사항으로서 다음 각 호의 어느 하나에 해당하는 사항을 제안하여서는 아니 된다.
  1. 이사비, 이주비, 이주촉진비 및 그 밖에 시공과 관련 없는 금전이나 재산상 이익을 무상으로 제공하는 것
  2. 이사비, 이주비, 이주촉진비 및 그 밖에 시공과 관련 없는 금전이나 재산상 이익을 무이자나 제안 시점에 「은행법」에 따라 설립된 은행 중 전국을 영업구역으로 하는 은행이 적용하는 대출금리 중 가장 낮은 금리보다 더 낮은 금리로 대여하는 것
  3. 「재건축초과이익 환수에 관한 법률」 제2조제3호에 따른 재건축부담금을 대납하는 것

② 제1항에도 불구하고 건설업자등은 금융기관의 이주비 대출에 대한 이자를 사업시행자등에 대여하는 것을 제안할 수 있다.

③ 제1항에도 불구하고 건설업자등은 금융기관으로부터 조달하는 금리 수준으로 추가 이주비(종전 토지 또는 건축물을 담보로 한 금융기관의 이주비 대출 이외의 이주비를 말한다)를 사업시행자등에 대여하는 것을 제안할 수 있다.

5. 【구법령】 구 「정비사업 계약업무처리기준」 제30조

① 건설업자등은 입찰서 작성시 이사비, 이주비, 이주촉진비, 「재건축초과이익 환수에 관한 법률」 제2조제3호에 따른 재건축부담금, 그 밖에 시공과 관련이 없는 사항에 대한 금전이나 재산상 이익을 제공하는 제안을 하여서는 아니 된다.

② 제1항에도 불구하고 건설업자등은 금융기관의 이주비 대출에 대한 이자를 사업시행자등에 대여하는 것을 제안할 수 있다.

③ 제1항에도 불구하고 건설업자등은 금융기관으로부터 조달하는 금리 수준으로 추가 이주비(종전 토지 또는 건축물을 담보로 한 금융기관의 이주비 대출 이외의 이주

비를 말한다)를 사업시행자등에 대여하는 것을 제안할 수 있다(재건축사업은 제외한다).

6. 【해설】 시공자의 추가이주비 지원

> **(1) 시공자의 추가이주비 대여:** 주택담보대출 규제로 인하여 이주비 대출만으로 이주가 원만히 이루어지기 어려운 경우가 많다. 특히 재개발사업에서는 LTV 기준인 종전주택의 감정평가액이 소액이고 90㎡ 미만의 과소필지 주택이 많고 무허가건축물도 있어 이주비 대출만으로 이주를 신속하게 진행하기가 어려우므로, 추가 이주비가 중요한 이슈로 등장한다.
>
> 종전 계약업무기준에서는 재개발사업에 한하여 금융기관으로부터 조달하는 금리 수준으로 추가이주비를 대여하는 것이 허용되었으나, 개정 계약업무기준에서는 재건축사업에서도 이러한 추가이주비 대여가 허용된다(계약업무기준 제30조 제3항).
>
> **(2) 세입자에 대한 보증금반환을 통한 추가이주비 지원:** 정비사업의 시행으로 전세·월세계약을 해지할 수 있는 세입자는 전세금·보증금 반환청구권을 조합에게 직접 행사할 수 있고, 보증금 등을 반환한 조합은 해당 토지등소유자에게 구상할 수 있으며, 구상되지 않는 경우 해당 토지등소유자에게 귀속될 대지 또는 건축물을 압류할 수 있고, 이 경우 압류는 저당권과 동일한 효력이 있다(법 제70조 제2, 3, 4항).
>
> 조합은 이 제도를 이용하여 시공자로부터 차입한 사업비로 세입자의 전세보증금을 반환한 후 조합원에게 구상하는 방법으로 추가이주비를 지원할 수 있다.

D. ① 비용분담에 관한 결의가 각 구분소유자 간의 형평에 현저히 반하는 경우에는 무효야; ② 조합원들 중 원고들을 비롯한 450여명은 이주비 대출을 받지 않고 이주했는데, a) 공사도급계약을 체결하면서 "기본이주비 대출이자는 사업경비중 하나로서 시공사들이 피고조합에 무이자로 대여하고 관리처분시 조합원 분담금에 반영하며, 추가이주비 대출이자는 조합원이 금융기관에 별도로 납부하기로" 약정하고, b) 이후 관리처분계획에서 기본이주비 미수령 조합원 이라는 제목 하에 "착공시점부터 입주시까지 기본이주비 금융비용만큼 부담금에서 감액하며, 분담금 납부비율과 동일한 방식으로 분담금에서 차감한다"고 정한 것은 유효하다고 본 사례 ─서울고등법원 2009. 12. 3. 선고 2009나60574 판결[부당이득금반환] (심리불속행 상고기각)

【당사자】

원고, 피항소인 별지 원고들 명단 기재와 같다.

피고, 항소인 　A아파트재건축정비사업조합

I. 이주비 지원

1. 기초사실

나. 피고 조합의 정관은 이주비에 관하여 다음과 같이 규정하고 있다.

제 37 조(이주대책)

> ① 사업시행으로 주택이 철거되는 조합원은 사업을 시행하는 동안 자신의 부담으로 이주하여야 한다.
>
> ③ 제 2 항의 규정에 의하여 이주비를 대여받은 조합원 또는 그 권리를 승계한 조합원은 대여받은 이주비를 조합이 정한 날까지 시공자에게 환불하여야 한다.

다. 피고 조합은 이 사건 재건축사업의 착공을 위하여 2002. 12. 24.부터 2004. 4. 30.까지 사이에 이 사건 재건축 사업부지 내에 거주하던 조합원들에게 이주비 대출을 알선하여 주었는데, 조합원들 중 원고들을 비롯한 450 여명은 이주비 대출을 받지 않고 이주하였다.

라. 피고 조합은 2005. 초경 소외 현대건설 주식회사 등 시공사들과 이 사건 재건축사업에 관한 공사도급계약을 체결하면서 '기본이주비 대출금에 대한 이자는 사업경비중 하나로서 시공사들이 피고 조합에 무이자로 대여하고 관리처분시 조합원 부담금에 반영하며, 기본이주비 대출금 이외의 추가이주비 대출금에 대한 이자는 금융기관과의 대출약정에 따라 조합원이 금융기관에 별도로 납부하기로' 약정하였다(공사계약조건 제 15 조 제 1 항 및 제 16 조 제 1 항).

마. 피고 조합은 2005. 3. 5. 임시총회를 개최하여 공사도급계약(안) 인준의 건, 관리처분계획(안) 인준의 건 등에 관하여 결의하였는데, 그 관리처분계획(안)은 제 11 조 사.항에서 "기본이주비 미수령 조합원"이라는 제하에 "착공시점부터 입주시까지 기본이주비 금융비용만큼 부담금에서 감액하며, 부담금 납부비율과 동일한 방식으로 부담금에서 차감한다"라고 규정하고 있고, 첨부된 '자금운용계획(안) 및 분담금[예시] 내역' 중 사업자금운영계획(안)에는 제사업경비 항목 중에 이주비 금융비용으로 금 1330 억 3440 만 원(전체 이주비 6159 억 × 4.8% × 54 개월/12 개월)이 계상되어 있으며, 그 하단에 "기본이주비를 받지 않은 조합원은 13 평형(구), 13 평형(신), 14 평형은 약 16,000,000 원, 17 평형은 약 17,600,000 원, 20 평형은 약 19,200,000 원이 부담금에서 감소할 예정입니다.(분담금 납부 요율 적용)"이라고 기재되어 있었다.

위 사업자금운영계획(안)의 이주비 금융비용은 전체 이자 발생기간을 이자가 실제로 지급된 기간과 관계없이 착공 전까지의 14 개월(이주비 대출금에 대한 이자는 2003. 1.부터 발생하여 실제로 이자를 지급한 기간은 착공전까지 총 28 개월이 된다)과 착공 후부터 입주시까지의 40 개월을 합한 총 54 개월로 의제하여 산정되었다.

바. 한편, 이 사건 재건축공사는 2005. 5. 12. 착공되었고, 2008. 8.경 완공되었으며, 2008. 10. 28. 준공인가를 마쳤다.

사. 피고 조합은 2007. 12. 29. 임시총회를 개최하여 자금운영계획 변경 및 비용분담 등에 관하여 결의하였는데 그 내용 중에는 대출금리가 6.12%대로 상승하고 이자발생기간이 2003. 1.부터 2008. 9.까지로 연장되는 것을 고려하여 기본이주비 대출금 금융비용을 당초의 위 금 1330 억 3440 만원에서 금 1441 억 800 만 원으로 증액시키는 등 사업비용분담에 관한 사항이 포함되었다.

아. 시공사들은 위 기본이주비 대출금에 대한 이자로 최초 지급시인 2003. 1.경부터 입주시인 2008. 8.까지 총 금 141,459,475,076 원을 납입하였다.

자. 그 후 피고 조합은 위 관리처분계획에 따라, 이율 연 4.8%, 이자발생기간 54 개월을 기준으로 기본이주비 대출금 이자를 산정하여 종전 13 평형, 14 평형 세대 소유 조합원들에게는 금 2160 만 원(1 억 × 4.8% × 54 개월/12 개월), 17 평형 세대 소유 조합원들에게는 금 2376 만 원(1 억 1000 만 × 4.8% × 54 개월/12 개월)을 각 부담금에 포함시킨 후(그 외에 아래 3.의 나. (2)항에서 보는 바와 같이 기본이주비 대출금에 대하여 추가로 발생한 이자는 피고 조합이 이를 모든 조합원들의 각 부담금에 포함시켜 부과한 후, 이주비 미수령 조합원들에 대하여 그 추가 발생 이자 상당액을 반환하였다), 원고들을 비롯하여 이주비 대출을 받지 않은 조합원들의 경우 이율 4.8%, 착공시점부터 입주시까지 40 개월을 기준으로 하여 차감액을 산정하여 위 각 부담금에서 13 평형, 14 평형 세대 소유는 금 1600 만 원(1 억 × 4.8% × 40 개월/12 개월), 17 평형 세대는 금 1760 만 원(1 억 1000 만 × 4.8% × 40 개월/12 개월)을 각 차감하여 그 나머지를 부담금으로 각 부과하였으며, 원고들은 위와 같은 방법으로 산정·부과된 각 부담금을 피고 조합에 모두 납부하였다.

2. 당사자의 주장

원고는, 이주비 대출금에 대한 이자는 이 사건 재건축 사업비용이 아닌 조합원 각자가 개별적으로 부담할 비용인데 피고 조합이 이주비 대출을 받지 않아 이주비 대출금에 대한 이자 납부의무가 없는 원고들로 하여금 이주비 대출금에 대한 54 개월분 이자에서 40 개월분 이자를 차감한 금액을 부담금에 포함시켜 이를 납부하도록 함으로써 14 개월분 이자 상당을 부당이득하였으므로, 피고 조합은 원고들에게 이를 각 반환할 의무가 있다고 주장한다.

3. 부당이득 여부

가. 재건축비용의 분담 원칙

집합건물의 소유 및 관리에 관한 법률 제 47 조 제 3 항, 제 4 항에 의하면 재건축의 결의를 할 때에는 건물의 철거 및 신건물의 건축에 소요되는 비용의 분담에 관한 사항과 신건물의 구분소유권의 귀속에 관한 사항을 정하여야 하고, 위와 같은 사항은 각 구분소유자 간의 형평이 유지되도록 정하지 아니하면 아니된다고 규정하고 있으므로,

재건축 결의에서 재건축 비용의 분담에 관한 사항을 정하거나 재건축 결의에서 이를 정하지 아니하고 재건축의 실행단계에서 조합원총회에서 그 비용의 분담에 관한 사항을 정함에 있어 위와 같은 사항에 관하여 각 구분소유자 간의 형평에 현저히 반하는 경우에는 이러한 재건축 결의나 총회 결의는 특별한 사정이 없는 한 무효라고 할 것이다(대법원 2006.7.13. 선고 2004 다 7408 판결, 대법원 2005. 6. 9. 선고 2005 다 11404 판결 등 참조). 그리고 구분소유자들 간의 형평이 유지되는지는 구분소유자들 사이에 차이가 발생하게 된 경위, 그 불균형의 정도, 재건축 결의나 총회 결의시 재건축 비용의 분담에 관하여 다수 구분소유자들이 소수 구분소유자들에게 부당하게 불이익을 강요하였는지 여부 등 제반 사정을 종합하여 판단하여야 할 것이다(대법원 2007. 9. 20. 선고 2006 다 9842 판결 참조).

나. 판단

위에서 인정한 사실관계에 의하여 알 수 있는 다음과 같은 사정, 즉 ① 피고 조합이 대다수의 조합원들에게 이주비 대출 알선을 하여 구건물에서 이주하게 하고 시공사들로 하여금 그 사업비에 해당하는 대출금 이자를 선부담하게 한 결과 원고들을 비롯한 이주비 미수령 조합원들도 이 사건 재건축사업이 원활하게 진행되는 데 따른 이익을 향유한 점, ② 이주비 미수령 조합원들이 이주비 수령 조합원들과 공동부담하는 것은 기본이주비 대출금 이자 전부가 아니라 그 중 착공시점까지 발생한 비용에 한하고, 이는 전체의 30%(14 개월/54 개월)에도 미치지 못하며, 그 금액도 조합원당 금 616 만 원(2376 만 - 1760 만) 또는 560 만 원(2160 만 - 1600 만)에 불과한 점, ③ 기본이주비 대출금에 대한 이자는 대출금을 수령한 조합원들 사이에서도 그 이주시기에 관계없이 동일하게 산정된 이자액이 부담금에 포함되었고, 이주비를 중도에 상환한 조합원 중 입주전 상환일자가 40 개월을 초과한 조합원들도 상환일수에 관계없이 이주비 미수령 조합원들과 마찬가지로 40 개월을 기준으로 하여 차감액을 산정하였던 점, ④ 이 사건 이주비 대출금에 대한 이자 부담에 관한 결의는 관리처분계획의 일부로서 조합원의 권리의무에 관한 다른 사항과 일체로서 결의된 점 등을 고려할 때, 이주비 미수령 조합원의 기본이주비 대출금에 대한 이자 부담에 관한 사항을 정한 피고 조합의 2005. 3. 4.자 임시총회의 결의가 다수 구분소유자들이 소수 구분소유자들에게 부당하게 불이익을 강요한 것으로 보이지 아니하고, 그 밖에 위 결의가 각 구분소유자간의 형평에 현저히 반하는 점을 찾기 어려우며, 또한 위 결의가 재건축의 실행단계에서 재건축비용의 부담에 관한 새로운 사항을 정한 것이라고 할지라도 위 관리처분계획에 관한 결의가 조합원 5 분의 4 이상의 다수에 의하여 이루어진 이상 적법한 의결정족수를 갖추었다고 할 것이다.

제 3 장 관리처분계획 / 제 7 절 이주·철거

다. 소결

따라서, 위 관리처분계획에 관한 피고 조합의 위 임시총회결의가 무효임을 전제로 하는 원고들의 주장은 더 나아가 살필 필요 없이 이유 없다.

E. ★ 투자 Tip – 관리처분계획인가 후에는 이주비 대출액이 새로운 변수

> 이주비 대출 이전 단계에서는 기존 세입자의 보증금과 대출금(이주비 대출 아님)만이 실투자금을 결정하는 변수가 되지만, 그 이후 단계에서는 이주비 대출이 실투자금을 결정하는 새로운 변수로 등장한다.
>
> * 이주비 대출 전: 실투자금 = 감정평가액 + 프리미엄 – 임대차보증금/담보대출금
>
> * 이주비 대출 후: 실투자금 = 감정평가액 + 프리미엄 – 이주비
>
> 따라서 이주비 대출 전에는 전세가가 높을수록 실투자금이 적게 들어가고, 이주비 대출 이후에는 이주비 지원을 많이 받는 물건일수록 실투자금이 줄어든다. 더군다나 이주비 대출은 금리도 더 낮다. 따라서 매물로 내놓을 계획이 있는 조합원은 이주비 대출을 최대한 많이 받아 놓는 것이 좋다.
>
> 한편 이주비 대출을 승계하는 매수인도 주택담보대출 규제를 받는다는 점을 유념해야 한다.

II. 철거

A. 사업시행자의 철거의무

1. 【법령】전부개정 도시정비법 제 81 조(건축물 등의 사용·수익의 중지 및 철거 등)

> ② 사업시행자는 제 74 조 제 1 항에 따른 관리처분계획인가를 받은 후 기존의 건축물을 철거하여야 한다.
>
> ③ 사업시행자는 다음 각 호의 어느 하나에 해당하는 경우에는 제 2 항에도 불구하고 기존 건축물 소유자의 동의 및 시장·군수등의 허가를 받아 해당 건축물을 철거할 수 있다. 이 경우 건축물의 철거는 토지등소유자로서의 권리·의무에 영향을 주지 아니한다.
>
> 　1. 「재난 및 안전관리 기본법」·「주택법」·「건축법」 등 관계 법령에서 정하는 기존 건축물의 붕괴 등 안전사고의 우려가 있는 경우
>
> 　2. 폐공가(廢空家)의 밀집으로 범죄발생의 우려가 있는 경우

> ④ 시장·군수등은 사업시행자가 제 2 항에 따라 기존의 건축물을 철거하는 경우 <u>다음 각 호의 어느 하나에 해당하는 시기에는 건축물의 철거를 제한할 수 있다.</u>
>
>   1. 일출 전과 일몰 후
>
>   2. 호우, 대설, 폭풍해일, 지진해일, 태풍, 강풍, 풍랑, 한파 등으로 해당 지역에 중대한 재해발생이 예상되어 기상청장이 「기상법」 제 13 조에 따라 특보를 발표한 때
>
>   3. 「재난 및 안전관리 기본법」 제 3 조에 따른 재난이 발생한 때
>
>   4. 제 1 호부터 제 3 호까지의 규정에 준하는 시기로 시장·군수등이 인정하는 시기

2. **【법령】전부개정법 시행령 제 72 조(물건조서 등의 작성)**

> ① 사업시행자는 법 제 81 조 제 3 항에 따라 건축물을 철거하기 전에 관리처분계획의 수립을 위하여 기존 건축물에 대한 물건조서와 사진 또는 영상자료를 만들어 이를 착공 전까지 보관하여야 한다.
>
> ② 제 1 항에 따른 물건조서를 작성할 때에는 법 제 74 조 제 1 항 제 5 호에 따른 종전 건축물의 가격산정을 위하여 건축물의 연면적, 그 실측평면도, 주요마감재료 등을 첨부하여야 한다. 다만, 실측한 면적이 건축물대장에 첨부된 건축물현황도와 일치하는 경우에는 건축물현황도로 실측평면도를 갈음할 수 있다.

3. **【법령】전부개정 도시정비법 제 29 조(계약의 방법 및 시공자 선정 등)**

> ⑨ 사업시행자(사업대행자를 포함한다)는 제 4 항부터 제 8 항까지의 규정에 따라 선정된 <u>시공자와 공사에 관한 계약을 체결할 때에는 기존 건축물의 철거 공사</u>(「석면안전관리법」에 따른 석면 조사·해체·제거를 포함한다)<u>에 관한 사항을 포함시켜야</u> 한다. <개정 2017. 8. 9.>

4. **【법령】토지보상법 시행규칙 제 33 조(건축물의 평가)**

> ④ 물건의 가격으로 보상한 <u>건축물의 철거비용은 사업시행자가 부담한다.</u> 다만, 건축물의 소유자가 당해 건축물의 구성부분을 사용 또는 처분할 목적으로 철거하는 경우에는 건축물의 소유자가 부담한다.

B. 건축물 해체의 절차

1. 【해설】 구 건축법 vs. 건축물관리법

2020. 5. 1. 건축물관리법이 시행되기 전에는 철거예정일 3일 전에 건축물철거·멸실신고서에 '해체공사계획서'를 첨부하여 허가관청에 제출하기만 하면 되었다. 다만, 철거 대상 건축물이 산업안전보건법에 따른 기관석면조사 대상 건축물에 해당하는 때에는 기관석면조사결과 사본을 추가로 첨부하여야 했다. (구 건축법 제36조; 구 동 시행규칙 제24조.)

하지만 2020. 5. 1.부터 시행된 건축물관리법은 건축물 해체에 관하여 많은 규정을 두었고, 그 후에도 새로운 규정들을 추가해 나가고 있다.

건축물관리법은 "철거" 대신 "해체"라는 말을 사용하고 있다. "해체"란 건축물을 건축·대수선·리모델링하거나 멸실시키기 위하여 건축물 전체 또는 일부를 파괴하거나 절단하여 제거하는 것을 말한다(건축물관리법 제2조 제7호).

2. 【해설】 건축물관리법에 따른 건축물 해체 절차 개요

건물의 철거는 2020. 5. 1.부터 「건축물관리법」에 의하여 규율된다. 건축물관리법이 규정하는 해체 절차는 아래와 같다.

(1) 해체허가신청: 건축물을 해체하기 위해서는 허가권자(시장·군수·구청장)의 허가를 받아야 한다(일정 규모 미만인 건축물은 신고로 해체신고로 대체함. 건축물관리법 제30조 제1항). 건축물해체신청은 건축물해체 허가신청서/신고서(동 시행규칙 별지 제5호 서식)를 작성하여 해체계획서와 함께 허가권자에게 제출함으로써 한다.

(2) 허가 여부의 결정: 허가권자는 건축위원회의 심의를 거쳐 건축물해체 허가 여부를 결정하며(같은 조 제6항), 특수구조 건축물(건축법 시행령 제2조제18호나목 또는 다목), 건축물에 10톤 이상의 장비를 올려 해체하는 건축물 또는 폭파하여 해체하는 건축물에 관하여는 해체계획서에 대한 검토를 국토안전관리원에 의뢰하여야 한다(같은 조 제8항 및 동 시행령 제21조 제5항).

(3) 해체공사 착공신고: 건축물의 해체공사에 착수하기 위해서는 미리 착공신고를 하여야 한다(신고 대상 건축물은 제외. 건축물관리법 제30조의 2).

(4) 허가/신고사항의 변경: 해체허가를 받은 후에 해체공법 등 해체공사의 중요내용을 변경하려면 변경허가를 받아야 한다. 또한 해체공사의 착공신고를 한 후 해체작업자 변경 등 중요사항을 변경하려면 변경신고를 하여야 한다.

그 외 사항을 변경한 경우에는 해체공사 완료신고시 일괄하여 변경신고를 한다. (이상 같은 법 제30조의 3.).

(5) 완료신고 및 멸실신고: 해체공사를 완료하면 30 일 이내에 해체공사 완료신고를 하고 건축물 멸실신고서를 제출하여야 한다(건축물을 전면해체하고 완료신고를 한 경우에는 별도로 멸실신고를 하지 않아도 됨. 건축물관리법 제 33, 34 조).

3. 【법령】 건축물관리법 제 30 조의 3(건축물 해체의 허가 또는 신고 사항의 변경)

① 관리자는 제 30 조제 1 항 또는 제 2 항에 따라 허가를 받았거나 신고한 사항 중 해체계획서와 다른 해체공법을 적용하는 등 대통령령으로 정하는 사항을 변경하려면 국토교통부령으로 정하는 바에 따라 허가권자의 변경허가를 받거나 허가권자에게 변경신고를 하여야 한다. 이 경우 해체계획서의 변경 등에 관한 사항은 제 30 조제 3 항부터 제 7 항까지 및 제 9 항을 준용한다.

☞ 영 제 21 조의 2(건축물 해체허가 등의 변경허가 또는 변경신고 사항)

① 법 제 30 조의 3 제 1 항 전단에서 "대통령령으로 정하는 사항"이란 다음 각 호의 사항을 말한다.

   1. 해체공법
   2. 해체작업의 순서
   3. 해체하는 부분 및 면적
   4. 해체장비의 종류
   5. 해체 대상 건축물의 석면 함유 여부
   6. 해체공사 현장의 안전관리대책

② 관리자는 제 30 조의 2 제 1 항에 따라 해체공사의 착공신고를 한 사항 중 제 32 조의 2 에 따른 해체작업자 변경 등 대통령령으로 정하는 사항을 변경하려면 국토교통부령으로 정하는 바에 따라 허가권자에게 변경신고를 하여야 한다.

☞ 영 제 21 조의 2(건축물 해체허가 등의 변경허가 또는 변경신고 사항)

④ 법 제 30 조의 3 제 2 항에서 "해체작업자 변경 등 대통령령으로 정하는 사항"이란 다음 각 호의 사항을 말한다.

   1. 착공 예정일(30 일 이상 변경하는 경우로 한정한다)
   2. 해체작업자, 하수급인 및 현장관리인과 해체공사 현장에 배치하는 건설기술자

③ 관리자는 제 1 항 또는 제 2 항에 따른 변경허가 또는 변경신고 사항 외의 사항을 변경한 경우에는 제 33 조에 따른 건축물 해체공사 완료신고 시 국토교통부령으로 정하는 바에 따라 허가권자에게 일괄하여 변경신고를 하여야 한다.

제 3 장 관리처분계획 / 제 7 절 이주·철거

[본조신설 2022. 2. 3.]

C. 건축물 소유 여부와 관계없이 모든 조합원들로 하여금 철거비용을 분담하도록 정한 관리처분계획은 위법함 —대법원 2007. 2. 8. 선고 2004 두 7658 판결[관리처분계획취소]

【당사자】

【원고, 상고인 겸 피상고인】 원고

【피고, 피상고인 겸 상고인】 미아제 5 구역주택개량재개발조합

건축물 철거비는 피고가 재개발사업 시행을 위하여 부담하여야 할 비용이기는 하나, 한편 피고 조합의 정관 제 35 조 제 4 항은 사업시행 동의자의 건축물은 소유자 자진철거를 원칙으로 하고, 시행자에게 철거를 위탁한 경우에는 철거비용을 조합원별 부담금으로 하여 관리처분계획시 청산하도록 규정하고 있으므로, 이 사건 관리처분계획에서 건축물 소유 여부와 관계없이 모든 조합원들로 하여금 일률적으로 철거비용을 분담하도록 정한 것은 정관에 위배된 것으로서 위법하고, 이 사건 관리처분계획의 일부 취소로 인하여 이 사건 재개발사업의 진행에 심각한 차질이 초래된다거나, 또는 다른 조합원들로 하여금 부당하게 많은 손해를 입게 하는 등 현저하게 공공복리에 적합하지 않은 결과가 발생할 것이라는 점을 인정하기에는 부족하므로 사정판결을 할 사유에 해당하지 아니한다...

D. 건물 멸실에 따른 법률관계

1. 【해설】 종전 건물에 관한 등기의 말소등기(멸실등기)

(1) 말소등기의 신청: 종전 건물의 멸실등기(말소등기)는 이전고시 후에 종전토지 말소등기와 함께 신청할 수도 있고, 이전고시 전이라도 철거 후 바로 폐쇄건축물대장등본을 첨부하여 신청할 수도 있다(부동산등기선례 제 201207-2 호 2 항 참조).

종전건물에 관한 말소등기신청서는 「도시정비등기 업무처리지침」 (등기예규 제 1385 호) 별지 제 2 호 양식을 사용하며, 사업시행계획 인가서와 대표자자격증명서 및 (폐쇄)건축물대장등본만 첨부하면 된다.

(2) 말소등기의 방법: 건물에 관한 말소등기의 방법도 토지에 관한 말소등기와 같다. 즉, 등기관은 종전 토지의 등기부 중 표제부에 "도시및주거환경정비사업 시행으로 인하여 말소"라고 기록하고 부동산의 표시를 주말(朱抹. 붉은 줄을 그어 말소한다는 뜻)하고 그 등기부를 폐쇄한다(도시정비등기규칙 제 7 조).

(3) 표시변경등기: 이러한 등기는 표시변경등기에 해당하여 그 등기기록의 갑구 및 을구에 기재된 권리에 관한 등기는 말소할 필요가 없다. 따라서 종전 등기기록에 재

건축조합을 수탁자로 하는 신탁등기가 있어도 그 말소등기를 하는 데에는 아무런 지장이 없다(부동산등기선례 제 201207-2 호 2 항).

☞ 이전고시 후 등기절차에 관하여는 돈.되.법 5 제 5 장 제 4 절을 참조하세요.

2. 【해설】 종전자산의 소유권이 조합원입주권으로 변환됨

조합원의 토지등소유권은 관리처분계획 인가 후 조합원입주권(입주자로 선정된 지위)으로 변환하고, 이전고시 후 다시 종후자산 소유권으로 변환한다. 이로써 정비사업의 시행으로 이루어지는 공용환권이 완성된다.

3. 【해설】 세법상 문제

(1) 주택수 문제: 조합원입주권은 취득세와 양도소득세 계산시 주택수에 포함된다(지방세법 제 13 조의 3 제 2 호. 2020. 8. 12. 개정법 부칙 제 3 조; 소득세법 제 140 조 제 7 항 제 2, 4 호. 단, 취득세의 경우 2020. 8. 12. 이후 취득한 입주권만 주택수에 포함됨.). 종전자산이 상가 또는 토지인 경우에도 주택 수에 포함된다. 반면 종합부동산세를 계산할 때에는 조합원입주권은 주택수에 포함되지 않는다(멸실 후 입주권은 토지분 재산세만 납부하므로 1 주택자 세율을 적용받음).

(2) 멸실 여부의 판단 기준: 주택 멸실 시점의 판단은, ① 주택이 사실상 철거·멸실된 날을 기준으로 하고, ② 사실상 철거·멸실된 날을 알 수 없는 경우에는 공부상 철거·멸실된 날을 기준으로 주택 여부를 판단한다(행정안전부 2018. 1. 2. 지방세운영과-1).

☞ 조합원지위 승계에 따른 취득세·재산세에 관한 자세한 내용은 돈.되.법 2 제 3 장 제 3 절 I.을 참조하세요.

E. ① 재개발사업의 시행으로 종전주택이 철거·멸실되면 명의신탁관계는 종료돼; ② 종전주택에 관한 명의신탁관계가 분양받은 새 아파트에도 존속한다고 본 원심판결을 파기함 —대법원 2021. 7. 8. 선고 2021 다 209225, 2021 다 209232 판결[소유권이전등기·건물인도]

1. 명의신탁의 성립 및 종료에 관한 법리

「부동산 실권리자명의 등기에 관한 법률」제 4 조 제 3 항에 따르면 명의수탁자가 신탁부동산을 임의로 처분하거나 강제수용이나 공공용지 협의취득 등을 원인으로 제 3 취득자 명의로 이전등기가 마쳐진 경우, 특별한 사정이 없는 한 그 제 3 취득자는 유효하게 소유권을 취득한다(대법원 2011. 9. 8. 선고 2009 다 49193, 49209 판결 등 참조). 그리고 이 경우 명의신탁관계는 당사자의 의사표시 등을 기다릴 필요 없이 당연히 종료되었다고 볼 것이지, 주택재개발정비사업으로 인해 분양받게 될 대지 또는 건축시설물에 대해서도 명의신탁관계가 그대로 존속한다고 볼 수 없다.

명의신탁관계는 반드시 신탁자와 수탁자 사이의 명시적 계약에 의하여만 성립하는 것이 아니라 묵시적 합의에 의하여도 성립할 수 있으나(대법원 2001. 1. 5. 선고 2000 다 49091 판결 등 참조), 명시적인 계약이나 묵시적 합의가 인정되지 않는데도 명의신탁약정이 있었던 것으로 단정하거나 간주할 수는 없다.

2. 재개발사업의 시행으로 구주택이 철거·멸실되면 명의신탁관계는 종료됨

원심이 인정한 사실관계를 앞서 본 법리에 비추어 살펴보면, 원고와 피고 사이에 이 사건 구주택에 관한 3 자간 등기명의신탁약정이 있었음을 인정할 수 있고, 이후 주택재개발정비사업의 시행으로 피고가 사업시행자에게 제공한 이 사건 구주택이 철거·멸실됨으로써 위 명의신탁관계는 종료되었다. 따라서 당사자 간 별도의 명시적 계약이나 묵시적 합의가 있었다는 등의 특별한 사정이 인정되지 않는 한 이 사건 아파트에 관하여 당연히 명의신탁관계가 발생하였다거나 존재하는 것으로 볼 수는 없다.

그럼에도 원심은 이 사건 아파트의 소유권이나 그 처분에 관한 당사자들 사이의 합의 또는 약정 등에 대하여 심리를 다하지 아니한 채, 이 사건 구주택에 관한 명의신탁관계의 연장선상에서 이 사건 아파트에 관하여도 명의신탁관계가 존재한다고 단정하여 이를 전제로 원고의 본소에 관한 주위적 청구 및 피고를 제외한 나머지 피고(반소원고)들의 반소에 관하여 판단하였으니, 이러한 원심판단에는 3 자간 명의신탁관계 및 그 종료사유 등에 관한 법리를 오해하여 필요한 심리를 다하지 아니함으로써 판결에 영향을 미친 잘못이 있다. 이 점을 지적하는 취지의 상고이유 주장은 이유 있다.

III. 인도대집행은 허용되지 않음

A. 개요

1. 【법령】 토지보상법 제 89 조(대집행)

> ① 이 법 또는 이 법에 따른 처분으로 인한 의무를 이행하여야 할 자가 그 정하여진 기간 이내에 의무를 이행하지 아니하거나 완료하기 어려운 경우 또는 그로 하여금 그 의무를 이행하게 하는 것이 현저히 공익을 해친다고 인정되는 사유가 있는 경우에는 사업시행자는 시·도지사나 시장·군수 또는 구청장에게 「행정대집행법」에서 정하는 바에 따라 대집행을 신청할 수 있다. 이 경우 신청을 받은 시·도지사나 시장·군수 또는 구청장은 정당한 사유가 없으면 이에 따라야 한다.

> ② 사업시행자가 국가나 지방자치단체인 경우에는 제 1 항에도 불구하고 「행정대집행법」에서 정하는 바에 따라 직접 대집행을 할 수 있다.
>
> ③ 사업시행자가 제 1 항에 따라 대집행을 신청하거나 제 2 항에 따라 직접 대집행을 하려는 경우에는 국가나 지방자치단체는 의무를 이행하여야 할 자를 보호하기 위하여 노력하여야 한다.

2. 【해설】 토지·건물의 인도의무는 대집행 대상이 아님 (따라서 소송을 제기해야 함)

> 건축물 기타 지장물의 철거의무는 대체적 작위의무로서 대집행의 대상이므로, 수용대상 건물의 철거를 구하는 소송은 권리보호이익이 없어 부적법하다(대법원 2017. 4. 13. 선고 2013 다 207941 판결).
>
> 그러나 토지나 건축물의 인도/명도의무는 '비대체적' 작위의무이므로 대집행의 대상이 되지 않으므로, 사업시행자는 현금청산대상자를 상대로 토지 또는 건축물의 인도/명도 소송을 제기할 수 있으며, 명도단행가처분도 신청할 수 있다(대법원 1998. 10. 23. 선고 97 누 157 판결).

B. 도시공원시설 점유자의 퇴거 및 명도의무는 대집행 대상 아니야 ─대법원 1998. 10. 23. 선고 97 누 157 판결[시설물철거대집행계고처분취소]

【당사자】

> 【원고,피상고인】 원고
>
> 【피고,상고인】 서울특별시 관악구청장

원심판결 이유 및 기록에 의하면, 이 사건 계고처분은 도시공원시설인 원심 판시의 매점에 관하여 그 관리청인 피고가 공동점유자 중의 1 인인 원고에 대하여 소정의 기간 내에 위 매점으로부터 퇴거하고 이에 부수하여 그 판매 시설물 및 상품을 반출하지 아니할 때에는 이를 대집행하겠다는 내용임을 알 수 있다.

따라서 이 사건 계고처분의 목적이 된 의무는 그 주된 목적이 위 매점의 원형을 보존하기 위하여 원고가 설치한 불법 시설물을 철거하고자 하는 것이 아니라, 위 매점에 대한 원고의 점유를 배제하고 그 점유이전을 받는 데 있다고 할 것인데, 이러한 의무는 그것을 강제적으로 실현함에 있어 직접적인 실력행사가 필요한 것이지 대체적 작위의무에 해당하는 것은 아니어서 직접강제의 방법에 의하는 것은 별론으로 하고 행정대집행법에 의한 대집행의 대상이 되는 것은 아니다.

원심이 같은 취지에서 이 사건 계고처분이 대집행의 대상이 될 수 없는 의무에 대하여 행하여진 것으로서 위법하다고 본 조치는 정당하고, 거기에 대집행에 관한 법리오해 등의 위법이 있다고 할 수 없으며, 계고처분의 내용을 잘못 파악하였다고 할 수도 없다. 이 점에 관한 상고이유는 모두 받아들일 수 없다.

C. ① 인도·명도의무는 '비대체적' 작위의무이므로 대집행 대상 아니야; ② 수용대상토지의 인도 또는 그 지장물의 명도의무를 피보전권리로 하는 명도단행가처분을 인용한 사례 —대법원 2005. 8. 19. 선고 2004다2809 판결[가처분이의]

[당사자]

【채권자,피상고인】 종암제3구역주택재개발조합
【채무자,상고인】 채무자 1 외 4인

1. 법리

가. 명도의무는 대집행 대상 아니야

위 각 규정에서의 '인도'에는 명도도 포함되는 것으로 보아야 하고, 이러한 <u>명도의무는 그것을 강제적으로 실현하면서 직접적인 실력행사가 필요한 것이지 대체적 작위의무라고 볼 수 없으므로 특별한 사정이 없는 한 행정대집행법에 의한 대집행의 대상이 될 수 있는 것이 아니다</u>(대법원 1998. 10. 23. 선고 97누157 판결 참조).

나. 수용대상물건의 인도·명도의무를 피보전권리로 하는 명도단행가처분도 허용돼

그리고 구 토지수용법 제63조의 규정에 따라 피수용자 등이 기업자에 대하여 부담하는 <u>수용대상토지의 인도 또는 그 지장물의 명도의무</u> 등이 비록 공법상의 법률관계라고 하더라도, <u>그 권리를 피보전권리로 하는 명도단행가처분은</u> 그 권리에 끼칠 현저한 손해를 피하거나 급박한 위험을 방지하기 위하여 또는 그 밖의 필요한 이유가 있을 경우에는 <u>허용될 수 있다고</u> 보아야 한다.

2. 원심판결의 정당함

원심은 그 설시의 증거들을 종합하여 인정되는 판시와 같은 사실관계에 터잡아 채무자들은 이 사건 수용재결과 도시재개발법 제31조, 제32조, 구 토지수용법 제63조에 따라 채권자에게 이 사건 건물 중 그 각 점유 부분을 명도할 의무가 있다고 판단한 데 이어, 채무자들의 다음과 같은 주장, 즉 채권자에게는 행정대집행을 통하여 이러한 명도청구권을 실현할 수 있는 별도의 구제수단이 마련되어 있으므로 이 사건 가처분신청에는 신청의 이익

이 없다는 취지의 주장에 대하여,

채무자들이 채권자에 대하여 각 부담하는 명도의무는 그 성질상 구 토지수용법 제77조와 행정대집행법이 정하는 바에 따라 대집행할 수 없는 이른바 비대체적 작위의무에 해당된다고 판단하여 이를 배척한 다음, 오히려 그 설시의 여러 사정들에 비추어 보면 이 사건 가처분신청에는 그 보전의 필요성도 충분히 인정된다고 판단하여 채권자의 이 사건 명도단행가처분신청을 받아들였는데, 기록에 비추어 살펴보면 원심의 이러한 조치는 위의 법리에 따른 것이어서 정당한 것으로 수긍되고, 거기에 상고이유의 주장과 같이 이러한 유형의 명도단행가처분 신청사건에서의 소송요건이나 그 보전의 필요성 또는 구 토지수용법 제63조, 제77조에 관한 법리오해 등의 위법이 없다.

IV. 조합의 인도·철거 자력집행 문제

A. 개요

1. 【해설】 조합원 소유 건물의 철거

> (1) 관리처분계획인가를 받으면 사업시행자는 기존의 건축물을 철거할 의무가 있으므로(법 제81조 제2항), 사업시행자가 관리처분계획인가 후 기존 건축물을 철거하는 것은 조합장의 정당한 업무행위로서 범죄가 되지 않는다. 다만, 조합이 조합원 소유의 건물을 철거하기 위해서는 조합원으로부터 그 건물을 인도받거나, 건물의 인도를 명한 적법한 집행권원에 의한 집행 또는 가집행으로 건물을 인도받아야 한다.
>
> 따라서 사업시행자가 관리처분계획인가를 받은 후 조합원 소유 건물을 인도받거나 인도가집행 또는 명도단행가처분을 통해 인도받은 후 철거하는 것은 정당행위로서 재물손괴죄에 해당하지 않는다(대법원 2010. 2. 25. 선고 2009도8473 판결).
>
> (2) 그러나 조합원이 점유·사용하고 있는 종전자산을 조합이 적법한 인도를 받지 않고 무단으로 철거한 경우에는 손괴죄가 성립한다(건물철거는 포클레인 등 위험한 물건을 사용해 이루어지므로 특수손괴죄가 성립한다. 형법 제369조). 그 전에 이미 조합원으로부터 신탁받아 조합 명의로 소유권이전등기를 마친 경우에는 (타인의 재물이 아니므로) 「타인의 점유의 목적이 된 자기의 물건을 손괴하여 타인의 권리행사를 방해한」 것이므로 권리행사방해죄(형법 제323조)가 성립한다.
>
> 조합이 명도단행가처분을 받았다는 사실만으로 해당 건물을 철거한 조합장의 행위를 정당행위로 인정하여 무죄를 선고한 판례도 있다(대법원 1998. 2. 13. 선고 97도2877 판결. 이 판례에서는 철거 전에 명도단행가처분을 집행해서 건물을 인도받았다는 사정은 보이지 않는다).

> 명도단행가처분신청이 제1심에서 기각되었음에도 불구하고 철거를 강행한 사안에서는 유죄가 인정되었다(대법원 2007. 9. 20. 선고 2007 도 5207 판결).
>
> (3) 위와 같은 문제들이 발생하지 않도록 조합은 조합원 소유 건물의 철거에 착수하기 전에 신탁에 의한 소유권이전등기를 마치고 철거동의서를 받도록 해야 한다.
>
> ☞ 비조합원(현금청산대상자) 소유 건물의 철거에 관하여는 <u>돈</u>.<u>되</u>.<u>법</u> 5 제 1 장 제 6 절 V.를 참조하세요.

2. 【정관】주택재건축조합 표준정관 제 38 조(지장물 철거 등)

> ① 조합은 관리처분계획인가 후, 사업시행구역안의 건축물을 철거할 수 있다.
>
> ② 조합은 제 1 항의 규정에 의하여 건축물을 철거하고자 하는 때에는 <u>30 일 이상의 기간을 정하여</u> 구체적인 철거계획에 관한 내용을 <u>미리 조합원 등에게 통지하여야</u> 한다.
>
> ③ 사업시행구역안의 통신시설·전기시설·급수시설·도시가스시설등 공급시설에 대하여는 당해 시설물 관리권자와 협의하여 철거기간이나 방법 등을 따로 정할 수 있다.
>
> ④ 조합원의 이주 후 건축법 제 27 조의 규정에 의한 <u>철거 및 멸실신고는 조합이 일괄 위임받아 처리하도록</u> 한다.

B. [인도가집행 후 조합원 소유 아파트를 철거한 것은 정당행위] ① 재건축사업으로 철거가 예정되어 있었고 모두 이사해 아무도 거주하지 않는 아파트라도, 소유자들이 조합으로의 신탁이전등기 및 인도를 거부하는 방법으로 계속 소유권을 행사하고 있었다면 재물손괴죄의 객체가 돼; ② 조합이 조합원들을 상대로 아파트 소유권이전등기 및 인도 청구소송을 제기하여 제 1 심에서 가집행부 승소판결을 받고 항소심 계속 중 피고인들(조합장과 부조합장)이 <u>가집행에 기한 인도집행을 완료한 후 시공사에 철거요청하여 철거한 행위는</u> 형법 제 20 조의 <u>정당행위에 해당함</u>; ③ <u>철거하기 전 구청장에게 신고를 하지 않았다고 해서 재물손괴죄가 되는 것은 아님</u> ─ 대법원 2010. 2. 25. 선고 2009 도 8473 판결[재물손괴]

1. 재물손괴죄의 객체

재건축사업으로 철거가 예정되어 있었고 그 입주자들이 모두 이사하여 아무도 거주하지 않은 채 비어 있는 아파트라 하더라도, 그 아파트 자체의 객관적 성상이 본래 사용목적인 주거용으로 사용될 수 없는 상태가 아니었고, 더욱이 그 소유자들이 재건축조합으로의 신탁등기 및 인도를 거부하는 방법으로 계속 그 소유권을 행사하고 있는 상황이었다면 위와 같은 사정만으로는 위 아파트가 재물로서의 이용가치나 효용이 없는 물건으로 되었다고 할 수 없으므로, 위 아파트는 <u>재물손괴죄의 객체가 된다</u>고 할 것이다(대법원 2007. 9. 20. 선고

2007 도 5207 판결 참조).

따라서 원심이 같은 취지에서, 피해자들의 이 사건 각 아파트가 재물손괴죄의 객체가 된다고 판단한 것은 정당한 것으로 수긍이 가고, 거기에 상고이유의 주장과 같이 재물손괴죄의 구성요건에 관한 법리오해 등의 위법이 있다고 할 수 없다.

2. 대법원의 판단 (파기환송)

그러나 원심의 위와 같은 판단은 다음과 같은 이유로 수긍하기 어렵다.

가. 판단의 근거

재건축사업은 재건축지역 내에 있는 주택의 철거를 전제로 하는 것이어서, 조합원은 주택 부분의 철거를 포함한 일체의 처분권을 조합에 일임하였다고 보아야 할 뿐만 아니라(대법원 1997. 5. 30. 선고 96 다 23887 판결 참조),

원심판결 이유 및 기록에 의하면 ① 이 사건 조합의 정관에 "조합은 재건축을 위한 사업계획승인을 받은 이튿날부터 사업시행지구 안의 건축물 또는 공작물 등을 철거할 수 있다"고 규정하고 있는 사실, ② 이 사건 조합이 조합원인 피해자들을 상대로 이 사건 각 아파트에 관한 소유권이전등기 및 인도 청구소송을 제기하여 제 1 심에서 이 사건 각 아파트에 관한 소유권이전등기절차를 이행하고 조합목적 달성을 위한 건물 철거를 위하여 이 사건 각 아파트를 인도하라는 취지의 가집행선고부 판결이 내려졌으며 위 판결은 이후 항소 및 상고가 기각되어 확정된 사실, ③ 이 사건 조합의 조합장인 피고인 1, 부조합장인 피고인 2 는 위 소송의 항소심 계속 중 제 1 심판결에 기하여 이 사건 각 아파트에 관한 부동산인도집행을 완료한 후 재건축 시공사에 이 사건 각 아파트의 철거를 요청하였고, 재건축 시공사의 현장소장들인 피고인 3, 4 가 다시 철거전문업체에 철거지시를 하여 그 직원들인 피고인 5, 6 이 이 사건 각 아파트를 철거하기에 이른 사실을 알 수 있고,

나아가 이 사건 조합이 이 사건 각 아파트를 철거하기 전에 관할구청장에게 그 신고를 하지 않았다 하더라도 이는 건축법에 따른 제재대상이 되는 것은 별론으로 하고 형법상 재물손괴죄의 성립 여부에는 영향을 미칠 수 없다고 할 것인바,

나. 정당행위의 성립 (원심판결의 위법함)

이와 같은 사정을 종합하면 피고인들이 위 가집행선고부 판결을 받아 이 사건 각 아파트를 철거한 것은 형법 제 20 조에 정한 정당행위라 할 것이니 이 사건 공소사실은 범죄로 되지 아니하는 경우에 해당한다 할 것이다.

그럼에도 불구하고, 원심은 그 판시와 같은 이유로 피고인들의 행위가 정당행위에 해당하지 아니한다고 속단하고 이 사건 공소사실에 대하여 유죄를 선고한 제1심판결을 유지하였으니, 이러한 원심의 판단에는 정당행위에 관한 법리를 오해하여 판결에 영향을 미친 위법이 있다 할 것이므로, 이 점을 지적하는 상고이유의 주장은 이유 있다.

C. [명도단행가처분을 받아 조합원 소유 주택을 철거한 것은 정당행위] ① 재건축조합원은 임의로 탈퇴할 수 없으므로 조합에 탈퇴서를 제출했어도 여전히 조합원 지위에 있음; ② 따라서 여전히 조합원 지위에 있는 공소외인을 상대로 명도단행가처분을 받아 주택을 철거한 것을 정당행위임 ─대법원 1998. 2. 13. 선고 97도2877 판결[재물손괴]

1. 공소사실의 요지

이 사건 공소사실의 요지는 "피고인은 서울 ○○구 ○○동 재건축조합의 조합장인바, 1996. 11. 5. 15:00경 서울 ○○구 ○○동 246에 있는 위 재건축조합의 조합원인 피해자 공소외인의 집에서 피해자가 다른 조합원보다 다액의 이주비용을 요구하며 다른 곳으로 이주하지 아니하는 등 재건축 추진에 협조하지 아니하자 법원으로부터 위 주택에 대한 <u>명도단행 등 가처분결정을 받은 것을 기화로 성명불상의 굴삭기 기사로 하여금 굴삭기를 이용하여 피해자 소유의 이 사건 건물을 모두 부수게 하여 이를 손괴하였다.</u>"라는 것인바,

2. 대법원의 판단

가. 조합탈퇴서는 무효이나 명도·철거를 거부하는 의사표시로서의 효력은 있어

주택건설촉진법에 의하여 설립된 재건축조합의 조합원은 부득이한 사유가 없는 한 조합에서 임의로 탈퇴할 수 없는 것이나(당원 1997. 5. 30. 선고 96다23887 판결 참조), 원심이 인정한 바와 같이 이 사건 <u>재건축조합의 조합원인 위 공소외인이</u> 위 조합과 사이에 분쟁이 생기면서 위 <u>조합에 탈퇴서를 제출하여 이 사건 건물의 명도 및 철거를 거부하는 취지의 의사표시를</u> 하였다면 이로써 위 공소외인은 이 사건 <u>재건축조합에 가입하면서 한 이 사건 건물의 철거에 대한 동의를 철회하였다고</u> 봄이 상당하고, 원심 판단과 같이 위 공소외인의 <u>조합탈퇴의 의사표시가 효력이 없다 하여 위 철거에 대한 동의를 철회하는 의사표시까지 효력이 없다고 볼 것은 아니라</u> 할 것이다.

나. 명도단행가처분을 받은 후 해당 건물을 철거한 것은 정당행위

다만, 주택건설촉진법 제3조 제9호는 재건축조합을 '대통령령이 정하는 노후·불량한 주택을 철거하고 그 철거한 대지 위에 주택을 건설하기 위하여 기존주택의 소유자가 설립한 조합'으로 정의하고 있고, 기록에 의하면 이 사건 재건축조합의 조합규약은 위 법 조항에 따라 제2조로 '노후·불량한 주택을 철거하고 그 대지 위에 구성원 등의 주택을 건설하는데

그 목적이 있다.'고 규정하고 제46조 제1항으로 '사업시행구역 안의 건축물 등의 지장물은 시공업체 비용으로 철거한다.'고 규정하고 있음을 알 수 있는바,

이 사건 재건축조합의 사무를 총괄하는 조합장인 피고인으로서는 위 법률 및 조합규약에 따라 사업시행구역 안의 조합원들 소유의 건물 등 지장물을 철거할 수 있는 것이므로 피고인이 위 조합탈퇴의 의사표시에도 불구하고 여전히 조합원의 지위에 있는 위 공소외인을 상대로 원심판시와 같이 위 사업시행구역 안에 있는 이 사건 건물을 명도하고 이를 재건축사업에 제공하여 행하는 업무를 방해하여서는 아니 된다는 가처분의 판결을 받아 이를 철거한 것은 형법 제20조에 정한 업무로 인한 정당행위라 할 것이니 이 사건 공소사실은 범죄로 되지 아니하는 경우에 해당한다 할 것이다.

D. [명도단행가처분신청이 기각된 경우는 정당행위로 안 봄] ① 정관에 "조합이 건축물을 철거할 수 있다, 조합원이 철거에 응할 의무를 부담한다"는 내용이 있고, 피해자들이 조합에 가입하면서 '정관의 모든 내용에 동의한다'는 동의서를 제출했더라도, 조합이 법적 절차에 의하지 않고 자력으로 건축물을 철거하는 것을 승낙한 것은 아니야; ② 위와 같은 조합정관의 규정, 동의서 제출, 그 후의 분양신청, 동·호수 추첨, 분양계약에의 참여 등 사정만으로는 종전 아파트의 철거에 명시적/묵시적으로 동의했다고 볼 수 없어; ③ 명도단행가처분신청이 1심에서 기각되었음에도 불구하고 철거를 강행한 조합장에 대하여 재물손괴죄의 성립을 인정한 사례 —대법원 2007. 9. 20. 선고 2007도5207 판결[재물손괴]

1. 법리

재건축조합의 규약이나 정관에 '조합은 사업의 시행으로서 그 구역 내의 건축물을 철거할 수 있다'는 취지와 '조합원은 그 철거에 응할 의무가 있다'는 취지의 규정이 있고, 조합원이 재건축조합에 가입하면서 '조합원의 권리, 의무 등 조합 정관에 규정된 모든 내용에 동의한다'는 취지의 동의서를 제출하였다고 하더라도, 조합원은 이로써 조합의 건축물 철거를 위한 명도의 의무를 부담하겠다는 의사를 표시한 것일 뿐이므로,

조합원이 그 의무이행을 거절할 경우에는 재건축조합은 명도청구소송 등의 법적 절차를 통하여 그 의무이행을 구하여야 함이 당연한 것이고, 조합원이 위와 같은 동의서를 제출한 것을 '조합원이 스스로 건축물을 명도하지 아니하는 경우에도 재건축조합이 법적 절차에 의하지 아니한 채 자력으로 건축물을 철거하는 것'에 대해서까지 사전 승낙한 것이라고 볼 수는 없다.

2. 대법원의 판단 (상고기각)

가. 사실관계

기록에 의하면, ① 피해자들은 이 사건 조합에 조합원으로 가입하면서 조합 정관의 모든 내용에 동의한다는 취지의 동의서를 제출한 점, ② 이 사건 조합의 정관에는 조합이 건축물을 철거할 수 있다는 내용 및 조합원이 철거에 응할 의무를 부담한다는 내용이 규정되어 있는 점 등을 알 수 있으나, ③ 한편 피해자들은 그 후 사업계획 내용의 변경으로 신축아파트의 평형배정이 불리하게 변경되고 분양가도 상승하게 되자 관리처분계획에 대해 반대하면서 각 아파트에 관한 신탁등기 및 명도의무이행을 거부하였던 점 역시 알 수 있는바,

나. 위 동의서는 철거를 승낙한 것이 아님

그렇다면 피해자들이 위와 같은 동의서를 이 사건 조합에 제출한 바 있다고 하여 미리 자신들의 각 아파트의 철거를 승낙한 것이라고 할 수 없고, 피해자들이 이 사건 조합에 가입한 후 신축아파트에 관한 분양신청을 한 바 있다거나, 이 사건 철거 후 신축아파트의 동·호수 추첨 및 분양계약에 참여했다는 사정이 있다 하더라도 이를 들어 이 사건 당시 철거를 승낙하였던 것이라고 볼 수는 없다.

같은 취지에서 원심이, 피고인이 주장하는 바와 같은 조합 정관의 규정 내용 및 피해자들의 동의서 제출, 그 후의 분양신청, 동·호수 추첨, 분양계약에의 참여 등의 사정만으로는 피해자들이 위 각 아파트의 철거에 대해 명시적 또는 묵시적으로 동의하였다고 볼 수 없다고 판단한 것은 옳은 것으로 수긍이 가고, 거기에 상고이유의 주장과 같은 채증법칙 위배 내지 피해자의 승낙에 관한 법리오해의 위법 등이 있다고 할 수 없다.

다. 긴급피난/정당행위에 해당되지 않음

원심은, 피해자들이 위 각 아파트의 철거에 동의하지 않고 있는 상태에서 이 사건 철거를 감행한 피고인의 행위는 비록 이 사건 조합의 조합장으로서 조합원 전체의 이익을 도모하기 위한 것이었다 하더라도, 이 사건 조합이 피해자들을 상대로 제기한 명도단행가처분신청이 제1심에서 기각되었고 위 사건이 항고심 법원에 계속중이었음에도 피고인이 그 재판결과에 정면으로 배치되는 이 사건 범행을 감행한 점 등에 비추어 피고인의 이 사건 철거행위가 긴급피난 또는 정당행위에 해당할 정도로 상당성을 갖춘 행위라고 볼 수 없다는 이유로, 피고인의 긴급피난 및 정당행위에 의한 위법성 조각 주장을 배척하였는바, 기록에 의하여 살펴보면, 원심의 이러한 판단은 옳은 것으로 수긍이 가고, 거기에 상고이유의 주장과 같은 긴급피난과 정당행위에 관한 법리오해의 위법 등이 있다고 할 수 없다.

E. [하급심판례] 아래의 사실관계에서 ① 피고인들이 조합 이사회에서 인도가집행이 완료되지 않은 「103-4호 중 L부분」의 철거를 의결하고 이를 철거한 행위에 대하여는 재물손괴죄로 처벌하고(조합장 벌금 300만원, 이사 각 벌금 50만원), ② 인도가집행이 완료된 「103-4호 중 O부분」을 철거한 행위에 대하여는 정당행위로서 무죄를 선고한 사례 —창원지방법원 2016. 2. 3. 선고 2015고단1798 판결[재물손괴]

【사실관계】

① 피고인들은 재건축조합의 조합장 및 이사들임

② 조합원 K 소유의 '103-가호' 상가는 'O 부동산'과 'L 부분'으로 나뉘어져 이용되고 있음

③ 조합이 조합원 K를 상대로 매도청구소송을 제기하여 제1심에서 승소판결을 받은 후 매매대금(판결금)을 공탁하고 인도가집행을 하던 중, K가 항소심에서 강제집행정지결정을 받음

④ 「103-4호 중 L부분」에 대하여는 강제집행정지결정으로 인하여 인도가집행이 완료되지 않았으나, 「103-4호 중 O부분」에 대하여는 강제집행정지절차를 완료하기 전에 이미 인도가집행이 완료됨

(이유 생략)

V. 착공

A. 구조안전심의

1. 【해설】 특수구조 건축물에 대한 구조안전심의(지방건축위원회)

특수구조 건축물을 건축하는 경우에는 착공신고를 하기 전에 설계자로부터 구조안전확인을 받은 후 지방건축위원회에 구조안전심의를 신청하여야 한다(건축법 시행령 제2항). 심의결과 또는 재심의 결과를 통보받은 건축주는 착공신고를 할 때 그 결과를 반영하여야 한다(같은 조 제5항).

"특수구조 건축물"은 건축법 시행령 제2조 제18호에 규정되어 있다.

2. 【법령】 건축법 제6조의2(특수구조 건축물의 특례)

건축물의 구조, 재료, 형식, 공법 등이 특수한 대통령령으로 정하는 건축물(이하 "특수구조 건축물"이라 한다)은 제4조, 제4조의2부터 제4조의8까지, 제5조부터 제

9조까지, 제 11조, 제 14조, 제 19조, 제 21조부터 제 25조까지, 제 40조, 제 41조, 제 48조, 제 48조의 2, 제 49조, 제 50조, 제 50조의 2, 제 51조, 제 52조, 제 52조의 2, 제 52조의 4, 제 53조, 제 62조부터 제 64조까지, 제 65조의 2, 제 67조, 제 68조 및 제 84조를 적용할 때 대통령령으로 정하는 바에 따라 강화 또는 변경하여 적용할 수 있다. <개정 2019. 4. 23., 2019. 4. 30.>

[본조신설 2015. 1. 6.]

3. 【법령】 건축법 제 2 조 제 18 호

18. "특수구조 건축물"이란 다음 각 목의 어느 하나에 해당하는 건축물을 말한다.

　　가. 한쪽 끝은 고정되고 다른 끝은 지지(支持)되지 아니한 구조로 된 보·차양 등이 외벽(외벽이 없는 경우에는 외곽 기둥을 말한다)의 중심선으로부터 3 미터 이상 돌출된 건축물

　　나. 기둥과 기둥 사이의 거리(기둥의 중심선 사이의 거리를 말하며, 기둥이 없는 경우에는 내력벽과 내력벽의 중심선 사이의 거리를 말한다. 이하 같다)가 20 미터 이상인 건축물

　　다. 특수한 설계·시공·공법 등이 필요한 건축물로서 국토교통부장관이 정하여 고시하는 구조로 된 건축물

☞ 「특수구조 건축물 대상기준」 [국토교통부고시 제 2018-777 호, 2018. 12. 7.] 제 2 조

B. 굴토심의

1. 【해설】 굴토심의 개요

굴토심의는 건축물의 굴착공사 시 주변의 지반침하, 지하공동 생성, 도로함몰 등 안전사고가 발생함에 따라 시민불안감이 커지자 이를 해소하고자 계획/설계 단계에 사전심의를 통해 굴토공사와 인접구조물의 안전과 설계적정성을 검토하기 위한 것이다. 건축 인·허가(사업시행계획인가) 후 착공신고 전에 실시하며, 지방건축위원회(서울특별시 건축위원회)의 굴토전문위원회가 담당한다.

굴토심의는 2015. 3. 16. 서울특별시 행정지도로 처음 시행하다가(행정 2 부시장 방침 제 89 호) 2015. 7. 30. 서울시건축조례 제 7 조 제 1 항 제 1 호 사목 및 같은 조 제 2 호 라목을 신설하여 법적 근거를 마련한 후 심의대상을 확대해 왔다.

굴토심의에 관한 상세한 내용은 「서울특별시 굴토전문위원회 심의 매뉴얼」 (2018. 12. 서울시 주택건축본부 건축기획과)에서 볼 수 있다.

2. 【해설】 굴토심의 절차 개요

(1) 굴토심의는 다음과 같이 진행된다: ① 담당공무원과 사전협의 → ② 신청서 접수(심의 2주 전까지. 허가권자의 심의검토의견서 첨부) → ③ 심의자료 사전배포(심의 1주일 전 각 위원) → ④ 굴토심의 개최(금요일 개최) → ⑤ 심의결과 통보. 필요시 심의개최 전·후 전문가 현장방문조사·확인 절차가 진행된다.

허가권자는 시장·군수·구청장이다(건축법 제4조의4 제1항).

(2) 굴토심의는 건축설계자, 건축 구조기술사, 시공사, 토질 및 기초 기술사 등이 배석하며, 토목설계자의 PPT 보고 후 심의위원의 질의응답으로 이루어진다. PPT에는 설계도면과 검토보고서의 주요내용(굴토심의 체크리스트 등)이 포함되어야 한다.

☞ 그 밖의 상세한 내용은 심의 매뉴얼 참조.

3. 【법령】 건축법 시행령 제91조의3(관계전문기술자와의 협력)

③ 깊이 10미터 이상의 토지 굴착공사 또는 높이 5미터 이상의 옹벽 등의 공사를 수반하는 건축물의 설계자 및 공사감리자는 토지 굴착 등에 관하여 국토교통부령으로 정하는 바에 따라 「기술사법」에 따라 등록한 토목 분야 기술사 또는 국토개발 분야의 지질 및 기반 기술사의 협력을 받아야 한다. <개정 2009. 7. 16., 2010. 12. 13., 2013. 3. 23., 2016. 5. 17.>

4. 【조례】 서울시 건축조례 제7조(기능 및 절차 등)

① 영 제5조의5 제1항에 따른 위원회의 심의사항은 다음 각 호와 같이 구분한다. <개정 2010. 1. 7., 2010. 7. 15., 2011. 10. 27., 2012. 11. 1., 2013. 5. 16., 2015. 7. 30., 2015. 10. 8., 2016. 5. 19., 2016. 9. 29., 2017. 9. 21., 2018. 7. 19., 2018. 10. 4., 2019. 7. 18., 2020. 3. 26., 2021.9.30>

1. 시 위원회 심의사항

사. 다목에 따른 건축물[☞ 시위원회 심의대상건축물을 말함] 중 다음의 어느 하나에 해당하는 사항

   1) 깊이 10미터 이상 또는 지하 2층 이상 굴착공사, 높이 5미터 이상 옹벽을 설치하는 공사의 설계에 관한 사항

   2) 굴착영향 범위 내 석축·옹벽 등이 위치하는 지하 2층 미만 굴착공사로서 석축·옹벽 등의 높이와 굴착 깊이의 합이 10미터 이상인 공사의 설계에 관한 사항

3) 굴착 깊이의 2배 범위 내(경사지의 경우 수평투영거리) 노후건축물(RC조 등의 경우 30년경과, 조적조 등의 경우 20년 경과된 건축물)이 있거나 높이 2미터 이상 옹벽·석축이 있는 공사의 설계에 관한 사항

4) 그 밖에 토질상태, 지하수위, 굴착계획 등 해당 대지의 현장여건에 따라 허가권자가 굴토 심의가 필요하다고 판단하는 공사의 설계에 관한 사항

2. 구 위원회 심의사항

라. 제1항 제1호 다목이 아닌 건축물 중 제1항 제1호 사목 1)부터 4)까지에 관한 사항

C. 감리자 지정

1. 【해설】 감리자 지정신청

시장·군수등은 주택건설공사의 규모에 따라 감리자격이 있는 자를 감리자로 지정해야 하므로(법 제57조 제1항 제1호; 주택법 제43조 제1항 본문; 주택법 시행령 제47조제1항), 사업시행자는 착공신고를 하기 전에 먼저 시장·군수등에게 감리자지정신청을 하여야 한다.

사업주체가 국가·지방자치단체·한국토지주택공사·지방공사 등인 경우에는 감리자 지정을 따로 하지 않는다(주택법 제43조 제1항 단서).

2. 【법령】 주택법 시행령 제47조(감리자의 지정 및 감리원의 배치 등)

① 법 제43조제1항 본문에 따라 사업계획승인권자는 다음 각 호의 구분에 따른 자를 주택건설공사의 감리자로 지정하여야 한다. 이 경우 인접한 둘 이상의 주택단지에 대해서는 감리자를 공동으로 지정할 수 있다. <개정 2020. 1. 7., 2021. 9. 14.>

1. 300세대 미만의 주택건설공사: 다음 각 목의 어느 하나에 해당하는 자[해당 주택건설공사를 시공하는 자의 계열회사(「독점규제 및 공정거래에 관한 법률」 제2조제3호에 따른 계열회사를 말한다)는 제외한다. 이하 제2호에서 같다]

가. 「건축사법」 제23조제1항에 따라 건축사사무소개설신고를 한 자

나. 「건설기술 진흥법」 제26조제1항에 따라 등록한 건설엔지니어링사업자

2. 300세대 이상의 주택건설공사: 「건설기술 진흥법」 제26조제1항에 따라 등록한 건설엔지니어링사업자

② 국토교통부장관은 제1항에 따른 지정에 필요한 다음 각 호의 사항에 관한 세부적인 기준을 정하여 고시할 수 있다.

  1. 지정 신청에 필요한 제출서류

  2. 다른 신청인에 대한 제출서류 공개 및 그 제출서류 내용의 타당성에 대한 이의신청 절차

  3. 그 밖에 지정에 필요한 사항

☞ 「주택건설공사 감리자지정기준」

[국토교통부고시 제2024-111호, 2024. 2. 29., 일부개정]

④ 제1항에 따라 지정된 감리자는 다음 각 호의 기준에 따라 감리원을 배치하여 감리를 하여야 한다. <개정 2017. 10. 17.>

  1. 국토교통부령으로 정하는 감리자격이 있는 자를 공사현장에 상주시켜 감리할 것

  2. 국토교통부장관이 정하여 고시하는 바에 따라 공사에 대한 감리업무를 총괄하는 총괄감리원 1명과 공사분야별 감리원을 각각 배치할 것

  3. 총괄감리원은 주택건설공사 전기간(全期間)에 걸쳐 배치하고, 공사분야별 감리원은 해당 공사의 기간 동안 배치할 것

  4. 감리원을 해당 주택건설공사 외의 건설공사에 중복하여 배치하지 아니할 것

⑤ 감리자는 법 제16조제2항에 따라 착공신고를 하거나 감리업무의 범위에 속하는 각종 시험 및 자재확인 등을 하는 경우에는 서명 또는 날인을 하여야 한다.

⑥ 주택건설공사에 대한 감리는 법 또는 이 영에서 정하는 사항 외에는 「건축사법」 또는 「건설기술 진흥법」에서 정하는 바에 따른다.

3. 【법령】 주택법 제47조(부실감리자 등에 대한 조치)

사업계획승인권자는 제43조 및 제44조에 따라 지정·배치된 감리자 또는 감리원(다른 법률에 따른 감리자 또는 그에게 소속된 감리원을 포함한다)이 그 업무를 수행할 때 고의 또는 중대한 과실로 감리를 부실하게 하거나 관계 법령을 위반하여 감리를 함으로써 해당 사업주체 또는 입주자 등에게 피해를 입히는 등 주택건설공사가 부실하게 된 경우에는 그 감리자의 등록 또는 감리원의 면허나 그 밖의 자격인정 등을 한 행정기관의 장에게 등록말소·면허취소·자격정지·영업정지나 그 밖에 필요한 조치를 하도록 요청할 수 있다.

D. 착공신고

제 3 장 관리처분계획 / 제 7 절 이주·철거

1. **【해설】착공신고서 제출**

   (1) 착공신고서(건축법 시행규칙 별지 제 13 호 서식)에 ① 설계계약서, 공사계약서, 공사감리계약서 각 사본, ② 설계도서(시행규칙 별표 4 의 2 참조), ③ 감리 계약서, ④ 건축사 보험증서 등을 첨부하고 공사감리자와 공사시공자가 신고서에 함께 서명하여 시장·군수등에게 제출한다(건축법 제 21 조 제 1, 2, 6 항; 동 시행규칙 제 14 조 제 1 항).

   (2) 시장·군수등은 신고를 받은 날부터 3 일 이내에 신고수리 여부 또는 처리기간의 연장 여부를 신고인에게 통지하여야 하며, 그 기간 내에 통지하지 않으면 그 기간이 끝난 날의 다음 날에 신고를 수리한 것으로 본다(건축법 제 21 조 제 3 항). 착공신고가 수리되면 착공신고필증을 교부한다(규칙 제 14 조 제 4 항).

   (3) <u>건축허가(사업시행계획승인)를 받은 날부터 2 년 이내에 공사에 착수하지 않으면 허가권자는 건축허가를 취소하여야</u> 하며, 다만, 정당한 사유가 있다고 인정되면 <u>1 년의 범위에서</u> 공사의 착공연기신청서(별지 제 14 호 서식)를 제출하여 <u>착수기간을 연장할 수 있다</u>(건축법 제 11 조 제 7 항; 규칙 제 14 조 제 2 항). 착공연기신청서를 받은 허가권자는 착공연기확인서를 교부하여야 한다(규칙 제 14 조 제 4 항).

2. **【해설】시공보증서 제출 확인**

   시공자는 착공신고 시까지 시공보증서를 조합에 제출하여야 하며, 착공신고를 받는 시장·군수등은 시공보증서의 제출 여부를 확인하여야 한다(법 제 82 조 제 2 항). "시공보증"은 시공자가 공사계약상 의무를 이행하지 못하거나 의무이행을 하지 않을 경우 보증기관에서 시공자를 대신하여 계약이행의무를 부담하거나 정해진 보증금을 납부할 것을 보증하는 것을 말한다.

   시공보증은 보증기관이 시공자를 대신하여 시공계약 이행의무를 부담하도록 하는 데 주목적이 있으며, 위약금(손해배상액의 예정)도 위약벌도 아니다. 따라서 조합은 시공자가 공사계약을 이행하지 않아도 보증금을 몰취할 수 없다.

   시공보증금은 총 공사금액의 30% 이하의 범위에서 조합이 정한다(같은 조 제 1 항; 영 제 73 조).

   ☞ 시공보증에 관한 상세한 내용은 돈.되.법 3 제 2 장 제 2 절 I.을 참조하세요.

VI. '일시적 2 주택 양도세 비과세'에 관한 대체주택 특례조항

A. '일시적 2 주택 양도세 비과세' 요건의 예외로 인정되는 정비사업 특례조항

VI. '일시적 2주택 양도세 비과세'에 관한 대체주택 특례조항

1. 【해설】 개요

> 정비사업 조합원이 공사기간 중 거주할 대체주택(신규주택)을 취득하거나, 1세대 1주택자가 제2주택으로 조합원입주권을 취득하는 경우에는 '일시적 2주택 양도세 비과세 요건'을 충족하기가 어렵다. 관리처분계획인가시부터 입주시까지 4년은 족히 걸리기 때문이다. (일시적 2주택 비과세 요건: "종전의 주택을 취득한 날부터 1년 이상이 지난 후 신규 주택을 취득하고 신규 주택을 취득한 날부터 3년 이내에 종전의 주택을 양도할 것". 소득세법 시행령 제155조 제1항.)
>
> 그래서 소득세법은 정비사업 공사기간 동안 거주할 대체주택 마련을 위한 특례조항을 두어 '일시적 2주택 양도세 비과세 요건'을 완화해 주고 있다. 소득세법 시행령 제156조의2는 대체주택 특례조항을 두 가지로 나누어 규정하고 있다 ① 하나는 1세대 1주택자가 조합원입주권을 취득한 후 종전주택을 양도한 경우이고(제4항. 이하 '특례조항 1'), ② 다른 하나는 1세대 1주택 조합원이 공사기간 중 거주할 대체주택을 취득했다가 양도한 경우이다(제5항. 이하 '특례조항 2').

2. 【해설】 적용대상 사업

> 적용대상 사업은 재개발·재건축사업 및 소규모재건축사업등이다. "소규모재건축사업등"은 소규모재건축사업, 소규모재개발사업, 가로주택정비사업 및 자율주택정비사업을 말한다(소득세법 시행령 제155조 제2항).
>
> 소규모주택정비사업 중 소규모재개발사업, 가로주택정비사업, 자율주택정비사업은 2022. 2. 15. 개정령(대통령령 제32420호)에서 추가되었으며, 그 전에는 소규모재건축사업에만 적용되었다. 이 개정내용은 2022. 1. 1. 이후 취득하는 조합원입주권부터 적용한다(부칙 제9조).

B. [특례조항 1] – A주택 소유자가 B입주권을 취득한 후 A주택을 양도한 경우

1. 【해설】 '1주택(A) 1조합원입주권(B)자'의 종전주택 양도소득세 비과세 요건

> **(1) A주택 양도소득세의 비과세 요건:** 1개의 종전주택(A주택)을 소유한 자가 조합원입주권(B입주권)을 취득하여 '1주택과 1조합원입주권'을 소유하게 된 경우 아래 ① ~ ⑤의 요건을 모두 충족하면, '1세대 1주택'으로 보아 A주택의 양도소득세를 비과세한다.
>
> ① 1세대 1주택자가 관리처분계획인가(또는 소규모주택정비법에 따른 사업시행계획인가) 이후의 조합원입주권을 취득하였을 것(건물이 멸실되었는지 여부는 묻지 않음). "조합원입주권"은 재개발·재건축사업 및 소규모재건축사업등을 시행하는 정비사

업조합의 조합원(주민합의체를 구성하는 경우에는 토지등소유자를 말함)이 관리처분계획 인가 및 소규모주택정비법에 따른 사업시행계획인가로 인하여 취득한 '입주자로 선정된 지위'를 말하며, 이에 딸린 토지를 포함한다(소득세법 제88조 제9호).

② A 주택을 취득한 날부터 1년이 지난 후에 B 입주권을 취득하였을 것[이 요건이 필요 없는 예외사유(취학·근무·질병·해외이주 등)가 있음. 영 제156조의2 제4항 제2문]

☞ 이 요건은 2022. 2. 15. 개정령(대통령령 제32420호)에서 추가되었으며, 2022. 2. 14.까지 조합원입주권을 취득한 경우에는 1년 이내에 취득했어도 특례조항을 적용받을 수 있다(부칙 제12조).

③ 관리처분계획등에 따라 취득하는 a) 주택이 완성(= 준공인가)된 후 3년 이내에 그 주택으로 세대전원이 이사하여 b) 1년 이상 계속하여 거주할 것(이 기간은 A 주택을 양도한 뒤에 채워도 됨) [제4항 제1호]

☞ 이사 유예기간이 2023. 2. 28. 개정령(대통령령 제33267호)에서「2년에서 3년으로」연장되었으며, 이 개정내용은 2023. 1. 12. 이후 주택을 양도하는 경우부터 적용된다(부칙 제8조).

☞ 세대 구성원이 학교취학, 근무상 형편(직장변경, 전근 등), 1년 이상 치료나 요양, 학교폭력으로 인한 전학 중 하나의 사유로 다른 시·군으로 주거를 이전하는 경우를 포함한다(소득세법 시행규칙 제75조의2 제1항 및 제71조 제3항).

④ 관리처분계획에 따라 취득하는 주택이 완성되기 전 또는 완성된 후 3년 이내에 종전주택을 양도할 것[제4항 제2호]

☞ 종전주택의 처분 유예기간이 2023. 2. 28. 개정령(대통령령 제33267호)에서「2년에서 3년으로」연장되었으며, 이 개정내용은 2023. 1. 12. 이후 주택을 양도하는 경우부터 적용한다(부칙 제8조).

⑤ B 입주권의 취득일부터 3년이 지난 후에 A 주택을 양도할 것(영 제156조의2 제4항 제1문)

(2) B 입주권으로 취득한 새 아파트의 양도세 비과세: ★ A 주택의 양도소득세 비과세 혜택을 받은 후, B 입주권으로 취득한 새 아파트도 별도로 '1세대 1주택' 비과세요건을 갖추면 양도소득세를 비과세받을 수 있다.

2. 【해설】투기과열지구 내 조합원지위 승계 제한 문제

(1) 투기과열지구 내 재건축구역에서는 2003. 12. 31.부터 조합설립인가 이후 조합원지위의 양도가 제한되므로(예외사유 있음), 투기과열지구 내에서는 재개발조합원 입주권에 대해서만 위 특례조항을 적용받을 수 있다.

재개발사업에서도 2018. 1. 25. 이후 최초로 사업시행인가를 신청하는 구역에서는 관리처분계획인가 후부터 조합원지위 승계가 제한되므로(예외사유 있음), 2018. 1. 24.까지 사업시행인가를 신청한 재개발구역에서만 '특례조항 1'을 적용받을 수 있다(2017. 10. 24. 개정 구 도시정비법 부칙 제2조).

(2) 투기과열지구에서 예외적으로 조합원지위 승계가 허용되는 경우에는 위 특례조항을 적용받을 수 있다.

☞ 투기과열지구 내 조합원지위 승계 제한 및 그 예외사유에 관하여는 돈.되.법 2 제3장 제3절 II.를 참조하세요.

3. 【법령】소득세법 시행령 제156조의2 제4항(주택과 조합원입주권을 소유한 경우 1세대 1주택의 특례)

④ 국내에 1주택을 소유한 1세대가 A) 그 주택(이하 이 항에서 "종전주택"이라 한다)을 양도하기 전에 조합원입주권을 취득함으로써 일시적으로 1주택과 1조합원입주권을 소유하게 된 경우 B) 종전주택을 취득한 날부터 1년이 지난 후에 조합원입주권을 취득하고 C) 그 조합원입주권을 취득한 날부터 3년이 지나 종전주택을 양도하는 경우로서 D) 다음 각 호의 요건을 모두 갖춘 때에는 이를 1세대 1주택으로 보아 제154조제1항을 적용한다.

이 경우 제154조 제1항 제1호, 같은 항 제2호 가목 및 같은 항 제3호에 해당하는 경우에는 종전주택을 취득한 날부터 1년이 지난 후 조합원입주권을 취득하는 요건을 적용하지 않는다. <개정 2008. 2. 29., 2008. 11. 28., 2012. 2. 2., 2012. 6. 29., 2018. 2. 9., 2022. 2. 15., 2023. 2. 28.>

  1. A) 재개발사업, 재건축사업 또는 소규모재건축사업등의 관리처분계획등에 따라 취득하는 주택이 완성된 후 3년 이내에 그 주택으로 세대전원이 이사(기획재정부령이 정하는 취학, 근무상의 형편, 질병의 요양 그 밖의 부득이한 사유로 세대의 구성원 중 일부가 이사하지 못하는 경우를 포함한다)하여 B) 1년 이상 계속하여 거주할 것

  2. 재개발사업, 재건축사업 또는 소규모재건축사업등의 관리처분계획등에 따라 취득하는 주택이 완성되기 전 또는 완성된 후 3년 이내에 종전의 주택을 양도할 것

4. 【법령】 소득세법 시행령 제 154 조(1 세대 1 주택의 범위)

> ① (본문 생략)
>
> 1. 「민간임대주택에 관한 특별법」에 따른 민간건설임대주택이나 「공공주택 특별법」에 따른 공공건설임대주택 또는 공공매입임대주택을 취득하여 양도하는 경우로서 해당 임대주택의 임차일부터 양도일까지의 기간 중 세대전원이 거주(기획재정부령으로 정하는 취학, 근무상의 형편, 질병의 요양, 그 밖에 부득이한 사유로 세대의 구성원 중 일부가 거주하지 못하는 경우를 포함한다)한 기간이 5 년 이상인 경우
>
> 2. 다음 각 목의 어느 하나에 해당하는 경우. 이 경우 가목에 있어서는 그 양도일 또는 수용일부터 5 년 이내에 양도하는 그 잔존주택 및 그 부수토지를 포함하는 것으로 한다.
>
> 　가. 주택 및 그 부수토지(사업인정 고시일 전에 취득한 주택 및 그 부수토지에 한한다)의 전부 또는 일부가 「공익사업을 위한 토지 등의 취득 및 보상에 관한 법률」에 의한 <u>협의매수·수용 및 그 밖의 법률에 의하여 수용되는 경우</u>
>
> 　나. 「해외이주법」에 따른 해외이주로 세대전원이 출국하는 경우. 다만, 출국일 현재 1 주택을 보유하고 있는 경우로서 출국일부터 2 년 이내에 양도하는 경우에 한한다.
>
> 　다. 1 년 이상 계속하여 국외거주를 필요로 하는 취학 또는 근무상의 형편으로 세대전원이 출국하는 경우. 다만, 출국일 현재 1 주택을 보유하고 있는 경우로서 출국일부터 2 년 이내에 양도하는 경우에 한한다.
>
> 3. 1 년이상 거주한 주택을 기획재정부령으로 정하는 취학, 근무상의 형편, 질병의 요양, 그 밖에 부득이한 사유로 양도하는 경우

5. 【법령】 소득세법 시행규칙 제 75 조의 2(주택과 조합원입주권 또는 주택과 분양권을 소유한 경우의 취학 등으로 인한 1 세대 1 주택 특례의 요건)

> ① 영 제 156 조의 2 제 4 항제 1 호에서 "기획재정부령이 정하는 취학, 근무상의 형편, 질병의 요양 그 밖의 부득이한 사유"와 같은 조 제 5 항제 2 호 및 제 156 조의 3 제 3 항제 1 호에서 "기획재정부령으로 정하는 취학, 근무상의 형편, 질병의 요양, 그 밖에 부득이한 사유"란 각각 세대의 구성원 중 일부가 제 71 조제 3 항 각 호의 어느 하나에 해당하는 사유로 다른 시·군으로 주거를 이전하는 경우를 말한다. <개정 2008. 4. 29., 2013. 2. 23., 2014. 3. 14., 2020. 3. 13., 2021. 3. 16.>

VI. '일시적 2주택 양도세 비과세'에 관한 대체주택 특례조항

6. 【법령】소득세법 시행규칙 제71조(1세대 1주택의 범위)

③ 영 제154조 제1항 제1호 및 제3호에서 "기획재정부령으로 정하는 취학, 근무상의 형편, 질병의 요양, 그 밖에 부득이한 사유"란 A) 세대의 구성원 중 일부(영 제154조제1항제1호의 경우를 말한다) 또는 세대전원(영 제154조제1항제3호의 경우를 말한다)이 B) 다음 각 호의 어느 하나에 해당하는 사유로 C) 다른 시(특별시, 광역시, 특별자치시 및 「제주특별자치도 설치 및 국제자유도시 조성을 위한 특별법」 제10조 제2항에 따라 설치된 행정시를 포함한다. 이하 이 조, 제72조 및 제75조의 2에서 같다)·군으로 주거를 이전하는 경우(광역시지역 안에서 구지역과 읍·면지역 간에 주거를 이전하는 경우와 특별자치시, 「지방자치법」 제7조제2항에 따라 설치된 도농복합형태의 시지역 및 「제주특별자치도 설치 및 국제자유도시 조성을 위한 특별법」 제10조제2항에 따라 설치된 행정시 안에서 동지역과 읍·면지역 간에 주거를 이전하는 경우를 포함한다. 이하 이 조, 제72조 및 제75조의 2에서 같다)를 말한다. <개정 1998. 8. 11., 2000. 4. 3., 2005. 3. 19., 2005. 12. 31., 2008. 4. 29., 2013. 2. 23., 2014. 3. 14., 2016. 3. 16., 2020. 3. 13.>

1. 「초·중등교육법」에 따른 학교(초등학교 및 중학교를 제외한다) 및 「고등교육법」에 따른 학교에의 취학

2. 직장의 변경이나 전근등 근무상의 형편

3. 1년이상의 치료나 요양을 필요로 하는 질병의 치료 또는 요양

4. 「학교폭력예방 및 대책에 관한 법률」에 따른 학교폭력으로 인한 전학(같은 법에 따른 학교폭력대책자치위원회가 피해학생에게 전학이 필요하다고 인정하는 경우에 한한다)

C. [특례조항 2 – A 조합원이 B 대체주택을 취득했다가 양도한 경우

1. 【해설】조합원의 대체주택 양도세 비과세 요건

(1) '특례조항 2'는 일반적인 '일시적 1세대 2주택'의 경우와 달리 종전주택이 아닌 신규주택을 처분하면서 비과세혜택을 받는 경우이다.

재개발·재건축사업 또는 소규모재건축사업등 조합원이 대체주택을 취득했다가 양도한 경우 아래 ①, ②, ③의 요건을 모두 갖추면 비과세 된다.

① 1세대 1주택자인 조합원이 사업시행인가일 이후 대체주택을 취득하여 1년 이상 거주할 것(대체주택은 사업시행기간 동안 거주할 주택이므로) [제1호]

② 관리처분계획등에 따라 취득하는 주택이 완성된 후 a) 2년 이내에 그 주택으로 세대전원이 이사하여 b) 1년 이상 계속 거주할 것[제 2 호]. 세대 구성원이 학교취학, 근무상 형편(직장변경, 전근 등), 1년 이상 치료나 요양, 학교폭력으로 인한 전학 중 하나의 사유로 다른 시·군으로 주거를 이전하여 세대원 중 일부가 이사하지 못하는 경우를 포함한다(소득세법 시행규칙 제 75 조의 2 제 1 항 및 제 71 조 제 3 항).

☞ 주택이 완성된 후 2년 이내에 취학 또는 근무상의 형편으로 1년 이상 계속하여 국외에 거주할 필요가 있어 세대전원이 출국하는 경우에는 출국사유가 해소(출국한 후 3년 이내에 해소되는 경우만 해당한다)되어 입국한 후 1년 이상 계속하여 거주해야 한다(제 2 호 단서).

③ 신축되는 주택이 완성되기 전 또는 완성된 후 2년 이내에 대체주택을 양도할 것[제 3 호]

(2) 이 경우 1세대 1주택 비과세의 보유기간 및 거주기간의 제한(시행령 제 154 조제 1 항)을 받지 않는다(제 5 항 후단).

2. **【법령】** 소득세법 시행령 제 156 조의 2 제 5 항(주택과 조합원입주권을 소유한 경우 1세대 1주택의 특례)

⑤ A) 국내에 1주택을 소유한 1세대가 B) 그 주택에 대한 재개발사업, 재건축사업 또는 소규모재건축사업등의 시행기간 동안 거주하기 위하여 다른 주택(이하 이 항에서 "대체주택"이라 한다)을 취득한 경우로서 C) 다음 각 호의 요건을 모두 갖추어 대체주택을 양도하는 때에는 이를 1세대 1주택으로 보아 제 154 조제 1 항을 적용한다. 이 경우 제 154 조 제 1 항의 보유기간 및 거주기간의 제한을 받지 않는다. <개정 2008. 2. 29., 2008. 11. 28., 2010. 2. 18., 2012. 2. 2., 2014. 2. 21., 2018. 2. 9., 2022. 2. 15., 2023. 2. 28.>

1. 재개발사업, 재건축사업 또는 소규모재건축사업등의 사업시행인가일 이후 대체주택을 취득하여 1년 이상 거주할 것

2. 재개발사업, 재건축사업 또는 소규모재건축사업등의 관리처분계획등에 따라 취득하는 주택이 완성된 후 2년 이내에 그 주택으로 세대전원이 이사(기획재정부령으로 정하는 취학, 근무상의 형편, 질병의 요양, 그 밖에 부득이한 사유로 세대원 중 일부가 이사하지 못하는 경우를 포함한다)하여 1년 이상 계속하여 거주할 것.

다만, 주택이 완성된 후 2년 이내에 취학 또는 근무상의 형편으로 1년 이상 계속하여 국외에 거주할 필요가 있어 세대전원이 출국하는 경우에는 출국사유가 해소(출국한 후 3년 이내에 해소되는 경우만 해당한다)되어 입국한 후 1년 이상 계속하여 거주해야 한다.

VI. '일시적 2주택 양도세 비과세'에 관한 대체주택 특례조항

   3. 재개발사업, 재건축사업 또는 소규모재건축사업등의 관리처분계획등에 따라 취득하는 <u>주택이 완성되기 전 또는 완성된 후 2년 이내에 대체주택을 양도할 것</u>

3. ★ 투자 Tip (특례조항 2)

(1) 종전주택 취득시점

대체주택을 취득하는 시점이 사업시행인가일 이후이기만 하면, <u>종전주택을 취득한 시점은 문제되지 않는다</u>. 다만, <u>종전주택의 취득은 관리처분계획인가 전에 해야 한다</u> (관리처분계획인가 이후에는 주택이 아니고 입주권으로, 관리처분계획인가 이후의 입주권을 취득한 사람은 요건①을 충족할 수 없음).

(2) 대체주택 취득시점

대체주택을 취득하는 시점은 사업시행인가일 이후이기만 하면 되며, '종전주택 취득시점으로부터 1년 이상의 기간'은 필요하지 않다. 따라서 사업시행계획인가 후에 종전주택을 취득하고 나서 바로 대체주택을 취득해도 특례조항 2를 적용받을 수 있다. 대체주택에 1년 이상만 거주하면 된다.

관리처분계획 인가 후에 대체주택을 취득해도 특례를 적용받을 수 있다. 따라서 관리처분계획인가 후 나오는 이주비 대출금으로 대체주택을 취득해도 된다.

(3) 신축 아파트의 비과세

대체주택을 양도하여 양도세 비과세 혜택을 받은 후, 정비사업에서 새로 취득한 아파트도 별도로 '1세대 1주택' 비과세요건을 갖추어 양도소득세를 비과세받을 수 있다.

D. ① 조합원이 관리처분계획에 따라 대지/건축시설을 분양받을 권리(조합원입주권을 말함)는 '부동산을 취득할 수 있는 권리'이고; ② 이 경우 <u>그 권리의 취득시기는 관리처분계획의 인가고시가 있은 때임</u>; ③ 이렇게 볼 경우 '<u>종전의 토지·건축물의 취득시</u>'부터 '<u>위 권리의 취득시(관리처분계획인가고시일)</u>'까지 사이에 상승한 가액이 양도차익에서 제외되는 것은 어쩔 수 없는 결과임 —대법원 1993. 11. 23. 선고 93누1633 판결[양도소득세등부과처분취소]

【당사자】

【원고, 피상고인】 원고
【피고, 상고인】 청량리세무서장

제 3 장 관리처분계획 / 제 7 절 이주·철거

1. 관련규정

소득세법 제 23 조 제 1 항이 부동산과 관련되어 자산의 양도로 인하여 발생하는 양도소득(제 4 조 제 1 항 제 3 호)을 토지 또는 건물의 양도로 인하여 발생하는 소득(제 1 호)과 대통령령이 정하는 부동산에 관한 권리의 양도로 인하여 발생하는 소득(제 2 호)으로 나누어 규정하고 있고, 같은법시행령 제 44 조가 제 1 항 제 2 항 및 제 3 항에서 토지 및 건물의 범위를, 제 4 항 제 2 호에서 "부동산을 취득할 수 있는 권리(건물이 완성되는 때에 그 건물과 이에 부수되는 토지를 취득할 수 있는 권리를 포함한다)"를 법 제 23 조 제 1 항 제 2 호 소정의 "대통령령이 정하는 부동산에 관한 권리"의 하나로 각 규정하고 있는바,

2. 법리

재개발조합의 조합원이 재개발조합에 종전의 토지 및 건축물을 제공함으로써 관리처분계획에 따라 소유권을 취득하게 되는 분양예정의 대지 또는 건축시설을 분양받을 권리는, 재개발사업이 시행됨에 따라 장차 분양처분의 고시가 있은 다음날에 그 분양받을 대지 또는 건축시설에 대한 소유권을 취득하기까지는, 앞에서 판단한 바와 같이 토지구획정리사업법에 의한 환지구 내의 토지나 종전의 토지 및 건축물로 보기 어려운 이상, 소득세법 제 23 조 제 1 항 제 2 호 및 같은법시행령 제 44 조 제 4 항 제 2 호 소정의 "부동산을 취득할 수 있는 권리"로 보아 그 양도차익을 계산할 수밖에 없다고 할 것이다.

이 경우에 그 권리의 취득시기는 관리처분계획의 인가고시가 있은 때라고 보아야 할 것인바, 이와 같은 견해를 취하는 경우 종전의 토지 및 건축물의 취득시기부터 위 권리의 취득시기까지 사이에 상승한 가액이 양도차익에서 제외되고, 납세자가 양도소득특별공제나 장기보유특별공제를 받을 수 없게 되는 등 불합리한 결과가 발생할 수 있다는 비판이 있을 수 있으나, 위와 같은 권리를 "부동산을 취득할 수 있는 권리"로 볼 수밖에 없는 이상 어쩔 수 없는 결과라고 할 것이다.

3. 원심판결의 위법함

그럼에도 불구하고 원심은 이 사건 아파트분양권의 양도로 인하여 발생하는 소득에 대한 과세처분의 근거가 되는 법령의 취지를 오해한 탓인지 판시한 바와 같은 이유만으로 이 사건 아파트분양권의 양도가 종전의 토지 및 건축물의 소유자인 원고가 환지예정지구내의 토지를 양도한 경우에 해당한다고 판단하고 말았으니, 원심판결에는 도시재개발법 제 49 조 제 2 항이나 소득세법 제 23 조 제 1 항 제 2 호 및 같은법시행령 제 44 조 제 4 항 제 2 호 소정의 부동산을 취득할 수 있는 권리에 관한 법리를 오해한 위법이 있다고 하지 않을 수 없고, 이와 같은 위법은 판결에 영향을 미친 것임이 명백하므로, 이 점을 지적하는 논지는 이유가 있다.

제8절 일반분양

I. 개요

A. 주택법 제54조(「주택공급에 관한 규칙」)의 준용

1. 【해설】 조합원분양, 일반분양, 임의분양 (주택공급규칙 적용 문제)

> **(1)** 정비사업으로 조성, 신축되는 종후자산 중 조합원분양을 하고 남은 잔여분을 조합원 또는 토지등소유자 외의 자에게 분양하는 것을 '일반분양'이라 한다. 조합원의 동·호수 추첨은 일반분양 후에 이루어질 수 있으나, 그 경우에도 조합원들에게 우선 분양될 동·호수는 이미 관리처분계획에 정해져 있으며, 그 동·호수를 제외한 나머지 동·호수가 일반에게 분양된다.
>
> **(2) 조합원분양에는 주택공급규칙의 적용이 제한됨:** 조합원분양에는 「주택공급에 관한 규칙」 제22조(견본주택 건축기준 등)와 제57조(당첨자의 명단관리)만이 적용된다(규칙 제3조 제2항 제7호 가목 7).
>
> **(3) 일반분양에는 주택공급규칙이 전면 적용됨:** 일반분양에는 주택법 제54조가 준용되므로(도시정비법 제79조 제4항 및 영 제67조), 주택법의 위임에 따라 제정된 「주택공급에 관한 규칙」(이하 '주택공급규칙')이 적용된다.
>
> 따라서 30세대 이상의 주택을 일반분양하는 경우 주택공급의 방법·절차 등에 관한 주택공급규칙 규정이 모두 적용된다(주택공급규칙 제3조 제1항 및 제2항 단서; 주택법 제15조 제1항; 주택법 시행령 제27조 제1항).
>
> **(4) 30세대 미만은 임의분양:** 일반분양 주택이 30세대 미만인 경우에는 주택공급규칙이 적용되지 않으므로(규칙 제3조 제1항), 모집공고나 청약절차를 거칠 필요 없이 입찰·추첨·수의계약 등 사업시행자가 정하는 방법에 따라 공급할 수 있다. 이를 '임의분양'이라 한다. 다만, 정관에서 공급방법을 제한하는 경우에는 그에 따라야 한다. 보류지로 정한 주택도 30세대 미만이면 임의분양한다.
>
> ☞ '조합원분양에 대한 주택공급규칙 적용 문제'에 관하여는 제2장 제7절 I. 참조.

2. 【법령】 전부개정 도시정비법 제79조(관리처분계획에 따른 처분 등)

> ④ <u>일반분양</u> 사업시행자는 제72조에 따른 <u>분양신청을 받은 후 잔여분이 있는 경우</u>에는 정관등 또는 사업시행계획으로 정하는 목적을 위하여 그 잔여분을 a) <u>보류지</u> (건축물을 포함한다)로 정하거나 b) <u>조합원 또는 토지등소유자 이외의 자에게 분양</u>할

제 3 장 관리처분계획 / 제 8 절 일반분양

수 있다. 이 경우 분양공고와 분양신청절차 등에 필요한 사항은 대통령령으로 정한다.

☞ 영 제 67 조(일반분양신청절차 등)

법 제 79 조 제 4 항에 따라 조합원 또는 토지등소유자 외의 자에게 분양하는 경우의 공고·신청절차·공급조건·방법 및 절차 등은 주택법 제 54 조를 준용한다. 이 경우 "사업주체"는 "사업시행자(토지주택공사등이 공동사업시행자인 경우에는 토지주택공사등을 말한다)"로 본다.

⑦ [일반분양 후 잔여분] 사업시행자는 제 2 항부터 제 6 항까지의 규정에 따른 공급대상자에게 주택을 공급하고 남은 주택을 제 2 항부터 제 6 항까지의 규정에 따른 공급대상자 외의 자에게 공급할 수 있다.

⑧ 제 7 항에 따른 주택의 공급 방법·절차 등은 「주택법」 제 54 조를 준용한다. 다만, 사업시행자가 제 64 조에 따른 매도청구소송을 통하여 법원의 승소판결을 받은 후 입주예정자에게 피해가 없도록 손실보상금을 공탁하고 분양예정인 건축물을 담보한 경우에는 법원의 승소판결이 확정되기 전이라도 「주택법」 제 54 조에도 불구하고 입주자를 모집할 수 있으나, 제 83 조에 따른 준공인가 신청 전까지 해당 주택건설 대지의 소유권을 확보하여야 한다.

☞ 위 제 4, 7, 8 항은 구 도시정비법에서 하나의 조항(구법 제 50 조 제 5 항)으로 규정되었던 내용인데, 위와 같이 조문을 세분하면서 일반분양에 주택법 제 54 조를 준용한다는 규정은 시행령에서 규정하고, 일반분양 후 남은 잔여주택의 공급에 관하여 주택법 제 54 조를 준용한다는 것은 법률에서 규정(제 8 항)하는 기이한 형태가 되었다. 더군다나 매도청구 대상 토지에 관한 특례조항을 제 8 항 단서로 규정함으로써 마치 특례조항이 '일반분양 후 잔여분'에만 적용되고 일반분양에는 적용되지 않는 것처럼 해석될 가능성까지 야기했다. 제 7 항은 불필요한 조항이며, 제 4 항과 제 8 항은 구법과 같이 하나의 조항으로 통합 규정되어야 한다.

☞ 제 8 항 단서에 관하여는 아래 II.에서 자세히 본다.

B. 일반분양분은 '체비지'이다

1. 【해설】 도시개발법상 보류지·체비지 규정 및 법리의 적용

(1) 도시개발사업에서 "보류지保留地"는 도시개발사업으로 조성되는 토지 중 일부를 일정한 목적을 위하여 환지로 정하지 않고 따로 '보류지'로 정한 토지를 말한다. "체비지替費地"는 보류지 중 이를 제 3 자에게 사용·수익하게 하거나 처분하여 받은 돈으로 도시개발사업 경비에 충당하는 토지를 말한다(도시개발법 제 34, 36 조).

(2) 정비사업에서 조합원분양을 하고 남은 잔여분은 보류지로 정하거나 일반분양을 할 수 있는데(도시정비법 제79조 제4항), 일반분양 수입금은 정비사업의 시행에 사용되므로 일반분양분은 체비지에 해당한다(법 제87조 제3항). (도시개발법은 체비지를 보류지의 일종으로 규정하고 있는데, 도시정비법은 체비지와 보류지를 서로 다른 것으로 규정하고 있다.)

정비사업에서는 관리처분계획 또는 동·호수추첨에 오류가 있는 경우를 대비하여 정당한 분양을 받지 못한 조합원을 위해 남겨놓는 물량이 보류지에 해당한다.

(3) 보류지에는 도시개발법의 보류지에 관한 규정과 법리가 적용되고, 체비지인 일반분양분에는 체비지에 관한 규정과 법리가 적용된다(대법원 2018. 9. 28. 선고 2016 다 246800 판결).

2. 【해설】 일반분양은 관리처분계획사항

(1) 구 토지구획정리사업법이 토지구획정리조합이 체비지 등을 처분할 때 총회 또는 대의원회의 의결을 거치도록 한 것은 효력규정이므로, 조합이 총회나 대의원회의 의결 없이 체비지를 처분한 것은 무효이다(대법원 2008. 5. 29. 선고 2006 다 22494 판결; 대법원 2001.03.23. 선고 2000 다 72671 판결).

(2) 그러나 도시정비법에서 체비지인 일반분양분의 처분방법(및 그 명세와 추산액)은 관리처분계획사항이고(법 제74조 제1항 제4호 가목), 따로 이를 총회의결사항으로 규정하지 않았으므로(법 제45조 제1항 참조), 일반분양을 하는 데는 별도로 총회결의가 필요하지 않다.

3. 【해설】 일반분양분의 소유권 귀속

(1) 체비지는 도시개발사업의 시행자가 환지처분이 공고된 날의 다음 날에 그 소유권을 취득하고, 조합이 체비지를 이미 처분한 경우 그 체비지를 매입한 자는 조합으로부터 소유권이전등기를 마친 때에 비로소 소유권을 취득한다(도시개발법 제42조 제5항).

(2) 일반분양분은 체비지에 해당하므로, 조합(사업시행자)이 이전고시 다음 날에 그 소유권을 취득하고(대법원 2018. 9. 28. 선고 2016 다 246800 판결), 일반분양 수분양자는 조합의 소유권보존등기 후 조합으로부터 소유권이전등기를 마친 때에 소유권을 취득한다. 체비지에 대한 조합(사업시행자)의 소유권취득은 자기의 비용과 노력으로 건물을 신축한 자로서 건축물의 소유권을 원시취득하는 것이기도 하다.

제 3 장 관리처분계획 / 제 8 절 일반분양

4. 【조례】 서울시 도시정비조례 제 40 조(일반분양)

> 법 제 79 조 제 2 항에 따라 토지등소유자에게 공급하는 주택과 제 44 조에 따른 처분보류지를 제외한 대지 및 건축물(이하 "체비시설"이라 한다)은 법 제 79 조 제 4 항에 따라 조합원 또는 토지등소유자 이외의 자에게 분양할 수 있으며 분양기준은 다음 각 호에 따른다.
>
> 1. 체비시설 중 공동주택은 법 제 74 조 제 1 항 제 4 호 가목에 따라 산정된 가격[☞ 관리처분계획에 기재된 추산액]을 기준으로 「주택법」 및 「주택공급에 관한 규칙」에서 정하는 바에 따라 일반에게 분양한다.
>
> 2. 체비시설 중 부대·복리시설은 법 제 74 조 제 1 항 제 4 호 라목에 따라 산정된 가격[☞ 관리처분계획에 기재된 추산액]을 기준으로 「주택법」 및 「주택공급에 관한 규칙」에서 정하는 바에 따라 분양한다. [☞ 공동주택 분양기준과 동일함]
>
> 다만, 세입자(정비구역의 지정을 위한 공람공고일 3 개월 전부터 사업시행계획인가로 인하여 이주하는 날까지 계속하여 영업하고 있는 세입자를 말한다)가 분양을 희망하는 경우에는 다음 각 목의 순위에 따라 우선 분양한다.
>
> 가. 제 1 순위 : 종전 건축물의 용도가 분양건축물 용도와 동일하거나 비슷한 시설인 건축물의 세입자로서 사업자등록을 필하고 영업한 자
>
> 나. 제 2 순위: 종전 건축물의 용도가 분양건축물 용도와 동일하거나 비슷한 시설인 건축물의 세입자로서 영업한 자
>
> 3. 제 1 호 및 제 2 호에 불구하고 구청장은 재정비촉진지구에서 도시계획사업으로 철거되는 주택을 소유한 자(철거되는 주택 이외의 다른 주택을 소유하지 않은 자로 한정한다)가 인근 정비구역의 주택분양을 희망하는 경우에는 「주택공급에 관한 규칙」 제 36 조에 따라 특별공급하도록 한다.

5. 【법령】 도시개발법 제 36 조(환지 예정지 지정의 효과)

> ④ 시행자는 제 34 조에 따른 체비지의 용도로 환지 예정지가 지정된 경우에는 도시개발사업에 드는 비용을 충당하기 위하여 이를 사용 또는 수익하게 하거나 처분할 수 있다.
>
> ☞ 일반분양의 법적성격은 도시개발법 제 36 조 제 4 항이 규정하는 체비지의 처분과 같다.

II. 일반분양의 조건

A. 【해설】 시장·군수·구청장의 입주자모집 승인

> 일반분양을 하기 위해서는 시장·군수·구청장의 승인을 받아야 한다(주택법 제 54 조 제 1 항 제 1 호). 다만, 복리시설의 경우에는 신고만 하면 된다.
>
> 시장·군수·구청장은 분양승인 신청을 받으면 신청일부터 5 일 이내에 승인 여부를 결정하여야 한다. 다만, 분양가상한제 적용주택의 경우에는 10 일 이내에 결정하여야 하며, 부득이한 사유가 있으면 5 일의 범위에서 연장할 수 있다. (주택공급규칙 제 20 조 제 5 항.)

B. 선분양 (대지소유권 확보 + 분양보증)

1. 【해설】 선분양의 조건과 시기

> 선분양을 하기 위해서는 ① 대지소유권을 확보하고, ② 주택도시보증공사 또는 보증보험회사로부터 분양보증을 받아야 한다(주택공급규칙 제 15 조 제 1 항 제 1, 2 호).
>
> 착공 이후 전체 동(棟)의 골조공사가 완료되기 전까지 하는 분양은 모두 선분양에 해당한다(아파트 기준. 같은 조 제 2 항).

2. 【해설】 매도청구소송 판결확정 전 분양

> (1) 주택건설사업주체는 대지의 소유권을 확보하여야 입주자를 모집할 수 있고(주택공급규칙 제 16 조 제 2 항), 주택건설대지에 저당권등이 설정되어 있는 경우에는 그 저당권등을 말소해야 입주자를 모집할 수 있는 것이 원칙이다(주택공급규칙 제 16 조 제 1 항).
>
> (2) 그러나 재건축사업의 경우 매도청구 대상 대지에 관하여 a) 매도청구소송에서 승소판결을 받은 후 b) 판결금 전액을 공탁하면 (판결 확정 전이라도) 입주자를 모집할 수 있다. 다만, 이 경우에도 준공인가 신청 전까지는 해당 주택건설대지의 소유권을 확보하여야 한다. (법 제 79 조 제 8 항.)
>
> ☞ 법 제 79 조 제 8 항 단서에서 "주택법 제 54 조에도 불구하고"는 "주택법 제 54 조에 따른 국토교통부령 「주택공급에 관한 규칙」 제 16 조에도 불구하고"라는 의미로 새기면 된다. 따라서 매도청구소송에서 승소하고 판결금 전액을 공탁하면 매도청구 대상 토지에 저당권등이 설정되어 있어도 입주자모집을 할 수 있다[주택공급규칙 제 16 조 제 1 항은 그런 경우 저당권등을 말소하거나 저당권등의 말소소송을 제기하여 승소판결(확정되지 않아도 됨)을 받아야 입주자모집을 할 수 있도록 규정하고 있다].

> (3) 주택법과 다른 점: 주택공급규칙에도 매도청구소송 대상 대지에 관하여는 사용검사 전까지 해당 소유권을 확보하면 된다는 예외조항이 있으나, 도시정비법과 요건이 다르다.
>
> 즉, 주택법에 따라 매도청구소송(주택법 제22조)을 제기한 경우에는 법원의 승소판결만 있으면 판결금 전액을 공탁하지 않더라도 입주자를 모집할 수 있으며, 사용검사 전까지 해당 주택건설 대지의 소유권을 확보하면 된다(주택공급규칙 제15조 제1항 제1호 단서 가목). '소유자 확인이 곤란한 대지'(주택법 제23조)와 '사업계획승인 이후 소유권이 제3자에게 이전된 대지'는 매도청구소송을 제기하고 감정평가액을 공탁하면 승소판결을 받기 전이라도 입주자를 모집할 수 있다(규칙 제15조 제1항 제1호 단서 나, 다목).

3. 【법령】「주택공급에 관한 규칙」 제15조(입주자모집 시기)

> ① 사업주체(영 제16조에 따라 토지소유자 및 등록사업자가 공동사업주체인 경우에는 등록사업자를 말한다. 이하 이 조에서 같다)는 다음 각 호의 요건을 모두 갖춘 경우에는 착공과 동시에 입주자를 모집할 수 있다. <개정 2016. 8. 12., 2017. 9. 20., 2018. 12. 11.>
>
> 1. 주택이 건설되는 대지(법 제15조제3항에 따라 입주자를 공구별로 분할하여 모집한 주택 또는 이 규칙 제28조제10항제2호에 따라 입주자를 분할하여 모집한 주택에 입주자가 있는 경우에는 그 입주자가 소유한 토지를 제외한다. 이하 이 조에서 같다)의 소유권을 확보할 것(법 제61조제6항에 따라 주택이 건설되는 대지를 신탁한 경우를 포함한다. 이하 이 조에서 같다).
>
> 다만, 법 제22조 및 제23조에 따른 매도청구소송(이하 이 호에서 "매도청구소송"이라 한다) 대상 대지로서 다음 각 목의 어느 하나에 해당하는 경우에는 법 제49조에 따른 사용검사 전까지 해당 주택건설 대지의 소유권을 확보하여야 한다.
>
> 　가. 매도청구소송을 제기하여 법원의 승소 판결(판결이 확정될 것을 요구하지 아니한다)을 받은 경우
>
> 　나. 소유자 확인이 곤란한 대지에 대하여 매도청구소송을 제기하고 법 제23조 제2항 및 제3항에 따른 감정평가액을 공탁한 경우
>
> 　다. 사업주체가 소유권을 확보하지 못한 대지로서 법 제15조에 따라 최초로 사업계획승인을 받은 날 이후 소유권이 제3자에게 이전된 대지에 대하여 매도청구소송을 제기하고 법 제23조제2항 및 제3항에 따른 감정평가액을 공탁한 경우
>
> 2. 다음 각 목의 어느 하나에 해당하는 기관으로부터 「주택도시기금법 시행령」 제21조 제1항 제1호에 따른 분양보증(이하 "분양보증"이라 한다)을 받을 것

II. 일반분양의 조건

> 가. 「주택도시기금법」 제16조에 따른 <u>주택도시보증공사</u>
>
> 나. 「보험업법」 제2조제5호에 따른 보험회사(같은 법 제4조제1항제2호 나목의 <u>보증보험을 영위하는 보험회사</u>만 해당한다) 중 국토교통부장관이 지정하는 보험회사

4. **【법령】주택도시기금법 시행령 제21조(보증의 종류와 보증료)**

> ① 법 제26조제1항제2호에 따라 공사가 할 수 있는 보증의 종류는 다음 각 호와 같다. <개정 2015. 12. 28., 2016. 8. 11., 2018. 2. 9., 2019. 4. 23., 2019. 7. 23.>
>
> 1. <u>분양보증</u>: 사업주체(「주택법 시행령」 제16조에 따른 공동사업주체를 포함한다)가 「주택법」 제15조제1항 본문 또는 같은 조 제3항에 따라 사업계획의 승인을 받아 건설하는 주택(부대시설 및 복리시설을 포함한다. 이하 이 조에서 같다) 또는 같은 법 시행령 제27조제4항에 따라 사업계획의 승인을 받지 아니하고 <u>30세대 이상</u>의 주택과 주택 외의 시설을 하나의 건축물로 건축하는 경우에 하는 다음 각 목의 보증
>
> 가. <u>주택분양보증</u>: 사업주체가 파산 등의 사유로 분양계약을 이행할 수 없게 되는 경우 A) 해당 주택의 <u>분양</u>(「주택법」 제49조에 따른 사용검사 또는 「건축법」 제22조에 따른 사용승인과 소유권보존등기를 포함한다)<u>의 이행</u> <u>또는</u> B) <u>납부한 계약금 및 중도금의 환급</u>(해당 주택의 감리자가 확인한 실행공정률이 100분의 80 미만이고, 입주자의 3분의 2 이상이 원하는 경우로 한정한다. 이하 나목에서 같다)<u>을 책임지는 보증</u> (이하 생략)

☞ 주택도시보증공사의 주택분양보증료 산출식

<u>보증료 = 보증금액 × 보증료율 × 보증기간에 해당하는 일수/365</u>

* 보증금액: 사업주체가 분양계약자로부터 받게 될 계약금과 중도금을 합한 금액

* 보증료율: 시공사의 신용평가등급에 따라 정해지며 보증료, 거래기간 등을 기준으로 기여도(1군 ~ 7군)에 따라 할인됨

* 보증기간: 당해 주택사업의 입주자 모집공고 승인일부터 건물소유권보존등기일(사용검사 포함)까지의 기간

5. **【해설】분양보증과 고분양가심사**

> 주택도시보증공사는 고분양가 관리지역에서 신규 분양보증 신청을 받으면 고분양가 심사를 한다. 고분양가 심사는 사업장의 보증금액(분양가격)의 적정성을 심사함으로써 분양보증에 대한 리스크를 관리하기 위한 장치이다. 고분양가심사평점은 ① 입지

제 3 장 관리처분계획 / 제 8 절 일반분양

성, ② 사업안전성(시공자의 공사신용평가 등급과 시공능력평가 순위), ③ 단지특성(단지규모·건폐율)으로 구성된다.

분양가상한제 적용주택은 고분양가 관리 대상에서 제외되는바, 2024. 5. 현재 '고분양가 관리지역'은 서울 서초구, 강남구, 송파구, 용산구뿐인데(2023. 1. 5. 기준). 이 지역은 모두 분양가상한제 적용지역이므로 현재 고분양가 심사대상 지역은 없는 셈이다.

C. 후분양 (대지소유권 확보 + 등록사업자 2 이상의 연대보증)

1. 【해설】 후분양 (주택공급규칙 제 15 조 제 2 항)

주택건설대지의 소유권은 확보했으나 분양보증을 받지 못한 경우에는 일정한 요건을 갖춘 등록사업자 2 이상의 연대보증을 받아 공증을 받으면 후분양을 할 수 있다. 후분양의 시기는 <u>전체 동(棟)의 골조공사가 완료된</u> 때이다(아파트 기준).

고분양가 심사는 선분양을 하기 위해 주택도시보증공사의 분양보증을 받는 단계에서 이루어지므로, 분양가상한제 적용을 받지 않는 고분양가 관리지역에서 고분양가 심사를 피하려면 후분양을 하면 된다.

2. 【법령】 「주택공급에 관한 규칙」 제 15 조(입주자모집 시기) 제 2 항

② 사업주체는 제 1 항 제 1 호의 요건[☞ 주택건설대지의 소유권 확보]은 갖추었으나 같은 항 제 2 호의 요건[☞ 분양보증]을 갖추지 못한 경우에는 해당 주택의 사용검사에 대하여 A) <u>제 1 호 각 목의 요건을 모두 갖춘 등록사업자</u> (「건설산업기본법」 제 9 조에 따라 일반건설업 등록을 한 등록사업자 또는 영 제 17 조제 1 항에 적합한 등록사업자를 말한다) 2 이상의 연대보증을 받아 이를 공증을 받으면 B) 제 2 호 각 목의 구분에 따른 건축공정에 달한 후에 입주자를 모집할 수 있다. <개정 2016. 8. 12., 2018. 9. 18., 2019. 12. 6.>

1. 등록사업자의 요건

  가. 시공권이 있는 등록사업자로서 전년도 또는 해당 연도의 주택건설실적이 100 호 또는 100 세대 이상인 자일 것

  나. 전년도 또는 해당 연도의 주택건설실적이 100 호 또는 100 세대 이상인 자 중에서 자본금 및 주택건설실적 등을 고려하여 특별자치시장·특별자치도지사·시장·군수·구청장(이하 "시장·군수·구청장"이라 한다)이 인정하는 자일 것

  다. 「독점규제 및 공정거래에 관한 법률」 제 2 조에 따른 사업주체의 계열회사가 아닐 것

> 2. 건축공정의 기준
>
> 　가. 아파트의 경우: 전체 동의 골조공사가 완료된 때
>
> 　나. 연립주택, 다세대주택 및 단독주택의 경우
>
> 　　1) 분양주택: 조적공사가 완성된 때
>
> 　　2) 공공임대주택: 미장공사가 완성된 때

III. 재당첨 제한 (「주택공급에 관한 규칙」 제 54 조)

A. 개요

1. 【해설】재당첨 제한의 내용

> **(1) 재당첨 제한의 내용:** 「주택공급에 관한 규칙」 제 54 조 제 1 항 각호가 규정하는 주택의 청약에 당첨된 자 및 그와 같은 세대에 속한 자는 '재당첨 제한기간' 동안 다른 분양주택(분양전환공공임대주택 포함)의 입주자로 선정될 수 없다. 다만, 비규제지역(투기과열지구·청약과열지역이 아닌 지역)의 민영주택은 재당첨 제한을 받지 않는다. (이상 「주택공급에 관한 규칙」 제 54 조 제 1 항.)
>
> 따라서 재당첨 제한을 받는 사람은 규제지역(투기과열지구 및 청약과열지역)에서 시행되는 정비사업 또는 소규모주택정비사업에서 일반분양에 청약할 수 없다.
>
> **(2) 재당첨 제한기간:** '재당첨 제한기간'은 전에 당첨된 주택의 종류에 따라 1 년 ~ 10 년인바(규칙 제 54 조 제 2 항), 실전에서 많이 문제되는 재당첨 제한기간은 아래와 같다.
>
> 　* 투기과열지구 내 재개발·재건축사업, 가로주택정비사업, 소규모재건축사업에서 조합원분양분에 당첨된 경우 => 5 년 (소규모재개발사업 미포함)
>
> 　* 청약과열지구(= 조정대상지역)에서 공급되는 주택에 당첨된 경우 => 7 년
>
> 　* 분양가상한제 적용주택 및 투기과열지구에서 공급되는 주택에 당첨된 경우 => 10 년 (cf. 투기과열지구에서 조합원분양분에 당첨된 경우는 5 년임)
>
> 　☞ "청약과열지역"은 주택법 제 63 조의 2 제 1 항 제 1 호에 따라 지정되는 "조정대상지역"을 말한다[동규칙 제 2 조 제 7 호 라목 2)].
>
> **(3) 재당첨 제한의 적용범위:** 재당첨이 제한되는 주택은 ① 국민주택(비규제지역에서도 재당첨이 제한됨)과 ② 규제지역(투기과열지구 및 청약과열지역)에서 공급되는 민영주택이다. '비규제지역에서 공급되는 민영주택'은 재당첨이 제한되지 않는다.

(3) 재당첨 제한의 사후 통제: 주택청약업무수행기관(한국부동산원)은 사업주체로부터 통보받은 당첨자명단(동규칙 제 57 조 제 1 항 참조)을 전산검색하여 재당첨제한을 위반한 세대를 발견한 때에는 지체 없이 사업주체에게 그 사실을 통보해야 하며, 이 경우 사업주체는 이들을 입주자선정 대상에서 제외하거나 주택공급계약을 취소하여야 한다(규칙 제 54 조 제 3, 4 항).

2. 【해설】 국민주택 vs. 민영주택

(1) "국민주택"이란 ① 국가·지방자치단체·한국토지주택공사 또는 주택사업을 목적으로 설립된 지방공사가 건설하거나 ② 국가·지방자치단체의 재정 또는 주택도시기금으로부터 자금지원을 받아 건설/개량되는 주택으로서 ③ 국민주택규모 이하인 주택을 말한다(주택법 제 2 조 제 5 호).

☞ 국민주택 = (① OR ②) AND ③

(2) "국민주택규모"는 주거전용면적 85 ㎡ 이하(비수도권의 비도시 읍·면 지역은 100 ㎡ 이하)를 말한다(같은 조 제 6 호). 수도권은 비도시 읍·면지역도 85 ㎡ 이하만 국민주택규모이고, 수도권의 비도시 읍·면지역에서 '85 ㎡ 초과 100 ㎡ 이하'는 국민주택규모가 아니다.

(3) "민영주택"이란 국민주택을 제외한 주택을 말한다(같은 조 제 7 호). 주택도시기금으로부터 자금지원을 받아 건설/개량되는 주택이라도 85 ㎡를 초과하면 민영주택이다.

3. 【법령】 「주택공급에 관한 규칙」 제 54 조(재당첨 제한)

① 다음 각 호의 어느 하나에 해당하는 주택에 당첨된 자의 세대(제 47 조의 3 에 따른 당첨자의 경우 주택공급신청자 및 그 배우자만 해당한다. 이하 이 조에서 같다)에 속한 자는 제 2 항에 따른 재당첨 제한기간 동안 다른 분양주택(분양전환공공임대주택을 포함하되, 투기과열지구 및 청약과열지역이 아닌 지역에서 공급되는 민영주택은 제외한다)의 입주자(사전당첨자를 포함한다)로 선정될 수 없다. <개정 2017. 11. 24., 2018. 5. 4., 2018. 12. 11., 2021. 11. 16.>

 1. 제 3 조 제 2 항 제 1 호·제 2 호·제 4 호·제 6 호, 같은 항 제 7 호 가목(투기과열지구에서 공급되는 주택으로 한정한다) 및 같은 항 제 8 호의 주택

  ☞ 제 7 호 가목은 재개발·재건축사업, 가로주택정비사업, 소규모재건축사업의 조합원분양분 주택을 말한다(투기과열지구 내 한정).

  ☞ 제 7 호 가목은 2018. 5. 4. 개정규칙(국토교통부령 제 512 호)에서 처음 포함되었다. ① 2018. 5. 4. 전에 관리처분계획인가를 받거나 신청한 재개발·재건축사업에서 주

III. 재당첨 제한 (「주택공급에 관한 규칙」제 54 조)

택을 공급받은 경우(동 부칙 제 6 조 제 1 호)와 ② 2018. 5. 4. 전에 사업시행계획인가를 받거나 신청한 가로주택정비사업·소규모재건축사업에서 주택을 공급받은 경우(제 2 호)에는 재당첨 제한을 받지 않는다.

> 2. 제 47 조에 따라 이전기관 종사자 등에 특별공급되는 주택
> 3. 분양가상한제 적용주택
> 4. 분양전환공공임대주택
> 5. 토지임대주택
> 6. 투기과열지구에서 공급되는 주택
> 7. 청약과열지역에서 공급되는 주택
>
> ② 제 1 항에 따른 재당첨 제한기간은 다음 각 호의 구분에 따른다. 이 경우 당첨된 주택에 대한 제한기간이 둘 이상에 해당하는 경우 그 중 가장 긴 제한기간을 적용한다. <개정 2020. 4. 17.>
> 1. 당첨된 주택이 제 1 항 제 3 호 및 제 6 호에 해당하는 경우: 당첨일부터 10 년간
> 2. 당첨된 주택이 제 1 항 제 7 호에 해당하는 경우: 당첨일부터 7 년간
> 3. 당첨된 주택이 제 1 항 제 5 호 및 제 3 조 제 2 항 제 7 호 가목의 주택(투기과열지구에서 공급되는 주택으로 한정한다)인 경우: 당첨일부터 5 년간
> 4. 5. (생략)
>
> (이하 생략)

B. 조합원분양신청 제한과의 관계

1. 【해설】「도시정비법 제 72 조 제 6 항에 따른 조합원분양신청 제한」과의 관계

> (1) 「도시정비법 제 72 조 제 6 항에 따른 조합원분양신청권 제한」과 「주택법령에 따른 재당첨 제한」은 전혀 별개 규제이다.
>
> (2) 정비사업에서 일반분양에 청약하는 사람은 당연히 주택공급규칙에 따른 재당첨 제한을 받으나, 조합원분양신청을 하는 경우에는 주택공급규칙에 따른 재당첨 제한을 받지 않으며 도시정비법 제 72 조 제 6 항에 의한 제한만 받는다(조합원분양에는 주택공급규칙이 적용되지 않음. 규칙 제 3 조 제 2 항 제 7 호 가목 7 참조).
>
> (3) 그런데 투기과열지구 내 재개발·재건축사업에서 조합원분양을 받은 사람은 주택공급규칙에 따라 투기과열지구 내 다른 분양주택의 입주자로 선정(당첨)될 수 없으므

로, 결국, 투기과열지구 내 재개발·재건축사업에서 조합원분양을 받은 사람은 투기과열지구 내에서는 (조합원분양과 일반분양을 포함하여) 어떤 주택분양에서도 입주자로 당첨될 수 없게 되었다.

2. 【해설】 '조합원분양신청 제한'과 '재당첨 제한'의 비교

표 6 '조합원분양신청 제한'과 '재당첨 제한' 비교표

구분	조합원분양신청 제한	재당첨 제한
근거규정	도시정비법 §72⑥	주택공급규칙 §54①②
적용대상 지구	전후 모두 투기과열지구로 한정됨	투기과열지구로 한정되지 않음 국민주택(비규제지역 포함) 및 규제지역 민영주택.
제한되는 것	조합원 분양신청 제한	일반주택청약에 의한 재당첨 제한
세대원	모든 세대원 포함	모든 세대원 포함
제한기간	* 조합원분양을 받은 경우: 관리처분계획인가일부터 5년 * 일반분양을 받은 경우: 당첨일부터 5년	당첨된 주택의 종류에 따라 1년 ~ 10년 * 투기과열지구 내 재개발·재건축사업·가로주택정비사업·소규모재건축사업에서 조합원분양분에 당첨된 경우는 5년
적용 분양대상 물건	모든 대지와 건축물(용도 불문: 주택에 한정되지 않고 상가·오피스텔도 적용됨)	1, 2차 분양 모두 주택에 한정됨

표 7 투기과열지구 정비사업의 조합원분양신청 및 재당첨 제한(종합 비교표)

1차 분양신청/청약	2차 분양신청/청약	근거규정	제한기간
투기과열지구 조합원분양 대상자	조합원분양 불가	도시정비법 §72⑥	관리처분계획인가일부터 5년
	일반분양 불가	주택공급규칙 §54①i), §54②iii)	관리처분계획인가일부터 5년
투기과열지구 일반분양 대상자	조합원분양 불가	도시정비법 §72⑥	당첨일부터 5년
	일반분양 불가	주택공급규칙 §54①iv), §54②i)	당첨일부터 10년

IV. 일반분양분 공사비의 조합원 부담 문제

A. 개요

1. 국민주택 건설용역에 대한 부가세 면제

> (1) 국민주택 및 그 주택의 건설용역의 공급에 대해서는 부가가치세를 면제한다(조세특례제한법 제 106 조 제 1 항 제 4 호, 동 시행령 제 106 조 제 4 항). "국민주택"이란 주거전용면적이 1 세대당 <u>85 ㎡ 이하(수도권을 제외한 비도시 읍·면 지역은 1 세대당 100 ㎡ 이하)</u>인 주택을 말한다(주택법 제 2 조 제 6 호).
>
> (2) 부가가치세가 면제되는 것은 국민주택 그 자체의 공급만이 아니라, 국민주택의 건설에 필수적인 건설용역이나 전기공사용역, 소방용역 등의 관련 건설용역의 공급도 포함된다(대법원 1992. 2. 11. 선고 91 누 7040 판결).

2. 국민주택의 발코니 확장용역에 대한 부가세 부과

> 국민주택 아파트를 공급하면서 발코니 확장 용역을 제공하는 경우는 부가세가 면제되지 않는다. '확장형'과 '기본형'으로 구분하여 공급함으로써 수분양자가 발코니 확장 여부를 선택할 수 있도록 한 경우(대법원 2014. 12. 11. 선고 2014 두 40036 판결)는 물론, 단지 내 전체 아파트를 발코니 확장형으로만 공급한 경우(대법원 2016.01.28 선고 2015 두 48617 판결)에도 부가세가 부과된다.

B. ① 국민주택규모 아파트를 분양받는 조합원은 상가, 유치원, 국민주택규모 아파트의 건설용역 대금에 대한 부가가치세를 부담할 의무 없어; ② 따라서 관리처분계획 중 국민주택규모 아파트를 분양받는 원고에 대한 분양예정 대지 및 건축시설의 총 추산액에 위 부가가치세를 산입한 부분은 위법함 —대법원 2007. 2. 8. 선고 2004 두 7658 판결[관리처분계획취소]

【당사자】

> 【원고, 상고인 겸 피상고인】 원고
> 【피고, 피상고인 겸 상고인】 미아제 5 구역주택개량재개발조합

1. 국민주택규모 아파트를 분양받는 조합원은 상가·유치원·국민주택규모 초과 아파트의 건설용역비에 대한 부가세를 부담할 의무 없어

조세특례제한법 제 106 조 제 1 항 제 4 호, 같은 법 시행령(2001. 12. 31. 대통령령 제

제 3 장 관리처분계획 / 제 8 절 일반분양

17458 호로 개정되기 전의 것) 제 75 조, 제 106 조 제 4 항, 주택건설촉진법 시행령(2003. 11. 29. 대통령령 제 18146 호 주택법 시행령으로 전문 개정되기 전의 것) 제 30 조 제 1 항의 규정을 종합하면 <u>국민주택규모 아파트의 건설용역의 제공에 대하여는 부가가치세가 부과되지 아니하므로, 국민주택규모 아파트의 대지 및 건축시설만을 분양받는 조합원은 시공사가 재개발조합에게 상가·유치원·국민주택규모를 초과하는 아파트의 건설용역을 제공하고 받는 대가에 대하여 부과되는 부가가치세를 부담할 의무가 없다</u>고 할 것이다.

2. 원고에게 부가세를 분담시킨 이 사건 관리처분계획은 위법함

기록에 의하면, 이 사건 관리처분계획 중 원고에 대한 분양예정 대지 및 건축시설의 총 추산액에 산입된 부가가치세액은 시공사가 재개발조합에게 상가·유치원·국민주택규모를 초과하는 아파트의 건설용역을 제공하고 받는 대가에 대하여 부과될 금액이고, <u>원고는 국민주택규모 아파트의 대지 및 건축시설만을 분양받는 자인 사실을 알 수 있는바</u>,

위와 같은 사실관계를 앞서 본 법리에 비추어 보면, 이 사건 <u>관리처분계획 중 원고에 대한 분양예정 대지 및 건축시설의 총 추산액에 상가·유치원·국민주택규모를 초과하는 아파트 건설용역의 제공 대가에 부과될 부가가치세를 산입한 것</u>은 위 부가가치세를 부담할 의무가 없는 원고에 대하여 이를 부담시키는 것으로 <u>위법하다</u> 할 것이고 위와 달리 판단한 원심의 판결 이유는 잘못이라 할 것이지만,

일반분양 추가공사비 등을 산입한 것의 위법을 이유로 <u>위 추산액 부분이 취소되어야 한다는 원심의 결론은 정당하여</u> 위 잘못이 판결 결과에 영향을 미친 위법이라고 할 수 없으므로, 결국 원고의 이 부분 상고이유의 주장은 받아들일 수 없다.

> 이 사건 조합은 도시정비법 시행 전에 설립된 주택개량재개발조합으로서 '전환정비사업조합'에 해당하지 않으므로 조세특례제한법 제 104 조의 7 제 3 항을 적용받지 못한다. 따라서 이 판례의 사안에서 국민주택규모를 초과하는 아파트를 공급받는 조합원은 부가세를 납부해야 한다.

C. [같은 판례] 일반분양 아파트의 추가(옵션)공사비를 조합원에게 분담시킨 관리처분계획은 위법해 ─대법원 2007. 2. 8. 선고 2004 두 7658 판결[관리처분계획취소]

원심은, 채용 증거들을 종합하여, <u>일반분양 추가공사비</u>는 일반분양 아파트에 대한 <u>선택사항(옵션)인 품목의 설치를 위한 공사비</u>인 사실을 인정한 후, 위 일반분양 추가공사비를 조합원분양 아파트의 원가에 산입할 경우 이를 부담할 의무가 없는 조합원들이 이를 분담하게 되는 결과를 초래하므로, 위 <u>일반분양 추가공사비를 원가에 산입한 것은 위법하다고</u> 판단하였는바, 기록과 관계 법령의 규정에 의하면 원심의 사실인정과 판단은 정당하고, 거기에 상고이유의 주장과 같은 채증법칙 위배로 인한 사실오인이나 정의와 공평의 원칙을

위반한 위법이 있다고 할 수 없다.

D. [같은 판례] 일반분양 아파트에 대한 옵션품목 추가공사비를 조합원분양 아파트의 원가에 산입한 것은 위법해 —대법원 2007. 2. 8. 선고 2004 두 7658 판결[관리처분계획취소]

【당사자】

> 【원고, 상고인 겸 피상고인】 원고
> 【피고, 피상고인 겸 상고인】 미아제 5 구역주택개량재개발조합

　원심은, 채용 증거들을 종합하여, <u>일반분양 추가공사비는 일반분양 아파트에 대한 선택사항(옵션)인 품목의 설치를 위한 공사비인 사실</u>을 인정한 후, 위 일반분양 추가공사비를 조합원분양 아파트의 원가에 산입할 경우 이를 부담할 의무가 없는 조합원들이 이를 분담하게 되는 결과를 초래하므로, <u>위 일반분양 추가공사비를 원가에 산입한 것은 위법하다고</u> 판단하였는바, 기록과 관계 법령의 규정에 의하면 원심의 사실인정과 판단은 정당하고, 거기에 상고이유의 주장과 같은 채증법칙 위배로 인한 사실오인이나 정의와 공평의 원칙을 위반한 위법이 있다고 할 수 없다.

E. [구 주촉법과 집합건물법의 재건축결의 조항이 적용된 판례] ① 공사대금에 포함된 부가세를 조합이 일반분양대금에 포함시키지 않고 조합이 대신 부담하는 것은 상식에 반함; ② 따라서 조합이 부가세를 총사업비에 포함시키면서 일반분양가에 이를 반영하지 않았다는 점에 대한 입증책임은 그것을 원인으로 부당이득반환을 청구하는 원고에게 있어; ③ 그런 증거가 없으면, 부가세는 일반분양 아파트 가격에 반영되어 분양총수입으로 회수되었고, 따라서 비례율[= (분양총수입 − 총사업비)/총 종전자산평가액×100]도 변동이 없는 것으로 보아야 함; ④ <u>국민주택규모 아파트 분양가격에 부가세를 일부라도 포함시키는 내용의 비용분담 결의는 재건축 결의 정족수인 '조합원의 4/5 이상'의 찬성이 필요함</u> —대법원 2010. 4. 29. 선고 2009 다 84653 판결[분담금반환]

【당사자】

> 【원고, 피상고인】 원고 1 외 754 인 (피고의 조합원들)
> 【피고, 상고인】 화곡아파트지구 1 주구 재건축주택조합

(이유 생략)

【해설】 위 판례는 구 주택건설촉진법과 집합건물법이 적용된 사안임

> (1) 위 판례의 사안은 주택건설촉진법(특별법)과 집합건물법(일반법)이 적용된 경우이다(도시정비법 시행 전인 2003. 6. 30. 이전에 사업계획승인을 받은 주택재건축사업. 구 도시정비법 부칙 제 7 조 제 1 항).
>
> (2) 도시정비법에 따른 정비사업에서는 위와 같은 내용의 비용분담 결의(국민주택규모 아파트 분양가격에 부가세를 일부라도 포함시키는 내용의 결의)는 '조합설립사항의 변경'에 해당하므로 조합설립인가사항의 변경 절차를 따라야 한다.
>
> 한편 전부개정법에서 조합설립인가사항을 변경하기 위하여는 a) 총회에서 b) 조합원의 3 분의 2 이상의 찬성으로 의결하고, c) 시장·군수등의 인가를 받아야 한다(법 제 35 조 제 5 항). 판시와 같은 결의를 정관변경사항("정비사업비의 부담 시기 및 절차". 법 제 40 조 제 1 항 제 13 호)으로 보더라도 절차는 동일하다.

제9절 관리처분계획의 변경

I. 관리처분계획의 변경절차 (경미한 사항의 변경)

A. 개요

1. 【해설】 관리처분계획 변경의 절차 (경미한 사항의 변경)

> (1) 관리처분계획은 이전고시가 날 때까지 여러 차례 변경을 거치게 되는바, 관리처분계획을 변경하려는 경우에도 최초 관리처분계획을 수립하는 경우와 똑같은 절차를 거치는 것이 원칙이다.
>
> (2) 그러나 대통령령이 정하는 경미한 사항(영 제 61 조)을 변경하려는 경우에는 토지등소유자의 공람 및 의견청취 절차를 거치지 않아도 되며, 시장·군수등에게 신고만 하면 된다(수리가 필요한 신고이며, 인가는 필요 없음). (법 제 74 조 제 1 항.)
>
> (3) '경미한 사항의 변경'은 영 제 61 조에 규정된 사항에 한정되는 것이 아니라, 「A) 조합총회의 의결을 거치지 않더라도 조합원 등 이해관계인의 의사에 충분히 부합하고 그 권리의무 및 법적 지위를 침해하지 않거나, B) 분양대상자인지 여부에 대한 확정판결에 따라 관리처분계획의 내용을 변경하는 때와 같이 조합총회의 의결을 거치더라도 그 변경내용과 다르게 의결할 수 있는 여지가 없는 경우 등」도 포함한다는 것이 판례이다.

> 대법원은 「조합이 당초 청산대상자로 삼았다가 조정절차나 판결절차를 통하여 단독으로 분양받을 권리가 있다고 확정된 공유지분권자들에게 제1 관리처분계획상 '소송보류시설'로 지정되어 있던 78세대 중 74세대를 분양하는 것으로 일부 내용을 변경하는 제2 관리처분계획을 작성하여 구청장에게 신고한 것」은 적법하다고 보았다. (이상 대법원 2012.5.24. 선고 2009두22140 판결.)
>
> (4) 경미한 사항의 변경이라도 법령이나 정관에서 총회결의 사항으로 규정한 때에는 신고에 앞서 총회결의를 거쳐야 하며, 정관이 정한 정족수에 미달한 경우에는 총회결의가 무효로 될 수 있다(대법원 2014. 5. 29. 선고 2011두33051 판결).

2. 【법령】 전부개정 도시정비법 제74조(관리처분계획의 인가 등)

> ① 사업시행자는 제72조에 따른 분양신청기간이 종료된 때에는 분양신청의 현황을 기초로 다음 각 호의 사항이 포함된 관리처분계획을 수립하여 시장·군수등의 인가를 받아야 하며, 관리처분계획을 변경·중지 또는 폐지하려는 경우에도 또한 같다. 다만, 대통령령으로 정하는 경미한 사항을 변경하려는 경우에는 시장·군수등에게 신고하여야 한다. <개정 2018. 1. 16.>

3. 【법령】 전부개정 도시정비법 제78조(관리처분계획의 공람 및 인가절차 등)

> ① 사업시행자는 제74조에 따른 관리처분계획인가를 신청하기 전에 관계 서류의 사본을 30일 이상 토지등소유자에게 공람하게 하고 의견을 들어야 한다.
>
> 다만, 제74조제1항 각 호 외의 부분 단서에 따라 대통령령으로 정하는 경미한 사항을 변경하려는 경우에는 토지등소유자의 공람 및 의견청취 절차를 거치지 아니할 수 있다.

4. 【법령】 전부개정법 시행령 제61조(관리처분계획의 경미한 변경)

> 법 제74조 제1항 각 호 외의 부분 단서에서 "대통령령으로 정하는 경미한 사항을 변경하려는 경우"란 다음 각 호의 어느 하나에 해당하는 경우를 말한다. <개정 2018. 7. 16.>
>
> 1. 계산착오·오기·누락 등에 따른 조서의 단순정정인 경우(불이익을 받는 자가 없는 경우에만 해당한다)
>
> 2. 법 제40조 제3항에 따른 정관 및 법 제50조에 따른 사업시행계획인가의 변경에 따라 관리처분계획을 변경하는 경우

> 3. 법 제 64 조에 따른 매도청구에 대한 판결에 따라 관리처분계획을 변경하는 경우
>
> 4. 법 제 129 조에 따른 권리·의무의 변동이 있는 경우로서 분양설계의 변경을 수반하지 아니하는 경우
>
> 5. 주택분양에 관한 권리를 포기하는 토지등소유자에 대한 임대주택의 공급에 따라 관리처분계획을 변경하는 경우
>
> 6. 「민간임대주택에 관한 특별법」 제 2 조제 7 호에 따른 임대사업자의 주소(법인인 경우에는 법인의 소재지와 대표자의 성명 및 주소)를 변경하는 경우

B. 경미한 사항의 변경이라도 법령/정관에서 총회결의 대상으로 규정한 때에는 신고에 앞서 총회결의를 거쳐야 해 —대법원 2014. 5. 29. 선고 2011 두 33051 판결[관리처분계획안수립결의무효]

이와 같이 구 도시정비법과 그 시행령이 변경인가사항과 신고사항을 구분하는 이유는 중요한 사항 변경은 인가절차를, 경미한 사항 변경은 신고절차를 거치도록 하는 등 변경 대상의 중요도에 따라 처분의 형식을 달리하고자 하는 데 있을 뿐이므로, 경미한 사항의 변경이어서 신고절차를 거치면 족한 경우에도 법령이나 정관에서 조합 총회의 결의대상으로 규정한 때에는 신고에 앞서 그러한 조합 총회의 결의를 거쳐야 한다고 해석함이 타당하다.

> 이 판례는 위와 같이 법리만 판시했을 뿐, 실제 판례의 사안은 관리처분계획의 '경미한 사항의 변경'에 관한 것이 아니다. ☞ 상세한 판결이유는 아래 제 10 절 II. 참조.

C. ① '대통령령이 정하는 경미한 사항'은 시행령이 열거한 사항에 한정되지 않아; ② 조합이 당초 청산대상자로 삼았다가 조정 또는 판결절차를 통해 단독으로 분양받을 권리가 있다고 확정된 공유지분권자들에게 '제 1 관리처분계획' 상 소송보류시설로 지정되어 있던 78 세대 중 74 세대를 분양하는 것으로 일부 내용을 변경하는 '제 2 관리처분계획'을 작성하여 피고 구청장에게 신고한 것은 적법하다고 본 사례 —대법원 2012.5.24. 선고 2009 두 22140 판결[관리처분계획변경처분등취소] 【당사자】

> 【원고, 상고인 겸 피상고인】 원고 1 외 2 인
>
> 【피고, 상고인】 금호제 11 구역주택재개발조합
>
> 【피고, 피상고인】 서울특별시 성동구청장

1. '경미한 사항'은 시행령에 열거된 사항에 한정되지 않음

관리처분계획의 수립 또는 변경을 위하여 조합총회의 의결 및 행정청의 인가절차 등을

요구하는 취지는, 관리처분계획의 수립 또는 변경이 조합원, 현금청산대상자 등(이하 '조합원 등'이라 한다)에 대한 소유권 이전 등 권리귀속 및 비용부담에 관한 사항을 확정하는 행정처분에 해당하므로 그로 인하여 자신의 권리의무와 법적 지위에 커다란 영향을 받게 되는 조합원 등의 의사가 충분히 반영되어야 할 필요가 있기 때문이다. 반면에 관리처분계획의 경미한 사항을 변경하는 경우에는 이러한 필요성이 그다지 크지 아니하기 때문에 행정청에 신고하는 것으로 족하도록 규정하고 있는 것이라고 할 것이다.

위와 같은 도시정비법 관련 규정의 내용, 형식 및 취지에 비추어 보면, 도시정비법 제48조 제1항 단서 소정의 '대통령령이 정하는 경미한 사항을 변경하고자 하는 때'란 도시정비법 시행령 제49조의 각호에 규정된 사항들에 한정되는 것이 아니라, 변경대상이 되는 관리처분계획의 내용을 구체적·개별적으로 살펴보아 A) 조합총회의 의결을 거치지 아니하더라도 그 변경내용이 객관적으로 조합원 등 이해관계인의 의사에 충분히 부합하고 그 권리의무 내지 법적 지위를 침해하지 아니하거나, B) 분양대상자인지 여부에 대한 확정판결에 따라 관리처분계획의 내용을 변경하는 때와 같이 조합총회의 의결을 거친다고 하더라도 그 변경내용과 다르게 의결할 수 있는 여지가 없는 경우 등도 포함한다고 봄이 타당하다…

2. '경미한 사항의 변경'에 해당한다고 본 사례

그러나 원심판결 이유와 기록에 의하면, 피고 조합은 당초 청산대상자로 삼았다가 조정절차나 판결절차를 통하여 이 사건 아파트를 단독으로 분양받을 권리가 있다고 확정된 공유지분권자들에게 제1 관리처분계획상 소송 보류시설로 지정되어 있던 78세대 중 74세대를 분양하는 것으로 일부 내용을 변경하는 제2 관리처분계획을 작성하여 피고 서울특별시 성동구청장에게 신고한 사실을 알 수 있는바,

위와 같은 관리처분계획의 변경내용은 조합총회의 의결을 거치지 아니하더라도 객관적으로 조합원 등 이해관계인의 의사에 충분히 부합하고 그 권리의무 및 법적 지위를 침해하지 아니하거나 조합총회의 의결을 거친다고 하더라도 그 변경내용과 다르게 의결할 수 없는 경우에 해당한다고 볼 여지가 많다.

3. 파기환송

그럼에도 불구하고 원심은 그 판시와 같은 이유만을 들어 이 사건 이전고시가 위법하다고 보아 이를 취소하고 말았으니, 이러한 원심판결에는 도시정비법 제48조 제1항 단서 소정의 '대통령령이 정하는 경미한 사항을 변경하고자 하는 때'의 해석에 관한 법리를 오해한 나머지 필요한 심리를 다하지 아니함으로써 판결에 영향을 미친 위법이 있다.

II. 관리처분계획 변경의 효력

A. 【해설】 장래효, 소급효?

> 관리처분계획이 변경인가가 난 경우, 당초 관리처분계획 중 변경된 부분이 소급적으로 효력을 상실하는지, 장래를 행해서만 효력을 상실하는지가 문제된다.
>
> **(1) 장래효를 인정한 판례:** 관리처분계획의 변경은 소급효가 없으며 장래를 향하여만 효력이 있다. 변경계획의 내용이 당초 관리처분계획의 주요부분을 실질적으로 변경하는 것이든, 그렇지 않든, 모두 장래효만 있다.
>
> 따라서 관리처분계획이 변경되기 전 종전 관리처분계획에 따라 이루어진 행위는 완전히 유효하다. 분담금을 감액하는 내용의 관리처분변경계획이 인가되었어도, 종전 관리처분계획에 따라 조합원으로부터 기수령한 연체이자는 부당이득이 아니다(대법원 2016. 6. 23. 선고 2014 다 16500 판결).
>
> **(2) 소급효를 인정한 판례:** 변경인가된 관리처분계획이 당초 관리처분계획의 주요부분을 실질적으로 변경한 것에 해당하여 당초 관리처분계획이 소급하여 실효되었다고 본 판례들도 있다(대법원 2011. 2. 10. 선고 2010 두 19799 판결; 대법원 2012. 4. 26. 선고 2011 두 24927 판결).

B. [장래효를 인정한 판례] ① 당초 관리처분계획의 주요부분을 실질적으로 변경하는 내용의 새로운 관리처분계획을 수립하여 인가를 받은 경우 당초 관리처분계획은 '장래를 향하여' 효력을 상실해(소급적 무효 아님); ② 변경된 관리처분계획이 그 정도에 이르지 않는 경우에도 당초 관리처분계획 중 변경되는 부분은 장래를 향하여만 실효돼; ③ 분담금을 감액하는 내용으로 관리처분계획이 변경·인가되었어도, 종전 관리처분계획에 따라 조합원으로부터 기수령한 연체이자는 부당이득이 아니라고 본 사례 ―대법원 2016. 6. 23. 선고 2014 다 16500 판결[분담금연체이자반환]

【당사자】

> [원고, 피상고인]원고
> [피고, 상고인]미주아파트주택재건축정비사업조합

1. 법리

이러한 구 도시정비법 관련 규정의 내용, 형식 및 취지 등에 비추어 보면, 당초 관리처분계획의 경미한 사항을 변경하는 경우와는 달리 당초 관리처분계획의 주요 부분을 실질적으로 변경하는 내용으로 새로운 관리처분계획을 수립하여 시장·군수의 인가를 받은 경우에는 당초 관리처분계획은 달리 특별한 사정이 없는 한 그 효력을 상실한다(대법원 2011. 2. 10. 선고 2010두19799 판결, 대법원 2012. 3. 22. 선고 2011두6400 전원합의체 판결 등 참조).

이때 당초 관리처분계획이 효력을 상실한다는 것은 당초 관리처분계획이 유효하게 존속하다가 변경 시점을 기준으로 장래를 향하여 실효된다는 의미이지 소급적으로 무효가 된다는 의미가 아니다(대법원 2015. 11. 26. 선고 2014두15528 판결 등 참조).

그리고 이러한 법리는 변경된 관리처분계획이 당초 관리처분계획의 주요 부분을 실질적으로 변경하는 정도에 이르지 않는 경우에도 동일하게 적용된다고 할 것이므로, 이와 같은 경우 당초 관리처분계획 중 변경되는 부분은 장래를 향하여 실효된다고 보아야 한다.

2. 원심이 인정한 사실

원심판결 이유, 원심이 일부 인용한 제1심판결 이유 및 원심이 적법하게 채택한 증거들에 의하면 다음과 같은 사실을 알 수 있다.

(1) 피고는 관리처분계획(이하 '종전 관리처분계획'이라고 한다)에 따라 분양대상 조합원들로부터 분담금을 지급받은 상태에서, 일반분양가가 상향되고 임대주택 건설의무가 면제되는 등으로 인하여 예상되는 사업수입이 증가하고 사업비용이 감소되었다는 이유로 종전 관리처분계획에서 정한 분담금의 액수를 낮추는 내용의 관리처분계획(이하 '변경된 관리처분계획'이라고 한다)을 수립하여 관할 관청으로부터 변경인가를 받았다.

(2) 원고를 포함한 일부 조합원들은 종전 관리처분계획에 따른 분담금을 연체하여 피고에게 연체이자를 지급하였는데, 피고는 관리처분계획 변경인가 후 이들에게 분담금 감액분(원금)만을 반환하였을 뿐, 기 수령한 연체이자 중 위 감액분에 대하여 발생한 부분을 반환하지 않았다.

(3) 변경된 관리처분계획에는 분담금을 연체한 조합원들에게 위 연체이자 부분까지 반환한다는 취지가 명시적으로 규정되어 있지 아니하고, 피고는 이를 반환하지 않는다는 전제하에 사업수입과 사업비용을 계산하여 감액되는 분담금의 액수를 산출하였다.

3. 대법원의 판단

이러한 사실관계를 앞서 본 법리에 비추어 살펴보면, 종전 관리처분계획에서 정한 분담금을 감액하기로 하는 내용의 관리처분계획이 변경인가되었다 하더라도 그로 인하여 종전 관리처분계획 중 분담금에 관한 부분이 소급적으로 그 효력을 상실한다고 볼 수 없으므로, 종전 관리처분계획에 따라 이미 발생한 연체이자 중 감액된 분담금에 관한 부분이 소급적으로 그 법률상 원인을 상실한다고 볼 수 없다.

또한 변경된 관리처분계획의 내용 및 감액되는 분담금 액수의 산출방법 등에 비추어 보면, 변경된 관리처분계획이 분담금을 연체한 조합원들에게 감액된 분담금 외에 이에 대한 연체이자까지 반환하기로 정한 것이라고 보이지 아니한다.

그렇다면 관리처분계획 변경 이전에 피고가 종전 관리처분계획에 따라 원고로부터 수령한 연체이자 중에 이후 변경된 관리처분계획에서 감액된 분담금에 대한 부분이 포함되어 있다 하더라도 그러한 사정만으로 위 부분에 대한 피고의 부당이득이 성립한다고 볼 수 없음에도 불구하고, 원심은 이와 다른 전제에서 그 판시와 같은 이유만을 들어 이에 대한 피고의 부당이득이 성립한다고 판단하고 말았으니, 이러한 원심판단에는 관리처분계획 변경의 효력, 부당이득의 성립요건 등에 관한 법리를 오해하여 판결에 영향을 미친 잘못이 있다.

C. [소급효를 인정한 판례] 대법원 2011. 2. 10. 선고 2010두19799 판결[관리처분계획취소]

【당사자】

원고,피상고인	A ~ D
피고,상고인	군인공제회

직권으로 본다. 기록에 의하면, ① 제1심은 피고가 2007. 11. 30. 서울 중구청장으로부터 인가를 받은 이 사건 관리처분계획의 취소를 구하는 원고들의 이 사건 청구에 대하여, 사업비 추산액의 과다계상 등을 이유로 이 사건 관리처분계획의 취소를 명하였고, 원심은 이에 대한 피고의 항소를 기각한 사실, ② 그런데 피고는 이 사건 상고를 제기한 이후인 2010. 10. 22. 이 사건 관리처분계획의 변경을 위한 토지등소유자 총회를 개최하여 제1심과 원심의 판결 취지에 따라 사업비 추산액 부분을 수정하는 등으로 총 사업비의 약 33%를 감액하고 원고들 등 토지등소유자와 사업시행자에 대한 분양기준을 이에 맞추어 조정하는 변경결의를 완료한 다음 그 변경인가를 신청하였고, 서울 중구청장은 같은 해 11.경 이러한 관리처분계획변경을 인가하고 같은 달 24. 이를 고시한 사실을 알 수 있다.

그렇다면 변경인가된 관리처분계획은 이 사건 관리처분계획의 주요부분을 실질적으로 변경한 것에 해당하여 이로써 이 사건 관리처분계획은 소급하여 실효되었다고 봄이 상당하므로, 결국 원고들의 이 사건 소는 존재하지 않는 행정처분을 대상으로 한 것으로서 소의 이익이 없게 되어 부적법하게 되었다.

III. 주요부분이 실질적으로 변경된 경우 (소의 이익 없음)

A. 【해설】

> 관리처분계획의 주요부분을 실질적으로 변경하는 내용의 새로운 관리처분계획을 수립하여 시장·군수등의 인가를 받으면, 당초 관리처분계획은 효력을 상실한다. 이 경우 당초 관리처분계획은 과거의 법률관계에 불과하여 그 취소나 무효확인을 구할 법률상 이익 없다(부적법 각하.대법원 2012.3.22. 선고 2011두6400 전원합의체 판결).

B. ① 관리처분계획의 주요부분을 실질적으로 변경하는 내용으로 새로운 관리처분계획을 수립해 시장·군수의 인가를 받은 경우 당초 관리처분계획은 효력을 상실함; ② 따라서 당초 관리처분계획은 과거의 법률관계에 불과하여 무효확인을 구할 법률상 이익 없음 —대법원 2012.3.22. 선고 2011두6400 전원합의체 판결[관리처분계획무효확인]

【당사자】

> [원고(선정당사자), 상고인] 원고(선정당사자) 1 외 2인
>
> [피고, 피상고인] 반포주공2단지주택재건축정비사업조합

1. 법리

이러한 도시정비법 관련 규정의 내용, 형식 및 취지 등에 비추어 보면, 당초 관리처분계획의 경미한 사항을 변경하는 경우와는 달리 당초 관리처분계획의 주요 부분을 실질적으로 변경하는 내용으로 새로운 관리처분계획을 수립하여 시장·군수의 인가를 받은 경우에는 당초 관리처분계획은 달리 특별한 사정이 없는 한 그 효력을 상실한다고 할 것이다(대법원 2011. 2. 10. 선고 2010두19799 판결 참조).

2. 원심판결의 정당함

원심판결 이유에 의하면, 원심은 a) <u>새로운 관리처분계획이 이 사건 관리처분계획 이후인 2006. 4. 1. 이루어진 총회 의결에 따른 사업시행인가변경 부분을 포함하고 있을 뿐 아니라</u> b) <u>이 사건 아파트 준공 후 최종적으로 조합원 분담금을 확정하기 위한 것으로서 그 내용에 있어서도 종전과 큰 차이가 있고,</u> c) <u>나아가 이 사건 관리처분계획과 전체 조합원 수, 결의 참석자 수 및 동의자 수가 다르며,</u> d) <u>이 사건 관리처분계획으로부터 4년이나 지나서 이루어진 점 등에 비추어 볼 때,</u>

<u>이 사건 관리처분계획은 별개의 새로운 관리처분계획으로 변경됨으로써 과거의 법률관</u>

계에 불과하므로, 원고들로서는 이러한 측면에서도 그 무효확인을 구할 법률상의 이익이 없다는 이유를 들어 원고들의 이 사건 소가 모두 부적법하다는 제1심의 판단을 유지하였음을 알 수 있다. 위에서 본 법리와 기록에 비추어 보면, 원심의 위와 같은 판단은 정당하다.

C. ① 관리처분계획상의 정비사업비가 조합원들의 이해관계에 중대한 영향을 미칠 정도로 실질적으로 변경되었는지 여부를 판단하는 방법: a) 먼저 '사업시행계획 시의 정비사업비'와 '조합설립 동의서에 기재된 건축물 철거 및 신축비용 개산액'을 비교하여 실질적 변경 여부를 판단하고, b) 다음으로 '관리처분계획안에서 의결한 정비사업비'가 '사업시행계획 시의 정비사업비'와 비교하여 실질적 변경 여부를 판단함('조합설립동의서 상의 개산액'과 '관리처분계획안의 정비사업비'를 직접 비교하지 않음); ② a) 사업시행계획상 사업비는 6개월 전의 조합설립동의서에 기재된 사업비보다 26.1% 증가하여 실질적으로 변경되었으나, 그 하자는 취소사유에 불과하고 관리처분에 승계되지 않으며; b) 관리처분계획상의 사업비는 3년 전 사업시행계획보다 13.8% 증가하여 실질적 변경 아니어서 조합원 2/3 이상의 동의가 필요 없다고 한 사례 ―대법원 2014. 6. 12. 선고 2012 두 28520 판결[관리처분총회결의등무효확인]

☞ 판결이유는 돈.되.법 2 제4장 제8절 Ⅲ.을 참조하세요.

D. 당초 관리처분계획의 대지조성비 중 13,323,697,059 원의 '공통부분 비용'을 삭제하고 이를 대지비에 합산하여 토지등소유자들의 사업비부담액과 지분율이 상승하는 내용으로 관리처분계획이 변경·인가된 사안에서, 이것은 관리처분계획의 주요부분을 실질적으로 변경한 것에 해당하여 이로써 당초 관리처분계획은 실효되었다고 본 사례 (따라서 당초 관리처분계획에 대한 취소소송은 존재하지 않은 행정처분을 대상으로 한 것으로서 부적법하여 각하함) ―대법원 2013.06.13. 선고 2011 두 19994 판결[관리처분계획취소]

【당사자】

[원고, 상고인] 원고	
[피고, 피상고인]	1. 서울특별시 종로구청장
	2. 지엘피에프브이원주식회사

피고 지엘피에프브이원 주식회사에 대한 이 사건 소 중 2010. 3. 26.에 인가받은 관리처분변경계획(이하 '이 사건 관리처분계획'이라고 한다) 취소청구 부분의 적법 여부에 관하여 직권으로 판단한다.

기록에 의하면, ① 피고 지엘피에프브이원 주식회사는 토지 등 소유자들이 이 사건 관리처분계획에 대하여 이의를 제기하자 2010. 7. 2. 관리처분계획변경총회를 개최하여 대지조성비 중 13,323,697,059 원의 '공통부분' 비용을 삭제하고 이를 대지비에 합산하는 내용으로 관리처분계획을 변경하였는데 이로 인하여 토지 등 소유자들의 사업비부담액 및 지분율이 상승한 사실, ② 피고 서울특별시 종로구청장은 2010. 9. 29. 위와 같이 변경된 관리처분계획을 인가하고 그 무렵 이를 고시한 사실을 알 수 있다.

그렇다면 2010. 9. 29.에 변경인가된 관리처분계획은 이 사건 관리처분계획의 주요부분을 실질적으로 변경한 것에 해당하여 이로써 이 사건 관리처분계획은 실효되었다고 봄이 상당하므로, 결국 원고의 이 부분 소는 존재하지 않는 행정처분을 대상으로 한 것으로서 소의 이익이 없게 되어 부적법하게 되었다.

그럼에도 원심이 이 부분 소를 적법한 것으로 보아 본안판단에 나아간 것은 잘못이다.

E. ① a) 공사비 증가 등으로 조합이 시공사에게 추가로 지급해야 할 450억 원을, 조합원들이 기존 분담금 이외에 130억 원을 추가로 부담하고 임대주택에서 일반분양으로 전환되는 107세대를 시공사에게 양도하는 방법으로 지급하기로 하는 추가부담금협약(안)을 승인하고, b) 그에 따라 조합원들이 부담하게 된 추가부담금의 배분방법(종전 자산 지분비율에 따른 분담안. 조합원에 따라 5,760,706원에서 274,809,321원까지 증가)을 선정하는 관리처분변경계획안은 기존 관리처분계획의 주요 부분을 실질적으로 변경한 것임; ② 따라서 기존 관리처분계획에 대한 무효확인 소송은 소의 이익이 없어 각하함 —대법원 2012. 3. 29. 선고 2010두7765 판결[조합결의무효확인]

【당사자】

[원고, 상고인 겸 피상고인] 원고 1 외 2인
[피고, 피상고인] 광육재건축 정비사업조합

기록에 의하면,

피고 조합은 2010. 2. 7. 제8차 임시총회를 개최하여 A) 기존의 관리처분계획을 바탕으로 공사비 증가 등으로 인하여 피고 조합이 시공사인 주식회사 한진중공업에게 지급하여야 할 450억 원의 추가부담금을, 조합원들이 기존 분담금 이외에 130억 원을 추가로 납부하고 임대주택에서 일반분양으로 전환되는 107세대를 위 회사에게 양도하는 방법으로 지급하기로 하는 추가부담금협약(안)을 승인하여 관리처분계획을 변경하는 건(관리처분계획안 변경의 건, 제2호 안건)과 B) 제2호 안건에 따라 부담하게 된 추가부담금 배분방법(균등부담안과 종전 자산 지분비율에 따른 분담안) 중 종전 자산 지분비율에 따른 분담안(조합원에 따라 5,760,706원에서 274,809,321원까지 증가)을 선정하는 건(관리처분계획안 변경의 건, 제3호 안건) 등에 관하여 각 의결하였고, 광명시장은 2010. 3. 8. 피고 조합에 대하여 위 관리처분계획변경(안)에 따른 관리처분계획을 인가하고 그 무렵 이를 고시한 사실을 각 알 수 있다(이하 '변경 관리처분계획'이라고 한다).

제 3 장 관리처분계획 / 제 9 절 관리처분계획의 변경

앞서 본 법리에 위 사실을 비추어 보면, 변경 관리처분계획은 이 사건 관리처분계획의 주요 부분을 실질적으로 변경한 것이라고 할 수 있으므로 이 사건 관리처분계획은 변경 관리처분계획으로 인하여 그 효력을 상실하였다고 봄이 상당하고, 원고들이 이 사건 관리처분계획의 무효확인을 구하는 이 부분 소는 존재하지 않는 행정처분을 대상으로 한 것으로서 소의 이익이 없어 부적법하게 되었다.

F. [고등법원판례] 제 1 심에서 관리처분계획이 취소되자 피고조합이 제 1 심 판결의 취지에 따라 원고에게 분양신청의 기회를 부여하고, 그에 따른 원고의 분양신청도 반영하여 관리처분계획의 변경인가를 받은 사안에서, a) 당초 관리처분계획에 대한 취소청구를 각하하고, b) 관리처분변경계획에 대한 취소청구로의 소변경도 불허한 사례 —서울고등법원 2016. 11. 30. 선고 2016 누 44799 판결[관리처분계획취소](확정: 심리불속행 기각. 대법원 2016 두 64654 판결)

【당사자】

원고, 피항소인	예수교대한성결교회 월산교회
피고, 항 소 인	대흥제 2 구역주택재개발정비사업조합

1. 기초사실

가. 피고는 서울 마포구 대흥동 12 일대 62,245.80 ㎡(이하 '이 사건 정비구역'이라 한다)에 대한 주택재개발정비사업(이하 '이 사건 정비사업'이라 한다)의 시행을 목적으로 설립되어 2008. 5. 16. 서울특별시 마포구청장(이하 '마포구청장'이라 한다)으로부터 조합설립인가를 받은 주택재개발정비사업조합이다. 원고는 이 사건 정비구역 내에 소재한 토지 및 건축물을 소유한 교회이다.

나. 피고는 2012. 1. 19. 마포구청장으로부터 이 사건 정비사업의 사업시행인가를 받은 후 2014. 3. 13. 마포구청장으로부터 다음과 같은 내용의 사업시행변경인가를 받았고, 2014. 4. 1.부터 2014. 4. 30.까지 공동주택(아파트)과 상가에 대한 분양신청을 받았다.

○ 사업시행기간 : 사업시행인가일 ~ 60 개월
○ 정비건축물 : 374 동(무허가 136 동)
○ 건폐율 25.12% / 용적율 251.96%
○ 총 소요사업비 : 384,598,000,000 원

다. 피고는 2014. 8. 22. 총회를 개최하여 다음과 같은 내용의 관리처분계획(이하 '이 사건 관리처분계획'이라 한다)을 의결하였고, 마포구청장은 2014. 12. 8. 이 사건 관리처분계획을 인가한 다음 2015. 3. 12. 이를 고시하였다.

○ 사업시행기간 : 사업시행인가일 ~ 60 개월
○ 정비건축물 : 532 동(무허가 142 동)
○ 주택 건축연면적 : 175,850.7 ㎡ / 상가 건축연면적 : 4,572.93 ㎡
○ 총 소요사업비 : 496,629,772,758 원 / 수입 추산액 : 624,246,099,500 원
○ 총면적이 2,137.40 ㎡인 종교부지 3, 4, 5 조성

　라. 피고는 2015. 11. 30. 총회를 개최하여 다음과 같은 내용의 사업시행계획 변경(이하 '이 사건 사업시행변경계획'이라 한다)을 의결하였고, 마포구청장은 2016. 3. 28. 이 사건 사업시행변경계획을 인가한 다음 2016. 3. 31. 이를 고시하였다.

○ 사업시행기간 변경 : 사업시행인가일 ~ 120 개월 (기존보다 5 년 연장)
○ 건축법 개정, 아파트 편의시설 특화, 공간 개선 등을 사유로 주동 배치 및 입면형태 변경, 주민공동시설 변경, 단위세대 평면 및 근린생활시설 평면 변경 등 건축계획 등 변경
○ 정비건축물 : 532 동(무허가 142 동)
○ 건폐율을 25.12%에서 26.05%로 변경
용적율을 251.96%에서 253.77%로 변경
○ 총 소요사업비 : 496,629,772,758 원

　마. 피고는 제 1 심 판결선고 후 2016. 4. 27.부터 2016. 5. 27.까지 원고 등에 대하여 분양신청을 받았고, 원고는 2016. 5. 25. 분양신청을 하였다.

　바. 피고는 2016. 7. 25. 총회를 개최하여 다음과 같은 내용의 관리처분계획 변경(이하 '이 사건 관리처분변경계획'이라 한다)을 의결하였고, 마포구청장은 2016. 10. 10. 이 사건 관리처분변경계획을 인가한 다음 2016. 10. 13. 이를 고시하였다.

2. 소의 적법 여부에 관한 판단

가. 주요내용이 실질적으로 변경되면 당초 관리처분계획은 효력을 상실함

　도시 및 주거환경정비법 관련 규정의 내용, 형식 및 취지 등에 비추어 보면, 당초 관리처분계획의 경미한 사항을 변경하는 경우와 달리 관리처분계획의 주요 부분을 실질적으로 변경하는 내용으로 새로운 관리처분계획을 수립하여 시장·군수의 인가를 받은 경우에는, 당초 관리처분계획은 달리 특별한 사정이 없는 한 효력을 상실한다(대법원 2012. 3. 22. 선고 2011두6400 판결 등 참조).

나. 당초 관리처분계획이 효력을 상실했다고 본 사례

살피건대, 앞서 본 사실관계와 증거들에 의하여 인정되는 다음과 같은 사정들을 종합하면, 이 사건 관리처분변경계획은 이 사건 관리처분계획의 주요 부분을 실질적으로 변경하는 내용으로 새롭게 수립되어 마포구청장의 인가를 받은 것이므로, 이 사건 관리처분계획은 특별한 사정이 없는 한 효력을 상실하였다고 봄이 타당하다.

① 이 사건 관리처분변경계획은 이 사건 관리처분계획 이후에 사업시행계획 변경에 관한 새로운 총회 결의를 통해 이루어진 이 사건 사업시행변경계획을 반영한 것이다. 피고는 이 사건 사업시행변경계획을 경미한 사항의 변경으로 보지 않아 이에 대하여 총회의결을 거치고 마포구청장에 대한 신고가 아닌 인가를 받았다. 한편 이 사건 관리처분변경계획은 이 사건 관리처분계획으로부터 약 2년이 지나 수립된 것이다.

② 이 사건 사업시행변경계획은 피트니스센터, 수영장 등 부대시설의 면적을 대폭 확대하거나 용도를 변경하고, 건물 배치를 일부 조정하며, 각 세대의 발코니, 주방 등의 공간 구성을 개선하고(발코니는 전체 1248세대 중 613세대 변경), 근린생활시설의 면적을 확대하는 등의 내용으로 이 사건 관리처분변경계획은 이를 반영함에 따라 주택과 상가의 건축연면적 등이 증가하였다. 위와 같은 변경은 고품격·고품질의 아파트 건설을 위한 단지 특화와 세대 마감 특화를 목적으로 한 것으로서 그에 따라 총 사업비가 이 사건 관리처분계획에 비하여 12.67%{= (559,579,719,.007원 − 469,629,772,758원) / 496,629,772,758원}나 대폭 증가하였고, 이와 더불어 수입 추산액도 대폭 증가하였다. 또한 주택규모별 각 세대수는 기존과 차이가 별로 없으나, 세대별 분양면적도 모두 변경되었고, 근린생활시설 세대수는 35세대에서 49세대로 증가되었다.

③ 피고는 제1심 판결의 취지에 따라 원고에 대하여 분양신청의 기회를 부여하고 그에 따라 원고가 한 분양신청도 반영하여 이 사건 관리처분변경계획을 수립하였다.

다. 따라서 당초 관리처분계획의 취소를 구할 법률상 이익이 없음

결국 이 사건 관리처분계획은 이 사건 관리처분변경계획으로 변경됨으로서 효력을 상실한 과거의 법률관계에 불과하므로, 원고로서는 그 취소를 구할 법률상의 이익이 없다. 또한 이 사건 관리처분계획의 효력이 상실된 이상 그 중 원고에 대한 부분만을 따로 떼어 그 효력이 유지됨을 전제로 이에 대한 취소를 구할 법률상의 이익이 있다고 볼 수도 없다.

III. 주요부분이 실질적으로 변경된 경우 (소의 이익 없음)

3. 원고의 소변경 내지 청구변경 신청에 관한 판단

가. 민사소송법 제262조의 요건에 맞지 않아 청구변경을 불허함

먼저, 민사소송법 제262조 제1항은 "원고는 청구의 기초가 바뀌지 아니하는 한도안에서 변론을 종결할 때까지 청구의 취지 또는 원인을 바꿀 수 있다. 다만, 소송절차를 현저히 지연시키는 경우에는 그러하지 아니한다"라고 규정하고 있다.

그런데 청구의 대상인 처분이 서로 다른 경우에는 청구의 기초가 같다고 할 수 없는바, 이 사건 관리처분계획과 이 사건 관리처분변경계획은 서로 다른 별개의 처분이라고 할 것이므로, 이 사건 관리처분변경계획 취소 청구의 추가는 청구의 기초에 변경을 가져온다.

또한 원고는 이 사건 관리처분변경계획 취소의 청구원인으로서 그 절차적 및 실체적 위법사유를 주장하고 있는데, 이에 대하여는 추가적인 상당한 심리가 필요하고 기존의 소송자료만으로는 그 심리를 위해 충분하다고 볼 수 없다. 여기에 ① 별소로서 이 사건 관리처분변경계획의 취소를 구하는 것이 원고에게 과도한 부담을 지우는 것이라고 볼 수 없는 점, ② 항소심의 변론종결에 즈음한 청구변경은 심급의 이익을 박탈하고 소송의 제1심 집중원칙을 저해할 우려가 크다는 점 등을 보태어 보면, 이 사건 관리처분변경계획 취소 청구의 추가는 소송절차를 현저히 지연시키는 경우에 해당한다고 볼 것이다.

따라서 원고의 위 청구변경신청은 민사소송법 제262조의 요건에 맞지 않아 허용될 수 없다.

나. 행정소송법 제22조에 따른 청구변경도 불허함

다음으로 행정소송법 제22조 제1항은 "법원은 행정청이 소송의 대상인 처분을 소가 제기된 후 변경한 때에는 원고의 신청에 의하여 결정으로써 청구의 취지 또는 원인의 변경을 허가할 수 있다"라고 규정하고 있다.

앞서 본 바와 같이 이 사건 관리처분변경계획은 이 사건 관리처분계획의 주요 부분을 실질적으로 변경하는 처분이므로, 위 규정상의 '행정청이 소송의 대상인 처분을 소가 제기된 후 변경한 때'에 해당한다고 볼 수 있기는 하다.

그러나, 그러한 경우에도 법원이 위 규정에 의한 소변경신청을 반드시 허가하여야 하는 것이 아님은 문언상 명백하다. 처분변경으로 인한 소변경을 허용하는 취지는 원고에게 책임 없는 사유로 인하여 별소를 제기하도록 하는 것보다 기존 소송절차를 그대로 이용하도록 하는 것이 바람직하기 때문이므로, 그러한 별소의 제기가 원고에게 특별한 불이익을 주지 않고 오히려 소변경으로 인한 심리를 위해 기존의 소송자료로는 충분하지 않아 추가적인 심리를 필요로 하며 그로 인하여 소송의 지연을 초래하는 경우 등에는 쌍방 당사자의 소송상 이익 및 소송의 신속과 경제 등을 종합적으로 고려하여 소변경신청을 허가하지 아니할 수 있다고 보아야 한다.

앞서 본 바와 같이 원고가 이 사건 관리처분변경계획 취소의 청구원인으로서 주장하는 위법사유에 대하여는 추가적인 상당한 심리가 필요하고 기존의 소송자료만으로는 그 심리를 위해 충분하다고 볼 수 없다. 여기에 별로로서 이 사건 관리처분변경계획의 취소를 구하는 것이 원고에게 과도한 부담을 지우는 것이라고 볼 수 없고, 아직까지 제소기간도 남아 있으며 전심절차가 문제될 여지도 없는 점, 항소심의 변론종결에 즈음한 소변경은 심급의 이익을 박탈하고 소송의 제1심 집중 원칙을 저해할 우려가 크다는 점 등을 보태어 보면, 이 사건 관리처분변경계획 취소 청구의 추가는 행정소송법 제22조에 의하더라도 허용될 수 없다.

4. 결론

원고의 이 사건 소는 부적법하므로, 이와 결론을 달리한 제1심 판결을 취소하고, 이 사건 소를 각하한다.

IV. 결의요건 하자를 보완하기 위해 다시 총회결의를 거친 경우

A. ① '당초 관리처분계획'의 결의요건의 하자를 보완하는 의미로 다시 총회결의를 거쳐 인가를 받은 경우에도 '당초 관리처분계획'은 효력을 상실해; ② 원심에서 '당초 관리처분계획'의 결의요건에 하자가 있어 무효판결이 선고되자 상고심에서 변경사항을 반영한 '새로운 관리처분계획'을 마련해 종전 결의요건의 하자를 보완하는 의미로 2012. 9. 22. 총회결의를 거쳐 인가를 받은 사안에서, '당초 관리처분계획'에 대한 취소소송은 부적법하다고 본 사례 —대법원 2013. 12. 26. 선고 2012두6674 판결[관리처분계획무효확인]

【당사자】

[원고, 피상고인] 원고 1 외 2인

[피고, 상고인] 불광제4구역주택재개발정비사업조합

1. 법리

이러한 구 도시정비법 관련 규정의 내용, 형식 및 취지 등에 비추어 보면, 당초 관리처분계획의 경미한 사항을 변경하는 경우와는 달리 당초 관리처분계획의 주요 부분을 실질적으로 변경하는 내용으로 새로운 관리처분계획을 수립하여 시장·군수의 인가를 받은 경우에

IV. 결의요건 하자를 보완하기 위해 다시 총회결의를 거친 경우

당초 관리처분계획은 달리 특별한 사정이 없는 한 그 효력을 상실한다고 할 것이고(대법원 2011. 2. 10. 선고 2010두19799 판결, 대법원 2012. 3. 22. 선고 2011두6400 전원합의체 판결 등 참조), 당초 관리처분계획의 결의요건에 관한 하자가 있어 이를 보완하는 의미로 다시 조합총회의 결의를 거쳐 당초 관리처분계획에 대하여 시장·군수의 인가를 받은 경우에도 당초 관리처분계획은 달리 특별한 사정이 없는 한 그 효력을 상실한다고 할 것이다.

2. 기초사실

원심판결 이유 및 기록에 의하면,

① 원심에서 이 사건 관리처분계획의 결의요건에 관한 하자가 있다는 이유로 무효를 확인하는 판결이 선고되자, ② 피고는 상고심에 이르러 사업시행 전 종전 토지 및 건축물 총 평가액, 총 소요 사업비, 수입추산액 등의 변경사항을 반영한 새로운 관리처분계획을 마련하여 2012. 9. 22. 피고 조합의 총회에서 종전의 결의요건에 관한 하자를 보완하는 의미로 전체 조합원 440명 중 347명의 찬성(찬성률 : 조합원 총수 78.86%)으로 새로운 관리처분계획에 대한 결의를 하였고, ③ 피고의 신청에 따라 서울특별시 은평구청장은 2012. 11. 28. 관리처분계획 변경인가처분을 한 사실을 알 수 있고, ④ 피고는 상고심에 이르러서야 위와 같은 변경인가로 인해 이 사건 관리처분계획을 다툴 이익이 소멸하였다고 주장하면서, 이를 뒷받침하는 관련 자료를 제출하였다.

3. 대법원의 판단 (파기환송)

가. 법률상 이익의 소멸 가능성

위 법리에 비추어 보면 피고가 총회의 결의를 거쳐 관리처분계획을 변경한 다음 서울특별시 은평구청장으로부터 변경인가를 받았고 그 변경된 관리처분계획이 피고의 주장과 같이 이 사건 관리처분계획의 주요 부분을 실질적으로 변경하는 내용이거나 당초 관리처분계획의 결의요건에 관한 하자를 보완하는 의미가 있어 이를 새로운 관리처분계획으로 보아야 한다면, 달리 특별한 사정이 없는 한 이 사건 관리처분계획은 이미 효력을 상실한 과거의 법률관계에 불과하여 더이상 그 취소를 구할 법률상 이익이 없고, 그에 따라 이 사건 소가 부적법하게 되었다고 볼 여지가 있다.

나. 원심판결의 위법함

그렇다면 이 사건은 과연 피고의 주장과 같이 이 사건 관리처분계획이 원심 변론종결 후에 새로운 변경인가처분으로 인하여 효력을 상실함으로써 더이상 그 취소를 구할 법률상 이익이 없게 되었는지 여부 등을 새롭게 따져보아야 할 필요가 있을 뿐만 아니라, 그러한 경우 원고들로서도 행정소송법 제22조 제1항에 따라 소의 변경을 고려할 여지가 있으므

제 3 장 관리처분계획 / 제 9 절 관리처분계획의 변경

로, 사건을 원심법원에 환송하여 다시 심리·판단하도록 함이 타당하다.

☞ [같은 취지 판례] 대법원 2012. 9. 13. 선고 2010두4056 판결

V. '사업시행계획 변경인가'와의 비교

A. 【해설】

> (1) <u>관리처분계획의 경우는</u> 당초 관리처분계획의 주요부분을 실질적으로 변경하는 내용의 새로운 관리처분계획을 수립하여 시장·군수등의 인가를 받으면 당초 관리처분계획은 효력을 상실하므로, 당초 관리처분계획의 취소나 무효확인을 구하는 소송은 소의 이익이 없어 각하된다(대법원 2012. 3. 22. 선고 2011두6400 전원합의체 판결).
>
> (2) 그러나 <u>사업시행계획의 경우는</u> '당초 사업시행계획'을 실질적으로 변경하는 내용의 '새로운 사업시행계획'이 인가·고시되었어도, 그 후속행위로 토지등소유자의 권리·의무에 영향을 미칠 공법상 법률관계를 형성시키는 외관이 만들어졌거나 존속하는 경우에는 '당초 사업시행계획'은 여전히 그 취소/무효확인을 구할 소의 이익이 있다. 왜냐하면, 당초 사업시행계획이 무효로 확인되거나 취소될 경우 그것이 유효하게 존재하는 것을 전제로 이루어진 위와 같은 일련의 후속행위 역시 소급하여 효력을 상실하게 되기 때문이다. (이상 대법원 2013. 11. 28. 선고 2011두30199 판결 참조.)
>
> (3) <u>위와 같은 차이가 생기는 것은</u>, ① 사업시행계획은 분양신청, 수용재결 또는 매도청구, 관리처분계획 수립 등과 같은 후속행위로 토지등소유자의 권리의무 관계가 변동될 것을 예정하고 있는 반면, ② 관리처분계획은 정비사업 시행으로 인한 조합원의 권리의무 관계를 '확정'하는 처분이기 때문이다(따라서 관리처분계획이 인가된 후에는 관리처분<u>변경</u>계획을 제외하고는 조합원의 권리·의무 관계에 변동을 가져오는 행위를 할 수 없다).
>
> (4) 따라서 <u>사업시행계획의 경우도</u>, 수용절차 등 후속 행위가 없었거나 후속 행위가 있었더라도 이에 대한 변경 내지 대체 절차가 이루어짐으로 인하여 <u>당초 사업시행계획이 현재 조합원들의 권리·의무에 영향을 미치고 있지 않다면 역시 그 무효확인을 구할 법률상 이익이 없다</u>(대법원 2013. 11. 28. 선고 2011두30199 판결 참조).

B. ① '당초 관리처분계획'의 주요 부분을 실질적으로 변경하는 내용으로 '새로운 관리처분계획'을 수립하여 인가받은 경우 '<u>당초 관리처분계획</u>'은 효력을 상실하여 그 취소나 무효확인을 구할 법률상 이익이 없으나; ② 사업시행계획의 경우는, '당초 사업시행계획'을 실질적으로 변경하는 '새로운 사업시행계획'이 인가·고시되었더라도, 그 후속행위로 토지등소유자의 권리·의무에 영향을 미칠 정도의 공법상의 법률관계를 형성시키는 외관이 만들어졌거나 존

속하는 경우에는 '당초 사업시행계획'의 무효확인/취소를 구할 소의 이익이 있다 ―대법원 2013. 11. 28. 선고 2011두30199 판결[관리처분계획취소]

【당사자】

[원고, 피상고인] 별지 원고 명단 기재와 같다.
[피고, 상고인] 대연2구역주택재개발정비사업조합

1. 법리

가. 주요부분을 실질적으로 변경하는 새로운 관리처분계획이 수립되면 당초 관리처분계획은 효력을 상실해

이러한 도시정비법 관련 규정의 내용, 형식 및 취지 등에 비추어 보면, 당초 관리처분계획의 경미한 사항을 변경하는 경우와는 달리 당초 관리처분계획의 주요 부분을 실질적으로 변경하는 내용으로 새로운 관리처분계획을 수립하여 시장·군수의 인가를 받은 경우에 당초 관리처분계획은 달리 특별한 사정이 없는 한 그 효력을 상실한다고 할 것이다(대법원 2011. 2. 10. 선고 2010두19799 판결, 대법원 2012. 3. 22. 선고 2011두6400 전원합의체 판결 등 참조).

나. 당초 사업시행계획을 실질적으로 변경하는 새로운 사업시행계획이 인가된 경우 당초 사업시행계획에 대한 소의 이익이 있는지 여부는 개별적으로 따져 보아야

한편 사업시행계획의 경우 그 인가처분의 유효를 전제로 분양공고 및 분양신청 절차, 분양신청을 하지 아니한 조합원에 대한 수용절차, 관리처분계획의 수립 및 그에 대한 인가 등 후속 행위가 있었다면, 당초 사업시행계획이 무효로 확인되거나 취소될 경우 그것이 유효하게 존재하는 것을 전제로 이루어진 위와 같은 일련의 후속 행위 역시 소급하여 효력을 상실하게 되므로, 당초 사업시행계획을 실질적으로 변경하는 내용으로 새로운 사업시행계획이 수립되어 시장·군수로부터 인가를 받았다는 사정만으로 일률적으로 당초 사업시행계획의 무효확인을 구할 소의 이익이 소멸된다고 볼 수는 없고,

위와 같은 후속 행위로 토지 등 소유자의 권리·의무에 영향을 미칠 정도의 공법상의 법률관계를 형성시키는 외관이 만들어졌는지 또는 존속되고 있는지 등을 개별적으로 따져 보아야 할 것이다.

2. 원심기록에 의하여 알 수 있는 사실

원심판결 이유 및 기록에 의하면,

① 원심에서 이 사건 사업시행계획에 중대·명백한 하자가 있어 무효이고 그에 따른 이 사건 관리처분계획도 무효라는 취지의 판결이 선고된 직후, 2011. 11. 26. 피고의 임시총회에서 이 사건 재개발정비사업의 연면적, 용적률, 건폐율, 최고층수, 건물동수, 주차대수, 계획세대수 등이 변경된 사업시행계획을 수립하는 내용의 결의를 하고, 피고의 신청에 따라 부산광역시 남구청장은 2012. 10. 19. 사업시행계획 변경인가처분을 한 사실,

② 그 후 피고는 2012. 10. 25.부터 변경된 사업시행계획에 따라 조합원들을 상대로 분양절차를 새롭게 진행한 다음 2013. 1. 26. 관리처분총회를 개최하여 분양신청을 하지 아니한 조합원을 제외한 994 명 중 918 명의 찬성으로 사업규모, 사업비 추산액 등을 변경하는 내용의 관리처분계획을 수립하는 내용의 결의를 한 사실,

③ 피고의 신청에 따라 부산광역시 남구청장은 2013. 4. 4. 관리처분계획 변경인가처분을 한 사실을 알 수 있고,

④ 피고는 상고심에 이르러 위와 같은 사업시행계획 및 관리처분계획에 대한 변경인가로 인하여 이 사건 사업시행계획 및 관리처분계획의 무효확인 또는 취소를 구할 법률상 이익이 없게 되었다고 주장하면서, 이를 뒷받침하는 관련 자료를 제출하였다.

3. 대법원의 판단 (파기환송)

가. 당초 관리처분계획은 취소를 구할 법률상 이익이 없음

위 법리에 비추어 보면, 변경인가된 관리처분계획이 이 사건 관리처분계획의 주요 부분을 실질적으로 변경하는 내용으로서 새로운 관리처분계획에 해당한다면, 이 사건 관리처분계획은 이미 효력을 상실한 과거의 법률관계에 불과하여 더이상 그 취소를 구할 법률상 이익이 없고,

나. 당초 사업시행계획도 법률상 이익이 소멸하였다고 볼 여지가 있음

이 사건 사업시행계획도 주요 부분이 실질적으로 변경되었으며, 수용절차 등 후속 행위가 없었거나 후속 행위가 있었더라도 이에 대한 변경 내지 대체 절차가 이루어짐으로 인하여 이 사건 사업시행계획이 현재 조합원들의 권리·의무에 영향을 미치고 있지 않다면 역시 그 무효확인을 구할 법률상 이익이 없다 할 것이므로, 이에 따라 이 사건 소가 모두 부적법하게 되었다고 볼 여지가 있다.

다. 법률상 이익 여부를 원심이 새롭게 심리·판단하도록 파기환송함

그렇다면 이 사건은 과연 피고의 주장과 같이 <u>이 사건 사업시행계획 및 관리처분계획이 더이상 그 무효확인 또는 취소를 구할 법률상 이익이 없게 되었는지 여부 등을 새롭게 따져보아야 할 필요가 있으므로</u>, 사건을 원심법원에 환송하여 다시 심리·판단하도록 함이 타당하다.

제10절 관리처분계획의 효력을 다투는 소송

I. 개요

A. 관리처분계획과 그 인가처분의 관계

> 관리처분계획과 그 인가처분의 관계는 사업시행계획과 그 인가처분의 관계와 완전히 동일하다.
>
> ☞ 아래 해설에 관하여는 아울러 돈.되.법 3 제 5 장 제 8 절 I.「사업시행계획과 사업시행계획인가의 관계」를 참조하세요.

1. 【해설】관리처분계획인가는 관리처분계획(기본행위)의 효력을 완성하는 보충행위

> (1) '관리처분계획의 인가'는 관리처분계획의 법률적 효력을 완성하는 보충행위이며, 관리처분계획은 인가를 받아야 비로소 효력을 발생하고 독립된 행정처분이 된다. 관리처분계획의 인가는 관리처분계획에 대한 법률상의 효력을 완성시키는 보충행위에 불과하므로, 그 기본이 되는 <u>관리처분계획 자체에 하자가 있을 때에는 그에 대한 인가가 있었다 하여도 기본행위인 관리처분계획이 유효한 것으로 될 수 없다.</u> (이상 대법원 2001.12.11. 선고 2001 두 7541 판결.)
>
> (2) 관리처분계획에 대한 인가가 있기 전에는 관리처분계획은 독립된 행정처분이 아니므로 항고소송(취소/무효확인소송)의 대상이 될 수 없으며 그 관리처분계획을 의결한 총회결의에 대하여 무효확인을 구할 수 있을 뿐이다.
>
> ☞ 이에 관하여는 아래 II. 참조.

2. 【해설】 '관리처분계획'(기본행위)과 '관리처분계획의 인가'(보충행위)는 별개의 행정처분

(1) 독립한 별개의 행정처분: '관리처분계획'과 '관리처분계획의 인가'는 서로 독립한 별개의 행정처분이므로, 이 둘 중 하나의 하자와 효력(1) 은 서로 다른 것의 효력에 영향을 미치지 않는다.

따라서 기본행위인 관리처분계획의 하자를 내세워 그에 대한 인가처분의 취소 또는 무효확인을 구할 수 없으며(부적법 각하), 그 반대의 경우도 마찬가지이다(대법원 2001.12.11. 선고 2001 두 7541 판결).

(2) 관리처분계획의 하자: 기본행위인 관리처분계획 자체의 하자로는 ① 절차적 하자로서 총회결의의 하자, ② 내용적 하자로서 적법한 분양통지를 거치지 않고 관리처분계획을 수립한 하자, 사업시행계획 위반, 분양기준 등 강행법규 위반 등을 들 수 있다.

(3) 인가처분의 하자: 관리처분계획 인가처분의 고유한 하자로는 인가신청서에 첨부서류(총회의결서·공사계약서 사본 등을 누락한 하자를 간과하고 그대로 인가한 하자, 타당성검증 요청사유(법 제 78 조 제 3 항)가 존재함에도 시장·군수등이 타당성검증을 요청하지 않은 채 관리처분계획을 인가한 하자 등이 있다.

「관리처분계획에 하자가 있는데도 구청장이 이를 그대로 인가한 것이 인가처분 고유의 하자라는 주장」은 기본행위인 관리처분계획 자체의 하자를 다투는 것일 뿐, 인가처분 고유의 하자를 다투는 것이 아니다(대법원 2016. 12. 15. 선고 2015 두 51347 판결).

B. 【해설】 제소기간

관리처분계획 또는 관리처분계획인가처분에 대한 취소소송은 (그 처분에 중대하고 명백한 하자가 있어 무효로 되지 않는 한) 처분이 있은 날부터 1년, 처분이 있음을 안 날부터 90일 내에 제기하여야 한다.

그런데 관리처분계획인가는 지방자치단체의 공보에 고시하여야 하고(법 제 50 조 제 9 항), 공고문서는 그 고시가 있은 날부터 5 일이 지난 때에 효력이 발생하므로(「행정 효율과 협업 촉진에 관한 규정」 제 6 조), 관리처분계획인가에 대한 취소소송은 인가고시일부터 5 일이 경과한 다음날부터 90 일 내에 제기해야 한다.

C. ① 관리처분계획에 하자가 있다면 그에 대한 인가가 있었더라도 관리처분계획이 유효한 것으로 되지 않아; ② 기본행위인 관리처분계획의 내용상 하자를 들어 그에 대한 인가처분의 취소/무효확인을 구할 수 없어(부적법 각하) —대법원 2001.12.11. 선고 2001 두 7541 판결[관리처분계획변경인가처분무효확인]

【당사자】

[원고,상고인] 원고 1 외 1인

[피고,피상고인] 서울특별시 용산구청장

도시재개발법 제34조에 의한 피고의 인가는 주택개량재개발조합의 관리처분계획에 대한 법률상의 효력을 완성시키는 보충행위로서 그 기본 되는 관리처분계획에 하자가 있을 때에는 그에 대한 인가가 있었다 하여도 기본행위인 관리처분계획이 유효한 것으로 될 수 없으며,

다만 그 기본행위가 적법·유효하고 보충행위인 인가처분 자체에만 하자가 있다면 그 인가처분의 무효나 취소를 주장할 수 있다고 할 것이지만, 인가처분에 하자가 없다면 기본행위에 하자가 있다 하더라도 따로 그 기본행위의 하자를 다투는 것은 별론으로 하고 기본행위의 무효를 내세워 바로 그에 대한 피고의 인가처분의 취소 또는 무효확인을 소구할 법률상의 이익이 있다고 할 수 없다(대법원 1977. 8. 23. 선고 77누38 판결, 1993. 4. 23. 선고 92누15482 판결, 1994. 10. 14. 선고 93누22753 판결, 1995. 12. 12. 선고 95누7338 판결 등 참조).

원심판결이 위 법리에 따라 관리처분 계획의 내용상의 하자를 들어 피고를 상대로 그 인가 처분의 무효확인을 구하는 이 사건 소는 제소의 법률상 이익이 없는 것이어서 부적법하다고 판단한 것은 정당하고…

D. 관리처분계획 인가를 받은 다음 동·호수 추첨을 마치고 조합원들에게 보낸 '조합원 동·호수 추첨결과 통보 및 분양계약체결 안내'는 행정처분 아님 ―대법원 2002. 12. 10. 선고 2001두6333 판결[청산금부과처분무효확인]

항고소송의 대상이 되는 행정처분이라 함은 행정청의 공법상의 행위로서 특정사항에 대하여 법규에 의한 권리의 설정 또는 의무의 부담을 명하거나 기타 법률상 효과를 발생하게 하는 등 국민의 구체적인 권리의무에 직접적 변동을 초래하는 행위를 말한다(대법원 1995. 11. 21. 선고 95누9099 판결, 1993. 12. 10. 선고 93누12619 판결 등 참조).

원심이 적법하게 인정한 사실과 기록에 의하면, 재개발조합인 피고가 위에서 본 바와 같은 주택개량재개발사업을 시행하는 과정에서 1998. 6. 18. 관리처분계획 인가를 받은 다음, 1998. 11. 18. 조합원들에게 분양할 아파트 동·호수 추첨을 마치고, 같은 달 20.경 조합원들에게 '조합원 동·호수 추첨결과 통보 및 분양계약체결 안내'라는 제목으로 조합원계약에 따른 일정(계약기간 : 1998. 11. 26.~같은 달 27.)과 납부내역을 통지하면서, 가급적 정해진 기간까지 이행하고 계약의 지연, 연체 등으로 인한 개인적 불이익을 당하지 않도록 유념해 달

라는 내용을 기재한 서면을 발송한 사실을 인정할 수 있는바,

앞서 본 법리에 비추어 볼 때 위 통지는 원고 등 조합원들에 대하여 관리처분계획에서 정한 바에 따라 위 기한까지 분양계약에 응하여 분양대금을 납부해 줄 것을 안내하는 것에 불과하고, 조합원들에게 분양계약의 체결 또는 분양금의 납부를 명하거나 기타 법률상 효과를 새로이 발생하게 하는 등 조합원들의 구체적인 권리의무에 직접적 변동을 초래하는 행정처분에 해당한다고 볼 수 없다.

> 조합원 동·호수 배정의 효력을 다투는 소송은 민사소송이다.
> ☞ 이에 관한 자세한 내용은 위 제2장 제7절 Ⅱ. 참조.

E. 관리처분계획 무효확인 소송의 제4차 변론기일에서 처음 한 주장을 실기한 공격방어방법으로 각하한 사례 —대법원 2014. 6. 12. 선고 2012두28520 판결[관리처분총회결의등무효확인]

【당사자】

> [원고, 상고인] 별지 원고 목록 기재와 같다.
> [원고보조참가인] 원고보조참가인
> [피고, 피상고인] 석관제2구역주택재개발정비사업조합

【각하된 '이 사건 주장'의 내용】

> "이 사건 관리처분계획안에서는 총 소요사업비를 2,747억 9,329만 5,392원으로 의결하였는데 조합원총회 재결의 없이 70억 5,547만 870원을 증가한 2,818억 4,876만 6,262원으로 변경하여 이 사건 인가를 받았으므로 이 사건 인가는 무효이거나 취소되어야 한다."

민사소송법 제146조는 '공격 또는 방어의 방법은 소송의 정도에 따라 적절한 시기에 제출하여야 한다'고 규정하고 있는바, 당사자가 민사소송법 제146조의 규정을 위반하여 고의 또는 중대한 과실로 공격 또는 방어의 방법을 뒤늦게 제출함으로써 소송의 완결을 지연시키게 하는 것으로 인정되는 때에는 법원은 민사소송법 제149조 제1항에 의하여 직권으로 또는 상대방의 신청에 따라 결정으로 이를 각하할 수 있을 뿐만 아니라 판결이유 중에서 이를 판단하는 방법에 의하여도 이를 각하할 수 있다(대법원 1999. 2. 26. 선고 98다52469 판결 등 참조).

기록에 의하면, ① 원고들은 제4차 변론기일에 이르러서야 이 사건 관리처분계획안에서 종래 의결한 총 소요사업비에 관하여 조합원총회의 재결의 없이 증액 변경하여 이 사건 인

가를 받았으므로 이 사건 인가는 무효이거나 취소되어야 한다는 주장(이하 '이 사건 주장'이라 한다)을 한 사실, ② 원고들이 이 사건 주장을 제 4 차 변론기일 전에 할 수 없었던 특별한 사정이 보이지 않음에도, 제 1 차 변론기일에서 소변경 등의 변론을 한 다음 원고들의 기존 주장에 대한 변론준비를 위한 피고의 요청으로 속행된 제 2 차 변론기일에서 변론종결이 될 때까지는 물론이고, 원고들이 기존의 주장과 다른 새로운 주장을 처음으로 하며 변론재개를 신청하여 원심법원이 변론재개 결정을 함으로써 다시 속행된 제 3 차 변론기일까지도 원고들은 이 사건 주장을 전혀 하지 아니한 사실, ③ 위 새로운 주장과 관련된 사실과 증거관계만을 단순히 재확인하기 위해 속행된 제 4 차 변론기일에서 위 새로운 주장에 대하여는 추가로 증거방법을 신청하지 아니한 채 이 사건 주장을 하면서 변론을 속행하여 이에 관한 증거조사를 하여 달라고 요청한 사실을 알 수 있고,

이 법원이 이 사건 주장에 관하여 추가로 증거신청을 받아 증거조사를 할 경우 소송의 완결이 현저하게 지연될 것임이 분명하다.

위 법리와 위와 같은 원심의 심리과정에 비추어 살펴보면, 원심이 이 사건 주장을 실기한 공격방어방법에 해당한다고 보아 이를 각하한 것은 정당하고, 거기에 상고이유 주장과 같이 실기한 공격방어방법의 각하에 관한 법리를 오해하는 등의 잘못이 없다.

II. 관리처분계획의 절차적 하자(총회결의 하자 등)를 다투는 소송

A. 【해설】 관리처분계획에 관한 총회결의의 하자를 다투는 방법

> (1) 관리처분계획에 대한 인가·고시가 있기 전에는 관리처분계획은 독립된 행정처분이 아니므로 항고소송(취소/무효확인소송)의 대상이 될 수 없으며, 행정소송법상 '당사자소송'으로 총회결의의 무효확인을 구하는 소송을 제기할 수 있다(대법원 2009. 10. 15. 선고 2008 다 93001 판결).
>
> 한편 당사자소송에는 행정소송법의 집행정지에 관한 규정이 준용되지 않으므로(행정소송법 제 44 조 제 1 항 참조), 이를 본안으로 하는 가처분, 즉 관리처분계획안을 의결한 총회결의에 대한 효력정지가처분은 행정법원 관할에 속하며, 이 가처분 절차에는 행정소송법 제 8 조 제 2 항에 따라 민사집행법의 가처분에 관한 규정이 준용된다(대법원 2015. 8. 21.자 2015 무 26 결정; 서울행정법원 2023. 5. 26.자 2023 아 10554 결정).
>
> ☞ 조합총회의 각종 결의에 대한 무효확인소송의 법적 성격(민사소송 또는 당사자소송)과 관할(지방법원 또는 행정법원)에 관한 상세한 내용은 돈.되.법 3 제 5 장 제 8 절 VI.을 참조하세요.

(2) 관리처분계획에 대한 인가·고시가 있은 후에는 관리처분계획은 구속적 행정계획으로서 독립된 행정처분이 되므로, 항고소송으로 관리처분계획의 무효확인이나 취소를 구할 수 있을 뿐, 총회결의 부분만을 따로 떼어 그 효력 유무를 다투는 확인의 소를 제기할 수 없다(대법원 2009.09.17. 선고 2007 다 2428 전원합의체 판결).

(3) 따라서 관리처분계획에 관한 총회결의 무효확인소송 진행 중 관리처분계획의 인가·고시가 나면 관리처분계획 취소/무효확인 소송으로 소를 변경하여야 한다.

B. 관리처분계획안, 사업시행계획안에 대한 총회결의의 효력을 다투는 소송은 행정소송법상 당사자소송에 해당해 (민사소송으로 보고 본안판단을 한 원심판결을 파기하고, 제 1 심판결을 취소하며 관할 행정법원으로 이송한 사례)—대법원 2009. 10. 15. 선고 2008 다 93001 판결[관리처분계획안수립결의무효]

【당사자】

【원고(선정당사자), 피상고인】 원고 1 외 4 인

【원고, 피상고인】 원고 6 외 14 인

【피고, 상고인】 피고 재건축조합

【주 문】

원심판결을 파기하고 제 1 심판결을 취소한다. 사건을 서울행정법원으로 이송한다.

1. 법리

도시 및 주거환경정비법(이하 '도시정비법'이라고 한다)에 따른 주택재건축정비사업조합(이하 '재건축조합'이라고 한다)은 관할 행정청의 감독 아래 도시정비법상의 주택재건축사업을 시행하는 공법인(도시정비법 제 18 조)으로서, 그 목적 범위 내에서 법령이 정하는 바에 따라 일정한 행정작용을 행하는 행정주체의 지위를 갖는다.

따라서 행정주체인 재건축조합을 상대로 관리처분계획안에 대한 조합 총회결의의 효력 등을 다투는 소송은 행정처분에 이르는 절차적 요건의 존부나 효력 유무에 관한 소송으로서 그 소송결과에 따라 행정처분의 위법 여부에 직접 영향을 미치는 공법상 법률관계에 관한 것이므로, 이는 행정소송법상의 당사자소송에 해당하고(대법원 2009. 9. 17. 선고 2007 다 2428 전원합의체 판결 참조), 재건축조합을 상대로 사업시행계획안에 대한 조합 총회결의의 효력 등을 다투는 소송 또한 행정소송법상의 당사자소송에 해당한다.

II. 관리처분계획의 절차적 하자(총회결의 하자 등)를 다투는 소송

2. 대법원의 판단

원심판결 이유와 기록에 의하면, 이 사건 소는 도시정비법상의 재건축조합인 피고를 상대로 2006. 8. 11.자 정기총회 안건 중 '재건축 재결의의 건(제 1 호)', '관리처분계획(안) 승인의 건(제 6 호)' 및 '사업계획변경승인의 건(제 8 호)'에 대한 총회결의의 무효확인을 구하는 소송임을 알 수 있는바, 관리처분계획안, 사업시행계획안에 대한 총회결의의 효력을 다투는 소송은 위에서 본 바와 같이 행정소송법상의 당사자소송에 해당한다.

한편, 이 사건 재건축 재결의는 사업시행계획변경인가에 따라 달라진 내용을 다시 재건축결의의 형식으로 결의하는 것으로서 그 결의 내용은 이 사건 관리처분계획안 승인결의의 내용과 동일한 것이라고 볼 수 있으므로, 위 총회결의의 효력을 다투는 소송 또한 행정소송법상의 당사자소송에 해당한다(한편, 도시정비법이 시행된 후에는 조합설립결의, 사업시행계획이나 관리처분계획 등에 의하지 아니한 '재건축 재결의'가 있다고 하여 곧바로 조합원에게 권리변동의 효력을 미칠 수 없는 것이므로 위와 같은 재건축 재결의가 독자적인 의미를 가진다고 보기도 어렵다).

따라서 이 사건의 제 1 심 전속관할법원은 서울행정법원이라 할 것인바, 그럼에도 제 1 심과 원심은 이 사건 소가 서울중앙지방법원에 제기됨으로써 전속관할을 위반하였음에도 이를 간과한 채 민사소송으로 보고서 본안판단으로 나아갔으니, 이러한 제 1 심과 원심의 판단에는 행정소송법상 당사자소송에 관한 법리를 오해하여 전속관할에 관한 규정을 위반한 위법이 있다.

그러므로 나머지 상고이유에 대한 판단을 생략한 채 원심판결을 파기하고, 제 1 심판결을 취소하며, 사건을 다시 심리·판단하게 하기 위하여 관할법원으로 이송하기로 하여 관여 법관의 일치된 의견으로 주문과 같이 판결한다.

C. ① 관리처분계획은 구속적 행정계획으로서 재건축조합이 행하는 독립된 행정처분이야; ② 관리처분계획 인가·고시 후에는 행정소송으로 관리처분계획의 취소/무효확인을 구할 수 있을 뿐, 총회결의만을 따로 떼어내 그 효력을 다투는 소송을 제기할 수 없어 —대법원 2009.09.17. 선고 2007 다 2428 전원합의체 판결[총회결의무효확인]

【당사자】

[원고(선정당사자), 상고인]원고 1(선정당사자)

[원고, 상고인]원고 2

[피고, 피상고인]피고 재건축정비사업조합

제 3 장 관리처분계획 / 제 10 절 관리처분계획의 효력을 다투는 소송

1. 법리

가. 관리처분계획은 재건축조합의 독립된 행정처분

도시 및 주거환경정비법(이하 '도시정비법'이라고 한다)에 따른 주택재건축정비사업조합(이하 '재건축조합'이라고 한다)은 관할 행정청의 감독 아래 도시정비법상의 주택재건축사업을 시행하는 공법인(도시정비법 제 18 조)으로서, 그 목적 범위 내에서 법령이 정하는 바에 따라 일정한 행정작용을 행하는 행정주체의 지위를 갖는다.

그리고 재건축조합이 행정주체의 지위에서 도시정비법 제 48 조에 따라 수립하는 관리처분계획은 정비사업의 시행 결과 조성되는 대지 또는 건축물의 권리귀속에 관한 사항과 조합원의 비용 분담에 관한 사항 등을 정함으로써 조합원의 재산상 권리·의무 등에 구체적이고 직접적인 영향을 미치게 되므로, 이는 구속적 행정계획으로서 재건축조합이 행하는 독립된 행정처분에 해당한다(대법원 1996. 2. 15. 선고 94 다 31235 전원합의체 판결, 대법원 2007. 9. 6. 선고 2005 두 11951 판결 등 참조).

나. 관리처분계획안 결의의 하자를 다투는 소송은 당사자소송

그런데 관리처분계획은 재건축조합이 조합원의 분양신청 현황을 기초로 관리처분계획안을 마련하여 그에 대한 조합 총회결의와 토지 등 소유자의 공람절차를 거친 후 관할 행정청의 인가·고시를 통해 비로소 그 효력이 발생하게 되므로(도시정비법 제 24 조 제 3 항 제 10 호, 제 48 조 제 1 항, 제 49 조), 관리처분계획안에 대한 조합 총회결의는 관리처분계획이라는 행정처분에 이르는 절차적 요건 중 하나로, 그것이 위법하여 효력이 없다면 관리처분계획은 하자가 있는 것으로 된다.

따라서 행정주체인 재건축조합을 상대로 관리처분계획안에 대한 조합 총회결의의 효력 등을 다투는 소송은 행정처분에 이르는 절차적 요건의 존부나 효력 유무에 관한 소송으로서 그 소송결과에 따라 행정처분의 위법 여부에 직접 영향을 미치는 공법상 법률관계에 관한 것이므로, 이는 행정소송법상의 당사자소송에 해당한다.

다. 관리처분계획안에 대한 총회결의의 효력을 다투는 소송의 허용 여부

(1) 관리처분계획 인가·고시 전에는 허용돼

그리고 이러한 소송은, 관리처분계획이 인가·고시되기 전이라면 ① 위법한 총회결의에 대해 무효확인 판결을 받아 이를 관할 행정청에 자료로 제출하거나 재건축조합으로 하여금 새로이 적법한 관리처분계획안을 마련하여 다시 총회결의를 거치도록 함으로써 하자 있는 관리처분계획이 인가·고시되어 행정처분으로서 효력이 발생하는 단계에까지 나아가지 못하

도록 저지할 수 있고, ② 또 총회결의에 대한 무효확인판결에도 불구하고 관리처분계획이 인가·고시되는 경우에도 관리처분계획의 효력을 다투는 항고소송에서 총회결의 무효확인소송의 판결과 증거들을 소송자료로 활용함으로써 신속하게 분쟁을 해결할 수 있으므로,

관리처분계획에 대한 인가·고시가 있기 전에는 허용할 필요가 있다.

(2) 관리처분계획 인가·고시 후에는 허용되지 않아 (판례변경)

그러나 나아가 관리처분계획에 대한 관할 행정청의 인가·고시까지 있게 되면 관리처분계획은 행정처분으로서 효력이 발생하게 되므로, 총회결의의 하자를 이유로 하여 행정처분의 효력을 다투는 항고소송의 방법으로 관리처분계획의 취소 또는 무효확인을 구하여야 하고,

그와 별도로 행정처분에 이르는 절차적 요건 중 하나에 불과한 총회결의 부분만을 따로 떼어내어 효력 유무를 다투는 확인의 소를 제기하는 것은 특별한 사정이 없는 한 허용되지 않는다고 보아야 한다.

이와 달리 도시재개발법(2002. 12. 30. 법률 제6852호 도시 및 주거환경정비법 부칙 제2조로 폐지)상 재개발조합의 관리처분계획안에 대한 총회결의 무효확인소송을 민사소송으로 보고 또 관리처분계획에 대한 인가·고시가 있은 후에도 여전히 소로써 총회결의의 무효확인을 구할 수 있다는 취지로 판시한 대법원 2004. 7. 22. 선고 2004다13694 판결과 이와 같은 취지의 대법원 판결들은 이 판결의 견해에 배치되는 범위 내에서 이를 모두 변경하기로 한다.

2. 본안판단을 한 원심을 파기하고 서울행정법원으로 이송함

원심판결 이유와 기록에 의하면, 이 사건 소는 도시정비법상의 재건축조합인 피고를 상대로 관리처분계획안에 대한 총회결의의 무효확인을 구하는 소로서 관리처분계획에 대한 인가·고시 전인 2005. 3. 11. 제기되었음을 알 수 있으므로, 위에서 본 바와 같이 이는 행정소송법상의 당사자소송에 해당하고, 따라서 이 사건의 제1심 전속관할법원은 서울행정법원이라 할 것이다.

그럼에도 제1심과 원심은 이 사건 소가 서울중앙지방법원에 제기됨으로써 전속관할을 위반하였음을 간과한 채 본안판단으로 나아갔으니, 이러한 제1심과 원심의 판단에는 행정소송법상 당사자소송에 관한 법리를 오해하여 전속관할에 관한 규정을 위반한 위법이 있다.

한편, 이 사건 관리처분계획에 대하여 이 사건 소 제기 후인 2005. 3. 18. 관할 행정청의 인가·고시가 있었던 이상 따로 총회결의의 무효확인만을 구할 수는 없게 되었다고 하겠으나, 이송 후 행정법원의 허가를 얻어 관리처분계획에 대한 취소소송 등으로 변경될 수 있음을

제3장 관리처분계획 / 제10절 관리처분계획의 효력을 다투는 소송

고려하면, 그와 같은 사정만으로 이송 후 이 사건 소가 부적법하게 되어 각하될 것이 명백한 경우에 해당한다고 보기는 어려우므로, 이 사건은 <u>관할법원으로 이송함이 상당하다</u>(대법원 1997. 5. 30. 선고 95다28960 판결, 대법원 2008. 7. 24. 선고 2007다25261 판결 등 참조).

D. [정관이 정한 정족수 미달로 무효가 된 사례] ① 사업비를 109,656,000,000원에서 134,063,247,347원으로 증액하는 내용의 사업시행계획 변경안(제8호 안건)과, 그와 같이 변경된 사업시행계획을 전제로 하여 산출되는 추정비례율을 적용하여 조합원의 권리가액을 새로 산정하는 내용 등이 포함된 관리처분계획안은 조합규약 제19조 제2항이 규정하는 "조합원의 재산권 및 비용부담에 관한 사항"에 해당함; ② 조합규약이 정한 정족수('재적조합원 2/3 이상 출석' 및 '출석조합원 의결권의 2/3 이상 찬성')에 미달하여 결의가 무효로 된 사례 —대법원 2014. 5. 29. 선고 2011두33051 판결[관리처분계획안수립결의무효]

[당사자]

> 【원고(선정당사자), 피상고인】 원고(선정당사자) 1 외 4인
> 【원고, 피상고인】 원고 6 외 11인
> 【피고, 상고인】 신반포5차아파트재건축조합

[피고조합 규약 제19조]

> ① 총회는 재적조합원 1/2 이상의 출석으로 개의하고 출석조합원 및 출석조합원 의결권의 각 1/2 이상의 찬성으로 의결한다
> ② 제1항의 규정에도 불구하고 <u>조합원의 재산권 및 비용부담에 관한 사항 중 이사회나 대의원회에서 상정하는 사항</u>은 재적조합원 2/3 이상의 출석과 출석조합원 및 출석조합원 의결권의 각 2/3 이상의 찬성으로 의결한다.

【이 판례로 유지된 제1심판결 주문】

> 피고의 2006. 8. 11.자 정기총회 안건 중 제1호 "재건축 재결의의 건", 제6호 "관리처분계획(안)승인의 건", 제8호 "사업계획변경승인의 건"에 관한 각 결의는 무효임을 확인한다.

1. 원심기록에 의하여 알 수 있는 사실

원심판결 이유와 기록에 의하면,

II. 관리처분계획의 절차적 하자(총회결의 하자 등)를 다투는 소송

① 피고 조합은 도시 및 주거환경정비법의 시행 이후인 2003. 7. 29. 법인설립등기를 마치고 2005. 5. 16. 사업시행인가를 받은 재건축조합인 사실,

② 피고 조합은 2006. 8. 11. 전체 조합원 549명 중 445명이 출석한 가운데 정기총회(이하 '이 사건 총회'라고 한다)를 개최하여 '재건축 재결의 건', '관리처분계획(안) 승인의 건', '사업계획변경 승인의 건' 등 모두 11건의 안건을 결의에 부쳤는데, 제 1호 안건으로 상정된 '재건축 재결의 건'에 대하여 출석조합원의 66.06%(294명, 전체조합원의 53.55%)가 찬성하였고, 제 6호 안건으로 상정된 '관리처분계획(안) 승인의 건'에 대하여 출석조합원의 63.59%(283명, 전체조합원의 51.54%)가 찬성하였으며, 제 8호 안건으로 상정된 '사업계획변경 승인의 건'에 대하여 출석조합원의 64.49%(287명, 전체조합원의 52.27%)가 찬성한 사실(이하 위 세 가지 안건에 대한 결의를 '이 사건 각 결의'라고 한다),

③ 피고 조합의 규약은 제 18조에서 총회의 결의를 거쳐 결정할 사항으로 '1. 조합원의 권리와 의무의 변동 또는 조합원에게 부담을 수반하는 규약의 개폐에 관한 사항', '2. 사업시행계획의 결정 및 변경에 관한 사항', '3. 관리처분계획의 수립 및 변경에 관한 사항' 등을 규정한 다음, A) 제 19조 제 1항에서 통상적인 결의요건으로 '총회는 재적조합원 1/2 이상의 출석으로 개의하고 출석조합원 및 출석조합원 의결권의 각 1/2 이상의 찬성으로 의결한다'고 규정하고(이하 '일반결의요건'이라고 한다), B) 제 19조 제 2항에서 특별한 결의요건으로 '제 1항의 규정에도 불구하고 조합원의 재산권 및 비용부담에 관한 사항 중 이사회나 대의원회에서 상정하는 사항은 재적조합원 2/3 이상의 출석과 출석조합원 및 출석조합원 의결권의 각 2/3 이상의 찬성으로 의결한다'고 규정하고(이하 '특별결의요건'이라고 한다) 있는 사실을 알 수 있다.

2. 대법원의 판단 (상고기각)

가. '조합원의 재산권 및 비용부담에 관한 사항'의 의결에 관한 피고조합 규약의 해석

이와 같은 피고 조합 규약의 일반결의요건과 특별결의요건에 관한 규정 체계나 내용, 총회결의사항과 그 결의요건을 규정한 취지 등을 종합하면, 이사회나 대의원회가 총회에 상정한 안건이 객관적으로 '조합원의 재산권 및 비용부담에 관한 사항'에 해당하는 때에는 원칙적으로 특별다수에 의한 결의방법을 따라야 하되,

다만 이미 특별다수에 의한 결의방법에 따라 의결된 '조합원의 재산권 및 비용부담에 관한 사항'을 경미한 범위 내에서 수정하는 경우나 다른 안건에 관한 결의 등을 통하여 위 사항에 관하여 특별결의에 준하는 조합원의 총의가 확인된 경우 등과 같은 특별한 사정이 있는 때에는 예외가 인정될 수 있는 것으로 해석함이 타당하다(대법원 2012. 11. 15. 선고 2010다7430 판결 참조).

나. 이 사건 안건은 규약 §19② ii)에 정한 특별다수에 의한 결의방법을 따라야

나아가 적법하게 채택된 증거에 의하면, ① 피고 조합이 2006. 2. 9. 관할 행정청으로부터 받은 사업시행변경인가에서는 총 사업 예상비용이 109,656,000,000 원이었던 사실, ② 이 사건 총회에서 발코니 확장, 주민공동시설 및 주동 옥탑에 대한 설계변경 등을 이유로 총 사업 예상비용을 <u>134,063,247,347 원으로 증액하는 내용으로 사업시행계획을 변경하고 (제 8 호 안건), 그와 같이 변경된 사업시행계획을 전제로 하여 산출되는 추정비례율을 적용하여 조합원이 소유한 기존 토지 또는 건물의 권리가액을 산정하는 내용 등이 포함된 관리처분계획안을 수립하는 한편(제 6 호 안건)</u>, 이러한 사업시행계획변경 등에 관한 포괄적인 조합원 동의를 위하여 재건축재결의 안건(제 1 호 안건)을 상정한 사실 등을 알 수 있다.

③ 이러한 사실과 조합 규약의 결의요건에 관한 규정 내용 및 이 사건 각 결의는 총 사업 예상비용을 당초보다 10 퍼센트를 초과하여 변경하는 것을 내용으로 하는 등 구 도시정비법 시행령 제 38 조 제 1 호에 규정된 경미한 사항의 변경에 해당하지 아니하는 점 등을 고려할 때,

<u>이 사건 각 결의의 대상이 된 안건은 객관적으로 '조합원의 재산권 및 비용부담에 관한 사항'에 해당한다고 보아야 하고, 따라서 조합규약 제 19 조 제 2 항 제 2 호에 정한 특별다수에 의한 결의방법을 따라야 한다.</u>

다. 이 사건 각 결의는 규약이 정한 정족수 미달로 무효

그렇다면 <u>이 사건 각 결의는 모두 재적조합원 2/3 이상의 출석요건을 갖추었지만(전체 조합원 549 명 중 445 명이 출석, 출석율 81.05%), 출석조합원 의결권의 2/3 이상의 찬성요건을 갖추지 못하여 조합규약에 규정된 의결정족수조차 갖추지 못하였으므로</u>, 이 사건 각 결의에 조합정관 변경에 관한 법률의 규정을 유추적용하여 조합규약에 규정된 요건보다 더 가중된 요건을 갖추어야 하는지를 따져 볼 필요도 없이 <u>그 효력이 없다고 보아야 한다.</u>

같은 취지에서 이 사건 각 결의가 법령 또는 정관의 해석상 필요한 의결정족수를 충족하지 못하여 효력이 없다고 본 원심의 판단은 정당하다고 수긍이 가고, 거기에 상고이유의 주장과 같은 재건축결의 변경 요건에 관한 법리오해 등으로 인하여 판결에 영향을 미친 위법이 없다.

E. [고등법원판례] ① 시공자 선정과 관리처분계획 수립은 별개로 이루어지는 독립적 절차야; ② 따라서 시공자 선정이 무효인 경우, 그러한 사정만으로 관리처분계획이 위법하다고 단정할 수 없어 —서울고등법원 2020. 12. 24. 선고 2019 누 55516 판결[관리처분계획총회결의무효확인]

【당사자】

원고, 피항소인	별지 '원고 목록' 기재와 같다.
피고, 항소인	JH 주택재건축정비사업조합

… 관리처분계획의 기초가 되는 분양신청을 위한 분양신청통지는 가급적 시공자와 체결한 계약을 반영하도록 하는 취지에서 사업시행인가 이후 시공자를 선정한 경우에는 그 계약 체결일로부터 분양신청통지 기간이 기산되도록 하고 있다.

그러나 ① 구 도시정비법은 제11조 제1항에서 조합설립인가를 받은 후 시공자를 선정하도록 정하고 있을 뿐, 시공자 선정과 관리처분계획의 수립의 선후에 관하여는 별도로 정하는 바가 없는 점, ② 구 도시정비법 제48조 제1항, 구 도시정비법 시행령 제50조에서 시공자에 관한 사항을 관리처분계획에 포함되어야 하는 사항으로 규정하고 있지 않는 점 등을 고려하면, 시공자의 선정과 관리처분계획의 수립은 별개로 이루어지는 독립적인 절차이고, 관리처분계획이 반드시 유효하게 선정된 시공자가 마련하였거나 그러한 시공자의 선정 과정에서 전제로 된 설계안을 기초로 작성되어야 하는 것은 아니라고 봄이 타당하다.

따라서 특별한 사정이 없는 한 시공자 선정이 무효인 경우, 개별 사안별로 설계안이나 정비사업비의 변동으로 인하여 사업시행계획 및 관리처분계획을 변경해야 하는 사유가 발생할 수 있는 것은 별론으로 하고, 그러한 사정만으로 관리처분계획이 당연히 위법하게 된다고 단정할 수는 없다.

III. 관리처분계획의 내용상 하자를 다투는 소송

A. [하자의 불승계] 사업시행계획의 취소사유에 불과한 하자를 들어 관리처분계획의 적법 여부를 다툴 수 없어 —대법원 2012. 8. 23. 선고 2010두13463 판결[관리처분계획취소]

사정이 이러하다면 비록 2006. 4. 29.자 정기총회 결의에서 이 사건 사업시행계획의 수립에 대하여 조합원 3분의 2 이상의 동의를 얻지 못한 하자가 있다고 하더라도 그 결의요건이 분명하지 아니한 상황이었던 이상, 그 결의요건을 구비하지 못한 하자가 객관적으로 명백하다고 보기는 어려워 이 사건 사업시행계획의 수립에 관한 하자는 무효사유가 아니라 취소사유에 불과하다고 새겨야 할 것이다. 나아가 이 사건 사업시행계획과 관리처분계획은 서로 독립하여 별개의 법적 효과를 발생시키는 것으로서 이 사건 사업시행계획의 수립에 관한 취소사유인 하자가 이 사건 관리처분계획에 승계되지 아니하므로, 위 취소사유를 들어 이 사건 관리처분계획의 적법 여부를 다툴 수는 없다.

제 3 장 관리처분계획 / 제 10 절 관리처분계획의 효력을 다투는 소송

B. 비례율을 부당하게 적용하여 특정 조합원의 종전재산 평가액을 부당하게 감액하고 분양받게 될 건축물을 과대평가함으로써 <u>그에게 징수할 청산금을 과다하게 산정한 하자는 '중대하고 명백한 하자'가 아니야</u> —대법원 2002. 12. 10. 선고 2001 두 6333 판결[청산금부과처분무효확인]

【당사자】

[원고,상고인] 장○○

[피고,피상고인] 도원구역 주택재개발조합

[피고보조참가인] 삼성물산 주식회사

1. 원심이 인정한 사실

원심판결 이유에 의하면, 원심은 그 채용 증거를 종합하여,

① 피고는 서울 용산구 도원동 4 일대 70,307.30 ㎡ 지상에 아파트 17 개동 1,992 세대를 신축하는 내용의 주택개량재개발사업을 시행하는 조합으로서 1995. 12. 30. 주택조합설립 및 재개발사업시행인가를 받아, 1998. 5. 4. 피고와 공사도급계약을 체결한 피고보조참가인(이하 '참가인'이라고 한다)으로 하여금 그 공사에 착공하도록 하였고, 1998. 6. 18. 용산구청장으로부터 관리처분계획 인가를 받았다가 다시 1998. 12. 1. 관리처분계획변경인가(이하 변경인가 후의 관리처분계획을 '이 사건 관리처분계획'이라 한다)를 받은 사실,

② 한편 원고는 이 사건 재개발사업구역 안의 토지 및 건축물을 소유한 조합원으로서 피고 조합의 정관 및 이 사건 관리처분계획에 따라 32.76 평형 분양예정대상자로 결정되었는데 이 사건 관리처분계획에 의하면, <u>원고에 대하여 징수할 청산금은 원고에게 분양예정인 32.76 평형 아파트 1 세대의 분양가액으로 책정된 151,891,000 원에서 원고의 종전 재산 평가액 26,761,600 원에 97.62%의 비례율을 적용하여 산정한 26,124,674 원(≒ 26,761,600 원 × 0.9762)을 공제한 125,766,326 원으로 결정된 사실</u>을 인정한 다음,

2. 원심판결의 정당함

피고가 참가인과 사이에 건축시설공사도급계약을 체결함에 있어서 공사단가를 조합원과 일반분양자 사이에 부당하게 차별적으로 책정함으로써 발생한 차액 상당의 손실을 조합원에게 부담시키기 위하여 <u>법률상 아무런 근거가 없는 비례율을 적용하여 원고의 종전 재산 평가액을 부당하게 감액하였고</u>, 한편으로 <u>원고가 분양받게 될 건축시설과 대지 중 택지비를 산정함에 있어서 개발이익을 포함시켜 이를 과대하게 평가하여</u> 결국 이 사건 관리처분계획 중 원고에게 분양예정인 대지 및 건축시설의 가액과 원고가 이 사건 재개발사업시행구역

내에 소유하고 있던 종전의 토지 및 건축시설의 가격과의 <u>차액을 산정한 부분은 관련 법규,
조례 등에 반하는 것으로서 무효라는 원고의 주장</u>에 대하여,

가사 이 사건 관리처분계획 중 <u>원고가 주장하는 바와 같은 차액 산정부분에 잘못이 있다 하더라도 이는 단순히 청산금산정방법의 잘못에 불과하고 그 하자가 중대하고도 명백하다고 볼 수 없어</u> 이를 무효로 볼 수 없다는 이유로, 원고의 위 주장을 배척하였다.

원심판결을 기록 및 위 법리에 비추어 살펴보면, 원심의 위와 같은 판단은 정당하고, 거기에 주장과 같은 행정처분의 당연무효에 관한 법리오해의 위법이 없다.

C. 재건축결의 당시 제정된 정관에서 정한 사업시행면적은 317,668㎡인데 관할청이 정비구역을 341,410㎡로 변경·고시하자, 조합이 정관변경 절차를 거치지 않은 채 관리처분계획에서 사업시행면적을 341,410㎡로 정한 사안에서, 사업시행계획 인가신청 시 제출된 <u>정관이 변경절차를 거치지 않았다는 사정만으로</u> 사업시행계획인가 처분이 무효라거나 <u>관리처분계획이 위법하다고 볼 수 없다고 한 사례</u> —대법원 2012. 8. 23. 선고 2010두13463 판결[관리처분계획취소]

【당사자】

[원고, 상고인] 별지 원고 목록 기재와 같다.
[피고, 피상고인] 화명주공아파트재건축조합

1. 관련규정

<u>개정 도시정비법 제20조 제1항 제4호는 조합의 정관에 포함되어야 할 사항의 하나로
'정비사업 예정구역의 위치 및 면적'을 들고 있고</u>, 제20조 제3항은 조합이 정관을 변경하고자 하는 경우 요구되는 조합원 동의요건을 규정하고 있는데, '<u>정비사업 예정구역의 위치 및 면적'에 대하여는 조합원 3분의 2 이상의 동의를 얻어야 한다</u>.

또한 개정 도시정비법 제20조 제4항은 정관변경을 위한 조합원의 동의에 관하여 토지등소유자의 동의방법 등에 관하여 규정하고 있는 개정 도시정비법 제17조를 준용하도록 규정하고 있고, 제17조의 위임을 받은 개정 도시정비법 시행령 제28조 제4항은 토지등소유자의 동의는 인감도장을 사용한 서면동의의 방법에 의하며, 이 경우 인감증명서를 첨부하도록 되어 있다. 한편 개정 도시정비법 제28조 제1항은 사업시행자는 정비사업을 시행하고자 하는 경우에는 사업시행계획서에 정관등과 그 밖에 건설교통부령이 정하는 서류를 첨부하여 시장·군수에게 제출하고 사업시행인가를 받아야 한다고 규정하고 있다.

2. 원심이 인정한 사실

원심판결 이유 및 기록에 의하면, 피고의 재건축결의 당시 제정된 정관에서 정한 사업시행면적은 317,668 ㎡인데, 이 사건 관리처분계획에서 정한 사업시행면적은 341,410 ㎡로 그 면적이 증가한 사실, 그에 앞서 부산광역시장은 2005. 10. 19. 화명주공아파트 주택재건축정비구역을 341,410 ㎡로 변경하여 지정·고시한 사실을 알 수 있다.

3. 대법원의 판단

가. 정관변경 절차를 거치지 않은 위법

이러한 사실을 위 관계 법령에 비추어 보면, 이 사건 재건축사업 시행면적을 변경하는 경우 개정 도시정비법 제20조 제3항, 제4항, 개정 도시정비법 시행령 제28조 제4항에 따라 정관변경 절차를 거쳐야 함에도, 피고가 이 사건 사업시행계획에 대한 인가신청 당시 제출한 정관은 그 변경 절차를 거치지 않은 것으로 볼 여지가 있다.

나. 관리처분계획인가처분은 적법해

그러나 ① 개정 도시정비법 제28조 제1항, 구 도시 및 주거환경정비법 시행규칙(2008. 12. 17. 국토해양부령 제79호로 개정되기 전의 것) 제9조 제1항은 사업시행자가 사업시행인가를 받고자 하는 경우에는 사업시행인가신청서에 정관 등 서류를 첨부하도록 규정하고 있지만, 관할 행정청으로 하여금 그 정관의 개정 여부를 비롯하여 적법한 정관변경 절차를 거쳤는지 여부까지 실질적으로 심사하도록 요구하고 있지 아니한 점, ② 개정 도시정비법 시행령 제38조 제10호는 정비구역 또는 정비계획의 변경에 따라 사업시행계획서를 변경하는 경우를 사업시행인가의 경미한 변경의 하나로 규정하면서 시장·군수에게 신고함으로써 변경할 수 있도록 정하고 있는 점, ③ 이 사건 사업시행면적의 변경은 행정청의 정비구역의 지정·고시에 따른 것일 뿐인 점 등을 종합하면, 이 사건 사업시행계획 인가신청 시 제출된 정관이 그 변경절차를 거치지 않았다고 하더라도 그러한 사정만으로 이 사건 사업시행계획에 대한 인가처분이 무효라거나 관리처분계획이 위법하다고 보기는 어렵다.

원심의 이유 설시에 적절하지 않은 점이 있으나, 원심의 결론은 결과적으로 정당하므로, 거기에 이 부분 상고이유와 같은 법리오해 등으로 인하여 판결 결과에 영향을 미친 위법이 없다.

D. [고등법원판례] 정관변경을 요하는 사항에 관하여 그 변경절차를 밟지 않은 채 변경된 정비구역 면적에 따라 관리처분계획이 수립되고 그에 대한 인가를 받았더라도, 그런 사정만으로 관리처분계획이 위법하다고 볼 수 없어 —부산고등법원 2012. 10. 24. 선고 2012누447, 2012누461(병합) 판결[관리처분계획취소 등, 정비구역지정무효 등]

원고들은 이 사건 정비구역 면적의 변경에 따라 피고 조합의 사업구역과 대지면적이 변경되었음에도 정관변경이 없었으므로 이후 이루어진 이 사건 관리처분계획이 위법하다고 주장하나, 설사 원고들 주장과 같이 정관변경을 요하는 사항에 관하여 그 변경절차를 이행하지 않은 채 변경된 정비구역(사업구역) 면적에 따라 관리처분계획이 수립되고 그에 대한 인가를 받았다고 하더라도 그러한 사정만으로 곧바로 관리처분계획이 위법하다고 볼 수 없다.

IV. 수분양자 지위(수분양권) 확인소송은 허용되지 않음

A. ① 조합원 자격에 관하여 다툼이 있는 경우에는 공법상 당사자소송으로 조합원지위확인을 구할 수 있고, ② 분양신청 후 관리처분계획의 내용에 다툼이 있는 경우에는 항고소송으로 관리처분계획 또는 그 내용인 분양거부처분 등의 취소를 구할 수 있을 뿐; ③ 곧바로 조합을 상대로 수분양권확인을 구할 수는 없어 —대법원 1996. 2. 15. 선고 94다31235 전원합의체 판결[수분양권존재확인등]

【당사자】

[원고,상고인] 원고
[피고,피상고인] 동소문구역 주택개량재개발조합

1. 조합에 대한 쟁송방법 (공법상 당사자소송, 항고소송)

... 이러한 조합의 설립목적 및 취급 업무의 성질, 권한 및 의무, 재개발사업의 성질 및 내용, 관리처분계획의 수립 절차 및 그 내용 등에 비추어 보면 조합은 조합원에 대한 법률관계에서 적어도 특수한 존립 목적을 부여받은 특수한 행정주체로서 국가의 감독하에 그 존립 목적인 특정한 공공사무를 행하고 있다고 볼 수 있는 범위 내에서는 공법상의 권리의무관계에 서 있다고 할 것이다.

따라서 조합을 상대로 한 쟁송에 있어서, ① 강제가입제를 특색으로 한 조합원의 자격 인정여부에 관하여 다툼이 있는 경우에는 그 단계에서는 아직 조합의 어떠한 처분 등이 개입될 여지는 없으므로 공법상의 당사자소송에 의하여 그 조합원 자격의 확인을 구할 수 있고, ② 한편 분양신청 후에 정하여진 관리처분계획의 내용에 관하여 다툼이 있는 경우에는 그 관리처분계획은 토지 등의 소유자에게 구체적이고 결정적인 영향을 미치는 것으로서 조합이 행한 처분에 해당하므로 항고소송에 의하여 관리처분계획 또는 그 내용인 분양거부처분 등의 취소를 구할 수 있다고 할 것이고,

제3장 관리처분계획 / 제10절 관리처분계획의 효력을 다투는 소송

2. 분양신청을 거부당한 조합원은 곧바로 조합을 상대로 수분양권확인을 구할 수 없어

설령 조합원의 자격이 인정된다 하더라도 분양신청을 하지 아니하거나 분양을 희망하지 아니할 때에는 금전으로 청산하게 되므로(법 제 44 조), 대지 또는 건축시설에 대한 수분양권의 취득을 희망하는 토지 등의 소유자가 한 <u>분양신청에 대하여 조합이 분양대상자가 아니라고 하여 관리처분계획에 의하여 이를 제외시키거나 원하는 내용의 분양대상자로 결정하지 아니한 경우</u> 토지 등의 소유자에게 원하는 내용의 구체적인 수분양권이 직접 발생한 것이라고는 볼 수 없어서 <u>곧바로 조합을 상대로 하여 민사소송이나 공법상 당사자소송으로 수분양권의 확인을 구하는 것은 허용될 수 없다</u>고 보아야 할 것이다.

3. 판례변경

종전에 민사소송에 의하여 조합을 상대로 한 조합원자격 또는 수분양권 등의 확인을 구할 수 있다는 취지로 본 당원의 견해(당원 1992. 4. 14. 선고 91 다 33247 판결, 1992. 5. 26. 선고 92 다 2042 판결, 1992. 12. 11. 선고 92 다 23599 판결, 1993. 12. 28. 선고 93 다 32217 판결, 1994. 3. 8. 선고 93 다 39812 판결, 1994. 6. 28. 선고 93 다 40249 판결, 1994. 12. 27. 선고 94 다 37431 판결 등 다수)는 이 판결로써 이를 변경하기로 한다.

☞ [같은 취지 판례] 대법원 1997.11.28. 선고 95 다 43594 판결[명의변경이행]

B. [같은 취지 판례] ① 조합원은 자신의 분양신청 내용과 달리 관리처분계획이 수립된 경우 관리처분계획의 취소 또는 무효확인을 구할 수 있을 뿐, 곧바로 조합을 상대로 수분양자 지위나 수분양권의 확인을 구할 수 없어 (<u>분양대상자 지위의 확인을 구하는 것도 허용되지 않음</u>); ② 관리처분계획이 수립되기 전 단계에서 공법상 당사자소송으로 조합을 상대로 분양대상자 지위확인을 구한 것은 부적법하다고 본 사례 ―대법원 2019. 12. 13. 선고 2019 두 39277 판결[수분양자지위확인]

【당사자】

【원고, 피상고인】 원고 1 외 2 인
【피고, 상고인】 노량진 6 재정비촉진구역 주택재개발정비사업조합

확인의 소의 대상인 법률관계의 확인이 확인의 이익이 있기 위해서는 그 법률관계에 따라 제소자의 권리 또는 법적 지위에 현존하는 위험·불안이 야기되어야 하고, 그 위험·불안을 제거하기 위하여 그 법률관계를 확인의 대상으로 한 확인판결에 의하여 즉시로 확정할 필요가 있으며, 그것이 가장 유효적절한 수단이 되어야 한다(대법원 1995. 10. 12. 선고 95 다 26131 판결, 대법원 2002. 6. 14. 선고 2002 두 1823 판결 참조).

IV. 수분양자 지위(수분양권) 확인소송은 허용되지 않음

도시 및 주거환경정비법에 의한 주택재개발·재건축 정비사업에서 사업 시행의 결과로 만들어지는 신축 주택에 관한 <u>수분양자 지위나 수분양권</u>(이하 '수분양권'이라고만 한다)은 조합원이 된 토지 등 소유자에게 분양신청만으로 당연히 인정되는 것이 아니라 도시 및 주거환경정비법 제76조 제1항 각호의 기준에 따라 수립되는 <u>관리처분계획으로 비로소 정하여진다</u>. 따라서 <u>조합원은 자신의 분양신청 내용과 달리 관리처분계획이 수립되는 경우 관리처분계획의 취소 또는 무효확인을 항고소송의 방식으로 구할 수 있을 뿐이지, 곧바로 조합을 상대로 민사소송이나 공법상 당사자소송으로 수분양권의 확인을 구하는 것은 허용되지 않는다</u>(대법원 1996. 2. 15. 선고 94다31235 전원합의체 판결 참조).

현행 행정소송법에서는 장래에 행정청이 일정한 내용의 처분을 할 것 또는 하지 못하도록 할 것을 구하는 소송(의무이행소송, 의무확인소송 또는 예방적 금지소송)은 허용되지 않는다(대법원 1992. 2. 11. 선고 91누4126 판결, 대법원 2006. 5. 25. 선고 2003두11988 판결 참조).

따라서 <u>조합원이 관리처분계획이 수립되기 전의 단계에서 조합을 상대로 구체적으로 정하여진 바도 없는 수분양권의 확인을 공법상 당사자소송의 방식으로 곧바로 구하는 것은 현존하는 권리·법률관계의 확인이 아닌 장래의 권리·법률관계의 확인을 구하는 것일 뿐만 아니라, 조합으로 하여금 특정한 내용으로 관리처분계획을 수립할 의무가 있음의 확인을 구하는 것이어서 현행 행정소송법상 허용되지 않는 의무확인소송에 해당하여 <u>부적법하다</u>.

【판례해설】파기된 원심판결의 주문

> 위 대법원판례에 의해서 파기된 원심판결의 주문은 아래와 같다.
>
> 1. 피고가 시행하는 주택재개발정비사업에서 원고 A는 단독으로 수분양자의 지위에 있음을, 원고 A가 공유지분으로 소유한 주택의 주거전용면적의 범위에서 <u>2주택을 공급받을 수 있는 지위에 있음을 각 확인한다</u>.
>
> 2. 피고가 시행하는 주택재개발정비사업에서 원고 B, C은 공동으로 수분양자의 지위에 있음을, 원고 B, C이 공유지분으로 소유한 주택의 주거전용면적의 범위에서 <u>공동으로 2주택을 공급받을 수 있는 지위에 있음을 각 확인한다</u>.

C. 재건축조합의 권리분배에 관한 결의가 현저히 형평에 반하여 무효인 경우, 피해 조합원은 <u>그 결의의 무효확인을 구하여 승소판결을 받은 후, 조합원총회에서 다시 공정한 결의를 하도록 할 수 있을 뿐, 곧바로 재건축조합을 상대로 스스로 공정하다고 주장하는 수분양권의 확인을 구할 수 없어</u> —대법원 2009.02.12. 선고 2006다53245 판결[소유권이전등기등]

【당사자】

[원고, 상고인] 원고 1 외 6인

[피고, 피상고인] 피고 조합

1. 재건축결의가 무효인 경우 피해 조합원의 구제방법

또한, 재건축조합의 권리분배에 관한 결의가 형평에 현저히 반하여 무효인 경우, 공유자들 전체로서 1인의 조합원 지위를 갖고 있는 각 공유자는 그 결의의 무효확인 등을 소구하여 승소판결을 받은 후 새로운 조합원총회에서 공정한 내용으로 다시 결의하도록 함으로써 그 권리를 구제받을 수 있을 뿐, 새로운 조합원총회의 결의도 거치지 않은 채 종전 조합원총회의 결의가 무효라는 사정만으로 곧바로 재건축조합을 상대로 하여 스스로 공정하다고 주장하는 수분양권의 확인 등을 구할 수는 없다.

2. 원심이 인정한 사실

원심판결 이유와 기록에 의하면,

① 피고는 위와 같은 임원회의 결의 후 다시 2003. 11. 20. 임시총회를 개최하여 '원고 등의 공유인 위 다가구주택에 관하여 조합원자격을 인정하기로 한 2세대 지분 면적을 제외한 잔여 대지면적에 대하여는 감정평가 가격으로 현금 매입보상한다'고 결의한 사실,

② 그 결과 피고의 일반조합원들 및 위 다가구주택의 공유자 중 신축아파트 2세대를 분양받게 된 소외 1, 2는 개발이익이 반영된 평당 약 1,676만 원의 권리가액을 인정받게 되는 반면,

③ 원고들은 개발이익을 제대로 반영하지 않은 감정가격으로 평당 약 1,247만 원의 권리가액만을 인정받게 될 뿐만 아니라, 원고들의 공유지분 중 일부가 소외 1, 2의 공유지분으로 인정되어 소외 1, 2는 그들의 공유지분 환산면적보다 많은 46.4평에 대하여 권리가액을 인정받게 되는 반면, 원고들은 자신들의 공유지분 환산면적보다 적은 68.64평에 대한 권리가액만을 인정받게 되는 사실을 알 수 있다.

3. 대법원의 판단 (상고기각)

이를 앞서 본 법리에 비추어 살펴보면, 피고의 위 임시총회 결의는, 원고들이 다른 일반조합원들에 대한 관계에서뿐 아니라 다른 공유자들인 소외 1, 2에 대한 관계에서도 합리적 이유 없이 불리하게 권리분배를 받는 것을 내용으로 한 것으로서, 특별한 사정이 없는 한 형평에 현저히 반하여 그 효력을 인정하기 어려울 것으로 보인다.

그러나 위 임시총회 결의의 효력을 인정할 수 없다고 하여 원고들에게 이 사건 청구와 같이 신축아파트 1 세대씩을 조합원 분양가로 분양받을 권리가 당연히 발생하는 것이 아니고, 위에서 본 바와 같이 창립총회의 위임결의 및 임원회의의 결의가 무효일 뿐만 아니라 (이 부분에 관하여 유효한 결의가 이루어지지 않은 이상 조합원의 비용분담에 관한 사항이 정하여지지 않은 것으로서 유효한 재건축결의가 없었다고 볼 여지도 있다), 달리 피고가 원고들에게 그 주장과 같은 수분양권을 부여하는 새로운 총회결의를 한 바도 없으므로, 앞서 본 법리에 따라 원고들의 이 사건 수분양권 확인청구는 배척될 수밖에 없다.

원심의 판단은 그 이유 설시에 다소 미흡한 점이 없지 아니하나 원고들의 주장을 배척한 결론에 있어서는 정당하므로, 거기에 주장하는 바와 같은 판결 결과에 영향을 미친 법리오해, 판단누락 등의 위법이 없다. 결국, 이 부분 상고이유의 주장은 모두 결론에 영향을 미칠 수 없는 것이어서 받아들일 수 없다.

D. 【해설】 수분양자 지위 확인 소송이 허용되는 경우

> 적법한 분양신청을 하여 수분양자 지위에 있음에도 그 후 조합이 분양계약 체결절차를 위법하게 진행하여 분양계약을 체결하지 못했는데 조합이 수분양자 지위를 부정하는 경우에는 조합을 상대로 수분양자 지위 확인소송을 제기할 수 있다(서울행정법원 2021. 9. 10. 선고 2019 구합 78425 판결).
>
> ☞ 이 판례는 제2장 제7절 VIII.에서 볼 수 있다.

V. 관리처분계획(인가)의 일부 취소

A. 【해설】

> 관리처분계획의 일부 변경이 가능한 만큼 관리처분계획의 일부 취소도 허용된다. 관리처분계획의 인가 처분도 일부 취소가 가능하다. 실제로 관리처분계획의 내용상 하자를 이유로 취소를 구하는 소송은 소 제기자(원고)가 이해관계를 가지는 부분에 대한 일부 취소를 구하는 경우가 대부분이다.
>
> 일부 취소판결의 주문례는 아래와 같다:
>
> – "피고가 20○○. ○○. ○○. 서울특별시 ○○구청장으로부터 (서울특별시 서초구 고시 D 로) 인가받은 관리처분계획 중 원고들을 현금청산자로 정한 부분은 무효임을 확인한다."
>
> – "피고가 20○○. ○○. ○○. 서울특별시 ○○구청장으로부터 인가받은 관리처분계획 중 원고들을 공동분양대상자로 정한 부분을 취소한다."

제 3 장 관리처분계획 / 제 10 절 관리처분계획의 효력을 다투는 소송

> - "피고가 20○○. ○○. ○○. 서울특별시 ○○구청장으로부터 인가받은 관리처분계획 중 원고에 대한 부분을 취소한다."
> - "피고가 20○○. ○○. ○○. 서울특별시 ○○구청장으로부터 인가받은 관리처분계획 중 원고를 분양대상자에서 제외한 부분을 취소한다."

B. 관리처분계획 인가처분에 대하여는 분양처분(이전고시)의 경우와 달리 일부의 취소도 허용돼 (분양처분이 이루어지기 전까지는 관리처분계획의 일부변경이 가능하므로) —대법원 1995. 7. 14. 선고 93 누 9118 판결[환지예정지지정변경처분취소]

【당사자】

> [원고, 상고인] 이○○
> [피고, 피상고인] 서울특별시 노원구청장

재개발사업이 완료되어 분양처분이 이루어지기 전에 있어서는 관리처분계획의 일부 변경 등이 가능한 것이므로 관리처분계획의 인가처분에 대하여는 분양처분의 경우와는 달리 그 일부의 취소 청구라 하여 허용되지 아니한다 할 수 없을 것이다.

따라서 <u>원심이 분양처분이 이루어졌는지 여부도 심리하지 아니한 채 그 판시와 같은 사유만으로 이 사건 소를 부적법하다고 한 것은 관리처분계획인가처분과 소의 이익에 관한 법리를 오해함으로써 판결에 영향을 미쳤다</u> 할 것이고, 이 점을 지적하는 취지의 상고논지는 이유 있다.

다만 기록에 의하면, 원고는 이 사건 관리처분계획인가가 있은 후 그 소유의 토지를 매도하고 소유권이전등기까지 경료하여 주어 현재는 소유권자가 아니고 이 사건 관리처분계획을 인가한 자도 피고가 아닌 서울특별시장이며 행정심판의 청구도 처분이 있은 3 년여 뒤에 이루어진 것임을 알 수 있어, 과연 원·피고들이 정당한 당사자가 될 수 있는지 적법한 전심절차를 경료한 것인지 하는 점에 의문이 있으므로, 원심으로서는 이 사건 매매계약의 내용, 관리처분계획인가권의 승계여부, 그 동안 행정심판을 청구할 수 없는 정당한 사유가 있었는지 여부 등을 심리하여 이러한 점에 관하여도 밝혀보아야 할 것이다.

그러므로 나머지 상고이유에 대한 판단을 생략한 채 원심판결을 파기하고 사건을 원심법원에 환송하기로 하여 관여 법관의 일치된 의견으로 주문과 같이 판결한다.

VI. 현금청산대상자의 소의 이익(원고적격) 문제

A. 개요

1. 【해설】 관리처분계획의 효력을 다투는 소송에서 현금청산대상자는 원고적격 없음

> 관리처분계획의 무효확인이나 취소를 구할 법률상 이익(소의 이익)은 조합원에게만 인정되며, 이미 조합원지위를 상실한 토지등소유자에게는 원고적격이 없다(대법원 2013. 10. 31. 선고 2012 두 19007 판결). 관리처분계획은 조합원의 권리의무를 확정하는 처분이지 현금청산대상자의 권리의무를 확정하는 처분이 아니기 때문이다.
>
> 조합원 지위를 상실하는 시점은 ① 재개발사업에서는 수용재결 확정시, ② 재건축사업에서는 분양신청기간 만료 다음날로서(다음 해설 참조) 재개발·재건축 모두 관리처분계획에 의해서 현금청산대상자가 되는 것이 아니므로, 이미 현금청산대상자가 된 토지등소유자는 관리처분계획의 효력을 다툴 법률상 이익이 없는 것이다.
>
> 이 점이 사업시행계획의 효력을 다투는 소송과 다른 점이다. 사업시행계획의 효력을 다투는 소송에서는 분양신청을 하지 않아 조합원 지위를 상실한 토지등소유자도 원고적격을 가진다. 이 차이 역시 사업시행계획과 관리처분계획의 차이에서 기인한다.
>
> ☞ 「사업시행계획의 효력을 다투는 소송에서 현금청산대상자의 원고적격 문제」에 관하여는 돈.되.법 3 제 5 장 제 8 절 IV.를 참조하세요.

2. 【해설】 현금청산대상자에게 소의 이익이 인정되는 경우

> 조합원 지위의 상실이 형식적으로 확정되었더라도, 사업시행계획에 당연무효의 하자가 있는 경우에는 분양신청을 하지 않아 조합원 지위를 상실한 토지등소유자도 관리처분계획의 무효확인/취소를 구할 법률상 이익이 있다. 이 경우 조합은 새로 수립한 사업시행계획에 따라 다시 분양신청을 받아야 하고, 이때 해당 토지등소유자는 분양신청을 하여 조합원 지위를 유지할 수 있기 때문이다. (대법원 2011. 12. 8. 선고 2008 두 18342 판결.)
>
> 조합원 지위의 상실이 형식적으로 확정된 토지등소유자가 사업시행계획에 대한 제소기간이 도과한 후에 사업시행계획이 당연무효라고 주장하며 관리처분계획 취소/무효확인 소송을 제기한 경우, ① 사업시행계획에 당연무효의 하자가 있다고 인정되면 소의 이익이 인정되나, ② 그 하자가 취소사유에 불과한 경우에는 소의 이익이 부정된다(부적법 각하: 서울고등법원 2012. 7. 13. 선고 2011 누 44848 판결).

3. 【해설】재건축사업에서도 같은 이유로 현금청산대상자가 원고적격을 가질 수 있는지

> 재건축사업에도 사업시행계획이 당연무효인 경우에는 현금청산대상자가 관리처분계획의 무효확인/취소를 구할 법률상 이익이 있다고 볼 수 있는지가 문제된다.
>
> 위에서 본 대법원 2008 두 18342 판결은 재개발사업(구 도시환경정비사업 포함)에만 적용되고, 조합설립에 동의한 토지등소유자만 조합원이 될 수 있는 재건축사업에는 적용되지 않는다고 본 고등법원 판결이 있다(서울고등법원 2012. 1. 26. 선고 2011 누 31620 판결. 대법원에서 심리불속행 상고기각으로 확정됨. 아래 참조).
>
> 그러나, 재건축사업에서도 사업시행계획에 당연무효인 하자가 있는 경우에는 재건축조합은 그 사업시행계획을 새로이 수립하여 인가를 받은 후 다시 분양신청을 받아 관리처분계획을 수립하여야 하는바, 조합설립에 부동의한 토지등소유자도 그때 동의서를 제출하고 분양신청을 함으로써 조합원이 될 수 있다. 또한 새로운 사업시행계획 인가 후 매도청구를 위한 촉구 절차에서 동의의 회답을 하여 조합원이 될 수 있는 길도 열려 있다.
>
> 그러므로 재건축사업에서 조합설립에 동의하지 않은 토지등소유자도 사업시행계획에 당연무효인 하자가 있는 등 추후 조합원 지위를 취득할 가능성이 있는 경우에는 관리처분계획의 무효확인 또는 취소를 구할 법률상 이익이 있다고 보는 것이 타당하다.
>
> 위 고등법원 판결에 의하여 취소된 제 1 심 판결은 조합설립에 부동의한 토지등소유자에게 관리처분계획의 무효확인 또는 취소를 구할 원고적격이 있다고 보았다(서울행정법원 2011. 9. 2. 선고 2011 구합 3401 판결. 아래 참조).

4. 【해설】재개발사업에서 조합원 지위를 상실하는 시점 (수용재결의 확정)

> 재개발사업에서는 현금청산대상자가 되어 수용재결이 확정된 시점에 토지등의 소유권과 함께 조합원 지위를 상실한다. 따라서 ① 수용재결이 확정된 원고는 관리처분계획의 취소를 구할 법률상 이익 없으나, ② 수용재결이 확정되지 않은 토지등소유자는 아직 조합원 지위를 가지고 있으므로 관리처분계획 중 자신에 대한 부분의 취소를 구할 법률상 이익이 있다(그 수용재결이 취소되어 해당 부동산에 관한 소유권을 회복할 가능성이 있으므로. 대법원 2011. 1. 27. 선고 2008 두 14340 판결).
>
> 수용재결이 무효인 경우에는 당연히 소의 이익이 인정된다.

5. 【해설】재건축사업에서 조합원지위를 상실하는 시점(분양신청/분양계약체결 기간 도과)

> 재건축사업에서는 분양신청 기간 내에 분양신청을 하지 않거나 분양계약 체결기간 내에 분양계약을 체결하지 않으면 그것으로 곧바로 조합원 지위를 상실한다.

> 따라서 재건축사업에서 분양신청 기간 내에 <u>분양신청을 하지 않은 토지등소유자나, 분양신청은 하였으나 분양계약 체결기간 내에 분양계약을 체결하지 않은 토지등소유자는 관리처분계획의 효력의 취소나 무효확인을 구할 법률상 이익이 없다</u>. 아직 매도청구소송이 제기되지 않았어도 마찬가지이다.

B. ① 수용재결이 확정된 원고는 관리처분계획의 취소를 구할 법률상 이익 없으나(토지등의 소유권과 함께 조합원 지위를 상실하였으므로); ② 수용재결이 아직 확정되지 않은 조합원은 관리처분계획 중 자신에 대한 부분의 취소를 구할 법률상 이익이 있다(그 수용재결이 취소되어 해당 부동산에 관한 소유권을 회복할 가능성이 있으므로) —대법원 2011. 1. 27. 선고 2008 두 14340 판결[관리처분계획취소등]

【당사자】

> [원고, 피상고인]원고 1 교회 외 1인
>
> [원고, 상고인 겸 피상고인]원고 3 외 1인
>
> [피고, 피상고인 겸 상고인]동선구역주택재개발정비사업조합

1. 수용재결이 확정된 원고는 관리처분계획의 취소를 구할 법률상 이익 없음

재개발조합이 재결신청을 하고, 토지수용위원회가 이에 기하여 금전보상의 재결을 하여 그 재결이 확정되면, <u>토지 및 건물을 수용당한 조합원은 토지 및 건물에 대한 소유권을 상실하고, 재개발조합의 조합원 지위도 상실하게 된다</u>(대법원 2001. 9. 7. 선고 2000 두 1485 판결 등 참조).

<u>원고 3 소유의 이 사건 토지 및 건물에 대하여는 수용재결이 확정되었으므로</u>, 피고는 원고 3 소유의 이 사건 토지 및 건물에 관한 소유권을 취득하고 반대로 원고 3은 이 사건 토지 및 건물에 관한 소유권을 상실하였고, 그 결과 <u>원고 3 은 피고 조합의 조합원 지위를 상실하였다</u>고 봄이 상당하다.

따라서 <u>피고 조합의 조합원 지위를 상실한 원고 3 으로서는 더이상 이 사건 관리처분계획상의 권리관계에 관하여 어떠한 영향을 받을 개연성이 없어졌다</u>고 할 것이므로, 원고 3은 이 사건 <u>관리처분계획의 취소를 구할 법률상 이익이 없다</u>고 할 것이다.

2. 수용재결이 아직 확정되지 않은 원고는 관리처분계획의 취소를 구할 법률상 이익 있음

원심은, 피고의 수용재결 신청으로 서울특별시지방토지수용위원회가 2007. 11. 9. 위 원고들 소유의 각 부동산에 대하여 수용개시일을 2007. 12. 28.로 정하여 수용재결을 하였고,

제 3 장 관리처분계획 / 제 10 절 관리처분계획의 효력을 다투는 소송

피고가 2007. 12. 27. 그 재결에서 정한 보상금을 각 공탁하였으며, 중앙토지수용위원회가 2008. 5. 22. 위 원고들에 대한 보상액을 각 증액하는 이의재결을 하였는데, 위 원고들이 위 수용재결의 취소 등을 구하는 소를 제기하여 그 소송이 계속 중인 사실을 인정한 다음, <u>위와 같이 수용재결이 아직 확정되지 아니하였다면, 그 수용재결이 취소되어 위 원고들이 각 해당 부동산에 관한 소유권을 회복할 가능성이 있으므로 이 사건 관리처분계획 중 위 원고들에 대한 부분의 취소를 구할 법률상 이익이 있다</u>는 이유로 위 원고들에 대한 피고의 본안전 항변을 모두 배척하였다.

원심판결 이유를 기록에 비추어 살펴보면, 위 원고들 소유의 각 부동산에 대한 <u>수용재결이 아직 확정되지 아니한 이상, 위 원고들이 이 사건 관리처분계획의 취소를 구할 법률상 이익이 있다</u>는 이유로 위 원고들에 대한 피고의 본안전 항변을 배척한 조치는 정당하고, 거기에 관리처분계획취소소송에 있어서의 소의 이익, 수용재결의 효력 등에 관한 법리오해 등의 잘못이 없다.

C. [사업시행계획이 무효인 경우] 사업시행계획이 당연무효인 경우에는 분양신청을 하지 않거나 분양신청을 철회하여 <u>조합원의 지위를 상실한 토지등소유자도 관리처분계획의 무효확인/취소를 구할 법률상 이익이 있어</u> (조합이 새로 수립한 사업시행계획에 따라 다시 분양신청을 받을 때 분양신청을 할 수 있으므로) ―대법원 2011. 12. 8. 선고 2008 두 18342 판결[관리처분계획취소]

【당사자】

【원 고】 원고 1 외 8인
【피 고】 순화제 1-1 구역 도시환경정비사업조합

1. 원심이 인정한 사실

원심이 인용한 제 1 심판결 이유에 의하면, 원심은

① 원고 7 을 제외한 나머지 원고들은 이 사건 사업시행변경인가 이후로서 피고가 공고한 조합원 분양신청기간인 2007. 2. 9.까지 이 사건 주택에 대한 분양신청을 하지 아니하였고, 원고 7 은 이 사건 주택에 대한 분양신청을 하였다가 이를 철회한 사실, ② <u>피고는 원고들과 현금청산 협의에 실패하자 원고들 소유의 토지 등에 대한 수용재결을 신청하여 원고 7 을 제외한 나머지 원고들에 대하여 각 <u>수용재결이 이루어진 사실</u>, ③ 피고의 정관 제 11 조에 의하면 조합원 자격 상실사유로 조합원이 건축물의 소유권이나 입주자로 선정된 지위 등을 양도하였을 때와 분양신청기간 내에 분양신청을 하지 아니한 때를 들고 있는 사실을 인정한 다음...

2. 대법원의 판단

원심판결은 다음과 같은 이유로 수긍하기 어렵다.

가. 원고의 법률상 이익

도시환경정비사업에 대한 사업시행계획에 당연무효인 하자가 있는 경우에는 도시환경정비사업조합은 그 사업시행계획을 새로이 수립하여 관할관청으로부터 인가를 받은 후 다시 분양신청을 받아 관리처분계획을 수립하여야 할 것인바, 분양신청기간 내에 분양신청을 하지 않거나 분양신청을 철회함으로 인해 도시 및 주거환경정비법 제47조 및 조합 정관 규정에 의하여 조합원의 지위를 상실한 토지 등 소유자도 그때 분양신청을 함으로써 건축물 등을 분양받을 수 있으므로 관리처분계획의 무효확인 또는 취소를 구할 법률상 이익이 있다고 할 것이다.

그런데 기록에 의하면 원심에서 원고들이 이 사건 사업시행계획 및 그 변경계획에 중대하고 명백한 하자가 있어 당연무효이고 이를 전제로 한 이 사건 관리처분계획도 위법하다고 주장한 사실을 알 수 있는바, 만약 이 사건 사업시행계획 및 그 변경계획에 원고들 주장과 같은 당연무효인 사유가 있다면 위 법리에 비추어 원고들에게는 이 사건 관리처분계획의 취소를 구할 법률상 이익이 있다고 봄이 상당하다.

나. 원심판결의 위법함

따라서 원심으로서는 선행처분인 이 사건 사업시행계획 및 그 변경계획에 당연무효사유가 있는지를 심리하여 원고들 주장의 당부를 살펴보았어야 함에도 이 점에 관하여는 아무런 판단도 하지 아니한 채 변경인가를 받은 이 사건 사업시행계획이 적법한 효력을 유지하고 있다고 보아 원고들이 이 사건 관리처분계획의 취소를 구할 원고적격 또는 소의 이익이 없다고 판단하였으니, 원심판결에는 관리처분계획의 취소를 구할 법률상 이익에 관한 법리를 오해하여 심리를 다하지 아니함으로써 판결 결과에 영향을 미친 위법이 있다.

D. [고등법원판례] ① 무효인 재건축결의에 동의한 토지등소유자는 조합원이 될 수 없어; ② 조합설립에 동의하여야만 조합원이 되는 재건축사업에서 재건축사업에 동의하지 않은 자는 (사업시행계획에 당연무효인 하자가 있더라도) 관리처분계획의 무효확인/취소를 구할 당사자적격 없어; ③ 위 대법원 2008두18342 판결은 재건축사업에는 적용되지 않아 ─서울고등법원 2012. 1. 26. 선고 2011누31620 판결[관리처분계획무효확인](심리불속행 상고기각)

(판결이유 생략)

【해설과 비평】

> (1) 위 고등법원 판결이 판시한 사항은 두 가지이다: ① 하나는 원고들이 스스로 재건축사업에 동참할 의사가 없음을 분명히 함으로써 더이상 재건축결의에 동의함으로써 피고의 조합원이 될 기회를 상실하였다는 것이고, ② 다른 하나는 재건축사업에는 대법원 2011. 12. 8. 선고 2008두18342 판결이 적용되지 않는다는 것이다.
>
> (2) 그러나 위 두 가지 판시내용 모두 타당하지 않다. ① 토지등소유자와 조합의 관계는 단순한 계약관계가 아니므로, 전에 스스로 해당 재건축사업에 동참할 의사가 없음을 분명히 한 토지등소유자도 향후 입장을 바꾸어 조합설립에 동의하고 조합원이 될 수 있으며, ② 대법원 2011. 12. 8. 선고 2008두18342 판결은 재건축사업에도 적용될 수 있다고 보는 것이 타당하다.
>
> (3) 해당 사건의 제1심 판결이 이와 같은 취지로 판시하였다(아래 참조).

E. [위 판결로 취소된 제1심 판결] ① <u>적법한 시공사선정 및 공사도급계약 체결 전에 분양통지 및 분양공고를 하고 이를 기초로 분양신청을 받아 수립한 관리처분계획은 전부 무효야</u>; ② 왜냐하면, 비록 분양신청 및 분양공고에서 개략적인 부담금의 내역 등이 기재되어 있었더라도 그 내용은 사후에 시공자와의 계약에 따라 변동될 수밖에 없으므로; ③ <u>조합원이 아닌 토지등소유자(원고들)에게 관리처분계획의 무효확인/취소를 구할 원고적격을 인정함(원고들도 그때 조합설립에 동의한다거나 분양신청을 함으로써 건축물 등을 분양받을 수 있으므로)</u> —서울행정법원 2011. 9. 2. 선고 2011구합3401 판결[관리처분계획무효확인]

【당사자】

원고	A, B, C, D
원고보조참가인	E, F, G
피고	남서울한양아파트재건축주택조합

<u>원고들은</u> 이 사건 관리처분계획이 재건축결의의 내용을 본질적으로 변경한 것으로서 새로운 재건축결의의 요건을 갖추지 못하여 무효라거나, <u>시공사 선정 및 공사도급계약 체결 이전에 분양공고, 분양신청을 하였고 조합원별로 개략적인 부담금 내역 등을 통지하지 않았다는 등의 이유로 무효확인을 구하고 있으므로,</u>

위와 같은 하자를 이유로 이 사건 관리처분계획에 관하여 무효확인 판결이 내려진다면, 피고는 다시 재건축결의를 위한 동의서를 징구하거나, 부담금 내역 등을 다시 통지하는 등 적법한 절차에 따라 분양신청을 받아 관리처분계획을 수립하여야 하고, <u>원고들도 그때 조합설립에 동의한다거나 분양신청을 함으로써 건축물 등을 분양받을 수 있으므로, 원고들에게</u>

VI. 현금청산대상자의 소의 이익(원고적격) 문제

<u>는 이 사건 관리처분계획의 무효확인을 구할 법률상 이익이 있다고 할 것이다.</u> 피고의 본안전 항변은 이유 없다.

부 록

I. 분양신청서 견본

II. 분양신청 위임장

과천주공1단지주택재건축정비사업조합　　　　　　　　　　　　　　조합원분양신청안내

※ 해당란의 붉은 점선(┈┈) 안에만 입력하시기 바랍니다.　　　　(1쪽)

분 양 신 청 서 [견본]

조합원 번호	

신청인	등기상 지분권	경기도 과천시	관문로 128 향교말길 8 희망길 15 희망1길 45	과천주공1단지	100 동　000 호
	성 명 (대표자)	홍길동		생년 월일	1960년 1월 1일
	주 소	과천시 관문로 중앙동 100동 000호		전화 번호	자택　02-123-4567 휴대폰　010-1234-5678
	수인이 1인의 분양대상자로 신청하는 경우 함께 신청하는 자의 성명 (공동명의 또는 1세대)		(총　인) ※ 아래 공유자란 기재		

권리 내역	소유 동호수	100 동　000 호	토지	㎡	건축물	㎡

※ 1단지 정비구역 내 2주택 이상 소유자의 경우 3쪽 해당란에 기재하시기 바람

분양 희망 의견	주택규모 등	2쪽의 "아파트 분양신청" 참조

「도시 및 주거환경정비법」 제46조제2항, 같은 법 시행령 제47조 및 「경기도 도시 및 주거환경 정비조례」 제16에 따라 위와 같이 분양을 신청합니다.

2015년　7월　29일

신청인 (대표자) :　홍길동　(자필서명 및 지장날인)

공 유 자 :　(자필서명 및 지장날인)

공 유 자 :　(자필서명 및 지장날인)

공 유 자 :　(자필서명 및 지장날인)

공 유 자 :　(자필서명 및 지장날인)

과천주공1단지 주택재건축정비사업조합 귀중

과천주공1단지주택재건축정비사업조합   조합원분양신청안내

(2쪽)

■ 아 파 트 분 양 신 청 ■

* 1순위부터 3순위까지 각 순위별로 희망 주택규모 한 곳에 자필서명 또는 지장날인 하여 주십시오.

구분	주택규모 전용면적 (평균평형)	세대수	1순위 선택	2순위 선택	3순위 선택
일반형	59m² (24평형)	441	(서명 또는 지장날인)	(서명 또는 지장날인)	**[지장날인]**
	84m² (33,34평형)	520	(서명 또는 지장날인)	**[지장날인]**	(서명 또는 지장날인)
	102m² (41평형)	167	(서명 또는 지장날인)	(서명 또는 지장날인)	(서명 또는 지장날인)
	109m² (43,44평형)	185	(서명 또는 지장날인)	(서명 또는 지장날인)	(서명 또는 지장날인)
	121m² (48,49평형)	153	**[지장날인]**	(서명 또는 지장날인)	(서명 또는 지장날인)
	150m² (59평형)	59	(서명 또는 지장날인)	(서명 또는 지장날인)	(서명 또는 지장날인)
복층형	187m² (76평형)	4	(서명 또는 지장날인)	(서명 또는 지장날인)	(서명 또는 지장날인)
지하층 활용형	106m² (43평형)	7	(서명 또는 지장날인)	(서명 또는 지장날인)	(서명 또는 지장날인)
	132m² (53평형)	2	(서명 또는 지장날인)	(서명 또는 지장날인)	(서명 또는 지장날인)
	137m² (56평형)	1	(서명 또는 지장날인)	(서명 또는 지장날인)	(서명 또는 지장날인)
	145m² (59평형)	4	(서명 또는 지장날인)	(서명 또는 지장날인)	(서명 또는 지장날인)
	160m² (65평형)	4	(서명 또는 지장날인)	(서명 또는 지장날인)	(서명 또는 지장날인)
	163m² (66평형)	1	(서명 또는 지장날인)	(서명 또는 지장날인)	(서명 또는 지장날인)
	189m² (76평형)	1	(서명 또는 지장날인)	(서명 또는 지장날인)	(서명 또는 지장날인)

■ 다주택자 권리내역 (해당자에 한함)

※ 1인 또는 1세대가 과천주공1단지 정비구역 내에 2주택 이상을 소유한 경우에 해당함

소유주택	동 호 수	소유자 성명	토 지	건축물
①	동 호		m²	m²
②	동 호		m²	m²

■ 2 주택 분양신청 (해당자에 한함)

분양희망 주택규모 (전용면적)	1순위 선택	2순위 선택	3순위 선택	(서명 또는 지장날인)
	( ) m²	( ) m²	( ) m²	

■ 분양신청 관련 숙지사항

- 분양 주택규모(평형)등은 사업시행인가 기준이며, 향후 사업계획 변경시(설계변경 포함) 평형이 변경되어 분양(평형변경)신청이 진행될 수 있습니다.
- 분양 주택규모(평형)는 1순위부터 3순위까지 각 순위별로 희망란 한곳에 자필서명 또는 지장날인 하여 주십시오.
- 후순위(2순위 또는 3순위) 분양신청을 하지 않거나 후순위에 선순위와 같은 규모(평형) 로 복수신청을 하여 발생하는 불이익은 조합원의 책임이며, 경합발생으로 인하여 희망 규모(평형)에 탈락하여 3순위까지 배정이 되지 않았을 시에는 남은 규모(평형)로 임의 배정됩니다.
- 조합이 통지하고 신문에 공고한 분양신청 기간 내에 분양신청을 하여야 합니다.
- 분양신청을 우편으로 하고자 하는 때에는 분양신청서가 분양신청 기간 내에 발송된 것임을 증명할 수 있는 등기우편 등 방법으로 하여야 합니다.
- 분양신청을 하지 아니한 자, 분양신청기간 종료 이전에 분양신청을 철회한 자 또는 관리처분계획 기준에 따라 분양대상에서 제외된 자는 현금으로 청산하게 됩니다.

■ 첨 부 서 류

구 분		수량	비 고
공통사항	신분증 사본	1통	- 외국거주자는 재외국민등록부 등본
	조합원 주민등록등본	1통	- 배우자가 동일세대 주민등록등본에 등재되어 있지 않을 경우 배우자 주민등록등본 포함
	가족관계증명서	1통	- 1인 단독세대 및 미성년자 등본상 부부 분리 세대 확인용
	등기부등본, 건축물대장	-	- 조합에서 일괄발급함
공유인 경우 추가서류	공유자 전원의 신분증 사본 및 주민등록등본	1통	

위 임 장

본인은 개포주공4단지 주택재건축정비사업 조합의 분양 신청을 직접 할 수 없는 바, 본인을 대리하여 조합원 분양 신청에 관한 모든 권리를 행사할 수 있도록 조합 정관 제10조 제2항 규정에 의거 민법의 상속에 관한 규정에 준하여 배우자 및 직계 존·비속, 형제·자매 중에서 성년자를 대리인으로 정하고 아래와 같이 위임하오며, 본인의 대리인이 행한 일체의 행위에 대하여 아무런 이의를 제기하지 않을 것을 확약합니다.

※ 지 참 : 조합원 신분증 사본 1부 (용도 : 분양 신청 위임용), 가족관계증명서, 건강보험증(사본) 등 관계 증빙서류를 반드시 지참하여 주시기 바랍니다.

2019년   월   일

※ 위임자 - 조합원

소유지번 내역	(아파트) 서울특별시 강남구 삼성로 14 개포주공4단지 동 호 (상 가) 서울특별시 강남구 삼성로 개포주공4단지상가 동 호		
조합원 성명	(지장날인)	생년월일	
주 소 (우편물수령지)				

※ 수임자 - 대리인

대리인 성명	(서명/인)	생년월일	
관 계	조합원의 ( )	※ 대리인 신분증, 도장, 관계 증빙서류 지참	

개포주공4단지 주택재건축정비사업조합 귀중